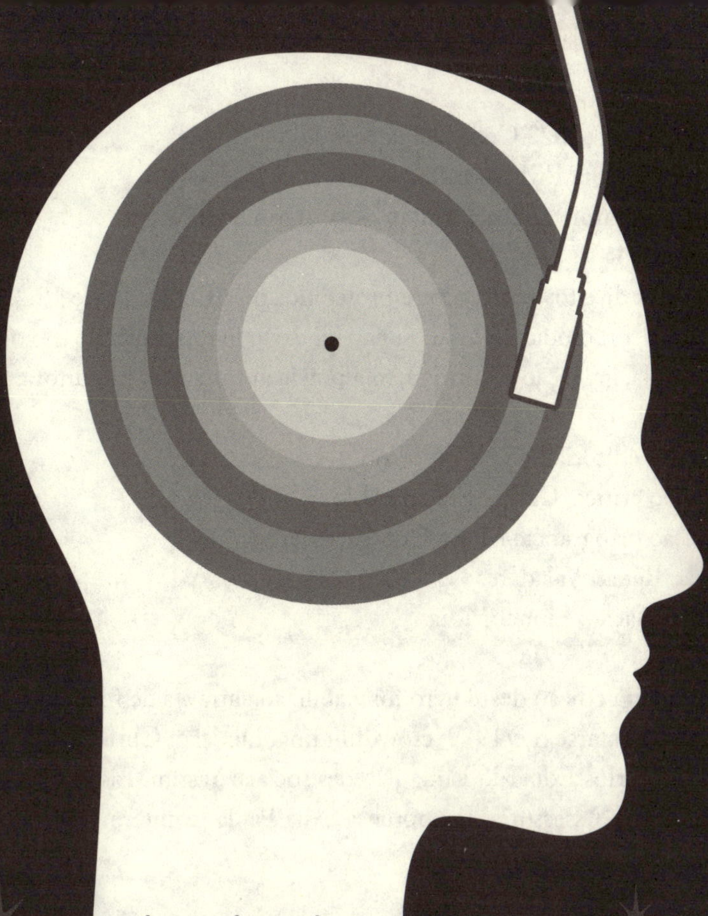

1979

O ANO QUE RESSIGNIFICOU A MPB

ORGANIZAÇÃO: CÉLIO ALBUQUERQUE

Garota FM BOOKS

Edição Garota FM Books
www.garotafm.com.br | contato@garotafm.com.br

Direção editorial: Chris Fuscaldo
Revisão crítica: Carlos Eduardo Lima
Revisão ortográfica: Maíra Contrucci Jamel
Capa: Renan Valadares
Diagramação: Lionel Mota

A primeira edição deste livro foi viabilizada através de financiamento coletivo em www.catarse.me/1979_crowdfunding. Direção: Chris Fuscaldo | Coordenação: Carlos Eduardo Lima | Redes sociais: Yasmin Lisboa | Design: Renan Valadares | Assessoria de imprensa: Ana Paula Romeiro | Assessoria financeira: Marco Konopacki |

Dados Internacionais de Catalogação na Publicação (CIP)
(Câmara Brasileira do Livro, SP, Brasil)

1979 : o ano que ressignificou a MPB / organização Célio Albuquerque. -- 1. ed. -- Rio de Janeiro, RJ : Garota FM, 2022.

Bibliografia.
ISBN 978-65-994524-3-7

1. Música 2. Música popular brasileira - 1979 - História I. Albuquerque, Célio.

22-113691 CDD-781.630981

Índices para catálogo sistemático:

1. Música popular brasileira : História 781.630981

Eliete Marques da Silva - Bibliotecária - CRB-8/9380

1979
O ANO QUE RESSIGNIFICOU A MPB

ORGANIZAÇÃO: CÉLIO ALBUQUERQUE

1ª Edição

Garota FM BOOKS

Rio de Janeiro (RJ)

Garota FM Books

2022

1979 na internet

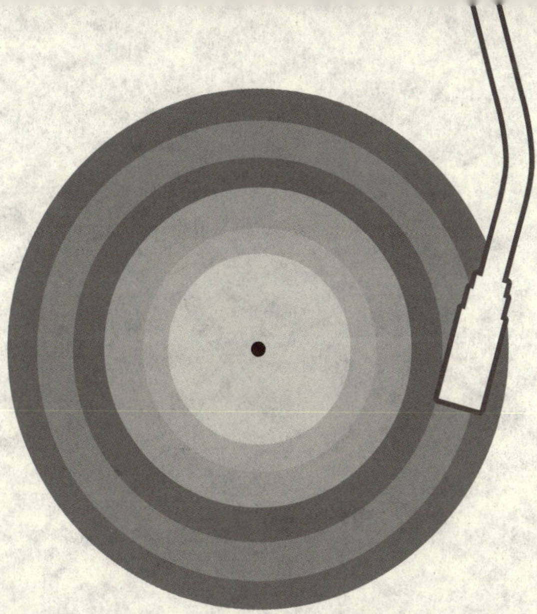

Acesse a página do livro para ter mais informações e notícias referentes ao conteúdo. Use o código acima ou vá direto em www.garotafm.com.br

Todos os esforços foram feitos para entregarmos o conteúdo mais correto possível. Correções poderão ser publicadas na página do livro, no site da editora. Sugestões, favor entrar em contato através do e-mail contato@garotafm.com.br

Apoiadores

3R Studio e Produções
Adalziza Taeco Ohashi
Adelina Leão
Admar Branco
Adriana Bittencourt
Adriana Milagres
Ailton Santos
Alaor Ignácio dos Santos Júnior
Alberto Xavier Pedro
Aldemir Teles
Alecsandro Amaro de Lima
Alessandra Carneiro
Alessandra Simplício
Alessandro Ferrony
Alex de Araújo Pimenta
Alex Vidigal Rodrigues de Sousa
Alexandre Citvaras
Alexandre da Maia
Alexandre de Oliveira Pimentel
Alexandre Fiorini Kulaif
Alexandre Oliveira
Alexandre Ramos da Silva
Alexandre Romano Araujo
Alexandre Santos Bezerra Sá
Aline Canejo
Aline Haluch
Allan Monteiro
Amaury Leite Pimenta
Ana América
Ana Carolina Ballan Sebe
Ana de Hollanda
Ana Maria Ferreira de Carvalho
Ana Paula Cardoso dos Santos
Ananda Ferreira Passarelli
André Franciosi
André G. P. da Silva
Andre Luis Dias Araujo Mazzari
André Luís Faria Duarte
Andre Luiz Gabriel
André Marques da Silva Souza
André Pizzaia Butta
André Sass de Carvalho
André Luiz Lopes Vianna
Andrea Matriciano Xavier de Lima
Andrea Pacheco Steiner
Andrea Pessôa
Andreia Pontes
Angel Mar Roman
Angel Mar Roman
Anizio Pereira Reis
Anna Lúcia Nunes Machado dos Santos
Antônio Ferreira
Antonio Inácio dos Santos Júnior
Antonio Julio de Lacerda
Antonio Rogério Mariz Santos
Antonio Sauma Neto
Armando Andrade
Arnon Gonçalves
Augusto Martins
Áurea Novaes
Beatriz São Thiago da Costa Pereira
Bento Araujo
Bia Mioni
Bronquinho
Bruna Menezes
Bruno Ascari
Bruno Mota Quadros
Caio Castro
Caio Paz
Camila Machado
Carlos Augusto Freitas de Oliveira Góes
Carlos Eduardo Barbosa Corrêa
Carlos Henrique Vasconcelos de Menezes
Carlos Mauro Naylor
Carlos Thomaz do Prado Lima Albornoz
Carolina Caldas
Carolina Rodrigues Pereira
Cecy Monroy
Celiza Soares
Celso Rodrigues Ferreira Junior
Cesar Americo Barreira Cardoso
Cesar Gavin
Christovão Abrahão
Cinara Tolotto
Cícero Martins de Macedo Filho
Cindy Tanus
Clara Sandroni
Claudia Alencar de Melo
Cláudia Tisato
Cláudio Frare Crispim
Claudio Muller
Cláudio Rocha

Cláudio Rogério de Almeida Nicolini
Claudio Sa Reston
Clodoaldo Pelissioni
Consuelo Muniz Escudero
Creso Mazzinghy Lages Lacerda
Cristiane e Acácio
Cristiane Tavares
Cristina Carriconde
Cynthia Martins
Dalton Neno Araujo
Daniel Azevedo Prado
Daniel Borges
Daniel Cesario de Abreu
Daniel Silva Dal Gallo
Daniel Vermes
Daniela Hallack Dacorso
Danilo Pureza
Delzio Marques Soares
Demetrius Ferreira e Cruz
Derick Lemos Maciel
Dimas Mützenberg
Diogo Isoni Ribas
Diogo Rangel Ribeiro
Diomario da Silva Junior
Divino Ricardo Calongi Cavalcante
Editora Barbante
Edmilson Carlos Oliveira
Edson Natale
Edson Vieira
Eduardo Baratz Goldemberg
Eduardo Franco de Camargo
Eduardo Halim José do Nascimento
Eduardo Ojeda Marins
Eduardo Tavares de Carvalho
Elaine Miranda Alves
Elainne Alves
Elias José Demian Júnior
Eliza Basílio Alves
Elizabeth Mariya
Eloá Xavier
Elza Akiko Ebina
Emiliane
Enio de Matos Vermelho Junior
Érica Campos de Paula
Erly Vieira Jr
Evan Filho
Evilasio Neto
Fabiano Oliveira
Fabio B Mattos
Fabio de Carvalho Paiano
Fábio Vizzoni
Fabíola Zardini
Fatima Dias
Felippe Paiva
Fernando Barros
Fernando Micheleto
Flávia Souza Lima
Flavio Furtado
Flúvio Caldas
Francisca Helena Marques
Francisco Santos
Frederico Augusto Liberalli de Góes
Frederico Batista Silva
Gabriel Franco
Gabriel Gameiro
Gabriel Guilherme Costa Silva
Gabriel Leone
Gabriel Petter da Penha
Gagarius De Jampa
Genin Guerra
George Patiño
Germano Sathler
Gilberto Naeydi Lago da Costa
Gilson Bressan
Glauber Coutinho de Oliveira
Guilherme Almeida de Araujo
Guilherme Ribeiro
Guilherme Scarpa
Gustavo Carneiro Monteiro dos Santos
Gustavo José Santos de Almeida
Gustavo Martins dos Santos
Gustavo Matavelli
Gustavo Rangel
Haerton Pesch Ferreira Martins
Heber Welby Gomes Alencar
Heitor Scaff
Helder Campos (Tucha)
Helena de Moura Aragão
Heniane Passos Aleixo
Henrique Crespo
Henrique de Freitas Parreira
Henrique Félix Duarte

Henrique Romanine
Henrique Soares Vieira Magalhães
Herman Felix
Hipolito Naquis
Hugo José de Oliveira Agrassar
Humberto Alexandre Macêdo Mendes
Icaro Bittencourt
Ione Bagattini
Ipitácio Oliveira
Iran Marcelino de Sousa
Isabel Aparecida Mendes Henze
Isabella Previti
Ismar Farias de Oliveira
Itamar Alves de Araujo Junior
Ivan Yudi Oda Nakatani
Ivanildo Berardo Carneiro da Cunha Neto
Jader de Oliveira
Jamilson Barros
Jane de Oliveira Lapa
Jefferson Alves de Lima
Jeske Lindolfo
Jéssica Raquel de Melo Oliveira
João Bráulio Cruz de Vilhena
João Erthal
João Helder Silva
João Marcelo Meira Santos
João Maria Valença de Andrade
João Paulo Mehl
Joceli Franco
Jonathan Rodrigues Ev
Jorge de Souza Vieira
Jorge dos Santos
Jorge Duarte
Jorge Lz
Jorwan Gama
Jose Alfredo Rodrigues
José Carlos de Faria e Souza
José Firmino S. Junior
José Inácio Vieira de Melo
Jose Jean Fernandes
José Lima
José Márcio Cerqueira Gomes
José Renato da Silva Marques
Joyce Enzler
JR Tostoi
Julia Borges
Julia dos Santos Rangel
Juliana Pontillo
Júlio César Leandro
Jussaria Leal dos Santos
Karla Albuquerque
Kelly Penaloza Toledano
Kelly Viana Moura
Klaudia Alvarez
Kleber Vinicius Santos Monte
Lauro Jardim
Lauro Marcelo Roth Arreguy
Leandro Alves Vieira Geraldo
Leandro Gomes
Leandro Moura
Leandro Rafael Padilha Leite
Leni Alves
Leonardo Antonio de Assis
Leonardo Bruno Messias Raphael
Leonardo José Melo Brandão
Leonardo Lopes Lima
Leonardo Pimentel
Leoni
Lia Portocarrero Amancio
Lila Montezuma Gomes
Liudmila Rangel Ribeiro
Livio Bruno Mendonça
Luana Carvalho Bandeira
Lucas Toledo
Lucas Vieira
Lucia Helena Lazarini Fonseca
Lúcia Helena Ribeiro Mendes
Luciana B Barros
Lucio Fernandes Costa
Lucíola Paranhos
Luís André Bezerra de Araújo
Luis Fernando Ponce Amendola
Luis Hermano Caldeira Spalding
Luis P B Rodrigues
Luiz Alan Gomes Romero
Luiz Alberto Fernandes
Luiz Alberto Menezes Barreto
Luiz Antonio Leal da Costa
Luiz Augusto Cavalcante Teixeira
Luiz Batista G S Pereira
Luiz Braga
Luiz Carlos da Silva (Nunuka)

Luiz Eugenio Marques da Cruz Machado
Luiz Gilberto Filho
Luiza Teresa Maria Velloso Porto
Magda Ventura
Manoel N A Oliveira
Marcello Vieira Santos
Marcelo Eiji Oikawa
Marcelo Mayer
Marcelo Muller
Marcelo Pretto
Márcia Barbosa Serra
Márcia do Patrocínio Gonçalves Silveira (Centro Cultural Visconde de Mauá)
Marcia Nunes Kosinski
Márcia Romano
Marcia Sant Anna Cabral
Márcia Tauil
Marcio Ramos
Marcius Melhem
Marco Antônio Gomes de Carvalho
Marco Aurelio Italo Stefano Padovani de Brito
Marcos Vinicius Roncalle
Marcus Watson Netto de Oliveira
Margarete A. Pereira
Margareth G Lima
Maria Adélia Rodrigues Gomes
Maria Cristina Vignoli Rodrigues de Moraes
Maria de Lourdes Oliveira dos Santos
Maria Emilia de Fátima Reis e Silva
Maria Leila dos Santos
Maria Lucia Alves Garcia
Maria Valéria Bethonico
Mariana Alencar Lopes Garcia
Mariana Bezerra Lyra
Mariana Nunes Machado dos Santos
Mariliz Schausteck
Marina Pereira do Nascimento
Marina Salgado Pedrosa
Marines Lana
Mario Catucci
Mario Jordão
Mario Sergio Machado de Campos
Marise da Silva Monteiro Lucena
Marizan R Fontinele
Marlene Gonzalez
Martha Mendonça
Mateus Filippini Caetano de Mello
Maurício Torres Assumpção
Mickael Viglino
Miguel F Gouveia
Milena Austregésilo Hereda
Mohama Braga
Monica Vermes
Murilo Fróes Cardozo de Pina
Myriam Salomão
Natalia Botelho
Natalia Demes Bezerra Tavares Pereira
Natália Forni
Natercia Rossi
Nathalia Borghi Tourino Marins
Nilson Monteiro
Nilvio Gomes Bach
Norberto Pardelhas de Barcellos
Olga Maria Oiticica Harris
Paola Faoro
Paula Assis
Paulo Abraão de Almeida Pinto
Paulo Bi
Paulo Cezar Neves Ramos
Paulo Eduardo Delfino
Paulo Roberto Carneiro Peixoto
Paulo Roberto Vilela Pinto
Pedro Fernando Vaz
Pedro Gonzales
Pedro Henrique Medeiros Fortunato
Pedro Lapera
Pedro Marques
Pedro Paulo dos Santos Gama Rosa Costa
Percival S A Canto
Péricles Garcia Ferreira
Petrick Rissardo
Phelipe Medeiros da Rocha
Plinio Quintão Fróes
Priscila Faillace
Rádio Graviola
Rafael Alves da Silva
Rafael Aragão Pinto
Rafael Lima
Rafaela Xavier
Ramilson dos Santos
Ramon de Sousa Alves

Raphael Góes Furtado
Renan Valadares
Renata Maria Sobreira Marques
Renato e Carine Gaulke Machado
Renato Lucce
Renato Omelczuk Loschiavo
Renato Vilarouca
Ricardo Borges
Ricardo Dantas Lima
Ricardo Felinto
Ricardo Vieira
Rilmar da Rocha Moreira
Rita C Scagliusi do Carmo
Rita Nascimento
Roberta M. Sena
Roberto Carlier Junior
Roberto Faissal Jr
Roberto Frejat
Roberto Luiz Caldeira
Roberto Panarotto
Roberto Tanisho
Robson Aguiar
Rodrigo Benitez
Rodrigo Cesar de Oliveira
Rodrigo Garcia
Rogério Chaves
Rogério Coimbra
Romulo Andrade
Ronaldo Lima de Souza
Ronaldo Martins dos Santos
Ronaldo Preteli
Ronan Figueiredo
Rosângela Bentes Campos
Sagui
Sandra Salum
Sandro Mota
Saulo Costa de Albuquerque Maranhão
Seb Venancio
Sergio Bustamante
Sergio Reis Alves
Sergio Torres
Sheila Moreira
Sidclay Pereira
Sidney Lianza
Silvano Filgueira Barreto
Silvestre Mendes
Silvio Moraes
Simone Leite Guimarães
Solange Monteiro
Spectro Records
Su Kardosh
Suely Carvalho Pizeta
Susanna Lira
Suzanna Martins
Tania Meliga
Tato Fischer
Tattiana Teixeira
Teofilo Joaquim da Silva Jr
Thais Carreiro
Thélio Queiroz Farias
Thelma Brandão
Thelma Brandão
Thiago Erthmann Ziliani
Thiago Lucena de Paula Afonso
Túlio Velho Barreto
Ubiraci Manochio
Valdiney Carolino Chaves
Victor De Abreu Marques Zapata
Victor Nigro Fernandes Solis
Victor Augusto dos Santos
Vinícius Carvalho Lima
Vinícius Ludwig Strack
Vitor Nuzzi
Vitor Hugo Cunha
Waleska Nogueira
Walmir Scaravelli
Walter Rocha
Washington da Silva
Washington Santos
William de Abreu
William Grecco
Willian Nascimento da Silva
Willians Cesar
Wilson Y Hayashi
Xanda Lemos
Yago Martins
Ygor Lobo
Yuri Costa
Zé Rescala

Apoio Cultural

Disconversa
O seu portal de notícias em 33 rotações
Rio de Janeiro - RJ
www.disconversa.com
Instagram.com/disconversa

Fino da Bossa
Canção de Autor
São Paulo - SP
(11) 3530-3191
www.finodabossa.com.br
Instagram.com/finodabossa.cancaodeautor
Youtube.com/FinodaBossa

FG Cidadania Italiana
Excelência em cidadania italiana por via judicial
São Paulo - SP
(11) 93318-7273 e (11) 95436-5700
www.fgcidadania.com.br
Instagram.com/fgcidadaniaitaliana
Facebook.com/fgcidadania

Daniela Matheus
Psicóloga
Curitiba - PR
(41) 3049-0980 / 99933-0252
matheus_daniela@yahoo.com.br

Sumário

Prefácio

Disco a Disco

Prefácio

1979 – O Ano Que Ressignificou a MPB

por Célio Albuquerque

No sábado dia 20 de novembro de 1971, caiu, no Rio de Janeiro, parte do elevado que estava sendo construído sobre a Avenida Paulo de Frontin – Rio Comprido. Na verdade, era uma via até o Túnel Rebouças, elo da Zona Norte com a Zona Sul da cidade. Foram 48 mortes e dezenas de feridos. Ficou na memória do país. No dia 25 de dezembro de 1977, morreu Sir Charles Spencer Chaplin, o Carlitos. Esses dois fatos marcaram profundamente muitas pessoas no Brasil e no mundo, em particular o letrista Aldir Blanc, que morava perto do elevado e sonhava com Carlitos e suas pernas tortas. Em parceria com João Bosco, acabaria compondo um dos maiores clássicos da música popular brasileira, "O bêbado e a equilibrista". Nele estava resumida toda dor em torno da figura de Carlitos, mas também da "esperança equilibrista" de um país que sonhava e lutava por uma anistia ampla, geral e irrestrita. O show precisava continuar. Quem primeiro gravou a canção foi o grupo vocal Viva Voz, em 1979, em seu compacto de estreia. Elis Regina ouviu, gostou e a registrou em *Essa Mulher*, seu disco daquele ano.

O momento político, com a iminência do fim de um longo regime de exceção, influenciou diretamente a produção musical. Ao mesmo tempo, várias mulheres compositoras surgiram com força, com canções políticas e emocionais intensas, algumas com enigmáticos álbuns de estreia e outras, já com uma estrada maior, como Sueli Costa, provando, mais uma vez, que criavam mais que belas canções e produziam "louça fina", título usado em seu disco do ano.

O fenômeno da produção fonográfica independente, iniciada extraoficialmente em 1977, com o lançamento do LP *Feito em Casa*, do pianista, compositor e arranjador Antonio Adolfo, ganhou fôlego e visibilidade dois anos depois, com o aumento de artistas optando por esse tipo de iniciativa. O sucesso comercial do grupo carioca Boca Livre contribuiu para isso, uma vez que até emplacar videoclipe no programa dominical *Fantástico*, da Rede Globo – uma espécie de Olimpo dos lançamentos fonográficos da época –, ele conseguiu, a partir de seu primeiro disco.

A música instrumental brasileira, que estava ganhando espaço em algumas rádios desde 1977, recebe mais impulso, tanto no mercado independente, como nas gravadoras convencionais. E mesmo com as modas sazonais, como a discoteca, o samba mostra que continuava cheio de vitalidade e se renova. O momento musical era vigoroso em todos os segmentos.

A Disco Music e o Pop Internacional influenciaram artistas brasileiros em seus discos da época, caso de Tim Maia, Ronaldo Resedá e Jorge Ben. Tais estilos se mesclaram com a música popular brasileira de tal forma que até nos trabalhos lançados por Gilberto Gil e Caetano Veloso há forte acento dessa música nova e internacional. A faixa-título do álbum de Gil, *Realce*, assume que "quanto mais purpurina melhor" e Caetano, em seu *Cinema Transcendental*, com canções como "Beleza pura" e "Trilhos urbanos", mostra que todos os caminhos podem ser viáveis ainda mais num mercado em ebulição. Gal batiza seu álbum de *Gal Tropical* e abraça essa diversidade de estilos. Até mesmo Maria Bethânia cai no Pop e arrisca cantar um *jingle* de motel, devidamente adaptado: "Cheiro de amor" (Duda Mendonça, Jota Moraes, Paulo Sérgio Valle e Ribeiro), sucesso radiofônico nacional conforme diz a letra: "de repente fico rindo à toa sem saber por que...".

A Anistia

Eram tempos de mobilização da classe artística em prol da democracia e da esperança de dias melhores. O Riocentro, no Rio de Janeiro, recebeu, no dia 30 de abril de 1979, a primeira edição do *Show 1º de Maio*, com roteiro e direção de Chico Buarque de Holanda, Júlio Medaglia e Fernando Faro. O evento, como os outros dois realizados nos anos seguintes, foi uma promoção do Centro Brasil Democrático (Cebrade), fundado no ano anterior por 150 intelectuais de dez estados, presidido pelo arquiteto Oscar Niemeyer. A renda do evento estava destinada ao I Encontro de Dirigentes Sindicais, que aconteceria no Rio. Atores famosos faziam a vez de apresentadores. No palco, Toquinho, Vinicius de Moraes, Baden Powell, Clara Nunes, Sérgio Ricardo, Fagner, Ivan Lins, Cartola, João Bosco, Gonzaguinha, Clementina de Jesus, A Cor do Som e o próprio Chico, entre outros.

Gal e Bethânia cantaram "Sonho meu" com Dona Ivone Lara, sucesso composto por ela e Décio Carvalho. Chico Buarque e Simone cantaram "Primeiro de maio", dele e de Milton Nascimento. Os artistas não cobraram cachê. No dia seguinte, dia do trabalhador, o espetáculo teria sua primeira parte (de duas) exibida na TV Tupi. O mesmo evento, realizado dois anos depois, no dia 30 de abril de 1981, seria palco de um dos episódios mais enigmáticos da história política nacional: em seu show, Gonzaguinha comunicava, pausadamente, à atenta plateia do mesmo Riocentro que, "durante o espetáculo, explodiram, eu disse, explodiram duas bombas". O atentado frustrado, que acabou por matar o sargento que levava a bomba em seu colo, acontecera pouco antes de Gonzaguinha proferir seu breve discurso em favor da democracia. Vale sublinhar que os shows *1º de Maio* de 1980 e 1981 foram lançados em CD, em 2011, pelo selo Discobertas, do pesquisador Marcelo Fróes.

Em matéria publicada na revista *Manchete* de março de 1980, sob o título "A abertura para o sucesso", o jornalista Tárik de Souza dava um panorama de como era a indústria fonográfica brasileira naquele momento: "Cotado em 5º lugar no ranking mundial, o mercado de discos brasileiros cresceu nos últimos anos mais que uma parcela considerável da indústria nacional." Mariozinho Rocha, diretor artístico da gravadora Odeon na época, vaticinou: "Em época de crise, vende-se mais lazer."

Foi em um showmício comemorando o 1º de Maio de 1979 que Maria Martha cantou sua "Raiva ("Que fique somente a raiva / E a raiva me leve em frente"), que estaria em seu LP *Meu Romance* (RCA), lançado no mesmo ano. A plateia de 5 mil pessoas calou para ouvir sua parceria com Isabel Maria. Subiram no mesmo palco naquele dia, entre outros, Elis Regina, Jards Macalé, João Bosco e Fagner.

Os festivais

A era dos grandes festivais da TV já fazia parte do passado, mas, eles ganhariam algum fôlego em 1979, liderados por duas emissoras de TV: Cultura e Tupi. A Tupi, mesmo a caminho de sua extinção, mostrou-se ainda uma boa parceira da música popular brasileira naquele ano. O festival da Cultura, que teve como destaques Arrigo Barnabé, Premeditando o Breque e Celso Viáfora, rendeu um LP. O festival da Tupi não teve um LP "para chamar de seu", mas deixou muitas histórias, artistas novos e consagrados em um repertório de respeito. Mesmo não tendo vencido, Caetano Veloso foi um dos artistas que participaram, com "Dona Culpa ficou solteira", de Jorge Ben. A canção foi registrada no disco *Cauby! Cauby!*, de 1980, em uma parceria reunindo Jorge e Cauby Peixoto. No disco, a música está creditada apenas como "Dona Culpa".

O festival, que teve sua última etapa disputada em dezembro daquele ano, foi vencido por Fagner, interpretando a música "Quem me levará sou eu", de Dominguinhos e Manduka. A segunda colocação ficou com Walter Franco, com sua "Canalha". Porém, entre as vencedoras, a que ficou mais conhecida foi mesmo "Bandolins" (Oswaldo Montenegro), interpretada por Oswaldo Montenegro e José Alexandre. O mesmo Zé Alexandre que venceria, em 2021, a primeira temporada do programa The Voice +, exibido pela TV Globo. "Sabor de veneno", de Arrigo Barnabé, com seu compositor e Neusa Pinheiro, levou para casa os prêmios de Melhor Intérprete e Melhor Arranjo. Bubuska Valença ficou com Melhor Letra por sua "Tô querendo, tá". De Alceu Valença, com o próprio e Jackson do Pandeiro defendendo a interpretação, "Coração bobo", e Jards Macalé e Moreira da Silva, na música composta pela dupla, "Tira o óculos e recolhe o homem", marcaram suas presenças no evento. Boca Livre, Marlui Miranda, Diana Pequeno, Olívia Byington, Grupo Viva Voz, Kleiton e Kledir, Cátia de França, Guilherme Arantes e Marku Ribas também estiveram na competição da Tupi.

Na época, o festival recebeu muitas críticas negativas, mas, anos depois, percebe-se que deixou muitas pistas sobre os talentos que revelou. No ano seguinte, a Rede Globo também voltou com um festival, o MPB 80. A vencedora foi "Agonia", de Mongol, com Oswaldo Montenegro. "Foi Deus quem fez você", de Luiz Ramalho, com Amelinha, ficou em segundo, seguida de "A Massa" de Raimundo Sodré e Jorge Portugal, interpretada por Sodré. Classificados, respectivamente, em primeiro e segundo lugares do festival da Tupi, Manduka e Montenegro lançaram LPs em 1979, sem as músicas concorrentes. Oswaldo colocou na rua seu *Poeta Maldido... Moleque Vadio*, que tinha a clássica "Leo e Bia". Na segunda prensagem do LP foi incluída a faixa "Bandolins".

As escolhas

O organizador desse livro, que reúne resenhas exclusivas sobre uma centena de álbuns lançados em 1979, assim como todos os envolvidos em sua confecção, sabe que aqui está um recorte sobre esse ano que ressignificou a MPB.

Não é um recorte definitivo, fechado. Seguramente, outros álbuns poderiam ter resenhas especiais. Durante a confecção dessa obra, em vários momentos, tivemos a sensação de que um livro só não seria suficiente para um momento tão efervescente. Por outro lado, os motivos para não inclusão de alguns títulos foram vários. Um deles é que os articulistas convidados não sugeriram tais discos, optando por outros. E, no caso de alguns títulos até cogitados, não encontramos autores devidamente identificados.

Nosso critério foi fazer uma amostragem panorâmica do ano. Claro que ficamos mais longe da perfeição do que queríamos, mas a seleção foi honesta e não seguiu apenas o gosto pessoal do organizador e as sugestões da equipe da editora Garota FM Books. Procuramos um foco de importância no cenário e na história do ano. Seguramente, o número de títulos aqui reunidos merecia ser maior, mas era preciso fazer escolhas. E as fizemos. No correr desse texto introdutório procuramos enfocar algumas obras que não conquistaram, dessa vez, uma resenha exclusiva.

Discos que merecem menção

"Viva Zapátria", assinada pelos mineiros Sirlan e Murilo Antunes, inspirada na morte do estudante Edson Luis, em 1968, e no guerrilheiro mexicano Emiliano Zapata, ficou com a menção honrosa no Festival Internacional da Canção de 1972. E Sirlan passou a ser alvo dos censores. Certa vez, o letrista Fernando Brant falou que "o Sirlan era o caso mais absurdo de censura. Inviabilizaram, acabaram com a carreira dele. Era impossível um compositor levar cinco anos para conseguir aprovar dez músicas e gravar um disco". Em 1979, ele conseguiu lançar seu LP, intitulado *Profissão de Fé*, com "Viva Zapátria" e outros títulos até ali censurados.

Para tempos de abertura, uma canção tema. Em seu LP *Sempre Livre*, de 1979, o cantor e compositor Zé Rodrix, lançou sua "Melô da abertura". Segundo Franklin Martins, no livro *Quem Foi Que Inventou o Brasil - Vol II, de 1964 a 1985* (Editora Nova Fronteira), a música "reflete bem a desconfiança de boa parte da sociedade brasileira com o processo de distensão política. Que garantias tinha o país de que a abertura era para valer se ela era comandada justamente pelas forças políticas que haviam produzido o fechamento?".

Nem só do sucesso comercial do Boca Livre, do pioneiro Antonio Adolfo, do engajamento e delicadeza de Chico Mário e da potência feminina de dupla Luli e Lucinha se resumem os lançamentos independentes de 1979. Depois de diversas tentativas de emplacar seu trabalho em gravadoras estabelecidas, a cantora Aline decidiu abrir sua empresa, Vento de Raio, e lançou em 1979 seu primeiro LP, homônimo. O disco trouxe três músicas da dupla João Bosco e Aldir Blanc: "O cavaleiro e os moinhos", "Negação" e "Essa é sua vida", com violão do próprio Bosco. "Vento de maio", de Telo e Márcio Borges, contou com participação de Toninho Horta.

O álbum *Espírito da Noite*, de Celso Zambel, é um dos mistérios do profícuo ano de 1979. O disco que teria tudo para ser um clássico até hoje permanece na obscuridade. O LP trazia Celso e seu parceiro na época, o guitarrista André Geraissati, fazendo um som que parecia uma mescla de Mutantes e Velvet Underground, se é que isso é possível. Canções como "Notícia pra você" poderiam ter saído tanto das mãos de Arnaldo Baptista quanto de Lou Reed. Mas, no disco, ainda há reflexos da psicodelia em "Divino Espírito Santo" e "Mágica dos anos 1960". Além de um adiantamento das baladas rockers dos anos 1980 na faixa-título.

A música eletroacústica de Rodolfo Caesar não tinha como ser editada de forma diferente no Brasil naqueles anos e, de forma independente, ele lança seu cultuado *A Arte dos Sons*, com direito a encarte e tudo. Nascida em Codó, no Maranhão, Irene Portela lançou o LP *Rumo Norte* em 1979 pela gravadora independente Marcus Pereira. Das treze faixas, sete tinham sua assinatura, sendo três em parceria: "Até quando" com E. de Freitas, "Folha verde", com Ricardo Gouveia e "Na hora dos muros" com R. Parreira. As outras seis faixas tinham assinatura de João do Vale, sozinho ou com parceiros. Já Recife assiste, em 1979, o lançamento, de forma independente, pelo selo Matita, do músico Zé da Flauta, o compacto do grupo Flor de Cactus. No repertório "Festejo" de Zeh Rocha e André Lobo e "Giração", de um iniciante que iria se destacar anos mais tarde: Lenine.

Menção às mulheres

Foi, podemos dizer assim, um ano feminino e feminista, em que a mulher teve ampliada sua voz na canção popular. "Em 1979, cantoras e compositoras já encontravam caminhos mais abertos para se assumirem artistas e viverem de sua música. Ainda assim, continuaria sendo difícil combater uma sociedade e um mercado dominados pelo conservadorismo machista", afirma a biógrafa e jornalista Chris Fuscaldo, que defendeu em 2020 uma tese de doutorado em Literatura, Cultura e Contemporaneidade, pela PUC-Rio, intitulada *Cantautoras: Um Ensaio sobre Sete Mulheres e Sua Importância na Música Popular Brasileira*.

Mas foi no ano de 1979 que as mulheres chegaram com tudo: depois da explosão em vendas dos discos de Clara Nunes, houve um verdadeiro desembarque de identidades femininas. Além das cantoras que estão no livro, temos outros álbuns lançados por mulheres em 1979. Thereza Tinoco colocou na rua seu disco de estreia, *Sempre Me Acontece* (RGE). No repertório, "Herói animal" (Thereza Tinoco e Nilson Chaves), "Desgosto" (Thereza Tinoco) e até "Sábado em Copacabana" (Dorival Caymmi).

Com a carreira identificada com Roberto, a cantora e compositora Kátia lança em 1979 seu primeiro LP, homônimo. Deficiente visual, a artista sempre foi carismática nos palcos. Lançou seu primeiro compacto simples em 1978, com músicas só dela: "Tão só" e "Sensações". E foi impulsionada pelo apadrinhamento de Roberto, que forneceu a faixa "Lembranças" (Roberto Carlos e Erasmo Carlos) para o repertório de seu primeiro álbum. Das onze faixas, quatro eram composições só suas e uma parceria, em "Procurei você", com Flávio Souza. A partir da década de 90 (então seu último álbum foi em 1992), Kátia passou a se dedicar à causa dos deficientes visuais.

Fafy Siqueira, que, mais tarde, se consagraria como humorista, lançou seu único álbum em 1979. *Posso Falar?* teve participação de Zé Rodrix e Sandra de Sá. No repertório, uma versão de "Ouça", de Maysa.

Em *Pássaro Emigrante*, seu LP de 1979, Claudia (hoje Claudya) além de cantora, apresenta-se eminentemente autora. Das doze músicas do disco, dez são em parceria com o baterista Chico Medori, seu companheiro na época. As outras duas, uma só dela e outra só dele. A "divina" Elizeth Cardoso lançou, pela Som Livre, o álbum *O Inverno do Meu Tempo,* com destaque para a faixa-título, de Cartola e Roberto Nascimento, além da reverência de João Nogueira e Paulo César Pinheiro na música "Mulata faceira" (com a participação do próprio João). No disco, também há o registro em disco de sua interpretação para a primeira parte da ária das "Bachianas Brasileiras nº 5", de Villa-Lobos.

Ao lado do Quinteto de Radamés Gnattali, Zezé Gonzaga lança, em 1979, pelo selo do MIS Rio de Janeiro, o definitivo LP *Valzinho: Um Doce Veneno*, com o repertório focado na obra de Valzinho e seus parceiros. Claro que tem "Doce veneno" (Valzinho, Carlos Lentine e M. Goulart). O álbum merece uma audição apurada. Zezé lançou seu primeiro disco em 1957. De acordo com o Blog IMS (do Instituto Moreira Salles), "Norival Carlos Teixeira, o Valzinho, foi escultor, desenhista, trabalhou na Casa da Moeda e também foi um compositor e violonista original, cujas melodias e harmonias surpreendiam seus contemporâneos (como os colegas de Rádio Nacional) e os mais jovens, caso do fã Paulinho da Viola, que gravou duas músicas suas".

Autora, em parceria com Sérgio Sá, de três das dez faixas de seu disco do ano, Vanusa também inclui no repertório do LP *Viva Vanusa* três músicas de Altay Veloso, além de "Espacial" de Belchior. Da Jovem Guarda, direto para as paradas de sucesso, Lilian lança seu primeiro disco solo, que levava o seu nome. O hit "Sou rebelde (Soy rebelde)" (Manuel Alejandro), em uma versão certeira de Paulo Coelho, ganhou as paradas. O refrão era daqueles que grudam mesmo. Diana Pequeno, que fez sucesso com sua versão para "Blowin' in the wind" (Bob Dylan) em seu disco de estreia, em 1978, lança no ano seguinte *Eterno Como Areia*, que teve como destaque "Facho de fogo" (João Bá e Vidal França), com participação de Marlui Miranda.

A cantora e compositora Marlui Miranda, que direcionou, ao longo dos anos, seu trabalho para a preservação da cultura musical dos povos indígenas, chegou em 1979 com seu primeiro LP já com uma música nessa temática: "Grupo Krahó" (Indios Krahó). Essa está no livro, bem como Elis, Maria Bethânia, Gal Costa e cantautoras como Fátima Guedes, Sueli Costa, Marina, Rita Lee, entre outras.

Menção aos compositores

Em 1979, Jerônimo Jardim lançou pela gravadora gaúcha Pentagrama/ISAEC seu LP de estreia. Outro que debuta no mercado fonográfico é Lourenço Baeta, via Continental. Parceiros de peso como Aldir Blanc e Sérgio Natureza marcam presença. "Meio termo", parceria com Cacaso, gravada por Elis Regina no LP *Transversal do Tempo* (1978), está no disco. "Feito mistério", outra parceria com Cacaso, está no seu LP e no primeiro do Boca Livre.

Jardim ganhou um capítulo no livro. Mas outros compositores acabaram não tendo o mesmo espaço. O compositor Roberto Riberti lançou seu segundo LP *Cenas*, pela Chantecler, com participações especiais do Quarteto em Cy e MPB4. Criado em 1944, o poema "Tem gente com fome" de Solano Trindade, foi censurado pela ditadura Vargas. Em seu projeto de transformar poemas em canções, João Ricardo, principal compositor do grupo Secos & Molhados, tentou lançá-lo em 1975 e o poema foi novamente barrado pela censura. Apenas em 1979, em seu disco solo *Musicar* (Philips), João conseguiu.

Menção aos sambistas

Sonho de um Sambista, LP, lançado pela gravadora Eldorado, marca o primeiro álbum solo do já veterano Nelson Sargento, sintomaticamente com a faixa de destaque, composta pelo próprio, falando sobre o samba: "Agoniza, mas não morre". Cartola, outro veterano, lança seu quarto álbum solo, intitulado *70 anos*. Auxiliando luxuosamente o samba a brilhar nas rádios e TVs de 1979, Clara Nunes, Beth Carvalho e Alcione desembarcaram no mercado com "potentes armas" para garantir o território do samba.

Sargento e Cartola foram celebrados em capítulos. Já Mestre Marçal, um dos maiores ritmistas do Brasil, ganha menção honrosa aqui. Em 1979, ele lança *Marçal interpreta Bide e Marçal*, com repertório das parcerias de seu pai com Bide, dois fundadores do ritmo. Clássicos como "Agora é cinza", "Meu primeiro amor", "A primeira vez" e "A carta", enfileirados em *pot-pourri*, ou *medleys*, como dizemos no século XXI. Nos vocais de apoio, participações de Chico Buarque, Clara Nunes, Milton Nascimento e Martinho da Vila, entre outros. Martinho, por sinal, mantendo sua tradição de discos temáticos, montados como um desfile de escola de samba, lança *Terreiro, Sala e Salão*. "Deixa a fumaça entrar", dele e Beto Sem Braço, destaca-se no repertório.

Zé Kéti lança em 79, com um repertório basicamente inédito, o LP *Identificação*, cuja capa trazia o seu documento de identidade, com direito a uma foto do compositor com um semblante sério e a sua assinatura. Denominado "Rei do Coco" em seus dois primeiros LPs, o cantor e compositor Bezerra da Silva alcança seu primeiro sucesso nacional a bordo do segundo volume do LP *Partido-Alto Nota 10,* com a música "Pega eu (Criolo doido)", que conta a história de um ladrão que vai roubar uma casa de pobre e fica desnorteado.

Seguindo sua fórmula de sambas com refrões fáceis, Benito de Paula lança em 1979, pela Copacabana, um álbum homônimo que tem seu toque político: uma homenagem para Chico Buarque na faixa "Banda do povo".

Menção aos nordestinos

O profícuo Quinteto Violado coloca no mercado seu *Pilogamia do Baião*, lançado pela Philips. O repertório vai de "Numa sala de reboco" (Zé Marcolino e Luiz Gonzaga) até "Paluchiado da cachaça" (Roberto Santana e Toinho Alves). A mesma gravadora, via selo Fontana, lançou o disco do mestre Dominguinhos, *Apôs Tá Certo*, com "Lamento sertanejo" (Dominguinhos e Gilberto Gil) no repertório.

Naquele final dos anos 1970, Alceu Valença esteve em Paris. Não lançou disco em 1979, mas por lá gravou o álbum *Saudade de Pernambuco*, que só chegou ao mercado na segunda metade dos anos 1990, como brinde do *Jornal da Tarde*. Em 2016, via Deck, foi lançado nacionalmente. "Cana caiana", "Apoena" e "Colcha de retalhos", dele, estão no repertório. A faixa-título é assinada por Sebastião Miceli e Sebastião Rosendo e "Beira-mar", por Passarinho do Norte e Zé Vicente da Paraíba.

Outros ventos

A música negra pulsava nas pistas, inclusive com Lady Zu com seu *Fêmea Brasileira* (Philips), que gerou um hit nacional, "É hora de união", dueto com Totó Mugabe, que foi parar na trilha sonora nacional da novela *Dancing Days*. Além dele, tinha versões bacanas de "A banda", de Chico Buarque, e de "Boneca de pixe" (Ary Barroso e Luis Iglesias), com participação especial de Luiz Wagner. As Frenéticas Leiloca, Sandra Pera, Regina, Edir, Dulcilene e Lidoka colocaram no mercado sua disco music carnavalizada no *Soltas na Vida*. O disco não tinha hits como "Perigosa", de Rita Lee, Roberto de Carvalho e Nelson Motta, mas tinha "Perigosíssima", do mesmo trio. Mesmo não sendo um disco de soul, *Malandro Dengoso*, de Carlos Dafé se manteve na "área". Das dez faixas, nove são dele, sozinho ou com parceiros. Entre os destaques, a suingada "Passarela", a afro "Au com rolê" e uma interpretação de "Folha morta", clássico de Ary Barroso.

No segmento de lançamentos populares de duplos sentidos, desembarcam desde Manhoso e sua *Festa da Rabada* (RCA/Camdem) a Genival Lacerda e seu *Não Despreze Seu Coroa* (Copacabana), cujo sucesso foi a irreverente "Radinho de pilha" (Namd e Graça Góis). Já o sambista Dicró (apelido de Carlos Roberto de Oliveira), em seu álbum homônimo, anuncia várias rimas pouco ortodoxas, como em "Olha a rima (Dicró e J. Dias). Nelson Ned (com *Meu Jeito de Te Amar*), Odair José (homônimo) e Sidney Magal (*O Amante*) também despontam nas paradas em 1979.

Egberto Gismonti lança seu *Solo*, onde o destaque é "Frevo". Com produção de Manfred Eicher, Gismonti toca violão de oito cordas, piano e percussão. O disco foi gravado em Oslo, Noruega. Também com sólidas carreiras internacionais, Flora Purim e Raul de Souza lançam álbuns. *'Til Tomorrow Comes* é um álbum lançado por Raul com o guitarrista americano Arthur Wright, oscilando entre o jazz fusion e a disco music. Já Flora brilha em *Carry On* onde se destacam "Sarará miolo" (Gilberto Gil) e "Beijo partido (Broken kiss)" de Toninho Horta.

O também internacional Sérgio Mendes faz um breve retorno ao Brasil e lança seu *Horizonte Aberto* (Som Livre), título de sua parceria com Guto Graça Mello e Paulo Sérgio Valle que acabou em trilha de novela. Um dos discos preferidos do pesquisador Rodrigo Faour, tem também em seu repertório "Fato consumado", de Djavan. O chorinho brilha em *Chorando Baixinho – Um Encontro Histórico* (Kuarup), reunindo o conjunto Época de Ouro, o pianista Arthur Moreira Lima e outras feras como o flautista Copinha e o clarinetista Abel Ferreira.

Tom Jobim e Vinicius de Moraes também desembarcam em 1979 a bordo de seus LPs, cada qual com sua parceria. *10 anos de Toquinho e Vinicius* brinda a dupla cheia de hits. No repertório, pérolas como "Cotidiano nº 2" (Toquinho e Vinicius de Moraes). Todas as faixas do álbum *Bananeira Mangará* (Som Livre), de Ruy Maurity, são dele e de seu parceiro José Jorge. Duas não têm sua assinatura. A faixa-título, "Bananeira mangará" (Janduhy Finizola) e "Cana caiana", uma bissexta composição de Maria Bethânia com Rosinha de Valença.

O Brasil, principalmente depois do tempo dos festivais, não viu chegar ao mercado muitos discos de intérpretes masculinos. Mesmo assim, 1979 tem uma boa "safra" de lançamentos. De Ney Matogrosso a Emílio Santiago e o disco de estreia de Zé Luis Mazziotti. O ano também presenciou o pulsar independente do *Coração Vulgar*, de Pepê Castro Neves. Lucinha Lins fez participação especial na faixa "Segredo quebrado" (Sueli Costa e Paulo César Pinheiro). Já em "Calma" (Guinga e Paulo César Pinheiro), há a participação de Dulce Nunes, cantora e compositora que em 1968 lançou o álbum *Samba do Escritor* (Forma), com parcerias com Drummond, Guimarães Rosa, Mário Quintana, entre outros.

Ano pulsante

Há tempos o ano 1979 exigia a mesma revisita feita no livro *1973 – O Ano Que Reinventou a MPB*, organizado por mim (Célio Albuquerque) e lançado entre o final de 2013 e o início de 2014 pela Editora Sonora. Os ganchos estavam no ar para quem quisesse "pescar". A importância é evidente e inquestionável.

Em entrevista a Marina Mesquita, publicada no jornal *Folha de Pernambuco*, em 29 de agosto de 2019, o empresário Fábio Cabral, da loja Passa Disco, de Recife, traçou um paralelo entre os dois anos. Se 1973 vivenciou o auge da repressão e da censura, 1979 aspirou à expectativa de mudanças: "Havia uma perspectiva de novo tempo, que mudou o tom da música. Até canções proibidas puderam ser gravadas."

Na referida matéria, há também o depoimento do cantor e compositor Moraes Moreira (1947-2020): "Foi uma fase em que muitos nordestinos alcançaram sucesso. Baianos, pernambucanos, paraibanos, cearenses...", comentou Moraes, cujo grupo original, os Novos Baianos, se desmembrou em nada menos que quatro novas possibilidades, justamente em 1979. Além de Moraes, Baby Consuelo (antes de tornar-se Baby do Brasil), Pepeu Gomes e Paulinho Boca de Cantor lançaram discos em 1979.

Essa constatação de que o ano musical brasileiro de 1979 merecia uma leitura especial, assim como 1973, se solidificou com a realização de uma série de cursos sobre música popular brasileira no Sesc RJ, na unidade Copacabana, em 2019, coordenados por Leila Dantas. Lá, os críticos musicais Rodrigo Faour, Mauro Ferreira e Leonardo Lichote expuseram, cada qual com sua ótica, em seu próprio curso, visões sobre a música popular brasileira. Em todos, o ano de 1979 pulsava com insistente intensidade.

Marina, Fábio, Mauro, Rodrigo, Lichote e Leila foram convidados (e aceitaram) embarcar nessa viagem ao centro de 1979. Junto com eles vieram alguns pesquisadores que assistiram à série de palestras no Sesc RJ, como Chris Fuscaldo, Lucas Vieira e Rodrigo Nogueira. Foi em uma conversa entre mim e um dos autores (Ricardo Moreira, que também esteve no *1973*) que surgiu o subtítulo desse livro, *O Ano Que Ressignificou a MPB*. Assim como 1973 e 1968, o ano de 1979 é sujeito. Um sujeito que realmente ressignificou a MPB.

Autores envolvidos no livro *1973 - O Ano Que Reinventou a MPB* foram convidados a embarcar nesta viagem a 1979. Boa parte deles aceitou a empreitada. Se nem todos puderam estar nessa jornada, tivemos muitos novos companheiros de viagem. A cantora e compositora Joyce Moreno, a flautista Madalena Salles e Miltinho (MPB4), para falar de alguns artistas que viveram as experiências na época, além de outros jornalistas e pesquisadores musicais. E, na mesma *pegada* do *1973*, decidimos fazer um livro plural, com autores e autoras dos vários cantos do país, com diversas formações e diferentes etnias e faixas etárias. Jornalistas, pesquisadores, artistas. Gente de Minas Gerais, Ceará, Paraíba, Rio Grande do Sul, Goiás, Rio, São Paulo...

Uma obra como *1979* é, de fato, uma obra coletiva. E os agraciamentos são muitos e coletivos. Do empenho e dedicação que Kátia e Karolina Abrantes, minhas parceiras de vida, sempre tiveram, ao envolvimento gigantesco dos autores e autoras com a confecção desse livro... O sentimento é gratidão. Seriam necessárias mais algumas dezenas de páginas para os agradecimentos.

Nesse projeto de livro com financiamento coletivo, empreitada comandada por Chris Fuscaldo e seu time de primeira da editora Garota FM Books, a gente também agradece aos leitores, que embarcaram nessa viagem e compraram o livro antecipadamente. Da editora, um agradecimenro especial ao Carlos Eduardo Lima, que teve um olhar cuidadoso durante a revisão crítica deste conteúdo. Alcançar a meta, com relação aos valores, e ter esse livro em mãos é puro prazer. Brindemos à música popular brasileira e quem acredita nela!

Quase todos os álbuns citados nessa obra estão disponíveis em *streaming*. Porém, alguns só em CDs e LPs ou em algum canal no Youtube. Mil novecentos e setenta e nove foi de fato o ano que ressignificou a MPB. Viva a música brasileira que continua nos surpreendendo!

1979 – O Ano Que Começou Antes

por Washington Santos

Se existem anos que nunca terminam, como o 1968, de Zuenir Ventura – ainda ecoando em nossas cabeças e corações –, há anos que começam antes, como 1979.

Em 1° de janeiro de 1979, os brasileiros amanheceram livres do Ato Institucional n° 5 (o AI-5), baixado em 1968 como a expressão mais acabada da ditadura militar iniciada em 1964. O Ato, que vigorou até 31 de dezembro de 1978 e produziu um elenco de ações arbitrárias de efeitos duradouros, deu "poder de exceção aos governantes para punir os que fossem inimigos do regime ou como tal considerados", destaca a cientista política Maria Celina D'Araujo em artigo no site do CPDOC-FGV.

O fim do AI-5 representou o ápice da política de distensão do governo do general Ernesto Geisel, que assumiu a presidência da República em 1974, prometendo o retorno do país à democracia por meio de um processo "lento, gradual e seguro".

Assim, em 13 de outubro de 1978, foi promulgada a emenda constitucional n° 11, que entraria em vigor em 1º de janeiro do ano seguinte. A emenda revogou todos os atos institucionais da ditadura, incluindo o AI-5, restaurou o *habeas corpus* e ofereceu um abre-alas mais que esperado para que 1979 nascesse com novas perspectivas.

Mas esse nascimento não foi forjado de forma simples, tanto que a Lei de Segurança Nacional, de 17 de dezembro de 1978, mantinha poderes arbitrários nas mãos da ditadura. O ano de 1979 foi gestado num processo de avanços e recuos que caracterizou o governo Geisel desde o seu início.

A suspensão da censura prévia à imprensa e a revogação do banimento podem ser destacados no rol dos avanços, mas o governo criou a figura do senador biônico (investido no cargo sem ter sido eleito pelo voto popular) e a Lei Falcão (Lei nº 6339/76), que amordaçava as campanhas eleitorais, além de manter uma legislação que impedia a livre organização dos trabalhadores.

O projeto de Geisel não impediu que ocorressem tentativas de golpe promovidas por setores militares radicais contrários à distensão. A maior ameaça veio dos oficiais que controlavam o aparato de repressão policial-militar. O episódio mais grave desse período foi a morte do jornalista Vladimir Herzog sob tortura, em outubro de 1975, no DOI-Codi do II Exército, em São Paulo. Mesmo com grande repercussão na opinião pública, unindo políticos de oposição, setores progressistas da Igreja Católica, estudantes e parte da imprensa, os responsáveis não foram punidos (até hoje).

Meses depois, em janeiro de 1976, a morte do operário Manoel Fiel Filho, em condições idênticas, fez o caldo entornar. Segundo o *Dicionário Histórico-Biográfico Brasileiro*, publicado pelo CPDOC-FGV, "o caso foi visto como uma provocação dos órgãos de segurança à autoridade do presidente da República e à política de distensão que este preconizava". Geisel resolveu, então, demitir o general Ednardo D'Ávila Mello do comando do II Exército, sem consultar o superior imediato deste, o ministro do Exército, general Sylvio Frota.

Mas o predomínio do presidente sobre aqueles que eram contrários ao projeto de liberalização política veio mesmo com a demissão, em outubro de 1977, do próprio ministro Sylvio Frota – um dos representantes da chamada "linha dura", formada pelos setores mais conservadores das Forças Armadas –, que pretendia se impor como o próximo presidente da República.

No início do governo Geisel, o ciclo de prosperidade da economia brasileira – conhecido como "milagre econômico" – tinha chegado ao fim. O aumento dos preços do petróleo, a recessão da economia mundial e a escassez de investimentos estrangeiros interferiram negativamente na economia interna. Setores da burguesia industrial começaram a discordar dos rumos da política econômica. O aumento do custo de vida e a contenção dos salários fizeram crescer o descontentamento dos trabalhadores. Em 1978, os metalúrgicos do ABC paulista iniciaram o maior ciclo grevista da história do país, que teve continuidade nos anos seguintes. E não havia mais ambiente para o governo conter à força as reivindicações dos trabalhadores e as exigências dos industriais.

A crise econômica, os movimentos sociais e trabalhistas contra a carestia e o arrocho salarial, a reorganização do movimento estudantil e as vitórias eleitorais do Movimento Democrático Brasileiro (MDB), partido de oposição, intensificaram o confronto com o regime militar. O primeiro sinal de descontentamento popular veio com a vitória expressiva do MDB nas eleições de novembro de 1974. Para evitar a continuidade desse avanço, o governo editou, em

1977, o Pacote de Abril, que, entre outras medidas, alterava as regras eleitorais em benefício da Aliança Renovadora Nacional (Arena), partido da situação.

Fechando o ciclo e reafirmada sua supremacia sobre os setores militares que resistiam à democratização, Geisel escolheu para sucedê-lo na presidência da República o general João Baptista de Oliveira Figueiredo, chefe do Serviço Nacional de Informações (SNI), comprometido com o projeto de abertura democrática. Uma das frases mais marcantes de Figueiredo em 1979, no primeiro ano de seu mandato, foi: "É para abrir mesmo. E quem quiser que não abra, eu prendo. Arrebento. Não tenha dúvidas."

Último presidente do regime militar, Figueiredo tomou posse em 15 de março de 1979 sem os óculos escuros dos tempos de SNI, prometendo restaurar a democracia e fazer uma política de "mãos estendidas". Pesquisas de opinião mostravam que o povo achava simpático o novo presidente, que aparecia de sunga em capas de revistas e fazia exercícios físicos diários. Mas o "João, paz e amor" não durou muito. Reagindo a um protesto de estudantes em Florianópolis, em novembro daquele ano, "partiu para a briga, distribuindo palavrões e por pouco não trocou murros" com a garotada.

A coisa não seria mesmo tão fácil. No primeiro dia útil do ano, o *Jornal do Brasil* noticiava que, apesar de esperar maior liberdade política para 1979, o brasileiro estava pessimista "por causa do dramático recrudescimento das expectativas de dificuldades econômicas, greves, desemprego e da tendência de piora das condições de vida das grandes cidades, inclusive com um maior número de assaltos e crimes". Segundo o Instituto Gallup, o índice relativo de otimismo nunca havia sido tão baixo tanto em São Paulo (27%) quanto no Rio de Janeiro (13%).

Outro que não estava nada otimista com 1979 era o poeta Carlos Drummond de Andrade, revelava o jornal: "Diante do Ano Novo, mais um da longa série que me coube tomar conhecimento direto, vejo, como aquele senhor importante, que não tenho nada a declarar. Absolutamente nada (...). 1979 não me consultou antes de aparecer. Aliás, nenhum de seus antecessores se lembrou de fazê-lo. Eu não teria lhe negado permissão, mas certo estabeleceria algumas condições para existir. Algumas salvaguardas, para ser mais explícito (...). Em primeiro lugar, para fazer jus ao título de Ano Novo, ele precisava ter um mínimo de originalidade e preparar acontecimentos e pessoas que se distinguissem por um aspecto diferente do costumeiro, isto é, do deplorável."

Porém um fio de otimismo podia ser encontrado no mesmo *JB* em texto do crítico teatral Yan Michalski: "A primeira manifestação desta coluna depois da revogação do AI-5 não poderia deixar de ser uma manifestação de esperança de que, sob o novo ordenamento jurídico que desde ontem vigora no país, o teatro brasileiro e a criação cultural brasileira em geral venham a sair da longa noite de trevas em que viveram desde 13 de dezembro de 1968, e que lhes causou danos irreparáveis."

O autor destacava uma entrevista do diretor da Censura Federal, Rogério Nunes, que, referindo-se a duas peças proibidas de Chico Buarque, *Roda Viva* e *Calabar*, admitia a possibilidade de ambas serem, junto com outras obras interditadas, liberadas sem cortes em 1979, afirmando: "'Basta que os autores ou produtores recorram novamente à Censura, pois estamos dispostos a examinar todos os pedidos de reavaliação de obras anteriormente apreendidas.' O convite foi feito, publicado e – ao que me conste – não foi desmentido até hoje. O futuro se encarregará de revelar as intenções existentes por trás dele e de mostrar, em última análise, se o AI-5, não na sua letra, mas no seu espírito, foi efetivamente revogado no que diz respeito ao relacionamento do Poder com o teatro", concluiu Michalski.

Desviando novamente o olhar para o colapso da política econômica, o Brasil do final da década de 1970 foi marcado por inflação alta e estagnação, situação radicalizada com a crise internacional do petróleo em 1979. A dívida externa atingiu números alarmantes e a crise incendiou de vez o ABC paulista, região de maior concentração fabril do país, acarretando grandes greves que foram enfrentadas pelo governo com a Lei de Segurança Nacional e a prisão de seus líderes, sendo Luiz Inácio Lula da Silva o mais destacado deles.

Em 22 de novembro de 1979, o Congresso aprovou a reforma partidária promovida pelo governo, extinguindo a Arena e o MDB e possibilitando o retorno do pluripartidarismo à vida pública brasileira. A iniciativa de acabar com o bipartidarismo, que vigorava desde 1965, teve como objetivo dividir a oposição e ampliar a base de apoio do governo.

Ao falar da vida pública nacional, chega-se ao fato histórico que marcou, como nenhum outro, o ano de 1979: a Anistia – parte fundamental do conjunto de medidas tomadas no contexto da abertura política. Com ela, foram revogadas as penalidades propostas nas legislações do regime militar, como o exílio, a suspensão de direitos políticos, as aposentadorias compulsórias, dentre outras punições. Mas a Anistia proposta pelo governo não chegou a ser "ampla, geral e irrestrita", como reivindicavam as manifestações espalhadas pelo Brasil e fora dele há alguns anos – uma vez que não beneficiava todos os presos políticos, distinguia os crimes perdoados e não devolvia aos punidos os cargos e patentes perdidos.

Com a Lei da Anistia, assinada em 28 de agosto de 1979, os exilados começaram a retornar ao Brasil, como Luís Carlos Prestes, Miguel Arraes, Leonel Brizola, Francisco Julião, Fernando Gabeira, Vladimir Palmeira e Herbert de Souza, o Betinho, irmão do Henfil, embalados pela bela canção "O bêbado e a equilibrista", de João Bosco e Aldir Blanc, gravada por Elis Regina, que se transformou no "Hino da Anistia". Elis acreditava que a canção era o retrato do Brasil de então: "Grande parcela da população anseia encontrar um Carlitos desses e sonha não ver mais nem Marias nem Clarisses chorando." Henfil também falou sobre a música: "Liguei para o Betinho e disse: agora temos um hino, e quem tem um hino faz uma revolução."

"Sonho meu", de Dona Ivone Lara e Délcio Carvalho, também foi visto como hino pró-anistia ("Vai buscar quem mora longe, sonho meu"). "Não me comprometa! Virou hino porque quis", disse Dona Ivone ao jornal *O Globo* em 12 de outubro de 1979.

Outras duas músicas, gravadas por Simone, são a cara daqueles tempos: "Começar de novo", de Ivan Lins e Vítor Martins, e "Tô voltando", de Paulo César Pinheiro e Maurício Tapajós. A primeira foi feita para a série televisiva *Malu Mulher*, que tratava de um assunto difícil para a época: a superação da mulher depois de um casamento desfeito; e a segunda, composta sem esse objetivo, foi abraçada pelos exilados políticos que voltavam ao Brasil com a Anistia.

Enquanto *Malu Mulher* e "Começar de novo" captavam uma certa revolução feminina na forma de encarar questões comportamentais e os desafios de uma nova mulher que buscava tomar conta do próprio destino, "Tô voltando" descrevia a ânsia do regresso à casa depois de uma temporada artística exaustiva. "Estava vendo o *Jornal Nacional*, da TV Globo, cujo tema central era a volta dos exilados (...), quando, pra minha surpresa, no avião lotado por nossos companheiros, entre entrevistas e choros ao vivo, entoou-se, numa só voz, o 'Tô voltando'. A cena foi uma pancada no meu coração (...). Tive que respirar fundo e sair da frente da tevê para não enfartar", conta Paulo César Pinheiro no seu livro *Histórias das Minhas Canções*. A música tinha tomado outra conotação. Também virara um hino para os exilados. "O que mostra que o destino das canções não está em nossas mãos. Elas são o que elas quiserem ser. Que bom que ela tenha virado o que virou", concluiu Pinheiro.

Depois de ataques terroristas a bancas de jornais que vendiam publicações de esquerda; de cartas-bombas enviadas para a OAB e a Câmara Municipal do Rio de Janeiro, em 1980, causando morte e mutilações; da explosão, em 1981, de uma bomba no interior do carro de militares no estacionamento do Riocentro, onde se realizava um espetáculo musical em comemoração ao Dia do Trabalhador; da histórica campanha das Diretas Já, em 1984; e da eleição de Tancredo Neves para a presidência da República, em 1985, Figueiredo saiu do governo pedindo para ser esquecido. Foi o que fizemos – ou, pelo menos, tentamos fazer.

Movimento Massafeira Livre

por Mona Gadelha

Como foi possível juntar tanta gente numa ocupação do palco e dos jardins do majestoso Theatro José de Alencar, durante quatro dias, naquele encerramento de década em que se viveu a esperança e a desilusão, o tempo em que se desesperava? Em 1979, o Brasil ainda acenava com o fim da ditadura, o que só aconteceria em 1985. A música brasileira, em um mosaico de sons, ecoando o pós-tropicalismo, o definitivo advento do rock, viu surgir uma geração de artistas, especialmente do Nordeste, que se expandiu das capitais do país para o âmbito nacional - o Pessoal do Ceará. Foi assim que se tornou conhecido o grupo de artistas cearenses (Belchior, Ednardo, Fagner, Rodger Rogério, Teti, Amelinha, Fausto Nilo, Brandão, Petrúcio Maia, Augusto Pontes, Ricardo Bezerra - os mais conhecidos) cujas canções passaram a ser ouvidas, não mais apenas na televisão cearense, pródiga na época em programas musicais com artistas da terra, mas nas ondas do rádio e nas trilhas de novelas da Rede Globo.

Com esse caminho aberto pelo Pessoal do Ceará, uma leva de novos músicos - parte criando música com referências regionais, outra parte guiada pelos temas urbanos, incorporando o rock e o blues - ocupou espaços em Fortaleza e no Cariri, numa efervescência que inspiraria o grande acontecimento de 1979, a Massafeira Livre, ocupação do Zé de Alencar, com música, artes visuais, teatro, cinema - quem viveu, não esquece. Quem não viveu, sonha e se admira.

Ednardo e Augusto Pontes já haviam escrito "Carneiro" - "Amanhã se der o carneiro, carneiro / Vou-me embora daqui pro Rio de Janeiro" (no disco *O Romance do Pavão Mysteriozo*, RCA Victor, 1974) -, quando conceberam o que hoje a gente chamaria de "projeto" Massafeira, com uma turma de artistas jovens e nomes já famosos e consagrados, que também participaram dos shows, como Walter Franco e Zé Ramalho, além dos próprios cearenses que brilhavam nas paradas de sucesso. Com um cartaz criado por Antonio José Soares Brandão (1948-2021), letrista, arquiteto, parceiro de Ednardo em "Alazão" e outros muitos clássicos do cancioneiro cearense, os quatro dias mágicos reuniram cerca de duzentos participantes. Destes, mais de quarenta viveram a utopia do álbum duplo *Massafeira Livre*, hospedados no Hotel Santa Teresa, no Rio, onde chegaram depois de uma longa viagem em ônibus leito de Fortaleza e de onde saíam para gravações diárias nos estúdios da CBS. Da ocupação do Zé de Alencar para a moradia coletiva em Santa Teresa, com música ecoando 24 horas por dia.

A chamada "turma do rock", da qual eu fazia parte juntamente com Lúcio Ricardo e o grupo Perfume Azul (Siegbert Franklin, Ronald Carvalho e Will), teve seu lugar no álbum graças a Ednardo e Augusto Pontes. Essa convivência estendida após o advento do projeto Massafeira também se estreitou com autores da mesma geração, como Caio Silvio Braz, Francisco Casaverde, Graco Braz, Pachelly Jamacaru, Ângela Linhares, Calé Alencar, Zezé e Ana Fonteles, entre outros e colaborações em trabalhos de Chico Pio, Alano de Freitas e Stélio Valle (1950-2008).

Massafeira, o álbum duplo, foi gravado em 1979, mas só saiu em 1980, e conforme contou Ednardo, em postagem no Facebook em 2015, depois de muita disputa na gravadora CBS, tendo ele que abrir mão de verba da divulgação de seu álbum *Imã*, lançado também naquele ano, para que fossem fabricadas dez mil cópias do projeto que até hoje ressoa, reverbera, conquistou fãs apaixonados por todo o país, lançou artistas e representa uma amostra relevante da produção criativa cearense nesse momento de transição.

Participei com uma de minhas primeiras composições, "Cor de sonho", um blues que regravei em meu primeiro álbum (*Movieplay*, 1996), e tive a sorte de contar com o acompanhamento de Robertinho de Recife (guitarra), Túlio Mourão (piano), Tuti Moreno (bateria) e Luís Miguel Caldas (baixo). Anos depois também foi gravada pelas cantoras Amanda Acosta, Lívia França e Karla Karenina.

Na lista de músicas: "Aurora" (Ednardo e Belchior); "Como as primeiras chuvas do caju" (Ângela Linhares e Ricardo Bezerra); "Pé de espinho" (Rogério Soares, Eugênio Stone e Luiz Carlos Pinóquio); "Vira vento" (Vicente Lopes); "Aviso aos Navegantes" (Lucio Ricardo); "O que foi que você viu" (Stélio Valle, Chico Pio e Nertan Alencar); "Brejo" (Regis Soares, Rogério Soares e Ednardo); "Atalaia" (Francisco Casaverde, Graco e Caio Silvio); "Frio da serra" (Petrúcio Maia e Brandão); "Isopor" (Wagner Costa); "Buenos Aires (Citroen)" (Stélio Valle e Sérgio Pinheiro); "Senhor doutor" (Patativa do

Assaré); "O sol é que é o quente" (Alano de Freitas); "Em cada tela tem uma história" (Lúcio Ricardo); "Cor de sonho" (Mona Gadelha); "Vento rei" (Zé Maia e Calé Alencar); "O rei" (Tânia Araújo); "Jardim do olhar" (Stelio Valle e Fausto Nilo); "O sol acordou" (Ednardo); "Estradeiro" (Rogério Soares); "Pelos cantos" (Graco), "Não haverá mais um dia" (Pachelly Jamacaru); "Último raio de sol" (Rodger Rogério, Clodo e Fausto Nilo); e "Reisado" (Graco, Stelio Valle e Augusto Pontes).

A maioria das canções foi interpretada pelos próprios autores, exceto "Frio da serra", que reuniu na gravação Ednardo, Marta Lopes e Fagner; "Último raio de sol", com Teti e Ednardo; e "O sol é que o quente", com Ana Fonteles e Ednardo.O fato desse álbum ter corrido o risco de não sair tornou-se tema de pesquisa e dissertações na academia, transformou-se em efeméride celebrada nos dez, vinte, trinta e quarenta anos de seu lançamento. Assim como já aconteceram *revivals*, shows com participações de parte dos artistas que gravaram o original em 1979. Em 2010, Ednardo organizou um livro com a edição em CD encartada, distribuída pela Sony. Houve shows de lançamento em São Paulo (Sesc Belenzinho), Rio de Janeiro (Modern Sound) e Fortaleza (Theatro José de Alencar).

O livro *Massafeira 30 Anos - Som, Imagem, Movimento, Gente* traz textos de Calé Alencar, Mona Gadelha, Ruy Vasconcelos, Eleuda de Carvalho, Rodger Rogério, Pedro Rogério, Artur Bruno, Nelson Augusto, Graco Silvio, Michel Platini Fernandes e Vanderly Campos de Oliveira, com depoimentos de Rogério Soares, Régis Soares, Teti, Alano de Freitas, Siegbert Franklin, Lúcio Ricardo, Oswald Barroso, Gentil Barreira e Wagner Castro. Ilustrações de Antonio José Brandão, Fausto Nilo e Ednardo. O trabalho fotográfico é de Gentil Barreira, que esteve no Hotel Santa Teresa acompanhando e registrando a movimentação dos cearenses.

E cada artista tomou seu rumo, seu caminho. A maioria da geração pós-Pessoal do Ceará, ainda a ser descoberta por um público maior, pois a maioria das canções do álbum transcende o tempo. Alguns saíram de Fortaleza e se fixaram no Rio e em São Paulo. Outros permaneceram na cidade, participando ativamente da cena cearense. Nunca mais houve nada parecido - em número, em diversidade e registrado em disco - com esse ajuntamento de ideias, sonhos, música.

Vanguarda Paulista ou A Lira do Delírio Paulistano

por Ricardo Soares

É um passeio sentimental por outro tempo, outra geografia urbana, outra lógica. Uma São Paulo ainda comoção de nossas vidas, onde o frege musical começava a se unir, condensar, expandir a partir da descida de uma escadinha que começava na calçada da rua Teodoro Sampaio, Pinheiros, bem defronte à lendária Praça Benedito Calixto.

Ao fim da escada, palco e plateia de uma "lira do delírio" que não era o filme do Walter Lima Jr., mas a mais paulistana das liras, que revelou tanta gente talentosa e fundamental, e que, perdoem a presunção, mas muitos da minha geração tinham a certeza de que tinham vindo para ficar.

Vieram para ficar e levaram na história da MPB o rótulo de "vanguarda paulista", que teve como palco principal o Lira Paulistana. Mas, é sempre bom lembrar, o Lira só começa a ser mesmo palco em 1980/81 e o tal "movimento de vanguarda" começou nos últimos anos da década de 1970 do século XX, com muita gente que adotou São Paulo como o epicentro dos seus "fazeres", mas que vinha de uma porção de outros estados. Inclusive os metafísicos.

Escalar esse time, que tinha na sua formação – entre outros - Arrigo Barnabé, Itamar Assumpção, Isca de Polícia, Grupo Rumo, Premeditando o Breque, Língua de Trapo, Cida Moreira, é uma viagem ao campo dos sonhos, comparando com os tempos atuais. Essa geração que gravitava em torno do "Lira" é, sem favor nenhum, dos movimentos culturais mais importantes desde o Tropicalismo, muito embora alguns críticos queiram colocar o rock nacional daqueles tempos também como marco fundador de um novo jeito de se fazer música no Brasil. Por sorte a tal "geração do Lira" colocou as coisas fora da ordem de novo e não deixou sucessores, muito embora filhos, sobrinhos e herdeiros musicais de muitos deles estejam aí, firmes e fortes, tentando desafinar o coro dos contentes.

Se a Bossa Nova começa a surgir como movimento a partir do amálgama de João Gilberto e seu violão, além das parcerias entre Tom e Vinicius, em particular "Chega de saudade", no lançamento do 78 rpm em 1958, a Vanguarda Paulista tem como seus fundadores dois paranaenses: Arrigo Barnabé e Itamar Assumpção e paulistas como os alucinados do Premê (na época Premeditando o Breque). E, ao contrário de ouvir "Chega de saudade" nas rádios, nossa geração paulista tem, como alguns dos marcos, Arrigo se divertindo eletronicamente com suas amigas na TV Cultura ou cantando "Sabor de veneno", na Tupi, e nas diversas quebradas paulistas naquele 1979, conforme bem lembra aqui a cantora Suzana Salles, então aturdida com o que ouvira depois de passar uma temporada em Londres tendo contato com uma música, digamos de "vanguarda", depois de assistir apresentações, entre outros, de Pierre Boulez e Luciano Berio.

"Parecia que eu estava indo ao encontro de uma coisa que já era eu (...) então tendo o encontro com essa música do Arrigo, parecia que eu estava só esperando acontecer, porque entendi logo de cara do que se tratava, compreendi a linguagem (...) então entrei para cantar no Festival fazendo os vocais com a Vania Bastos (...) Em 1979 a gente fez isso, em 1980 gravou 'Clara Crocodilo' e assim foi... é assim que as coisas têm a sua gênese."

Sinceramente, é assustador, para quem acompanhou tudo aquilo como testemunha espectadora e jornalística, ver que já se passaram mais de quarenta anos dessa chacoalhada musical que, entre outros tremores, começou, de certa forma, com os paranaenses citados e consagrados em 1979, justamente quando Arrigo venceu o Festival Universitário da TV Cultura, com a música "Diversões eletrônicas", parceria com Regina Porto. Aquilo foi um assombro de tal monta que logo lhe tascaram epítetos como o "Zappa brasileiro", o "Neo-Stravinski" e muito mais. E o calor do entusiasmo aumentou quando ele lançou um alicerce daquele período, o inimitável álbum Clara Crocodilo, que apareceu em 1980. Tudo tão fora da ordem estabelecida e, de certa forma, tão mal assimilado pelo mainstream, que não impediu que, anos depois, ao se apresentar num dos programas de Xuxa, fosse rebatizado de "Arigó" Barnabé.

Ganhando então o mesmo nome do famoso médium "Arigó", Xuxa acertou sem querer pois Arrigo foi também um médium – só que de cunho musical – que mesclou tantas influências e estilos, traduzindo com precisão a busca frenética por novos caminhos naqueles fins de anos 1970, início de 1980.

É bom lembrar que toda aquela avalanche musical foi ignorada pelo rádio e pela televisão, mas o movimento impactou a história cultural do país, tanto que, quarenta anos depois, estamos todos aqui reunidos para falar deles e das influências que legaram à cultura brasileira. Muito maior do que o tal rock, verbete com o qual a grande mídia se ocupou freneticamente naquela ocasião e que hoje se esforça para colocar no mesmo tamanho do que a "geração do Lira".

Pois foi justamente a intenção de fazer algo diferente do que tocava na TV e nas rádios, o que restringiu o alcance do movimento aos nichos universitários. Sim, os jornais de São Paulo levantaram a bola dessa turma, noticiavam o trabalho e ajudaram a transformar o Lira Paulistana no epicentro de coisas acontecendo em nossos corações, como ver Cida Moreira, quase uma diva de cabarés alemães, cantando e versando Brecht e Weil.

Apesar de bem distantes das rádios e das gravadoras poderosas, e, até por isso, os artistas da vanguarda paulistana ousaram e abusaram de novas linguagens e misturas, levando à frente o estandarte da "geleia geral" brasileira que o Tropicalismo tinha levantado. Os discos misturavam influências de espírito punk, samba, jazz, rock, música erudita e até poesia concreta. Inovação raiz.

Todas essas vertentes musicais que rodeavam o Lira Paulistana tinham, de certa forma, a USP como polo aglutinador e difusor de talentos que gravitavam desde o Butantã à Vila Madalena, desembocando em Pinheiros. Lá o Lira funcionou, não apenas como casa de espetáculos, mas como gravadora e editora. O Lira virou um baita selo de qualidade com múltiplos tentáculos.

Desse período de aurora da minha vida, descer aquelas escadinhas da Teodoro Sampaio era um sinônimo de alegria e regozijo e, sem exagero, podemos dizer que todo o movimento oriundo daquele espaço influenciou e determinou os principais caminhos da então música independente do Brasil. O cenário e o contexto fazem parte das memórias afetivas de toda uma geração. E não custa repetir que a saudade não tem idade.

DISCO
A DISCO

14 Bis

14 Bis

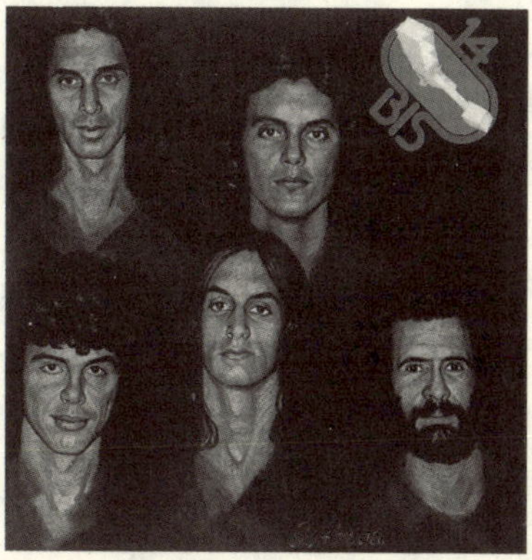

por Emílio Pacheco

No final dos anos 1970, o tecladista Flávio Venturini era mais conhecido como ex-integrante do Terço. Embora não fosse membro fundador, sua passagem pela banda havia sido marcante. Ele fez parte da formação que até hoje é considerada clássica (e se reuniu algumas vezes) ao lado do baixista Sérgio Magrão, o baterista Moreno e o guitarrista Sérgio Hinds. Mas, após participar dos LPs *Criaturas da Noite* (1975) e *Casa Encantada* (1976), o mineiro Flávio deixou o Terço e foi reencontrar sua velha turma. Reuniu-se com Vermelho, também tecladista, com quem já havia tocado e composto em parceria e que teve uma passagem pelo Bendegó. Desse grupo também fazia parte o baterista Hely Rodrigues. A ideia era formar uma nova banda e Beto Guedes quase chegou a fazer parte dela. Em vez disso, os três – Flávio, Vermelho e Hely – tocaram com Beto em seu primeiro disco solo, *A Página do Relâmpago Elétrico,* em 1977, e o acompanharam nos shows. O álbum incluía uma composição de Flávio com Murilo Antunes que se tornaria clássica, "Nascente". No ano seguinte, ela seria gravada por Milton Nascimento em *Clube da Esquina 2,* também com participação de Flávio.

Assim como lançou Beto Guedes como solista, a Odeon quis fazer o mesmo com Flávio Venturini. Mas o músico insistiu no objetivo de montar seu próprio conjunto. A princípio, a gravadora resistiu. Achava que logo haveria crises internas e o projeto não iria longe. Mas a ideia teve dois aliados importantes: o executivo Adail Lessa e o lendário Milton Nascimento, que inclusive se ofereceu para produzir o disco. Com o sinal verde, Flávio chamou o ex-colega de Terço, Sérgio Magrão, para o baixo, e seu irmão mais jovem Cláudio para a guitarra. Os três mais Vermelho e Hely completaram o que viria a se chamar 14 Bis, uma banda em que o único não-mineiro era o carioca Magrão.

O primeiro LP do 14 Bis saiu no final de 1979, a tempo para as vendas de Natal. Sua fórmula pop foi inovadora, com baixo, guitarra, ocasionalmente violas, dois tecladistas e belíssimos arranjos para as vozes de Flávio, Cláudio, Sérgio e Vermelho. Comparações com o Terço foram inevitáveis, mas se a banda de Sérgio Hinds oscilava entre folk e progressivo, o 14 Bis ficava mais entre o country e o iê-iê-iê à mineira. A sonoridade eventualmente podia lembrar também Renato e Seus Blue Caps. Em depoimento para este livro, Flávio confirma a influência: "Fui muito ligado aos Beatles, foi realmente uma banda que me fez a cabeça, e toquei em duas bandas de baile antes de descobrir a nova música que vinha nascendo em Minas, o Clube da Esquina. Nesse período de final dos 60 para início dos 70, me chamou a atenção a Jovem Guarda e tudo que gravitava em sua volta, inclusive Renato e Seus Blue Caps. Uma das coisas que me levou a ouvi-los foi o fato de eles seguirem um pouco o pop que se fazia lá fora e versões que faziam de canções dos Beatles. E faziam bem."

As parcerias de Flávio e Vermelho predominam no LP e uma delas é a faixa de abertura, a acelerada "Perdido em Abbey Road". A letra contém uma menção rápida aos "amigos dispersos pelo mundo" com quem "a gente não se encontra mais pra cantar aquelas canções que disparavam nossos corações". Seria tentador enxergar aí uma alusão aos exilados políticos, ainda mais no ano em que eles começaram a ser anistiados. Mas o que prepondera é uma saudade da época áurea dos Beatles. A Beatlemania é eterna, mas quem viveu os anos 1960 lembra da emoção de aguardar novos discos do quarteto de Liverpool de tempos em tempos. A composição cita "She's leaving home" no arranjo e também nos versos: "A menina que saiu de casa / Numa quarta-feira / Já voltou há muito tempo / E nela nunca mais se ouviu falar". Rogério Duprat contribui com orquestração e regência.

A segunda música do LP retoma o tema da saudade de velhos amigos, mas aqui num enfoque muito diverso. "Unencounter" era uma faixa do álbum *Journey to Dawn*, lançado por Milton Nascimento para o mercado estadunidense. O letrista Fernando Brant criou uma letra em português e assim nasceu "Canção da América", dele e Milton. Hoje a versão mais lembrada é a do próprio compositor mineiro, de seu LP *Sentinela*, de 1980. Mas a gravação do 14 Bis saiu primeiro e tem uma interpretação primorosa, iniciando com o falsete de Flávio Venturini, logo inundado pelas demais vozes. A mensagem que persiste é de amizade e saudade, mas o título sugere que, aqui sim, há um recado a mais a ser ouvido: "Mas quem cantava chorou ao ver seu amigo partir". Ao final, a esperança: "Qualquer dia, amigo, a gente vai se encontrar". Muitos reencontros aconteceram no ano da anistia.

"Ponta de esperança" é uma parceria a três: Flávio, Vermelho e Márcio Borges. É outra das mais aceleradas do disco, com letra de amor e sensualidade ("agora imagine seu corpo sem nada / Sem nada que possa negar sua luz") e um arranjo de acordeon de Oswaldinho ao final. "Pedra menina", de Flávio e Vermelho, homenageia "uma serra situada próxima a Capela Nova (MG), usada como ponto de referência no antigo caminho para a região das minas de ouro", como explica o encarte. É uma das mais belas melodias do álbum, apresentada quase toda somente com violas e teclado. Baixo e bateria entram apenas no final, com reforço de gaita de boca de Kimura. "Cinema de faroeste", de Flávio, Vermelho e Suzana Nunes, encerra o lado A bem no clima sugerido pelo título, lembrando temas de filmes e séries de bang-bang, incluindo um trecho incidental de música típica de saloon.

No tempo do vinil, se um LP não contasse uma história, o ouvinte podia escolher por que lado iniciar sua audição. É possível que muitos começassem pelo lado B do disco do 14 Bis, pois ele abria com "Natural", de Flávio e Tavinho Moura, um dos primeiros hits do álbum. Curiosamente, o grupo optou por uma execução acústica, com o reforço da viola de 10 cordas de Zé Eduardo. Com suas tinturas de folk rock, era perfeita para emplacar nas FMs. "O vento, a chuva, o teu olhar" é outra parceria de Flávio e Vermelho com melodia envolvente e bonita. A seguir vem "Blue", de Flávio, a única composição "sem palavras" do disco, embora tenha vocais. "Meio-dia", de Flávio, Vermelho e Sá, é marcada pela gaita de boca de Kimura e uma pegada mais pop-rock. "Três ranchos", de Flávio, Zé Eduardo e Tavinho Moura, tem um clima bem mineiro, lembrando as canções mais lentas de Beto Guedes. Em "Sonho de valsa", Flávio, que assina a música com Vermelho e Murilo Antunes, canta num registro mais baixo do que de costume, guardando o falsete para as notas altas.

Nos discos seguintes, o 14 Bis haveria de aprimorar sua receita de sucesso, que se manteve sólida principalmente na primeira metade dos anos 1980. Flávio e Vermelho seguiram assinando a maioria das músicas, mas Cláudio e Sérgio deram suas contribuições. Com a saída de Flávio em 1989, Cláudio foi promovido a principal compositor e vocalista, um posto que ele assumiu com segurança e competência. Passados mais de 40 anos, o 14 Bis continua uma das bandas mais criativas e interessantes do pop brasileiro.

Ficha técnica:

14 Bis (EMI-Odeon - 31C 064 422850)

Produtor fonográfico: EMI-Odeon, Fonográfica, Industrial e Eletrônica S.A.
Direção de produção: Mariozinho Rocha
Produção artística: Milton Nascimento

Técnico de gravação: Mayrton, Franklin, Serginho e Guilherme
Técnico de mixagem: Franklin e Nivaldo
Corte: Osmar Furtado
Capa: Pedro Alzaga (Dung Hill Studio)
Foto: Paulo Fiscberg

Flávio Venturini: teclados, violão, bandolim e vocal
Vermelho: teclados, violão, baixo e vocal
Sergio Magrão: baixo, violão e vocal
Hely Rodrigues: bateria e percussão
Claudio Venturini: guitarra, violão e vocal

Arranjos de Base: 14 Bis
Arranjo para Cello: Vermelho (A2)
Orquestração e regência: Rogério Duprat (A1,B6)

Participações especiais:
Zé Eduardo: vocal e viola de 10 cordas (B5, B1) / Kimura: gaita (A4, A5, B4) / Suzana Nunes: vocal (A1/A5/B3) / Oswaldinho: acordeon (A3) / Zé Menezes: banjo (A5) / Alceu Reis: cello (A2)

Lado A
1 – Perdido em Abbey Road (Vermelho / Flávio Venturini)
2 – Canção da América (Milton Nascimento / Fernando Brant)
3 – Ponta de esperança (Vermelho / Flávio Venturini / Márcio Borges)
4 – Pedra menina (Flávio Venturini / Vermelho)
5 – Cinema de faroeste (Flávio Venturini / Vermelho / Suzana Nunes)

Lado B
1 – Natural (Flávio Venturini / Tavinho Moura)
2 – O vento, a chuva, o teu olhar (Flávio Venturini / Vermelho)
3 – Blue (Flávio Venturini)
4 – Meio-dia (Flávio Venturini / Luiz Carlos Sá / Vermelho)
5 – Três ranchos (Flávio Venturini / Zé Eduardo / Tavinho Moura)
6 – Sonho de valsa (Flávio Venturini / Vermelho / Murilo Antunes)

A Barca do Sol

Pirata

por Mehane Albuquerque

Antes de lançar o terceiro trabalho em 1979, o álbum *Pirata*, A Barca do Sol já não precisava de um cais para aportar ou de um farol para servir de guia nas águas agitadas da MPB. Com a carreira consolidada àquela altura, shows memoráveis, boas críticas nos dois discos anteriores — *A Barca do Sol* (1974) e *Durante o Verão* (1976), ambos lançados pela gravadora Continental —, além de uma parceria primorosa com a cantora Olivia Byington em *Corra o Risco* (1978, Continental), a nau navegava com tranquilidade quando os ventos se tornaram imprevisíveis e as rotas inteiramente desconhecidas.

Pirata marcou a fase independente da banda, quando os "barqueiros" foram desligados da Continental de forma inesperada e resolveram criar uma produtora própria, a Verão, com o intuito de viabilizar a gravação e distribuição do novo álbum. O título — escolhido de forma coletiva e democrática, como tudo o que era decidido entre eles — foi a representação simbólica do rompimento com o mercado fonográfico tradicional.

O período coincidiu com o anúncio do violoncelista Jacques Morelenbaum de que deixaria o grupo para estudar música nos Estados Unidos. Isso fez com que os integrantes, agora reduzidos a um sexteto, se desdobrassem para compensar a lacuna deixada pelo violoncelista — insubstituível — e pelo instrumento característico da banda, alma de grande parte dos arranjos.

Substituições já haviam sido feitas antes na Barca. Marcelo Bernardes (flauta), Marcos Stul (baixo) e Richard Court, o Ritchie (flauta), tripulantes nos primeiros anos, deixaram seus postos para Alan Pierre (contrabaixo) e David Ganc (flauta). A partir do segundo disco (*Durante o Verão*, 1976), a banda seguiu com mesma formação em hepteto até depois da temporada de shows do lançamento de *Corra o Risco*, no qual desempenhou um papel bem mais relevante do que simplesmente acompanhar uma cantora de voz ímpar. Praticamente todas as músicas do disco de Olivia Byington são de autores da Barca.

Sem o violoncelista, o grupo ficou com Muri e Marcelo Costa, Nando Carneiro, Beto Rezende, David Ganc e Alain Pierre. A saída de Jacquinho causou um grande impacto, embora o músico e compositor não tenha se desligado totalmente dos amigos barqueiros. Uma das faixas de *Pirata*, o baião instrumental "Jando", é de autoria dele e Nando Carneiro.

Com um a menos a bordo, os papéis foram repensados. A flauta de David Ganc passou a ter mais participação nos arranjos, assim como o violão e a guitarra de Beto Rezende. Nando Carneiro se dividia entre a voz e vários instrumentos, como os pianos elétrico e acústico, viola e cavaquinho. E Muri, que havia cantado menos nos discos anteriores, passou a cantar mais.

Quando a temporada de shows com Olivia Byington terminou eles estavam diante de um impasse: queriam produzir um disco independente, mas não tinham dinheiro e não sabiam como fazer isso. Eram tempos analógicos. Não havia Internet, redes sociais ou plataformas digitais de música. Até aquele momento, poucos artistas brasileiros haviam se aventurado a lançar discos de forma alternativa. Um dos precursores foi o maestro, pianista, arranjador e compositor Antonio Adolfo, com o *Feito em Casa*, de 1977. Sem conseguir gravadora que se interessasse pelo trabalho, ele próprio assumiu os riscos de gravar, editar e distribuir sem o aparato do mercado e com relativo sucesso.

Mesmo com o vento contra, os rapazes continuaram alimentando o sonho de fazer um novo disco de modo não convencional, inspirados pela ousadia do maestro. Foram falar com Antonio Adolfo para saber como produzir, prensar, encartar e, principalmente, como distribuir e vender — os principais gargalos da produção independente. Na mesma época, o Boca Livre lançou o primeiro álbum, também de modo independente, abrindo caminho para outros artistas e mostrando que era possível atuar fora do esquema do grande mercado. Mas o dinheiro continuava a ser o principal impedimento para os integrantes da Barca.

Aos poucos, a ideia foi ganhando corpo. Em janeiro de 1979, eles pegaram a estrada para Salvador, Bahia, em dois carros. Um dirigido por Jacques e o outro, um fusquinha guiado por David Ganc. Beto e Muri tinham ido antes para distribuir folhetos e colar cartazes. Hospedaram-se na casa da tia de Muri e Marcelo.

Era uma viagem apenas para cumprir agenda. Um show da Barca na Concha Acústica do Teatro Castro Alves. Mas eles acabaram ficando por lá um tempo bem maior que o previsto, morando de improviso em um casarão no bairro da Boca do Rio, arranjado pela produtora do show. E aproveitaram para dar asas ao projeto. Tinham quase todas as músicas prontas, a maioria inédita. À exceção de "Cavalo marinho" (Cacaso e Nando Carneiro) e "Jardim de infância" (Beto Rezende, Nando Carneiro e Geraldo Carneiro), gravadas no ano anterior por Olivia em *Corra o Risco*.

A incursão na Bahia trouxe para o repertório o samba de roda, na figura de "Teresa Boca do Rio" (Nando e Geraldo Carneiro), personagem popular local. E também a música de abertura do disco, "Vô mimbora pru sertão", cantiga tradicional de autor desconhecido, cantada por Caetano no *Araçá Azul*, de 1973, e que se popularizou na voz de Edith do Prato. Com esse sopro final de brasilidade, *Pirata* estava pronto. Ao menos, conceitualmente.

O período em Salvador foi como se, em meio à tempestade, a Barca do Sol tivesse encontrado acolhida nas águas protegidas da Baía de Todos os Santos. Uma parada tática necessária para que pudesse continuar seguindo seu curso, agora com uma bandeira pirata hasteada.

De volta ao Rio, receberam convite para a quarta edição da Banana Progressyva, uma mostra de música produzida por Fernando Tibiriçá, em São Paulo, que reunia artistas e bandas como o Som Nosso de Cada Dia, Veludo, Vímana, Bolha, Edson Machado e a Rapaziada, Erasmo Carlos & Cia Paulista de Rock, Lúcia Turnbull e Hermeto Pascoal, entre outros. Ao final do show foram surpreendidos com uma proposta, feita pelo próprio Fernando, para tocar no Victoria Club, uma casa noturna que ele estava inaugurando na cidade. A temporada de duas semanas, de quinta a domingo, deu o impulso financeiro que eles precisavam para gravar as músicas.

Contando com a ajuda de Luiz Carlos Sá — o Sá, do trio com Zé Rodrix e Guarabyra —, um dos donos do estúdio Vice-Versa, os barqueiros conseguiram um preço especial e gravaram as 11 músicas naquelas duas semanas entre maio e junho, dormindo pouco e trabalhando sem parar. Passavam o dia no estúdio com os técnicos Ricardo Franjinha e Nani Viola, que se afinaram perfeitamente às exigências do grupo. À noite, quando havia apresentação, tocavam no bar até tarde. Afonso Carlos Costa, já falecido, foi o coprodutor do álbum.

Com a fita em mãos, os rapazes da Barca voltaram ao Rio. Mas havia ainda muito a ser feito antes que o disco pudesse tocar nas agulhas das vitrolas. Faltava a prensagem, a capa e a distribuição. Precisavam, ainda, abrir uma empresa.

Uma produtora que amparasse legalmente a aventura, com um CGC para emitir notas fiscais. Criaram a Verão.

A arte da capa foi encomendada ao artista Jejo Cornelsen, amigo de Muri e Nando da faculdade de Arquitetura. O desenho em preto e branco com detalhes intrigantes e imagens de realismo fantástico acompanhou a tendência das capas de discos das grandes bandas do rock progressivo internacional daquela época.

Apesar de a arte da capa sugerir essa ideia, *Pirata* não é um álbum de rock progressivo. Nem de folk rock, outro estilo atribuído à banda. A Barca durante toda a sua trajetória foi, sobretudo, um grupo de música brasileira com um estilo tão próprio que, por isso mesmo, tornou-se inclassificável. Na produção musical nacional dos anos 1970, é referência daquilo que não pode ser pré-definido por gênero.

Talvez isso possa ser atribuído à soma de contribuições singulares na construção de letras, melodias e arranjos. Ou ao fato de ser uma banda formada por estudantes de música, multi-instrumentistas, com letristas que eram poetas e escritores expoentes da chamada geração marginal carioca, como Cacaso e Geraldo Carneiro (hoje acadêmico da ABL) - todos ávidos por experimentar sonoridades e criar algo realmente novo. Não havia, no entanto, uma intencionalidade. Tudo na Barca acontecia de modo natural e o espírito coletivo norteava a construção de todo o trabalho.

A síntese dessa integração pode ser percebida em "Desencontro" (João Carlos Pádua e Nando Carneiro), onde os autores fazem um jogo sintático de palavras, ou em "Estrela", cuja força da letra se contrapõe à delicadeza do arranjo jazzístico, com destaque para o solo de guitarra de Beto Rezende. Ou, ainda, em "Canção pra ela", de Alain Pierre, cujo arranjo vocal é construído em três vozes (canto, contracanto e resposta); e em "Manuel", mistura de samba de breque com choro que traz a marca registrada da percussão de Marcelo Costa, autor da música em parceria com Geraldo Carneiro.

Voltando à saga dos barqueiros-piratas, eles passaram dias no terraço da casa de Marcelo e Muri, em Ipanema, encartando as bolachas de vinil nas capas, além dos adesivos que eram oferecidos de brinde. Foram cinco mil cópias na primeira tiragem. Para distribuir, fizeram um mapa da cidade e cada um ficou responsável por cobrir uma área específica. Mais tarde, percebendo que não funcionaria, contrataram a Eldorado, distribuidora ligada à rádio de mesmo nome, do grupo Estadão. Entre os lançamentos independentes naquele ano, *Pirata* ficou em segundo no ranking de vendas, atrás apenas do Boca Livre. O sucesso rendeu mais uma tiragem de mil cópias.

A Barca do Sol fez vários shows para lançar o álbum, especialmente em São Paulo. O último da temporada, em Campinas. Em 1981, a banda se dissolveu de modo tão repentino quanto surgiu. Os barqueiros continuaram amigos, mas nenhum deles sabe dizer ao certo qual a razão do fim da banda. Desencanto em relação às dificuldades, pouco retorno financeiro, falta de interesse das gravadoras por um tipo de música que não era comercial e não acompanhava as tendências do momento, outros planos individuais para o futuro. Tudo isso se somou à decisão.

Embora o álbum *Pirata* nunca tenha sido lançado em CD, em fevereiro de 2020, por iniciativa do baterista e percussionista Marcelo Costa, a versão digital chegou às plataformas de música pelo selo Circus, juntando-se aos discos anteriores que já estavam disponíveis online. Além das 11 canções originais, a versão digital traz uma faixa bônus: "Sonhar", música inédita de autoria de Alain Pierre que integraria um quarto disco da Barca jamais terminado.

Ficha técnica:

Pirata (Verão – LPV-001)

Gravadora: Verão Produções Artísticas e Comércio de Discos Ltda.
Gravado em Estúdio Vice-Versa
Fabricado por Gravações Elétricas S.A.
Direção de estúdio e produção: A Barca do Sol
Coprodução: Afonso Carlos Costa
Arranjos e vocais: A Barca Do Sol
Contracapa: Christiane Coelho
Desenho da capa e arte-final: Tejo Cornelsen
Técnicos de estúdio: Nani Viola e Ricardo Franjinha
Auxiliares técnicos: Paulo e Robson

A Barca do Sol:

Alain Pierre: contrabaixo
Marcelo (Costa): bateria, berimbau e percussão
Beto Rezende: guitarra, violão, violão de aço, viola caipira e percussão
David Ganc: flautas G, C e Flautim

Nando Carneiro: voz, violão, piano elétrico e acústico e viola caipira
Muri Costa: voz, violão, piano elétrico, viola caipira e percussão

Lado A
1 - Vô mimbora pru Sertão (Tradicional)
2 - Tereza Boca do Rio (Nando Carneiro / Geraldo Carneiro)
3 - Mercado das flores (Muri Costa / Geraldo Carneiro)
4 - Cavalo marinho (Nando Carneiro / Cacaso)
5 - Jando (Nando Carneiro / Jaques Morelenbaum)
6 - Jardim de infância (Nando Carneiro / Beto Resende / Geraldo Carneiro)
Participação: Olivia Byington e Crianças do Instituto Nazareth

Lado B
1 - Desencontro (Nando Carneiro / João Carlos Pádua)
2 - Estrela (Nando Carneiro / João Carlos Pádua)
3 - Manoel (Muri Costa / Geraldo Carneiro)
4 - Rio Preto (Alain Pierre) Participação: Geraldo Sanfoneiro
5 - Canção pra ela (Alain Pierre)

A Cor do Som

Frutificar

por Ricardo Pugialli

Conheci A Cor do Som com 16 para 17 anos, em 1977, no 1º Festival Nacional do Choro, na Rede Bandeirantes. Eu não, na verdade, meu saudoso pai. Ele, na época com seus 55 anos, era um amante do chorinho. Ficou surpreso ao ver quatro "garotos" tocando um chorinho "elétrico" e me chamou. Curti a banda na hora. Ele comprou o LP do Festival. Eu, o primeiro disco d'A Cor do Som.

A banda era formada por músicos experientes, apesar da pouca idade. O baixista Dadi (Eduardo Magalhães de Carvalho) vinha dos Novos Baianos, onde, além do regional, havia o "braço elétrico" chamado A Cor do Som. Depois fez parte da banda de Jorge Ben, que anos depois viria a mudar seu nome para Jorge Ben Jor. Seu irmão, o tecladista Mú (Maurício Magalhaes de Carvalho), também vinha da banda de Jorge Ben e já compunha sucessos. A música "Sapato velho", de 1976, é uma parceria dele com Cláudio Nucci e Paulinho Tapajós. A música classificada no Festival de Choro, "Espírito infantil", também era de sua autoria. O guitarrista Armandinho (Armando Macêdo) vinha do Trio Elétrico Armandinho, Dodô & Osmar. O baterista Gustavo (Gustavo Schroeter) vinha do The Bubbles, depois A Bolha, e de vários trabalhos com Zé Rodrix, Jorge Ben, Raul Seixas e Veludo.

Em 1974, Moraes ia gravar seu primeiro disco e queria montar uma banda. Armandinho, que veio para o Rio para tocar com ele, sugeriu Dadi para o baixo, pois Moraes já tinha tocado com ele nos Novos Baianos. Para a bateria Dadi indicou Gustavo. Em 1975 eles gravam o disco, no qual Moraes pediu que Mú tocasse piano em uma música. Ele convidou os quatro para tocarem com ele e eles decidiram formar A Cor do Som.

André Midani estava organizando a gravadora WEA (braço da Warner) no Brasil. Ele conhecia bem Dadi e contratou a banda para gravar três discos. O grupo lançou seu primeiro LP em 1977, que trazia todas as suas influências instrumentais.

A banda tocou na festa de um ano da gravadora e foi convidada por Claude Nobs para tocar no Festival de Montreaux, organizado por ele. O show foi gravado ao vivo e virou o segundo LP, já contando com o percussionista Ary Dias, que tocou com Armandinho no Trio Elétrico. Do Trio, Armandinho trouxe seu irmão Aroldo e uma música inusitada: "Eleanor Rigby", já gravada em um dos discos do Trio Elétrico e que fazia sucesso no carnaval da Bahia. Mas uma parte da plateia vaiou o aparente "sacrilégio" com o clássico dos Beatles.

Os dois primeiros discos, instrumentais, não chegaram juntos a 10 mil cópias vendidas. Como o contrato com a gravadora previa três discos, André Midani chamou Dadi e Armandinho e sutilmente deu um ultimato: "Ok, Ok. Vocês são muito bons, fazem sucesso nos shows, mas precisam levantar estas vendas ou não haverá renovação." A sugestão era terem um "sucesso radiofônico". Ou seja, música cantada!

Caetano Veloso curtia muito a banda e entregou "Beleza pura", ainda inédita. Giberto Gil deu um belo presente, a igualmente inédita "Abri a porta", em parceira com Dominguinhos. Mú não se sentia à vontade para cantar nesta época, ainda mais música de outro compositor. Compôs uma melodia e pediu para Moraes Moreira fazer a letra. Assim, ele cantou com tranquilidade a sua "Swingue menina". O restante do disco seria com músicas instrumentais, o forte da banda até então.

Logo na abertura Mú vem com o "clássico instantâneo", a música-título "Frutificar". Até hoje ela é o "hino" da banda. Vale ressaltar que antes da gravação deste LP, Mú compôs a trilha sonora do filme *A Dama do Lotação*, onde começou a explorar sua afinidade com a "música dramatúrgica", em suas palavras. Dividida em duas partes, com teclados, orquestra, flautas e depois toda a banda, é uma das melhores aberturas de um LP nacional até então. Uma verdadeira "Sinfonia" que frutificava logo na primeira faixa do disco.

"Abri a porta" veio logo em seguida. A composição de Gilberto Gil e Dominguinhos foi a primeira com vocal no disco. O escolhido foi Dadi, que não fez feio, e este foi um dos "sucessos radiofônicos" que Midani tanto queria e mostrava um "novo lado" da banda. A terceira foi "Ticaricuriquetô", um instrumental elétrico de Armandinho, onde a banda mostrava toda sua habilidade como instrumentistas, numa bela mistura do "molho baiano" e a música progressiva, especialmente nas "pinceladas" de Mú nesta pintura. O segundo "sucesso" foi "Beleza pura", cantada por Armandinho. Febre nas rádios e nos shows da banda. Um ótimo encerramento para o primeiro lado do vinil.

O lado B abria com "Pororocas", um belo chorinho acústico da banda.

Armandinho mostra sua bela técnica no bandolim. A segunda era "Swingue menina", com vocal de Mú, onde sua melodia evoca muito de suas influências. Foi o terceiro "sucesso" que Midani recebeu da banda. Em seguida, mais um chorinho, "Assanhado", um clássico onde Armandinho rendeu homenagem ao gênio Jacob do Bandolim. "Itacimirim", de Armandinho, foi mais um instrumental, com guitarras, bandolim, metais e a "cozinha da banda". Armandinho e Mú contribuíram com um chorinho belíssimo, "Viver para sorrir", que pode figurar em qualquer coletânea do gênero. Já seria um belíssimo encerramento do disco se não fosse a "volta" da segunda parte de "Frutificar", o clássico d'A Cor do Som.

O disco passou de 50 mil cópias vendidas e foi lançado na Argentina e no Japão. Isso não chegava a ser novidade para a banda, uma vez que os dois primeiros trabalhos saíram também em Portugal e na Alemanha. A gravadora ainda capitalizou em cima do sucesso do disco, lançando em 1979 dois compactos, "Beleza Pura" / "Itacimirim" (Atlantic - BR 10.099) e "Frutificar" / "Abri a porta" (Atlantic BR - 10.111). Em 1980 lançou um compacto duplo, "Beleza pura" / "Abri a Porta" / "Swingue menina" / "Assanhado" (Elektra - BR 92.010).

Com este disco, apesar do repertório ligado à linguagem instrumental da banda, A Cor do Som atingiu um público que desconhecia estas habilidades instrumentais. Os fãs escreviam cartas para a gravadora dizendo que compraram o disco por "Beleza pura" e "Abri a porta", mas que estavam "encantados com as músicas sem letra"!

O show de lançamento do disco no Ibirapuera, em São Paulo, foi apoteótico. Milhares de fãs foram à loucura, ao ponto do *Jornal Nacional*, ao falar do evento na TV, pedir para que mais ninguém fosse para o local pois não havia mais espaço. No Rio de Janeiro, no Teatro Casa Grande, eu estava nas primeiras filas, com meu fiel gravador e pude testemunhar o lançamento carioca e curtir as belas músicas.

A Cor do Som escreveu com letras maiúsculas a sua presença na história da música brasileira com este disco e segue até hoje encantando os admiradores de sua música.

Ficha técnica:

Frutificar (Atlantic BR - 30.107)

Gravadora WEA

Produtor: Guti

Direção de produção: Guti

Estúdio de gravação: Transamérica, RJ

Técnicos de gravação: Vitor Farias, Toninho, Claudio e Waldir
Auxiliares de gravação: Rafael e Aníbal
Assistente técnico: Edeltrudes Marques
Mixagem: Guti, Vitor Farias e A Cor do Som
Capa: Ruth Freihof
Foto da capa: Antônio Guerreiro
Fotos P/B: Paulo Vasconcelos
Coordenação de capa: Claudio Carvalho
Este disco foi gravado em Maio/Junho de 1979

A Cor do Som:
Mú: piano Yamaha, Minimoog, órgão Hammond e voz
Dadi: baixo, violão e voz
Armandinho: guitarra, guitarra baiana, bandolim e voz
Gustavo: bateria e percussão
Ary: percussão

Lado A
1 - Frutificar (Mú)
2 - Abri a porta (Dominguinhos / Gilberto Gil)
3 - Ticaricuriquetô (Armandinho)
4 - Beleza pura (Caetano Veloso)

Lado B
1 - Pororocas (Armandinho / Luis Brasil)
2 - Swingue menina (Moraes Moreira / Mú)
3 - Assanhado (Jacob do Bandolim)
4 - Itacimirim (Armandinho)
5 - Viver para sorrir (Armandinho / Mú)
6 - Frutificar (Mú)

Alcione

Gostoso Veneno

por Vicente Dattoli

Uma cantora de samba, mas muito romântica, formada na efervescente noite carioca e fazendo cada vez mais sucesso, vendendo mais discos, realizando mais shows, premiada e já totalmente identificada com um público fiel. Um time de compositores do mais alto nível, daqueles que é difícil conseguir reunir de uma só vez, sendo que, alguns, já até a acompanhavam.

Essa soma resulta, obviamente, em mais e mais sucesso e, claro, canções para ficarem marcadas na história da Música Popular Brasileira. É assim, de forma simples e quase juvenil, que poderia constar no livro de recordações de qualquer fã, que se pode falar do disco *Gostoso Veneno*, lançado pela maranhense Alcione (Alcione Dias Nazareth), em 1979.

A Marrom, como já era conhecida, vinha de (mais) um grande sucesso em seu LP anterior, de 1978. A música "Sufoco", de Antônio José e Chico da Silva, fechara o ano como a 37ª mais tocada nas paradas de sucesso – a 16ª se considerarmos apenas as nacionais. A sucessão de grandes composições e sucessos (não podemos esquecer "Não deixe o samba morrer", seu primeiro carro-chefe) fazia de Alcione uma das mais procuradas artistas para gravações. O LP *Gostoso Veneno* é prova disso.

Com uma relação de compositores que incluía Wilson Moreira e Nei Lopes (autores justamente da música que dá nome ao disco), Paulo César Pinheiro, João Nogueira, Paulinho Rezende, Jorge Aragão, Gonzaguinha, Candeia, Nonato Buzar e Chico Anysio, entre outros, *Gostoso Veneno* emplacou. E deixou saudades.

Na opinião do radialista e produtor musical Adelzon Alves, o "Amigo da Madrugada", todos então queriam ter uma música gravada por Alcione. "Ela era um sucesso...", relembra. E já que falamos de recordações, é importante recordar, também, que neste mesmo 1979 Alcione comandava um programa, toda primeira sexta-feira do mês, na TV Globo, o *Alerta Geral*.

Claro que tudo isso convergia para uma catarse de talentos a seu redor. Fala de novo Adelzon: "Alcione reuniu, naquele disco, *Gostoso Veneno*, a elite dos compositores do Rio de Janeiro na época." Adelzon tem total autoridade para falar sobre o tema, afinal de contas, ele mesmo foi responsável pelo estouro de uma das canções do LP, a deliciosa "Rio antigo", que abria seu programa, todas as madrugadas, logo após a edição do noticiário *O Seu Redator Chefe*.

Apesar de não constar das listas das músicas mais tocadas, "Rio antigo" era um retrato da noite carioca dos velhos bons tempos. Curiosamente, composta por um maranhense (Nonato Buzar), como Alcione, e um cearense (Chico Anysio) – Alcione sempre se diverte quando lembra desse fato em entrevistas.

Não há exagero em dizer que esta canção tocava fundo no coração da multi-instrumentista (Alcione toca, entre outros, trompete, clarinete e saxofone), que iniciara sua carreira justamente nas boates de Copacabana – chegou a ser detida uma vez, quase levando a famosa "vadiagem". Salvou-se por ser reconhecida, justamente, como música e cantora, afinal, já se apresentava no Barroco, Bacarat, Holiday, Bolero...

Com muita nostalgia e histórias para contar, Adelzon Alves afirma que "Rio antigo" deveria "ser tombada". "Era uma fotografia da cidade, de uma beleza poética e melódica difícil de encontrar", explica o radialista, que abria seu programa (líder de audiência no rádio carioca da época) com a música interpretada por Alcione.

"Eu trabalhava na madrugada. Morando em Copacabana, quando chegava em casa o bairro ainda fervilhava... E a música era um retrato perfeito do que encontrava", garante Adelzon, sabendo que sua opinião é muito semelhante e até compartilhada pela Marrom, que mais de uma vez afirmou que se tivesse de recomeçar sua carreira faria exatamente o mesmo caminho: começar na noite.

"O artista precisa sofrer um pouco para atingir a maturidade", já explicou Alcione. E para as canções escolhidas para compor o repertório de qualquer disco, a receita é simples: "A música precisa emocionar a quem vai cantá-la. No meu caso, a música precisa parecer comigo." Simples assim.

A canção cita outros tempos do Rio de Janeiro. Valorizando a Zona Sul, começa descrevendo a Lapa boêmia (não essa de hoje), a cidade ainda sem o Aterro do Flamengo, grandes cantores, bate-papo nas esquinas – sem o temor da violência – e mais, e mais, e mais. "Talvez o único defeito da música tenha sido excluir as escolas de samba, a Zona Norte... Mas se levarmos em conta que era um retrato da porção do outro lado do túnel, não há como negar seu mérito", avalia Adelzon.

Sem querer entrar no julgamento de como se juntaram tantos grandes compositores, e por ser também produtor musical, Adelzon faz questão de ressaltar a sintonia com o cantor. "O produtor, como o radialista, serve de escada para o cantor. Ele reúne compositores, arruma, para o artista aparecer", destaca, citando que Gostoso Veneno tinha duas das chamadas "músicas de trabalho": "Menino sem juízo" e, claro, "Gostoso veneno".

O disco era tão forte, tão fadado ao sucesso, que essas duas músicas estiveram na lista das mais executadas no país em 1979 e 1980. "Gostoso veneno" foi a 58ª da relação de sucessos do ano do lançamento (a 28ª apenas entre as canções nacionais); virando o ano, "Menino sem juízo" ficou em 54º (27º entre as brasileiras) em 1980.

Não se cita, neste caso, "Rio antigo". "Menino sem juízo" tinha Chico Roque e Paulinho Rezende (presença constante nos discos anteriores da cantora) sedimentando suas carreiras; "Gostoso veneno", a canção, trazia as assinaturas de Wilson Moreira e Nei Lopes, que dispensam qualquer comentário. "Por semanas ocupou os primeiros lugares das paradas", recorda Adelzon, para mais uma vez derreter-se por "Rio antigo".

"Não era tão comercial, mas representava uma época, como uma pintura, uma escultura. Deveria ser peça de um museu sonoro por mostrar aos mais jovens um Rio que se perdeu", justifica.

Com outras composições que deixaram saudade, apesar de não terem conseguido tanto sucesso comercial como "Paraíba do Norte, Maranhão" (Paulo César Pinheiro e João Nogueira), "Salve a lama negra" (Gonzaguinha) ou "Quero sim" (Darcy da Mangueira e Lecy Brandão), *Gostoso Veneno* teve espaço até para um samba, digamos, de protesto: "Dia de graça", de Candeia, retratando um desfile de escola de samba e toda a majestade do negro. Tudo isso na voz da Marrom, e com muita emoção.

Emoção que, aliás, marca a vida e a carreira de Alcione. Emoção e gratidão – além de algumas loucuras, como abandonar o programa *A Grande Chance*, depois de duas eliminatórias bem-sucedidas, para viajar para a Europa. Não se espere, também, jamais, que a Marrom vá esquecer de Jair Rodrigues e de Roberto Menescal.

A razão? Foi o Cachorrão, que já conhecia seu trabalho e seu talento, que a levou até a Philips, apresentando Alcione a Menescal – que imediatamente viu na cantora potencial para o sucesso. Aposta, aliás, que foi bancada também por Heleno de Oliveira e pelo próprio presidente da gravadora, André Midani, que confiavam no olho clínico do renomado produtor.

"Menescal foi o primeiro a acreditar em mim. Disse que havia uma brecha para cantar samba e lá fui eu", recorda Alcione, que na época chegou a questionar essa opinião, citando outras cantoras já consagradas no mesmo nicho. Felizmente ela aceitou a opinião e está aí, há mais de quatro décadas, emocionando quem a ouve cantar.

Ficha técnica:

Gostoso Veneno (Philips – 6349420 - Série Ouro)

Gravadora: Philips
Direção de produção: Roberto Santana
Direção de estúdio: Roberto Santana
Seleção de repertório: Alcione, Roberto Menescal e Roberto Santana
Técnicos de gravação: Jairo Gualberto e João Moreira
Auxiliar de gravação: Rui Varella e Julinho
Mixagem: Ary Carvalhães
Arranjadores: Roberto Menescal, Luiz Roberto, Ivan Paulo, Perna Froes, Meirelles, Perinho Albuquerque e Sidney Toda Transa
Capa: Aldo Luiz
Fotos: Orlando Abrunhosa
Arte: Jorge Vianna
Maquiagem: Guilherme Pereira

Lado A

1 – Menino sem juízo (Chico Roque / Paulinho Rezende)
2 – Faca de ponta (Roberto Corrêa / Sylvio Son)
3 – Paraíba do Norte, Maranhão (Paulo César Pinheiro / João Nogueira)
4 – Amantes da noite (Dedé da Portela / Dida)
5 – Pra você não me esquecer (Chico da Silva / Venâncio)
6 – Primeira escola (Neoci / Dida / Jorge Aragão)

Lado B

1 – Gostoso veneno (Wilson Moreira / Nei Lopes)
2 – Rio antigo (Nonato Buzar / Chico Anysio)
3 – Bom Jesus dos Navegantes (Walmir Lima / Lupa)
4 – Salve a lama negra (Gonzaguinha)
5 – Dia de graça (Candeia)
6 – Quero sim (Darcy da Mangueira / Leci Brandão)

Amelinha
Frevo Mulher

por Klaudia Alvarez

O ano de 1979 foi regido por Mercúrio, o menor planeta do Sistema Solar, o mais próximo do Sol e aquele que representa o pensamento, o intelecto e, principalmente, a comunicação. Foi um ano em que, sem dúvida, as mulheres se destacaram. Madre Teresa de Calcutá ganhou o Prêmio Nobel da Paz, Margareth Thatcher se tornou a Primeira Ministra britânica e, por aqui, foi eleita a primeira senadora do Congresso, Eunice Michiles. Também foi o ano em que os brasileiros se encheram de esperança, com a assinatura da Lei da Anistia e a possibilidade da volta à tão sonhada democracia. Uma das grandes novidades que marcou o ano foi o lançamento do 1º walkman da história: o da Sony, que permitiu que as pessoas pudessem ouvir música de forma individual e privada, enquanto em movimento.

Ainda era 1978 e Amélia Cláudia Garcia Collares, a nossa Amelinha, estava se preparando para lançar seu segundo disco, aquele que daria continuidade à sua carreira que começou de forma especial, ao excursionar pelo Uruguai com ninguém menos que Vinicius de Moraes e Toquinho. Morando em São Paulo, para onde tinha se mudado há algum tempo, a fim de cursar a Faculdade de Comunicação da FAAP, e vinda de um disco de estreia que fez sucesso e projetou seu nome, a intérprete cearense recebeu um ultimato de Jairo Pires, diretor artístico da CBS, gravadora da artista: "agora eu quero um disco premiado". Amelinha não fez por menos e junto com Carlos Alberto Sion, o produtor do futuro disco, partiu para a realização do projeto.

É importante lembrar que naqueles tempos as gravadoras eram muito fortes e tinham condições de fornecer aos seus contratados meios de trabalho que hoje parecem um sonho. Amelinha pôde sair de São Paulo, se instalar em um hotel na Zona Sul do Rio e começar o processo de garimpagem das canções que fariam parte de seu segundo disco. Outros artistas, no mesmo processo, também eram instalados pela CBS no mesmo hotel, então acontecia um grande encontro entre os artistas ali reunidos. As horas das refeições viravam uma troca de informações e o momento em que os compositores iam até o local com suas fitas cassetes mostrar suas canções. Nesse processo de seleção de repertório, Amelinha recebeu dezenas de músicas e também frequentou alguns shows de colegas para conhecer outras. É nessa época que ela conhece Zé Ramalho pessoalmente, pois já tinha tido contato com um pouco da obra dele anteriormente. Hospedado no mesmo hotel, o paraibano acabaria sendo o diretor musical do disco que estava sendo gestado e futuramente seria também seu marido.

Depois de assistir a um show de Zé Ramalho, Amelinha resolveu que ia pedir uma música ao compositor que a impressionara pela levada, estilo e pelas letras tão cheias de imagens e metáforas. E a encomenda foi entregue: "Galope rasante". Em um show de Geraldo Azevedo, Amelinha ouviu "Dia branco" e se encantou pela música, até então inédita. No camarim, depois do show, disse a Geraldinho que queria gravá-la e a resposta foi imediata: é sua.

Walter Franco, outro artista contratado da CBS, também estava no mesmo hotel nessa época e foi outro compositor a quem Amelinha resolveu pedir uma canção. Uma noite, ela recebe uma ligação em seu quarto e mal podia acreditar na voz tão marcante que ouvia, recitando os versos de "Divindade": "É divindade que me bate no peito / É divindade o seu coração / É divindade, é bonito, é perfeito / É divindade, é satisfação". Mais uma que entraria no disco.

Amiga de Raimundo Fagner desde os tempos em que moravam em Fortaleza, e a quem considera um irmão, Melinha, como é chamada pelo conterrâneo, foi levada por ele a conhecer vários artistas como Erasmo Carlos, Marília Medalha e a turma toda dos Novos Baianos, que vivia no famoso sítio de Jacarepaguá e onde Fagner gostava de ir para participar dos jogos de futebol. Amelinha ia junto e assim conheceu Moraes Moreira, a quem pediu uma canção para o disco novo. A escolhida foi "Pedaço de canção", uma parceria do baiano com outro conterrâneo dela, Fausto Nilo. Uma música que fala da importância do rádio e das radiadoras no meio das praças, de uma época que marcou a vida de Fausto Nilo, em sua Quixeramobim, assim como de muitas pessoas moradoras de cidades do interior.

Cátia de França fazia parte da banda que acompanhava Zé Ramalho em seus shows no final dos anos 1970, mas já mostrava suas canções e "Coito das araras" conquistou Amelinha - uma leitora de Herman Hesse e Gabriel García Márquez desde a juventude - com aquelas imagens de surrealismo nordestino, algo tão marcante na obra da paraibana. E assim o disco ia tomando corpo.

Do amigo/irmão Fagner foi selecionada a parceria dele com o poeta Abel Silva, carioca que muitos pensam ser nordestino devido à sua proximidade com os compositores de lá. Trata-se da bela "Santa Teresa", bairro carioca onde Fagner e tantos outros artistas moraram. Com uma levada latina, como bem observou Amelinha, "Santa Teresa" é uma poética homenagem ao bairro carioca.

Paulo Machado é compositor, arranjador e toca teclados e órgão. Duas de suas composições mais conhecidas são "América do Sul", gravada por Ney Matogrosso em seu disco solo *Água do Céu-pássaro* de 1975 e "Maresia", parceria de Paulo com Antônio Cícero e gravada por Marina Lima e depois Adriana Calcanhotto. Dele, Amelinha escolheu "Dez mil dias" para fazer parte de seu segundo álbum.

Amante da poesia, Amelinha incluiu no repertório de seu disco "Que me venha esse homem", poema de Bruna Lombardi com música de David Tygel, integrante do grupo vocal Boca Livre. A artista convidou Fagner pra juntar seu violão ao de David no acompanhamento. Uma curiosidade sobre essa canção foi que ao reproduzir o álbum, em show da Virada Cultural de 2016, no Teatro Municipal de São Paulo, com a produção de Thiago Marques Luiz, Amelinha fez questão de trocar a letra do poema e no lugar do verso final "Que me venha esse homem / Que me machuque um pouco", ela repetiu o verso da primeira estrofe "que me penetre em tudo", se recusando a usar "que me machuque".

"Noites de cetim", de Herman Torres e Sérgio Natureza, foi outra faixa selecionada por Amelinha e, segundo ela, é uma das canções que sempre está nos roteiros de seus shows porque é muito pedida. Uma letra de forte apelo à espiritualidade e com uma vibe espanhola.

A canção "Frevo mulher", que abre o disco e deu título ao trabalho, tem uma história bem interessante. Ainda no processo de seleção das músicas para o álbum, Amelinha estava certa vez, em um dos encontros com Zé Ramalho e Geraldo Azevedo, no hotel do Rio, quando Geraldo perguntou a Zé Ramalho se ele já tinha mostrado a Amelinha a outra canção que ele tinha feito para ela. Surpresa, Amelinha disse que não, porque achava que era apenas "Galope rasante" que Ramalho tinha composto. Hesitante, ele mostrou a canção, achando que Amelinha não iria gostar, por ser um frevo rasgado, já que o disco anterior dela era de canções bem mais suaves. Ao contrário do que Ramalho imaginava, "Frevo mulher" não só se encaixou perfeitamente no estilo de Amelinha, como se tornaria um dos maiores sucessos da cantora. Quando chegou a hora em que o título do disco tinha que ser definido, tanto ela quanto Carlos Alberto Sion não tiveram dúvidas em escolher "Frevo mulher". E foi também a canção escolhida pra divulgar o álbum, a chamada "música de trabalho", aquela que os divulgadores das gravadoras levavam para as rádios tocarem. A ideia inicial era que "Coito das araras" fosse a canção de trabalho, mas "Frevo mulher" acabou sendo o consenso.

Com todo o repertório escolhido, as gravações começaram no estúdio Haway, do Rio de Janeiro, localizado no Centro da cidade, em uma rua atrás da Central do Brasil. Com seus 16 canais, era um dos melhores estúdios de gravação da época, onde eram gravados os discos da CBS, Polygram e também todas as vinhetas da programação da TV Globo.

Amelinha participou de todos os dias de gravação, mesmo aqueles em que não era necessária sua presença, por se tratar da gravação apenas das bases ou de outros instrumentos. A cantora se declara uma apaixonada pelo estúdio. Quando está gravando, Amelinha sempre mentaliza uma plateia a assistindo, assim se sente à vontade e grava como se seu imenso público estivesse ali.

A foto da capa do disco foi feita no Lago dos Patos, no bairro do Morumbi, em São Paulo. O figurino que Amelinha usa foi escolhido por ela e a curiosidade é que no momento dessa foto ela já estava grávida de três meses de seu primogênito com Zé Ramalho, João.

Frevo Mulher reuniu grandes músicos para as gravações. Junto com o belo time que foi formado e o talento de Amelinha, o pedido de Jairo Pires foi atendido. *Frevo Mulher* ganhou o Disco de Ouro. É um dos discos mais importantes da carreira de Amelinha e aquele que contém alguns dos grandes sucessos que não podem faltar nos shows. Como escreveu no encarte o fotógrafo da capa, Paulo Klein, "é um disco gravado no final de 1978, para lançamento em 1979 e para acontecer além de 1980". Palavras proféticas. O disco é tão atual como se fosse feito agora. Como Amelinha diz, quando ela canta hoje, essas canções fazem muito mais sentido para ela. Todas são ressignificadas e têm o sabor da atualidade. Um disco atemporal. Um frevo que vai muito além e representa de forma absoluta a carreira vitoriosa dessa grande intérprete brasileira.

Ficha técnica:

Frevo Mulher (CBS – 138063)

Direção artística: Jairo Pires

Direção de produção: Carlos Alberto Sion

Direção de estúdio: Carlos Alberto Sion

Produção musical: Carlos Alberto Sion

Técnico de gravação: Carlos Signorelli / Auxiliares: Gilberto Peninha e Silvino Xavier

Mixagem: Carlos Signorelli e Eugênio Carvalho

Montagem: Alencar

Design e fotos: Paulo Klein

Arte: Carlos Enrique M. De Lacerda

Direção de arte: Géu

Lado A

1 - Frevo mulher (Zé Ramalho)

Violão ovation: Zé Ramalho; violão base: Geraldo Azevedo; sanfona: Dominguinhos; baixo: Novelli; percussão: Wilson das Neves; triângulo: Zé Leal; zabumba: Borel; triângulo: Geraldo Gomes; Zé Ramalho: arranjos de base

2 - Santa Teresa (Raimundo Fagner / Abel Silva) Participação especial: Grupo Tacuabê

Violão: Geraldo Azevedo; violão ovation: Raimundo Fagner; sanfona: Dominguinhos; flautim: Copinha; viola e charango: Pipo Spera; baixo: Eduardo Marquez; violão solo: Pato Rôves; arranjos de base: Grupo Tacuabê, Geraldo Azevedo e Fagner

3 - Dia branco (Geraldo Azevedo / Rocha)

Violão de dez cordas: Geraldo Azevedo; Violão de doze cordas: Zé Ramalho; guitarra: Luiz Carlini; baixo: Novelli; piano: Jorge Barreto; polymoog e arp: Paulo Machado; bateria: Picolé; coro: Monica Schmidt, Lizzie Bravo e Elba Ramalho; arranjos de coro: Paulo Machado; arranjos de base: Geraldo Azevedo

4 - Galope rasante (Zé Ramalho)

Viola de dez cordas: Pedro Osmar; viola de dez cordas com solo e violão ovation: Zé Ramalho; baixo: Chico Julien; pedal: Elber Bedaque; zabumba: Bezerra da Silva; congas e maracas: Sérgio Boré; acordeon: Cátia de França; órgão: Paulo Machado; flauta: Waldemar Falcão; violino: José Alves da Silva; cello: Watson Clis; viola: Frederic Stephany; arranjos de base: Zé Ramalho;

arranjos de corda: Paulo Machado

5 - Divindade (Walter Franco)

Guitarra base: Zé Ramalho; guitarra solo: Pedro Lima; guitarra solo: Luiz Carlini; baixo: Arnaldo Brandão; cincerro: Chico Batera; bateria: Gustavo Schroter; sintetizador: Paulo Machado; sax alto: Paulo Moura; sax soprano: Oberdan Magalhães; pistom: Barrosinho; trombone: Lúcio; coro: Elba Ramalho, Geraldo Azevedo, Lizzie Bravo, Cátia de França, Monica Schmidt e Walter Franco; arranjos de base: Zé Ramalho

Lado B

1- Que me venha esse homem (David Tygel / Bruna Lombardi)

Violão: David Tygel; violão ovation: Raimundo Fagner

2 - Coito das araras (Cátia de França)

Viola base com solo: Zé Ramalho; baixo: Paulo César Barros; bateria: Elber Bedaque: congas: Chico Batera; maracas: Sérgio Boré; piano: Paulo Machado; flautas: Lourenço Baeta; violinos: José Alves da Silva e Jorge Faini; viola: Frederic Stephany; cello: Watson Clis; arranjos de base: Zé Ramalho; arranjos de corda: Paulo Machado

3 - Dez mil dias (Paulo Machado)

Viola de 10 cordas: Geraldo Azevedo; guitarra: Luiz Carlini; baixo: Chico Julien; bateria: Rui Motta; piano e celesta: Paulo Machado; flauta: Waldemar Falcão; violinos: José Alves da Silva e Jorge Faini; viola: Frederic Stephany; cello: Watson Clis; arranjos: Paulo Machado

4 - Noites de cetim (Herman Torres / Sérgio Natureza)

Violão de aço de seis cordas: Geraldo Azevedo; viola de dez cordas: Gereba; baixo e bandolim: Capenga; percussão: Chico Batera; piano: Paulo Machado; violinos: José Alves da Silva e Jorge Faini; cello: Frederic Stephany; viola: Watson Clis; arranjos de base: Geraldo Azevedo e Bendegó; arranjos de corda: Paulo Machado

5 - Pedaço de canção (Moraes Moreira / Fausto Nilo) Participação especial: O Terço

Viola: César de Mercês; violão: Geraldo Azevedo; guitarra: Ivo de Carvalho; violinos: José Alves da Silva e Jorge Faini; viola: Frederic Stephany; cello: Watson Clis; baixo: Sérgio Magrão; bateria: Luiz Moreno; piano elétrico e acústico: Sérgio Snelwar; coro: Elba Ramalho, Lizzie Bravo, Ana Varela e Monica Schmidt; arranjos: Paulo Machado

Angela Maria e Agnaldo Timóteo

Angela & Timóteo, Juntos

por Zeca Azevedo

Na letra da canção "Querelas do Brasil", musicada por Maurício Tapajós, o saudoso Aldir Blanc diz: "O Brazil não conhece o Brasil / O Brasil nunca foi ao Brazil".

Tais afirmações descrevem a cicatriz feia, extensa e proeminente, talhada na carne do país, que demarca a fronteira entre o modo de vida e os interesses e egoístas e destrutivos da classe dominante e os interesses, as necessidades e o jeito de ser da população mais pobre. Os conflitos sociais mais antigos e intensos também habitam as negociações simbólicas, políticas e econômicas que acontecem no campo da cultura popular.

A música popular de um país guarda em si as prosódias e os jeitos de corpo de todos os agrupamentos sociais que ele abarca. As esperanças, as dores, as injustiças, os amores, os crimes, os prazeres, os dissabores, os conflitos mais danosos e os sentimentos mais positivos de um povo têm registro fiel nos gêneros e nos estilos que compõem a experiência da música popular de uma nação. Cada gênero de música popular pode ser percebido como a voz legítima de, pelo menos, um estamento social, a despeito das manipulações e adaptações que sofre por parte da indústria cultural para ser transformado em commodity (do mesmo modo, um subgênero musical pode ser compreendido como componente identitário de, pelo menos, um subgrupo social). Os embates econômicos e políticos entre os estamentos sociais (se preferirem, podem chamar de "luta de classes") repetem-se no campo simbólico da música popular. As expressões culturais identificadas com os grupos que vivem à margem da afluência econômica (porque são produzidas por eles e/ou dirigidas a eles pela indústria) são historicamente desprezadas pela classe dominante e por aqueles que a obedecem como cães adestrados. É uma impostura estética que espelha o *status quo* brasileiro.

Artistas talentosos de música popular que não vieram de estratos favorecidos da sociedade e que não tiveram o benefício da educação formal, mas que se tornaram Doutores Honoris Causa (figurativamente) por conta de tudo o que aprenderam em décadas de atuação no *show business* brasileiro, sempre foram tratados pela "inteligência" nacional como subalternos, como meros funcionários da indústria do entretenimento. Tipificados por muito tempo pela Academia e por servidores "letrados" dos meios de comunicação como fenômenos de massa passageiros e como agentes de propagação da "baixa cultura", esses artistas foram vítimas do preconceito próprio dos favorecidos pela ordem social.

A mudança de paradigma nos estudos culturais introduzida pela pós-modernidade abriu a porta para o reconhecimento, ainda incipiente, da música de massa como legítima expressão de segmentos sociais, muitos deles marginais. No Brasil, um dos marcos para a reabilitação dos "bregas" foi o lançamento em 2002 do livro *Eu Não Sou Cachorro, Não: Música Popular Cafona e Ditadura Militar*, do historiador Paulo Cesar de Araújo, que reenquadra positivamente os legados de muitos artistas (não de todos) cujas obras eram percebidas como alienadas e desprovidas de valores estéticos e morais "elevados". Um dos artistas que Araújo destaca em sua pesquisa é Agnaldo Timóteo.

Este cantor popular, cuja personalidade turbulenta invadiu não só as rádios, as TVs e os toca-discos do Brasil a partir da década de 1960, mas também o Congresso Nacional (ele foi deputado federal), teve sua carreira musical inextricavelmente associada a Angela Maria, cantora de voz condoreira que despontou para o sucesso nos anos 1950. Na condição de grande estrela da canção popular, ela conheceu um Timóteo ainda anônimo e reconheceu o inquestionável talento vocal dele. Para sustentar-se em início de carreira, Timóteo trabalhou como motorista de Angela Maria. A relação social e profissional assimétrica dos dois reajustou-se quando ele assinou contrato com a gravadora Odeon e lançou em 1965 o LP *Surge um Astro*, que obteve grande sucesso. O expansivo estilo vocal de Angela e de Agnaldo é tributário da era de ouro da música popular brasileira, dominada pelas vozes de grande alcance e pelas interpretações transbordantes de emoção. O intimismo cool da bossa nova, surgido no finalzinho dos anos 1950, engendrado por João Gilberto, emulado/diluído por jovens cariocas brancos e de classe média alta e favorecido pelo desenvolvimento da tecnologia de amplificação vocal, criou a música popular "chique", que tornou *démodé* as vozes altissonantes dos cantores da era de ouro, veículos privilegiados de paixões fogosas e desmedidas. Isso não impediu que os segmentos sociais desconectados das tendências estéticas pequeno-burguesas continuassem a apreciar e a favorecer as vozes trovejantes em detrimento das brisas vocais bossa-novistas.

Campeões de vendas da EMI-Odeon, os discos de Timóteo financiaram as artes luxuosas das capas de LPs de cantores e músicos "sofisticados" (as edições dos dois Clube da Esquina de Milton Nascimento foram certamente favorecidas por essa captação de recursos). Em 1978, Angela Maria foi contratada pela EMI-Odeon, fato que a incentivou a gravar com Timóteo. O primeiro encontro fonográfico de ambos aconteceu em "Mamãe", canção escrita por Herivelto Martins e David Nasser e incluída em *Com Amor e Carinho*, primeiro LP da cantora para a EMI-Odeon. Daí para a gravação de um álbum inteiro com Timóteo o passo foi bem curto.

Angela & Timóteo, Juntos é o segundo LP de Angela Maria que concede top billing a outro artista. O primeiro é o álbum com o pianista Waldir Calmon, *Quando os Astros se Encontram*, lançado em 1958, que contém o maior sucesso da cantora: "Babalu", de autoria da cubana Margarita Lecuona. O repertório de *Angela & Timóteo, Juntos* reflete a ampla geografia emocional dos artistas envolvidos no projeto ao alcançar rincões da América Latina com obras de compositores do México, de Cuba e do Chile e também do interior do Brasil ("Cabecinha no ombro" e "Saudades de Matão"). Também estão representados no LP o cancioneiro dos centros urbanos brasileiros ("Samba em prelúdio" e "Travessia", concessões ao público "chique") e a música anglo-saxã ("Smile", de Chaplin). Quase todos os gêneros musicais visitados por *Angela & Timóteo, Juntos* são os que a hegemonia midiática do pop rock tentou marginalizar: tango, bolero, guarânia e sertanejo.

O romantismo temporão e sem culpa de *Angela & Timóteo, Juntos* encontrou guarida nos corações e nos ouvidos de dezenas de milhares de brasileiros, que demonstraram tal afeto comprando o LP e fazendo dele um dos campeões de vendas de 1979. O livro *Angela Maria: A Eterna Cantora do Brasil*, de autoria de Rodrigo Faour, a mais completa biografia da Sapoti recupera texto jornalístico de Tárik de Souza que informa que *Angela & Timóteo, Juntos* teve sua primeira tiragem recolhida porque a Copacabana, gravadora com a qual Angela possuía vínculo antes de ser contratada pela EMI-Odeon, exigiu a retirada de quatro canções a que tinha direitos: "a valsa 'Mamãe'; o bolero 'Ontem e hoje'; o tango 'Cantando'; e o fado 'Só nós dois'; entrando no lugar delas a guarânia

'Cabecinha no ombro'; o bolero 'Amor'; o tango 'Jura-me'; e a clássica caipira 'Saudades de Matão'."

Angela & Timóteo, Juntos é um avatar do mix cultural que constitui a sensibilidade do brasileiro desassistido pelas instituições e desfavorecido pela ordem social do país. Infelizmente, o LP foi editado só uma vez em CD e possui qualidade de som sofrível em *streaming*, fatos que indicam que ele não goza do prestígio dos álbuns "clássicos". Como prova este livro que você tem em mãos agora, caro leitor, 1979 foi um ano de renovação da música de massa brasileira, mas a "velha guarda" representada por Angela Maria e por Agnaldo Timóteo ainda dispunha de legitimidade e de popularidade suficientes naquele ano para representar no campo da fonografia não o Brazil do qual fala Aldir Blanc, mas o Brasil.

Ficha técnica:

Angela & Timóteo, Juntos (EMI - 062 421157)

Produtor fonográfico: EMI-Odeon, Fonográfica, Industrial e Eletrônica S.A.
Direção de produção: Miguel Plopschi
Produção executiva: Wagner Montanheiro
Orquestrações e regências: Lindolpho Gaya
Técnicos de gravação: Toninho/Serginho
Técnico de mixagem: Nivaldo Duarte
Corte: Osmar Furtado
Capa: P.H.I.
Agradecimentos especiais a Boite L'Absinthe

A track list a seguir pertence à segunda tiragem do LP, sem as faixas vetadas pela gravadora Continental: "Mamãe", "Ontem e hoje", "Cantando" e "Só nós dois". O CD *Angela & Timóteo, Juntos*, lançado exclusivamente no box set *Agnaldo Timóteo - Anos 70, Vol. 2* (selo Discobertas), reproduz a lista de canções da primeira tiragem do LP e inclui as faixas enxertadas na segunda edição como bônus. Para conhecer essas configurações do álbum *Angela & Timóteo, Juntos*, consulte a seção Discografia do já citado livro de Rodrigo Faour sobre Angela Maria ou pergunte ao oráculo dos nossos tempos, o Google.

Lado A

1 – Meu primeiro amor (Lejania) (Herminio Giménez / Versão de José

Fortuna e Pinheirinho Jr.)

2 – Cabecinha no ombro (Paulo Borges)

3 – Saudades de Matão (Jorge Galatti e Raul Torres)

4 – Sabe Deus (Sabrá Dios) (Álvaro Carrillo / Versão de Nely B. Pinto)

5 – Samba em prelúdio (Vinicius de Moraes / Baden Powell)

6 – Travessia (Milton Nascimento / Fernando Brant)

Lado B

1 – Amor (Gabriel Ruiz / Ricardo Lopes Mendez / Versão de Haroldo Barbosa)

2 – Jura-me (Jurame) (Maria Grever / Versão de Ariovaldo Pires, a.k.a Capitão Furtado)

3 – *Pot-Pourri*: Sorri (Smile) (Charles Chaplin / Geoffrey Parsons / John Turner / Versão de João de Barro) / Perfídia (Alberto Dominguez / Versão de Lamartine Babo) / Lembrança (Un recuerdo) (Chucho Martínez Gil / Versão de Serafim Costa Almeida)

4 – Meu nome é ninguém (Haroldo Barbosa / Luis Reis)

5 – Brigas (Evaldo Gouveia / Jair Amorim)

6 – Canção da criança (Rene Bittencourt / Francisco Alves)

Angela Ro Ro

Angela Ro Ro

por Crikka Amorim

Angela chegou chegando... despretensiosamente, sem nem mesmo ela perceber. Ia nas noites, pelos bares onde tinham cantores maravilhosos como Emílio Santiago, Áurea Martins, Djavan... e ela pedia para tocar um pouco o piano que dominava tão bem. Ela não passava impunemente. Uma voz grave, rouca, visceral chamava atenção de todos. Aliás, ela sempre fazia isso só de chegar nos lugares!

"Se não gosta do medo, não venha comigo; não gosto de quem nunca corre perigo", ela já dava seu recado em "A mim e a mais ninguém".

Em entrevista concedida para o site MonkeyBuzz, publicada em março de 2021, Angela disse que Nelson Motta e Scarlett Moon foram seus grandes incentivadores e a colocaram para tocar no histórico Festival Som, Sol & Surf em 1976, durante um campeonato de surf em Saquarema. Cantou canções em inglês e algumas composições próprias.

Mas sua estreia oficial em estúdio foi antes de Saquarema, em Londres, por onde estava, nos primeiros anos da década de 1970. Depois de fazer um som tocando gaita com Caetano, Gil e outros músicos, numa festa na casa deles, foi convidada para tocar no álbum *Transa*, de Caetano. "Foi minha entrada num estúdio de gravação. Para tocar uma gaitinha, um pedacinho, de um rockzinho chamado 'Nostalgia'. Só que Gal Costa começa a gravação tocando uma gaita com a voz. Menino... Pra quê que eu tava lá? [risos] Porque não precisava, Gal é sagrada, né? Acho a Gal uma das cantoras maiores do mundo e ela abre essa faixa imitando uma gaita. Depois, quando eu toco a gaita um pedaço você nem liga, porque ela fez uma gaita melhor que qualquer gaita", comentou Ro Ro para o MonkeyBuzz.

Mas ela não queria compromisso. Não queria contrato, gravadora, nada disso.

Existia um medo dessa exposição, uma intuição de que quando isso acontecesse, ela seria a Geni da vez... e foi!

Anos depois, em 1979, na mesma Saquarema, o produtor fonográfico Paulinho Lima a viu no piano e pediu que tocasse algumas de suas composições. Pronto.

Dali foi um pulo para estreia no Teatro Ipanema, num horário alternativo da meia-noite, completamente lotado! Ro Ro tinha um jeito diferente em cena. Era irreverente, contava casos, histórias divertidíssimas. Sempre pegava alguém da plateia para "Cristo" e começava uma viagem total. Era sempre uma saia justa por que o limite nem chegava perto dali e todos iam para, além de ouvir suas músicas, ver o que iria acontecer. Ou se apaixonava por alguém que estava ali e falava loucuras ou mexia com algum casal ou qualquer coisa que lhe desse na telha. Era sempre uma aventura!

Semana seguinte estava em estúdio, com os produtores Paulinho Lima e Ricardo Cantaluppi, fazendo um dos melhores discos de todos os tempos. Totalmente autoral, sendo apenas duas canções em parceria. "Amor, meu grande amor" com Ana Terra e "A mim e a mais ninguém" com Sergio Bandeira.

O disco é um acerto do início ao fim. Arranjos do Antonio Adolfo, que vestiu as canções na medida, no jeito, no sabor, no paladar da Angela. Eu, adolescente, ficava maravilhada com aquela força. Ela na capa com uma foto quase angelical, tentava esconder esse vulcão ativo que transbordava naqueles verdes olhos. Tinha que ser muito desatento para não perceber que ali se tratava de alguém que tinha muita vontade de viver intensamente, sem limite, sem freio, sem fim.

Eu me identificava demais! Tinha aquele cabelo escorrido também, o dente quebrado tal e qual, o deboche, a voz um pouco mais grave, amava tudo e todos profundamente. Eu ainda descobrindo um mundo que se escancarava na minha frente, um jeito rock de ser que a gente já nasce com ele, mas tem que aprender a lidar.

"Sou uma moça sem recato, / Desacato autoridade e me dou mal" ("Agito e uso"). Uma mulher sem limites, sem nada a esconder, completamente despida, dando a cara a tapa pela liberdade que ela gritava! Ao mesmo tempo, expondo uma delicadeza, uma fragilidade, uma entrega cega ao amor. Esse amor declarado em todas as letras por outra mulher. Ninguém estava preparado para ela e ela, literalmente, apanhou por isso.

"Quero cheirar a amor, / Quero exalar suor, / Pro dia que você for / Ficar com o seu melhor". É assim que abre o disco que leva seu nome, com "Cheirando a amor", um blues arrastado, delicioso, um piano marcante do Antonio Adolfo conversando com o solo de guitarra do Rick Ferreira. Na segunda faixa, a voz e o piano se fundem e se diluem na belíssima canção "Gota de sangue" ("... o que eu tenho a contar / Não é muito nem pouco eu diria / Não é pra rir, mas nem sério seria / É só uma gota de sangue em forma verbal"). Uma música forte que se tornou um grande sucesso no ano seguinte na voz de Maria Bethânia, dando bastante prestígio para a compositora. Seguindo, voltamos ao blues rasgado, com humor refinado, "Tola foi você" adverte: "Agradeço tanto, agradeço por você / Não ser do jeito que eu sou / Agradeço tanto, agradeço por você / Não ter me dado seu amor!". Este foi um dos sucessos do disco, bastante executado na época.

"Não há cabeça", outra lindíssima canção de amor, ao estilo Maysa, a quem ela era bastante associada, não apenas por uma leve semelhança física, mas também pelas canções de amor doído, regado a alguns copos de bebida a mais. Fossa mesmo! "Não há bebida que beba a saudade, / Nem maldade que vença maldade. / Não há princípio que resista ao fim, / Nem temor ou medo que resida em mim!". O grande sucesso desse LP foi "Amor, meu grande amor", em parceria com Ana Terra. Uma obra prima realmente! Uma balada meio rock'n'roll, com piano marcante na introdução, que quando a gente escutava o acorde, aumentava o som, fechando os olhos, esperando a coisa boa que estava chegando. Sabe aquelas canções que fazem com que a gente cante junto, ou melhor, cante mais alto que o cantor(a)? "Que tudo que ofereço é meu amor, meu endereço!". Com certeza muita gente se declarou com ela! Nem que fosse por um momento... "Amor, meu grande amor, / Só dure o tempo que mereça". E para fechar aquele lado do LP, "Me acalmo danando", mais um dueto maravilhoso de voz e piano. Uma canção de dor intensa, "Amo somente um vazio e me acalmo danando", mas que causou uma felicidade imensa para Ro Ro quando fez uma participação e cantou junto com Angela Maria no especial gravado por ela em 1980 para a série Grandes Nomes.

Naquela época, escutávamos assim, Lado A e Lado B. Terminando o Lado A bem introspectivo, doído, sofrido, já começávamos o Lado B num rock, com direito à metaleira maravilhosa, alto astral, retratando bem o Rio de Janeiro daquela época que estava fervendo com muitos bares, todas as noites tinham festa, música, porres e beijos.... "E o jeito que eu conduzo a vida / Não é tido como forma popular. / Mesmo sabendo que é abuso, / Antes de ir agito e uso" já anunciava em "Agito e uso". Seguindo a viagem, ela continua nos retratando um pouco mais da noite do Rio em "Mares da Espanha". Sei que mais uma vez vou repetir, mas não é possível falar dessa canção sem defini-la, no mínimo, como linda! Também é daquelas canções de amor, de dor de cotovelo que, como dizer... quem nunca? Logo de cara temos um arranjo assertivo, porque coloca o refrão instrumental na introdução. E esse refrão é uma indagação, um questionamento, que cria uma tensão e então Ro Ro começa a contar sua história... "Nem que eu caminhasse às três da manhã, / Nem que eu me enganasse pra ver o que é bom, / Nem que eu caminhasse até o Leblon, não iria encontrar...". Sim, nessa época a gente caminhava pelas ruas em qualquer hora e em qualquer lugar!

"Minha mãezinha" mostra esse humor gostoso da Ro Ro, que por mais sério que esteja falando, lança mão de algo engraçado. Uma baladona na parte mais forte da letra, onde ela pede para sua mãe que a deixe seguir pelas próprias pernas "... me deixe ser, minha mãezinha!" e, de repente, vira um rock, com metais pontuando o refrão... "Não me mime, / Não me mime mamãe, não me mime mais!!" Sensacional!

Voltamos àquele melhor blues... a praia dela realmente! "Balada da arrasada" é de uma força incrível. Vai levando a gente pelos caminhos que ela traça... um caminho difícil, dolorido. "Sem saber que o destino diz verdades ao mentir / Doce ilusão do amor!" e o contraponto do sax-tenor do maravilhoso Zé Carlos Bigorna, tecendo comentários mais provocantes ainda! É uma das que mais gosto.

Agora, a parceria dela com Sergio Bandeira, "A mim e a mais ninguém", um rock com todo molho harmônico e rítmico, com uma guitarra conversando com piano, baixo (João Batista) e bateria (Téo Lima) chegando junto. Essa dupla era demais... Ro Ro e Bandeira fizeram muitas canções juntos. Eram intensos, inquietos, anárquicos, revolucionários. "Começo uma nova história / E aviso, não vai ter lugar pra você onde sobra juízo". E Ro Ro amava muito, demais, tanto que esse amor era dedicado só a ela.... "Todo amor que eu amei / No fundo eu dediquei / A mim e a mais ninguém". Esse humor refinado sempre esteve presente em suas obras. Para fechar, mais uma balada, onde ela toca piano também. Ela diz que suas canções nem sempre foram inspiradas em alguma vivência, mas essa foi. "Abre o coração" foi composta para uma namorada que emburacou nas drogas e faleceu precocemente. "Para de tomar, para de perder; para de matar, para de morrer".

E assim termina o disco... "Abre o coração, faz o sol nascer!!! Faz o sol nascer!!". A última frase de um canto que encaminha esse trabalho para um lugar especial dentro de cada um que o escuta. É uma vivência, uma trilha que nos enreda, nos faz sofrer, cantar, rir, se libertar junto com ela. Soltamos amarras, bebemos goles e goles de amores que nem imaginamos ter sentido. Um porre de emoções que traz uma ressaca boa, uma ressaca de vida vivida.

Ficha técnica:

Angela Ro Ro (Polydor – Stereo 2451 140 – Série de Lux)

Gravadora: Polygram

Produção: Paulinho Lima e Ricardo Cantaluppi

Arranjos: Antonio Adolfo e Angela Ro Ro

Técnicos de gravação: LC Varella, João e Jairo

Auxiliares de Estúdio: Rui e Julinho

Mixagem: Luigi Hoffer

Corte: Ivan Lisnik

Foto: Marco Rodrigues

Capa: Aldo Luiz

Arte: Jorge Vianna

Duração: 36 minutos

Músicos participantes:

Angela Ro Ro: vocais e arranjos; Antonio Adolfo: piano e teclado; Jamil Joanes: baixo; Roberto Silva e Téo: bateria; Rick: guitarra; Zé Carlos: saxofone; Niltinho: trompete

Lado A

1 - Cheirando a amor (Angela Ro Ro)

2 - Gota de sangue (Angela Ro Ro)

3 - Tola foi você (Angela Ro Ro)

4 - Não há cabeça (Angela Ro Ro)

5 - Amor, meu grande amor (Ana Terra e Angela Ro Ro)

6 - Me acalmo danando (Angela Ro Ro)

Lado B

1 - Agito e uso (Angela Ro Ro)

2 - Mares da Espanha (Angela Ro Ro)

3 - Minha mãezinha (Angela Ro Ro)

4 - Balada da arrasada (Angela Ro Ro)

5 - A mim e a mais ninguém (Angela Ro Ro e Sergio Bandeira)

6 - Abre o coração (Angela Ro Ro)

Antonio Adolfo

Viralata

por José Emilio Rondeau

"Geralmente, uma faixa de um disco pode virar a semente de um outro disco", conta Antonio Adolfo, pela tela do Macbook Air, sentado ao lado do piano em seu apartamento no Jardim Botânico. "Desde o *Feito em Casa* rola isso."

A conversa é sobre o álbum *Viralata*, de 1979, mas Antonio salta dois anos antes para traçar a linhagem das composições que encorparam o disco mais pop de sua fase solo, um álbum quase 100% instrumental que ganhou as FMs do Brasil e mais tarde virou cult nos círculos musicais londrinos mais antenados.

Em 1977, Antonio Adolfo estava começando a se reinventar. Depois de ter animado bailes de escola, de ter desenvolvido sua musculatura musical no piano das casas noturnas do Rio de Janeiro onde era cultivado o jazz-samba, de ter ascendido ao Olimpo da popularidade via parcerias com Tibério Gaspar (como "Sá Marina", "BR-3" e "Teletema") e à frente da Brazuca – o grupo que montou nos anos 1960 –, em 1970 Antonio deu as costas às pressões da fama, extinguiu sua banda e passou temporadas nos Estados Unidos (onde se inteirou das complexidades do maior mercado de discos) e na França (estudando com a rigorosa Nadia Boulanger, professora de gigantes como Aaron Copland e Astor Piazzolla).

Numa das voltas ao Brasil, gravou um disco solo, lançado pela Philips (no qual também cantava) e passou a dedicar-se ao trabalho de músico de estúdio. Mas ao ver que suas ideias não combinavam com o que a gravadora esperava dele dali por diante, aderiu a uma tendência relativamente nova na época, que se espalhava feito fogo mundo afora: a autoprodução. O DIY de que falava Peter Gabriel em 1978: do it yourself. Faça você mesmo.

Antonio criou sua própria gravadora, a Artezanal, e lançou um disco do jeito que quis, produzido, embalado, vendido e divulgado por ele mesmo: *Feito em Casa*.

Não era o primeiro no Brasil a trilhar o caminho da autonomia artística. Em 1975/76, Tim Maia havia lançado a dupla de álbuns *Racional*, calcada nos ensinamentos do movimento místico Universo em Desencanto. Mas Tim era cantor de presença maciça na TV e no imaginário brasileiro imediato. Além de contar com o apoio econômico e logístico da igreja a que aderira. Por sua vez, Antonio era pianista e fazia música instrumental. Sua fase de maior exposição ao público havia sido anos antes e seu bolso não era exatamente fundo.

O que valoriza mais ainda o resultado do selo Artezanal. A ousada empreitada pioneira de Antonio rendeu capas de cadernos culturais de jornais, incontáveis aparições em rádio e longa matéria no *Fantástico*, na época visto por dezenas de milhões de pessoas. Assim, vendeu respeitáveis 20 mil cópias de *Feito em Casa*.

Se no álbum seguinte, *Encontro Musical*, salpicou músicas cantadas – com participações de Joyce, Erasmo Carlos e Malu Balona – e regravou um de seus maiores hits, a perene "Sá Marina", no terceiro lançamento do selo Artezanal ele dobrou a aposta na música instrumental, aproveitando a semente plantada lá atrás, no *Feito em Casa*.

"O que me despertou para o *Viralata* foi a música 'Feito em casa', que escrevi para dois (instrumentos de sopro) – saxofone e trompete. Tem um suinguezinho legal, apesar de ser calminha", Antonio recorda, retomando o fio da meada do início da conversa.

"O *Feito em Casa* é um andante", define Antonio – ou seja, tem o ritmo do andar humano, agradável e compassado. Por sua vez, *Encontro Musical*, de 1978, era "um adagio, super contemplativo. E esse adagio me provocou para fazer algo mais cacetada, mais dançante, mais alegre, mais baile." Por isso, *Viralata* "é um allegro (ligeiro e alegre)".

Antonio baseou a sonoridade de *Viralata* no piano elétrico Fender Rhodes. "Uma marca do disco é aquele piano", diz. "É todo com ele. Tem umas faixas que eu dobrei com piano acústico, mas só um pouco." Depois, convocou para a "cozinha" o baterista Téo Lima e o baixista Jamil Joanes, duas feras do estúdio – criativos, precisos, versáteis e consistentes –, com quem já estava mais que entrosado.

"Aí, botei três sopros": trompete (Bidinho), sax (Zé Carlos) e trombone (Serginho). "Ficou mais forte. Tudo na base do suingão", mais o guitarrista Helio Capucci "fazendo aqueles efeitos com o pedal flanger", a cara do pop da virada de 1970 para 1980.

Viralata foi gravado no estúdio Sonoviso, na Praça Onze, com (hoje espartanos) oito canais. Montado num prédio anexo à Igreja de Santana, por lá passaram incontáveis artistas, de Boca Livre e Kid Abelha a Azymuth, e era o mesmo onde Antonio registrara seus dois álbuns anteriores.

Mais de 40 anos depois de gravado, *Viralata* soa contemporâneo, resultado de visão artística e qualidade no registro. Também é devido crédito ao técnico de gravação Toninho Barbosa, um craque com o ouvido afinado pelos discos de jazz da Blue Note, o selo clássico do gênero.

Viralata acabou tendo duas capas: o LP original foi adornado com uma foto clicada por Luiz Fernando Borges, enquanto o CD ganhou ilustração de Bruno Liberati, colaborador constante de Antonio até sua morte, em 2020. O por quê? Na capa do LP o nome de Antonio aparece discretíssimo, no pé da foto, como responsável por produção, arranjos e direção musical. Já no CD fica claro quem é o artista que realizou aquele disco.

Antonio considera *Viralata* um disco de síntese, "produto da minha formação híbrida. 'Brincadeira em Ré' tem um tipo de harmonia clássica, barroca, uma música que pode transformar numa sonatinha, mas só que eu botei naquele ritmo (nordestino). 'Alegria de carnaval' é um frevo. 'Caminhada' e 'Diana e Paulo' são baiões. Outras são mais toadas, como 'Vermelhinho'."

E tem "Cascavel", até hoje o maior hit do álbum e vice em execuções no Spotify (mais de 670 mil, em junho de 2021) dentre as músicas de Antonio. A campeã é "Aonde você vai" (quase 854 mil), do *Feito em Casa*, uma das raras vezes em que Antonio canta, famosa depois que entrou na trilha de *High Maintenance*, série americana da HBO.

"Os títulos de minhas músicas instrumentais às vezes não têm explicação", diz Antonio. Mas "Cascavel" tem: "O desenho melódico me fez lembrar o andar de uma cobra", explica. "E o chocalho da cascavel, dando um clima percussivo." Curiosamente, por ser ele um pianista, "Cascavel" foi composta no violão (como, aliás, a segunda parte de "Sá Marina"), "tanto que esse dedilhado (ele cantarola a introdução) é muito confortável para fazer no violão".

As rádios FM abraçaram calorosamente "Cascavel", quando o disco saiu, e ela tornou-se constante na programação da Cidade e da Transamérica. Virou favorita do público – e dos músicos. Conjuntos de baile passaram a incluir a música em seu repertório. "Em todo show tenho que tocar 'Cascavel'", acrescenta. "Quando vou dar uma canja, dizem 'toca Cascavel aí' e começam a fazer no baixo (ele reproduz com a voz)." Recentemente, um grupo de pagode mostrou a Antonio a letra que havia criado para ela.

"Cascavel" também seduziu o governo militar, que a "expropriou" para uma campanha publicitária do BNH, durante a gestão Figueiredo, utilizando-a sem ter pedido permissão – e sem pagar. O que foi remediado 30 anos depois. Um processo rendeu a Antonio pelo menos alguma compensação.

Nos anos 1990, "Cascavel" virou sucesso também na pista de dança da legendária boate londrina Plastic People, lar de "um dos melhores sistemas de som do mundo", segundo o jornal *The Guardian*, e onde o DJ Floating Points costumava encerrar a noite com ela. A relação da casa com "Cascavel" mostrou-se profunda ao ser a última música tocada na última noite de funcionamento da Plastic People, em janeiro de 2015.

"Toda hora tem gente querendo contratar esse disco de novo", diz Antonio, referindo-se aos pedidos de autorização que recebe para que o álbum seja reeditado.

O que não surpreende. A fusão musical dinâmica e sofisticada de *Viralata* – a "ginga miscigenada brasileira", resume Antonio, para explicar a escolha do título do disco – atravessa décadas e gerações e hoje soa tão refrescante e vigorosa quanto no ano de lançamento.

Ficha técnica:

Viralata (L.P.A. – 003)

Gravado no Estúdio Sonoviso, no Rio de Janeiro, em fevereiro de 1979
Gravado por Toninho Barbosa
Lançado pelo selo Artezanal
Fotografia e capa de Luiz Fernando Borges da Fonseca
Técnico de gravação: Toninho Barbosa

Músicos participantes:

Antonio Adolfo: piano elétrico e acústico; Jamil Joanes: baixo; Téo Lima: bateria; Zé Carlos: flauta, sax tenor e sax soprano; Serginho: trombone; Bidinho: trompete; Hélio Capucci: guitarra; Agenor Mendes: percussão; Viva Voz (Gentilmente cedidos pela Continental): vocais

Lado A

1 – Cascavel (Antonio Adolfo)

2 – Paraíba do Sul (Antonio Adolfo)
3 – Brincadeira em ré (Antonio Adolfo)
4 – Brincadeira em mi bemol (Antonio Adolfo)
5 – Caminhada (Antonio Adolfo / Tibério Gaspar)
6 – Vermelhinho (Antonio Adolfo)

Lado B
1 – Nordeste (variação sobre o tema de "A saudade mata a gente") (Antonio Adolfo)
2 – Alegria de carnaval (Antonio Adolfo)
3 – Diana e Paulo (Antonio Adolfo)
4 – Viralata (Antonio Adolfo)
5 – Assanhada (Antonio Adolfo)
6 – A marcha (Antonio Adolfo / Tibério Gaspar)

Arthur Moreira Lima/Abel Ferreira/ Época de Ouro

Chorando Baixinho

por Ruy Godinho

Antes de escrever este capítulo, fiquei alguns dias com o LP em minha mesa, observando-o, lendo o encarte, ouvindo-o, buscando uma centelha de inspiração para o texto prometido.

Anteriormente, eu havia produzido o programa *Roda de Choro*, veiculado pela Rádio Câmara FM, de Brasília - retransmitido por centenas de emissoras parceiras em todo o Brasil - e me deliciado com a sonoridade do álbum.

A foto em preto e branco do histórico encontro, que ilustra a capa, me remeteu a um céu escuro, salpicado de estrelas e astros, literalmente. Lembrei-me de consultar a astronomia para ver o que o mapa do céu do dia 12 de outubro de 1978, às 21h, em que a apresentação fora gravada no Rio de Janeiro, poderia acrescentar.

O disco *Chorando Baixinho – Arthur Moreira Lima/Abel Ferreira/Época de Ouro – Um Encontro Histórico – Com Copinha/Zé da Velha/Joel Nascimento* nasceu sob o signo de Libra, que tem como características um tipo sociável, que gosta de ter gente a seu redor, tem facilidade para se comunicar, é educado, agradável, gentil, afetuoso e generoso; tem como símbolo a balança, é equilibrado, sensível e zela pela harmonia geral do ambiente em que está. Destaca-se especialmente em trabalhos em grupo e tem inclinação para as artes. Tudo a ver com o grandioso evento onde o Época de Ouro fez as bases para a exibição virtuosística dos solistas convidados, se revezando e dialogando com o piano impecável do mestre Arthur Moreira Lima.

A conjugação dia, mês, ano, hora, minuto e a localização geram mapas estelares raros, senão únicos, como raro e único foi o encontro desses ícones da música brasileira - um pianista erudito com músicos populares - que nunca mais poderá se repetir, uma vez que a maioria dos protagonistas já fez a passagem para o mundo espiritual. Em junho de 2021, quando debrucei-me a finalizar o capítulo, só restavam entre nós Arthur Moreira Lima, nascido em 1940, no Rio de Janeiro/RJ; Joel Nascimento, nascido no Rio de Janeiro/RJ, em 1937; e Zé da Velha (José Alberto Rodrigues Matos), nascido em Aracaju/SE, em 1942.

Nicolino Cópia, conhecido como Copinha, nascido em São Paulo/SP em 1910, faleceu em 1984; Abel Ferreira, nascido em Coromandel/MG, em 1915, faleceu em 1980. Dos integrantes do Conjunto Época de Ouro à época, só temos entre nós Ronaldo do Bandolim, nascido em Petrópolis/RJ, em 1950. Os demais já mudaram deste plano: Jorginho do Pandeiro, nascido no Rio de Janeiro/RJ, em 1930, faleceu em 2017; Dino Sete Cordas, nascido no Rio de Janeiro/RJ, em 1918, faleceu em 2006; César Faria, nascido no Rio de Janeiro/RJ, em 1919, faleceu em 2007; Jonas, nascido no Rio de Janeiro/RJ, em 1934, faleceu em 1997; Carlinhos, o último integrante da formação original do Época de Ouro a falecer, foi-se em 2011. Este aspecto é mais uma razão para se cultuar e valorizar este belíssimo álbum.

Esse encontro, claramente escrito nas estrelas, nasceu de um sonho. Em maio de 1978, recém-chegado da Europa, Arthur Moreira Lima topou fazer seu primeiro show só com música popular, no MAM do Rio, ao lado do Conjunto Galo Preto, reforçado na época por Raphael Rabelo, no sete cordas. Durante cinco noites "chorou" à vontade.

Mário de Aratanha, produtor do álbum e dono da gravadora Kuarup Discos, conta que, numa esticada na Churrascaria Jardim, Arthur revelou um grande sonho: tocar com os maiores cobrões do Choro. Arthur, um concertista clássico, não permitia que o preconceito, muitas vezes presente no universo erudito, o impedisse de flertar e contribuir com a música popular.

Mais tarde, num almoço entre amigos, Armando Strozenberg - proprietário de uma agência de publicidade - contou ao Mário que estava atrás de uma boa ideia para celebrar os trinta anos de uma grande construtora. O sonho de Arthur estava na ponta da língua. Foi aceito como sugestão.

A Arthur Moreira Lima (piano), juntou-se Abel Ferreira (clarineta e sax), Copinha (flauta), Zé da Velha (trombone) e o Conjunto Época de Ouro, formado por Dino (violão de sete cordas), César Faria e Carlinhos (violões), Jonas (cavaquinho) e Jorginho (pandeiro), com o reforço de Joel Nascimento (bandolim), já que o integrante titular à época, Ronaldo do Bandolim, estava com hepatite.

No repertório do álbum original que fez parte do primeiro catálogo lançado pelo Kuarup Discos, constam "Chorando baixinho" e "Sai da frente" (Abel Ferreira), "Turbilhão de beijos", "Fon-fon", "Batuque", "Quebradinha" e "Apanhei-te cavaquinho" (Ernesto Nazareth), "Alvorada" (Jacob do Bandolim), "Carinhoso" (Pixinguinha), "Impressões seresteiras" (Heitor Villa-Lobos) e "Choro de mãe" (Wagner Tiso).

Em 1992, o LP foi filtrado, remasterizado e ganhou três novas faixas gravadas durante a apresentação: "Duvidoso" (Ernesto Nazareth), "Sonoroso" (K-Ximbinho e Del Loro) e "Segura ele" (Pixinguinha) e foi lançado no formato de CD em 2004, pelo selo Biscoito Fino.

Na ficha técnica original, consta: Produzido por Mário de Aratanha e Airton Barbosa. / Produtor fonográfico: Kuarup / Coordenação: Rosalina Brandt / Assistente de produção: Janine Houard / Gravação original: Walter Oliveira / Mixagem: Carlos de Andrade e Toninho Barbosa / Gravado ao vivo no Teatro do Hotel Nacional, do Rio, em 12 de outubro de 1978, durante o espetáculo comemorativo dos 30 anos da Construtora Servenco. Masterizado para CD em setembro de 1992, por Henrique Cazes e Denilson Campos. Projeto Gráfico: Janine Houard / Foto da capa: Octales Gonzales. Lançado em 2004 pelo selo Biscoito Fino.

Quando produzi o programa de rádio, estava consciente de estar retirando da prateleira e botando para tocar um álbum precioso, resultado de um incontestável encontro histórico. Voltar a divulgá-lo em novembro de 2020, quarenta e dois anos após, para o deleite de milhares de pessoas, realmente não tem preço. Para os que já o conheciam, aticei o saudosismo. Os que ainda não o tinham ouvido, tiveram a oportunidade de se encantar, assim como eu me encantei e o reverenciei como um dos grandes álbuns lançados em 1979.

Ficha técnica:

Chorando Baixinho (KLP 005)

Kuarup Discos

Criação e produção: Kuarup Produções

Produção executiva e Direção geral: Mário de Aratanha e Airton Barbosa

Capa: Kuarup

Foto: Octales Gonzalez
Montagem: Daniel Welman
Coordenação de projeto: Rosalina Brant
Assistente de produção: Jamine Houard
Técnico de gravação: Walter Oliveira
Técnico de mixagem: Toninho Pádua Barbosa
Produzido originalmente como brinde comemorativo do 30° aniversário de Serviços de Engenharia Continental-SERVENCO.
Gravado ao vivo no Teatro do Hotel Nacional, em 12/10/78, e mixado nos estúdios da Sonoviso, Rio de Janeiro.

Chorando Baixinho:
Arthur Moreira Lima: piano
Abel Ferreira: clarinete e sax
Copinha: flauta
Joel Nascimento: bandolim
Zé da Velha: trombone
Conjunto Época de Ouro: Dino (7 cordas) / Cesar Faria e Carlinhos (violões) / Jonas (cavaquinho) / Jorginho do Pandeiro (pandeiro)

Lado A
1 - Fon-Fon (Nazareth)
2 - Turbilhão de beijos (Nazareth)
3 - Alvorada (Jacob do Bandolim)
4 - Batuque (Nazareth)
5 - Sai da frente (Abel Ferreira)
6 - Carinhoso (Pixinguinha)

Lado B
1 - Impressões seresteiras (Villa-Lobos)
2 - Choro de mãe (Wagner Tiso)
3 - Chorando baixinho (Abel Ferreira)
4 - Quebradinha (Nazareth)
5 - Apanhei-te cavaquinho (Nazareth)

Azymuth

Light As a Feather

por Bruno Thys

Quando o mundo ouviu – e aplaudiu - *Light As a Feather*, os músicos do grupo Azymuth já tinham uma longa história no Brasil. Há pelo menos uma década, Alex Malheiros, José Roberto Bertrami e Ivan Conti, o Mamão, esbanjavam técnica, talento e bom gosto em um sem-número de gravações. Músicos de estúdio requisitados, eles faziam bases e arranjos para um variado leque de artistas, que ia de Elis Regina a Odair José, passando por Rita Lee, Raul Seixas e Marcos Valle.

Não escolhiam a quem acompanhar; eram recrutados pelos produtores das gravadoras. Azymuth, aliás, é o título de uma música de Marcos Valle, que os convidara a participar da trilha de um documentário sobre o piloto Emerson Fittipaldi, em 1973. Eles precisavam assinar o trabalho e acolheram "Azimuth", sugerido pelo produtor Armando Pittigliani. Com esse nome iniciariam a carreira própria. O estúdio, porém, jamais sairia de suas vidas.

O trio fez do ambiente de gravação o quarto músico. Poucos artistas usavam tão bem, quanto eles, os recursos multipistas já oferecidos nos anos 1970 - além de sintetizadores e efeitos. *Light As a Feather* é, nesse sentido, o resultado da soma de excelentes músicos, bagagem de estúdio, bom gosto para compor, arranjar, experimentar e, como pregava o tecladista José Roberto Bertrami, atenção permanente à descoberta de filões.

Ainda hoje, e lá se vão mais de quarenta anos, *Light As a Feather* é moderno e atemporal; uma mistura do swing brasileiro com o fusion, estilo derivado da junção do jazz e do rock, inaugurado por Miles Davis e Jimi Hendrix. Foi gravado em oito canais, no estúdio Sonoviso, na Praça Onze, com o técnico Toninho Barbosa e a participação de Aleuda na percussão e vocalizes.

O próprio trio bancou a gravação, seguindo a trilha da produção independente inaugurada anos antes por Antonio Adolfo. Era natural que, depois de seis anos juntos, acompanhando tanta gente, eles quisessem gravar suas próprias composições. Já haviam feito isso antes, por duas vezes, mas esse foi um trabalho mais maduro e sem a correria habitual das sessões de gravações, com plena liberdade e produzidos por eles.

Um disco 100% autoral que cumpriu um trajeto sinuoso até ganhar o mundo. Foi levado pelo produtor Joel Leibovitz, em meio a outros trabalhos reunidos no Brasil, ao Midem, o encontro anual da indústria fonográfica mundial, em Cannes, na França. Orrin Keepnews, um dos grandes produtores do jazz, que trabalhara com Thelonious Monk e Bill Evans, conferiu o pacote de Leibovitz e ficou com o disco do trio.

O álbum foi lançado com tudo o que tinha direito nos Estados Unidos em 1979 pela Milestone, selo de jazz da Fantasy, criado anos antes pelo próprio Orrin Keepnews. "Foi a nossa porta para o mundo", diz o baixista Alex Malheiros. A bela capa, do designer Phill Carroll, com elementos geométricos pairando no ar, num estilo que se aproximaria do neoconcreto, embala, à altura, o sofisticado conteúdo do álbum, logo reconhecido e celebrado em muitos países

"Jazz carnival", a música de maior sucesso, frequentou as paradas dos Estados Unidos e da Inglaterra, mesmo tendo quase dez minutos, algo atípico, fora dos padrões de execução das rádios. É a maior faixa, uma síntese do disco e do próprio trabalho do Azymuth: um tema fácil de reconhecer, de cantarolar e levada contagiante, a chamada versão samba-jazz do estilo fusion.

"Jazz carnival" é, sobretudo, uma faixa para cima, alegre, que exibe o talento de cada um dos músicos: o baixo de Alex Malheiros não se limita ao meio de campo entre bateria e teclado: desponta como instrumento solo, vibrante e com muito "slaps" - técnica de bater e puxar as cordas, popularizada, entre outros, por Jaco Pastorius -, além de um timbre mais agudo, que se tornaria uma das marcas do grupo.

O ritmo imposto à "Jazz carnival" por Mamão é um show à parte: num pique acelerado, a bateria incorpora elementos de sintetizador, algo inédito na época. José Roberto Bertrami, o "Zé", para Malheiros e Mamão, é o dono do tema, das harmonias e dos improvisos. Seus teclados se diluem na condução da música entre o baixo e a bateria. A simbiose dos instrumentos associada à percussão é forte a ponto de dificultar a diferenciação do que é baixo, bateria ou teclado. A impressão é a de uma usina sonora.

"Foi muito legal ter o nosso trabalho reconhecido", diz Mamão. Difícil crer que apenas três músicos, com o auxílio da percussão e de um "quinto músico", o técnico Toninho Barbosa, possam ter ido tão longe na criação musical. O disco começou a ser pensado na excursão com Airto Moreira e Flora Purin por mais de uma centena de cidades dos Estados Unidos, em 1978. Eles terminaram a turnê exaustos, recompensados com aplausos, elogios da crítica, dólares no bolso e uma vontade grande de gravar o próprio trabalho.

De volta ao Brasil, seguiram juntos e misturados, como seus instrumentos, na casa de Bertrami, em Laranjeiras, onde produziam uma quantidade infinita de "demos", algumas delas, aliás, lançadas recentemente. Eles registravam as ideias num gravador Akai, de rolo. Eram tempos de descobertas, criatividade e evolução na busca conjunta de um som ou de um filão. Os três tinham gostos e influências convergentes: MPB, jazz, rock, rock progressivo, funk, samba e Bossa Nova.

Na virada de 1978 para 1979, eles se bandearam para o estúdio e saíram de lá, duas semanas depois, com nove músicas prontas. "Light as a feather", que dá nome ao disco, é uma parceria de Stanley Clarke com Flora Purim. Toda vez que a apresentavam no palco, Bertrami brincava: "Agora vamos tocar uma música séria." Esta é a única canção do disco sem sotaque brasileiro. E de fato, o que Bertrami faz nas teclas do Fender Rhodes é coisa séria.

"Partido-alto" é outra faixa que também fez sucesso; um eletro-samba, gênero que tem Sérgio Mendes e Eumir Deodato entre os precursores, elogiado principalmente pelos músicos americanos, pouco habituados ao ritmo pulsante, alegre e sincopado da composição. O LP traz ainda "Avenida das mangueiras", "Young embrace (Um abraço da mocidade)", "Dona Olímpia", de Toninho Horta, e "This exist (Existe isto)".

Há também a regravação de "Fly over the horizon (Voo sobre o horizonte)" que foi trilha de novela *Locomotivas*, da Globo, levada ao ar em 1977. Muita gente a confunde com "Linha do horizonte", de Paulo Sérgio Valle e Paraná, um dos grandes hits da carreira do grupo, que se tornou famosa ao ser incluída no disco de *Cuca Legal*, novela exibida em 1975.

Como *Light As a Feather* chegou pronto à Milestone, desacompanhado do grupo e foi lançado primeiro na Costa Oeste, o mundo da música nos Estados Unidos achou que os integrantes do Azymuth eram americanos. Faz sentido. O disco pode sugerir tratar-se de um trabalho assinado por músicos daquele país ou ser percebido como um álbum feito na Inglaterra, na Alemanha, no Canadá ou no Brasil. Não importa: é universal.

A música instrumental festejou a chegada do LP. O Azymuth mudou de patamar e voou alto: passou a se apresentar nos Estados Unidos, Europa, Japão, Austrália, etc. *Light As a Feather* foi o terceiro disco do grupo e pelo menos mais 40 viriam nos anos seguintes, a maior parte deles gravados fora do Brasil, muitos sequer lançados no país.

Em *Light As a Feather* e nos álbuns que o sucederiam, o Azymuth falou, em alto e bom som, o idioma contemporâneo da música. Daí seu sucesso em plateias tão diferentes. Hoje, com o compartilhamento dos fonogramas, via Internet, é aplaudido também pela turma muito mais jovem. O grupo encontrara, enfim, o filão que, por inspiração e desafio de Bertrami, tanto perseguiu.

Ficha técnica:

Light As a Feather (M-9089)
Gravadora Milestone Records
Produzido por Nova Music Productions Artistic, Ltd.
Distribuído por Fantasy Records
Gravado em: Studio Sonoviso (Rio de Janeiro)
Técnico de som e mixagem: Toninho Barbosa
Masterizado em: Fantasy Studios
Corte de acetato: Fantasy Studios
Prensado por Columbia Records Pressing Plant, Santa Maria
Direção de arte: Phil Carroll / Cover Art – J. Putnam
Álbum dedicado à memória de Silvio Caruso

Azymuth:
José Roberto Bertrami: teclados, vocais e percussão
Alex Malheiros: baixo e vocais
Ivan Conte (Mamão): bateria e synthesizer [ARP 2600]
Participação especial: aleuda (percussão)

Lado A
1 - Partido-alto (José Roberto Bertrami / Alex Malheiros)
2 - Avenida das mangueiras (José Roberto Bertrami)

3 – Light as a feather (Flora Purim / Stanley Clarke)
4 – Voo sobre o horizonte (José Roberto Bertrami / Paraná)
5 – Amazônia (José Roberto Bertrami / Ivan Conti "Mamão")

Lado B
1 – Jazz carnival (José Roberto Bertrami / Ivan Conti "Mamão" / Alex Malheiros)
2 – Um abraço da mocidade (Young Embrace) (José Roberto Bertrami)
3 – Dona Olimpia (Toninho Horta / Ronaldo Bastos)
4 – This exists (Existe isto) (José Roberto Bertrami)

Baby Consuelo

Pra Enlouquecer

por Talles Colatino

Os versos de Moraes Moreira e Galvão impressos em "Sorrir e cantar como Bahia", uma das mais belas canções dos Novos Baianos, lançada no *Novos Baianos Futebol Clube*, de 1973, encontraram o encaixe ideal na voz e na persona de Bernadete Dinoraha de Carvalho Cidade, que naquela época, já era Baby, mãe, e moldava seus predicados, como cantora, para se tornar mar.

A capa de *Pra Enlouquecer* oferece complexos indícios imagéticos do tempo e local que tornaram esse segundo álbum solo de Baby Consuelo um marco na carreira da cantora. Naquele ano de 1979, Baby tinha apenas 27 anos, mas já acumulava a experiência de dez anos com os Novos Baianos, afinava uma parceria na vida e na arte ao lado de Pepeu Gomes e experimentava a maternidade através de quatro dos seis filhos que viria a conceber.

Na imagem, uma fotografia de Antonio Guerreiro, Baby está ladeada por suas três filhas (Riroca - batizada Sarah Sheeva, posteriormente -, Zabelê e Nana Shara) enquanto segura Pedro Baby no colo. As crianças estão maquiadas e usam roupas que se aproximam dos figurinos usados pela mãe em suas apresentações. Baby, por sua vez, está sem maquiagem e usa uma fralda e um top, cravados de lantejoulas brilhantes. Num claro e proposto jogo de oposições, a cantora incorpora a máxima de que mãe pode ter e ser bebê. Parece sugerir o retorno ao estado embrionário, anterior ao pecado, bem próximo do início da vida. As crianças, por outro lado, ainda que produzidas, se expressam livremente. Não há poses regradas, olhares para a câmera ou adestramento performático de qualquer espécie: simbolizam uma espécie de paz que triunfa sobre a complexidade da vida adulta.

A imagem da criança é uma das forças motrizes no imaginário de *Pra Enlouquecer*, disco que serviu como uma espécie de renascimento para Baby enquanto artista. Foi a partir dele que a crítica e parte do público começaram a perceber a individualidade da cantora enquanto intérprete e compositora. Seu primeiro disco solo, *O Que Vier Eu Traço*, lançado no ano anterior, apesar de bem-recebido, fora acusado de ser um disco dos Novos Baianos com o nome de Baby na capa. O olhar é desleixado, porém compreensível: a presença dos colegas de banda, autores das maiorias das letras e arranjo, foi fundamental nesse primeiro voo solo. A mistura única que faziam de MPB, rock, samba, baião e tudo o que se voltasse para a compreensão de uma alma brasileira foi a grande escola musical de Baby Consuelo. Para ela, fazia sentido que eles estivessem juntos nessa investida solo.

Não foi diferente em *Pra Enlouquecer*, mas, nesse álbum, o tom era outro. Porque o mercado também já era outro. O ano de 1979 registra o início da inserção dos grandes medalhões da MPB na seara pop. Nomes como Gilberto Gil, Gal Costa, Rita Lee, Raimundo Fagner, Caetano Veloso, entre outros, buscavam conexão com o público através de uma sonoridade que se aproximava da música comercial, que dominava as paradas de vendagem da época, sobretudo através da disco music. A expectativa inicial da sua gravadora, a WEA, de reapresentar a cantora como um nome para se vincular especialmente ao samba e fazer frente a outras sambistas brancas da época tinha ficado em *O Que Vier Eu Traço*. A brejeirice herdada pela visão riponga que se tinha dos Novos Baianos - que pausariam suas atividades enquanto grupo alguns meses depois - começava a dar espaço para uma estética futurista, que mantinha os elementos tropicalistas ressignificados pelo grupo, mas que se aproximavam mais da new wave e da estética que ditaria os rumos do pop rock a partir dos anos 1980 no Brasil. A ideia era que a nova baiana, que na verdade é fluminense de Niterói, retomasse o lugar que um dia pertencera a Gal Costa como voz da juventude, já que a verdadeira baiana despontava como cantora de concerto.

A resposta veio com o primeiro grande hit da carreira de Baby e canção responsável por fazer *Pra Enlouquecer* atingir, facilmente, mais de um milhão de cópias vendidas. "Menino do Rio", canção de Caetano Veloso, feita a pedido da cantora, aborda a sensualidade de um olhar quase obsessivo - que "deseja o teu desejo" - desse rapaz com o dragão tatuado no braço. A canção foi inspirada na beleza dos tons bronzeados de José Artur Machado, surfista conhecido como Petit, que encantava Baby e outros banhistas de Ipanema.

Sob o arranjo de Pepeu Gomes, com especial destaque ao mais-que-pop sintetizador comandado por Luciano Alves, a canção saiu como uma balada que valorizava o canto cristalino e ponderado de Baby. A delicadeza da interpretação surpreenderia pelo completo controle vocal, que parecia, a cada verso, desnudar a canção e o corpo de Petit. A resposta do mercado foi quase imediata, com a inserção da música como tema de abertura da novela *Água Viva* (1980), da Rede Globo.

Outro mergulho no pop que surtiu efeito na onda da nova Baby que nascia ali é a versão de "Is this love", hit recente de Bob Marley, que ganhou uma versão em português assinada pela própria cantora. Baby não sacava nada de inglês, mas adorava a música. Pediu para que os amigos traduzissem a letra e recriou o seu próprio hino ao amor despreocupado e pueril, mantendo a cadência reggae do arranjo original. A canção ganhou espaço cativo nas rádios.

"Assanhado" foi outra canção que contribuiu bastante para a vida útil de *Pra Enlouquecer* nas paradas. Com letra de Baby sobre o choro instrumental composto por Jacob do Bandolim em 1961, a voz da compositora brotava mais forte. No álbum, Baby assinaria ainda as faixas "Receita pra sambar" (com Luciano Alves e Pepeu) e a faixa-título (com Pepeu). "Pra Enlouquecer", a canção, retoma o tema da infância com o verso "ter e ser bebê", já ecoada no samba "Sorrir e cantar como Bahia" dos Baianos, mas agora com ares de um pop rock que fala sobre importância de manter a criança interior viva para não se deixar endurecer pelo peso do mundo e a necessidade de encarar a vida como uma grande jornada a uma terra prometida onde se revelaria todo o mistério.

As faixas "Pra enlouquecer" e "Varinha de condão" - música de Pepeu sobre texto do guru indiano Paranahansa Yogananda - soam como anúncio da fase espiritualizada que Baby e Pepeu abraçaram como projeto estético em seus álbuns dali em diante. No caso de Baby, esse mergulho seria ainda mais intenso ao se tornar protestante, no fim dos anos 1990 e passar a se dedicar à música gospel.

No entanto, essas faixas dizem pouco perto da maestria do canto e da *expertise* que a intérprete Baby imprime nas demais faixas de *Pra Enlouquecer*. Além da deliciosa pérola pop "Papo de anjo", presente de Rita Lee e Roberto de Carvalho, Baby cativa os fãs dos Baianos com brilhantismo em "Lá vem o Brasil descendo a ladeira", canção com cores de reabertura política brasileira da lavra de Pepeu e Moraes Moreira. "Ziriguidum", de Jadir de Castro, é revestida com potência vocal incomum. Ainda que seu canto, neste trabalho, atinja seu brilho máximo ao lado de outra grande voz brasileira.

Ademilde Fonseca, a Rainha do Choro, é convidada de Baby para recriar "Apanhei-te cavaquinho" (Ernesto Nazaré, Benedicto Lacerda e Ubaldo). Numa espécie de batalha vocal, o show de improviso e agilidade vocal é um verdadeiro deleite para quem aprecia vozes grandemente puras. "Minha formação musical veio do som das cordas. Aprendi a cantar ouvindo cavaquinho e bandolim", dizia Baby em entrevistas da época, em que citava Ademilde e Elza Soares como suas principais referências. Uma das provas do brilho desse artesanato vocal está aí.

Com *Pra Enlouquecer*, Baby transformou um universo de referências em um parque de diversões, muito antes de ser barrada na Disneylândia. Brincou com a voz para revelar maturidade no canto e brincou com as expectativas, apresentando uma nova das inúmeras personas pop, de estrela à pastora evangélica, que assumiria dali para frente. A voz perdura até hoje como belo instrumento de resposta brasileiríssima ao canto jazzístico das divas norte-americanas e o espírito vanguardista continua ressignificando suas ações e contradições. Mãe é mar. E, com a intensidade de Baby, é impossível conter tsunamis.

Ficha técnica:

Pra Enlouquecer (Atlantic – BR 30.109)

Produção: Guti

Direção musical: Pepeu Gomes e Baby Consuelo

Estúdio de gravação e mixagem: Transamérica (RJ)

Arranjos: Pepeu Gomes

Técnicos de gravação: Vitor Farias, Claudio Farias, Waldir, Toninho, Luis Carlos, Rafael Azulay

Auxiliares de gravação: Rafael Azulay, Aníbal Félix e Magro

Mixagem: Guti, Vitor Farias e Pepeu Gomes

Assistência técnica: Edeltrudes Marques

Foto da capa: Antonio Guerreiro

Músicos participantes:

Oswaldinho: acordeon; Didi Gomes: baixo, vocais e viola; Abel Ferreira: clarinete (A4); Jorginho Gomes: bateria, bandolim e vocais; Pepeu Gomes: guitarra, bandolins e vocais; Lucio Rodrigues: Harp (B5); Charlie: percussão; Luciano Alves: piano, organ e vocais; Jorge Ferreira: sax alto (A3, A6, B2);

José Araujo: sax tenor (A3, A6, B2); Formiga: trompete (A3, A6, B2); Marcio Montarroyos: trompete (A3, A6, B2); Ademilde Fonseca: vocais (A3, A4), Baby Consuelo: vocais

Lado A

1 – Ziriguidum (Jadir de Castro)
2 – Menino do Rio (Caetano Veloso)
3 – Lá vem o Brasil descendo a ladeira (Moraes Moreira / Pepeu Gomes)
4 – Apanhei-te cavaquinho (Ernesto Nazareth / Adapt. Darci de Oliveira)
Participação: Ademilde Fonseca
5 – Papo de anjo (Rita Lee / Roberto de Carvalho)
6 – Pra enlouquecer (Pepeu Gomes / Baby Consuelo)

Lado B

1 – É amor (Is this love) (Bob Marley / Vrs. Baby Consuelo)
2 – Receita pra sambar (Luciano Alves / Pepeu Gomes / Baby Consuelo)
3 – Assanhado (Jacob do Bandolim / Baby Consuelo "Baby do Brasil")
4 – Eu penso e passo (Moraes Moreira / Galvão / Pepeu Gomes)
5 – Varinha de condão (Pepeu Gomes / Paranahansa Yogananda)

Belchior

Era Uma Vez um Homem e Seu Tempo

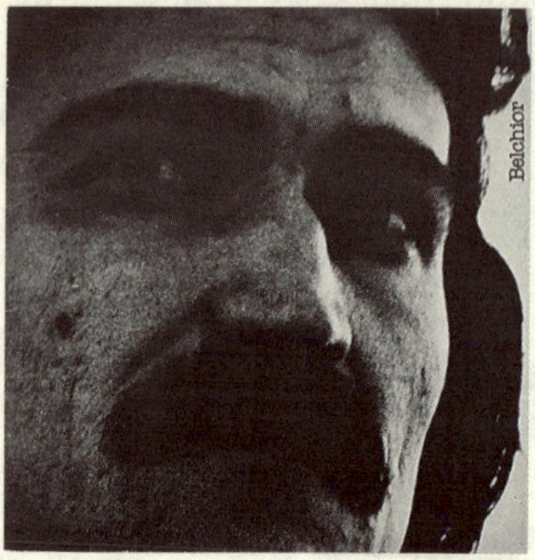

por Jotabê Medeiros

Enquanto o avião descia entre os Andes, Belchior ouvia Simon & Garfunkel, com "El condor pasa", e o sol aparecia mais claro do que nunca sobre a América do Sul. Era abril de 1978 e Belchior fazia a sua segunda viagem internacional - estava a caminho de Los Angeles para mixar o disco *Todos os Sentidos* (Warner, 1978) com o produtor Mazzola, mas planejou uma pausa no caminho.

Desceu em Lima, no Peru, onde se hospedou na casa de um tio materno. Os parentes organizaram o passeio e, no dia seguinte, ele abalou-se de trem até Cusco, acompanhado da mulher, Angela, e de lá rumou para as ruínas de Machu Picchu, onde passou o dia. Para quem viveu os anos 1970 já como adolescente, essa rota era aquele caminho que prometia imantar o viajante de visões, abrir a mente e fechar o corpo. Provavelmente, ainda promete.

De qualquer modo, Belchior parece ter alcançado essa graça: a partir da viagem e da meditação no Vale Sagrado dos Incas, ele já começou a urdir o disco seguinte, *Era Uma Vez um Homem e Seu Tempo* (Warner, 1979), que se tornaria uma espécie de estandarte dentro da obra do bardo de Sobral. Trata-se de um disco que cresce a cada audição, que revela reentrâncias a cada novo exame de um verso, de um jogo de palavras. É indubitavelmente o trabalho mais político, engajado, conceitual e (por que não dizer?) estufado de poesia contundente e cheia de blefes concretistas ("Um sujeito / Quente / No leito / Mente").

A política, entretanto, admitia na lírica de Belchior uma abertura mais ampla do que as esquerdas musicais da época estavam acostumadas. Com diploma de sofrer em outra universidade, ele inseria debates existenciais, identitários e de dupla reivindicação em todos os quadrantes do álbum. "Não! Eu não sou do lugar / Dos esquecidos! / Não Sou da nação / Dos condenados! / Não sou do sertão / Dos ofendidos! / Você sabe bem: / CONHEÇO O MEU LUGAR!", bradava, em "Conheço o meu lugar". "Minha fala nordestina, / Quero esquecer o francês", cantava, em "Tudo outra vez". "Sorri de dente de fora, no leito / Sulamericanamente", brandia, em "Meu cordial brasileiro" (parceria com Toquinho, de quem foi grande amigo e cuja casa nos Jardins ele frequentava com assiduidade).

A canção mais famosa desse disco é "Medo de avião", que tem duas versões. A primeira faixa, abrindo o disco, é só de Belchior. A segunda, fechando o disco, é assinada por Belchior e Gilberto Gil, que inseriu duas estrofes entre os versos da primeira. Belchior tinha encontrado Gil em sua casa em Londres em meados dos anos 1970. Quando Gil voltou, tornaram a se encontrar no verão de 1974 num curso de verão que a mulher de Belchior frequentava na Universidade Federal da Bahia. Belchior lhe deu a canção algum tempo depois para que ele fizesse letra, mas como o baiano demorava para finalizar a parceria, o cearense gravou uma versão de emergência, por assim dizer. Mas Gil baixou em São Paulo, em um hotel no Itaim, e chamou Belchior para resolverem a parada. O cearense, que de besta não tinha nada, foi para o trabalho de rebuscamento e, quando viu o resultado, reabriu o disco para abrigar essa que é a 11ª canção.

Parece que tem muito convidado, mas o fato é que há poucas parcerias no disco. Outra delas é em "Comentário a respeito de John", de Belchior e José Luiz Penna, que também se tornou um hino do repertório do cantor cearense. "Comentário a respeito de John", conforme contou José Luiz Penna, nasceu de uma "tentativa de cura", quando ele tentou interceder em favor de um sujeito em estado de desespero. Tratava-se de um ator que contracenava com Penna no musical *Hair* (de 1967, escrito por James Rado e Gerome Ragni). O rapaz entrou em surto psicótico e confidenciou ao amigo "estar conectado na frequência de (John) Lennon, recebendo mensagens constantes e exaustivas", e isso o torturava por não conseguir relaxar. "Fiquei penalizado e resolvi, à minha maneira, tentar ajudar. Fiz uma cancão-oração para que a gente cantasse repetidas vezes, e assim fizemos." O amigo de Penna se matou anos depois. Ou seja: embora sempre pareça um tributo de Belchior a Lennon, o beatle só seria assassinado por Mark Chapman na frente do edifício Dakota um ano depois.

Belchior ouviu a canção de Penna quando o grupo em que este tocava, o Papa Poluição, abriu um show dele no Sesc, no Teatro Anchieta, na Rua Dr.

Vila Nova. O cearense pediu autorização para cantar a música, mas com algumas modificações. "Meu amigo Belchior fez-se coautor ao trocar frases do próprio Lennon – como 'Pra que tudo recomece, basta que eu mostre o nariz', que substituiu por 'Sonho, escrevo em letras grandes pelos muros do país' –, melhorando e dando amplitude ao comentário", contou Penna.

Por essa época, já se tramava a fundação de um partido de fundamentos ecológicos, que mais tarde se tornaria o Partido Verde, e Belchior foi convidado a se candidatar pela nova sigla (que teria Penna, mais adiante, como seu presidente). Mas seguiu sendo um ativista de bastidores, um dos mais frequentes nos palanques das Diretas Já naquela época. A música de Belchior mostrava, nesse clássico álbum, uma abertura mais ampla e multidisciplinar do que os colegas de geração poderiam oferecer naquele momento. Da ambição sufi de George Harrison ("Here comes the sun") ao espírito antifa mais inflamado ("Botas e sangue nas roupas de Lorca"), passando pelas profecias bíblicas do apocalipse ("Oh, bloody moon"), Belchior foi tão gigante que talvez nunca tenha pretendido ser completamente absorvido em seu tempo - o que me leva a pensar que, quem sabe, o título do álbum contém algum sarcasmo. Ironia não falta. Ele até desanca um ícone do romantismo literário, Gonçalves Dias ("Sabe lá se não queria / Uma Europa bananeira") e demonstra possuir um visionário sensor sociológico que parece intuir a distopia do Brasil de 2021 ("Que o pecado nativo / É simplesmente estar vivo").

O realismo de "Pequeno perfil de um cidadão comum" (outra parceria com Toquinho) parece se alimentar de pulsões cabralinas de mortes e vidas severinas, uma pedra de toque do cancioneiro do rapaz de Sobral. No meio de tudo, a lânguida "Espacial" reconecta Belchior com os primeiros passos na música, uma de suas primeiras composições ainda estudante de Medicina da vida que ele quis dar, em Fortaleza, cujo sentimento é o de premonição ("Se a Terra já tem dono, / No céu ainda não tem"). Adepto da mecânica do ready made da arte pop de Andy Warhol, que se compraz no realinhamento de coisas pré-existentes e de sentido móvel, Belchior cunhava neologismos com uma naturalidade desconcertante ("E a aeromoça sexifica mais bonita") e fazia da língua uma arte de alta octanagem poética e sonora. Enquanto hoje ouço mais uma vez o seu disco de 42 anos atrás, o avião parece que está de novo passeando sobre os Andes, está tocando Simon & Garfunkel no celular e há no céu tantas estrelas quanto forem nossas naves.

Ficha técnica:

Era Uma Vez um Homem e Seu Tempo (WEA BR - 36.117)

Warner Music, 1979
Produzido por Guti
Gravado nos Estúdios Transamérica, RJ
Mixagem: Guti e Vitor Farias
Gravado por Claudinho, Vitor Farias e Waldir
Assistentes de gravação: Aníbal e Rafael
Assistente técnico: Edeltrudes Marques
Coordenação de arte: Claudio Carvalho
Design: Noguchi
Foto: Fernando Carvalho

Músicos participantes:

Palhinha e Rick: guitarras; Paulo Cesar: baixo; Robertinho Silva: bateria, caxixi, pandeiro e triângulo; Robson Jorge: piano Yamaha; Paulinho Soledade: violão; Mauricio Einhorn: gaita; Lincoln Olivetti: oberheim; Aloisio: violino; Chiquinho: acordeon; Jane Duboc, Gastão Lamounier, José Renato, Cecilia, Ana e Paulinho Soledad: vocais de apoio

Lado A

1 - Medo de avião (Belchior)
2 - Retórica sentimental (Belchior)
3 - Brasileiramente linda (Belchior)
4 - Pequeno perfil de um cidadão comum (Belchior / Toquinho)
5 - Tudo outra vez (Belchior)
6 - Conheço o meu lugar (Belchior)

Lado B

1 - Comentário a respeito de John (Belchior / José Luis Penna)
2 - Voz da América (Belchior)
3 - Espacial (Belchior)
4 - Meu cordial brasileiro (Belchior / Toquinho)
5 - Medo de avião II (Belchior / Gilberto Gil)

Bendegó

Bendengó

por Nelson Augusto

Em todas as vertentes das artes, sempre defendo a proporção da qualidade em relação ao aspecto da quantidade. No aspecto particular da música, também mantenho minha posição, mas reconheço que existem muitas exceções, notadamente no caso de matrizes autorais do porte de Noel Rosa, Luiz Gonzaga, Chico Buarque, Gilberto Gil, Caetano Veloso e Beatles, entre outros.

Especificamente quando se menciona o Bendegó, o grupo baiano tem uma discografia de apenas seis álbuns: *Bendegó* (Fontana/Philips – 1973), *Onde o Olhar Não Mira* (Continental, 1976), *Bendegó* (Epic/CBS, 1979); *Bendegó* (Continental – 1981); *La Nave Va* (3M, 1986) e *Forró Bom! É do ABC!!!* (Musicolor/Continental, 1986), todos lançados em vinil e inéditos em CD, mas já disponíveis nas plataformas digitais.

Na totalidade da obra bendegoniana em LP, o disco que mais representa o núcleo do grupo, o ecletismo dos arranjos, além das participações especiais como resultado no produto final do álbum, é o lançamento homônimo de 1979, produzido pelo *expert* Carlos Sion, no qual, José Ventura dos Santos - que nasceu no dia 6 de maio de 1952 na cidade de Serrinha, na Bahia, o Capenga - e o Winston Geraldo Guimarães Barreto - nascido no dia 14 de agosto de 1946 em Monte Santo, na Bahia, o Gereba - são responsáveis por todas as composições e arranjos de base. É o *Sgt. Pepper's Lonely Hearts Club Band* da discografia do Bendegó.

"Pajarito", "Recuo tático (General Inverno)" e "Bom dia Violão são criações individuais, as duas primeiras de Capenga e a última de Gereba. Em parceria os dois fizeram "Dança dos Ni". As quatro músicas eram temas instrumentais, porém a última recebeu letra de Capinam posteriormente. O duo também contou com os letristas Patinhas e Tuzé de Abreu, com os quais dividiram as músicas restantes do LP: "Ficou bêbado", "Piriquitamba", "Pé de vento", "Dança do punhal", "Segura aí", "Nem Freud pode", "Paciência Tereza" e "Celacanto e Lerfamu", esta, com letra de Patinhas, a mensagem mais emblemática do álbum: "Celacanto e o alucinante Lerfamu / Perdigoto e o gostoso Andarju / Se juntaram pois sacaram que Cócrates / Tava doido e queria destruir o País do Uirapuru".

"Celacanto e Lerfamu" teve arranjo e regência do Maestro da Tropicália, Rogério Duprat, o qual já estava com dificuldades auditivas e só aceitou colaborar também em "Paciência Tereza" e com o tema instrumental "Pajarito" se Gereba e Capenga levassem uma orquestra para tocar. Assim, participaram das três faixas, as cordas de Oswaldo José Sbarro, Jorge Gisbert Izquierdo, Gaetano Domingos Finelli e Elisas Sion (violinos); Michel Verebes e Loriano Rabarchi (violas) e Antonio Lauro Del Claro e Elavio Antonio Russo (cellos); e os sopros de Benito Suarez Sancrez (oboé); Kathy Havens (trompa); Settimo Paiodetti e Edgar Batista dos Santos (trompetes); Benedito Pereira dos Santos, Arlindo Bonadio e Iran Fortuna (trombones). Segundo Gereba, possivelmente foram as últimas perfomances do baluarte que promoveu a sonoridade transgressora do Tropicalismo.

Outras participações especiais foram as de Zeca Barreto, que emprestou sua voz e tocou viola e violão em "Ficou bêbado" e cavaco e voz em "Pé de vento"; Paulo Moura que tocou sax soprano em "Bom dia violão"; Marluí Miranda e Passoca que cantaram em "Segura aí"; Vermelho que tocou piano em "Nem Freud pode"; os percussionistas Silvano e Dinho em quase todas as músicas, sendo que Dinho também tocou bateria em "Nem Freud pode". Geraldo Azevedo tocou violão em "Paciência Tereza" e Oswaldinho que tocou acordeon e/ou piano em "Dança do punhal", "Celacanto e Lerfamu", "Segura aí", "Nem Freud pode", "Recuo tático (General Inverno)", "Paciência Tereza" e "Dança dos Ni".

O LP *Bendegó* foi gravado por Roberto Marques nos meses de agosto e setembro de 1978 nos Estúdios Reunidos em São Paulo com direção artística de Jairo Pires; direção de produção de Carlos Alberto Sion e direção de estúdio de Romeu Giosa. O projeto gráfico, o logotipo e a arte são de Rogério Cavalcanti e as fotos da capa e do encarte de Frederico Mendes. No disco, além de cantarem e fazerem vocais, Gereba toca violão e viola; e Capenga executa violão, viola, bandolins e baixo.

Em depoimento exclusivo para esse texto, Carlos Alberto Sion, que fez a direção de produção do LP *Bendegó* (1979), lembra que o Capenga e o Gereba já chegaram na CBS, conhecida, na época, como espaço dos "Cearenses Bem--Sucedidos", com o projeto do disco praticamente pronto. "Os dois já tinham a concepção do álbum e eu sugeri para a empresa. É um ótimo grupo. Vamos assinar o artista e eu vou produzir o disco. Fiz uma reunião com eles, arrumei o estúdio e conversei sobre a produção: quem iria fazer até a capa. Procurei não interferir num trabalho que já estava coeso."

Ele prossegue: "Em toda a realização, eu proporcionei o suporte artístico e logístico para que eles realizassem o trabalho. Procurei valorizar a parte musical do projeto e na reunião disse que havia um orçamento para proporcionar as condições de realizar o disco. Lembro das participações especiais de Geraldo Azevedo e Paulo Moura, que gravamos no Rio de Janeiro, e o Oswaldinho e a Orquestra do Rogério Duprat, que fez arranjo e regência de três faixas, gravados em São Paulo." Não por acaso foi Carlos Alberto Sion que ganhou o prêmio de melhor produtor de 1979 pela Associação Brasileira de Produtores de Discos (ABPD), com discos de Cátia de França, Elba Ramalho, Terezinha de Jesus e Amelinha, entre outros, lançados no mesmo ano.

Ficha técnica:

Bendegó (Epic – 235021)
Direção artística: Jairo Pires
Direção de produção: Carlos Alberto Sion
Direção de estúdio: Romeu Giosa
Projeto gráfico, Logotipo e arte: Rogério Cavalcanti
Fotos da capa e do encarte: Frederico Mendes

Bendengó:
Gereba: voz, viola e violão
Capenga: Bandolim, baixo, violão, viola e voz
Zeca: violão - fx. 1, viola - fx. 1, cavaquinho - fx. 3, vocal
Silvano: percussão

Músicos participantes:
Vermelho: Piano (3B); Oswaldinho do Acordeon: piano (4A, 5A), acordeon (5A, 2B,3B, 4B, 5B e 6B); Dinho: agogô (4A), timbales (2B), bateria (3B); Paulo Moura: sax soprano (1B); Geraldo Azevedo: violão (5B); Bendegó:

arranjos: (1A, 2A , 3A, 4A,1B, 2B, 3B, 4B, 6B); Rogério Duprat: arranjos e regência (5A, 6A, 5B)

Lado A

1 – Ficou bêbado (Capenga / Gereba / Patinhas)
2 – Piriquitamba (Gereba / Tuzé de Abreu)
3 – Pé de vento (Gereba / Capenga / Tuzé de Abreu)
4 – Dança do punhal (Capenga / Patinhas)
5 – Celacanto e Lerfâmu (Gereba / Capenga / Patinhas)
6 – Pajarito (Capenga)

Lado B

1 – Bom dia violão (Gereba)
2 – Segurai (Gereba, Capenga / Patinhas)
3 – Nem Freud pode (Gereba / Patinhas)
4 – Recuo tático (Capenga)
5 – Paciência Tereza (Gereba / Patinhas)
6 – Dança dos Ni (Gereba / Capenga)

Beth Carvalho

No Pagode

por Ana Lu Germano

Era um sábado - 16 de junho do ano de 1979 - e o *Jornal do Brasil* anunciava que, na sexta-feira seguinte, seria inaugurada a casa de espetáculos Cine Show Madureira com um show de lançamento do disco *No Pagode* da cantora Beth Carvalho. Uma temporada que foi até 15 de julho daquele ano, totalizando vinte e um dias em cartaz. O show, dirigido pelo jornalista e pesquisador Sérgio Cabral, era o primeiro da artista, foi escolhido como primeira programação da casa e tinha por objetivo fazer da intérprete de "Andança", o novo ídolo do bairro: "Os donos da casa quiseram estrear com ela, porque queriam torná-la a nova estrela de Madureira", segundo Vânia Carvalho, irmã da cantora, em entrevista para a autora em junho de 2021.

Possivelmente uma alusão à orfandade daquela comunidade pela morte de Zaquia Jorge (1924-1957), atriz de teatro de revista, proprietária do único teatro rebolado do subúrbio carioca, o Teatro de Revista de Madureira, aos trinta e dois anos, por afogamento.

Depois de ter inspirado o samba "Madureira chorou" de Júlio Monteiro e Carvalhinho, feito no ano de seu falecimento, em 1975, Zaquia foi homenageada com o samba "Estrela de Madureira", de Acyr Pimentel e Cardoso, sucesso de Roberto Ribeiro, e com o enredo da Império Serrano – "Zaquia Jorge, vedete do subúrbio, estrela de Madureira".

No encarte, Beth declarou sua crença no Cine-show Madureira, como espaço de "alta importância social, já que era hora do subúrbio ter uma casa de espetáculo à altura de sua gente".

A crítica tratou o álbum com simplicidade, afirmando que o disco repetia a chamada "fórmula" do anterior, no qual Beth trouxe a novidade "De pé no chão", inaugurando o chamado "pagode carioca", e que acabou vendendo mais de 500 mil cópias, materializando inusitados resultados sonoros, fruto de seu encontro capital com a turma do bloco carnavalesco Cacique de Ramos em 1977. Porém, *No Pagode* confirmou as "levadas" que servem de inspiração para diversas produções gravadas até mesmo nos tempos atuais. Com esses dois discos, o samba apresentou roupagem nova – passou a abrigar o banjo, com afinação de cavaquinho, tantã e repique de mão, como salienta André Diniz no *Almanaque do Samba*, publicado em 2006, pela Zahar Editora.

Também produzido pelo maestro Rildo Hora (produtor do LP anterior), o disco, gravado pela RCA Victor, trouxe sambas como "Coisinha do pai", de Jorge Aragão, Almir Guineto e Luiz Carlos da Vila (1949-2008) – que em 11 de julho de 1997 "despertou" as ações do robô Sojourner, da missão Mars Pathfinder da NASA, que explorou a superfície de Marte. Segundo a engenheira aeroespacial carioca e funcionária do JPL (Laboratório de Propulsão a Jato - Instituto de Tecnologia da Califórnia), Jacqueline Lyra, a gravação escolhida foi a interpretada por Elba Ramalho e Jair Rodrigues, destaque para os versos que representavam o carinho dos cientistas pelo robô: "(...) Você vale ouro / Todo o meu tesouro/ (...) agradeço a Deus porque lhe fez". Mas o samba se tornou mesmo um sucesso na voz de Beth Carvalho.

A faixa seguinte, "Senhora rezadeira", da dupla Dedé da Portela e Dida, mandava o recado daquela que "politizou" o samba quando cantava "(...) que a raça brasileira esteja sempre de pé". Seguida de "Pedi ao céu", de Almir Guineto (1946-2017), o compositor preferido da cantora na turma do Cacique, e Luverci Ernesto. Graças a Almir, o banjo conquistou seu lugar.

"Não chora neném", partido-alto de Dona Ivone Lara, merece destaque pela introdução de um banjo duro, tocado pelo próprio inventor dessa afinação, Almir Guineto, que, amalgamada com sonoridade de cavaquinho por uma cuíca insuperável, seguida por um surdo tocado pelo Mestre Gordinho, prepara os ouvidos para uma reunião de pagodeiros que poderiam estar em qualquer quintal.

"Dindinha lua", de Walmir Lira e João Rios, trouxe a sonoridade da sanfona, executada por Luiz Gonzaga, na moda de viola brasileira. "Beija-flor", sexta faixa, é um samba dolente e ao estilo de Nelson Cavaquinho, um de seus autores. Tem um traço de melancolia, gravado com Beth Carvalho ao violão, a excelência do trombone de Alberto Menezes e violinos. Assinado também por Noel Silva e Augusto Thomaz Jr, o samba foi gravado pela primeira vez em 1968, pelo grupo MPB4, selo Elenco.

"Tem nada não", outro samba da dupla Almir Guineto e o paulista Luverci Ernesto, com Jorge Aragão, faz a realização de todo ritmista, tamanho destaque de pandeiro, tantã e tamborim. "Samba no quintal" de Everaldo Cruz e Toninho Nascimento, "uma declaração de amor para quem canta, toca, dança e curte a música popular brasileira", definido assim na própria gravação pela intérprete. O samba poderia dar título ao disco, por expressar a revolução que Beth e a turma do fundo de quintal começavam a promover.

"Sexto sentido", de Talismã e Raimundo Prates, tem tantã, pandeiro e cordas, especialmente executadas pelo mestre Dino 7 Cordas e Raphael (violão7), em total comunhão; "Xô gafanhoto" de Ivan Carlos, Luiz Grande e Rubens da Mangueira, lembra os sambas carnavalescos, feitos para pular e cantar. A gravação de "Obrigado pelas flores", da dupla portelense Monarco e Manacéa, para homenagear Dona Ivone Lara que havia presenteado o primeiro autor com flores durante um período em que ele havia sido hospitalizado, contou com a luxuosa participação da Velha Guarda da Portela.

"Andança", de Danilo Caymmi, Edmundo Souto e Paulinho Tapajós, vencedora em 1968 do III FIC (Festival Internacional da Canção) é regravada e encerra o disco. A música até hoje está presente nas rodas de samba e promove espontâneo canto coral.

No Pagode reproduziu o clima das rodas de samba do subúrbio carioca - espontâneas, com inusitadas chamadas de refrão, palmas e valorizadas vozes no coro trazendo à memória participações de grandes pastoras como Jilçara, Oneida, Naná, as Tias Doca e Eunice e Dona Ivone Lara. Além de elevar ao pódio a percussão, tratada em fichas técnicas como "Ritmo" e aqui comandada pelo mestre Gordinho, o famoso surdo 1 da música brasileira.

Em entrevista à autora, em junho de 2021, Carlos Alberto, o Tcha Tcha Tchá, percussionista da cantora durante nove anos, confirma que *No Pagode* pode sim ser visto como reafirmação do disco anterior, mas ele realça uma pegada mais rítmica, bem percussiva. "Se não me engano, nem baixo, guitarra ou bateria apareceram nesse disco. Era o grupo Fundo de Quintal que chegava para ficar."

Mas não dá para esquecer do baixo que aparece em algumas faixas pelas mãos de Wagner Dias, ainda que timidamente, e a bateria executada por Wilson das Neves e Papão.

Como o encarte esclarece, *No Pagode* é um disco de ritmistas e devotado às pastoras e às pioneiras do samba – Tia Ciata, cuja a casa se reuniam os bambas para brincar de samba; Lindaura de Rocha Miranda, primeira mulher a pisar no palanque de uma escola de samba para cantar; Chiquita, primeira compositora do Cacique de Ramos; Dona Zica, Dona Neuma, respectivamente, líder das pastoras da Mangueira e primeira-dama da escola; a primeira passista da história do carnaval, Paula do Salgueiro; as excelências da Portela - Tia Vicentina, soprano do samba, Doca e Eunice e Dona Ivone Lara, compositora desde os doze anos de idade, primeira mulher a enfrentar a ala de compositores de uma Escola de Samba.

O disco considerou o improviso das rodas inspiradas nos encontros de sambeiros - os fazedores anônimos de sambas empolgantes desde os tempos idos nos terreiros das tias (como Ciata), rodeados de boa comida e bebida, e depois das reuniões das quartas debaixo da tamarineira na Zona Norte do Rio.

Conhecida por ser criteriosa na escolha de seu repertório, Beth Carvalho seguiu em gravações posteriores fazendo o que os discos de 1978 e 1979 revelaram: ia até a fonte para revelar e resgatar compositores. Acrescentemos, reverenciar ritmistas. Foi uma das artistas que mais contribuiu para a consolidação do samba no mercado e a profissionalização de seus agentes. O disco de 1979 sacramentou nacionalmente o que algumas vilas de Botafogo, quintais de Ramos e terreiros de Oswaldo Cruz e Madureira praticavam sem dar importância ao que gravadores e selos fonográficos queriam propagar e explorar.

Ficha técnica:

No Pagode (RCA Victor - 103.0316)

Produção executiva: Rildo Hora
Arranjos e regência: Ivan Paulo
Diretor de coordenação artística e repertório nacional RJ: Lúcio Varela
Cordas: Osvaldo Silveira
Técnicos de gravação: Luiz Carlos T. Reis (mixagem), Augusto Paulo Silva Filho, Flávio Senna e Guilherme Reis
Corte: José Oswaldo Martins
Supervisão de áudio: Gunther J.Kibelkstis
Capa e encarte: Antonio Henrique Nitzsche
Foto: Ivan Klingen
Arte título: Antônio Homobono
Maquiagem: Marcio Hathay
Cabelereiro: Ruddy

Músicos participantes:

Dino e Raphael: violão 7 cordas; Manoel da Conceição (Mão de vaca), Nilton Barros, Jorge Aragão e Beth Carvalho: violão; Natan: violão 12 cordas; Rodrigo e Mané do Cavaco: cavaquinho; Almir Guineto: banjo; Wagner Dias: baixo; Luiz Gonzaga: sanfona; Alberto Menezes: trombone; Papão e Wilson das Neves: bateria; Gordinho: surdo; Getúlio Peçanha; Ovídio Brito; Mauro Braga; Elizeu Felix; Neoci; Juca; Ubirany Nascimento; Bira Presidente; Milton Manhães: ritmo; Aizik Geller; José Alves; Alfredo Vidal; Jorge Faini; Walter Hack; Carlos Hack; José Dias; Giancarlo Pareschi (spalla): violinos; violas: Frederick Stephany; Arlindo Penteado; Cellos: Marcio Mallard; Alceu Reis: violas; Gilberto d'Ávila: arregimentação

Coro: Jilçara, Vânia Carvalho (irmã de Beth Carvalho), Oneida, Naná, Dona Doca, Dona Eunice, Marly Cardoso, Dona Ivone Lara, Neoci, Genaro, Nadinho da Ilha, Tufic Lauar, Stênio Barcellos, Agnaldo Caldeira, Cosme, Arlindo Borges, Joab Teixeira

Coro de crianças: Misael (Xengo), Luciana (sobrinha de Beth Carvalho), Simone (filha de Dida), Laudicéia (filha de Dedé da Portela), Rossilene, Adriana Paula (Naná), Cláudia Renata (Tatá) (filhas do maestro Aércio Flávio)

Lado A

1 - Coisinha do pai (Almir Guineto / Jorge Aragão / Luiz Carlos da Vila)
2 - Senhora rezadeira (Dedé da Portela e Dida)
3 - Pedi ao céu (Almir Guineto / Luverci Ernesto)
4 - Não chora neném (Dona Ivone Lara)
5 - Dindinha lua (Walmir Lira / João Rios)
6 - Beija-flor (Augusto Thomaz Jr. / Nelson Cavaquinho / Noel Silva)

Lado B

1 - Tem nada não (Almir Guineto / Luverci Ernesto / Jorge Aragão)
2 - Samba no quintal (Everaldo Cruz / Toninho Nascimento)
3 - Meu sexto sentido (Talismã / Raimundo Prates)
4 - Xô gafanhoto (Ivan Carlos / Luiz Grande / Rubens da Mangueira)
5 - Obrigado pelas flores (Monarco / Manacéa)
6 - Andança (Danilo Caymmi / Edmundo Souto / Paulinho Tapajós)

Beto Guedes

Sol de Primavera

por Daniella Zupo

Eu era menina e a música que entoava a abertura de uma novela das seis me chamava para sala de TV, fascinada por aquela voz anasalada e rascante de uma canção que falava de setembro em pleno verão. Ou em pleno inverno, já não me lembro. Mas Beto Guedes anunciava uma primavera que tocava o coração de crianças e reis. Anos depois, adolescente, trombei com um LP do Beto Guedes na casa de um amigo. Eu tinha 14 anos e, de novo, senti aquela voz ecoar aqui dentro abrindo os meus ouvidos para MPB. Que um dia, adulta, eu seria jornalista e o entrevistaria era algo inimaginável. O pior é que nunca contei essa história para o Beto. Espero que ele a leia aqui.

Voltando ao nosso álbum: quem nunca sentiu esperanças de dias melhores ao ouvir o primeiro verso da canção criada em parceria com o niteroiense Ronaldo Bastos, que me atire a primeira pedra. "Sol de primavera" representa bem a genialidade musical de um compositor capaz de criar grandes harmonias com a simplicidade típica dos clássicos do cancioneiro popular. Música para ficar na memória. Música que atravessa gerações. A melodia perfeita, suave e eloquente, para versos que anunciam a renovação em um momento de reabertura após os anos de chumbo da ditadura no Brasil e seu rastro de exílio, tortura e censura. Um hino de amor e solidariedade lavando mineiramente a nossa alma. Mais uma vez uma parceria certeira de Beto e Bastos daria o tom de um disco, como no anterior *Amor de Índio*, em que a faixa-título encerrava o espírito de todo o álbum, numa espécie de celebração à vida: "Todo dia é de viver / Para ser o que for / E ser tudo".

A faixa-título do terceiro álbum de Beto Guedes é emblemática de um apanhado de dez canções que consolidam a arquitetura lírica e harmônica do "aviador de melodias" (expressão de Pablo Castro em *Songbook Beto Guedes*) numa referência à paixão de Beto por aeromodelismo e ao famoso perfeccionismo que sempre dedicou à construção de suas canções. Reza a lenda que Beto levou várias sessões para colocar a voz da maneira exata sobre o arranjo orquestrado por Wagner Tiso. O resultado é página memorável na história da música popular brasileira.

Em *Sol de Primavera*, Beto chega ao ápice de sua popularidade promovendo um encontro perfeito entre a dita MPB e uma instrumentação sofisticada. As influências beatlenianas e do rock progressivo aqui estão a serviço de canções repletas de romantismo em seu sentido original, ou seja, de uma estética em que o sentimento prevalece sobre a razão. O romantismo, sempre atribuído à obra musical de Beto, ganha dimensões que não se reduzem ao amor idealizado entre duas pessoas, mas se amplia em direção a ideais um tanto quanto esquecidos ou mesmo abandonados por nós, como a harmonia com a natureza, o sentimento de tribo, o encantamento com a arte e a vida.

No álbum que encerra a trilogia de discos lançados na década de 1970, entre 1977 e 1979, Beto Guedes confirma a assinatura presente nos álbuns anteriores: *A Página do Relâmpago Elétrico* e *Amor de Índio*. Das canções da própria safra, traz a luminosa balada "Pela claridade da nossa casa" (parceria com Murilo Antunes e Márcio Borges), "Pedras rolando" (com Ronaldo Bastos), "Monte azul", instrumental do disco que Beto assina sozinho, assim como "Rio doce", faixa na qual gravou todos os instrumentos - como faria em outras canções, em outros álbuns, em busca de um resultado que se aproximasse do seu dialeto musical. Talvez seja justamente nas faixas instrumentais que podemos ouvir com mais clareza a sonoridade própria que Beto imprime a partir de suas influências roqueiras, ao misturar riffs a violas caipiras e bandolins. Aliás, Beto sempre soube dar a este conceito – de música instrumental - uma outra dimensão, a mesma dimensão poética que os grandes compositores clássicos são capazes de infundir.

Quando assume o lado intérprete, na versão de "Cruzada" (Tavinho Moura e Marcio Borges), em "Roupa nova" (Fernando Brant e Milton Nascimento), no choro do pai Godofredo, "Casinha de palha", na versão de "Norwegian wood", canção dos Beatles em que canta com Milton ou no rock "Como nunca" (Luis Guedes, Murilo Antunes e Thomas Roth), que abre com um incrível riff de baixo, Beto imprime sua marca e cria uma unidade sonora que vem de uma fusão própria dos elementos da refinada música do Clube da Esquina com a sua versatilidade de multi-instrumentista. E, é neste contexto, do movimento em que surge, que Beto afirma em sua obra características como as harmonias imbricadas e influências que iam da Música Barroca aos Beatles e uma lírica muito associada à natureza e a um existencialismo tão bem retratado por Marcio Borges em *Os Sonhos Não Envelhecem.*

Em *Sol de Primavera*, Beto nos oferece paisagens sonoras amplas e siderais que, mais que acender imagens da memória, nos relembram um lugar interior e nos tocam naquele sertão profundo onde habita o coração de ouro. Seja em Guimarães Rosa ou na música de Beto Guedes, o sertão é o mundo.

Por último, mas não menos emblemática, a capa do álbum, feita por Gilberto de Abreu, traz um boneco feito com fios de telefone (quando telefone tinha fios!) catados no chão, a caminho de um bar, numa rua do bairro Serra, em Belo Horizonte, onde Beto morava. O boneco já habitava, em tamanho pequeno, a contracapa do álbum de estreia. Dois anos depois, antes de lançar *Sol de Primavera*, Abreu recebe um telefonema pedindo que transformasse a participação especial em capa e contra capa do próximo álbum. Assim, "Meu avô cientista" que já tinha sido colocado em uma moldura, foi "solto" e redesenhado numa superfície maior, do tamanho de uma capa de disco aberta, numa concepção tridimensional. Uma dessas raras sacadas em que uma imagem consegue traduzir um sentimento ou, nesse caso, a essência da música de Beto Guedes. *Sol de Primavera* é alma de rebelião, política e poesia irmanadas no horizonte da utopia de um mundo mais justo, mais bonito e mais solidário. A música construída com artesania, naquela pororoca bonita entre acaso e poesia.

Se 1979 foi o ano em que o início de uma abertura política, com a queda do tenebroso Ato Institucional 5, coincidiu com a consagração comercial da MPB, *Sol de Primavera* foi o álbum que destinou a Beto Guedes lugar entre os compositores brasileiros populares com uma obra que fundia os acordes mineiros à universalidade de letras que traduziam o amor como principal paisagem.

A primavera de um tempo em que é preciso abrir as janelas do peito e sonhar juntos semeando as canções no vento.

Aquela velha lição que sabemos de cor. Só nos resta aprender.

Ficha técnica:

Sol de Primavera (EMI – 31C 064 422853D)

Produtor fonográfico: EMI- Odeon

Direção de produção: Mariozinho Rocha
Produção executiva: Ronaldo Bastos
Técnicos de gravação: Mayrton Bahia, Nivaldo Duarte e Toninho
Técnico de mixagem: Nivaldo Duarte
Técnico de corte: Osmar Furtado
Capa: Cafi, Ronaldo Bastos e Beto Guedes
Desenho de capa: Gilberto de Abreu
Coordenação gráfica: Tadeu Valério

Lado A

1 – Sol de primavera (Beto Guedes / Ronaldo Bastos)
Piano, baixo, viola e voz: Beto Guedes; Cello: Atelisa de Salles; bateria: Roberto Silva; flauta: Celso Porta Woltzenlogel e Mauro Senise; violas: Penteado e Nelson Macedo; violinos: Aizik Meilach, GianCarlo Pareschi e José Alves, Paschoal Perrota, Walter Hack; orquestração e regência: Wagner Tiso.
2 – Como nunca (Luiz Guedes / Murilo Antunes / Thomas Roth)
Guitarra solo, violão, bandolim, baixo e voz: Beto Guedes; bateria: Roberto Silva; piano: Wagner Tiso
3 – Cruzada (Márcio Borges / Tavinho Moura)
Guitarra solo, voz e violão: Beto Guedes; violão: Tavinho Moura; baixo: Jamil Joanes; bateria: Roberto Silva; percussão: Luiz Alves, Roberto Silva e Beto Guedes; viola: Arlindo Penteado; violinos: GianCarlo Pareschi e José Alves; teclados, orquestração e regência: Wagner Tiso
4 – Rio doce (Beto Guedes)
Bandolim, violão, bateria, percussão e flauta: Beto Guedes
5 – Pedras rolando (Beto Guedes / Ronaldo Bastos)
Violão, viola, flauta e voz: Beto Guedes; baixo: Jamil Joanes; cello: Atelisa de Salles; bateria: Roberto Silva; violas: Arlindo Penteado e Macedo; flauta: Celso Porta Woltzenlogel e Mauro Senise; violinos: Aizik Meilach, GianCarlo Pareschi, José Alves, Paschoal Perrota e Walter Hack; piano, órgão, orquestração e regência: Wagner Tiso

Lado B

1 – Roupa nova (Fernando Brant / Milton Nascimento)
Voz: Beto Guedes; violão: Milton Nascimento; baixo: Luiz Alves; bateria:

Roberto Silva; piano: Wagner Tiso
2 - Norwegian Wood (Lennon-McCartney)
Voz e viola: Beto Guedes; violão e voz: Milton Nascimento; baixo: Fernando Leporace; cellos: Peter Dausberg e Watson Clis; percussão e bateria: Paulinho Braga; flautas: Danilo Caymmi, Mauro Senise, Paulo Guimarães e Paulo Jobim; guitarra: Toninho Horta; órgão, orquestração e regência: Wagner Tiso; sax soprano: Nivaldo Ornellas; viola: Arlindo Penteado e Frederick Stephany
3 - Pela claridade Da Nossa Casa (Beto Guedes / Márcio Borges / Murilo Antunes)
Piano, guitarra, violão e voz: Beto Guedes; baixo: Jamil Joanes; bateria: Roberto Silva; flauta: Danilo Caymmi; órgão e arp: Wagner Tiso
4 - Monte azul (Beto Guedes)
Viola, violão e bandolim: Beto Guedes; baixo: Luiz Alves; bateria: Roberto Silva; sax e flauta: Mauro Senise; piano, órgão e arp: Wagner Tiso
5 - Casinha de Palha (Godofredo Guedes)
Violão e voz: Beto Guedes; cello: Marcio Mallard; clarinete: Netinho; flauta: Mauro Senise; piano, orquestração e regência: Wagner Tiso; pandeiro: Luiz Alves; viola: Arlindo Penteado; violinos: Giancarlo Pareschi e José Alves

Boca Livre

Boca Livre

por Juca Filho

Apesar de gravado e lançado em 1979, a história do emblemático disco de estreia do Boca Livre começa bem antes, em 1966, quando David Tygel e Maurício Maestro se conheceram no Colégio de Aplicação da UFRJ e, somando seus talentos aos dos colegas Ricardo Villas e Zé Rodrigues (o futuro Zé Rodrix), criaram o quarteto vocal MomentoQuatro.

O quarteto fez história, participando, em 1967, da música vencedora do épico 3º Festival de Música Popular Brasileira da TV Record, "Ponteio", de Edu Lobo e Capinam. E também gravando, um ano depois, o inovador LP *MOMENTO4UATRO*, muito original em concepção e repertório. Entretanto, apesar da qualidade, o quarteto se desfez em 1969.

Cerca de oito anos depois, já em 1977, David Tygel criou e programou o projeto musical Quem Sabe, Sobe, que acontecia na Concha Verde, o anfiteatro do Morro da Urca, no Rio. O projeto contou com shows de nomes já consagrados da nossa música, abertos por novos grupos da cena musical carioca daquele momento. Entre eles estava o Cantares, do qual fiz parte, junto com Zé Renato, que abriu para Hermeto Pascoal.

Além dos arranjos vibrantes e cheios de brasilidade, o Cantares chamava atenção pelo repertório musicalmente rico e original, a maioria composta por Zé Renato, muitas em parceria comigo. "Toada" (naquele tempo ainda chamada pelo nome original de "Na direção do dia"), "Quem tem a viola" (ainda sem a letra que lhe deu o nome), "As moças" e "Bicicleta", todas gravadas pelo Boca Livre, além de "Acontecência", parceria minha e de Cláudio Nucci, sucesso futuro da sua carreira solo, eram, todas, parte do repertório do Cantares. Outro ponto alto do grupo era, sem dúvida, seu *frontman*, Zé Renato, que, desde então, já demonstrava grande talento potencial, tanto como compositor quanto como cantor e intérprete.

Esse talento não passou despercebido por David, que já alimentava, com Maurício, o desejo de retomar o trabalho vocal iniciado, lá atrás, com o MomentoQuatro. Coincidentemente, Maurício já tinha visto o grupo e Zé Renato em ação num programa da TVE do Rio, dirigido por Hermínio Bello de Carvalho e gostou da ideia. Segundo o próprio Maurício tanto "Na direção do dia" (a futura Toada) quanto a performance de Zé Renato o impressionaram muito favoravelmente.

Depois de feito o convite a Zé Renato, David e Maurício chamaram o compositor e cantor Lourenço Baeta para ser o quarto elemento do futuro grupo. Lourenço, entretanto, às voltas com seu disco solo, gravado pela Continental, preferiu se dedicar ao mesmo. Isso abriu espaço para que surgisse o nome de outro compositor e intérprete de grande potencial, Cláudio Nucci, amigo de Zé Renato desde os tempos do Colégio Rio de Janeiro e integrante do Semente, outro grupo que participara do projeto Quem Sabe, Sobe, abrindo para o Tamba Trio de Luizinho Eça.

Formado o quarteto, iniciou-se um extenso período de ensaios a fim de criar o "som do grupo". Por um longo tempo os quatro cantaram apenas em uníssono, o que, segundo Maurício, ajudaria a moldar as vozes no timbre que seria sua marca registrada e daria segurança ao grupo para abrir as vozes nos seus arranjos bem elaborados. Foi durante este período, vivenciando os ensaios, que Maurício Maestro teve a ideia de dar ao grupo o nome de Boca Livre.

Depois de conhecer o som do grupo, Edu Lobo convidou o Boca Livre para participar do seu próximo disco de carreira, *Camaleão*. E, a seguir, para dividir uma turnê no Projeto Pixinguinha, ideia inspirada de Hermínio Bello de Carvalho, que levou o melhor da música brasileira fervilhante daquele tempo para os quatro cantos do país.

Foi nessa temporada pelo Norte e Nordeste com Edu, em 1978, que o potencial da "Toada" e do grupo ficou evidente. Segundo Zé Renato, em todas as cidades, ainda no meio da temporada, o público, surpreendentemente, já pedia e cantava a música, praticamente desconhecida. A recepção foi tão positiva que a decisão de gravar um disco e aproveitar esse momento foi natural e unânime para todos.

De volta ao Rio o grupo botou o projeto em andamento, se associando ao produtor João Mário Linhares, que então produzia Edu Lobo, iniciando um périplo entre as gravadoras mais importantes da época, mostrando o trabalho para seus executivos e produtores. Entretanto, apesar da excelência do material, as gravadoras, talvez comprometidas com a onda "discoteca" que varria o mundo ou não sabendo como encaixar aquela nova proposta no mercado, rejeitaram a oferta. Uma delas chegou a propor, inclusive, que o grupo mudasse o repertório e tentasse emplacar como os "Bee Gees brasileiros".

Disposto a registrar o trabalho no qual acreditava, o grupo resolveu, então, tentar um novo caminho, desbravado em 1977 pelo pianista e compositor carioca Antonio Adolfo com o seu LP *Feito em Casa*: a produção independente. Com ajuda das famílias, o grupo conseguiu obter o capital para bancar as gravações e a pequena tiragem inicial de mil cópias. O disco foi, então, gravado, entre julho e agosto de 1979, no estúdio da Sonoviso – que pertencia aos frades franciscanos e funcionava num prédio anexo à Igreja de Santana, na Praça Onze, no Centro do Rio – pelo histórico técnico Toninho Barbosa, responsável pela gravação de dezenas de discos do movimento independente, surgido no final dos anos 1970, como alternativa à política restritiva das gravadoras.

Sendo o Boca Livre um grupo vocal embasado por cordas – como era, por exemplo, um dos seus citados inspiradores, o mítico Crosby, Stills, Nash & Young – o repertório, segundo Maurício, tomou como base músicas de compositores que usassem o violão como seu instrumento principal de criação e com os quais o grupo se identificasse musical e poeticamente. Partindo desse princípio, o Boca Livre contou, no disco, com uma miríade de bons compositores com essa *expertise*: Milton Nascimento, Nelson Angelo, Toninho Horta, Geraldo Azevedo, Joyce, além dos poetas Cacaso, Fernando Brant e Carlos Fernando. E também os integrantes do próprio grupo, entre os quais estavam os praticamente desconhecidos Zé Renato e Cláudio Nucci, com duas canções de muita força, pela novidade e pela qualidade, "Toada" e "Quem tem a viola".

Além da excelência do repertório, vale pontuar a ótima sequência das músicas do disco, que prendia o ouvinte e mostrava, de cara, a potência da proposta. O lado A já abria com dois petardos com a marca da novidade e da excelência artística dos jovens Zé Renato e Cláudio Nucci, a magnética "Quem tem a viola", contando agora com a letra inspirada de Xico Chaves, com minha colaboração e o grande hit "Toada", da qual eu sou o letrista. Já na delicada introdução da viola de David Tygel, "Toada" pegava o ouvinte pela alma, ajudada pelo arranjo espetacular de Maurício, que agregou imenso valor à canção, incluindo o envolvente intermezzo que passou, imediatamente, a fazer parte da música. A "Toada" do Boca Livre era, realmente, de tirar o fôlego.

Antes que o ouvinte pudesse se recuperar o disco seguia com a linda "Mistérios", de Maurício Maestro, com inspiradíssima letra de Joyce Moreno, ícone da moderna música brasileira, que, apesar de excelente violonista, nesta faixa atua como letrista. Era arrasador, ninguém passava alheio por esta sequência inicial impactante.

A quarta faixa, "Boi", de Nelson Angelo, compositor de extrema originalidade, dava uma cor um pouco mais experimental ao trabalho com seus compassos compostos e convenções rítmicas elaboradas, apesar da letra de temática rural. "Boi" era seguida por outra das músicas que se eternizariam como grandes hits do Boca Livre, a deliciosa "Diana", que Toninho Horta, o grande "guitar hero" do Clube da Esquina, fez com o poeta Fernando Brant em homenagem à sua cachorrinha. Vale destacar aqui os belos solos de flauta de Danilo Caymmi, Zé Carlos e Paulinho Guimarães, a guitarra inconfundível de Toninho e o baixo todo desenhado de Maurício.

O lado B abria com "Ponta de areia" de Milton Nascimento e Fernando e aqui vale um parêntese porque eu assisti à gravação. O arranjo foi superposto oito vezes, usando todos os canais do estúdio. Foi impressionante. Eu me lembro que, quando fomos ouvir o resultado, a voz do Cláudio, riquíssima em harmônicos, parecia um órgão Hammond quando entrava, no verso "que ligava Minas ao porto, ao mar". Ouça e comprove. Além disso o uníssono que fechava o arranjo, depois de um lindíssimo acorde aberto, comprovava a teoria de Maurício sobre "achar o som do grupo", antes de tudo.

Na sequência, duas canções com letra de Cacaso. "Feito mistério", melodia muito original e cheia de swing de Lourenço Baeta, com um intermezzo envolvente de vozes entrelaçadas e um acordeon delicioso de Chiquinho do Acordeon. A ela se seguia a intrigante e cadenciada "Pedra da lua", outra obra-prima de Toninho Horta que, vale a pena notar, entrou no lado B, no mesmo lugar em que a também cadenciada "Mistérios" ocupava no lado A, criando um equilíbrio muito interessante para o ouvinte.

"Barcarola do São Francisco" de Geraldo Azevedo e Carlos Fernando, com sua sequência harmônica altamente violonística, guiada pelo baixo descendente, era um exemplo claro da escolha de compositores violonistas para o repertório. Vale notar que, ao lado de "Diana" é uma das duas faixas onde todos se revezam em solos na melodia.

"Fazenda", mais uma com a marca da originalidade de Nelson Angelo, outra música muito querida do público e "Minha terra", música de David sobre texto de Oduvaldo Vianna Filho, feita para a peça *Papa Highirte* fecham esse disco que se tornou, sem sombra de dúvida, um grande clássico da música popular brasileira.

O resto, na verdade, é história. "Toada" virou um megahit, permanecendo por longo tempo no topo das paradas musicais brasileiras no início dos anos 1980. (E não foi o único, além dela, "Quem tem a viola", "Mistérios" e "Diana", pelo menos, foram outros grandes sucessos de execução do Boca). O Boca Livre virou uma verdadeira febre e símbolo da moderna música vocal brasileira. O disco, que começou com a modesta tiragem de mil cópias, foi sendo prensando cada vez mais, dois mil, três mil, cinco mil, dez mil, até se associar à distribuição da gravadora Eldorado e alcançar a significativa marca de mais de 100 mil discos vendidos, que o transformou no disco independente mais vendido até hoje.

Seja como for, gostaria de fechar com uma lembrança pessoal muito rica e marcante. Era janeiro de 1980 e eu estava voltando de Brasília, onde fora passar o Natal e Ano Novo com meus pais. Marquei minha passagem para a tarde do domingo, quando seria a última apresentação da temporada de lançamento do Boca, no Teatro Vanucci, do Shopping da Gávea. O avião atrasou e me deixou tenso. Não podia perder aquilo, de jeito nenhum. Graças aos céus, deu tempo. Cheguei, larguei as malas em casa e voei para o teatro. Ao chegar, não entendi o que estava acontecendo, vendo dezenas, talvez centenas, de pessoas saindo, ao mesmo tempo, do shopping. Perguntei a uma amiga do que se tratava e ela me disse que era o show do Boca Livre, que estava esgotado e botando gente pelo ladrão. Isso já foi impactante, mas eu jamais deixaria de ver esse show. Subi até o teatro e, mesmo sem conhecer João Mário, cruzei a aglomeração, bati no vidro da bilheteria e disse ao cara que julguei que fosse ele (e acertei em cheio) que eu era o Juca Filho, parceiro da "Toada" e tinha vindo de Brasília para ver o show. O João, é claro, me botou para dentro. A plateia estava lotada, com gente, inclusive, sentada no chão. De licença em licença consegui chegar ao camarim e encontrar meu querido parceiro Zé Renato. Nos abraçamos, emocionados, sem falar palavra. E eu voltei para a plateia onde assisti, emocionado, ao show mais importante da minha existência. Eu ainda não sabia, mas, a partir daquele dia, minha vida nunca mais seria a mesma.

Ficha técnica:

Boca Livre (BL - 0001)

Produzido por Boca Livre Produções e Gravações Ltda.
Gravado e mixado por Toninho Barbosa
Cortado e prensado por Américo - Tape-Car - RJ

Capa: Loca
Arte final e Fotos: Loca
Projeto gráfico para o título: Eliane Stephan e Eliane Jobim
Colaboração para realização gráfica: Boca Livre
Gravado e mixado no estúdio da Sonoviso do Brasil - RJ no período de julho a agosto de 1979.

Boca Livre:
Cláudio Nucci: Violão, viola e vocal
David Tygel: Viola, violão e vocal
José Renato: Violão e vocal
Maurício Maestro: Baixo e vocal
Arranjos vocais e instrumentais: Maurício Maestro

Participações Especiais:
Rubinho, Gordo (A Barca do Sol), Raimundo Nicioli, José Carlos Ramos, Danilo Caymmi, Paulo Guimarães, Paulo Jobim, Bidinho, Niltinho, Zé Nogueira, Léo Gandelman, Marcelinho, Café, Toninho Horta, Freddy Anrique, Chiquinho do Acordeon

Lado A
1 - Quem tem a viola (Cecilia) (Zé Renato / Xico Chaves / Cláudio Nucci / Juca Filho)
Viola caipira: David Tygel; violão elétrico: José Renato; baixo elétrico: Maurício Maestro; bateria: Rubinho; percussão: Gordo (Marcelo Costa); sopros: trompete: Bidinho; flugelhorn: Niltinho; sax alto: Zé Nogueira; sax tenor: José Carlos Ramos; sax barítono: Léo Gandelman; vocal: Boca Livre
2 - Toada (Na direção do dia) (Zé Renato / Cláudio Nucci / Juca Filho)
Violão ovation: José Renato; viola caipira: David Tygel; violão nylon: Cláudio Nucci; baixo elétrico: Maurício Maestro; bateria: Rubinho; percussão: Gordo; flauta em dó: Paulo Guimarães; flauta em sol: José Carlos Ramos e Paulo Jobim; baixo: Danilo Caymmi; vocal: Boca Livre, solo: José Renato
3 – Mistérios (Maurício Maestro / Joyce Moreno)
Violão nylon: José Renato; violão ovation: Cláudio Nucci; viola caipira: David Tygel; baixo elétrico: Maurício Maestro; bateria: Rubinho; percussão: Gordo;

flauta em dó: Paulo Guimarães; flauta em sol: José Carlos Ramos; baixo: Danilo Caymmi; vocal: Boca Livre; solos: Maurício e David
4 – Boi (Nelson Angelo)
Violão I: David Tygel; violão II: Cláudio Nucci; baixo: Maurício Maestro; bateria: Rubinho; percussão: Gordo; solo de sax tenor: José Carlos Ramos; vocal: Boca Livre
5 – Diana (Toninho Horta / Fernando Brant)
Guitarra: Toninho Horta; piano: Raimundo Nicioli; baixo: Maurício Maestro; bateria: Rubinho; percussão: Gordo; flauta solo: baixo: Danilo Caymmi, em sol, José Carlos Ramos, em dó; Paulo Guimarães; vocal: Boca Livre; solos: Maurício, Cláudio, José Renato e David

Lado B
1 - Ponta de areia (Milton Nascimento / Fernando Brant)
Vocal: Boca Livre
2 - Feito mistério (Lourenço Baeta / Cacaso)
Violão: David Tygel; violão ovation: José Renato; viola caipira: Cláudio Nucci; acordeon: Chiquinho; baixo elétrico: Maurício Maestro; bateria: Rubinho; percussão: Gordo; vocal: Boca Livre
3 - Pedra da lua (Toninho Horta / Cacaso)
Piano: Raimundo Nicioli; violão: José Renato; baixo: Maurício Maestro; bateria: Rubinho; flauta em dó: Paulo Guimarães; flauta em sol: José Carlos Ramos, flauta em sol: Paulo Jobim; baixo: Danilo Caymmi; vocal: Boca Livre
4 - Barcarola do São Francisco (Geraldo Azevedo / Carlos Fernando)
Violão aço: José Renato; viola caipira: David Tygel; baixo elétrico: Maurício Maestro; bateria: Gordo; percussão: Rubinho; flauta: José Carlos Ramos; vocal: Boca Livre; solos: Cláudio, David, José Renato e Maurício
5 – Fazenda (Nelson Angelo)
Violão: Cláudio Nucci; viola caipira: David Tygel; baixo elétrico: Maurício Maestro; bateria: Gordo; acordeon: Chiquinho; vocal: Boca Livre; solo: José Renato
6 - Minha Terra (David Tygel / Oduvaldo Vianna Filho)
Violão: David Tygel; charango: Freddy Anrique; violão aço: José Renato; viola: Cláudio Nucci; piano e baixo: Maurício Maestro; bateria: Rubinho; percussão: Marcelinho e Café; vocal: Boca Livre; solo: David Tygel

Byafra

Primeira Nuvem

por Marcos Sabino

Conheci Byafra em 1976, no Festival Itaocarense de Música Popular, que era realizado na cidade de Itaocara, noroeste do estado do Rio. Nessa época, Biafra ainda com "i" (apelido de Maurício Pinheiro Reis), era integrante da Banda O Circo, grupo formado por músicos de lá – entre eles, Marize de Resende, Simiana de Resende, Oswaldo Soares e Humberto de Resende – e por amigos que estudavam juntos no Centro Educacional de Niterói – Byafra, Francisco Frias (Bolinha), Luiz Eduardo Farah, Fernando Bittencourt e Márcio Bahia. Paulão não era da mesma escola, mas estava sempre junto e acabou agregado à banda.

O Centro Educacional de Niterói era uma escola que se destacava na cidade por implementar um sistema de ensino moderno e ousado para os padrões da época, que funcionava em tempo integral e a arte era valorizada. O CEN formou muita gente importante em Niterói em todas áreas. Nessa época, eu estudava no Colégio Plínio Leite e integrava como vocalista e violonista a Banda Antares, um grupo de rock progressivo. Eu tinha alguns amigos que estudavam no CEN e o sistema de tempo integral me desanimava a mudar de colégio. Embora meu pai insistisse, eu preferia ter minhas tardes livres para os ensaios e para compor compulsivamente, além de outras atividades pertinentes aos adolescentes dos anos 1970.

Eu conhecia todo pessoal d'O Circo, mas não tinha amizade com eles. Éramos de grupos diferentes. O Circo era uma mistura de tudo, com muita influência do rock rural, talvez por ter integrantes do interior do estado, como Humberto, Oswaldo e as vocalistas Marise e Simiana, que eram irmãs do Humberto e se tornaram em pouco tempo as coristas mais disputadas da MPB. O nome O Circo surgiu quando Byafra, Bolinha e outros que costumavam sentar no fundo da sala nas aulas de português ouviram um esporro da professora que, irritada com a falta de atenção e a conversa em alto tom, reclamou: "Vocês ficam de brincadeiras aí, lugar de palhaço é no circo!" Nesse momento, Byafra sacou que esse poderia ser o nome da banda que formavam e teve imediatamente o aval do Bolinha.

"O que nos deu muito incentivo foi o festival que a gente ganhou em Itaocara, com a música 'Sol, poeira e paisagem', uma parceria minha, com Humberto Resende, Aloysio Reis e Osvaldo Soares, que não está no disco. A música foi feita por várias pessoas e a gente conquistou o primeiro lugar. Isso foi o que fez a gente dar continuidade aos ensaios com O Circo", rememora Byafra, já com "y".

A Banda organizou vários shows no auditório do CEN e em outros locais de Niterói (RJ), além de apresentações em projetos culturais e nos festivais de MPB, comuns na época. O Teatro Leopoldo Fróes era o templo da Cultura Niteroiense, o Teatro Municipal estava detonado à espera de uma restauração que só aconteceu nos anos 1990. Vivíamos um tempo complicado de ditadura e os DCEs eram espaços de ebulição cultural e de protesto, quando nos deixavam.

"Houve um show no Centro Educacional produzido pelo Mayrton Bahia, que nessa época tocou baixo com a gente. Colocamos todas as músicas que a gente curtia nesse show e que foram proibidas pela ditadura militar. Músicas de Chico Buarque, Caetano Veloso... Entraram no show da gente e ninguém aporrinhou. Aí, já ensaiando um repertório autoral, fizemos um show na escola apresentando O Circo. Uma música que se destacou foi 'Barcos e navios', com vocal solo da Marise no final, sensacional. Montamos um repertório autoral e apresentamos na CBS, hoje Sony Music", conta Byafra.

O primeiro disco de Biafra e O Circo era esperado pela cidade. Algumas canções já eram conhecidas regionalmente, como "Barcos e navios" (Byafra) e a faixa-título do LP, "Primeira nuvem" (Byafra, Bolinha e Aloysio Reis). Dalto e sua fantástica balada "Flash back", sucesso de 1974, era a última referência de um cantor genuinamente niteroiense que ouvíamos nas ondas das rádios Mundial e Tamoyo, as emissoras AM que tocavam sucessos populares. As rádios FM começavam a ser lançadas no país e, no Rio, a voz de Fernando Mansur já chamava a atenção dos ouvidos ávidos por música boa e com qualidade radiofônica. Tempos depois, Mansur se juntou a nós niteroienses nos Movimentos Niterói vai Sumir e Assumir. Em 1978, a CBS lançou, então, o LP *Primeira Nuvem*, propondo que o disco saísse com o nome de Biafra e colocando O Circo como banda de apoio.

"A CBS não quis gravar a banda porque eram oito componentes e ia ficar muito complicado fazer programa de auditório levando oito pessoas, comprando oito passagens. Então, eles resolveram gravar um disco meu. Mas esse disco é quase como se fosse um disco d'O Circo, porque são eles me acompanhando", explica Byafra.

Apesar de isso mexer com os ânimos dos outros integrantes, facilitaria todo trabalho de divulgação e traria mais possibilidades de sucesso. O LP foi, então, lançado e a canção "Helena", de Byafra e Luiz Eduardo Farah, começou a tocar nas rádios e entrou na trilha da novela *Marron Glacé*, uma gentileza do Lulu Santos, que mostrou a música para o produtor Guto Graça Mello dizendo a ele que um menino de Niterói recém-lançado estava tocando muito nas rádios. A canção tem uma introdução pianística executada por Luiz Eduardo Farah, que também era um dos personagens do CEN e das bagunças da aula de Português.

Farah trazia para a música brasileira alguma coisa de novo, bem ao estilo d'O Circo, que por suas múltiplas referências misturava o rock rural com a música clássica e as baladas românticas com o rock and roll e elementos da música negra. Ele era de São Gonçalo, mas vivia em Niterói e era muito querido e idolatrado pelos músicos da cidade, entre eles Paulinho Roquete. Assim se deu o início a um ciclo importante e reconhecido da música brasileira: a música pop romântica dos anos 1980. E portas foram abertas para outros músicos, inclusive eu, que em 1982 lancei o meu primeiro álbum, *Reluz*.

O LP *Primeira Nuvem* foi produzido por Aloysio Reis, irmão de Byafra e autor de várias músicas do disco. No lado A, estão as faixas "Barcos e navios" (Byafra), "Bandido solitário" (Byafra, Bolinha e Aloysio Reis), "Açoite" (Byafra e Fernando Bittencourt), "Riacho solidão" (Humberto de Resende, Oswaldo Soares e Aloysio Reis) e "Primeira nuvem" (Byafra, Bolinha e Aloysio Reis).

Palavras de Byafra sobre o repertório: "'Barcos e navios' era a música de maior sucesso do grupo O Circo. 'Bandido solitário' tem a participação do Luiz Eduardo Farah cantando também, porque tinha uma parte muito grave e minha voz era muito aguda. 'Açoite', fizemos na casa do Fernando, em São Gonçalo, antes do ensaio começar. 'Riacho solidão' é uma música tipicamente feita em Itaocara, tanto que tem Humberto de Resende, Oswaldo Soares, Aloysio Reis e eu dividindo os créditos. 'Primeira nuvem' foi influenciada pelo violão clássico. O Bolinha estava escutando muito Yes e gostava do guitarrista, Steve Howe. Ele fez essa bela base de violão que preparou a música para o arranjador, Paulinho Machado, colocar a orquestra por cima."

Primeira Nuvem acabou virando o nome do álbum lançado pelo selo Epic. A capa é de autoria de Alberto Barcelos (Beto Barcelos) e traduz com muita propriedade o clima do LP, trazendo a foto de Byafra empinando uma cafifa (como são chamadas as pipas em Niterói) que, em seu desenho, destaca uma nuvem no azul do céu. Os arranjos são do também niteroiense Paulinho Machado, um grande maestro que tem uma linda e rica história na música brasileira com trabalhos geniais ao lado do pessoal do Nordeste. Ele só não participa na faixa 7, a segunda do lado B, "Vagalume", que contou com Don Charles e sua experiência com importantes arranjos da black music de Cassiano e tantos outros gênios de nossa música.

O Lado B traz as faixas "Tardes de viagem" (Byafra e Fernando Bittencourt), "Vagalume" (Paulinho Roquete e Aloysio Reis), "Helena" (Byafra e Bolinha), com vocalise de Marize de Resende que deu à canção um brilho especial e diferente dos padrões da época, "Juriti" e "Nova estrela" (Humberto de Resende, Oswaldo Soares e Aloysio Reis).

"'Tarde de viagem', outra música com Fernando Bittencourt, foi feita lá na casa dele, no Columbandê, onde O Circo ensaiava. Às vezes eu fica de bobeira e a gente começava a fazer umas canções. Saíram várias assim. 'Vagalume' é do Paulinho Roquete com Aloysio Reis, por isso a gente colocou o Dom Charles. O Paulinho Roquette tocava com Tim Maia e tinha toda essa coisa funky na época. 'Juriti' é uma música na mesma linha de 'Primeira nuvem', com Bolinha no violão, sempre usando da qualidade que ele tinha como violonista, para fazer a harmonia da música. 'Nova Estrela' é também bem a cara de Itaocara. Aloysio começou a fazer um monte de músicas com o Humberto e trazia a fita aqui para casa e escolhi essa música pra fazer parte do disco também", lembra Byafra.

Na banda O Circo tocavam Marcio Bahia (bateria) Humberto de Resende (violão e viola de 12) Oswaldo Soares (viola de 12) Francisco Frias, o "Bolinha" (guitarra) – que mais tarde integrou a banda Egotrip ao lado de Arthur Maia –, Fernando Bittencourt (baixo), Paulão Menezes (percussão), Marize e Simiana de Resende (vocais). Participaram também d'O Circo Ricardo Rent (sax e flauta) e Paulinho Roquette (guitarra). Essa foi a primeira nuvem de um céu azul e musical que mostrava ao Brasil, em seu lançamento, em 1979, compositores, poetas e músicos geniais e canções que se eternizaram na história da música pop brasileira.

Ficha técnica:

Primeira Nuvem (CBS/Epic – 144327)
A&R: Jairo Pires
Produção: Aloysio Reis
Técnicos de gravação: Manoel Magalhães, Elinho e Ney Magalhães
Mixagem: Elinho e Manoel Magalhães
Montagem: Manoel Magalhães
Gravado nos Estúdios CBS, Rio de Janeiro
Participação especial nos vocais: Marize de Resende e Simiana

Lado A
1 – Barcos e navios (Biafra)
2 – Bandido solitário (Aloysio Reis / Biafra / Bolinha)
3 – Açoite (Biafra / Fernando Bittencourt)
4 – Riacho solidão (Aloysio Reis / Biafra / Humberto de Resende / Osvaldo Soares)
5 – Primeira nuvem (Aloysio Reis / Biafra / Bolinha)

Lado B
1 – Tardes de viagem (Biafra / Fernando Bittencourt)
2 – Vagalume (Aloysio Reis / Paulinho Roquete)
3 – Helena (Biafra / Luiz Eduardo Farah)
4 – Juriti (Biafra / Bolinha)
5 – Nova estrela (Aloysio Reis / Humberto de Resende / Osvaldo Soares)

Caetano Veloso e A Outra Banda da Terra

Cinema Transcendental

por Walterson Sardenberg Sobrinho

"(...) Meu último disco foi o que menos vendeu (...) e numa fase em que os artistas da minha área, não só da minha área considerada como faixa de público, como Chico Buarque e Gonzaguinha, mas na área de grupo mesmo. Bethânia, Gil e Gal venderam mais. (...) Eles nunca tinham feito disco de ouro. Bethânia fez dois, Gal fez dois, Gil fez quatro, com o *Não Chore Mais*. E eu fui um fracasso de venda."

Corria o ano de 1979 e Caetano Veloso admitia o dissabor em conversa com Carlos Alberto M. Pereira e Heloisa Buarque de Hollanda, publicada em *Patrulhas Ideológicas – Arte e Engajamento em Debate* (Editora Brasiliense, 1980). O título do livro aponta para uma época de embates culturais bem maiores que qualquer desgosto comercial. Eram tempos agitados.

A expressão "patrulhas ideológicas" havia sido cunhada por Cacá Diegues, respondendo às críticas ao filme *Xica da Silva*, de 1976, contestado, entre outros motivos, pelo apelo lúbrico e a pregação da alegria como resistência. Aos olhos do cineasta, essas objeções partiam de quem se agarrava a um engajamento político estreito e rabugento, e, a partir dele, cerceava a obra alheia, cobrando posições.

Caetano, uma das principais vítimas dessa inquisição, também esperneava contra os patrulheiros. "Acontece que não posso me deixar / Levar para um papo que já não deu", explicava em "Muito romântico". Seu LP de 1977, *Bicho*, a exemplo do filme *Xica da Silva*, fora desancado por apostar na alegria e no poder desrepressivo da dança. Aos ouvidos sisudos, soava como escapismo.

Vale ressaltar: o Brasil ainda vivia uma ditadura ferrenha. O presidente

Geisel, à primeira vista disposto à "distensão" e ao "diálogo", impusera naquele ano as medidas do "pacote de abril", restringindo o avanço da oposição. Ainda eram tempos em que o verbo dançar tinha um segundo significado — menos hedonista e mais temeroso.

O disco a que Caetano se referia na entrevista ao livro *Patrulhas Ideológicas* é *Muito – Dentro da Estrela Azulada*, de 1978. Um LP de fina estampa, embora desigual. Aos olhos de hoje, parece um despropósito não só o insucesso de vendas (menos de 30 mil cópias) como o fato de ter levado uma surra da crítica. Lembremos: reúne "Terra" e "Sampa".

"Se existe essa fama de que eu brigo muito com a crítica, ela surgiu em *Muito*", desabafou Caetano. "Fiquei irado. Fazia shows-comício contra a crítica." A atmosfera antes do lançamento de *Cinema Transcendental*, pode-se imaginar pelos antecedentes, não era pacífica. Ainda assim, o disco mereceu críticas elogiosas. Também se tornou um sucesso comercial. Foi o primeiro álbum de Caetano a chegar perto das 100 mil cópias. O LP seguinte, *Outras Palavras*, ultrapassaria esse número, assim como os imediatamente posteriores. São discos em que se nota a mudança de tratamento da gravadora Philips em relação a Caetano já na confecção das capas, mais caprichadas nos recursos gráficos.

Decerto contribuiu para a mudança da crítica o clima festivo da anistia, assinada pelo presidente Figueiredo em agosto de 1979, e o retorno dos exilados políticos. Os patrulheiros haviam mudado o tom. Desta vez sem amargor, conseguiram notar as inegáveis qualidades de *Cinema Transcendental*, lançado em novembro. O LP significa um avanço — e não só no número de vendas.

O ponto de virada começa pelo nome. Até então, ele havia escolhido gírias juvenis para o título dos seus discos na década de 1970: *Transa*, *Joia*, *Qualquer Coisa*, *Bicho* e *Muito*. As exceções foram dois LPs com projetos opostos: *Araçá Azul* (1973), todo experimental, e *Cinema Transcendental*, o mais próximo do pop. Embora tão diferentes entre si, ambos têm, em comum, um título que aponta para coisas inexistentes (a fruta araçá pode ser vermelha ou amarela, jamais azul). Não por acaso, o LP seguinte indica, já a partir do nome, o fim da fase das gírias e a escolha de outro repertório semântico: *Outras Palavras*.

Na capa de *Cinema Transcendental*, Caetano aparece de costas olhando o mar, semideitado na praia de Boca do Rio, em Salvador. Na época, a concentração de gente famosa, sobretudo em torno da Barraca do Aloísio, deu àquelas areias um segundo batismo: Praia dos Artistas. Antes de tudo, a capa anuncia um disco confiante, para cima e equilibrado — até mesmo na distribuição de seis faixas de cada lado. Sereno, *Cinema Transcendental* não tem arranjos grandiloquentes como o de "Muito Romântico", do LP anterior.

Faz sentido os créditos de capa trazerem em dimensões graúdas o nome da Outra Banda da Terra — Tomás Improta (teclados), Arnaldo Brandão (baixo), Vinícius Cantuária (bateria e violão), Edu (Bola) Gonçalves: percussão). Desta vez, em sua terceira investida com Caetano, o grupo soa mais contido e mais integrado, sem perder a informalidade. Além disso, estava a serviço de um repertório solar, ainda que *Cinema Transcendental* se inicie com uma ode à Lua.

"Lua de São Jorge" tem um frescor que falta às faixas dançantes de *Bicho*. A impressão se torna ainda mais forte na contagiante "Beleza pura", que já havia sido gravada, sem a mesma graça, pela banda A Cor do Som. Inspirada no verso "viola, alforria, amor, dinheiro não", de "O Violeiro", de Elomar, a canção é toda delícia. Na letra, Caetano mapeia Salvador com ternura, tal como faria mais adiante, no mesmo disco, com Santo Amaro, sua terra natal, em "Trilhos Urbanos".

Acima de tudo, a canção resulta numa saudação à cultura negra da metrópole. Representante notável dessas manifestações, o mestre de capoeira Romualdo Rosário da Costa é o "moço lindo do Badauê", citado na letra. Conhecido por Môa do Catendê, compôs o afoxé "Badauê", incluído no disco quase como vinheta. Môa do Catendê foi morto a facadas em 2018, depois de uma discussão política, quando disse a seu assassino que não votaria em Bolsonaro para a presidência.

Entre "Lua de São Jorge" e "Beleza pura" desponta "Oração ao tempo". A melodia, curta e circular, bordejada pelo acordeon de Dominguinhos, sustenta uma poética ode ao deus Cronos. Agradecido, o homenageado se rende ao trovador: "Oração ao tempo" resiste como uma das mais lindas letras de Caetano — à altura de "O quereres".

Já "Menino do Rio" não tem a beleza de sua similar temática, "Leãozinho" (gravada em *Bicho*), mas foi uma das mais tocadas, assim como a versão de Baby Consuelo. A cantora encomendara a Caetano uma canção sobre o surfista Peti, amigo de ambos. Homenagem a uma geração urbana desencucada, "Menino do Rio" surgiu quase por geração espontânea. Caetano contou: "Eu estava com o violão, conversando com Peti e com a Dedé na sala, cantando baixinho, só para mim mesmo, e a música ficou pronta ali, em minutos." Assim como Moa do Catendê, o carioca José Artur Machado, o Peti, teve um final trágico. Um acidente de moto, em 1987, deixou-o com o lado direito do corpo paralisado. Dois anos depois, ele deu cabo da vida.

O lado A do LP fecha com duas canções que não foram compostas por Caetano. "O vampiro", de Jorge Mautner, aparece grafada na capa apenas como "Vampiro", sem o artigo definido. Caetano a ouviu na voz do autor ainda em 1969, em Londres, e surpreendeu-se pela liberdade criativa e por sabê-la composta uma década antes. Três anos depois, escreveu na contracapa do LP de estreia de Mautner: "(...) essa canção me impressionou de um modo que só 'Charles Anjo 45' havia me impressionado antes". Gravou-a sozinho ao violão, em uma interpretação antológica.

"Elegia", por sua vez, é um bolero, mas num outro nível de vínculo. Em entrevista especial para este livro, Péricles Cavalcanti, autor da melodia, relatou como se deu a composição. Ao visitar o poeta e ensaísta Augusto de Campos, em São Paulo, ganhou do escritor seu livro mais recente: *John Donne, o Dom e a Danação* (Editora Noa Noa, 1978). Era uma seleção de poemas do poeta inglês do século 17, contemporâneo de Shakespeare. Augusto os traduzira para o português em seu método de transcriação, dando ênfase à recriação poética.

Naquela noite, Péricles se viu folheando o livro com o violão em punho, logo depois de a mulher, com quem estava prestes a se casar, ter ido dormir. "A melodia foi surgindo do nada", recorda. "Fiquei até assustado em como os versos se encaixaram." Péricles escolheu apenas um trecho do poema e, reticente, mostrou a canção a Augusto. "Ele se entusiasmou e comentou com Caetano", conta o autor. "Logo depois me casei. 'Elegia' é a minha wedding song."

Péricles considera "Trilhos Urbanos", entrada do segundo lado do LP, "deslumbrante, uma das melhores do disco". A letra une as recordações da infância e adolescência de Caetano e as justapõe ao presente, em uma montagem ao estilo do cineasta Serguei Eisenstein. Ele explicou: "A canção é isso: Santo Amaro, o cais, a 'pena de pavão de Krishna', 'vixe Maria', Nossa Senhora da Purificação, Gal cantando o 'Balancê', o bonde passando, tudo num momento só, atemporal, como num 'cinema transcendental', como se fosse uma experiência mística."

"Louco por você", canção com vocação de bossa nova, recriada por uma atitude jazzística, é a faixa mais longa (7:40 minutos). Lembra João Donato. É a única com solos instrumentais maiores, no piano Fender Rhodes de Tomás Improta e na guitarra de Perinho Santana. Um gostoso momento de catarse.

Segue-se a curtinha "Cajuína", um xote, com outra intervenção belíssima do acordeon de Dominguinhos, comentando a harmonia com doce melancolia.

A canção começa com uma indagação ontológica: "Existirmos, a que será que se destina?". Muita filosofia barata foi gasta em sua interpretação antes que Caetano esclarecesse: a letra evoca o advogado Heli da Rocha Nunes. Era o pai do poeta Torquato Neto, autor de letras de canções-manifesto do tropicalismo. Torquato se matou em 1972. Seis anos depois, o pai do poeta encontrou Caetano num hotel em Teresina e levou-o à sua casa. Foi emocionante. "Ele não dizia quase nada", relembrou. "Tirou uma rosa menina do jardim e me deu. (...) Serviu cajuína para nós dois. E bebemos lentamente. Durante o tempo todo eu chorava."

O disco ainda tem "Aracaju" e "Os meninos dançam". São menos inspiradas. A flauta de bambu de Tomás Improta em "Aracaju" imprime uma atmosfera indígena. Nada de tão especial. De qualquer maneira, uma letra lírica e uma melodia criativa, embora simples, mantêm a atmosfera. "Os meninos dançam", por sua vez, alude a um dos melhores números dos Novos Baianos: "A menina dança", de Galvão e Moraes Moreira. Composta em homenagem ao grupo, cita sete integrantes nominalmente, mas se esquece desses autores. Na verdade, Moraes já havia saído do grupo, para uma luminosa carreira solo.

Cinema Transcendental despontou, enfim, como uma trégua entre Caetano e seus críticos. Mas o embate seria retomado na década seguinte, com ataques vindos até das próprias trincheiras. Julio Medaglia, por exemplo, maestro envolvido na gênese do Tropicalismo, dispararia contra "(...) os 'leõezinhos', 'menininhos do Rio', frevinhos frenéticos, roquinhos de periferia e bolerões despudorados".

Ainda em 1979, Caetano diria: "Não tenho o menor problema de polemizar. Isso alimenta a imprensa e ela vive de polêmicas, são revitalizantes, fazem bem às pessoas e não tiram o emprego de ninguém."

Ficha técnica:

Cinema Transcendental (Philips – 6349 436)
Direção de produção: Caetano Veloso
Técnicos de gravação: Luiz Cláudio Coutinho e Paulo Chocolate
Assistente de produção: Victor
Mixagem: Jairo Pires e Luiz Cláudio Coutinho

Estúdio: Polygram – Rio de Janeiro
Arranjos de base: Caetano Veloso e A Outra Banda da Terra
Participação especial: Dominguinhos, Perinho Santana, Tony Costa
Coro: Solange, Viviane, Regina e, gentilmente cedidas pela Odeon, Lúcia Turnbull e Marizinha
Participação muito especial: Paulão Zdanowski
Data de gravação: julho a setembro de 1979
Capa: Aldo Luiz
Fotos: Roberto Feinberg
Arte: Mariano Martins

Lado A
1 – Lua de São Jorge (Caetano Veloso)
2 – Oração ao tempo (Caetano Veloso)
3 – Beleza pura (Caetano Veloso)
4 – Menino do Rio (Caetano Veloso)
5 – O vampiro (Jorge Mautner)
6 – Elegia (Péricles Cavalcanti / Augusto de Campos) (A partir de um poema de John Donne, poeta do século XVII)

Lado B
1 – Trilhos urbanos (Caetano Veloso)
2 – Louco por você (Caetano Veloso)
3 – Cajuína (Caetano Veloso)
4 – Aracaju (Tomás Improta / Vinícius Cantuária / Caetano Veloso)
5 – Badauê (Môa do Catendê)
6 – Os Meninos dançam (Caetano Veloso)

Carlos Fernando

Asas da América

por Fábio Cabral de Mello

A estreia de Carlos Fernando na música foi exatamente no frevo. Em 1967, compôs com Geraldo Azevedo a música "Aquela rosa" e com ela venceram, no Recife, o 1° Festival Norte Nordeste. Logo em seguida, a canção foi gravada pelas cantoras Teca Calazans (na Rozenblit) e Eliana Pittman (na Copacabana).

O embrião da série *Asas da América* foi o compacto simples que Alceu Valença gravou em 1975 na Som Livre, com os frevos "O Homem da meia-noite" (Alceu Valença e Carlos Fernando) e "Pitomba pitombeira" (Carlos Fernando). Nesse mesmo ano, o fonograma de "Pitomba pitombeira" foi aproveitado no LP *Carnaval Convocação Geral, n°2*, lançado para o carnaval do ano seguinte. Curioso é que Alceu Valença não queria cantar frevos, mas de tanto Carlos Fernando insistir, ele resolveu arriscar e se tornou um dos maiores intérpretes do gênero.

Em outubro de 1979, Carlos Fernando iniciou a gravação do LP (que também foi lançado em fita K7) nos estúdios Havay, no Rio de janeiro. O título, *Asas da América* foi por causa do frevo que ele havia composto com Geraldo Azevedo, e também porque não queria dar ao disco uma característica de folclore; o que ele pretendia era resgatar e, ao mesmo, tempo reinventar o frevo, que, no final dos anos 1970 estava em baixa, até mesmo no Recife.

Carlos começou convocando seus parceiros mais constantes; Alceu Valença, Geraldo Azevedo e Elba Ramalho, para cada um deles interpretarem duas canções no projeto; e, aos poucos, foi convidando grandes nomes da MPB, como Caetano Veloso, Gilberto Gil, Chico Buarque e Jackson do Pandeiro; sem esquecer os artistas que já conhecia no Recife, como Flaviola e Marco Polo, esse último ex-vocalista do grupo Ave Sangria. Há também uma faixa interpretada pelo grupo vocal As Sereias, que foi criada no estúdio para interpretar o frevo de bloco "Valores do Passado", a única canção não assinada por Carlos e um dos clássicos do carnaval pernambucano, de autoria de Edgar Moraes. Tradicionalmente os frevos de bloco são interpretados por um coral feminino e Carlos não fugiu à regra.

O álbum inicia com Alceu Valença interpretando "O Homem da meia-noite", em homenagem a um dos mais tradicionais blocos de Olinda e continua com Caetano Veloso interpretando "Bom é batuta", essa em homenagem ao bloco recifense Batutas de São José. A próxima canção é "Lenha no fogo", que tem refrão do mestre Capiba ("Eu quero ver carvão queimar / Eu quero ver queimar carvão / Eu quero ver daqui a pouco / Pegar fogo no salão") e é uma resposta ao frevo "Ninguém segura esse país" de Gilberto Gil, que diz na letra "É moda dizer que baiano está por cima / Está por cima meu bem, eu também acho, / Segurando a barra dessa rima, / Deve haver algum pernambucano por baixo..." Eis trecho da letra de "Lenha no fogo": "Gilberto baiano, meu amigo do peito / Em cima ou embaixo / Aquele abraço meu nego (...)"

Continuando, vem Elba Ramalho com "Olha o trem" e Flaviola com a regravação da primeira canção de Carlos Fernando e Geraldo Azevedo, o frevo "Aquela rosa", e encerrando o lado A, o frevo de bloco "Valores do passado" na interpretação do coral feminino As Sereias, formado por Elba Ramalho, Terezinha de Jesus, Lidoka (das Frenéticas), Fabíola, Luna, entre outras.

O lado B é aberto com "Salve a torcida", um frevo em homenagem ao Flamengo e curiosamente defendido por um ferrenho torcedor do Fluminense, o carioca Chico Buarque; continuando vem "Sou eu o teu amor", nas vozes de Gilberto Gil e Jackson do Pandeiro, em homenagem ao bloco homônimo de Caruaru, terra natal de Carlos Fernando. Quando Gilberto Gil foi convidado a participar do álbum e soube que Jackson do Pandeiro iria gravar esse frevo, fez questão de fazer o dueto. Em seguida vem Alceu Valença com outra homenagem a outro bloco de Olinda, dessa vez a Pitombeira dos Quatro Cantos, na canção "Pitomba pitombeira", depois vem Marco Polo com "Ator folião" e fechando o álbum a faixa que deu nome ao projeto: "Asas da América", interpretada por Geraldo Azevedo, com um coro formado por Alceu Valença, Flaviola, Elba Ramalho, Terezinha de Jesus, entre outros.

"Esse disco não teria sido realizado, se não fosse essa grande energia que irradiam todos que dele participam, fazendo a festa, ou, quem sabe, uma louvação ao presente. Não interessa o ventre do frevo, para nós o importante é que ele esteja vivo nas asas.

Dedicamos esse trabalho a todas as pessoas que fizeram, fazem e farão o frevo." (Carlos Fernando, Rio, dezembro de 1979)

Ficha técnica:

Asas da América (Epic – 235.035)

Direção de produção: Carlos Fernando

Diretor de estúdio: Geraldo Azevedo

Arranjos de base: Carlos Fernando e Geraldo Azevedo

Mixagem e técnico de gravação: Carlinhos

Produção artística: Geraldo Azevedo

Capa: Cafi

Fotos: Cafi

Logotipo: Dick

Lado A

1- O Homem da meia-noite (Alceu Valença / Carlos Fernando)

Voz: Alceu Valença; violão: Geraldo Azevedo; guitarra: Paulo Rafael; baixo: Novelli; bateria: Robertinho Silva; pandeiro: Jackson do Pandeiro; surdo: Ney; bongô: Boré; cavaquinho: Neco

2 - Bom é batuta (Carlos Fernando)

Voz: Caetano Veloso; violão de 7 Cordas: Raphael Rabello; bandolim: Joel Nascimento; cavaquinho: Neco; baixo: Guil; caixa: Juca; pandeiro: Jackson do Pandeiro; surdo: Gordinho; clarinete: Juarez Araújo; riquinta: Mazinho

3 - Lenha no fogo (Carlos Fernando, com refrão de Capiba)

Voz: Geraldo Azevedo e Carlos Fernando; violão: Geraldo Azevedo; guitarra e violão: Robertinho de Recife; baixo e surdo: Novelli; bateria: Robertinho Silva; triângulo: Bolão

4 - Olha o trem (Carlos Fernando)

Voz: Elba Ramalho; violão: Geraldo Azevedo; guitarra: Joca; Cavaquinho: Neco; baixo: Guil; sanfona: Zé Américo; bateria: Elber Bedaque; pandeiro: Jackson do Pandeiro; surdo: Ney

5 – Aquela rosa (Geraldo Azevedo / Carlos Fernando)

Voz: Flaviola; violão: Geraldo Azevedo; guitarra: Joca; cavaquinho: Neco;

baixo: Novelli; bateria: Robertinho Silva; pandeiro: Ciço; surdo: Ney
6 – Valores do passado (Edgar Moraes)
Voz: As Sereias; violão de 7 cordas: Raphael Rabello; bandolim: Joel Nascimento; cavaquinho: Neco; baixo: Guil; caixa: Juca; pandeiro: Jackson do Pandeiro; surdo: Gordinho; clarinete: Juarez Araújo; riquinta: Mazinho

Lado B
1 - A mulher do dia (Carlos Fernando)
Voz: Elba Ramalho; violão: Geraldo Azevedo; guitarra: Joca; cavaquinho: Neco; baixo: Guil; sanfona: Zé Américo; bateria: Elber Bedaque; pandeiro: Jackson do Pandeiro; surdo: Ney
2 – Salve a torcida (Carlos Fernando)
Voz: Chico Buarque; violão: Geraldo Azevedo; guitarra: Paulo Rafael; cavaquinho: Neco; bateria: Robertinho Silva; pandeiro: Jackson do Pandeiro; surdo: Ney
3 - Sou eu o teu amor (Alceu Valença / Carlos Fernando)
Voz: Gilberto Gil e Jackson do Pandeiro; violão: Geraldo Azevedo; guitarra: Joca; cavaquinho: Neco; baixo: Novelli; bateria: Elber Bedaque; pandeiro: Jackson do Pandeiro; surdo: Ney
4 - Pitomba pitombeira (Carlos Fernando)
Voz: Alceu Valença; violão: Geraldo Azevedo; guitarra: joça; cavaquinho: Neco; baixo: Novelli; bateria: Elber Bedaque; pandeiro: Jackson do Pandeiro; surdo: Ney
5 - Ator folião (Geraldo Azevedo / Carlos Fernando / Marco Polo)
Voz: Marco Polo; violão: Geraldo Azevedo; guitarra: Paulo Rafael; cavaquinho: Neco; baixo: Novelli; bateria: Robertinho Silva; pandeiro: Jackson do Pandeiro; surdo: Ney
6 - Asas da América (Geraldo Azevedo / Carlos Fernando)
Voz: Geraldo Azevedo; violão: Geraldo Azevedo; guitarra: Joca; baixo: Novelli; cavaquinho: Neco; bateria: Robertinho Silva; pandeiro: Ciço; surdo: Ney; saxofones: Juarez Araújo, Odilon Pinto e Emílio Batista; trompete: Formiga; trombone: Roberto Marque; riquinta: Mazinho; clarinete: Juarez Araújo; vocal: Geraldo Azevedo, Alceu Valença, Flaviola, Elba Ramalho, Terezinha de Jesus, Lidoka, Lucinha, Telma, Christina, Aleuda, Neide, Fabíola, Luna e Guil

Cartola

Cartola 70 Anos

por Denilson Monteiro

Foi no bairro do Catete, Rio de Janeiro, em 11 de outubro de 1908, que Angenor de Oliveira nasceu. Mais tarde, o pai, seu Sebastião, que levava a esposa Aída e os filhos para participarem do desfile do rancho dos Arrepiados, em Laranjeiras, para onde a família havia se mudado, o iniciou no carnaval.

Mas foi no morro da Mangueira, nova morada dos Oliveira, onde o jovem Angenor conheceu o samba, participou em 1928 da criação da Estação Primeira de Mangueira - partiu dele o nome, assim como o verde e rosa, mesmas cores do Arrepiados - e fez sua fama como compositor, a qual desceu o morro e, no asfalto, chegou aos ouvidos de Mário Reis e Francisco Alves. Os dois famosos cantores acabaram por procurar Cartola - como Angenor ficou conhecido por usar um chapéu coco durante os bicos de pedreiro que fazia -, queriam comprar suas músicas. A necessidade fez com que o artista aceitasse a oferta, contudo, exigindo seu nome nos selos dos discos.

Nas disputas no terreiro para a escolha dos sambas de enredo para os desfiles da Mangueira, suas parcerias com Carlos Cachaça eram vitoriosas e embalavam os desfiles da Verde e Rosa. Ele também foi eleito Cidadão Samba em concurso promovido pelo jornal *A Pátria* e teve sua voz registrada pela primeira vez em disco, quando à bordo do navio Uruguay, atracado no Rio de Janeiro, participou da gravação de Native Brazilian Music, projeto do maestro Leopold Stokowski que fazia parte da chamada Política da Boa Vizinhança dos Estados Unidos, durante a Segunda Grande Guerra.

Porém, após desavenças com a diretoria vigente da Mangueira, a derrota de um samba na disputa no terreiro e a morte de sua primeira mulher, Cartola abandonou a escola, o samba e o morro. Chegaram a pensar que estivesse morto.

Mas o poeta ainda permanecia no mundo dos vivos, contudo, correndo sério risco de deixá-lo. Acabou salvo por Euzébia Silva do Nascimento, a Zica, cunhada de Carlos Cachaça, que ao visitá-lo no bairro do Caju, para onde ele havia se mudado com uma mulher que não o queria bem, convenceu Angenor a voltar para seu verdadeiro lar. "Você não é o Cartola do Caju, você é o Cartola da Mangueira", disse.

Ele retornou do exílio, mas não à Estação Primeira e ao samba. Juntou-se com Zica, visando apenas sustentar sua nova família. Teve vários subempregos, num deles, lavando carros numa garagem em Ipanema. Certa noite, ao tomar um conhaque num botequim durante um intervalo, foi reconhecido por Sérgio Porto. O jornalista, juntamente com gente como Lúcio Rangel, Jota Efegê, Nuno Veloso e Mário Saladini se mobilizou para resgatar Cartola do ostracismo. Dessa peleja nasceu o Zicartola, o restaurante no qual Angenor e vários artistas se apresentavam enquanto eram servidas iguarias da cozinha brasileira preparadas por Zica.

Com o Zicartola e um emprego como contínuo no Ministério da Indústria e Comércio, a sobrevivência era garantida. Porém, embora o artista tivesse algumas músicas gravadas, havia muito mais a oferecer.

Até que em 1974, em São Paulo, o produtor João Carlos Botezelli, o Pelão, grande admirador de Cartola, conseguiu que a Discos Marcus Pereira lançasse o primeiro LP do mestre, um sucesso que logo o levou de volta ao estúdio para um novo e não menos espetacular disco. O merecido reconhecimento e retorno financeiro enfim chegaram. Canções como "Acontece", "O sol nascerá", "O mundo é um moinho" e "As rosas não falam" eram ouvidas e cantaroladas por todo o país.

Em 1979, Cartola lançou seu segundo LP pela gigante RCA Victor, o quarto da sua tardia carreira fonográfica. *Cartola 70 Anos* fazia parte dos festejos pelas sete décadas de vida de Angenor de Oliveira. Sérgio Cabral, que produzira o disco anterior, voltou novamente à função. Amigo de longa data do cantor, do aquário do estúdio da Rua Barata Ribeiro, Copacabana, Sérgio ficou impressionado com o empenho do septuagenário artista, que numa única noite gravou cinco das 12 canções escolhidas.

Para acompanhar o "mestre dos mestres" foi reunido um time de músicos de primeira linha: Sergio Carvalho (órgão); Abel Ferreira (sax alto e clarineta); Waldir (violão de 7 cordas); Neco (violão e viola); Alceu (cavaquinho); Luizão

Maia (baixo); Wilson das Neves (bateria); mestre Nilton Marçal, Luna, Eliseu, Gilberto, Cuscus (percussão); Genaro, Stênio, Barbosa e Gordinho (o conjunto Nosso Samba), Miriam Goulart e o grupo feminino As Gatas (vocais). Os arranjos ficaram por conta de Nelson Martins, o maestro Nelsinho do Trombone, que também participou tocando o instrumento que lhe valeu o nome artístico.

Das 12 canções de *Cartola 70 Anos*, cinco são compostas unicamente pelo mestre. O LP abre com a reflexiva "Inverno do meu tempo", feita com seu novo parceiro, o violonista Roberto Nascimento, com o qual vinha se apresentando em shows pelo país. Em seguida, outra com Nascimento, "A cor da esperança": "A tristeza vai transformar-se em alegria / E o sol vai brilhar no céu de um novo dia".

"Feriado na roça" apresenta nos seus versos o relato de um feminicídio, o que com a tomada de consciência dos tempos atuais causa incômodo pelo tom piedoso para com o homem que assassinou seu antigo amor ao vê-la com outro: "Naquela hora minha vista ficou escura / Minha mão foi à cintura e dois tiros disparei". Porém, não há como ignorar a candura da linda melodia composta por aquele a quem o jornalista Lúcio Rangel chamava de "divino Cartola". A quarta canção é "Ciência e arte", o samba de enredo em parceria com Carlos Cachaça que em 1949 perdeu a disputa no terreiro, contribuindo para o rompimento entre Cartola e a Mangueira: "Tu és meu Brasil em toda parte / Quer na ciência ou na arte".

O fim de um romance e a súplica de um homem aos céus para que aquela a quem amou aceite o que é fato consumado é o tema de "Senões", feita com Nuno Veloso. O organista Sérgio Carvalho com seu virtuosismo confere uma atmosfera sacra a esse samba lamento. Elton Medeiros, parceiro dos tempos do Zicartola, também se faz presente em "A mesma história": "Preciso andar pra não pensar / No que passou e não chorar".

Floreada pelo trombone do maestro Nelsinho, "Fim de estrada", apesar da letra de dor de cotovelo, é daquelas canções que são um convite imediato para uma dança no salão de uma gafieira. Já "Enquanto Deus consentir" traz Cartola com toda a positividade da sua filosofia de vida: "Enquanto Deus consentir vou vivendo / E cada dia que passa aprendendo".

A religiosa e ao mesmo tempo romântica "Dê-me graças, Senhora" é um samba em parceria com o cantor e violonista Cláudio Jorge, que tem como destaque os refinados vocais do grupo As Gatas. A canção foi composta em

Salvador, enquanto a dupla participava do Projeto Pixinguinha, com a melodia pronta, Cartola escreveu a letra num papel de embalagem de cigarros e passou por baixo da porta do quarto do parceiro no hotel onde os dois estavam hospedados. Em seguida, vem "Evite meu amor", outro samba unicamente composto por Cartola.

"O pensamento é uma folha desprendida / Do galho de nossas vidas" diz "Silêncio de um cipreste", outra com assinatura Cartola/Carlos Cachaça, e tem na interpretação do "mestre dos mestres", com sua voz algumas vezes criticadas pelos insuportáveis puristas, seu grande destaque. Para encerrar, "Bem feito" é o lamento e confissão de culpa do homem que perdeu seu amor e admitindo a responsabilidade nisso: "Vim saber de tanta coisa, confesso, chorei magoado / Eu fui culpado de ter terminado tão cedo nosso grande amor".

O quarto disco do "divino Cartola" chegou às lojas em março de 1979, sendo celebrado com o mesmo entusiasmo que seus antecessores. Embora tivesse predileção por composições solo e pela parceria com Nuno Veloso, o rigoroso crítico José Ramos Tinhorão foi categórico em sua crítica no *Jornal do Brasil*: "Não há uma faixa fraca no disco do jovem Angenor de Oliveira."

No formato álbum, *Cartola 70 Anos* apresentava capa do designer Ney Távora trazendo foto pelo craque das lentes, Walter Firmo, e registrava o artista no desfile do carnaval de 1977 da Estação Primeira, quando ao lado de expoentes como Nelson Cavaquinho, Carlos Cachaça e Babaú integrou a comissão de frente da "verde e rosa".

Um ano e oito meses após o lançamento, a voz do poeta calou. Vítima de câncer, Cartola morreu aos 72 anos, no dia 30 de novembro de 1980. Quando soube da doença do amigo, Sérgio Cabral enfim compreendeu o motivo daquela maratona no estúdio da RCA Victor, quando o artista gravou quase a metade das canções do disco numa única noite. O mestre estava travando uma corrida contra o tempo, tinha pressa em tornar público mais um pouco da sua obra e temia que a doença impedisse isso. Uma criatura generosa que antes de partir, ainda nos legou mais 12 belas canções.

Ficha técnica:

Cartola 70 Anos (RCA– 103.0278)

Produção: Sérgio Cabral

Gravado em: Estúdios RCA, Rio de Janeiro

Técnicos de gravação: Mário Jorge Bruno e Flávio Senna
Mixagem: Flávio Senna
Fabricado por RCA Eletrônica Ltda
Capa: Ney Távora
Fotografia: Walter Firmo

Músicos participantes:
Maestro Nelsinho: arranjos e trombone; Sergio Carvalho: organ; Abel Ferreira: sax alto sax e clarineta; Waldir: violão de 7 cordas; Neco: violão e viola; Alceu: cavaquinho; Luizão Maia: baixo; Wilson das Neves: bateria; Marçal, Luna, Eliseu, Gilberto e Cuscus: percussão; Genaro, Stênio, Barbosa, Gordinho, Miriam Goulart e As Gatas vocais

Lado A
1 – O inverno do meu tempo (Cartola / Roberto Nascimento)
2 – A cor da esperança (Cartola / Roberto Nascimento)
3 – Feriado na roça (Cartola)
4 – Ciência e arte (Cartola / Carlos Cachaça)
5 – Senões (Cartola / Nuno Veloso)
6 – Mesma estória (Cartola / Elton Medeiros)

Lado B
1 – Fim de estrada (Cartola)
2 – Enquanto deus consentir (Cartola)
3 – Dê-me graças, Senhora (Cartola / Cláudio Jorge)
4 – Evite meu amor (Cartola)
5 – Silêncio de um cipreste (Cartola / Carlos Cachaça)
6 – Bem feito (Cartola)

Cátia de França

20 Palavras ao Redor do Sol

por Marcelo Pinheiro

Na edição de março de 1980 da revista *Música*, em depoimento à repórter Elizabeth Costa, a cantora, compositora e multi-instrumentista paraibana Cátia de França, subjetivamente, defende que suas composições são "queimadas de sol, negras e profundamente nordestinas".

Naquele momento de afirmação de seu imenso talento, quando começava a conquistar um público atento à efervescente cena musical nordestina, com seu primeiro álbum, o belíssimo *20 Palavras ao Redor do Sol*, dificilmente alguém haveria de duvidar da legitimidade do depoimento de Cátia, que já se mostrava dotada do dom alquímico de fundir tradição e modernidade.

Gravado em maio de 1979, 20 *Palavras ao Redor do Sol* foi editado pela Epic (CBS), seguindo a recomendação de outra nascente estrela de seu *cast*, o cantor e compositor Zé Ramalho que, além de apadrinhar a amiga e conterrânea, teve carta branca para, ao lado de Carlos Alberto Sion – produtor de, entre outros, o próprio Zé, Amelinha, Fagner e Pepeu Gomes – codirigir o LP de estreia da artista.

Nascida Catarina Maria de França Carneiro, em João Pessoa, em 13 de dezembro de 1947, e de ascendência miscigenada – negra, indígena, árabe e judia –, Cátia despontou na cena cultural da capital paraibana em 1967, quando surgiu, tímida, encarando o público de pequenos festivais locais. Filha da professora Adélia França, que a "alfabetizou cantando", aos quatro anos de idade a futura artista ganha seu primeiro piano de brinquedo, depois vertido em um instrumento de verdade. Em entrevista ao repórter Raphael Vidigal, em julho de 2016, Cátia recordou o episódio.

"Em casa faltava manteiga, mas tinha livro. Convivi com isso, e a tendência de amar a literatura até hoje é uma coisa que me transforma. Ganhei um pianinho, com 4 anos, para aprender a amar o instrumento. Com 12, ganhei um de verdade, que tenho até hoje. Minha mãe, com salário de professora, me deu um piano alemão legítimo."

O piano, aliás, foi só o estopim para a descoberta de outros instrumentos, uma vez que Cátia logo decide frustrar o desejo de sua mãe de que ela apostasse em uma formação clássica, de concertista. Curiosa, a menina também se aventura pela miríade harmônica do violão, as sutilezas da flauta transversal, os baixos e teclas hipnóticos da sanfona e a tradição sincopada da percussão nordestina do triângulo e da zabumba.

Em uma resenha de *20 Palavras ao Redor do Sol*, publicada em 13 de setembro de 1979, no *Jornal da República*, o crítico Tárik de Souza observa: "Se a corrente erudita perdeu uma afiada compositora de cocos, xaxados, baiões e emboladas, a música popular arrebatou uma violonista e arranjadora destemida de musicar os acadêmicos João Cabral de Melo Neto e Guimarães Rosa." Dias depois, na edição de 3 de outubro do *Diário da Noite*, Cátia faz questão de comentar que, respeitosamente, pediu autorização para musicar poemas de Cabral e excertos do *Grande Sertão: Veredas*, de Rosa.

Migrando para o Recife e cumprindo exigência de sua mãe, Cátia ingressa em um colégio interno protestante, mas logo deixa claro o sentimento de deslocamento que a consumia naquele ambiente recluso. Com o incentivo de um amigo de dona Adélia, o jornalista Diógenes Brayner, conhecido poeta local, Cátia passa a frequentar os meios culturais da capital pernambucana, na segunda metade da década de 1960, e então começa a desbravar o processo de escrita de suas primeiras canções.

Ao ingressar no grupo de folclore da Fundação Artístico-Cultural Manuel Bandeira, faz uma breve viagem por países da Europa. Em 1970, defendendo uma parceria com Brayner, conquista o IV Festival Paraibano de MPB com a composição "Mariana", registrada em um compacto duplo com as quatro finalistas do evento.

Também no Recife, Cátia conhece o artista brincante Antonio Nóbrega. Essa aproximação com o universo das artes cênicas e a exuberância de seu talento musical logo a colocam na posição de coringa para assinar trilhas sonoras e conduzir a sonoplastia de vários espetáculos. Da capital pernambucana, Cátia parte para o Rio de Janeiro e se aproxima do dramaturgo Luiz Mendonça, da geração de autores e diretores que, nos anos 1970, defendem um teatro de temática ligada à realidade do povo brasileiro, como Vianinha, Paulo Pontes e Augusto Boal. Colaborando com a companhia de Mendonça, Cátia faz uma imersão, entre 1974 e 1976, na cena teatral do eixo Rio/SP.

Como instrumentista, sonoplasta e diretora musical, deixou sua marca em espetáculos consagrados pelo público e pela crítica, como *Lampião no Inferno* e *Canção do Fogo*, de Jairo Lima, e *Viva o Cordão Encarnado*, de Luiz Marinho. Com o grupo de Mendonça também compõe a trilha sonora da peça *Feira Livre*, baseada em poemas do dramaturgo Plínio Marcos. No cinema, assina a trilha de *Cristais de Sangue* (1975), de Luna Alkalay.

Em paralelo ao teatro, Cátia, que, na Paraíba, já havia trabalhado como secretária, vendedora de livros, professora de música e repórter, tenta emplacar, sem sucesso, uma carreira na TV carioca: "Procurei a TV Globo e tudo que consegui foi um convite para fazer ponta em uma novela. Tentei então o jornalismo e comecei a sentir que as coisas aqui não seriam fáceis", recordou, em 1980, na entrevista a Elizabeth Costa.

Em junho de 1977, acompanhada de Vital Farias e Zé Ramalho, Cátia faz uma temporada de sucesso no auditório do Museu de Arte Moderna (MAM-RJ) com o show *Pessoal da Paraíba*. Pouco depois, no Parque Lage, emplaca novo espetáculo ao lado de outros ases de sua geração: Geraldo Azevedo, Moraes Moreira, Mirabô, Marlui Miranda e Xangai.

Em 1978, Cátia adere ao Movimento Aberto de Arte, idealizado pelo cantor e compositor cearense Tharcísio Rocha. Em reportagem de março daquele ano para a revista *Música*, a artista fala sobre a experiência. "O Movimento Aberto foi criado para dar vez aos compositores novos. Funciona como uma amostragem. Estou transando apresentações em universidades, mostrando o meu trabalho, que é um reflexo da consciência que tomei. Jogo a linguagem que eu conheço, da minha terra. Mostro embolada, xote, baião. E tenho feito trabalhos em cima de José Lins do Rego e João Cabral de Melo Neto."

A citação ao gigante poeta pernambucano faz referência ao próprio título de seu primeiro LP, que foi sabiamente emprestado por Cátia de Graciliano Ramos, não o escritor, mas o poema-tributo de João Cabral endereçado ao amigo alagoano e publicado no livro *Terceira Feira*, em 1961. A citação pinçada pela cantora está presente no primeiro quadrante: "Falo somente como o que falo: / Com as mesmas vinte palavras / Girando ao redor do Sol / Que as limpa do que não é faca".

Em *20 Palavras ao Redor do Sol*, tais influências literárias e a poética autoral de Cátia estabelecem unidade com o ímpeto experimental de outros talentos de um mesmo Nordeste vanguardista, caso dos paraibanos Zé Ramalho e Sivuca e dos pernambucanos Dominguinhos e Bezerra da Silva (em sua faceta de percussionista). Nessa prosódia singular construída e liderada por Cátia também ressoam polirritmias e harmonias de dois virtuosos cariocas, o grande Chico Batera e o guitarrista Lulu Santos, então integrante do grupo de rock progressivo Vímana.

Ao longo de 40 minutos, por meio de joias como "O bonde", "Quem vai quem vem", "Kukukaya – Jogo da asa da bruxa", "Coito das araras" e "Eu vou pegar o metrô", parceria com Lourival Lemes, *20 Palavras ao Redor do Sol* consagra a personalidade profundamente nordestina e, ao mesmo tempo, universal de Cátia de França, que emociona o ouvinte e impõe seu álbum como uma das mais belas estreias da música popular produzida no país na década de 1970. Impossível passar incólume de tal escuta. Arrebatamento garantido ou sua insensibilidade de volta.

Em tempo: em 2021, *20 Palavras ao Redor do Sol* foi caprichosamente reeditado em LP pela Três Selos, com reprodução do encarte original, um livreto assinado pela jornalista Lorena Calabria e revisão da ficha técnica, reproduzida a seguir.

Ficha técnica:

20 Palavras ao Redor do Sol (Epic – 144355)

Direção de produção: Carlos Alberto Sion e Zé Ramalho

Assistente musical: Marcelo Falcão

Direção de estúdio: Carlos Alberto Sion e Zé Ramalho

Direção musical: Zé Ramalho, Cátia de França e Carlos Alberto Sion

Técnicos de gravação: Manoel Magalhães e Eugênio Carvalho

Assistente de estúdio: Pedro Moura

Montagem: Alencar

Arregimentação: Gilson de Freitas

Fotos: Flavio D'Alincourt

Projeto gráfico e ilustração: Rogério Cavalcanti

Agradecimentos: Sivuca, Amelinha, Elba Ramalho, Pedro Osmar, Dominguinhos, Schangay, Israel Semente, Louro, Carlos Alberto, Aracy Souto, Taise

Costa, Oswaldo Garcia, Luis Mendonça, Lourival Lemes
Gravado nos estúdios CBS - Rio de janeiro, maio de 1979

Lado A

1 - O bonde (Cátia de França)
Violão e voz: Cátia de França; viola 12 cordas, caxixi e agogô: Zé Ramalho; baixo: Chico Julien; violão aço: Carlos Julien; zabumba: Borel; triângulo: Zé Leal; pandeiro: Zé Gomes; arp strings: Paulo Machado
2 - Quem vai quem vem (Cátia de França)
Violão e voz: Cátia de França; viola 12 cordas: Zé Ramalho; baixo: Chico Julien; congas: Chico Batera; zabumba: Borel; reco-reco: Zé Gomes; triângulo: Zé Leal
3 - Vinte palavras girando ao redor do sol (Cátia de França)
Violão e voz: Cátia de França; viola 12 cordas: Zé Ramalho; baixo: Chico Julien; bateria: Elber Bedaque; guitarra: Lulu dos Santos; cordas: Aisik Geller (violino), José Alves (violino), Arlindo Penteado (viola) e Iberê Gomes (cello)
4 - Djaniras (Cátia de França / Israel Gomes / Xangai)
Violão e voz: Cátia de França; viola 12 cordas e surdo: Zé Ramalho; baixo: Paulo Cezar Barros; piano elétrico: Sivuca; congas e bongô: Chacal; ganzá: Borel; vocal: Zé Ramalho e Amelinha
5 - Kukukaya (Jogo da asa da bruxa) (Cátia de França)
Violão, voz e piano acústico: Cátia de França; viola 12 cordas: Zé Ramalho; baixo: Chico Julien; pandeiro e congas: Chico Batera; flauta em sol: Waldemar Falcão; flauta em dó: Ricardo Mattos
6 - Itabaiana (Cátia de França)
Violão e voz: Cátia de França; viola 12 cordas: Zé Ramalho; baixo: Chico Julien; sanfona: Dominguinhos; zabumba: Borel; pandeiro: Zé Gomes; triângulo: Zé Leal; coro: Amelinha, Elba Ramalho, Cátia de França, Guadalupe, Mônica Schmidt, Lucinha Turnbull, Lizzie Bravo e Tadeu Mathias

Lado B

1 - Porto de cabedelo (Cátia de França)
Violão e voz: Cátia de França; viola 12 cordas e zabumba: Zé Ramalho; baixo: Chico Julien; congas e efeitos: Sergio Boré; triângulo e maracas: Elber Bedaque; zabumba: Borel; violino: José Alves; viola: Arlindo Penteado; violino:

Aisik Geller; cello: Iberê Gomes

2 - Ensacado (Cátia de França / Sérgio Natureza)

Violão e voz: Cátia de França; viola 12 cordas: Zé Ramalho; baixo: Chico Julien; bateria: Elber Bedaque; arp strings: Paulo Machado; efeitos: Sergio Boré; coro: Elba Ramalho, Cátia de França, Amelinha, Guadalupe, Mônica Schmidt, Lizzie Bravo e Lucinha Turnbull

3 - Coito das araras (Cátia de França)

Violão e voz: Cátia de França; viola 12 cordas: Zé Ramalho; baixo: Chico Julien; tímpano, congas e surdo: Chico Batera; efeitos: Sergio Boré; orgão e piano elétrico: Paulo Machado

4 - Os galos (Cátia de França)

Violão: Cátia de França; viola 12 cordas e triângulo: Zé Ramalho; baixo: Chico Julien; pandeiro e zabumba: Borel; conga e bongô: Chacal; Ricardo Mattos e Waldemar Falcão: flautas em dó; arranjo de sopro: Paulo Machado

5 - Sustenta a pisada (Cátia de França)

Violão e voz: Cátia de França; baixo e ganzá: Zé Ramalho; sanfona: Sivuca; cincerro e conga: Chacal; chocalho e zabumba: Borel; berimbau: Bezerra da Silva

6 - Eu vou pegar o metrô (Cátia de França / Lourival Lemes)

Violão e voz: Cátia de França; viola 12 cordas: Zé Ramalho; baixo: Chico Julien; sanfona: Dominguinhos; zabumba: Borel; pandeiro: Zé Gomes; triângulo: Zé Leal; coro: Amelinha, Elba Ramalho, Guadalupe, Cátia de França, Mônica Schmidt e Tadeu Mathias

Clara Nunes
Esperança

por Paulo Cesar Figueiredo

Geralmente meus discos anteriores são batizados com o nome de uma música do próprio disco, nesse, porém com as muitas fotos que fiz para escolha da capa, esta me causou uma especial emoção, e fez brilhar na minha cabeça, essa palavra 'Esperança'.
Era uma tarde de terça-feira, 3 de julho, no Morro da Saúde, Rio de Janeiro. Os olhinhos inocentes e mãos firmes dessas crianças me mostrando a nossa resistência futura. (...) Talvez um deles seja um líder do povo, um homem da caridade, um libertador, um mártir, talvez um músico. Nisso a minha fé, as minhas rezas, os meus amuletos, e essa minha persistente esperança.

Clara Nunes, 1979

Fragmento do texto de Clara na contracapa do LP

Clara Nunes – *Esperança* (1979), o 12° LP da discografia da cantora Clara Nunes (1942-1983), reúne um repertório como uma síntese de sua trajetória que ao longo do tempo, veio se desenhando pela interpretação de vários gêneros da música popular brasileira, ganhando forma, como um mosaico musical, revelando a grande artista brasileira, de voz e interpretação incomparáveis. Sua carreira foi traçada e cultuada, com legítimos elementos e referências da cultura musical brasileira. Uma cantora com os pés no chão que em 1975, com o LP Claridade, superou em vendagens a casa dos 500 mil, derrubando o conceito da época de que mulher não vende disco.

No ano do 1979 a Música Popular Brasileira estava em alta, o samba destacava-se entre os lançamentos que marcaram a época, entre eles o LP *Esperança*. Em uma das sessões de fotos, Clara teve a inspiração e, de repente, escolheu a foto da capa e o título do LP. Conceitos que definiam o sentimento de esperança na chegada de novos tempos, que garantissem a qualidade de vida, necessária e urgente para o povo. Esperança para apagar de vez os anos de chumbo que o país atravessava.

Ao chegar para sessão de fotos na região da Saúde, Clara foi rodeada pelas crianças. Muito emocionada, disse para o fotografo Wilton Montenegro, "o disco acabou de mudar o título, ele passa se chamar Esperança".

A música era o seu principal legado, professava sua religião, mística, entre os fundamentos afro-brasileiros, a umbanda, o candomblé, música, ritmo, canto e dança. Para ela, uma missão para dar alegria ao seu público, um elo popular, carregado de encantamento, muitas vezes transmitido como uma autoajuda, que tocava a autoestima do povo de santo e de muitos brasileiros que gostam da boa música.

Os trabalhos começam com o samba "Banho de manjericão" de João Nogueira e Paulo César Pinheiro, na época marido de Clara, uma receita; "Pra rezar quebranto / Cortar mau olhado", a primeira faixa do LP, reverenciando os pretos velhos, as rezadeiras, a Vó Maria e o Pai Benedito. Uma saudação à Vó Maria Joana, da Serrinha, Madureira, e ao uso das ervas nos banhos da tradição das religiões de matrizes africanas. Samba composto pelos constantes parceiros, autores de vários sambas de sucesso: "Mineira", "Minha missão", "As forças da natureza", "Guerreira", dentre outros.

Foi em 1979 que João Nogueira fundou, no bairro do Méier, o Clube do Samba, ao lado dos sambistas Mauro Duarte, Gisa Nogueira, Noca da Portela, Paulo César Pinheiro, Beth Carvalho, entre tantos outros, e dos jornalistas Sergio Cabral e Antonio Carlos Austregésilo de Athayde. Um núcleo de resistência cultural, abraçado e liderado por Clara Nunes, sempre à frente e na luta por melhores condições e respeito a todos do samba, principalmente os músicos.

Esperança conta com um repertório composto por autores definitivos do samba, um time de bambas, sem fugir à regra dos LPs anteriores, sambas que permanecem vivos, como "Contentamento" (Mauro Duarte e PC Pinheiro), "Rolou" (PC Pinheiro) e "Na linha do mar" (Paulinho da Viola), gravação que chamou a atenção do Paulinho, pela força da sua interpretação.

Aliás, parceiros constantes, como Wilson Moreira e Nei Lopes, estavam sempre entre as escolhas da cantora: é da dupla o samba "Mulata do balaio". Uma das características da parceria é o vocabulário específico presente nos seus sambas, uma linguagem para quem é do meio ou faz parte do "metiê": "Ela de bata rendada sobre o camisu", uma referência ao tipo de roupa usada no candomblé e pelas baianas. Wilson e Nei estão presentes em outros LPs de Clara com: "Coisa da antiga", "Deixa clarear" e "Candongueiro".

Candeia era um compositor que Clara admirava e respeitava, um líder representativo do mundo do samba, que reivindicava melhores posturas e a alta valorização do negro. Morreu um ano antes da gravação do LP. "Minha gente do morro" e "Ê favela" (Candeia e Jaime) reportam a realidade social do morro e falam em consonância com o título *Esperança*. Em 1972, Clara gravou "Anjo moreno" (Candeia). Com uma ligação muito grande com os compositores da Portela, ela frequentava os ensaios semanais da Velha Guarda da Portela no quintal da Tia Doca, além de contar com eles nas gravações de seus, LPs, entre coro das pastoras e percussionistas.

Monarco (1933 – 2021), autor de "Jardim da solidão", guardava na memória o imenso carinho da cantora e o dia em que esteve na sua casa para entregar uma fita cassete com alguns sambas. Em depoimento coletado em 23 de fevereiro de 2021, Monarco afirma: "Conheci a Clara Nunes no início dos anos 1970, quando ela começou a frequentar e cantar na Portela, foi aí que viramos amigos. Em 1975 eu gravei com ela o samba 'Vai amor', minha parceria com Walter Rosa.

"Ela era uma grande cantora e todos almejavam gravar com ela. Eu consegui. Além de ela ser portelense, é muito importante para a música brasileira, eu consegui gravar com ela três músicas. Ela tinha uma meiguice muito bonita e aquela alegria, onde chegava abraçava todos, conquistou muito os corações das pessoas. A importância dela foi essa, uma alegria uma voz linda, muito querida, encantou todos seus fãs...

"Agora, eu não vou deixar de fora o 'Rancho da primavera' não, é que ela é antes do 'Jardim da solidão'. Ela gravou essa marcha-rancho em 1977, só minha, com arranjo de Radamés Gnattali, foi muito gratificante para mim...

"O 'Jardim da solidão', eu fiz essa música quando morava ali no Jacarezinho, nasceu assim espontaneamente. Eu tinha feito numa fita para ela, entendeu? Mas essa música nasceu depois que eu tinha feito a fita e fui levar para ela sem o 'Jardim da solidão'. Quando cheguei lá na casa dela, na Rua João Lira, eu estava conversando com o Paulinho Pinheiro, quando ela falou: 'Vou passar um café para gente, espera aí Monarco.' Ela era muito boa. O

Paulinho estava na cadeira de balanço, e falei para ele: 'Eu fiz uma música nova, acabei de botar segunda ontem, Paulinho.' E cantei, em tom menor, ela escutou lá na cozinha, e veio devagarzinho, parou atrás de mim, eu não vi. Mauro (Diniz), que estava também, e o Paulinho viram tudo, eu estava de costas cantando, quando eu terminei de cantar ela vislumbrou assim uma alegria, muito linda: 'Ah, mas que coisa linda!! Tá na fita?' Eu respondi: 'Não, Clara, eu terminei a segunda ontem.' Eu fiquei desconfiado, pensando 'eu acho que ela vai gravar, ela gostou tanto antes de ouvir as outras'. Botei na fita e fui embora com o Mauro. Passaram-se uns 15 ou 20 dias e eu fui na Odeon para resolver qualquer coisa e fiquei conversando, daqui a pouco chegou ela e Paulinho, estavam fazendo base lá do disco, aí ela parou. 'Monarco, tá no meu disco, 'Jardim da solidão', que coisa linda, vai lá em cima depois, no terceiro andar.' Aí eu fui, e estava o Raphael Rabello tocando violão 7 cordas, grande violonista que nós perdemos garoto ainda, né? Tem muita gente que gosta dessa música também, é só de minha autoria, 'Jardim da solidão'. Essa é a grande história, minha amizade com a Clara era muito grande, ela tinha uma meiguice, era portelense doente, madrinha da Velha Guarda e minha amiga inesquecível. É isso aí."

Em 1952, aos 10 anos, Clara venceu seu primeiro concurso cantando "Recuerdos de Ypacaraí". Quando criança ouvia no rádio as cantoras Angela Maria, Elizeth Cardozo, Dalva de Oliveira e Carmem Costa, que em 1955 fez sucesso com este samba antológico gravado por Clara: "Obsessão" (Mirabeau e Milton de Oliveira). Uma faixa que remete também à época em que era crooner em Belo Horizonte.

É de Adoniran Barbosa, "Abrigo de vagabundos", a faixa que rendeu um clipe com encontro emocionado entre Clara e Adoniran, gravado em agosto deste mesmo ano.

O samba, como uma corrente que une os arquétipos culturais, a exemplo dos compositores que Clara admirava e gravava, fechava na medida com o perfil de cada LP. Esse é traço de união entre temas regionais, seus autores e gêneros específicos, às vezes feitos para ela, como esse samba dos baianos, Edil Pacheco, Roque Ferreira e Paulinho Diniz: "Apenas um adeus". Segundo Edil, Paulo César Pinheiro colocou um verso no samba: "As noites são cumpridas no passo da manhã / Façamos as feridas o nosso talismã" (Edil Pacheco, entrevista-Blog Bahia.ba, em 08/12/2019).

Esperança foi lançado no Pavilhão de São Cristóvão, RJ, uma festa popular, no dia 27 de setembro de 1979, Dia de Cosme e Damião, para um público de 20 mil pessoas. Estavam lá, entre outros, Gisa e João Nogueira, Paulinho da Viola, Velha Guarda da Portela, Dona Ivone, Monarco, Roberto Ribeiro e Sivuca, celebrando com "Feira de mangaio" (Sivuca e Glorinha Gadelha). Sucesso absoluto.

Clara Nunes, de origem humilde, nasceu Clara Francisca, em doze de agosto de 1942, em Cedro, hoje Caetanópolis, Distrito de Paraopeba, interior de MG. Seu pai, Mané Serrador, era marceneiro e violeiro das festas de Folia de Reis, morreu quando Clara tinha dois anos.

Desde 2006 a Secretaria Municipal de Cultura de Caetanópolis promove, em agosto, mês do seu nascimento, o Festival Cultural Clara Nunes. A 16ª edição, de 2021, foi no formato online devido a pandemia que atravessamos. A Velha Guarda da Portela já cantou lá e eu acompanhei, como produtor. O evento movimenta a cidade por 15 dias: shows, danças afros, oficinas, feira de artesanato e de gastronomia, um clima permanente de festa e lembranças da Clara Guerreira, Filha de Angola, de Ketu e Nagô.

Axé!

Ficha técnica:

Esperança (EMI-Odeon - 062 421168)

Gravadora: EMI-Odeon

Direção de produção: Renato Corrêa

Produção executiva: Paulo César Pinheiro

Texto contracapa: Clara Nunes

Fotos: Wilton Montenegro

Capa: L.C. Mello e Tadeu Valério

Gravações: Serginho, Toninho, Roberto e Mayrton Bahia

Mixagem: Nivaldo Duarte

Cortes: Osmar Furtado

Remasterizado em CD (1997) com uma faixa bônus, a 13: participação de Clara em disco de João do Vale, Oricuri ("Segredo do sertanejo", de João do Vale e José Cândido)

Arránjos e orquestrações : Nelsinho (Nelson Martins dos Santos), Geraldo Vespar

Ivan Paulo (Ivanovich Paulo da Silva) e Sivuca
Acordeon: Sivuca
Tambourine: Jackson Do Pandeiro
Trombone: Maciel

Lado A

1 – Banho de manjericão (João Nogueira / Paulo César Pinheiro)
2 – Obsessão (Mirabeau / Milton de Oliveira)
3 – Na linha do mar (Paulinho da Viola)
4 – Apenas um adeus (Edil Pacheco / Roque Ferreira / Paulinho Diniz)
5 – Rolou (Paulo César Pinheiro)
6 – Minha gente do morro (Candeia / Jaime)

Lado B

1 – Ê favela (Candeia / Jaime)
2 – Contentamento (Mauro Duarte / Paulo César Pinheiro)
3 – Mulata do balaio (Wilson Moreira / Nei Lopes)
4 – Jardim da solidão (Monarco)
5 – Abrigo de vagabundos (Adoniran Barbosa)
6 – Feira de mangaio (Sivuca / Glória Gadelha)

Clementina de Jesus

Clementina e Convidados

por Marcelo Ferro

Esse álbum da Rainha Quelé traz muitas histórias, participações musicais e peculiaridades que tornam sua audição irrecusável, embora a compreensão mais profunda de sua importância só possa se dar quando relacionada ao conjunto da obra de Clementina e ao contexto histórico de sua produção. Esse seria o penúltimo dos onze álbuns que gravou e o último dos seus cinco álbuns individuais.

Lançado em 1979, ano que marca o início da reabertura política e da Lei de Anistia, nos leva a destacar que a parte mais significativa da carreira artística profissional de Clementina se deu em ambiente de liberdade restrita e em regime de exceção. A projeção artística de uma mulher negra e pobre, vinculada visceralmente à cultura popular e a manifestações religiosas de matriz africana, representava a valorização da identidade que contrariava os valores racistas das classes dominantes.

Contudo, o transcorrer da década de 1970 impunha grandes transformações. Além da crise do milagre brasileiro, fator de enfraquecimento do projeto de permanência da linha dura no poder, havia uma grande mudança no mercado fonográfico. A produção de discos, segundo dados da Associação Brasileira dos Produtores de Discos (ABPD) atingiu a marca de 5,5 milhões de unidades em 1966 e passava para 52,6 milhões em 1979, agora com a presença internacional da WEA (Warner) e da ARIOLA e a grande entrada da Rede Globo no negócio através da Som Livre. O crescimento e a profissionalização da indústria fonográfica impunham uma interferência maior nos rumos do mercado da música.

No momento de sua "descoberta" por Hermínio Bello de Carvalho, Clementina havia surgido de maneira impactante com sua voz rascante, impregnada de ancestralidade e com uma forte marca da oralitura tecida no cruzo das raízes bantu trazidas do Vale do Paraíba, do catolicismo popular da Folia de Reis e das Pastorinhas e da cultura iorubana trazida na bagagem da diáspora do recôncavo baiano. Era um baobá fincado no meio do salão da nascente MPB que se configurava em meio às suavidades da Bossa Nova, ao desbunde eletrificado do tropicalismo e ao engajamento das canções de protesto. Esse baobá revelava nossa herança negra, trazia aos olhos do grande público as figuras de Donga, João da Baiana, Pixinguinha, Paulo da Portela, Candeia, Anescar, Ismael Silva e Cartola e ainda lançava jovens, como Paulinho da Viola. Clementina trazia em si a condição interseccional de raça-gênero--classe (negra, mulher e pobre) que foram essenciais para utilização de sua imagem. A mãe preta pobre com suas significações de acolhimento, resignação, superação e sacralidade abriu uma picada no mercado musical e seguia com um candeeiro abrindo caminho para novos artistas do samba.

Uma década após o lançamento de Clementina, já se podia notar um enquadramento da cantora tanto na escolha do repertório quanto na domesticação de sua forma. Os caxambus, curimãs, jongos, incelências, ladainhas, pontos de umbanda, cânticos do candomblé e partidos apresentados com uma forte predominância percussiva vão sendo substituídas por composições sob encomenda e escolhidas pela produção. Os baluartes do samba vão desaparecendo do repertório e passam a figurar nomes consagrados da MPB (João Bosco e Milton Nascimento) e protagonistas de um samba já moldado à indústria fonográfica.

A década de 1970 foi marcada por fortes dramas pessoais para Clementina. Seu companheiro Albino Pé Grande sofreu um infarto em 1971 e seguiria doente e acamado até sua morte em 1977.

A Rainha Ginga sofreria um derrame (o primeiro dos cinco que enfrentou até seu falecimento) em 1973 com sequelas que aguerridamente superou. Em 1974, Clementina perderia sua primogênita Laís para um AVC. A doença e a morte de Pé Grande trouxeram grande impacto emocional e financeiro para Quelé.

É nesse contexto de dificuldades financeiras e de limitações impostas pelo envelhecimento e pela debilitada saúde que a carreira de Clementina vai experimentando, na análise de Luiz Antônio Simas, uma desafricanização ou desmacumbização.

É exatamente aqui que é gestado o álbum que nos propusemos a analisar. Esse seria o primeiro que não contava com a produção de Hermínio Bello de Carvalho, que experimentou problemas de relacionamento com a numerosa família de Quelé e, com tristeza, afastou-se da orientação de sua carreira. Ainda assim, mantinha Quelé no elenco do Projeto Pixinguinha, o que garantia alguma renda para a sua "mãe".

O produtor desse Clementina e Convidados seria o incensado Fernando Faro, idealizador e diretor do famoso programa *Ensaio* da TV Cultura. Começo apresentando a capa de Elifas Andreato e Iolanda Kusak. Elifas optou pela escolha de uma caixa de argila onde imprimiu uma pegada. A ideia se concluía no interior da capa dupla onde a pegada ocupava um dos lados e um par de sandálias de prata ocupava o outro. Elifas buscava representar os vínculos de Clementina com sua origem ancestral (pés no chão) e a passagem do tempo que a transformara em uma diva negra da nossa música. Um mês após o lançamento do álbum, Clementina solicita a Hermínio Bello de Carvalho, próximo de Elifas, que pedisse a ele que imprimisse seus pés na argila. Ela se ressentia que a pegada impressa na capa não fosse a sua. Elifas, em entrevista histórica, diz que esse episódio o ensinou a jamais produzir uma capa sem ouvir o artista.

Fernando Faro enfrentou problemas para realização do disco. Muito meticuloso, fazia Clementina regravar várias vezes as canções. Gravava individualmente os instrumentos. Ela já apresentava dificuldades para decorar letras e melodias das novas canções e isso a esgotava.

Hermínio deixava Clementina mais livre e descontraída. Organizava as gravações a partir do caminho que ela trilhava em uma única tomada, o que a deixava mais confortável. O desgaste com Fenando Faro levou-a a prometer presenteá-lo com uma feijoada envenenada ao final das gravações.

Faro buscou produzir um disco mais vendável, com uma predominância de instrumentos harmônicos e uma redução da base percussiva. Clementina jamais tinha dividido uma obra com tantos convidados de tanta relevância no mercado fonográfico. Clara Nunes, Roberto Ribeiro, Martinho da Vila, Dona Ivone Lara, Adoniram Barbosa, Carlinhos Vergueiro e Cristina Buarque. Fernando pretendia colocar canções trazidas por Clementina, mas a memória da Rainha sepultou a proposta.

O álbum de doze faixas iniciou com um presente de Candeia para Clementina, dado antes de sua morte. A canção inédita "Tantas você fez" conta com a segunda voz de Cristina Buarque. A seguir temos a composição "Embala eu" de Albaléria, uma homenagem à Mãe Menininha do Gantois, na qual Quelé divide os vocais com Clara Nunes, a cantora mais popular daquele momento.

Roberto Ribeiro acompanha Clementina em "Cocorocó", uma composição de Paulo da Portela, saudoso amigo de Clementina dos tempos de Oswaldo Cruz.

O lindo samba "Olhos de Azeviche" de Jaguarão, compositor da Escola de Samba Filhos do Deserto, matriz da Lins Imperial, antecede a divertida faixa "Boca de sapo", composição da dupla João Bosco e Aldir Blanc. João Bosco tornara-se amigo de Clementina ao dividir com ela o palco no Projeto Seis e Meia (1977) e no sucessor Projeto Pixinguinha (1977-78). Bosco atribui a Clementina uma forte influência sobre sua obra e a descoberta de traços de africanidade em sua verve que, até conhecê-la, eram desconhecidos.

A sexta faixa é um calango. "Laçador" é composição de Clementina e Catoni que marca a presença da ruralidade mineira no álbum.

Martinho da Vila, que atribui sua trilha no partido-alto à influência de Clementina, divide os vocais de sua composição "Assim não, Zambi", música com forte conteúdo de crítica política e social. Essa contundente denúncia da violência policial e da miséria nas favelas levou Quelé a demonstrar apreensão com uma possível reação governamental.

"Na hora da sede", samba de Braguinha e Luís Américo, registra Clementina em solo e antecede o histórico encontro de duas divas negras, Clementina e Dona Ivone Lara, no samba de roda "Sonho meu", composição de Ivone e Délcio Carvalho já gravada anteriormente por Maria Bethânia e Gal Costa.

A questão da desigualdade social vem à tona em "Torresmo à milanesa" que marca o encontro de Clementina com os paulistas Adoniram Barbosa e Carlinhos Vergueiro.

"Caxinguelê das crianças" de José Ventura é um canto de trabalho. Essa canção foi incluída por exigência de Clementina, contrariando o produtor Fernando Faro. Os elementos religiosos afro-brasileiros tocam corpo e alma.

O álbum encerra com o samba de Nelson Sargento, "Papel reclame". O verso "eu não consigo viver em paz" resume o dilema da Rainha Ginga. Aos 78 anos, Clementina lança seu último disco solo, recebido com sucesso pela crítica, sem constituir-se em um sucesso de vendas.

Nos anos seguintes, essa mulher negra que trouxera aos olhos e ouvidos do país, os traços mais profundos da nossa formação, mantinha-se como tantas e inúmeras mulheres negras na luta por uma vida digna para si e suas famílias.

Ficha técnica:

Clementina e Convidados (EMI-Odeon – 064 422846)

Direção de produção: Mariozinho Rocha

Produção: Fernando Faro

Orquestração e regência: maestro Nelsinho

Técnicos de gravação: Mairton Bahia, Dacy e Roberto Castro
Mixagem: Nivaldo Duarte
Corte: Osmar Furtado
Capa: Elifas Andreato e Iolanda Kusak
Fotos do encarte: Wilton Montenegro

Músicos participantes:
Dino 7 Cordas: violão 7 cordas; Cesar Faria: violão; Carlinhos: cavaquinho; Osmar: cavaquinho; Wilson das Neves: bateria; Jorginho do pandeiro: ritmo; Luna: ritmo; Eliseu Geraldo Bongô: ritmo; Chiquinho do Acordeon: acordeon; Neco: viola; Coro: Dinorá, Euridice, Genilda, Cristina, Copacabana e Tuffic

Convidados: Cristina Buarque, Clara Nunes, Roberto Ribeiro, João Bosco, Martinho da Vila, Dona Ivone Lara, Adoniran Barbosa e Carlinhos Vergueiro

Lado A
1 – Tantas você fez (Candeia) Participação: Cristina Buarque
2 – Embala eu (Albaléria) Participação: Clara Nunes
3 – Cocorocó (Paulo da Portela) Participação: Roberto Ribeiro
4 – Olhos de Azeviche (Jaguarão)
5 – Boca de sapo (João Bosco e Aldir Blanc) Participação: João Bosco
6 – Laçador (Catoni e Clementina de Jesus)

Lado B
1 – Assim não Zambi (Martinho da Vila) Participação: Martinho da Vila
2 – Na hora da sede (Luiz Américo e Braguinha)
3 – Sonho meu (Dona Ivone Lara e Délcio Carvalho) Participação: Dona Ivone Lara
4 – Torresmo à milanesa (Adoniran Barbosa e Carlinhos Vergueiro) Participação: Adoniran Barbosa e Carlinhos Vergueiro
5 – Caxinguelê das crianças (José Ventura)
6 – Papel reclame (Nelson Sargento)

D'Alma

A Quem Interessar Possa

por Mimi Rocha

O violão sempre foi considerado pelos músicos um instrumento cruel. Claro que tem seus encantos, que começam pelas curvas sensuais do seu design, sua portabilidade, que o torna favorito entre trovadores e boêmios, a capacidade de ser um instrumento solista com grandes obras escritas para ele, além de ser um ótimo instrumento de acompanhamento para música vocal ou instrumental. Contudo, no lado negativo destacam-se a dificuldade de aprendizado, pouca projeção acústica, as cordas mi (1ª corda aguda) e ré (4ª corda) quebram-se com facilidade e sua técnica mais apurada exige dedicação e estudo. Segundo o grande mestre Andrés Segovia, se ele ficasse uma semana sem praticar o instrumento, já notava as deficiências na execução. Se a pausa ocorresse por um mês, sua esposa notaria e, com um intervalo de três meses em diante, o seu público perceberia.

Minha relação com o violão veio através da minha avó paterna, que tocava muito bem o instrumento. Sua versão de "Marcha do marinheiro" era muito bem executada. Ela deu de presente um violão no aniversário de uma de minhas irmãs e, como essa não mostrou interesse, eu, ainda moleque, com oito anos, comecei a "brincar" com ele, tentando reproduzir os riffs do Black Sabbath, Rita Lee e Rolling Stones. Pouco depois, aprendi a afinar com meu cunhado e nunca mais larguei essa paixão. A evolução para a guitarra veio de forma natural, quando na adolescência comecei a tocar em festivais de colégio e a montar os primeiros grupos.

O violão, como temos no Brasil, veio da Espanha, com cordas de tripas, depois substituídas pelo nylon. Embora em todos outros locais, seja chamado de guitarra, aqui se adotou o termo "violão", também chamado carinhosamente de "pinho". Nos Estados Unidos, o modelo de nylon é chamado de "classical guitar" e o mais comum lá, o com cordas de aço, "acoustic guitar". O Brasil sempre foi prodígio em grandes violonistas, a lista é extensa, mas cito aqui alguns de destaque como Dilermando Reis, Canhoto, Garoto, o nosso Zé Meneses, Laurindo Almeida, Baden Powell, Irmãos Assad, Raphael Rabello, e por aí vai até chegar na turma mais jovem. Na parte de escrita para violão, também tivemos aqui o mestre Villa-Lobos, que tem sua obra magnífica (Estudos, Prelúdios e Choros) até hoje gravada no mundo inteiro.

Como instrumento solista, em duos ou trios, o desenvolvimento se deu no começo dos anos 1970, com o surgimento do rock progressivo, que unia influências de rock com música erudita, barroco, música celta e até country americano. O inglês Steve Howe, do grupo Yes, pode ser um dos expoentes desse gênero, incorporando ao repertório do grupo músicas ou passagens instrumentais com uso dos violões de aço, nylon e de 12 cordas.

Quando vamos para seara do jazz, que, nos anos 1970 se unia ao rock, ao soul, à música flamenca, à brasileira e à latina, surgiram verdadeiros craques. Da leva dos grupos de Miles Davis, o inglês John Mclaughlin se destacou, lançando discos acústicos quando ainda não era moda. Se juntando a músicos indianos (Shakti) e depois com os violonistas Larry Coryell e ao fenômeno da música flamenca, o gitano Paco de Lucia.

A fórmula rendeu muito sucesso e, com a substituição de Coryell pelo virtuoso Al Di Meola, eles realizaram a gravação de um show ao vivo, lançado no disco que vende milhões até hoje (*Friday Night in San Francisco*). E assim se consolidou uma nova vertente para aficionados pelo instrumento. O Trio gravou mais dois discos e disseminou a semente para as novas gerações.

Corta para São Paulo no final dos anos 1970, onde o CLAM era uma escola de música de referência, capitaneada por alguns músicos do famoso grupo instrumental Zimbo Trio. Foi nesse ambiente que três jovens guitarristas se juntaram e começaram a tocar, tendo como forte inspiração o Trio mencionado anteriormente, além de, claro, experimentar novas ideias, composições próprias e abrasileirar a fórmula, surgindo daí o Trio D'Alma.

André Geraissati, Ruy Saleme e Cândido Serra são esses três jovens violinistas que nos apresentam o disco de estreia do D' Alma, que surge com grande expectativa e aposta de veteranos do calibre de Héctor Costita (sax), Nelson Ayres (piano) e Luís Alves (baixo). A ousadia dos "meninos" já se sente no menu, nada de temas conhecidos para alavancar vendas, nenhum músico de nome conhecido e nenhuma invencionice ou modernidade no estúdio. Apenas os três tocando suas próprias músicas e se revezando em acompanhamentos e solos de maneira muito madura e sem estrelismos.

Mas sem mais delongas vamos ao disco: "Song for my friends", de Cândido, abre o disco com uma levada meio James Brown / Jorge Ben, mas nos engana e cai num tema melódico, que é desenvolvido em duas tonalidades e dá o tom do disco. Destaque para a conversa entre o tema e o violão que faz o acompanhamento no baixo.

"Blues para Charles Mingus" começa com uma harmonia densa em dobras e cai num blues meio jazz, em homenagem ao grande baixista americano Charles Mingus. Todos fazem solos bem dentro do contexto da música. "Correnteza" tem uma melodia bem cantável e podia ter uma letra, quase um choro-canção. "Déja vu" é, para mim, a mais bonita do disco, uma bossa que não faria feio em nenhum disco da turma do "cantinho e violão".

As faixas "K-Samba", "Magia", "Guarapiranga" e "Barra do Una" são sambas em quatro estilos que mostram, além da brasilidade dos rapazes, um senso melódico e harmônico apurado. "Ferrovia norte" e "Sylvannah" indicam a direção que o trio tomaria nos outros discos, alternando virtuosidade com tapeçaria sonora nos contrapontos, escalas e arpejos. "Energia", "Procion" e "Pulsação" são as que mais agradaram os músicos, com harmonias elaboradas, melodias angulares em intervalos de quartas, arpejos e vozes dobradas, revelando que além de ótimos compositores e instrumentistas são também mestres nos arranjos e orquestração. A faixa-título que fecha o disco é uma cacofonia que me remete a alguém abrindo e depois rasgando uma carta.

Ouvindo o disco agora, em vinil (infelizmente nunca foi lançado em CD ou em *streaming*), quarenta e dois anos após seu lançamento, sinto que ele envelheceu bem. Foi muito bem gravado e mixado, o que é geralmente um problema quando se trata de instrumentos acústicos. Eles terem optado por privilegiar temas curtos e melódicos ao invés de longas faixas com muitos improvisos dá uma unidade ao disco, tornando a sua audição agradável mesmo a leigos. O D'Alma se consolidaria nos anos 1980 com a nova formação que incluía dois virtuosos, Ulisses Rocha e o mestre Mozart Mello, (tive a honra de ser seu aluno de guitarra no final dos anos 1980). O bom mesmo era vê-los ao vivo e a cores em performances arrebatadoras como a que assisti no Theatro José de Alencar, em Fortaleza, no ano de 1985. Eles lançaram mais dois discos, mas isso fica para uma próxima análise.

Ficha técnica:

A Quem Interessar Possa (CLAM – 1.47.404.003)
Produção: Armando Mihanovich e André Geraissati
Arte: Francisco Silva Ramos
Fotos: Armando Mihanovich, Welington Amaral e Osamu Nishi
Texto: Eduardo Borgonovi
Gravação: julho 1979
Estúdio: Avant Garde
Técnico: Roberto Galera
Arranjos: D'Alma

Lado A

1 – Song for my friends (Cândido Serra)
2 – Blues para Charles Mingus (Cândido Serra)
3 – Correnteza (Ruy Saleme)
4 – Dèja vu (André Geraissati)
5 – K-samba (Cândido Serra)
6 – Energia (Cândido Serra)

Lado B

1 – Ferrovia norte (Cândido Serra)
2 – Magia (Cândido Serra)
3 – Procion (Cândido Serra)
4 – Guarapiranga (André Geraissati)
5 – Sylvannah (Ruy Saleme)
6 – Barra do Una (Cândido Serra)
7 – Pulsação (Ruy Saleme)
8 – A quem interessar possa (André Geraissati / Ruy Saleme / Cândido Serra)

Dona Ivone Lara

Sorriso de Criança

por Kamille Viola

Dona Ivone Lara (1922-2018) entrou em 1979 embalada pelo sucesso de "Sonho meu", gravada por Maria Bethânia e Gal Costa e lançada em 1978 no disco *Álibi*, de Bethânia (que ultrapassaria a marca de um milhão de cópias vendidas). Em fevereiro daquele ano, a cantora e compositora contou ao jornal *O Globo* que tinha estado na Bahia com Clementina de Jesus para um show e atestado a popularidade de sua canção. "Quando descobriram que eu era coautora de 'Sonho meu', tive que cantar, dançar e sambar", disse. O repórter diz que o título começava a se tornar gíria na Zona Sul do Rio, com algumas pessoas chamando outras de "sonho meu".

A reportagem contava que a sambista acabara de estrear como atriz, no filme *A Força de Xangô*, de Iberê Cavalcanti, no papel de Zulmira de Iansã, uma mulher que se descobre traída pelo marido, Tonho Tiê (Geraldo Rosa), e parte para cima de uma de suas amantes, Matilde de Obá (Ana Maria Silva). No longa, que ainda tem Zezé Motta e Grande Otelo no elenco, ela canta "Tiê", uma de suas primeiras composições.

A cantora vinha numa curva ascendente de fama e prestígio, mas o segundo álbum é sempre uma prova de fogo, podendo ser a confirmação do talento musical de um artista ou uma decepção. Foram-se décadas até que ela conseguisse lançar seu elogiado disco de estreia, *Samba Minha Verdade, Samba Minha Raiz*, em 1978, o segundo trabalho, no entanto, não tardou: *Sorriso de Criança* saiu em outubro de 1979, pouco mais de um ano depois, sinal da alta expectativa em torno da artista. A capa traz Dona Ivone vestida de branco, batendo palmas, ladeada por um menino e uma menina com fantasia de carnaval, com instrumentistas atrás. A contracapa traz uma versão mais aberta da foto, que revela as duas crianças, sete músicos e diversos instrumentos de percussão. À direita, atrás, uma estátua de São Jorge montado no cavalo. A imagem reproduzia o ambiente de uma roda de samba.

O disco tem onze faixas, sendo uma delas um *pot-pourri*. Apenas quatro não levam a assinatura de Lara, sozinha ("O meu amor tem preço" e "Confesso", em que reafirma seu talento como letrista, já que ela geralmente criava as melodias) ou acompanhada. Além do parceiro frequente Délcio Carvalho (com quem compôs a faixa-título, "Adeus à solidão", "Quisera" e "Muro das Lamentações", e mais três das cinco do *pot-pourri*), ela convocou outros compositores do Império Serrano: Silas de Oliveira ("São Paulo, Chapadão de Glória", com Joacyr Santana), Mano Décio da Viola ("Amar como eu amei", com Abílio Martins) e seus primos Hélio dos Santos, o Tio Hélio ("Cantei só pra distrair") e Mestre Fuleiro ("Por querer liberdade").

O *medley* traz canções de Dona Ivone Lara que haviam sido gravadas anteriormente, hoje clássicos do samba: "Sonho meu", registrada por Bethânia e Gal, "Liberdade", por Roberto Ribeiro, e "Acreditar", por Ribeiro e por Clementina de Jesus, as três de Dona Ivone Lara e Délcio Carvalho; "Tiê", de Dona Ivone Lara, Mestre Fuleiro e Tio Hélio, gravada pela própria artista e lançada em uma coletânea, e "Andei para Curimá", de Dona Ivone, que saiu em coletâneas e em seu disco de estreia. Sobre a composição que abre e batiza o álbum, a artista contou que, desde que vira o programa de Roberto Carlos em benefício ao Ano Internacional da Criança, tinha ficado pensando em fazer uma música para dedicar à criança brasileira. A letra ficou a cargo de Délcio Carvalho.

No *pot-pourri*, três músicas de amor ("Sonho meu", "Liberdade" e "Acreditar"), a singela lembrança de um passarinho na infância ("Tiê") e uma brasileiríssima religiosidade sincrética, como explica Katia Regina da Costa Santos, uma das biógrafas de Dona Ivone Lara: "Em 'Andei para Curimá' a mesma voz que clama seu rosário, procura o Tijuseré para 'uma reza forte', que no campo da Umbanda, religião afro-brasileira, nada mais é do que uma boa oração para as 'forças do egrégora' (palavra que o posudo Dicionário Aurélio não registra) como diz qualquer 'preto velho' na hora da tal reza. E tudo isso sem o menor conflito de alma."

A maioria das canções de *Sorriso de Criança* fala sobre amores, em geral malsucedidos, como é comum no samba e na música brasileira em geral. Há também o samba-enredo do Império Serrano de 1967, "São Paulo, Chapadão de Glória" e uma canção sobre uma pessoa que só reclama ("Muro das Lamentações", letra de Délcio).

Produzido por Adelzon Alves, que já havia capitaneado as gravações do álbum anterior da artista, *Sorriso de Criança* traz nomes importantes no samba e fora dele, como os músicos do Conjunto Nosso Samba (que tinha sido a banda de Clara Nunes), Abel Ferreira (clarinete e sax alto), Dino (violão de sete cordas), Zé Menezes (cavaquinho), Luizão Maia (baixo), Copinha (flauta) e Rosinha de Valença (violão). O trabalho contou com orquestrações e regência de maestro Nelsinho, exceto nas faixas "Adeus à solidão" e "Confesso", que ficaram a cargo de Rosinha de Valença. Ninguém menos que Clara Nunes faz coro em "São Paulo, Chapadão de Glória" e "Por querer liberdade".

No *Jornal do Brasil*, o jornalista Tárik de Souza deu uma nota sobre a turnê e enalteceu o disco: "Enquanto isso, a muitas milhas daqui, Dona Ivone Lara espalha sua negritude brasileira no shopping center de um centro residencial situado fora de Paris. Promoção da emissora de rádio Europa-1, o show *Brasil Canta e Dança*, com bailarinos do grupo de Haroldo Costa, é estrelado pela sambista, que chega ao mercado brasileiro com *Sorriso de Criança* (Odeon), marco definitivo da afirmação de suas qualidades."

Já José Ramos Tinhorão assina uma crítica na mesma publicação em que, embora fale bem do álbum, acusa a artista de ser "esperta". "O disco, naturalmente - considerando-se a excelente melodista e cantora que é, Dona Ivone Lara -, inclui-se de saída entre os bons LPs de samba do ano", escreve. Porém, chama de apelação a inclusão do *pot-pourri* de sucessos, aponta a semelhança da melodia de "Sonho meu" com a do ponto "Suará", registrado por J. B. de Carvalho e Seus Caboclos em *Pontos de Macumba* (1956), e faz uma acusação à artista: "(...) volta a cometer o mesmo pecado desnecessário de 'Sonho meu'. De fato, o estribilho sobre o qual assenta seu samba 'Sorriso de criança' (...) nada mais é na parte de ritmo e melodia do que um conhecido motivo de samba de partido-alto (já usado inclusive por compositores de música de carnaval), normalmente marcado com acompanhamento de palmas:

Paraná, uê...
Paraná uê,
Paraná...

Paraná uê...
Parana (sic) uê,
Parana (sic)..."

Ele tece elogios ao falar de "Adeus à solidão": "(...) não se sabe mais o que admirar, se a beleza da melodia — digna de um Monarco — se a correção da interpretação, de uma pungência e de uma contenção dignas de qualquer grande cantor de nome já consagrado." Por fim, ironiza: "Enfim, como Dona Ivone anda dizendo aos jornalistas que acordou de noite com o 'Sonho meu' prontinho para ir para o papel, letra e música, pode ser que esteja certa. Em todo caso, seria bom não esquecer aquele velho provérbio tão conhecido no meio dos vadios: 'O mal do vagabundo é querer ser mais malandro que a malandragem.'"

É importante observar que "esperteza" e "malandragem" são estereótipos racistas frequentemente associados a pessoas negras. Dona Ivone não merece o benefício da dúvida? Sendo ela filha e sobrinha de músicos, tendo crescido em um ambiente musical e assim seguido após se casar (seu marido, Oscar Costa, era filho de Alfredo Costa, fundador da escola de samba Prazer da Serrinha), não pode ter ficado com as melodias em seu inconsciente?

O racismo é sempre determinante na trajetória de artistas negros no Brasil, e com Dona Ivone Lara não foi diferente. O tempo que levou para dar cada passo em sua vida artística — compôs a primeira música aos 12 anos e lançou o primeiro álbum solo somente aos 55 — é um exemplo da fragilidade da carreira musical de um artista negro no Brasil. Não por acaso, muitos sambistas chegaram ao fim da vida na pobreza. Ela só passou a se dedicar exclusivamente à música a partir de 1977, após se aposentar do trabalho como assistente social, carreira que lhe garantiu estabilidade.

Também sofreu com o machismo, ainda mais latente na época em que começou a compor, por isso suas primeiras canções foram apresentadas por seu primo Fuleiro como se fossem dele (ela também deu a ele parcerias em músicas que criou sozinha). Muitas vezes, para elogiá-la, os jornalistas a comparavam a homens, dizendo que é um "Cartola de saias" ou que alguma música sua é "digna de um Monarco", como se uma sambista não pudesse existir por si só.

Em outubro de 1979, a artista dera entrevistas sobre a viagem que faria à França e o novo álbum. A imprensa buscava repercutir o fato de que "Sonho meu" havia se transformado em uma espécie de hino da Anistia — em 28 de agosto, a Lei da Anistia havia sido assinada. "Não me comprometa! Virou hino porque quis", disse ela ao jornal *O Globo*.

Durante a ditadura militar, frequentemente personalidades negras eram pressionadas a se posicionar em relação ao regime e ao racismo vigente no país. Muitos, no entanto, se esquivavam. Afinal, se o golpe de 1964 havia retirado direitos de milhões de brasileiros, para os cidadãos negros do país muitos desses direitos nunca chegaram a existir. Embora imperasse no Brasil a ideia que éramos uma democracia racial, havia (ainda há) um abismo entre as condições de vida de negros e brancos no país. Além disso, negros constantemente tornavam-se bode expiatório, sendo punidos para "servir de lição" a algum grupo. Todo cuidado era pouco.

Isso não quer dizer que essas pessoas fossem alienadas, embora muitas vezes não tivessem relação com a política partidária ou os movimentos sociais. Sua atuação política se dava de formas indiretas, mas não menos importantes. É o caso de Dona Ivone Lara: por meio de sua obra, celebrava o samba e a cultura afro-brasileira em geral. Além disso, foi uma compositora pioneira no samba, quebrando barreiras e abrindo caminho para outras mulheres. Ela contribuiu para a construção de um imaginário negro positivo no Brasil, tanto pelo conteúdo de sua obra como pelo fato de mulher negra com uma carreira bem-sucedida.

Com *Sorriso de Criança*, a Grande Dama do Samba comprovou, para quem ainda tivesse qualquer dúvida, que tinha vindo para ficar.

Ficha técnica:

Sorriso de Criança (EMI-Odeon - 062 421170)

Produção: Adelzon Alves

Orquestrações e regência: Maestro Nelsinho, exceto faixas 3 e 9, por Rosinha de Valença

Músicos participantes:

Maestro Nelsinho: Trombone; Abel Ferreira: Clarinete e sax alto; Netinho: Clarinete; Jorginho, Copinha, Jaime e Franklin: Flauta; Carlinhos, Menezes e Alceu: Cavaquinho; Zé Menezes: Viola; Luizão: Baixo; Dino: Violão 7 cordas; Rosinha de Valença: Violão; Juquinha e Papão: Bateria; Conjunto Nosso Samba: Ritmo; Coro: Nosso Samba, As Gatas, Copacabana e Mati e Malu

Participação especial de Clara Nunes no coro das músicas "São Paulo, Chapadão de Glória" e "Por querer liberdade"

Lado A

1 – Sorriso de criança (Ivone Lara / Délcio Carvalho)
2 – Cantei só pra distrair (Hélio dos Santos)
3 – Adeus à solidão (Ivone Lara / Délcio Carvalho)
4 – O meu amor tem preço (Ivone Lara)
5 – Quisera (Ivone Lara / Délcio Carvalho)
6 – São Paulo, Chapadão de Glória (Silas de Oliveira / Joacyr Santana)

Lado B

1– Sonho meu (Ivone Lara / Délcio Carvalho) / Liberdade (Ivone Lara / Délcio Carvalho) / Acreditar (Ivone Lara / Délcio Carvalho) / Tiê (Ivone Lara / Hélio / Fuleiro) / Andei para Curimá (Ivone Lara)
2 – Amar como eu amei (Mano Décio / Abílio Martins)
3 – Confesso (Ivone Lara)
4 – Por querer liberdade (Mestre Fuleiro)
5 – Muro das Lamentações (Ivone Lara / Délcio Carvalho)

Ednardo

Ednardo

por Dalwton Moura

Ouvimos o som do violão de 12 cordas e começa a letra: "Essa dor que eu sinto agora / É uma dor que não tem nome, / Que o meu peito devora e come / E fere e maltrata, sem matar". É a canção "Flora" (Ednardo, Dominguinhos e Climério), uma das mais marcantes composições da vasta, diversificada, misteriosa obra de Ednardo. Ela está no disco lançado em 1979, ano da Lei da Anistia que, se foi recebida com entusiasmo por muitos que sofriam com a ditadura civil-militar instalada desde 1964, até hoje nos aprisiona como povo e como país, uma das consequências da impunidade aos que transformaram perseguições, torturas, assassinatos em política de Estado.

O disco traz tantos clássicos que impressiona, também, por ter sido lançado no mesmo ano da histórica *Massafeira Livre* – a "megareuniaomultimidiatudoaomesmotempoagora" celebrada no Theatro José de Alencar, em Fortaleza, reunindo centenas de artistas de várias linguagens e dezenas de músicos da geração que, apesar de alertar para os limites do rótulo, se tornaria nacionalmente conhecida por "Pessoal do Ceará", a partir do começo dos anos 1970.

No olho do furacão, lidando com três projetos encadeados entre si (o disco e o filme *Cauim*, de 1978, o LP simplesmente intitulado *Ednardo*, de 1979, e a *Massafeira*, realizada em março de 1979, que desembocaria em um álbum duplo lançado em 1980), o cantor e compositor cearense apresentou, no disco de 1979, algumas de suas canções mais fortes, belas e permanentes. Parte delas, safra que nasceu da convivência com dois outros grandes criadores: o pernambucano Dominguinhos e o piauiense Climério Ferreira. Como contou recentemente o próprio Ednardo, em excerto de um seu futuro livro, trecho adiantado em suas redes sociais.

"Estávamos em Fortaleza, eu, Climério e Dominguinhos de férias, e pegamos uma aposta artística para ver quem faria mais músicas em um curto período de 20 dias. Todo dia era uma diversão prazerosa e criativa nos encontrarmos para mostrar as canções mais recentes compostas por nós três, em parceria ou única autoria."

"São desta safra as canções "Enquanto engoma a calça" (Ednardo e Climério); "Flora" (Ednardo, Dominguinhos e Climério); "Brincando é que se aprende" (Ednardo e Dominguinhos); e muitas outras inéditas.

"Isso era facilitado pela proximidade de nossas moradias. O Cli, naqueles momentos, era meu hóspede e o Dominguinhos nosso vizinho no mesmo condomínio da Av. Luciano Carneiro."

Além de "Flora", "Enquanto engomo a calça" e "Brincando é que se aprende" também estão no disco, o sexto na discografia do cantor, iniciada com o álbum *Meu Corpo, Minha Embalagem, Todo Gasto na Viagem - Pessoal do Ceará* (1973), em parceria com Rodger e Teti, seguindo-se *O Romance do Pavão Mysteriozo* (1974), *Berro* (1976, mesmo ano do sucesso de "Pavão mysteriozo" na abertura da novela *Saramandaia*), *O Azul e o Encarnado* (1977) e o citado *Cauim*. Uma produção em ritmo intenso, destacada por Ednardo em entrevista por e-mail concedida a propósito deste texto – e do disco de 1979:

"A partir de 1976 e, na sequência, os anos 1977, 1978, 1979 e 1980 foram bastante movimentados. Sucesso estrondoso nacional e internacional, duas trocas de gravadoras (RCA para WEA e WEA para CBS), o movimento Massafeira, mudança de residência (SP para Fortaleza), e isso causa reboliço geral, de alguma forma mexe com o tônus criativo por conta de novos desafios que se apresentam, tais como o modelo administrativo das novas empresas multinacionais para com os artistas, etc. O fato é que daí, além de mais um filho e uma filha, nasceram muitas músicas, com algumas delas gravadas em discos e outras registradas em mídias particulares do meu acervo. O fator lúdico e criativo da aposta que eu fiz no encontro com Climério e Dominguinhos em Fortaleza foi divertido e rendeu várias músicas, dentre as quais algumas de muito sucesso."

A aposta, que já teria valido por "Flora", fez nascer também "Enquanto engoma a calça", outro dos grandes clássicos de Ednardo, refrão entoado com novos sentidos no Brasil de 2021, "Porque cantar parece com não morrer / É igual a não se esquecer / Que a vida é que tem razão".

Um olhar de cacimba barrenta, que gostam de espiar? Sim, já é outra viagem. E outro Ferreira, Clodo, irmão de Climério. Mas o mesmo Petrúcio Maia, Pet Maia que, com o guru Augusto Pontes, assina o magistral bolero "Lupiscínica", também presente no disco de 1979, que se faria permanente referência daqueles tempos, daquelas canções, no Ceará: "Vamos adiar essa briga, amor...".

Seara imagética e musical diferente na cadência da também marcante "Lagoa de aluá", de Ednardo, Climério e Vicente Lopes. Outros mistérios. "Uma lagoa nasceu dentro do meu peito, / Pra de noitinha vir a lua espiar / (...) / Se essa lagoa fosse um copo de aluá, / Eu vivia dentro dela até me maravilhar".

Imagens semelhantes retornam em contexto distinto em "Araguaia", seguidas da instrumental "Cariri", percussão, mudança de andamento, modulação, intensidade, sugestão, experimento, improviso, chamado, viola, cinema, canto chão. Reflexo da resistência possível e experimentada com mais ousadia diante de uma nova atmosfera naquele final de década? Ednardo com a palavra, novamente em depoimento para este texto:

"Notadamente em 1979 começavam as demonstrações de distensão lenta e gradual da ditadura civil-militar, com a volta dos banidos e exilados políticos e artísticos. O 'clima' mostrava-se pouco menos repressivo e diferente do período ditatorial truculento anterior. Então foi quando pensei coletivamente junto a diversos amigos da área artística na Massafeira."

A "mudança de clima", porém, não impediu a censura a canções dessa safra. E consequências sobre o disco de 1979: "A censura federal durante a ditadura acompanhou de perto o fazer artístico de vários compositores e cantores e eu era um deles. Segundo eles, minhas músicas faziam as pessoas pensarem. Isso se intensificou muito na época da Massafeira, em seus acontecimentos de 1979 e 1980. Meu apartamento foi invadido por policiais quando eu estava viajando em shows pelo Rio de Janeiro e minha mulher, Rosane, estava grávida em Fortaleza, com oito meses de gestação. Fui tomado de surpresa por esses fatores da proibição das músicas, que também fizeram a CBS sustar o lançamento do meu disco de 1979."

No entrelaçar dos três projetos, de 1978 a 1979, uma safra de dezenas de canções: "Foram na verdade três discos gravados ao mesmo tempo, com 35 músicas a merecerem as atenções artísticas de minha produção. Praticamente por dois meses, ficava o dia todo em estúdios de gravações, na CBS para Massafeira e no Transamérica para meu disco. Vários participantes da Massafeira também participaram do meu disco Ednardo (1979) – entre os quais os músicos Ife, Manassés, Tuti Moreno (que depois passou a assinar Tutty Moreno), Petrúcio Maia, Robertinho de Recife, Gerardo Gondim, Pachelli Jamacaru, Luis Miguel, e nos vocais as participações de Teti, Mona Gadelha, Vicente Lopes e

Ângela Linhares. As gravações de meu disco foram tranquilas e, nesse aspecto, diferentes da agitação das gravações dos discos da Massafeira. As ideias de arranjos das músicas de meu disco são todas minhas e desenvolvidas pelos músicos que participaram das respectivas faixas, comigo usando violão ou piano.

"Existem músicas que dialogam entre si formando blocos: 'Araguaia' – 'Cariri' (instrumental) – 'Pelo coração do Brasil'; 'Numa boa' – 'Brincando é que se aprende'; 'Flora' – 'Lupiscínica' – 'Lagoa de aluá'; 'Torpor' – 'Desconcerta-te'; 'A manga rosa' reina absoluta no tema."

E com "A manga rosa" terminamos, de volta ao começo, à faixa 1 do LP. "A manga rosa, Maria Rosa / Rosa Maria Joana / Peitos gostosos, rosados doces". "Música emblemática deste disco, é composição de 1976 e ficou, juntamente com a música 'Araguaia', oito meses interditada e proibida pela censura federal, até finalmente ser aprovada, quando a proibição já havia prejudicado toda a programação de lançamento do disco com shows de lançamento em dez cidades brasileiras", lembra Ednardo.

Como disse o compositor em show no Rio de Janeiro, em 1999, quando cantou "A manga rosa" dedicando suas imagens em movimento a uma espectadora que havia trabalhado como técnica de censura de canções durante a ditadura, a junção dos nomes de três mulheres importantes na vida do artista não soou muito bem aos ouvidos daqueles a quem era permitido proibir. "Eu fiz essa música pra minha mãe, pra minha mulher e pra minha filha, que tinha nascido há pouco tempo. E quando eu juntei o nome das três o pessoal proibiu, porque quando juntava Rosa, Maria e Joana, eles pensavam que era maconha, né? Pra você ver como as coisas são... Mas hoje tudo bem, estamos todos salvos."

No Brasil de 2021, com centenas de milhares de mortes evitáveis por covid-19, mais de 15 milhões de desempregados, fome e miséria cada vez mais a olhos vistos, longe de salvos seguimos aflitos. Cumpre então lutar. E lembrar. "Eles são muitos. Mas não podem voar."

Ficha técnica:

Ednardo (CBS-Epic – 235029 / Mini-tape – 15817)

Direção de produção e estúdio: Ednardo

Assistente produção artística: Rogério Crato

Técnico de gravação: Toninho Marron

Mixagem: Wilson

Montagem: Alencar
Gravado nos Estúdios Transamérica - Rio de Janeiro
Fotos: Gentil Barreira
Desenho: Brandão
Arte: Carlos Enrique M. de Lacerda
Direção de arte: Géu
Arranjos: Ednardo

Músicos participantes:
Ednardo: violão, piano e teclados; Dominguinhos: sanfona; Petrúcio Maia: piano; Manassés: guitarra e viola de 12; Robertinho de Recife: guitarra; Gerardo Gondim: guitarra e viola de 10; Pachelli Jamacarú: pífaros; Toninho Marron: cavaquinho; Luiz Alves, Ife, Décio Crispim e Luiz Miguel: Baixo; Tuti Moreno e Elber Bedak: bateria; Sérgio Boré e Zizinho: percussões

Participações especiais nos vocais: Teti, Vicente Lopes, Simone Gadelha e Ângela Linhares.
Agradecimentos Especiais: Jairo Pires / Manoel Magalhães / Dudu (Transamérica) / Augusto Pontes

Lado A
1- A manga rosa (Ednardo)
2 - Numa boa (Ednardo / Rodger Rogério / Régis / Ife)
3 - Flora (Ednardo / Dominguinhos / Climério)
4 - Enquanto engoma a calça (Ednardo / Climério)
5 - Brincando é que se aprende (Dominguinhos / Ednardo)
6 - Lupiscínica (Petrúcio Maia / Augusto Pontes)

Lado B
1 - Lagoa de Aluá (Ednardo / Climério / Vicente Lopes)
2 - Torpor (Ednardo)
3 - Desconcerta-te (Ednardo)
4 - Araguaia (Ednardo)
5 - Cariri (Ednardo) (Instrumental)
6 - Pelo coração do Brasil (Ednardo)

Elba Ramalho

Ave de Prata

por Chris Fuscaldo

"Feia, com voz ardida, fez uma merda de show." Não foi a personagem da Geni que Elba Ramalho interpretou no musical *Ópera do Malandro*, mas no fim dos anos 1970 e no início dos 1980 ela foi alvo de muitas pedras jogadas por profissionais do meio. Poucos queriam permitir que a "cantriz" voasse. Enquanto percorria seu árduo caminho, apoiou-se nos amigos. Seu esteio era os músicos – os conterrâneos ou os que conheceu já radicada no Rio de Janeiro, onde chegou em 1974 – que estavam na mesma busca, muitos ouvindo absurdos parecidos, todos trocando experiências. Alguns deram o suporte necessário para que ela estreasse em disco. *Ave de Prata* foi lançado em 1979, abrindo o céu para Elba Ramalho bater suas asas e seguir adiante, sem deixar de lado a personalidade que a paraibana trouxe na bagagem desde Campina Grande.

"Uma vez, uma jornalista do *Jornal do Brasil* fez uma crítica e a manchete era: 'Melhor dar descarga nesse show'", contou Elba em uma das entrevistas que me concedeu. Em 1984, a revista *Manchete* deu voz à artista e publicou uma enorme entrevista pingue-pongue na qual ela desabafou: "Fui reprovada pelo padrão Globo de qualidade. Eu e a Tânia Alves. Época da novela *Gabriela*. Fomos lá com nossos rostos nordestinos, voz e talento. O homenzinho lá, depois dos testes de câmera, foi sincero: 'Vocês são feias.'" No ano seguinte, em uma matéria para o *Jornal do Commercio*, Rose Garden afirmou que "a voz de carpideira em muito se identifica com o sofrimento desse povo que traz na raiz o folclore mais rico do Brasil".

Em 1985, o jornalismo parecia estar começando a assimilar Elba Ramalho e sua bagagem cultural, bem como alguns já vinham entendendo um pouco mais os outros nordestinos que despontaram na década anterior – sem, claro, deixar de estereotipar, julgar ou, pelo menos, alfinetar cada um deles. Dali para frente, a cantora passou a contar histórias sempre mostrando o quanto os alfinetes lhe ajudaram a segurar seus panos para que pudesse costurá-los com linha de aço. "Todos esses jornalistas que falaram mal de mim estão perdoados. Com as pedras que me jogaram, eu construí um castelo maravilhoso", disse-me. Mas ali por 1979, Elba ainda tinha que se explicar.

O lançamento de *Ave de Prata* sequer ganhou grandes espaços na mídia. Na *Folha de S. Paulo*, Dirceu Soares não só não viu passar um erro no nome de Elba na edição final de seu próprio texto, como a detonou em uma matéria publicada em setembro de 1979, na qual reunia todos os lançamentos de mulheres: "(...) Alba Ramalho está com uma voz tão ardida neste seu LP, *Ave de Prata*, que a gente custa a acreditar que ela é a mesma cantora que fez dupla com Marieta Severo em 'O meu amor' de Chico Buarque, na *Ópera do Malandro*". Quase um mês depois, a própria cantora falava à mesma Ilustrada, caderno de cultura do jornal paulistano: "As pessoas podem amar ou odiar meu disco, onde não houve propriamente uma preocupação técnica, e sim de músicas e interpretação, com a ousadia de lançar gente nova. Meu trabalho é muito na base do som nordestino, sua cultura, que inclui xote, baião, xaxado, o sentimento negro, afro. O show também tem muito disso, muita garra, um jeito livre e aquele ranço das coisas que dizem da fome no Nordeste. No Rio nos apresentamos com um cenário, de Fernando Pinto, que tem um pássaro de asas abertas, agressivo, assim como eu sou um pouco agressiva no jeito."

Essa doce agressividade foi captada por Zé Ramalho, autor da faixa-título do álbum de estreia da conterrânea a quem chamava de prima (ambos nunca conseguiram comprovar o parentesco, apenas sabiam que na Paraíba existiam três famílias Ramalho). Os dois se conheceram quando o pai de Elba, tentando afastá-la da vida artística, enviou duas de suas filhas para João Pessoa, em 1967. Lá, Elba esbarrou, respectivamente na época, com os ex e atual guitarrista do conjunto Os Quatro Loucos, Vital Farias e Zé Ramalho. A adolescente logo montou um conjunto só de meninas, o Golden Girls, para cantar e tocar bateria junto às colegas da escola. Uns dois anos depois, o pai tocou a filha de volta para Campina Grande, mas nunca mais conseguiu impedi-la de se profissionalizar como artista.

Em 1973, Elba foi vista pelo ídolo João Cabral de Melo Neto na montagem para o teatro de seu poema *Morte e Vida Severina*. Em 1972, foi a Lisboa e a Madri com o grupo teatral da FACMA (Fundação Artística Manuel Bandeira) apresentar a peça *Uma Cena para Dois Povos* e venceu o Festival Campinense de Música Popular Brasileira cantando "Ou coisa parecida", composição sua em parceria com o amigo Zezé Duarte, que diziam ser "um plágio de uma música de Belchior" ("Na hora do almoço"). No ano seguinte, concorreu com outras duas composições próprias, "Canto em punho" e "Joana", a última em parceria com o amigo Adalmir Braga. Ao conhecer o grupo Quinteto Violado, foi logo dizendo que era atriz e também cantava. Em 1974, ela foi convidada a integrar o elenco do espetáculo *A Feira*, que misturou teatro e música em Recife e chegou ao Rio de Janeiro. O Quinteto Violado seguiu para outras cidades e Elba ficou.

No Rio, em 1975, atuou na peça *Lampião no Inferno*, de Luiz Mendonça, ao lado de Madame Satã, Tânia Alves e Tonico Pereira. Para conseguir uma renda extra, Elba vendia livros de Satã, a transformista pernambucana, que era vista como uma personagem emblemática da vida noturna e marginal carioca. Geraldo Azevedo foi convidado a fazer a direção musical da peça e sua amizade com Elba foi imediata. É ele quem assina a direção musical de *Ave de Prata* e a autoria, junto a Carlos Fernando, de "Canta coração", a música favorita de Elba no álbum junto à faixa-título. "Dei o nome do disco de *Ave de Prata* porque achei a canção linda. Zé chegou e disse: 'Compus para o seu disco, tome.' E também adoro 'Canta coração'", disse a artista, que contou com Zé e Geraldo gravando viola e violão, respectivamente, na maioria das faixas.

O reencontro de Elba com Zé Ramalho se deu no Rio, para onde o paraibano se mudou em 1976 em busca do sucesso. Zé assinou com a CBS e lançou seu álbum de estreia em 1978, produzido por Carlos Alberto Sion. Elba era uma das backing vocals no estúdio e na banda que o acompanhou nos shows. Com Zé, seria inaugurado o selo Epic da gravadora, que figura na contracapa de *Ave de Prata*, também produzido por Sion. No futuro próximo, ela assinaria com o diretor artístico Jairo Pires, mas o primeiro voto de confiança à faceta cantora da atriz foi dado por Chico Buarque de Holanda, cujo nome figura na lista de "agradecimentos especiais".

Em 1979, Elba Ramalho gravou "O meu amor" junto a Marieta Severo para o álbum *Ópera do Malandro*, que trazia a trilha sonora do musical escrito por Chico. Na peça, que estreou no Rio em 1978, a paraibana interpretava a prostituta Lúcia, antagonista de Terezinha, a mocinha vivida por Marieta

(Geni era a personagem do ator Emiliano Queiroz). "Meus verdadeiros padrinhos... Prêmio de atriz-revelação! Um estouro no disco e nasceria a cantriz!", disse Elba à revista *Manchete*, em 1984. De Chico, ela gravou em seu álbum de estreia "Não sonho mais". Segundo Tárik de Souza no *Jornal do Brasil*, em março de 1979, o compositor "retribuiu a gentileza oferecendo-lhe a faixa inédita", que não ficou tão inédita assim, pois acabou na trilha do filme *República dos Assassinos*, lançado naquele mesmo ano. Na contracapa, Elba também agradece a Vinicius Cantuária, de quem gravou "Filho das Índias".

Outra pessoa entre os amigos anteriores à mudança para o Rio que era muito próxima de Elba e está em *Ave de Prata* é Cátia de França. Nascida em João Pessoa, ela foi obrigada pela mãe a aprender piano e violão e, pelo pai, acordeon. Com menos de 20 anos, já tocava bem e foi selecionada para ir naquela mesma viagem que Elba fez à Europa. No Rio, trabalharam juntas no teatro quando ela ainda assinava Kátia de França. No mesmo ano em que Elba lançava seu primeiro álbum, a amiga estreava também com *20 Palavras ao Redor do Sol*, produzido por Zé Ramalho. Estão nos dois discos "Kukukaya (Jogo da Asa da Bruxa)", composição de Cátia.

Um nome que integrou tanto a trupe que Geraldinho convidou para executar a trilha sonora da peça com ele quanto a banda de Zé Ramalho, o violonista paraibano Pedro Osmar deu "Baile de máscaras" para Elba gravar. Mais um conterrâneo celebrado pela cantora em sua estreia foi Luiz Ramalho, autor de "Veio d'água", também chamado de "primo" por ela e Zé (no encarte, seu nome está escrito com "s", Luis). No ano seguinte, sua composição "Foi Deus quem fez você" seria vice-campeã do Festival MPB-80 na voz da cearense Amelinha. A então companheira de Zé Ramalho, no disco de Elba, participa do coro em algumas faixas junto a Lize Bravo (depois, Lizzie), Mônica Schimidt, Cristina e Sheila.

Dentre os contratados da CBS, o nome de Walter Franco aparece em *Ave de Prata* assinando "O dia do criador". Estão ainda no repertório as canções "Razão de paz", de Novelli e Márcio Borges, "Cartão postal", de David Tygel e Cacaso, e "Bodocongó", clássico de Humberto Teixeira e Cícero Nunes gravado, em 1966, pelo paraibano Jackson do Pandeiro, que toca pandeiro nessa e na música de Chico Buarque. Em ambas as faixas, também participaram Dominguinhos e o seu acordeon. Entre os músicos – que variam muito a cada música – aparecem no encarte: o baixista Rubão Sabino; os bateristas Robertinho

Silva, Elber Bedaque e Chico Batera; o acordeonista Sivuca; os pianistas Wagner Tiso e Paulo Machado (que assina regência do LP com Francis Hime); os flautistas Waldemar Falcão, Danilo Caymmi, Paulo Jobim e Franklin; os saxofonistas Nivaldo Ornellas e Oberdan; o violonista de 7 cordas Dino; o zabumbeiro Borel; o pandeirista Zé Gomes; o tocador de triângulo Zé Leal; e, entre outros, os guitarristas Robertinho de Recife e Lulu dos Santos (que depois tirou o "dos" do nome e virou o roqueiro mais pop dos anos 1980).

"É muito mais do que muito", diz o primeiro verso de "Ave de prata", canção que abre o lado B do LP e, em 1981, foi regravada pelo próprio Zé Ramalho no álbum *A Terceira Lâmina*. Apresentando a cara do seu agreste, Elba Ramalho venceu aqueles que não foram capazes de abrir o coração para compreender quem era aquela atriz que cantava: uma mulher nordestina linda e com uma voz potente pronta para aprender nos palcos e batalhar pelo reconhecimento de seu talento como cantora que atuava. De flor, ela virou cactus quando cantou: "Que venha do povo / O juízo final". Esse que veio bem rapidamente, de acordo com Deborah Dumar no *Jornal do Brasil*, em abril de 1980, poucos meses depois do lançamento: "A vendagem do disco, estranhamente desaparecido das lojas em novembro e dezembro, passou das 5 mil cópias iniciais para mais de 40 mil, numa recompensa ao esforço da artista", então com 28 anos de idade e 14 de carreira.

Na época daquela entrevista à *Manchete*, Elba já falava em 400 mil cópias vendidas do seu quinto álbum, "sem apelações, usando minha garganta, minha inventiva e minha alma". Tudo o que usou na época de *Ave de Prata*.

Ficha técnica:

Ave de Prata (EPIC – 235.027)
Direção artística: Jairo Pires
Direção de produção: Carlos Alberto Sion
Direção de estúdio: Carlos Alberto Sion e Geraldo Azevedo
Direção musical: Geraldo Azevedo
Assistente da produção artística: Marcelo Falcão
Arranjos de base: Geraldo Azevedo
Regências: Paulo Machado e Francis Hime
Técnicos de gravação: Jardel Leão, Andy Mills e Eugênio Carvalho
Mixagem: Andy Mills

Montagem: Alencar
Gravado nos estúdios Haway e Level
Fotos: Paulo Klein
Visual: Manú
Encarte: Jejo Cornelsen
Verso do encarte: Carlos E. de Lacerda
Direção de arte: Géu

Participação especial: Dominguinhos, Zé Ramalho, Geraldo Azevedo, Novelli, Vinícius Cantuária, Sivuca, Robertinho de Recife, Nivaldo Ornellas e Jackson do Pandeiro

Agradecimentos especiais: Raimundo Fagner, Teatro Tereza Rachel, Macarrão, Andy Mills, Toninho Penido, Analú, Rogério, Carlos Fernando, Fatinha, Marieta Severo, Luiz Mendonça, Tânia Alves, Manú, Alceu Valença, Geraldinho, Miguel Farias e Chico Buarque de Hollanda
"Dedico esse trabalho ao meu pai João e minha mãe Geni"

Lado A
1 – Canta coração (Geraldo Azevedo / Carlos Fernando)
2 – Não sonho mais (Chico Buarque de Hollanda)
3 – Veio d'água (Luiz Ramalho)
4 – Razão de paz (Novelli / Márcio Borges)
5 – Baile de máscaras (Pedro Osmar)
6 – Filho das Índias (Vinicius Cantuária)

Lado B
1 – Ave de prata (Zé Ramalho)
2 – Kukukaya (Jogo da asa da bruxa) (Cátia de França)
3 – Cartão postal (David Tygel / Cacaso)
4 – O dia do criador (Walter Franco)
5 – Bodocongó (Humberto Teixeira / Cícero Nunes)

Elis Regina
Essa Mulher

por Joyce Moreno

Rio de Janeiro, 1979. Elis me procurou, pedindo músicas para o novo disco que iria gravar, o seu primeiro pela Warner – a WEA, que ela com seu jeito irreverente, chamava de "A Véia". Não seria a primeira vez, nem a última, em que ela me pedia músicas. Já tinha dado certo dez anos antes, quando ela, jurada do Festival Internacional da Canção, me viu cantar "Copacabana velha de guerra", adorou e gravou, antes que eu mesma gravasse. Outros pedidos se seguiram, mas ainda não tinham sido bem-sucedidos, apesar da amizade entre nós. E, ainda por cima, eu tivera um longo período de "seca musical", atrapalhada que estava com dois bebês em casa e um tanto desanimada com minha profissão.

Mas depois de duas temporadas no exterior eu estava de volta, na ponta dos cascos, e com a mala cheia de novidades. Milton fora o primeiro a me gravar, o que Elis certamente notara. Outras encomendas se seguiram, e a da Baixinha (como seus novos amigos paulistas a chamavam) certamente chegaria.

Elis me mostrou o livro que estava lendo: *O Relatório Hite: Um Profundo Estudo sobre a Sexualidade Feminina*, de Shere Hite. "Êpa!" pensei. "É comigo mesma..." Eu também já tinha lido o livro, a novidade do momento, trazendo informações até então bastante inéditas sobre o assunto, baseadas em pesquisa da autora. "Está tudo aí", me disse Elis, e nossa conversa se desenvolveu longamente sobre o tema. Falamos ainda sobre espiritualidade – o espiritismo kardecista, que ela sabia que eu seguia, e que começava a interessá-la em sessões de psicografia.

Estava também ligada numa mudança de visual, tinha deixado crescer os cabelos e queria se apresentar "mais feminina". Sobre essa parte, achei desnecessária, mas não discuti. Sabia que ela tinha questões de autoestima, e só respondi que ela era bonita e sexy desde sempre, na opinião dos rapazes nossos amigos. O que, aliás, era pura verdade.

E mostrei a ela minha produção recente. Logo ela escolheu minha novíssima "Feminina". E também se apaixonou de cara por minha primeira parceria com Ana Terra, "Essa mulher". Nessa, especialmente, ela se sentiu representada, como mulher, artista, mãe, casada com músico... Eu, ela e Ana tínhamos vivências parecidas nesse ponto, e Elis sentiu isso no ato.

Chegou o dia da gravação. A ideia era que eu tocasse o violão da base, o que de fato aconteceu. Mas "Feminina" acabou não sendo gravada, e justamente por isso: Elis e César queriam exatamente aquele violão que eu fazia nessa música, com aquela levada, muitos acordes usando cordas soltas – só que um tom abaixo. A música era em A (lá), para ela teria de ser em G(sol). Na hora, não tive a malandragem de baixar em um tom a afinação do violão, e acabou que apenas "Essa mulher" entrou no repertório. O que no futuro eu acharia ótimo, senão o nome do LP de Elis de 1979 talvez tivesse sido... *Feminina*.

Elis gravava a voz direto com a base, diferentemente da maior parte das colegas "canárias". Com isso, se algo saísse errado, todos teriam de voltar à estaca zero. E como ela se emocionava especialmente na parte que dizia "ah, como essa coisa é tão bonita / Ser cantora, ser artista / Isso tudo é muito bom...", e nesse momento caía em prantos, a gravação foi várias vezes interrompida. Tocando violão no meu cantinho do estúdio, fiquei concentrada e fiz uma prece silenciosa, pedindo ajuda aos espíritos musicais que por acaso estivessem de plantão ali. E, de repente, no take seguinte, deu tudo certo. Alegre, Elis me abraçou e sussurrou: "Sabe quem estava aqui ao meu lado? Sylvinha Telles!" Eu é que não ia duvidar...

Nessa mesma sessão também vi Elis cantar "Eu, hein, Rosa?", um samba arretado de João Nogueira e Paulo César Pinheiro, onde ela podia esbanjar swing nas divisões rítmicas. Outro samba de Paulo César Pinheiro, desta vez em parceria com Baden, era "Cai dentro" - diz a lenda que teria sido uma encomenda da própria Elis para espicaçar outra cantora, do que não duvido nem um pouco: ela era super competitiva em relação às colegas (comigo, jamais: eu não era, nem queria ser, concorrente; apenas fornecedora de canções. E ela sabia disso).

Mais um samba do disco, "Pé sem cabeça" – também de minha parceira Ana Terra, com Danilo Caymmi. Este, tenho quase certeza de que ela garimpou no disco do Danilo. Digo isso porque o disco dele, *Cheiro Verde*, lançado no ano anterior, era dedicado "à presença de Antonio Adolfo; à ausência de Tenório Jr" (o grande pianista da Bossa Nova, assassinado pela ditadura argentina em 1976). E nos créditos de *Essa Mulher*, Elis escreveu: "à presença do Bituca; à ausência de Tenório Jr".

Não teria sido coincidência.

(E por falar em créditos, alguns agradecimentos misteriosos que aparecem ali ainda estão por desvendar. "Sérgio e Magaly", certamente era o casal Sérgio Cabral (jornalista) e sua mulher Magaly; "Dona Zica" dispensa apresentações e, junto com o casal Cabral, deve ter ajudado no contato com Cartola. "Tia Clara e Dom Paulo" eram obviamente o casal Clara Nunes e Paulo César Pinheiro, com quem Elis mantinha grande amizade e que a ajudaram também na escolha do repertório. "Seu Aquino" é Baden Powell, sem sombra de dúvida. Restam "Dona Teresa" e "Seu Lopes" como o mistério que ainda não foi desvendado.)

A participação do ídolo Cauby Peixoto, em dueto com Elis no "Bolero de Satã" (Guinga e PC Pinheiro) foi objeto de uma longa negociação. Elis levou um tempão para convencer aquele que fora seu cantor predileto na infância (ela contava que chorava toda vez que o ouvia cantar "Blue gardenia" no rádio) a gravar com ela. A conversa entre os dois está documentada no IMS, numa fita K7, posteriormente digitalizada, onde Elis usa de todos os argumentos possíveis, com Cauby ainda meio reticente sobre essa participação. Claro que ela conseguiu.

Já "O bêbado e a equilibrista" teria sido um acerto de contas com Henfil, humorista e cartunista que a tinha colocado no infame "cemitério dos mortos-vivos" do *Pasquim*, onde ele "enterrava" os artistas e intelectuais que colaboravam, ou pelo menos se omitiam diante dos horrores da ditadura. Elis tinha cantado nas Olimpíadas do Exército, anos antes, e Henfil a "enterrara" moralmente, sem saber que o convite havia sido, na verdade, uma intimação. Com essa gravação dela, a campanha pela anistia e pela volta dos exilados (como Herbert de Souza, o Betinho, o irmão do Henfil) ganhava um hino definitivo. E os dois faziam as pazes.

Essa canção me faz abrir aqui um importante parêntese para falar da excelência de César Camargo Mariano como arranjador nesse disco. Tudo bem que a base estava sendo gravada com um grupo de bambas, com quem ele e Elis já vinham trabalhando há algum tempo – ele próprio ao piano e teclados, Luizão Maia no baixo, Paulo Braga na bateria (na maioria das faixas), Hélio Delmiro na guitarra – mas o trabalho primoroso de César nos arranjos não pode deixar de ser mencionado. Nesta faixa, "O bêbado e a equilibrista", a introdução do acordeon, quase dizendo "minha história vou contar", preparando para o texto poético de Aldir Blanc; a infernal e suingada metaleira de "Eu, hein, Rosa?", sublinhando as divisões para Elis deitar e rolar; em "Essa mulher", o uso econômico das cordas, mudando o clima a cada estrofe da canção (manhã, tarde, noite, conforme a letra vai prosseguindo) – tudo isso é trabalho de craque.

Numa entrevista à rádio JB (se não me falha a memória), na época do lançamento, César declarou que suas faixas preferidas eram as composições "das moças". Isso incluía a minha faixa-título, mas também a linda balada de Sueli Costa e Aldir Blanc "Altos e baixos", que no arranjo ele encerra com o piano citando, com total propriedade, "Demais", de Tom Jobim e Aloísio de Oliveira, cuja letra tinha ligação direta com a de Aldir. Mais um gol de placa do arranjador.

Da dupla Bosco e Blanc, Elis gravou ainda o "Beguine dodói", que ela achava impagável, por dizer, segundo ela, "coisas que ninguém tem coragem de dizer", tipo "espremo cravos diante do espelho". O lado irreverente da minha amiga se divertia com essas coisas.

Finalmente, um clássico de Cartola ("Basta de clamares inocência") e uma novidade de Tunai e Sérgio Natureza ("As aparências enganam"), que entrou aos 45' do 2º tempo, quando o repertório já estava fechado – e que acabou tirando do disco outra canção de Paulo César Pinheiro – completam esse que, para mim, é um dos discos mais bonitos, intensos e bem realizados da carreira de Elis. Ali estão uma cantora única e um grande arranjador, ambos em sua plenitude, em estreita colaboração para criar uma obra definitiva.

Para mim foi uma alegria a mais quando ela me ligou, eufórica, para contar que o disco estava pronto: "E adivinha como vai se chamar? *Essa Mulher*!"

PS: Minha canção "Essa mulher" já foi gravada e regravada ao longo dos anos por muita gente, inclusive por mim mesma. Já a escutei em versão instrumental, em versão masculina, cantada em francês, em sueco... Mas a versão original continua imbatível. Nunca houve uma cantora como Elis Regina. Ouçam, reouçam, reparem como ela está cantando cada vez melhor!

Ficha Técnica:

Essa Mulher (WEA - BR 36.113)

Produção: Marco Mazzola

Coprodução: César Camargo Mariano

Direção artística: Mello Menezes

Direção musical: César Camargo Mariano

Arranjos: César Camargo Mariano

Engenheiros de som: Cláudio Faria, Rafael Azulay e Vitor Farias

Disco dedicado "À presença do Bituca. À ausência do Tenório Jr"
Participação especial de Cauby Peixoto em "Bolero de Satã"

Músicos participantes:

Ronaldo, Roberto, Waldir, Mário, Regina, Viviane: vocal; Joyce: violão em "Essa mulher"; Hélio Delmiro: guitarra e violão; Ary Piassarollo: guitarra; César Camargo Mariano: teclados; Chiquinho do Acordeon: acordeon; Celso Woltzenlogel, Altamiro Carrilho, Jorginho da Flauta (Jorge Ferreira da Silva) e Jayme: flautas; Márcio Montarroyos e Maurílio da Silva Santos: trompete; Ed Maciel: trombone; Zé Bodega: sax tenor; Luizão Maia: baixo elétrico; Paulinho Braga: bateria e percussão; Chico Batera: bateria e percussão; Sidinho Moreira: tamborim; Carlinhos da Mocidade e Jorge Luís da Mocidade: agogô; Ronaldo da Mocidade: pandeiro

Lado A

1 - Cai dentro (Baden Powell / Paulo César Pinheiro)
2 - O bêbado e a equilibrista (João Bosco / Aldir Blanc)
3 - Essa mulher (Joyce Moreno / Ana Terra)
4 - Basta de clamares inocência (Cartola)
5 - Beguine dodói (João Bosco / Aldir Blanc / Claudio Tolomei)

Lado B

1 - Eu, hein, Rosa? (João Nogueira / Paulo César Pinheiro)
2 - Altos e baixos (Suely Costa / Aldir Blanc)
3 - Bolero de Satã (Guinga / Paulo César Pinheiro)
4 - Pé sem cabeça (Danilo Caymmi /Ana Terra)
5 - As aparências enganam (Tunai / Sérgio Natureza)

Elomar

Na Quadrada das Águas Perdidas

por Luiz Américo Lisboa Júnior

Dos cafundós do Juda meu sinhô surgiu um cantadô que veio falá das belezas, miséra, mazela e mistéro do meu sertão e do sertanejo sofredô: o cidadão Elomar Figueira de Melo.

Na Bahia, a cultura explorada e exportada é aquela parida na capital e no Recôncavo. Poucos se debruçam sobre as várias Bahias, que são desconhecidas, inclusive, por muitos baianos. Esse estado múltiplo demonstra sua força criativa e a pujança de sua cultura nas diversas manifestações representadas por sua população interiorana, muitas ainda conservando tradições seculares. E é justamente essa representação que brota do talento criador desse catingueiro, oriundo das terras de Vitória de Conquista, vindo ao mundo no dia de 21 de dezembro, de 1937.

Moço, saiu de sua terra e foi fazer a vida na capital depois de ter se envolvido com violas e violeiros de seu chão. Porém, antes que a música viesse a se tornar sua atividade principal, o catingueiro viu e venceu na cidade grande, formando-se em Arquitetura na Universidade Federal da Bahia. E agora o que fazer com o diploma, se a viola falava mais alto? A carreira de arquiteto ficaria em segundo plano, pois, entre a prancheta e a viola, ele preferiu esta última.

Afinal, a Bahia é ou não é a mistura do samba de roda com acarajé, abará e a salada tropicalista? Quando todos pensavam que era somente isso, surge, em 1973, um disco que foge aos padrões tradicionais da nobre e elevada cultura baiana. *Das Barrancas do Rio Gavião*, esse é o seu nome e, seu autor, o artista ibérico/baiano/medieval, Elomar, ficando o sobrenome pomposo na carteira de identidade.

O disco marca uma transformação na Bahia, uma busca às suas raízes mais remotas e às tradições já tão esquecidas, transformando o catingueiro cantador em um ser universal. A fama o atinge, mas sem modificar o jeito simples e tímido desse menestrel do sertão. No entanto, é preciso ampliar o universo lírico/trágico de sua saga sertaneja e, no intervalo de seis anos, o baú de antigas canções vai se abrindo juntamente com novas obras que vão fortalecendo e aprimorando a linguagem, a musicalidade.

A segunda parte da saga vem em 1979, emoldurada num belo álbum duplo com a imagem retratada na paisagem seca do sertão, simbolizando o artista, acompanhado da sua companheira com uma criança esquálida nos braços, mas carregando altivez no olhar distante, e tendo ao seu lado o filho do meio com o cachorro e a filha mais velha que o abraça, fitando-o com um olhar misto de admiração, tristeza, orgulho e resignação. A obra amplia o universo mágico, místico, real de Elomar com seu lirismo sentimental apesar da aridez da geografia física e social nela retratada. Como ficar indiferente a versos como os de "Campo branco", onde afirma que o campo limpo, sem chuva, é tristeza sem fim. "Campo branco" é a expressão indígena para designar caatinga e é esse o cenário de representação da saga que compõe esse álbum, uma história para ser lida e cantada como um romance épico sertanejo.

Elomar é fruto de uma tradição que tem como precursor Catulo da Paixão Cearense que, no início do século XX, trouxe a paisagem sertaneja e sua linguagem própria nos seus principais livros, como em *Mata Iluminada* (1924) em que o poeta de Luar do Sertão traça seu universo lírico com o linguajar típico do sertanejo, preocupando-se em colocar nos livros seu vocabulário comentado para melhor compreensão de seus leitores, familiarizando-os com as expressões matutas, pois é isso que Elomar retoma e universaliza já que sua obra no seu tempo histórico proporciona os meios para uma divulgação bem maior. É possível dizer que Elomar é o filho mais novo dessa tradição em que podemos incluir também Guimarães Rosa e Ariano Suassuna. Eis aí, portanto, uma linha evolutiva da música e da literatura nos universos de Catulo, Rosa, Suassuna e Elomar. Pois é, nosso cantador estava bem acompanhado.

Naquele momento, 1979, Elomar mostrava que estava integrado e atento ao que se passava em torno do processo de produção fonográfica no Brasil, percebendo a importância do trabalho independente que se processava no país. Nesse sentido, cria o selo Rio Gavião e com este trabalho o inaugura numa parceria com Marcus Pereira que se encarrega da distribuição, resultando num projeto magnífico, esteticamente belo e arrojado para os padrões de uma produção independente.

O álbum duplo compõe-se de obras como "Tirana", do auto *O Tropeiro Gonsalin*, descrevendo, na abertura, sua morada, seu ambiente e sua referência ancestral lusitana, descendente da sua tradição e ancestralidade moura.

Em "Puluxia das sete portas", gênero musical característico do tropeiro, encontramos o personagem João Umburana, ajudante de tropa, irmão de Gonsalin, na sua atuação no Mercado das 7 Portas, antigo e tradicional mercado do bairro do mesmo nome em Salvador, ponto de encontro de tropeiros oriundos do Recôncavo e do sertão baiano.

Preparar e se precaver das intempéries do tempo chuvoso que antecede a plantação e a colheita é a temática de "Arrumação", onde o personagem da canção chama Josefina para ver "os forro ramiado", pois "vai chovê".

Em "Deserança", com uma narrativa sentimental, além da bela melodia, o talento poético de Elomar se materializa em lindos versos, demonstrando seu domínio da linguagem culta no mesmo nível em que escreve com o linguajar sertanejo, onde ele perde as contas dos cantos dos rios das Contas.

A variedade de gêneros musicais sempre se fez presente no cancioneiro de Elomar, o que demonstra a versatilidade de sua obra. Nesse contexto, um dos gêneros mais populares que herdamos dessa tradição é a chula, originária do norte de Portugal, demonstrada em "Chula de terreiro", na qual a história e os destinos dos cantadores compõem o tema central da narrativa.

Em "Função", uma das mais antigas composições de Elomar, são os festejos de São João que se fazem presentes. "Canto de Guerreiro Mongoió" é uma homenagem a Vitória da Conquista, sua terra natal, e uma crítica às transformações operadas na cidade com a chegada de moradores de fora, transformando sua urbanidade tradicional e impulsionando um desenvolvimento econômico e social que não levou em consideração sua ancestralidade.

Do *Auto da Catingueira* temos "Bespa", véspera na linguagem sertaneja, conduzindo a uma reflexão sobre a história oral, que remete à memória, à passagem do tempo, ao esquecimento e à manutenção da tradição, o ontem. "Bespa" e o seu contínuo sequenciam manutenção e preservação de testemunhos da história. Em "Curvas do rio", Elomar revive o drama da migração sertaneja/nordestina em direção ao sudeste/sul fugindo da seca e da miséria. Em "A meu Deus um canto novo", temos a narrativa do andarilho do sertão e seu encontro com um personagem paraplégico que o conforta espiritualmente, apesar de seu destino e sua condição de miserabilidade.

Outras canções como "A pergunta", um colóquio entre Quilimero e Gonsalin, os dois principais tropeiros da obra de Elomar, tratam das consequências da fome e devastação provocadas pela seca. "Parcelada", integrante do *Auto da Catingueira*, traz na sua mensagem a lenda da Parcela, gênero de cantoria do sudoeste baiano, região onde fica Vitória da Conquista, em que o cantador de tanto cantá-la corre risco de enlouquecer.

A religiosidade sertaneja se faz presente em "Noite de santo reis", enfocando a Festa dos Reis Magos, tradicionalmente comemorada em 6 de janeiro. Prosseguindo na mesma temática, "Cantoria pastoral" traz elementos de nossa ancestralidade medieval, resultante das influências lusitanas e seu passado longínquo das guerras de reconquistas cristãs na Península Ibérica. Em outra sequência temática, temos "O rapto de Joana do Tartugo", parente longínqua de Elomar, que põe em evidência traços da cultura feudal e hábitos medievais que foram trazidos por nossos antepassados que se fixaram e influenciaram mais nitidamente as profundezas do Brasil fora dos seus limites litorâneos. Os encantos da sertaneja estão presentes em "Dassanta". Com "Estrela maga dos ciganos", temos a história errante dos ciganos que percorriam as margens do Rio Gavião contando suas histórias e sua busca por um local onde não imperassem injustiças, guerras e tiranos, a utopia do mundo ideal.

A canção-título do álbum, "Na quadrada das águas perdidas", é local imaginário, um lugar ("disois dos derradêro cantão do sertão"), sempre buscado no real, inalcançável, no tempo/espaço, mas que pode sintetizar toda a paisagem sertaneja expressa na obra de Elomar com sua geografia agreste, sua gente simples, sábia, sofrida, mas bem brasileira.

Um trabalho parido, gravado, produzido e lançado na Bahia, onde habitam muitas Bahias além dos estereótipos conhecidos, a Bahia de dentro, medieva, de Canudos, do Conselheiro, das barrancas do São Francisco, do semiárido, da Chapada Diamantina, do rio das Contas, do rio Gavião, a Bahia de Elomar que a fez renascer em sua singularidade plural e profunda.

Ficha técnica:

Na Quadrada das Águas Perdidas (MPA – 9406/9407)

Direção: Carlos Pita e Dercio Marques

Produção de Agravi: Antonio C. Limonge

Estúdio: Seminário de Música da Universidade Federal da Bahia

Gravação: Alcyvando Luz e João Américo
Mixagem: Alcyvando Luz
Corte e montagem: Zorro
Capa externa: detalhe de um óleo de Antônio Celino
Interna à direita: oléo de Juracy Dórea
Fotografia: Antônio Worley (capa externa), Marly, Topinho, Mara Mércia
Direção de arte: Walter O. Passos Filho
Textos das capas: Elomar, Zé Cândido, Mariquinha de Quilimero, Toin da Lagoa da Pedra, Nizinha, Zelinho, D. Dinôra, Isabel Rainha de Portugal, Quilimero
Textos encarte: Elomar e Ernani Maurílio

Músicos participantes:
Elomar: canto e violão; Elena Rodrigues: flauta; Dercio Marques: violão; Dércio Marques; Xangai e Carlos Pita: vozes

Disco 1
Lado A
1 – A meu Deus um canto novo (Elomar)
2 – Na quadrada das águas perdidas (Elomar)
3 – A pergunta (Elomar)
4 – Arrumação (Elomar)
5 – Deserança (Elomar)

Lado B
1 – Chula no terreiro (Elomar)
2 – Campo branco (Elomar)
3 – Parcelada (Elomar)
4 – Estrela maga dos ciganos (Elomar)
5 – Função (Elomar)

Disco 2
Lado A
1 – Noite de santo reis (Elomar)
2 – Cantoria pastoral (Elomar)

3 – O rapto de Joana do Tartugo (Elomar)
4 – Canto de Guerreiro Mongoió (Elomar)
5 – Clariô (Elomar)

Lado B
1 – Bespa (Elomar)
2 – Dassanta (Elomar)
3 – Curvas do rio (Elomar)
4 – Tirana (Elomar)
5 – Puluxias (Elomar)

Elza Soares

Senhora da Terra

por Gilberto Porcidonio

"Deus para mim é a força. A força que eu não sei explicar, mas é uma força. Essa força que está comigo toda hora e que, quando estou naufragando, me sustenta, me levanta", declarou Elza Soares ao programa *Conversa com Bial*, da Rede Globo, em 2017, ao comentar como lida com as adversidades de sua vida. "Força" e "Deus" são palavras que costumam aparecer bastante em toda biografia contada sobre e pela cantora que, antes mesmo da saudação "Wakanda forever", definida na cultura pop pelos braços entrecruzados sobre o coração do super-herói Pantera Negra, da Marvel, surgiu fazendo o gesto, originalmente uma postura régia de bênção divina típica dos faraós, dentro de um triângulo - símbolo também associado a Deus por diversas crenças - e com as ferramentas da orixá Iansã, Senhora dos Ventos e Tempestades, de quem é filha, em seu primeiro disco lançado pela gravadora CBS.

O trabalho, lançado em novembro de 1979, nasce 26 anos depois de a cantora se revelar ao mundo em sua primeira gravação, e mal saberia ela que "Senhora da terra", que não chegaria a ganhar edição em CD, se tornaria o registro mais raro de sua discografia até ser relançado nas plataformas digitais de *streaming*, em julho de 2020, durante as comemorações pelos seus 90 anos. Graças ao lançamento, os fãs puderam checar um disco cheio de força e divindade que define muito bem a trajetória de Elza, em um período bem profícuo da sua carreira; em um ano que o mercado "descobria" a força feminina tanto nos discos quanto na compra dos LPs; e em uma época que gravar sambas-enredo garantia muito retorno nas vendas mesmo que essa não fosse a era de ouro do samba.

"Nostalgia? O que é isso, meu filho? Não tenho nostalgia porque nunca saí da ativa. Muitos pensam que o movimento artístico brasileiro é o que há no Rio e em São Paulo, mas não. Para os artistas que têm respeito profissional pelo público, que sabem trabalhar, com conceito formado, não falta trabalho por todo esse Brasil enorme e generoso. Como é que você acha que eu vivi e sustentei a minha tribo esse tempo todo? Cantei sem parar, no Brasil inteiro", atirou Elza, em entrevista dada ao jornal *O Globo*, no dia 20 de maio de 1980, sobre alguma possível nostalgia que teria do tempo em que era definida como a "estrela máxima do samba".

Ao anunciar dos tambores e do cavaquinho que acompanha, "Põe pimenta", de Beto Sem Braço (Laudeni Casemiro) e Jorginho Saberás, já chega dando o tom bem temperado que o álbum da carioca de Padre Miguel apresenta, com a artista fazendo questão de esbanjar todo o seu vigor vocal, que se encontrava no auge, e transitando entre os sabores e dissabores da vida por todo o disco. Além de um *single* editado no mesmo ano, essa música ganha também um clipe feito pela produção do programa *Fantástico*, em que Elza surge gigante - literalmente - como a "mestra-cuca" irreverente de uma cozinha sob seu comando e trejeitos, e, no ano seguinte, uma apresentação ao vivo da música no especial Festa do Samba, da mesma emissora, apresentada pelo padrinho Oswaldo Sargentelli.

Logo na sequência, o tom já muda radicalmente, com uma "Elza Fitzgerald" surgindo em "Coração vadio", de Edil Pacheco e Paulinho Diniz, que demonstra que a diva está em casa ao desfilar a sua amplitude e plasticidade vocais jazzísticas - tidas, por muitos e por ela mesma, como uma força divina e/ou da natureza.

Na cadenciada "O morro", parceria única de Mauro Duarte com a Grande Dama do Samba, Dona Ivone Lara, Elza parece cantar a realidade de sua infância na Favela da Moça Bonita (hoje Vila Vintém) e retornar ao lugar onde morava quando tinha 21 anos, quando com um filho, Carlinhos, doente, foi atrás de trabalho urgentemente, indo parar no programa *Calouros em Desfile*, de Ary Barroso, na Rádio Tupi. Fato que resultou em uma das passagens mais emblemáticas e conhecidas de sua carreira. Ao ser indagada de que planeta tinha vindo, respondeu: "Do mesmo planeta que você, seu Ary. Do planeta fome." Destaca-se também nesse samba o coral, aqui em tom dramático, do grupo vocal As Gatas, criado em 1968 e que, de tão requisitado no meio do samba, gravou todos os discos de samba-enredo até 2006. Na regravação de "Exaltação ao Rio São Francisco", de Waltinho, Zezé do Pandeiro e João

Leonel, o samba-enredo de 1977 da escola Unidos dos Passos, de Juiz de Fora, Elza finca mais uma vez os pés no carnaval junto do grupo.

A Festa de Momo segue no disco com a versão ijexá de "Afoxé", de Heraldo Farias e João Belém, o samba-enredo que já havia cantado como intérprete oficial da escola de samba niteroiense Acadêmicos do Cubango, no carnaval do mesmo ano. Nessa faixa, Elza estabelece uma relação mais explícita com a capa do disco ao exaltar a celebração nas fés de matriz africana, exatamente um ano após um marco importante para a luta negra nacional: a criação do Movimento Negro Unificado (MNU) nas escadarias do Teatro Municipal de São Paulo, para denunciar a violência racial do regime militar. A própria artista chegou a ser diretamente vitimada pelo regime, ao ter a sua casa metralhada em 1969, o que a obrigou a se exilar na Itália, por quatro anos, junto do marido, Mané Garrincha, e dos filhos — justamente na época em que a cantora era atacada por ser tachada de "destruidora de lares" por conta do relacionamento e até mesmo pela deterioração da saúde do jogador. Essa gravação também ocorre dez anos depois de a artista ter se tornado a primeira mulher a puxar um samba-enredo no Rio pelo Salgueiro, escola vencedora do carnaval carioca de 1969 com "Bahia de todos os deuses", de Bala e Manoel Rosa.

O lado A do disco se encerra com "Maria Pequena", de Guaracy de Castro e Roberto Nepomuceno, na qual Elza relata, mais uma vez e com muito lugar de fala, a realidade do morro pela vivência de uma mulher negra. No caso da cantora, esse lugar vem de sua infância e juventude pobres em Padre Miguel e em Água Santa, nas zonas Oeste e Norte do Rio, respectivamente. Nesses anos, viu-se obrigada pelo pai a se casar aos 12 anos, foi mãe aos 13 e enviuvou aos 21. Em diversas ocasiões, disse ter se inspirado no canto dos louva-a-deus e no som que as latas d'água que carregava na cabeça faziam para criar o seu scat singing rascante característico, que, na década de 1960, encantou ninguém menos que Louis Armstrong. "Eu acho que eu já nasci música. Eu acho que eu já chorava cantando", declarou a cantora no programa *Roda Viva*, em setembro de 2002.

O lado B do disco abre com "Abertura", um partido-alto de autoria da própria Elza - mostrando uma faceta rara da artista, a de compositora - em que ela faz referência à abertura política daquele ano, definida pela Lei da Anistia, sancionada em agosto, com referências às diversas "linhas", literais ou não, que existiam na época. Para Elza, esse é um assunto caro até hoje. Principalmente o que isso significava para o povo negro. "É muito bom você retornar à sua casa, não é? É maravilhoso. Mas não tinha otimismo (por parte dos pretos), não. A gente sofre até hoje", declarou a cantora em entrevista a este autor, em 8 de junho de 2021, bastante cética quanto às conquistas alcançadas por aqueles que, hoje, representam 56% da população do país.

A faixa seguinte é "Alegria do povo" (Luís Luz e Ari do Cavaco), samba alegre, cantado aos sorrisos, em que a própria Elza, figurando como a encarnação do samba, fala de si, orgulhosa, e de sua importância para a moral do brasileiro. Na toada, chega "O carnaval", de Gerson Alves e Valentim, uma ode bem realista aos dias de folia que também figuraria, em versão mais cadenciada, no CD *Vivo Feliz*, de 2003, com outro nome: "Lata d'água".

Em "Vê só malandragem", de Mauro Duarte e Dona Ivone Lara, Elza surge narrando um morro agora diferente, se portando como testemunha ocular que foi do fim da era dos malandros ao mesmo tempo que a própria favela – em termos físicos e simbólicos – estava passando por mudanças. Com "Paródia do consumidor", de Wilson Moreira e Nei Lopes, transparece uma outra Elza, que, por meio da paródia aos trejeitos de apresentadores de programas jornalísticos da época e também de scat singing, cobra seus direitos em tempos em que o Código de Defesa do Consumidor ainda não existia. Já em "Barraquinho", de João Roberto Kelly, a diva também despeja, mais uma vez, a sua irreverência e plasticidade vocal ao imitar a cantora Isaurinha Garcia (1923-1993), que já foi considerada a "Edith Piaf brasileira". A artista avisa na própria faixa que está fazendo a imitação, recurso que já havia utilizado magistralmente no disco *A Bossa Negra*, de 1960, onde imita Dalva de Oliveira, Miltinho e Alaíde Costa no fim de "Boato".

Sobre a sua entrada na CBS, hoje Sony Music, naquele período, Elza declarou que não sentiu, de fato, nenhuma mudança radical no momento em que lançou esse disco, que apesar de ser o seu début na nova casa, foi o 43º de sua carreira e teve repercussão tímida na imprensa. Diferentemente do que não aconteceria com o seu segundo disco pela casa, *Elza Negra, Negra Elza*, do ano seguinte, que teve ampla cobertura. "A gente chega, faz o trabalho da gente, tem amigos... Fica tudo bom", resumiu Elza ao autor deste texto (via áudio, em 8 de junho de 2021), ao relembrar, serena, aquele momento, enquanto se preparava para a gravação, desta vez, de seu 83º álbum.

"E a gente continua lutando, brigando, seja qual for a religião da gente. A gente tem que lutar", definiu a cantora, com a força e a fé que a mantêm produtiva.

Ficha técnica:

Senhora da Terra (CBS – 138160)

Produção executiva: CBS
Direção de produção e arranjos: Maestro Nelsinho
Coordenação artística: Elza Soares
Criação da capa: Tião Valentin
Fotografia: Luiz Silva

Músicos participantes:

Wilson das Neves e Juquinha: bateria; Dino 7 Cordas: violão; Neco: violão 6 cordas e cavaco; Jaime Araújo: flauta; Geraldo: tumbadora; Grupo As Gatas: coro; Maestro Luiz Roberto: violão solo, coral e arranjos; Cordinho, Luna, Eliseu, Marçal, Risadinha, grupo Pandeiros de Ouro e Zequinha: percussão

Lado A

1 – Põe pimenta (Beto Sem Braço / Jorginho Saberás)
2 – Coração vadio (Edil Pacheco / Paulinho Diniz)
3 – O morro (Mauro Duarte / Dona Ivone Lara)
4 – Exaltação ao Rio São Francisco (Waltinho / Zezé do Pandeiro / João Leonel)
5 – Afoxé (Heraldo Farias / João Belém)
6 – Maria pequena (Guaracy de Castro / Roberto Nepomuceno)

Lado B

1 – Abertura (Elza Soares)
2 – Alegria do povo (Luis Luz / Ari do Cavaco)
3 – O Carnaval (Gerson Alves / Valentim)
4 – Vê só malandragem (Valentim / Gerson Alves)
5 – Paródia do consumidor (Nei Lopes / Wilson Moreira)
6 – Barraquinho (João Roberto Kelly)

Emílio Santiago

O Canto Crescente de Emílio Santiago

por Leandro Gomes

No espetáculo teatral *Cauby, o Musical*, lançado em 2006, escrito por Flavio Marinho, o ator Diogo Vilela deu vida a Cauby Peixoto. Em determinada cena, o teatro ia abaixo. Ao relembrar uma entrevista em que Cauby era questionado sobre quem seria o maior cantor brasileiro. Sem falsa modéstia respondia: "Bem, posso apenas afirmar que o segundo maior se chama Emílio Santiago."

Em 24 de abril de 2009, saiu impresso nas páginas do jornal americano *The New York Times*: "A voz de Emílio Santiago era mais suave que a de Nat King Cole." Santiago se apresentara na noite anterior daquele ano, ao lado de Dori Caymmi, filho de Dorival Caymmi, no Bossa Brasil Festival.

O Brasil é um país conhecido, sobretudo, pela predominância do cantar feminino. São inúmeras as vozes de cantoras nascidas no país e famosas por todo o mundo. Não se sabe o porquê desse mistério. Assim como Cauby, Ney Matogrosso e Nelson Gonçalves, Emílio Santiago é, seguramente, uma das vozes masculinas mais importantes da música popular brasileira.

Nascido em 6 de dezembro de 1946, ele nos deixou em março de 2013, vítima de um acidente vascular cerebral. No dicionário *Cravo Albin da Música Brasileira*, consta na biografia esmiuçada pelo pesquisador musical Ricardo Cravo Albin que, em 1970, Emílio ingressou na faculdade de Direito, da UFRJ – Universidade Federal do Rio de Janeiro. Participou de um festival na própria instituição, interpretando três canções. Os jurados – Marlene, José Messias, Taiguara, Marcos Valle e Mariozinho Rocha, entre outros – classificaram duas das canções apresentadas pelo quase bacharel em 2º e 3 º lugar e o contemplaram com o "Prêmio de Melhor Intérprete".

Emílio participou, em seguida, do programa *A Grande Chance*, de Flávio

Cavalcanti, transmitido pela TV Tupi, interpretando a canção "Que bobeira" (Marcos e Paulo Sérgio Valle). Ele despontou para o grande público no programa *Mercado Internacional do Talento,* também apresentado por Flávio, onde tirou o primeiro lugar num dos inúmeros campeonatos no início da década de 1970. Desde então gravou diversos discos, para os quais garimpava pérolas da boa música brasileira e até mesmo internacionais, imortalizando todas e mostrando ao que veio.

O primeiro LP de Emílio, um tarimbado cantor das noites cariocas, foi lançado pela gravadora CID, em 1975, com canções como "Bananeira" (Gilberto Gil e João Donato) e "Brother" (Jorge Ben Jor). Em 1976, fez sua estreia na Philips-Polygram, permanecendo neste selo até 1984, pelo qual lançou dez álbuns. Em 1982, ganhou o Festival Globo MPB Shell, com a música "Pelo amor de Deus" (Paulo Debétio e Paulinho Resende). Em 1985, foi escolhido como melhor intérprete no "Festival dos Festivais", também apresentado pela Rede Globo, com "Elis Elis" (Estevan Natolo Jr. e Marcelo Simões).

Em 1988, convidado pelo produtor Roberto Menescal, Emílio gravou um álbum chamado *Aquarela Brasileira*, reunindo grande repertório da música popular brasileira, lançado pela gravadora Som Livre. O sucesso foi imediato. Ultrapassou 400 mil cópias vendidas em um só álbum, o que veio a se tornar uma marca do cantor com sete volumes – Emílio e as Aquarelas venderam mais de 5 milhões de cópias. Já no segundo volume ele emplaca o estrondoso sucesso "Saigon", composto por Claudio Cartier, Paulo Cesar Feital e Claudio Costa, primeiramente gravado pela cantora Beth Carvalho, mas que se tornou associada definitivamente ao cantor.

No ano de 1989, ao lado de Verônica Sabino, Emílio brilhou no primeiro volume da trilha sonora de *Tieta*, novela de Aguinaldo Silva, Ana Maria Moretzsohn e Ricardo Linhares, baseada na obra de Jorge Amado. A música foi "Tudo que se quer (All I ask of you)" (Andrew Lloyd Webber, Charles Hart e Richard Stilgoe / Vrs. Nelson Motta), que só iria oficialmente para discografia de Emílio no disco *Aquarela Brasileira 6*, de 1993.

Discorrer sobre o LP *O Canto Crescente de Emílio Santiago* me cai como uma extrema responsabilidade, tendo em vista que, em 1979, quando essa obra-prima foi lançada, nem gente eu poderia ser considerado ainda. Na época, críticos especializados em música diziam se tratar de uma "coleção de *covers*", levando em conta a quantidade de regravações. Nada injusto quando observamos que

Emílio conquistou o sucesso como um dos maiores crooners brasileiros, o que em nada diminui a emoção que sua voz a é capaz de causar.

Ao lado do produtor, Sérgio de Carvalho, Emílio mostrou que muito mais do que um cantor era um intérprete de extrema qualidade. Como define o historiador musical Sérgio Cabral, em artigo publicado na coluna "Música Popular", do jornal *O Globo*, em 16 de setembro do referido ano, sobre o disco: "Partiram para uma solução intermediária: quatro inéditas e oito regravações. Uma boa saída, sem dúvida, mas a proporção poderia ser mais favorável às músicas inéditas."

Cabral ainda chamou a atenção para a inédita "Logo agora", de Jorge Aragão e Jotabê, que afirmou ainda estar muito bem apoiada nos arranjos de Antonio Adolfo e Meireles. "Emílio acabou gravando um LP que, no mínimo, não provocará qualquer arrependimento em quem tiver o bom gosto de adquiri-lo", finalizava. "Logo agora", acabou entrando para as listas das mais famosas interpretações de Emílio, uma das mais solicitadas em suas apresentações.

Ao ouvirmos o LP, percebemos o padrão de qualidade. Estamos falando de um Brasil com mais de quarenta anos e que se mostra atualíssimo. Grande parte das feras da MPB estão representadas na obra, em músicas compostas por nomes como Francis Hime e Chico Buarque, Nelson Cavaquinho, Gonzaguinha, Edu Lobo, Cacaso, Cartola, Luiz Melodia, Silvio da Silva Junior e Aldir Blanc. Sérgio Carvalho e Emílio souberam alinhar voz e repertório.

Clássicos do samba e da música popular brasileira, canções políticas, a saudosa "dor de cotovelo", cujo ápice se dera na época, está tudo aí, até o feminismo, tão em voga nos dias atuais, aparece de forma discreta em "Logo agora". Como sempre afirmou a cantora e grande amiga Alcione, vulgo Marrom, "Emílio nunca foi um qualquer".

O Canto Crescente de Emílio Santiago pode inclusive servir como objeto de estudo, de um crooner da noite que se molda como um elegante cantor popular de sucesso. Tesouros como "Trocando em miúdos" (Chico Buarque e Francis Hime), "Recado" (Gonzaguinha), "As rosas não falam" (Cartola), "Dores de amores" (Luiz Melodia), além da já citada "Logo agora", brilham no repertório onde a última música do lado B é "Amigo é pra essas coisas" (Sílvio da Silva Júnior e Aldir Blanc) com participação luxuosa de João Nogueira. A participação de João foi ideia do próprio Emílio, como forma de homenageá-lo, já que foi ele o primeiro compositor a acreditar em seu trabalho, oferecendo uma música inédita. A música foi "Batendo a porta" (João Nogueira e Paulo César

Pinheiro), lançada no primeiro LP de Emílio, em 1975.

Canto Crescente foi relançado em 2014 na caixa Três Tons, produzida por Rodrigo Faour. Os outros "tons" da caixa eram os álbuns *Comigo é Assim* (1977) e *Guerreiro Coração* (1980).

O Canto Crescente de Emílio Santiago, mais de quatro décadas depois de seu lançamento, pode ser ouvido em vitrolas, aparelhos de som, ipods, ipads, smartphones, headphones, em ondas digitais... Tudo, sem nada perder. Tá aí a grande prova de que a qualidade sobrevive, o tempo não apaga.

Ficha técnica:

O Canto Crescente de Emílio Santiago (Philips - 6349 425)

Direção e produção: Sérgio de CarvalhoCoprodução: Paulo Lima

Arranjos: Antonio Adolfo (faixas: A2, A4, B1, B3, B5) e Meirelles (faixas: A1, A3, A5, A6, B2, B4, B6)

Saxofone alto e flauta: Meirelles

Piano e órgão: Antonio Adolfo

Lado A

1 - Bufete e Cascudo (Wagner Dias)

2 - Trocando em miúdos (Chico Buarque / Francis Hime)

3 - Caridade (Nelson Cavaquinho / Ermínio do Vale)

4 - Outra vez (Isolda)

5 - Logo agora (Jorge Aragão / Jotabê)

6 - Recado (Gonzaguinha)

Lado B

1 - Quase sempre (Edu Lobo / Cacaso)

2 - Homenagem ao malandro (Chico Buarque)

3 - As rosas não falam (Cartola)

4 - Rola bola (Thomas Roth / Luis Guedes)

5 - Dores de amores (Luiz Melodia)

6 - Amigo é pra essas coisas (Sílvio da Silva Júnior / Aldir Blanc) Participação: João Nogueira

Fábio Jr

Fábio Jr

por Ricardo Schott

Hoje pode parecer tudo muito louco – e na verdade era mesmo. Mas Fábio Jr, um dos cantores mais populares e românticos do Brasil, já foi um ídolo jovem. Já foi um astro associado à era nostálgica que tomou conta da cultura pop nos anos 1970, a reboque do glam rock (no Brasil, por acaso, isso chegou ao mercado bem atrasado, quando o punk já tinha até virado história). Também foi um músico doidão pós-hippie que enfrentava problemas com a polícia, num de seus primeiros papéis (Helio, de *Ciranda, Cirandinha*, da Globo, em 1978).

Quando começava a dar os primeiros passos como galã de novela, Fábio foi igualmente um "nomão" tardio da onda soul brasuca – um cara capaz de encher de drive as vozes de um baladão gospel como "Vinte e poucos anos". Também era o responsável por uma balada pop radiofônica sem refrão, que trazia a palavra-título repetida onze vezes em nove estrofes ("Pai"). Era nesse pé em que ele estava quando saiu seu segundo disco, *Fábio Jr* (Som Livre).

A carreira de Fábio Correa Ayrosa Galvão, nascido em São Paulo em 21 de novembro de 1953, já vinha de vários anos antes. Ele começou no programa *Mini-guarda*, da Rede Bandeirantes, se apresentando com o grupo Os Namorados, formado por ele com seus irmãos. Com esse grupo, gravou dois *singles* pela Polydor que não tiveram repercussão nenhuma.

Depois, aos 13 anos, e também na Band, atuou num teleteatro ao lado de Cacilda Becker. A atriz chegou a dizer à sua mãe: "Não deixa o Fabinho seguir essa profissão não. É muito sacrifício." Ele nem se abalou. "Isso que me deu o gatilho para continuar mesmo, você toma uma e reage", contou Fábio ao *Conversa com Bial*, em dezembro de 2020.

Até 1979, Fábio não só não desistiu como passou por várias fases na carreira. Entre 1973 e 1975, aproveitou a onda dos artistas brasileiros que cantavam em inglês, gravando primeiro como vocalista de uma banda, Uncle Jack, e depois solo como Mark Davis. O trabalho veio pelo incentivo do produtor Otávio Augusto, que também gravava em inglês com o nome de Pete Dunaway (usaria este nome em lançamentos da Philips e da Som Livre).

"Ele viu que eu estava dando certo como vocalista na banda e, num compacto dele, do outro lado, rolou meu lançamento como Uncle Jack", contou em entrevista ao portal Jovem Guarda.

Mesmo sem saber inglês, Fábio compunha as músicas usando um dicionário, quase sempre ao lado de Dunaway e do produtor musical Cayon Gadia, que trabalhava na Rádio Tupi Difusora como diretor artístico. "Era: 'Together rima com o que? Forever? Então vamos fazer assim'", recorda. Na hora de mostrar a cara, era complicado: a Philips exigia que Mark Davis aparecesse para divulgar os discos (chegou a aparecer, sim, mas na capa de um *single* em Portugal, com "Aria for the lovers").

Fábio não queria e se recusava a aparecer na TV usando pseudônimo. Apesar de ter gravado um LP como Mark Davis em 1975, o desejo de Fábio era gravar um álbum em português. Tanto insistiu que conseguiu: em 1976, saía pela Philips a estreia *Fábio Junior* (com essa grafia mesmo), uma salada de rocks, baladas e souls, com várias composições que estavam acumuladas havia anos.

Destacado para dar uma acertada nas letras do LP, Paulo Coelho, então em alta por causa das parcerias com Raul Seixas e Rita Lee, virou parceiro de Fábio em boa parte do álbum. O disco ficou bom, mas o sucesso como cantor não veio – apesar de, naquela altura, já apresentar o *Aleluia*, na TV Tupi, ao lado de Silvio Brito.

O programa da Tupi terminou e Fábio ficou três anos mais dedicado à carreira de ator do que de cantor, fazendo figurações em novelas. Mas no mesmo ano, Walter George Durst, que o dirigira em trabalhos iniciais na televisão, o convidou para interpretar o Alvinho em *Nina*.

Segundo o próprio Fábio, "Pai" era mesmo uma declaração de amor a seu pai, Antonio, taxista e jornaleiro. O pai do artista estava vivo na época, inclusive (em 1982, seria assassinado na madrugada, em pleno trabalho no táxi).

"Sou absolutamente apaixonado por ele. Gostamos muito um do outro, mas nunca conseguimos verbalizar isso direito. Cada vez que eu leio a letra, consigo perceber mais alguma coisa de que ainda não tinha consciência que existia em nosso relacionamento", lembrou o cantor ao jornal *O Globo*, em 7 de agosto de 1979, quando a música já estava gravada em disco.

Fábio fazia questão de mostrar que a canção, com letra e música sua, diferenciava-se bastante do esquema "não confie em ninguém com mais de 30", que marcara a geração anterior. "Os pais estão 'em outra' e não se faz nada para compreendê-los, apenas os repudiam. Acredito que a geração que está nascendo agora tem mais sensibilidade para esse tipo de coisa", dizia.

De certa forma, era um posicionamento que daria a própria cara inicial de sua carreira – a de um astro pop e jovem, mas sem rebeldia. E um romântico à nova moda, justamente na época em que uns tais new romantics viravam assunto no Reino Unido. Isso apesar de ele ter feito o *outsider* Helio, em *Ciranda, Cirandinha*, seu segundo trabalho importante na Globo. E "Pai" já vinha dessa série - foi cantada por Fábio ao violão pela primeira vez no episódio "Toma que o filho é teu", em 1978.

"A Janete Clair ouviu a música e pegou para a novela que estava preparando. Foi uma surpresa que o Daniel Filho (diretor) fez para mim também, porque eu não esperava", contou Fábio ao portal Jovem Guarda. Foi assim que a trilha de *Pai Herói*, trama da Globo de 1979, recebeu "Pai" na abertura.

O contrato com a Som Livre e o segundo LP, diz Fábio, surgiram por insistência dele próprio quando já estava fazendo o Luis Jerônimo na novela *Cabocla*. O cantor praticamente invadiu a sala do todo-poderoso da emissora, Boni, com vários discos e lembranças suas, pedindo para cantar, gravar e fazer show "porque senão eu ia ficar louco".

"Enchi tanto o saco que pensei que minha carreira ia acabar ali", recordou. Na lembrança de Fábio, Boni ligou para o produtor Guto Graça Mello e passou Fábio para ele, chamando o cantor de "pentelho". "Pai" virou faixa de trabalho do segundo LP epônimo do cantor, produzido por Guto.

Aliás, super produzido por Guto: mais de 50 músicos passaram pelo estúdio da Som Livre, em Botafogo, em janeiro e fevereiro de 1979. Feras como Robson Jorge (guitarra), Peninha (futuro percussionista do Barão Vermelho), Paulo Braga (bateria) e Luizão Maia (baixo) estavam na ficha técnica, impressa em letras vermelhas e quase ilegíveis na contracapa, sobre uma foto do artista caminhando no Jardim Botânico, no Rio. Comandando o trabalho musical, dois arranjadores de grife: Lincoln Olivetti e Eduardo Lages, este, o maestro do "rei" Roberto Carlos.

Apesar de "Pai" ter virado o motivo do disco, Fábio diz que encontrou muita gente dizendo que não acreditava nela – afinal era uma canção longa, com introdução instrumental de quinze segundos. "Falavam: 'Pô, isso tem cinco minutos, não vai tocar em rádio, não vai tocar em lugar nenhum! E é a música mais importante da minha vida", me disse Fábio numa entrevista ao jornal *O Dia*. "É engraçado que só lembram dela. Virei meio que compositor de uma música só", completou o cantor.

Nem tanto. Fábio, vale dizer, era responsável por todo o repertório do segundo disco. Que ao contrário do debute – puxado por uma regravação do breve grupo O Som Colorido, "Carona" – não tinha nenhuma *cover*. Apenas "Papo de família" e "Deixa comigo esse mundo" eram parcerias. A primeira com o irmão Haroldo Corrêa, a segunda com o produtor Arnaldo Saccomani, que já conhecia dos tempos de Os Namorados.

Fábio Jr, o disco, tornou-se mais conhecido pelas baladas românticas, como "Quero colo", "Sonho, loucura e medo", "Queria ser", "Deixa comigo esse mundo" e a própria "Pai" (que, curiosamente, demorava para aparecer no disco, e abria o lado B). "Vinte e poucos anos", um gospel rock quase à moda de Raul Seixas, ganhou clipe e tocou bastante no rádio – e ainda entrou numa trilha de novela da qual Fábio participou, *Água Viva* (1980). O clima romântico era potencializado pela existência de um bolero (!) no repertório, "Meia luz". O lado soul era garantido por "Papo de família" e "Incoerência" (a mais dançante do disco), fechando as nove faixas.

O disco vendeu bem e garantiu espaço para Fábio na Som Livre, numa época em que ele fazia novela atrás de novela. Foram mais dois LPs (todos chamados *Fábio Jr*) pela gravadora, além de alguns compactos pela Som Livre e RGE, antes que o cantor fosse contratado pela CBS e lançasse uma fileira de hits por lá. Um desses *singles*, o curioso "Inspira pirâmide, inspira-me, espalha energia cósmica" (1982) era um mix de pós-disco a la Prince, progressivo de FM e esoterismo na onda de Baby & Pepeu.

Ainda teve um bônus do cantor na gravadora, em forma de novela e disco. Com *O Amor É Nosso*, novela de 1981 que se tornou proporcionalmente o maior fracasso da história da Globo (imagine: um elenco superestelar, participação especial de Roberto Carlos e ibope ruim), ficava até complicado saber onde terminava o ator e começava o cantor. Isso porque Fábio estava no elenco, interpretando um candidato a astro (Pedro). Mas também estava na música de abertura ("Eu me rendo", de Sergio Sá), na abertura da novela (que era um clipe da faixa) e até na capa do disco da trilha sonora. Aliás, o LP tinha até um pôster do cantor sem camisa, anunciando "o novo e sensacional LP de Fábio Jr" para julho.

Fábio Jr, o disco, mostrava que o cutucão de Cacilda Becker, ainda que por via indireta, tinha dado certo. E, anos depois do segundo disco, na condição de jurado da batalha de bandas SuperStar (Globo), Fábio era visto recomendando incessantemente aos novos artistas que apostassem no "autoral" e valorizassem suas próprias canções. "Pegavam no meu pé toda hora, né? Mas eu enchia mesmo o saco com essa coisa de ter que ser autoral. Tinha que ser. Os caras já chegaram na Globo, por que iam ficar tocando músicas dos outros?", disse, como que lembrando dos tempos de "Pai".

Ficha técnica:

Fábio Jr (Som Livre - 403.6184)
Direção de produção: Guto Graça Mello
Produção executiva: Sergio Mello
Direção de estúdio: Sergio Mello
Arregimentação: João Luzze
Montagem: Ieddo Gouveia
Arranjos e regências: Lincoln Olivetti e Eduardo Lages
Técnico de gravação e mixagem: Celio Martins
Foto: Paulo Rubens
Direção de arte: Vera Roesler
Arte final: Tuninho de Paula
Gravado em 16 canais no estúdio Sigla - Rio de Janeiro - janeiro e fevereiro de 1979

Lado A
1 - Quero colo (Fábio Júnior)
2 - Incoerência (Fábio Júnior)
3 - Queria ser (Fábio Júnior)
4 - Vinte e poucos anos (Fábio Júnior)
5 - Papo de família (Fábio Júnior / Haroldo Correia)

Lado B
1 - Pai (Fábio Júnior)
2 - Meia luz (Fábio Júnior)
3 - Sonho, loucura e medo (Fábio Júnior)
4 - Deixa comigo esse mundo (Fábio Júnior / Arnaldo Saccomani)

Fafá de Belém

Estrela Radiante

por Marcelo Cabanas

Conhecido como o país das cantoras, o Brasil viu, na década de 1970, a consolidação de carreiras iniciadas na década anterior, como as de Maria Bethânia, Rita Lee, Elis Regina e Gal Costa. Nos anos 1970, também fizeram sua estreia cantoras como Simone, Marina Lima e Fafá de Belém. Em 1975, Fafá de Belém experimentava pela primeira vez o sucesso em nível nacional. A canção "Filho da Bahia", de Walter Queiróz, parte da trilha sonora da novela *Gabriela*, ganhou o Brasil, assim como a novela. No ano seguinte, Fafá lançou sem primeiro álbum, *Tamba-Tajá*, seguido por *Água* (1977) e *Banho de Cheiro* (1978). Após o final da temporada de lançamento do LP *Banho de Cheiro,* o disco seguinte, que vinha sendo mantido em sigilo, foi revelado por Nelson Motta em sua coluna em *O Globo* de cinco de julho de 1979.

Segundo Nelson, "a linha tomada é a de forte dose romântica, tipo beira de balcão de cabaré". No dia 23 do mesmo mês, *Estrela Radiante* foi lançado com uma festa no espaço Ópera Cabaré, em São Paulo. A natureza, presente em todas as capas dos três primeiros álbuns de Fafá, pela primeira vez não aparece na capa de *Estrela Radiante*, dando os primeiros sinais de transição da fase regional e romântica que culminaria com a fase da canção popular iniciada alguns álbuns depois. Produzido por Luiz Alves, responsável pela parte musical e arranjos, e Armando Pittigliani, responsável por capa, contracapa e outras questões de produção, *Estrela Radiante* conta com arranjos de Arthur Verocai, Cristóvão Bastos, Chiquito Braga, Roberto Menescal e Wagner Tiso, além de arranjos coletivos assinados por "O conjunto de Fafá de Belém", como vem creditado no encarte do LP.

Armando Pittigliani, considerado por Charles Gavin "um dos maiores descobridores de talento da indústria fonográfica nacional", em depoimento para este artigo, ressalta que a ideia deste LP foi de abranger mais o Brasil, indo além de Belém do Pará. Como, segundo Pittigliani, era uma época que o Brasil precisava de mais amor e menos briga, a verve romântica do disco foi explorada e destaca a escolha de "Sob medida", de Chico Buarque, para abrir o álbum.

O bolero de Chico Buarque foi composto para o filme *República dos Assassinos*, de Miguel Faria Jr. A canção traz o autor falando a partir do olhar feminino, recurso recorrente na obra de Buarque. Com arranjos e piano de Cristóvão Bastos, "Sob medida" foi lançada no mesmo ano por Simone, no LP *Pedaços*. Ainda sob uma ditadura militar que agonizava, os versos "Eu sou seu incesto / Sou igual a você / Eu nasci pra você / Eu não presto" foram censurados e substituídos por "Seu jeito seu gesto, sou perfeita porque / Igualzinha a você / Eu não presto". Simone gravou a versão censurada, enquanto Fafá gravou a versão original da canção.

Presente no álbum *Banho de Cheiro* com a canção "Gostoso", Gonzaguinha retorna em *Estrela Radiante* com "Memória". A música lembra "... uma praça / Onde tantas crianças cantavam" e "A festa da vida seguia / Pelo tranco dos gestos libertos". Apesar de tratar de uma situação passada de festa na praça e povo feliz, a interpretação de Fafá traz o clima de esperança crescente, num ano de anistia e governo militar cada vez mais enfraquecido. O mesmo clima de povo na praça e de esperança aparece em outra canção lançada no mesmo ano em disco abordado neste livro. É "Fantasia", de Chico Buarque, gravada pelo MPB4 no álbum *Bons Tempos, Hein?!*. Chico e o MPB4 também cantam a esperança, "Preparando a tinta, / Enfeitando a praça".

"Bom dia, Belém" é uma parceria de Edyr Proença, paraense que, além de letrista, era escritor, jornalista, radialista e comentarista esportivo, com Adalcinda Camarão, poeta e compositora nascida na Ilha de Marajó. Sempre presente na música brasileira, a canção do exílio volta em "Bom dia, Belém", que após exaltar Belém, sua natureza e sua cultura, sugere nos versos "Me beija, me abraça que eu / Quero matar a imensa saudade / Que quer me acabar" um retorno à Belém amada. Essa música foi sucesso imediato e passou a ser muito bem-recebida pelo público nos shows.

"Temporal", canção de Ivan Lins, Vítor Martins e Gilson Peranzzetta marca a primeira parceria de Fafá com a dupla Ivan e Vítor. Três anos depois de "Temporal", a gravação de Fafá de Belém para "Bilhete", de Ivan Lins e Vítor Martins, fez grande sucesso, impulsionada pela trilha da novela *Sol de Verão* da Rede Globo.

"Confidência", de Raul Sampaio e Benil Santos, já havia tido algumas gravações anteriores à de Fafá, incluindo a de Angela Maria. Não à toa, o LP *Estrela Radiante* é dedicado à Sapoti, apelido eternizado por Getúlio Vargas. Com versos como "Eu quis deixar de querer / Mas teu amor é meu castigo" e "Eu quero a paz do teu amor / Evita, por favor, minha ruína", a interpretação de Fafá evoca grandes cantoras como a própria Angela Maria numa autêntica canção de fossa. *Estrela Radiant*e também é dedicado a Elis Regina, que, no mesmo ano lançava o álbum *Essa Mulher*.

Antonio Galdino é mais um compositor conterrâneo de Fafá presente em *Estrela Radiante*. Violonista e, também, compositor de *jingles*, Galdino assina letra e música de "Pergunte o que quiser", canção romântica que fecha o lado A do LP. Cantor, violonista, advogado e publicitário natural da Bahia, Walter Queiróz é o autor do primeiro sucesso de Fafá, a já citada "Filho da Bahia", da trilha de *Gabriela*. Walter também está presente no álbum anterior, com a canção "Estrelê". É dele "Estrela Radiante", faixa-título que abre o lado B do LP. A canção começa com o agogô de Robertinho Silva que prepara a entrada de Fafá no famoso refrão "Ilá, iê, aê, ilê, ilá / Qui zombô di ê / Num va má zombá". "Estrela Radiante" foi um dos grandes sucessos deste disco.

Além de "Sob medida", *Estrela Radiante* traz mais um bolero. "Mesa de bar", de Paulo André. Natural de Belém, Paulo tem diversas canções em parceria com seu pai, Ruy Barata e são os compositores mais presentes na discografia inicial de Fafá. No primeiro LP dela, *Tamba-Tajá*, pai e filho emplacaram "Indauê Tupã" e "Esse rio é minha rua". No disco *Água*, de 1977, a dupla participa com "Pauapixuna" e "Foi assim", grande sucesso na voz de Fafá. No álbum seguinte, *Banho de Cheiro*, Paulo e Ruy entraram com três músicas "Carta noturna", "Baiuca's bar" e a faixa-título. Em *Estrela Radiante*, Paulo André aparece fazendo letra e música de "Mesa de bar" e em parceria com seu pai, Ruy Barata, assina "Parcará", que segundo o encarte significa "cesto pequeno de carregar peixe ou homem pequeno". Apesar de trazer no título um termo de origem tupi, "Parcará" lembra um merengue, trazendo um pouco dos ritmos caribenhos para *Estrela Radiante*.

Em 1978, a atriz Bruna Lombardi lançou o livro de poesias *No Ritmo Dessa Festa*. David Tygel, cantor e compositor, que no mesmo ano do lançamento deste LP fundou o grupo Boca Livre, disse em depoimento para este livro: "Sempre fui de passear por livraria procurando livro de poesia e numa dessas, lá por 1978, eu comprei o livro da Bruna Lombardi. Fui folheando e achei a poesia 'Que me venha este homem'. Achei bacana, fui para casa e fiz a música. Pouco tempo depois eu li que ela estava no Rio, acho que no Hotel Everest. Liguei para ela e fui mostrar a música com o violão. Ela adorou e a partir daí a música ficou pronta. Aí a gente foi procurar uma intérprete. A Fafá fez uma gravação lindíssima. Depois a música chegou para a Amelinha e a gravação dela também ficou lindíssima. Fiquei muito contente com essas duas gravações e depois a minha música foi para o mundo."

A canção "Que me venha este homem" foi tema de abertura da novela *Um Homem Muito Especial* (1980 – 1981) da TV Bandeirantes, protagonizada por Rubens de Falco e pela própria Bruna Lombardi. Também fez parte da trilha sonora da série *Malu Mulher* (1979 – 1980) e do especial *Mulher 80* (exibido em 19/10/1979), ambos da Rede Globo. *Mulher 80* é um marco na televisão brasileira por trazer temas polêmicos ligados à inserção da mulher em tempos ainda bastantes indiferentes ao feminismo. Com uma série de entrevistas e números musicais, o especial dirigido por Daniel Filho trazia, além de Fafá de Belém, nomes femininos de destaque na música brasileira, como Gal Costa, Rita Lee, Joanna, Maria Bethânia, Elis Regina, Simone, Zezé Motta, Quarteto em Cy e Marina Lima, além das participações de Regina Duarte e Narjara Turetta, que protagonizaram o seriado *Malu Mulher.*

Milton Nascimento e Fernando Brant foram compositores assíduos nos dois álbuns que antecederam *Estrela Radiante.* Em *Água*, Fafá gravou "Raça" e "Sedução". Em *Banho de Cheiro*, "Maria Solidária", pescada da trilha para o ballet *Maria Maria*, do Grupo Corpo. Agora não seria diferente. Com reforço de Wagner Tiso na parceria, Fafá canta "Assim seja". Com versos como "Braços abertos, é preciso ganhar / Pois é preciso ganhar", "Assim seja" é a única parceria que se tem registro de Milton, Brant e Tiso juntos.

Para encerrar *Estrela Radiante*, "Carece de explicação", parceria de Dominguinhos e Clodo. As duas primeiras estrofes da música são apenas com a voz da Fafá e o acordeon de Dominguinhos, num dos momentos mais emocionantes do disco. A música segue com arranjo e piano de Cristóvão Bastos, guitarra de Chiquito Braga, flauta de Raul Mascarenhas, bateria de Rubens Moreira, percussão de Bira e baixo de Luiz Alves, banda que acompanha Fafá em boa parte do disco.

O crítico musical José Ramos Tinhorão, por ocasião do lançamento do primeiro LP de Fafá, *Tamba-Tajá,* de 1976, disse ao *Jornal do Brasil* que ela era a melhor cantora daquela geração. E não era só isso. Fafá passou por cima das críticas e do preconceito por conta de caminhos musicais seguidos em determinados momentos de sua carreira e hoje, quase 50 anos depois de sua estreia como atriz na peça *Tem Muita Goma no Meu Tacacá*, no Theatro da Paz, em Belém, é uma das grandes vozes que a música popular brasileira já nos proporcionou. Que sorte a nossa de termos Fafá de Belém do Pará e do Brasil.

Ficha técnica:

Estrela Radiante (Philips – 6349 417)

Direção da produção: Luiz Alves e Armando Pittigliani

Técnicos de gravação: Ary Carvalhaes e Jairo Gualberto

Mixagem: Luigi Hoffer

Auxiliares técnicos: Julinho e Vitinho

Gravado nos estúdios: PolyGram da Barra da Tijuca-RJ, Brasil

Capa: Aldo Luiz

Foto da capa: David Zing

Foto do encarte: Luiz Trípoli

Arte: Jorge Vianna

Arranjadores:

Arthur Verocai: "Pacará"; Cristóvão Bastos: "Sob medida" e "Carece de explicação"; Chiquito Braga: "Bom dia, Belém" e "Assim seja"; Roberto Menescal: "Mesa de bar"; Wagner Tiso: "Memória" e "Que me venha esse homem"; Conjunto de Fafá de Belém: "Estrela radiante", "Temporal", "Pergunte o que quiser" e "Confidência"

Músicos participantes:

Dominguinhos: acordeon (faixas: B6); Chiquito Braga: violão (faixas: A1, A3, A5-B1); Emilio Mattos: sax alto (faixas: B3); Luiz Alves: baixo (faixas: A1-A4, A6-B6); Rubens Moreira: bateria (faixas: A1-4, A6-B3, B5-B6); Chiquito Braga: guitarra (faixas: A2, A4, B2-B3, B5-B6); Toninho Horta: guitarra (faixas: A5); Cristóvão Bastos: teclado (faixas: B3); Jaime Araújo: flauta (faixas: B5); Nivaldo Ornellas: flauta (faixas: B2, B5), sax tenor (faixas: B3); Raul Mascarenhas: flauta (faixas: A3, A6, B2, B5-B6), sax (faixas: A1-A2, A4, B2); Bira: percussão (faixas: A1-A4, A6-B3, B5-B6); Robertinho Silva: percussão (faixas: A1-A4, B1, B3-B4); Cristóvão Bastos: piano (faixas: A2-A4, A6-B2, B4-5); Silvio Barbosa: trombone (faixas: B3); Formiga: trombone (faixas: B3); Marcio Montarroyos: trombone (faixas: B3)

Agradecimentos especiais a Raulzinho, Chiquito, Luiz Alves, Cristóvão, Rubinho, Bira, Armando Pittigliani, Menescal, Ary Carvalhaes, Luigi, Julinho, Trípoli e a todas as pessoas que fizeram comigo este trabalho.
Dedico este disco a Angela Maria e Elis Regina, por tudo que com elas aprendi.
Todos os meus beijos,
Fafá de Belém

Lado A
1 – Sob medida (Chico Buarque)
2 – Memória (Gonzaguinha)
3 – Bom dia, Belém (Adalcinda Camarão / Edyr Proença)
4 – Temporal (Ivan Lins / Gilson Peranzzetta / Vítor Martins)
5 – Confidência (Benil Santos / Raul Sampaio)
6 – Pergunte o que quiser (Antonio Galdino)

Lado B
1 – Estrela radiante (Walter Queiroz)
2 – Mesa de bar (Paulo André)
3 – Parcará (Paulo André / Ruy Barata)
4 – Que me venha esse homem (David Tygel / Bruna Lombardi)
5 – Assim seja (Milton Nascimento / Wagner Tiso / Fernando Brant)
6 – Carece de explicação (Dominguinhos / Clodo)

Fagner

Beleza

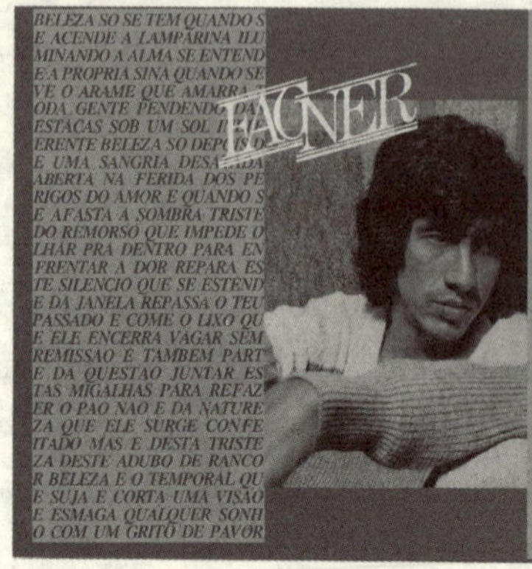

por Luiz Felipe Carneiro

"Esse disco vai definir o resto da cacetada. Tenho muito para dar, não ocupo mais hoje apenas a varanda da casa, mas minha música entrou, adquiriu um espaço." O álbum ao qual Fagner se referiu, em entrevista ao *Jornal do Brasil* em junho de 1979, viria a se chamar *Beleza*. Mas até chegar a tal "cacetada", pedras rolaram.

Aos 19 anos, Fagner foi o vencedor do IV Festival de Música Popular do Ceará. No início de 1971, mudou-se para Brasília e iniciou a faculdade de Arquitetura na UnB. No Festival de Música Popular do Centro de Estudos Universitários de Brasília, inscreveu três músicas. "Mucuripe", parceria com Belchior, conquistou o primeiro lugar. Depois de Brasília, o Rio de Janeiro seria a sua nova moradia. "Não me adaptei nem a Brasília, nem a UnB, pois lá não existe opção, ou você é deputado ou bancário", explicou Fagner em entrevista a *Folha de S.Paulo*, oito anos após a mudança.

No Rio, o cantor conheceu um assessor de Roberto Menescal, à época, diretor artístico da Philips. Foi assim que ele soube que Elis Regina estava a sua procura. Fagner acabou hospedado na casa da cantora e de seu então marido, Ronaldo Bôscoli. Não demorou muito para ser lançado pelo jornal *O Pasquim*, em seu *Disco de Bolso* (1972).

Já em 1973, lançou o seu álbum de estreia, *Manera Fru Fru, Manera*, pela Philips. Um bom trabalho, mas que acabou marcado por uma acusação de plágio na faixa "Canteiros". A família da poetisa Cecília Meireles alegava que Fagner não solicitou autorização para utilizar o seu poema "Marcha", além de ter descaracterizado os versos originais. Em matéria da *Folha de S.Paulo*, de setembro de 1979, ele explicou: "Eu tinha feito um encarte para sair junto com o disco, no qual citava Cecília Meireles. A gravadora deixou que eu tivesse esse trabalho, mas, na hora, não o editou. Quando vi, o disco estava nas lojas e o nome de Cecília não era citado nem na capa."

O mal entendido fez com que Fagner deixasse a Philips. O plano de gravar um disco em Paris com Naná Vasconcelos e Pierre Barouh foi deixado de lado. Ao invés de cantar, Fagner foi jogar futebol e, somente em novembro de 1974, gravou o seu segundo disco, *Ave Noturna*, pela Continental. No trabalho, juntou os então novos roqueiros do Vímana (como Ritchie, Lulu Santos e Lobão) a estrelas do estúdio, como Chiquinho de Moraes, Toninho Horta e Wagner Tiso. "Uma pitada de rebeldia maior", segundo o cantor. E uma curiosidade: Cazuza, que tinha acabado de voltar de São Francisco, então com 17 anos de idade, trabalhou na divulgação do disco.

Em 1976, foi a vez do disco *Raimundo Fagner* (1976), um trabalho "bem carioca", nas palavras de Fagner. O álbum marcou o início de sua história com a CBS. Três anos depois do lançamento do álbum, o cantor era o segundo artista mais vendido na companhia — perdia para Roberto Carlos. Apesar de afirmar que nunca escuta os seus discos, Fagner demonstra uma enorme empolgação quando fala desse trabalho: "Liberdade se chama isso aqui."

No disco seguinte, o rebuscado *Orós* (1977), Fagner convidou Hermeto Pascoal para ser o diretor musical e arranjador. Mais de 40 anos depois, Fagner analisa: "Talvez dentro do estilo da discografia que eu tenha trabalhado a carreira toda, muito buscando a rádio, muito buscando a música popular, muito buscando o brega que me chamaram durante um período, a nível instrumental, ele é um disco mais difícil."

Talvez por esse motivo, após um show de Roberto Carlos nos Estados Unidos, Fagner escutou o seguinte conselho do maior vendedor de discos da CBS: "Cante para o povo ao invés de fazer música para intelectual." Dito e feito. O trabalho seguinte de Fagner, *Eu Canto* (1978), inicia com "Revelação", um arrasa-quarteirão com direito a um inesquecível solo de guitarra de Robertinho de Recife. "Eu já vinha com essa intenção, porque sempre escutei rádio, eu sempre queria me ver nas paradas. A minha intenção sempre era de tocar para o povo, tocar na AM... Então o Roberto Carlos fez essa brincadeira, e eu disse: 'pode me aguardar'", rememora Fagner. O disco vendeu 70 mil cópias em duas semanas.

Por conta de tanto sucesso, em junho de 1979, Fagner disse ao *Jornal do Brasil*: "Achei natural, e até pouco, vender 100 mil cópias de um disco. Vou vender muito mais, porque lutei e trabalhei muito, meu mundo é muito amplo e não cabe apenas em cópias de disco." E dois meses depois, a coluna de Nelson Motta, no jornal *O Globo*, anunciava: "O novo disco de Fagner vai se chamar *Beleza*, nome de uma faixa em parceria com Brandão."

Contando com arranjos de cordas e metais de João Donato, "Beleza" foi um divisor de águas na carreira de Fagner. Ele tinha conhecido João Donato num restaurante perto do estúdio da Philips, no centro do Rio de Janeiro, em 1973, através de Naná Vasconcelos e, cinco anos depois, eles se reencontraram. Sobre a parceria, Fagner é enfático: "Eu queria encrenca, porque o cara trabalhar com Hermeto e João Donato, ele quer encrenca, né? Porque não tem condições de trabalhar com esses caras, ninguém conseguiu trabalhar com eles dois. Só eu. O Donato, como me deu trabalho... Gênio! Gênio se não der trabalho... Quem não dá trabalho é careta, mas também não rende, né?". Mais ligado à Bossa Nova, Donato teve que se desdobrar no estúdio. "A Bossa Nova é uma coisa fria, é um não-me-toque danado, mas aqui toca, aqui tem que tocar, tem que melar, tem que se emocionar. Então eu consegui que ele trouxesse a genialidade dele para o meu trabalho", acrescenta Fagner.

À época, o cantor atravessava o momento mais doloroso de sua vida. Em março de 1979, quando fazia shows em Recife, recebeu a notícia de que sua irmã, Elizete, havia sido vítima de uma tragédia em Brasília. Ela dirigia o seu Fusca debaixo de um temporal, e a barra de direção do carro quebrou, de modo que o veículo batesse em um poste. Um dos fios de alta tensão caiu e, quando Elizete saiu do carro, morreu eletrocutada. A faixa "Elizete" encerra o álbum. Ao cantar os doloridos versos "Tu és a maravilha singular / Do lugar / O céu, a terra, o mar / És o lugar / Quem te ensinou a ser / O céu e o mar / A me guiar, e descansar / E trabalhando sei o meu lugar / O chão, o ar / O lugar", Fagner entregou o que talvez seja a interpretação mais visceral de toda a sua carreira. Em alguns momentos, as suas cordas vocais parecem fios de alta tensão capazes de eletrocutar passarinhos. Não à toa, no final do ano, faturou o troféu de melhor cantor do Prêmio Playboy de MPB, empatado com Roberto Carlos.

Beleza conta com mais sete faixas e seu principal sucesso foi "Noturno". No começo da música, singelas cordas dão a deixa para Fagner entoar os versos "O aço dos meus olhos / E o fel das minhas palavras / Acalmaram meu silêncio / Mas deixaram suas marcas". As cordas choram e a guitarra de Robertinho de Recife (absolutamente memorável!) chora ainda mais. A viola de 10 cordas de Manassés, o piano de Donato e o baixo elétrico de Rubão Sabino fazem a cama para Fagner brilhar. E isso sem contar com a bateria de Paulinho Braga e a percussão de Chico Batera. Não tinha como dar errado — e não deu. "Noturno" é uma das gravações mais gloriosas da história da música brasileira.

A dramaturga Janete Clair gostou tanto que mudou o nome de sua próxima novela das oito na Rede Globo. *Vernissage* virou *Coração Alado*. "As gravadoras ficam lutando para você tocar uma música na rádio, e você passa nove meses com uma música tocando... Aquilo ali abria as portas..." E abria mesmo. Conforme disse Fagner a Guilherme Bryan e Vincent Villari, no livro *Teletema: A História da Música Popular Através da Teledramaturgia Brasileira - Vol. 1 - 1964 a 1989*, "foi essa canção que consolidou minha carreira".

"Frenesi" conta com o piano de Petrúcio Maia e Nivaldo Ornellas, em seu sax-soprano e flauta transversal, brilha por cima de um luxuoso arranjo de cordas. Quando Fagner canta os versos "Fosse paixão, frenesi / Doce ilusão, moça bela / A solidão mora aqui / E a cidade é sem fim / Qual a tua janela", sua voz mais parece um oceano transbordando pelo planeta. Já a faixa seguinte, "Asas", leva o mesmo título do livro que Abel Silva lançara naquele mesmo ano de 1979. Na introdução, o violão de 7 cordas de Dino confabula com o acordeon de Dominguinhos. A letra é de cortar o coração: "O que este punhal tem de ave / São as asas da imaginação / A dor voa mas volta sempre / E pousa no meu coração". A faixa-título encerra o lado A com os seus 16 longos versos. Fagner brinca com os limites de sua voz e chega a impressionar o peso que o cantor aplica em cima da letra, parecendo fazer questão de interpretar intensamente cada palavra da poesia.

"Ave coração", que inicia o lado B, tem uma introdução singela, com o trombone de vara de Edson Maciel sobrevoando a melodia. Já em "Quer dizer" é a vez da gaita de Maurício Einhorn prosear com o piano de João Donato, em outra interpretação a flor da pele de Fagner: "Na solidão de um coração gemendo / Quem chora triste nunca ri à toa". "Mulher" é inspirada na mistura da música flamenca com elementos nordestinos, um prenúncio de *Traduzir-se*, brilhante álbum que Fagner lançaria em 1981.

Beleza gerou uma turnê de sucesso. O jornal *O Globo*, de 03 de novembro de 1979 anunciava: "Fagner lota o Teatro Carlos Gomes". Três dias depois, no mesmo jornal, Sergio G. Saraceni resenhou o show: "Para quem não foi, é um bom programa, e uma feliz apresentação de um artista popular de qualidade e sobretudo identificado com a alma do canto, da poesia e da criatividade brasileira."

Em novembro de 1979, Fagner disse ao jornal *O Globo:* "O lançamento do meu próximo disco, *Beleza*, em dezembro, já é uma expectativa, no sentido mesmo das coisas que acontecem depois de cada lançamento. São novos acontecimentos, são as possibilidades criadas pelo próprio conteúdo do disco. Então é preciso não teorizar muito. Teoria e prática sempre andaram juntas em tudo que faço."

Teoria e prática: o segredo da beleza. No caso, da *Beleza*.

Ficha técnica:

Beleza (Columbia - 138164)

Direção artística e direção de produção: Raimundo Fagner
Coordenação: Ivair Vila Real (Macarrão)
Assistente de produção: Cacá Moreno e Cecília Assef
Arranjos de base: Raimundo Fagner e João Donato
Arranjos de cordas e metais: João Donato
Regência: João Donato
Direção musical: Raimundo Fagner
Técnico: Andy Mills (agradecimentos a Amanda Reynolds)
Assistentes técnicos: Eduardo Ramalho, Jorge Teixeira, Felipe Nery, Sérgio Luis
Mixagem: Andy Mills, Raimundo Fagner, João Donato, Manoel Magalhães
Montagem: Alencar
Corte: Manoel Magalhães
Coordenação de capa: Fausto Nilo e Raimundo Fagner
Agradecimentos especiais: Fausto Nilo, Alceu Valença e João Donato
Fotos: Januário Garcia
Design: Art&Manha
Gravado em agosto/setembro de 79 - Sudio Level 24 canais - Rio de Janeiro
À memória de minha irmã Elizete

Lado A

1 - Noturno (Graco / Caio Silva)
2 - Frenesi (Fausto Nilo / Petrúcio Maia / Ferreirinha)
3 - Asas (Raimundo Fagner / Abel Silva)
4 - Beleza (Raimundo Fagner / Brandão)

Lado B

1 - Ave coração (Clodo / Zeca Bahia)
2 - Quer dizer (Raimundo Fagner)
3 - Mulher (Raimundo Fagner / Capinam)
4 - Elizete (Raimundo Fagner)

Fátima Guedes

Fátima Guedes

por Wagner Cosse

A questão feminina ganhou mais evidência na segunda metade da década de 1970, abrindo novas perspectivas para as mulheres brasileiras. Várias conquistas foram contabilizadas, contribuindo para aumentar a autoestima, a independência e o protagonismo feminino. Seguindo essa tendência, a Música Popular Brasileira fez de 1979 um marco em sua história. Naquele ano, surgiu um contingente jamais visto de cantoras e compositoras que tratavam a questão feminina de uma forma renovada, agora sob ponto de vista próprio. Ecoando pioneiras como Dolores Duran e Maysa, e indo além, a mulher finalmente conquistava sua voz e passava a falar de si mesma e de seus próprios anseios e sentimentos. Esse movimento afetou até mesmo os compositores, que começaram a tratar a mulher com mais dignidade, subvertendo o padrão anteriormente vigente de aprisioná-la nos estereótipos de santa ou prostituta, e de caracterizá-la muitas vezes como ingrata, fútil, traiçoeira ou perdulária.

Essa revolução na MPB teve em Fátima Guedes uma de suas maiores revelações. Com apenas 21 anos, ela fazia sua estreia fonográfica em um LP que levava seu nome e trazia, no repertório, dez músicas de sua autoria, quase todas boleros e sambas-canções. Esse primeiro trabalho causou grande impacto no meio musical por apresentar uma compositora surpreendentemente madura para sua tenra idade, abordando temas polêmicos e graves com profundidade e maestria. Embora fosse talvez a mais jovem, Fátima se distinguia de outras compositoras por extrapolar a reflexão sobre a condição feminina e adentrar o terreno da preocupação política e social, dando vez e voz a personagens representativas das classes menos favorecidas. Com coragem e determinação, escancarava o cenário de violência e abusos que imperava em um Brasil dominado pela Ditadura Militar. Prova disso são os versos da canção "Onze fitas", a mais conhecida do LP, eternizada, anos mais tarde, na voz de Elis Regina: "Onze tiros num morto e pra quê tantos? / Esses tempos não tão pra ninharia / Não fosse a vez daquele um outro ia".

A ousadia de Fátima também se fez presente na música "Fulano, Beltrano e Sicrano", ao relatar o conflito existencial de uma mulher envolvida amorosamente com três homens, fato que escandalizaria os defensores da família e dos bons costumes da época: "Taí uma mulher com pecados habilmente dividida / Três homens no meu caminho, três caminhos sem saída". Já na música "Cara a máscara", o desespero de uma mulher aprisionada e maltratada por um homem ganha relevo. Corroída pelo sofrimento e pelo pavor, ela se imagina assassinando seu "dono" para, enfim, tornar-se livre: "Um dia eu abro essa porta e meu diabo te atenta / E minha faca te entra e a minha raiva te corta". Não satisfeita em só dar voz às mulheres, Fátima resolveu romper padrões para criar um eu-lírico masculino. Até então, era comum acontecer o oposto, ou seja, os homens se utilizarem do eu-lírico feminino em suas composições. Na música "Esse sol", ela retrata, com rara sensibilidade, a angústia de um homem pobre e desesperançado ao ver, impotente, o sofrimento de sua mulher diante do filho que agoniza: "E eu, o que é que eu vou fazer / Com esse meu filho doente / Pronto pra morrer?".

Mas como explicar o fato de uma menina de apenas 21 anos ter tamanho conhecimento da alma humana? Elis dizia que só podia ser "encosto". Mas Fátima tem outra resposta para essa pergunta. Filha de professora de Literatura, tendo como padrasto um engenheiro civil amante de música erudita, além de uma irmã apaixonada por música brasileira, viveu, desde criança, envolvida com a arte. Entre esses vários estímulos, o hábito de ler grandes escritores foi a chave mestra para a abertura de seu portal criativo e de seu gosto por perscrutar os sentimentos do mundo. Admiradora de Machado de Assis, Eça de Queirós e Balzac, Fátima aprendeu com eles a criar personagens densos e a construir suas histórias de vida. Assim, a literatura tornou-se basilar em sua formação como pessoa e como artista. Mesmo não vivenciando as situações que relatava, tinha um *background* respeitável para caminhar firmemente pelas estradas tortuosas do infinito universo humano. De posse desse conhecimento, começou a investir na composição musical, ainda aos 15 anos, criando versos e inventando melodias inusitadas no violão de sua mãe.

À medida que o tempo passava, a jovem autora amadurecia, refinava o estilo e tornava sua poesia mais densa, cortante e precisa. E, assim, os personagens surgiam revelando as mazelas humanas, escancarando a dor, a solidão, o sofrimento. Nessa época, participou de vários festivais estudantis de música, vencendo muitos deles. Pouco mais tarde, aos 18 anos, conquistou o primeiro lugar no festival do Colégio Hélio Alonso, com "Passional", cujos versos relatam o doloroso desfecho de uma relação amorosa, sem qualquer atenuante de romantismo: "Já vai embora, me deixe sozinha agora / Que eu quero me despentear e me desesperar pela casa afora". Este festival iria mudar sua vida para sempre, pois havia no júri personalidades como Maria Bethânia e Roberto Moura, além de Mariozinho Rocha que, impressionado com seu talento, apresentou-a ao meio musical do Rio de Janeiro e a Renato Corrêa, produtor da EMI-Odeon. Desse encontro ela saiu com um contrato assinado para a gravação de três discos, sendo o primeiro em 1979.

Portanto, o repertório que acabou selecionado para seu disco de estreia já estava sendo gestado, naturalmente, há alguns anos. Duas das canções já citadas foram, inclusive, compostas, sob encomenda, para o teatro: "Cara a máscara", de 1977, para uma peça estudantil, e "Onze fitas", de 1978, inspirada em um dos personagens da peça *O Dia da Caça*, de José Louzeiro. Com arranjos, regências e orquestrações de Gilson Peranzzetta e Oscar Castro Neves, e contando com alguns dos melhores músicos brasileiros, o disco recebeu um tratamento especial da EMI-Odeon. O apuro estético-musical é percebido em todas as fases da produção, inclusive na capa do LP, de autoria do artista plástico Mello Menezes. Nela vê-se uma ilustração do rosto sorridente da jovem Fátima com os cabelos adornados de flores e com a presença instigante de um anjinho e de um diabinho, representando a dualidade, o conflito e a tensão presentes nas letras das canções. Além da compositora de excelência, o disco também apresentava uma cantora afinada, de voz anasalada e estilo único de interpretação, imune a modismos, que foi se lapidando ao longo da carreira.

Fátima nunca se tornou uma grande vendedora de discos, mas conquistou um público fiel e grande prestígio da crítica especializada, dos músicos, dos cantores e, especialmente, das cantoras. Sua poética refinada, impregnada de fortes personagens femininas, já foi e continua sendo cantada pelas maiores intérpretes brasileiras, como Wanderléia – a primeira a gravá-la, ainda em 1978 –, Simone, Elis, Bethânia, Nana Caymmi, Alcione, Leny Andrade, Zizi Possi, Beth Carvalho, Alaíde Costa, Joanna, Jane Duboc, Leila Pinheiro e Mônica Salmaso, entre outras.

Após mais de quatro décadas de atuação e 14 discos gravados, a menina que, aos 21 anos, surpreendeu o mundo da música com a qualidade e contundência de seu trabalho, tornou-se uma de nossas maiores cantautoras e segue fiel a si mesma, brilhando no panteão da Música Popular Brasileira.

Ficha técnica:

Fátima Guedes (EMI – 31C 064 422842)

Produtor fonográfico: EMI-Odeon Fonográfico, Industrial e Eletrônico S.A.
Diretor de produção: Renato Corrêa
Produtor executivo: Eduardo Souto Neto
Orquestrações e regências: Gilson Peranzzetta (faixas do Lado A e faixa 1do Lado B) e Oscar Castro Neto (faixas 2, 3, 4 e 5 do Lado B)
Técnicos de gravação: Mayrton Bahia, Serginho e Carlinhos
Técnico de mixagem: Nivaldo Duarte
Corte: Osmar Furtado
Arte da capa e fotografia: Mello Menezes

Lado A

1 - Onze fitas (Fátima Guedes)
Teclados: Gilson Peranzzetta; baixo elétrico: Luizão Maia; tamborim e cuíca: Marçal (Nilton Delfino Marçal); bateria e surdo: João Cortez; violão: Oscar Castro Neves; arranjos: Gilson Peranzzetta
2 - Esse sol (Fátima Guedes)
Oboé: Braz Limongi; baixo elétrico: Luizão Maia; efeitos: João Cortez: viola 12 cordas: Alemão (Olmir Stocker); acordeon e arranjos: Gilson Peranzzetta
3 - Previsão de amor (Fátima Guedes)
Baixo elétrico: Luizão Maia; bateria: João Cortez; violão: Oscar Castro Neves; flauta: Ricardo Pontes; teclados e arranjos: Gilson Peranzzetta
4 - Meninas da cidade (Fátima Guedes)
Trombone: Edmundo Maciel; arranjos e teclados: Gilson Peranzzetta; violão 12 cordas: Alemão (Olmir Stocker); baixo elétrico: Luizão Maia; saxofone soprano: Ricardo Pontes;
5 - Cara a máscara (Fátima Guedes)
Piano e arranjos: Gilson Peranzzetta

Lado B

1 - Cachorro magro (Fátima Guedes)

Guitarra: Hélio Delmiro; baixo elétrico: Luizão Maia; bateria: João Cortez; arranjos e teclados: Gilson Peranzzetta

2 - Fulano, Beltrano, Sicrano (Fátima Guedes)

Teclados: Gilson Peranzzetta; violão: Oscar Castro Neves; arranjos: Oscar Castro Neves

3 - Passional (Fátima Guedes)

Teclados: Gilson Peranzzetta; baixo elétrico: Luizão Maia; bateria: João Cortez; violão e arranjos: Oscar Castro Neves

4 - Madame (Fátima Guedes)

Teclados: Gilson Peranzzetta; baixo elétrico: Luizão Maia; bateria: João Cortez; violão e arranjos: Oscar Castro Neves

5 - Notícias de mim (Fátima Guedes)

Teclados: Gilson Peranzzetta; baixo elétrico: Luizão Maia; bateria: João Cortez; violão e arranjos: Oscar Castro Neves

1º Festival Universitário da Música Popular Brasileira

Vários Artistas

por Ayrton Mugnaini Jr.

Este disco é uma das melhores provas de que falar da música brasileira desde o começo do século XX sem mencionar festivais é como contar a história dos desenhos animados sem mencionar a Disney. Festivais, geralmente competitivos (como os de Águas Claras, Guarapari, Iacanga), dos mais variados tipos (como o Phono 73), promovidos por emissoras de televisão ou de rádio, jornais, gravadoras, clubes, grandes ginásios esportivos, lojas, escolas, bairros, prefeituras, até os megafestivais que são os concursos de sambas-enredo nas avenidas, têm revelado muitos grandes nomes e canções. Bem resumiu Zuza Homem de Mello no livro *A Era dos Festivais - Uma Parábola*: "Foi com a disputa entre 'A Banda', de Chico Buarque, e 'Disparada', de Geraldo Vandré e Theo de Barros, em 1966, que o Brasil inteiro viu pela primeira vez que música popular era coisa muito séria."

O Brasil inteiro pode ver também que, desde antes desse festival de 1966, já não faltavam clássicos da música brasileira, inclusive rock, lançados em festivais (ou "concursos", "torneios", como mais fossem chamados tais eventos), como "Dá nela", de Ary Barroso; "Cidade maravilhosa", de André Filho; "Se alguém telefonar", de Alcyr Pires Vermelho e Jair Amorim; "É batucada", de Caninha; "Arrastão", de Edu Lobo e Vinicius de Moraes. Depois de a banda passar em disparada, os festivais têm nos dado sucessos como "Alegria, alegria", de Caetano Veloso; "Andança", de Danilo Caymmi e Paulinho Tapajós; "São Paulo, meu amor", de Tom Zé; "Universo no teu corpo", de Taiguara; "Amigo é pra essas coisas", de Silvio da Silva e Aldir Blanc; "Boca da noite", de Toquinho e Paulo Vanzolini; "Tive, sim", de Cartola; "Eu e a brisa"; de Johnny Alf;

"Let me sing, let me sing", de Raul Seixas... Sem falar em Renato Teixeira, Ivan Lins, Gonzaguinha, os Mutantes, Ruy Maurity, Milton Nascimento, Tetê Espíndola, Lenine, Chico César, e outras e outros grandes intérpretes que se projetaram nacionalmente em festivais.

Sendo eventos sociais por excelência, os festivais no Brasil foram se fragmentando e se especializando. Vieram festivais de música de carnaval, internacionais à maneira de San Remo, de bandas marciais, de música erudita, de frevo, de choro, de samba, de rock, de ritmos gaúchos, música sertaneja, música ecológica, música mediúnica (juro por Deus!), de bancários, metalúrgicos, industriários, e... estudantes. Sim, festival também se aprende no colégio e na faculdade e, desde a segunda metade dos anos 1960, muita gente demonstrou mais talento ao lidar com palavras e melodias do que com treliças isostáticas, anéis de Raschig ou transformadas de Laplace – inclusive como protesto contra a ditadura militar. De todos os LPs de festivais estudantis, inclusive universitários, esse da TV Cultura talvez seja o melhor.

O Primeiro Festival Universitário da MPB, promovido pela TV Cultura, foi coordenado pelo compositor Eduardo Gudin e realizado em Sampa no saudoso Teatro Pixinguinha, no SESC Vila Nova (atual SESC Consolação), nos dias 30 de abril e 7, 14 e 21 de maio de 1979. O disco costuma ser lembrado por trazer as estreias discográficas de Arrigo Barnabé, Premê, Renato Lemos, Eliana Estêvão e Celso Viáfora, e só elas já valeriam o álbum, mas nada nele é exatamente peso morto.

O álbum representa uma transição do passado dos anos 1960 e 1970 para os iminentes anos 1980. "Diversões eletrônicas" e "Infortúnio", na qual Arrigo Barnabé mistura Schoenberg, Frank Zappa e Gil Gomes, são as canções de festival mais vanguardistas desde "Cabeça" de Walter Franco. A bela modinha moderna "Glória", de Renato Lemos, protesta sutilmente contra a ditadura ("Pegue o primeiro navio que parte pra Amsterdã / (...) / A vida é mesmo trágica nestes mares do Sul"). O mesmo acontece com "Dia a dia", de Celso Viáfora: "Mesmo diante do medo que nos detinha / (...) / A gente trocava dois dedos de prosa no botequim". A cantora Eliana Estêvão se projetou com a melodia complexa e o humor negro de "Meu grande amor suicida", de Chiquinho Ferrão e Dyonisio Moreno, dupla que participa também com "A malhação" – anos depois, Dyonisio, atendendo por Dioni, gravaria "Balão trágico" com o Premê. Nesse disco, esse grupo faz jus ao seu nome original, Premeditando o Breque, com sua primeira gravação de "Brigando na Lua", puro Moreira da Silva em 2001.

Algumas canções desse disco lembram outras, no melhor sentido, com criatividade e sem saudosismo. "Coral dos Gemedores", de Renato Lemos, sugere uma versão valseada de "Viola fora de moda", de Edu Lobo. "Dia a Dia" lembra "O que será?", de Chico Buarque; "Boneca de pano" faria honra à fase psicodélica de Ronnie Von; o frevo "Turma do Cometa" segue a tradição de "Deixa sangrar", de Caetano Veloso. "A malhação" remete às melhores "canções eloquentes de festival" dos anos 1960, com sua orquestra opulenta e alternância entre os compassos 3/4 e 4/4; e outra "canção de festival", mas em sua forma mais intimista, é o belo samba-canção moderno "Amigo", de Julius Castilho.

É raro os álbuns de festivais terem encarte, informativos ou não. Aqui temos uma exceção. Além das letras das canções, temos a relação de quem tocou no disco – até as cordas e metais. É bom descobrir aqui nomes novos ou veteranos como os guitarristas Heraldo do Monte e Alaôr Coutinho, o saxofonista Isidoro Longano "Bolão", Itamar Assumpção no contrabaixo e uma jovem cantora chamada Vânia Maria Bastos.

Enfim, este LP é um dos bons descendentes do álbum Tropicália (e tem citação ao Hino Nacional, em "Brigando na lua"). A reclamar, só dois detalhes: a qualidade (ou melhor, sua falta) da prensagem, altamente ruidosa, e a ausência de reedição em CD ou plataforma digital.

Ficha técnica:

1º Festival Universitário da Música Popular Brasileira
(Continental, 1-01-404-204)
Vários intérpretes
Junho de 1979

Lado A

1 – Diversões eletrônicas (Arrigo Barnabé / Regina Porto) Intérprete: Arrigo Barnabé

2 – Brigando na lua (Mário Manga "Biafra") Intérprete: Premeditando O Breque

3 – Meu grande amor suicida (Dyonisio Moreno / Chiquinho Ferrão) Intérprete: Eliana Estevão

4 – Glória (Renato Lemos/Chico Ceará) Intérprete: Renato Lemos

5 – Boneca de pano (Carlos Eduardo Vargas da Silva) Intérprete: José Carlos Ramos

6 – Turma do cometa (Schubert) Intérprete: Banda dos Aflitos

Lado B

1 – Dia a dia (Celso Viáfora) Intérprete: Celso Viáfora

2 – A malhação (Dyonisio Moreno / Chiquinho Ferrão) Intérprete: Irene Portela

3 – Amigo (Julius M. Castilho) Intérprete: Julius M. Castilho

4 – Coral dos gemedores (Renato Lemos) Intérprete: Renato Lemos

5 – Infortúnio (Arrigo Barnabé) Intérprete: Arrigo Barnabé

6 – Carruagens de cristal (Carlos Eduardo Vargas da Silva / João Alexandre Viégas) Intérprete: José Carlos Ramos

Francisco Mário
Terra

por Nivia Souza*

Antecedentes:

Quando resolvemos mudar para o Rio de Janeiro, Chico Mário trouxe na bagagem, além do violão Do soto e a viola de 12 cordas, o grande desejo de trocar de profissão. Trabalhar como analista de sistemas no computador era apenas um modo de sobrevivência, mas a música era a razão da sua vida, e o Rio de janeiro estava lhe chamando para entrar no meio artístico. Foi nesses tempos, no dia 31 de dezembro de 1978, que chegamos na Cidade Maravilhosa, recebidos na Avenida Rio Branco com chuvas de papel picado (ficamos sabendo depois que isto acontece todos os anos). Trabalhando como analista de sistemas na Embratel, paralelamente, Chico começou a elaborar o Show Ouro Preto, motivado pela música "Ouro Preto", que teve o compositor Fernando Rios como parceiro e Roberto Gnattali nos arranjos e na direção musical. Assim, pela primeira vez, Chico Mario sobe aos palcos no Rio de Janeiro, na Escola de Artes Visuais no Parque Lage, trazendo no roteiro 14 músicas inéditas. Participaram desse show os músicos de primeira linha: Marcos Ariel (flauta), Maria Antônia (flauta), Henrique Drach (violoncelo), Alberto Gabeira (baixo) e Marcos Dantas (percussão). Foi dada a largada para Chico Mário, músico, compositor, aterrissando na Cidade Maravilhosa.

1979: Naquele ano, ao mudar para um apartamento na Rua Araucária no bairro Jardim Botânico, parecia que chegamos em uma "Rua Iluminada", ouvia-se sons não só de pássaros, mas de músicas. Aos pés do Cristo Redentor, a música, teatro e cinema fermentavam por meio de grandes artistas que ali residiam. Acompanhei Chico Mario andando de um lado para o outro, dizendo: "Tenho que compor mais músicas, tenho que fazer um disco independente." Lembro de ter sugerido uma ideia: "Porque não escreve uma peça de teatro? Como companheira, posso palpitar na sua criação musical?" Nesses tempos, estávamos ainda sobre o impacto da censura, com a abertura relativa foi muito difícil compor. Mas, ao escrever uma peça de teatro, podemos partir para um mundo novo dando espaço para as pessoas falarem e cantarem uma nova canção. Chico Mário se animou e disse: "Vamos gravar uma fita cassete." Assim, escrevemos juntos e nasceu a peça *Maria Leal*, as músicas foram criadas dentro de cada ato trazendo Minas para o Jardim Botânico.

Nasceu a primeira música e letra: "Terra". Certo dia, disse ao Chico: "Chico, eu sei que você estudou Economia, eu também estudei, mas que tal você dar uma pitada de coração? Sabemos que Minas tem riquezas, o ferro, que o trenzinho vai levar o minério para o porto fora do país. Mas e nosso coração como fica vendo e sentindo tudo isso?". Assim, no outro dia ele trouxe a belíssima letra e música "Terra" que foi gravada com a participação da cantora Joyce no disco que leva este nome.

A *Maria Leal* também ganhou uma composição do Chico Mário. E, com esse mergulho em Minas Gerais através da peça, sendo a Maria Leal simbolizando Minas Gerais, as letras e músicas foram garimpadas por Chico Mário com a finalidade de nascer o seu primeiro LP *Terra*. O Airton Barbosa, fagotista, era nosso vizinho e a amizade veio dar um grande impulso para realização do disco *Terra*. Airton indicou o Sonoviso, estúdio que grava disco independentes, depois nos disse para procurar Antonio Adolfo, um dos pioneiros do disco independente no Brasil. E as portas foram se abrindo, à medida que fomos batendo nelas.

Toninho Barbosa, o técnico vitalício do estúdio Sonoviso, indicou o grande músico flautista Nivaldo Ornellas, que deu a maior força, principalmente no estúdio. Imagina a sorte desse mineiro Chico. As vozes femininas estavam bem ali na vizinhança, o Quarteto em Cy e a Joyce iluminando a nossa rua com suas belas vozes. E o disco *Terra* depois de gravado ganhou a imagem do capista Noguchi.

Eu diria que o disco independente deveria se chamar disco da amizade, pois fomos todos na casa do Noguchi conhecer sua linda família, Bebel, a sua esposa, e as crianças para passar o dia, onde a capa foi elaborada e sonhada por Noguchi e o grande fotógrafo Fernando Carvalho que, por meio do seu olhar, transportou Minas para uma cidade no estado do Rio de Janeiro. Só um grande artista e grande fotógrafo para realizar esse desafio. Este é o LP *Terra*, que foi elogiado por nosso grande poeta Carlos Drummond de Andrade.

** Nivia Souza é viúva de Chico Mário*

Terra Semeada

por Marcos Souza**

O disco *Terra* marcou a carreira de meu pai. Além de ser o primeiro, tem músicas que seguiram sua trajetória até o final de sua vida, como "Ouro Preto", "Terra" (com a linda voz de Joyce), "Exílio" e a instrumental "Moda do tio Geraldo" com sua viola de 12 cordas. Uma mineiridade que deixou saudades. Esse disco foi parar no México e Chico ficou então conhecido pelo nome de Paco Terra por vender de primeira 4 mil cópias do ainda vinil.

No festival da canção meu pai contou que voltou ao palco 15 vezes para o bis e aproveitou para experimentar a música instrumental, assim nasce um novo caminho o investimento na música instrumental, no choro, no baião e na música brasileira, pois deu certo essa novidade em terras mexicanas. Lembro ainda de um episódio que me contou: ter perdido o seu violão Do Soto depois de uma entrevista na rádio mexicana, ficou desolado. Mas, tempos depois, o violão apareceu.

Além dessa sorte, Chico foi tocar em um hotel em Miami com o amigo e percussionista Djalma Correa, e mesmo depois de subir para o quarto e estarem de pijama, foram chamados para tocar de novo, pois ninguém iria embora. No dia seguinte, ao pagar a conta, o hotel não cobrou nada, era o sucesso começando no exterior. Sua música chegava longe e se não fosse uma vida tão curta, de apenas 39 anos, seguramente teria uma carreira internacional de dar gosto.

Quando fomos ao Festival de Inverno de Ouro Preto, Chico carregou a família e um bando de músicos para tocar o disco *Terra*, sucesso garantido. Aliás, a música "Ouro Preto" ganhou o Festival de Minas e muitos fãs. Meu sonho é tocar essa música sempre que estiver em Ouro Preto.

Um disco bem político, melódico, mineiro, mas também suave, como a música "Passarinho preto", que também não deixa de abordar questões políticas. Quando os primeiros acordes de qualquer música desse disco tocam eu viajo sem bagagem para minha infância, meu pai tocando e cantando com força e com vontade. O primeiro disco independente de sua carreira é realmente um marco em nossas vidas!

*** Marcos Souza é filho de Chico Mário*

Ficha técnica:

Terra (TA – 001)

Produção: Francisco Mário

Assistente de produção: Nivia Souza

Fotos: Fernando Carvalho

Capa: Noguchi

Gravado por Toninho Barbos no Estúdio da Sonoviso

Lado A

1 – Ouro Preto (Francisco Mário / Fernando Rios)

Voz e violão: Francisco Mário; coro: Quarteto em Cy; piano: Antonio Adolfo; cello: Henrique Drach; baixo: Tony Botelho; bateria: Paulinho Braga

2 – Terra (Francisco Mário) Participação especial: Joyce

Voz: Francisco Mário e Joyce; violão: Francisco Mário; piano: Antonio Adolfo; flauta em sol: Nivaldo Ornellas

3 – Bateia (Francisco Mário)

Voz e violão: Francisco Mário; coro: Quarteto em Cy, Pepê, Ary Dias e João Carlos; flauta e piano: Nivaldo Ornellas; baixo: Tony Botelho; bateria e percussão: Paulinho Braga

4 – Passarinho preto (Francisco Mário)

Voz e violão: Francisco Mário; piano: Antonio Adolfo; flauta: Nivaldo Ornellas; baixo: Tony Botelho

5 – Quitute mineiro (Francisco Mário)

Voz e viola: Francisco Mário; flauta: Nivaldo Ornellas; acordeon: Chiquinho do Acordeon; baixo: Tony Botelho; bateria e percussão: Paulinho Braga

6 – Exílio (Francisco Mário)

Voz e violão: Francisco Mário; piano: Antonio Adolfo; cello: Henrique Drach; percussão: Paulinho Braga

7- Moda do Tio Geraldo (Francisco Mário)

Viola: Francisco Mário; bateria e percussão: Paulinho Braga

Lado B

1 – Bandeira ao alto (Francisco Mário)

Voz e violão: Francisco Mário; coro: Quarteto em Cy, Pepê, Ary Dias e João Carlos; fagote: Airton Barbosa; baixo: Tony Botelho; bateria e percussão:

Paulinho Braga
2 – Maria Leal (Francisco Mário)
Voz e violão: Francisco Mário; cello: Henrique Drach; arranjos de cello: Henrique Drach
3 – Carro de boi (Francisco Mário)
Voz e violão: Francisco Mário; coro: Quarteto em Cy, Pepê, Ary Dias e João Carlos; flauta: Nivaldo Ornellas; baixo: Tony Botelho; cello: Henrique Drasch; bateria e percussão: Paulinho Braga
4 – Manto (Francisco Mário)
Voz e violão: Francisco Mário; flauta: Nivaldo Ornellas; acordeon: Chiquinho do Acordeon; cello: Henrique Drach; baixo: Tony Botelho; bateria e percussão: Paulinho Braga
5 – Bicho fantasiado (Francisco Mário)
Voz e violão: Francisco Mário; flauta: Nivaldo Ornellas; acordeon: Chiquinho do Acordeon; cello: Henrique Drach; baixo: Tony Botelho; bateria e percussão: Paulinho Braga
6 – Reses Tensas (Francisco Mário)
Voz e violão: Francisco Mário; flauta: Nivaldo Ornellas; acordeon: Chiquinho do Acordeon; cello: Henrique Drach; baixo: Tony Botelho; bateria e percussão: Paulinho Braga; arranjo: Francisco Mário

Gal Costa

Gal Tropical

por Rodrigo Faour

Posso dizer que 1979 foi o ano em que descobri efetivamente a grandeza da música brasileira, aos sete anos, quando fiquei apaixonado pelos discos e fitas K7 comprados pela minha mãe – professora de música e com um gosto bem apurado. Era feliz e não sabia, e hoje atesto: nunca houve um período tão mágico quanto a dobradinha 1978-79. É muito difícil encontrar um disco ruim nesse período. Beth Carvalho (*De Pé no Chão*, de 78; *No Pagode*, de 79), Maria Bethânia (*Álibi*, de 78, e *Mel*, de 79), Chico Buarque (homônimo, de 78, e *Ópera do Malandro*, de 79) e vários outros de 79, como Simone (*Pedaços*), Rita Lee (homônimo), Gilberto Gil (*Realce*), Joanna (*Nascente*), Emílio Santiago (*O Canto Crescente de Emílio Santiago*), Elis Regina (*Essa Mulher*) e Sergio Mendes (*Horizonte Aberto*) são álbuns que estão entre as minhas primeiras memórias afetivas. Isso fora o que eu ouvia na FM Nacional, do Rio de Janeiro, uma emissora que trazia o *crème de la crème* da MPB desses e inúmeros outros artistas que eu ia descobrindo, fascinado.

Citei vários artistas e álbuns dessa época, mas o esplendor de Gal Costa em *Gal Tropical* foi algo avassalador em minha vida. Ela se tornou minha diva maior pelo menos até meus vinte e poucos anos, quando seu material vocal era tão deslumbrante que qualquer coisa que ela cantasse me agradava. Depois disso, deixei de ter apenas uma cantora ou cantor favoritos, até pela força da profissão. Aos sete, oito anos, porém, além da voz e do repertório, a figura de Gal, nos projetos gráficos dos discos e na televisão, se diferenciava dos demais artistas e também me agradava demais. Era linda, teatral, divertida. O tempo me levou a refletir o porquê de amar tanto a Gal nessa época a ponto desse disco ter se tornado o meu *Chega de Saudade*.

Devemos evitar a palavra "gênio", pois ela anda desgastada, mas se há alguém que merece esta alcunha é o produtor Guilherme Araújo. O cara que batizou Maria da Graça de Gal Costa foi o mesmo que soube conduzir com maestria sua carreira até 1986. Nessa época de 1979, sacou que Gal precisava dar um pulo do gato (ou da gata) na carreira e a ajudou a renovar-se. Outro mestre, Roberto Menescal, diretor da Polygram, que produziu esse LP com Guilherme, me disse também que viu o que sucedera a Diana Ross e achava que Gal deveria trilhar um caminho semelhante, mais *superstar*. Juntou a fome com a vontade de... produzir algo maravilhoso, tudo isso somado à verve intuitivamente moderna e a incrível capacidade de renovação que a cantora já trazia em seu DNA. Seus antigos figurinos supostamente hippies (eram de grife!), a postura despretensiosa, largada, de mulher autoafirmativa, símbolo sexual da geração tropicalista e da pós-tropicalista do desbunde davam lugar a uma Gal *femme fatale* entre a Broadway americana e o nosso velho e bom teatro de revista.

A Bahia estilizada de Dorival Caymmi ("A preta do acarajé"), o sertanejo chique de Cascatinha e Inhana ("Índia"), a classe romântica de Emilinha Borba ("Dez anos (Diez años)"), os anos dourados de Tom Jobim & Dolores Duran ("Estrada do sol") e Jacob do Bandolim ("Noites cariocas", agora com letra póstuma de Hermínio Bello de Carvalho), uma pitadinha dupla de Roberto & Erasmo ("Olha", "Meu nome é Gal"), outra de Caetano, carnavalesco ("O bater do tambor") e existencial ("Força estranha"), a vanguarda de Luiz Melodia ("Juventude transviada"), o glamour das vedetes – Virgínia Lane, Mara Rúbia, Nélia Paula, Sonia Mamede –, tudo junto e misturado à explosão *bombshell* de Carmen Miranda, com direito a olhinhos revirados ("Samba rasgado", "Balancê", que fez mais sucesso que na gravação original de 1936, e novamente "A preta do acarajé"). Pronto! Tínhamos um Brasil tropical pós-AI-5 destilado por uma diva madura, mas com malícia sapeca, pronta para seduzir marmanjos e mulheres de várias idades, e até crianças, como eu.

Em termos de imagem, agora a já tradicional rosa vermelha no cabelo vinha acompanhada de saia e top dourados ornando seu belo corpo, estampado num encarte triplo dentro do LP, clicada pelo craque Antonio Guerreiro. Esse foi um dos figurinos do show homônimo de maior sucesso do *showbiz* nacional até então: dois anos e quatro meses em cartaz, com direito a turnê na Europa e Japão. Se Gal já tinha fãs gays, a partir de *Gal Tropical*, ela virou diva absoluta desse público. Que gay poderia resistir a tanta beleza e brilho? Tanto isso foi verdade que imediatamente ela ganhou uma imitadora à altura, a transformista Andrea Gasparelly, que a representou numa escola de samba e virou até clipe do *Fantástico*, pouco depois, em 1981.

Eu, criança, ainda sem saber de nada do mundo, só me encantava com um disco tão rico e envolvente e não perdia uma aparição sua na TV, a começar por seu célebre programa da série *Grandes Nomes*, na TV Globo, com direito a muita corrida no palco, momentos sensuais e outros carnavalescos – e haja pluma, carão e gritaria! Um êxtase. Hoje sei que muito de meu fascínio se deu também graças aos lindíssimos arranjos do pianista (e dentista, quem diria!) Perna Fróes. Que categoria! E que músicos! Além do conterrâneo Perna, estavam lá Robertinho de Recife (guitarra e violão), Moacyr Albuquerque (baixo), Charles Chalegre (bateria), Sérgio Boré (percussão), Juarez Araújo (sopros), mais Zezinho e Tangerina (percussão).

Como passar incólume pelas estripulias vocais das novas versões de "Índia" e, sobretudo, "Meu nome é Gal", em seu famoso duelo de voz e guitarra com Robertinho de Recife – diga-se de passagem, jamais superado por qualquer outra cantora no planeta. Mas eu também pulava em casa com "Balancê" e "O bater do tambor", ficava doido com os cacos que ela colocava em "Samba rasgado" e com a "pinta" soturna de "A preta do acarajé". Viajava com o encanto bolerístico de "Dez anos" e "Olha", a nostalgia de "Noites cariocas" e a sinceridade de sua interpretação de "Força estranha". Estranhava muito a letra meio maluca de "Juventude transviada", mas adorava. E o que dizer daquela guitarra com trêmulo da introdução "Estrada do sol", que servia de cama para que ela desse seu molho todo moderno a uma canção até então com aura de clássico intocável? Pois saibam que ela me acordava todo dia, pois abria a programação da FM Nacional às seis da manhã, já que eu pegava na escola às sete e meu rádio-relógio despertava à base de música.

Continuei seguindo a Gal desta fase muito solta, em que a MPB deixava um pouco as metáforas políticas intrincadas para explorar sensualidade, erotismo, carnaval e discurso feminino de uma maneira muito bela e natural. Analisei muito este período que vai do fim dos anos 1970 à primeira metade dos 1980, pré-Aids, no meu livro *História Sexual da MPB* (2006). Posso atestar que nunca houve um momento em nossa música tão sexy, suave e afeito ao público LGBT quanto este. Hoje ainda sinto a mesma emoção ao ouvir o repertório refrescante de *Gal Tropical* e dos outros álbuns dessa fase em que a MPB era sim bastante popular e tocava por toda parte. E sem abrir mão da diversidade e da qualidade artística vocal, instrumental e poética de uma geração imbatível iniciada nos anos 1960 e de outra fresquinha, de grandes cantoras e compositoras que se revelava justamente neste momento.

Nos meus cursos, sempre falo desse período com entusiasmo e fiquei muito feliz que o querido Célio Albuquerque acabou confirmando a ideia de realizar esse livro justamente após sair de uma das minhas aulas no Sesc Copacabana. Que essa fase de Gal Costa e da MPB possa nos inspirar sempre!

Ficha técnica:

Gal Tropical (Philips – 6349 412)

Direção de produção: Guilherme Araújo e Roberto Menescal
Arranjos e regências: Perna Fróes
Músicos: Banda Talismãs
Guitarra: Robertinho de Recife
Baixo: Moacyr Albuquerque
Sopros: Juarez Araújo
Bateria: Charles Chalegre
Percussão: Sérgio Boré
Ritmistas: Zezinho e Tangerina
Violão em "Força estranha": Robertinho de Recife
Técnico de gravação e mixagem: Luigi Hoffer
Assistentes de estúdio: Vitor e Julinho
Fotos da capa: Antonio Guerreiro
Layout: Lielzo Azambuja
Arte: Jorge Vianna

Este disco contém as músicas do espetáculo *Gal Tropical*, que estreou no dia 11 de janeiro de 1979 no Teatro dos Quatro, Rio de Janeiro, com criação e direção de Guilherme Araújo, direção musical de Perna Fróes e figurinos de Guilherme Guimarães.

Lado A

1 – Samba rasgado (Portello Juno / W. Falcão)
2 – Noites cariocas (Hermínio Bello de Carvalho / Jacob do Bandolim)

3 – Índia (J. A. Flores / M. O. Guerrero)
4 – Estrada do sol (Tom Jobim / Dolores Duran)
5 – A Preta do Acarajé (Dorival Caymmi)
6 – Dez anos (Lourival Faissa / Rafael Hernandez)

Lado B
1 – Força estranha (Caetano Veloso)
2 – Olha (Erasmo Carlos / Roberto Carlos)
3 – Juventude Transviada (Luiz Melodia)
4 – Balancê (Alberto Ribeiro / João De Barro)
5 – O bater do tambor (Caetano Veloso)
6 – Meu nome é Gal (Erasmo Carlos / Roberto Carlos)

Geraldo Azevedo

Bicho de 7 Cabeças

por Alberto Villas

Imagine o que é uma pessoa apaixonada por música popular brasileira passar uma década longe daqui, sem colocar os pés em Terra Brasilis. Hoje, talvez não fosse tão difícil assim, mas a década era a de 1970, quando ainda não havia Internet. Não havia Youtube, não havia Spotify, WhatsApp, nenhuma dessas modernidades. Era uma época em que Gilberto Gil chamava computador de cérebro eletrônico e celular, só na casa da Família Jetson, na televisão. Gil vivia um triste exílio na Terra da Rainha, acompanhado do mano Caetano e tantos outros que partiram num rabo de foguete. Em Paris, a música popular brasileira tão querida, tão curtida, ficou resumida em uma caixa de sapatos cheia de fitas K7 de cor laranja e preto da Basf, gravadas pouco antes de pegar um avião com destino a uma sonhada felicidade. Tinha um pouco de tudo daqueles efervescentes anos 1960: Caetano, Gil, Chico, Milton, Vandré, Tom Jobim e Zé, Vinicius, Edu, Egberto Gismonti, Marcos Valle, Mutantes e vozes de Gal, de Nara, de Nana, de Bethânia, de Elis, de Claudete.

Para não ficar parado no tempo, descobri a fórmula do isopor. Era possível receber pelo correio, discos de vinil caprichosamente embalados entre duas folhas de isopor e embrulhados num papel pardo. Demorava meses para chegar, via marítima, porque ninguém tinha muito dinheiro para bancar o correio aéreo. A aflição era quase que diária ao receber, dentro de envelopes verde e amarelo, recortes de jornais, críticas de música retiradas da revista *Veja*, do *Jornal do Brasil*, da *Folha de São Paulo*, do *Estadão*, d' *O Globo*, do *Estado de Minas* e da imprensa alternativa. Era assim que chegavam as notícias de gente nova no pedaço: João Bosco, Luiz Melodia, Gonzaguinha e todo aquele pessoal do Nordeste: Belchior, Amelinha, Fagner, Zé Ramalho, Ednardo, Alceu Valença, Elba e Geraldo Azevedo. Era aflitivo saber notícias dessa gente boa, ler trechos de suas letras, ver as capas dos discos, sonhar com os encartes e não imaginar a voz. Não tinha como.

Geraldo Azevedo chegou pela primeira vez naquele apartamento na Rue de La Roquette, um bairro comunista perto da Bastille, num fascículo da coleção *Nova História da Música Popular Brasileira*, publicada pela Editora Abril. O fascículo reunia, além de Geraldinho, Alceu Valença e Marcus Vinicius. Foi com muito cuidado que coloquei numa pequena vitrola três em um, comprada num mercado das pulgas, aquele disquinho de 10 polegadas para ouvir pela primeira vez a voz daqueles pernambucanos que só conhecia de nome pelos recortes que chegavam. Foi assim que ouvi "Caravana", "Em Copacabana" e "Novena". Foi paixão à primeira audição. O disco de miolo alaranjado trazia, além das três canções de Geraldinho, três de Alceu e duas de Marcus Vinicius. No outono, chutando folhas secas à beira do Sena, cantarolava baixinho, reparando as velas no cais, sonhando que em Copacabana tudo era rei.

A grande novidade chegou dois anos depois. Fui ao correio do XIème arrondissement levando no bolso um papelzinho cor de rosa, aviso de chegada de encomenda do exterior. Alegria ao ver a mocinha voltar ao balcão com aquele pacote quadrado, formato de disco de vinil. Assinei o papel e fui caminhando para casa, nervoso para não cair. A abertura do pacote era um ritual. Com uma tesoura, ia cuidadosamente recortando as beiradas do papel pardo, até desembrulhar o disco, bater os olhos na capa, quase chorar de emoção. Foi a minha primeira sogra, Dora Haddad, quem enviou aquele disco que acabara de retirar do pacote. A capa era meio sépia, e lá estava Geraldo Azevedo e seu *Bicho de 7 Cabeças*.

Fui direto na contracapa para ver o nome das músicas e lá estavam: "Veneza americana", "Semente de Adão", "O Menino e os carneiros", "Asas de verão", "Grande momento", "Arraial dos tucanos" e "Natureza viva", todas parcerias com Carlos Fernando; além de "Bicho de 7 cabeças", parceria com Zé Ramalho e Renato Rocha; "Taxi Lunar", parceria com Alceu Valença; "Paula e Bebeto" de Milton e Caetano; "Meu pião", de Zé do Norte; e "Águas de março", de Tom Jobim. Com o mesmo cuidado, esfregando uma flanela para tirar o pó, o disco foi para a três em um e custou a sair.

Quando ouvi "Veneza americana", depois de dias ouvindo Edith Piaf e Jacques Brel, foi uma loucura. Rolou a festa e dançava mambo e xaxado sozinho arrastando o pé naquele carpete azul anil, o mais barato que encontramos para forrar o chão da nossa sala. Aquelas palavras tinham sumido da minha cabeça e do meu vocabulário. Aquele mambo tinha ficado para trás há muitos e muitos anos. Palavras como maracatu, Capibaribe, cana caiana e Beberibe. Ria sozinho tentando verter para o francês palavras que não existiam no país do meu exílio. Ouvi "Sementes de Adão", "O menino e os carneiros", "Asas de verão", "Grande Momento" e cheguei a "Bicho de 7 cabeças".

Não me lembrava mais dessa expressão. Geraldinho, acompanhado de Elba Ramalho, me remeteu a Belo Horizonte, adolescente aflito com medo de uma prova de matemática e minha mãe tentando me acalmar: "Vai dar tudo certo, você está fazendo um bicho de 7 cabeças, procurando pelo em ovo." Aquela mistura de palavras me enchia o coração de preguiça e vontade de pegar o primeiro avião rumo a Cidade Maravilhosa. Não, não tinha jeito, não tinha coração que mereça. Era uma coisa sem pé nem cabeça. E eu pensava na Irene de Caetano, que ficou para trás: "Eu quero ir minha gente / Eu não sou daqui / Eu não tenho nada, nada / Quero ver Irene rir / Quero ver Irene dar sua risada".

E eu ouvi "Táxi Lunar" e a sensibilidade estava na flor da pele. Me fazia relembrar Dorival Caymmi só de ouvir Geraldinho cantar que ia pegar a beira mar, um táxi pra estação lunar. Saudade do mar, tão doce morrer no mar. Veio "Paula e Bebeto", veio "Meu Pião", as "Águas de Março", o "Arraial dos tucanos" e "Natureza viva", com participação da voz de veludo da mãe, dona Nenzinha. Ouvi, ouvi, ouvi.

Voltei aos meus arquivos e li novamente o fascículo da Abril contando a vida de Geraldo Azevedo. Nasceu no dia 11 de janeiro de 1945, a 8 quilômetros de Petrolina e do Rio São Francisco. Filho do lavrador Zé Delegado e da professora, Dona Nenzinha.

Começou na música cedo. Aos cinco anos, ganhou um violão do pai, feito por ele próprio, carpinteiro que era também. Em casa, o pai cantava o folclore nordestino e a mãe, músicas religiosas. Geraldinho quase pirou quando ouviu Ademilde Fonseca cantando, num compacto simples, de um lado "Teco-Teco" e do outro "Brasileirinho".

Foi então que pegou o rumo do Sul Maravilha. Fez um pouco de tudo para sobreviver, foi vendedor, sonhou ser arquiteto, mas sem arredar pé da música. Como todo artista daqueles anos de chumbo, passou uma pequena temporada na cadeia, o motivo só Deus sabe.

Ouvir *Bicho de 7 Cabeças* em 1979 foi o pontapé inicial para o fim de um exílio. Logo surgiu uma luz no fim do túnel e nas asas da abertura voei de volta para o meu país, para o meu aconchego, trazendo na bagagem muitos discos, inclusive um bicho de 7 cabeças.

Ficha técnica:

Bicho de 7 Cabeças (Epic/CBS - 144325)
Direção de produção: Carlos Alberto Sion
Direção de estúdio: Geraldo Azevedo
Assistente de produção: Marcelo Falcão
Arranjos: Geraldo Azevedo
Orquestrações e regências: Dori Caymmi, Paulinho Machado e Geraldo Azevedo
Técnicos de gravação: Jadel Leão, Eugenio de Carvalho e Andy Mills
Mixagem: Andy Mills
Montagem: Alencar
Gravado nos estúdios Haway e Level
Capa: Cafi
Fotos capa e contracapa: Cafi
Foto chapéu: Xirumba
Arte: Álvaro de Souza
Direção de arte: Géu
Assistentes técnicos: Arlindo, Flávio Ribeiro, Gilberto Peninha, Garrafa, João Ricardo, João Maria e Davi
Corte: Manoel

Participações Especiais: Elba Ramalho e Dona Nenzinha do Jatobá

Músicos participantes:
Zé Ramalho, Robertinho Silva, Nivaldo Ornellas, Chico Julien, Elbe Bedaque, Sivuca, Luz Paulo Simas, Luiz Alves, Antonio Adolfo, Franklin da Flaua, Robertinho do Recife, Jamil Joanes, Paulinho Machado, Novelli, Zé Gomes, Sérgio Boré, Aleuda, Dominguinhos, Bolão, Paulinho Braga, Danilo Caymmi, Paulinho Jobim, Pippo Spera, Eduardo Marquez, Pato Rovés, Lourenço Baeta, Chico Batera, Dori Caymmi, Dona Nenzinha, Elba Ramalho, Amelinha, Monica Schmid, Lizzie Bravo, Christina Ponce e Sheila Dain

Orquestra de cordas:

Violinos: Giancarlo Pareschi (Spala), José Alves da Silva, Alfredo Vidal, João Daltro de Almeida, Virgílio Arraes Filho, Aizik Meilach, Roberto Eduard, Jean Arnaud, Carlos Eduardo Hack, Luiz Carlos Campos Marques, Walter Hack, José Dias de Luna, Francisco Perrota; Violas: Frederick Stephany, Arlindo Figueiredo Penteado, Nelson de H. de Macedo; Cellos: Jorge Hundert Ranevsky, Ibere Goes Grosso, Alceu de Almeida Reis

Esse trabalho teve a participação especial de Elba Ramalho e de minha mãe Dona Nenzinha do Jatobá.

Lado A

1 - Veneza americana (Geraldo Azevedo / Carlos Fernando)
2 - Semente de Adão (Geraldo Azevedo / Carlos Fernando)
3 - O Menino e os carneiros (Geraldo Azevedo / Carlos Fernando)
4 - Asas de verão (Geraldo Azevedo / Carlos Fernando)
5 - Grande momento (Geraldo Azevedo / Carlos Fernando)

Lado B

1 - Bicho de 7 cabeças II (Zé Ramalho / Geraldo Azevedo / Renato Rocha) Participação: Elba Ramalho
2 - Táxi lunar (Geraldo Azevedo / Zé Ramalho / Alceu Valença)
3 - Paula e Bebeto (Milton Nascimento / Caetano Veloso)
4 - Meu pião (Zé do Norte) / Águas de Março (Tom Jobim)
5 - Arraial dos tucanos (Geraldo Azevedo / Carlos Fernando)
6 - Natureza viva (Geraldo Azevedo / Carlos Fernando) Participação: Dona Nenzinha do Jatobá

Geraldo Vandré

Geraldo Vandré

por André Cananéa

Para Nelson Motta, aquela canção foi o fósforo que detonou um barril de pólvora. "Para não dizer que não falei das flores (Caminhando)" foi escrita por Geraldo Vandré logo após acompanhar - sem se envolver, como ele mesmo frisou ao jornal *O Globo*, em uma entrevista publicada em 26 de março de 2008 e registrada em vídeo disponível no canal da TV Câmara no YouTube - a famosa Passeata dos Cem Mil, naquele histórico 26 de junho de 1968, no Rio de Janeiro.

Paraibano de João Pessoa, Geraldo Pedrosa de Araújo Dias já havia migrado para o Rio de Janeiro, estudado Direito e se tornado cantor e compositor. Portanto, aquele homem que, aos 32 anos de idade, assistia ao povo caminhar e cantar e seguir a canção já havia gravado discos, colecionava elogios de público e da crítica, tinha sido ovacionado no Festival de Música Popular Brasileira da TV Record dois anos antes (com "Disparada") e, por ali, já constava na mira dos militares, afinal eram tempos de ditadura.

A história de "Caminhando", você conhece bem: após voltar para casa, na noite de 26 de junho de 1968, Vandré pôs-se a escrever letra e melodia do que se tornaria o hino contra a repressão militar. "Caminhando e cantando e seguindo a canção / Somos todos iguais, braços dados ou não / Nas escolas, nas ruas, campos, construções...", dizem os primeiros versos, que ganham força no refrão: "Vem, vamos embora, que esperar não é saber / Quem sabe faz a hora, não espera acontecer..."

Menos de três meses depois, a música era entoada por uma multidão na segunda edição do Festival Internacional da Canção (FIC), promovido pela Rede Globo e que se tornaria um marco não só na história da música popular brasileira como na história política e social do país.

Naquela edição, a música "Sabiá", de Tom Jobim e Chico Buarque, interpretada por Cynara e Cybele, sagrou-se vencedora, apesar das vaias e gritos de protesto de uma plateia ensandecida que reconhecia, ali, a supremacia de "Para não dizer que não falei das flores (Caminhando)", interpretada pelo próprio autor, que na ocasião disse a famosa frase: "A vida não se resume a festivais."

Em setembro de 1968, Geraldo Vandré tinha um contrato com a Discos Som/Maior Ltda, de São Paulo, que dois anos antes havia lançado o quarto LP do paraibano, *5 Anos de Canção*. No calor dos acontecimentos, o selo não perdeu tempo e colocou no mercado um compacto simples com o áudio extraído da interpretação ao vivo da canção na final do festival, ocorrida no Maracanãzinho, no dia 29 de setembro daquele ano.

Aí sabe como é, né? Os militares, já de saco cheio dessa coisa de flores vencendo o canhão, marchando indecisos cordões e morrer pela Pátria e viver sem razão, censuraram a música e a pequena bolacha foi recolhida. Não sem antes a querela sair do palco e ganhar as páginas dos jornais.

As biografias do músico dão conta que, em 4 de outubro, ou seja, aproximadamente uma semana após a final do festival, Vandré, já sentindo a temperatura subir por conta de sua composição, deu uma declaração que deveria ser um balde de água fria, mas foi gasolina numa fogueira que já ardia em chamas: "'Caminhando' não é uma canção de guerra e os versos 'nos quartéis se aprende a morrer pela Pátria e viver sem razão' não se referem somente a militares, mas é um modo de me exprimir para explicar todo tipo de profissão que restringe as pessoas a um certo modo de vida... Aliás, muitos militares concordaram com os versos", declarou o músico, à época.

A resposta veio dois dias depois, nas páginas do *Jornal do Brasil*. Em um artigo assinado pelo general alagoano Octávio Costa, o militar elencava três injustiças que, na ótica dele, haviam sido cometidas no palco da 2ª edição do FIC. A primeira, por parte do júri, por não ter premiado a melhor letra. A segunda, por parte da plateia, "pela cegueira da paixão". Mas era o terceiro ponto que o general queria, realmente, ressaltar: a injustiça que o paraibano praticava ali contra "soldados armados", ponderando que essa ainda poderia ser reparada, ou seja, instigando uma punição ao autor da canção. Estava sacramentada a caça a essa bruxa chamada Geraldo Vandré.

Não demoraria mais que 72 horas, após a publicação do artigo do general Costa, para que agentes do Departamento de Ordem Política e Social (DOPS) saíssem à caça do compacto de "Caminhando" com o objetivo de recolhê-lo das lojas do Rio de Janeiro. No dia 11 de outubro, um boletim do Serviço Nacional de Inteligência (SNI) informava que o DOPS havia apreendido 500 discos com a canção, "considerada subversiva pelas autoridades militares".

Até o fim daquele mês, "Pra não dizer que não falei das flores (Caminhando)" estaria oficialmente banida do rádio, televisão e de locais públicos em todo o território nacional, com a recomendação do Alto Comando do Exército de recolher o disco em qualquer parte do país.

Quando se preparava para um show em Brasília, no dia 14 de dezembro de 1968, Vandré ficou sabendo da promulgação do Ato Institucional nº 5, o AI-5 e não pensou duas vezes: fugiu! Conseguiu esconder-se até fevereiro de 1969, no Rio de Janeiro, e, a partir daí, se exilou no exterior.

Por dez anos, não só Vandré se calou (no Brasil), como "Caminhando" foi silenciada. Somente em 1979, já com o afrouxamento do regime, a gravadora conseguiu a liberação da canção. Haviam se passado mais de dez anos, mas o hino ainda ocupava um lugar especial na mente e no coração dos brasileiros, sentimento que segue até os dias de hoje.

Para celebrar o retorno da canção aos holofotes, a Discos Som/Maior Ltda (que mais tarde foi incorporada à RGE) resolveu reeditar o LP de 1966 acrescentando, na abertura e encerramento do repertório, duas versões de "Caminhando": uma ao vivo, extraída da apresentação do Maracanãzinho, no lado A, e uma inédita versão em estúdio, no final do Lado B.

O disco voltou ao mercado com capa e título diferentes: desta vez, trazia uma foto de Geraldo Vandré supostamente em um palco, de camisa vermelha, violão no colo e de boca aberta. Nos dizeres, apenas o nome do artista e uma tarja: "Incluindo: 'Pra não dizer que não falei das flores (Caminhando)', proibida desde 1968". E, por isso, o LP ficou conhecido como *Pra Não Dizer Que Não Falei das Flores (Caminhando)*.

O álbum de 1979, portanto, era um museu de apenas uma novidade, que nem era tão nova assim. O recheio da bolacha são as 12 faixas de *5 Anos de Canção*, na mesmíssima ordem em que as músicas aparecem no disco de 1966. Portanto, falar do álbum, como um todo, é voltar a 1966, quando Vandré havia acabado de assinar com a popularmente conhecida Som Maior.

O disco era um apanhado de canções que ele tinha feito nos cinco anos antes, algumas delas já lançadas em LP ou compacto. Para se ter uma ideia, das

12 faixas de *5 Anos de Canção*, seis haviam sido lançadas no primeiro LP do paraibano, o homônimo *Geraldo Vandré*, de 1964.

É o caso das emblemáticas "Fica mal com Deus" e "Canção nordestina", ambas compostas por Vandré com diferença de dias e que acabaram marcando, em disco, a ruptura do caminho bossa-novista que o paraibano estava trilhando para uma música mais regionalista. A "Canção nordestina" que aparece nos discos de 1966 e 1979 é a mesma do disco de 1964, com aquele andamento de baião-jazzístico-eletrificado, cujo arranjo foi originalmente escrito por Moacir Santos.

Da mesma forma, o LP de 1966 continha as duas parcerias de Geraldo Vandré com Luiz Roberto Oliveira, "Tristeza de amar" e "Ninguém pode mais sofrer", a primeira lançada em 1963 por Alaíde Costa, cantora que se tornaria parceira do paraibano na música "Canção do breve amor", uma das novidades daquele *5 Anos de Canção*.

As outras duas figuras repetidas do álbum de estreia são "Depois é só chorar" e "Pequeno concerto que virou canção", ambas compostas solitariamente por Vandré, a segunda abordada pelo Enem 2011, cuja questão destacava os versos "Não, não há por que mentir ou esconder / A dor que foi maior do que é capaz meu coração / Não, nem há por que seguir cantando só para explicar / Não vai nunca entender de amor quem nunca soube amar..."

Embora ausente do LP de estreia, o de 1966 traz uma das primeiras parcerias do autor de "Caminhando", a que ele fez com Carlos Lyra. "Quem quiser encontrar o amor" foi escrita em 1960 e, de acordo com o texto da contracapa do LP *5 Anos de Canção* (e, por conseguinte, reproduzido no disco de 1979), assinado pelo jornalista e pesquisador paraense Franco Paulino, a parceria "abria mão daquela chave fácil e jazzificada de estruturar composições. Daí Vandré se animou para uma tentativa mais séria e, sobretudo, pioneira: a de apropriar-se de uma temática nordestina, trabalhando-a num tipo de canção de conteúdo bem mais coletivo".

O repertório também contempla duas das cinco parcerias do paraibano com o carioca Baden Powell: "Rosa flor" e "Se a tristeza chegar". Vandré e Powell se conheceram nas reuniões no Centro Popular de Cultura (CPC), mas a amizade só iria decolar a partir dos saraus organizados por Paulo Cotrim e iria render, além de composições, a presença do violonista no terceiro álbum do cantor, *Hora de Lutar* (1965). Vale lembrar que, das 12 faixas do disco de estreia, Vandré incluiria três parcerias de Baden com Vinicius de Moraes: "Berimbau", "Samba em prelúdio" e "Só por amor".

Completam o repertório de *Pra Não Dizer Que Não Falei das Flores (Caminhando)* duas pérolas: a marcha-rancho "Porta estandarte", de Vandré e Fernando Lona, que garantiu à dupla o primeiro lugar no 2º Festival Nacional de Música Popular Brasileira, organizado pela extinta TV Excelsior, e "Réquiem para Matraga", música feita pelo paraibano para o filme *A Hora e a Vez de Augusto Matraga* (1965), de Roberto Santos, e que se tornou uma queridinha do audiovisual brasileiro, sendo reproduzida tanto na novela *Velho Chico* (2016), quanto no longa-metragem *Bacurau* (2019), de Kléber Mendonça Filho e Juliano Dornelles.

Sem um repertório que, de fato, surpreendesse o público em 1979, o disco de Vandré daquele ano se destaca, tão somente, por ser a primeira incursão em um LP de "Caminhando", um dos maiores ícones do cancioneiro brasileiro, regravada por artistas de dentro e fora do país, e que por mais de 50 anos fora renegada pelo próprio autor, que só voltou a cantá-la em duas raras – e, por conseguinte, históricas - apresentações, nas noites de 22 e 23 de março de 2018, em João Pessoa, terra natal do artista.

Aos 82 anos, visivelmente emocionado ante uma plateia de pouco mais de 700 pessoas, o "mito" Vandré voltou a entoar os célebres versos "Caminhando e cantando e seguindo a canção...". Talvez essas tenham sido as últimas execuções públicas, ao vivo, interpretadas pelo recluso autor da canção, que após as duas apresentações, voltou para as sombras e a se alojar apenas na memória brasileira.

Ficha técnica:

Geraldo Vandré (RGE - 303.2001)

Texto da contracapa: Franco Paulino
Supervisor litográfico: Maurício A. R.
Violões: Heraldo e Théo
Ritmo: Airton
Arte original: Arte Photo

Lado A

1 - Pra não dizer que não falei das flores (Caminhando) (Geraldo Vandré)

- Gravada Ao Vivo no Maracanãzinho - Rio/1968
2 - Porta estandarte (Geraldo Vandré / Fernando Lona)
3 - Depois é só chorar (Geraldo Vandré)
4 - Tristeza de amar(Luiz Roberto Oliveira / Geraldo Vandré)
5 - Réquiem para Matraga (Geraldo Vandré)
6 - Canção do breve amor (Geraldo Vandré / Alaíde Costa)
7 - Fica mal com Deus (Geraldo Vandré)

Lado B

1 - Rosa flor (Geraldo Vandré / Baden Powell)
2 - Pequeno concerto que virou canção (Geraldo Vandré)
3 - Se a tristeza chegar (Geraldo Vandré / Baden Powell)
4 - Canção nordestina (Geraldo Vandré)
5 - Ninguém pode mais sofrer (Luiz Roberto Oliveira / Geraldo Vandré)
6 - Quem quiser encontrar o amor (Geraldo Vandré / Carlos Lyra)
7 - Pra não dizer que não falei das flores (Caminhando) (Geraldo Vandré)

Gilberto Gil
Realce

por Braulio Neto

Aforismo na introdução do clássico *Pele Negra, Máscaras Brancas* (1952) do psiquiatra francês (nascido nas Antilhas Francesas) Frantz Fanon: "Há um ditado do povo akan (região do Golfo da Guiné) que ensina que os sábios já são sábios de nascença, não se transformam em sábios", referindo-se às pessoas que já nascem "velhas".

Gilberto Passos Gil Moreira, 1942, baiano, integra a trupe que reúne, provavelmente, a mais brilhante geração na linha evolutiva da composição brasileira. Quinteto fantástico composto por Caetano, Chico, Milton, Paulinho e ele. Artistas que antes dos 25 anos já produziam cânones estéticos e simultaneamente afluentes - "velhos".

Verves a merecer descrição esmiuçada. Como pretendo ao escanear o som desse disco: ânima negro de Gil a devorar quaisquer estranhezas à musicalidade deste solo e as regurgitar para ser ainda mais brasileiro - *Realce*.

Ano ainda de canhestras figuras - "censores". Assim, não é difícil entender que, mesmo na celebração carimbada ao LP (observe o arco-íris disco já na capa), haja no cerne dessa composição-título suingue a questionar *status quo* ditatorial. Nos primeiros versos, adjetivos "força" / "bruta"; flexão na 3ª pessoa de "explodir"; vertendo em potência de equilibrista - "...e de repente a gente (poder)á". Indignação somatizada homeopaticamente ao longo dos quase 40 minutos de nove canções.

O produtor do disco, Mazzola, soube arregimentar músicos yankees da ambiência pop/jazz para mixar com percussão brasileira e a levada levanta povo do violão de Gil. A canção "Realce" não transita no obrigatório terreno do pop 4/4. Na melódica e distorcida linha inicial da guitarra temos Steve Lukather (Toto). Na mesma faixa Perinho Santana, guitarrista de meia MPB nos anos

1970/1980, além do seminal percussionista Djalma Correa. A explosão da(s) guitarra(s) parece fazer dobradinha numa overture e uma clave atua de forma minimalista, arrancando balanço na contramão de baixo e bateria.

O trabalho fecha a trilogia dos "RE": *Refazenda* (1975) e *Refavela* (1977) foram os predecessores. Temas recorrentes como "psique" se REtroalimentam. "Super-homem" traz Gil no pandeiro, delimitando com régua e compasso a cadência. Texto desconcertante, simbolismo imenso, quando a toada bissexual pairava nas discussões sobre sexualidade. Na verdade, o autor dava continuidade à reflexão freudiana delineada em "Pai e mãe" (faixa 4 de *Refazenda*). Masculino e feminino, pertencimento e pulsões.

O flagra crítico ao "patriarcado" teve como contraponto inspirada releitura da seminal canção de Caymmi "Marina". A musa pintou sua pele morena com toque soul, pois como viria a ensinar o lugar de fala: a escolha é dela. Até por isso, Gil também teve o direito a usufruir de seu arsenal criativo: a escolha foi, é e será dele. Se houve certa falação autoritária à época quanto a reler Caymmi, assimilando elementos exógenos, não custa lembrar: "Fascismo não é impedir de dizer, é obrigar a dizer" (Barthes, Roland - livro *Aula*).

Nada de novo em se tratando dessa trilogia. Em 1977, o intérprete se apropriou de "Samba do avião". Tom Jobim do melhor naipe (música e letra) sob asas de um samba-soul-funk. Antes ainda, 1975, um suprassumo de Dominguinhos: "Tenho sede", quando "sede" ganha verniz de "substantivo realista" e a lírica se mostra árida qual sílabas de João Cabral de Melo Neto.

"Rebento, substantivo abstrato" abre "Rebento". Gerar se faz com algum processo de dor: "Tudo que vinga / Que brota / Que medra". O mal-estar na civilização brasileira alimenta o "ethos" do país em 1979. Um samba doce, que posteriormente foi revirado em densidade por Elis Regina, propondo "medrar" ousado: anistia como antídoto à ditadura. "Melhor é deixar para trás".

Sim, um dos versos de beleza majestosa que se pode sentir no clamor de "Não chore mais (No woman, no cry)". Foi gravada no Brasil, antes de Gil seguir para turnê nos EUA e gravação desse LP (*Nightingale* é um disco ao vivo gravado nos EUA e lançado no mesmo ano. Um trabalho com o qual a gravadora Warner desejava promover Gil no exterior e que foi ofuscado pelo xará de folhinha). Dois personagens saltam na gravação: o baixista Liminha, que viria a se tornar produtor renomado, mais o garoto Pedro Gil na bateria, filho de Gilberto, precocemente falecido em 1990. "Eu sei a barra de viver" diz ali, no mais simbólico e agudo verso em todo trabalho para esse escriba. Gilberto Gil é um nazihin, nasceu e voltou a se sentir "expatriado" como o termo palestino para os sem passaporte. Primeiro no DNA. Seus ancestrais estão entre os aproximadamente 12 milhões de víveres que foram "diasporados" da África. E no final da década de 1960, os cassetetes bateram tanto à sua porta e a de Caetano que não houve opção senão o aeroporto. Barra 69 e Londres. "Não chore mais" (versão de "No, woman no cry" - voz de Bob Marley) é um lamento doído gestado por quem viveu a dor do arbítrio na pele e a vive num inconsciente seletivo da memória brasileira - o do racismo estrutural. Mas Gil é preto no branco.

"Sarará miolo" ("Dessa doença de branco / Cabelo duro é preciso") apresenta armas sobre esse tema caro à sua persona. Ascendências da afirmação identitária - "pretitude". Remete à prévia releitura de "Ilê Ayê" - faixa 2 de *Refavela* ("Tu tomava banho de piche branco / E ficava preto também) e desconhece o cinza. Fanon mais uma vez: "... o negro não tem mais de ser negro, mas sê-lo diante do branco".

"No tempo que preto não entrava no Bahiano". "Tradição" é isso. Cronista e dialética. Da cidadania brasileira que na virada do século veio a se reconhecer negra no CENSO, totalizando mais de 50% da população. Contudo, ainda "elevador de serviço". O país "Belíndia" onde há terra continental, mas que por tradição, emperra na catraca quando a carteirinha é 3x4 "digital piche". "Onde houve escravidão houve resistência", apontam os mestres João José Reis e Flavio dos Santos Gomes em *Liberdade por um Fio - História dos Quilombos no Brasil*.

"Astúcia de caçador / Paciência de pescador". Um violão cordas de aço, pedal de efeitos, religiosamente esparsos, puxam "Logunedé". Orixá de Gil tem herança nobre, filho de Oxum e Oxóssi, sexualidade yin yang, arranjo aliciante. Perspicácia. Pensando sociedade como um organismo, vê-se no ofício da arte fundamental reserva de "cogito". Para Descartes, a "loucura não atingia o pensamento, mas apenas o homem". Portanto, "o homem pode ficar louco, o pensamento não". A arte como reserva técnica de sanidade cidadã. "Logunedé é depois".

Futuro, voz de artimanhas qual falsetes mascarados, composição - *Realce*. Um salto em possibilidade de gravação só possível, à época, sendo produzido em estúdios do naipe dos californianos. Gil, com Mazzola, buscou os melhores canais para dilatar seus 37 anos. Inundou mesas de som made in USA com interseccionalidade brazuca, sonoridades pop, pluralidade de ritmos, ansiedade inata a um antena da raça. LP arrebatador e faixa dendê a mais.

"Toda menina baiana" é um hino. Levante-se num clima de parque no domingo e coloque a música no máximo volume que sua vizinhança permitir! Gil a compôs para primeira filha, Nara, e o registro reverbera sua absurda capacidade em chacoalhar quadris até rachar o assoalho. Teclas do onipresente Tuca Camargo, sopros muito norte-americanos também no coro do "aha ha há", a campanha definidora nas mãos de Djalma, aplausos para o ritmo, para vida, para fazer até Deus dançar. Escopo ijexá. "A disposição antissincretista é, no Brasil como em outros lugares, muito mais uma atitude intelectualista do que uma postura popular" (Antônio Risério, em *A Utopia Brasileira e Os Movimentos Negros*). Dor do primeiro índio assassinado, antes de tudo, por receber a inquisição de ter de ser catequisado. Tropicalidade que veio a se condenar entre suor de eros no carnaval e gritos de Thanatos no pelourinho do dia a dia. Isso é esse artista e seu país.

Ouça essa procissão de canções passar e veja se não é possível visualizar um afoxé em frente ao Farol da Barra. No chão, cantor e violão ovation à frente, atrás, trio elétrico sem cordas.

Gilberto Gil nasceu para comandar corações, mentes e ancas da massa.

Ficha técnica:

Realce (Elektra/WEA – BR 32.038)

Produtor: Mazzola

Engenheiro: Humberto Gatica

Design: Noguchi

Músicos participantes:

Gilberto Gil: vocais, guitarra acústica, Guitarra (Nylon, Ovation), palmas, arranjos de base e tamborim (A2, A3); Perinho Santana: guitarra; Steve Lukather: guitarra (A1); Sergio Dias: guitarra solo (B5), Steve Lukather: guitarra solo; Eric Bulling: arranjo e flautas (A4, B2); Bob Cloud: baixo (A1); Liminha: baixo (B5); Rubão: baixo; Luiz Carlos: bateria; Pedrinho: bateria (B5); Rick Schlosser: bateria (A1); Mark Jordan: piano Fender Rhodes (A1); Tuca: piano Fender Rhodes; Lincoln Olivetti: piano Fender Rhodes e piano arranged by Strings (B5); Bill Champlin e Mazzola: palmas; Ariovaldo: percussão (B5), Djalma Correa e Liminha: percussão; John D'Andrea saxofone (A3); Kim Hutchoroft e Larry Williams: saxofone e flauta; Orquestra de Cordas WEA (B5); Michael Boddicker: baixo sintetizador (A3), Moog e strings; Jorginho: Oberheim (faixas: B5); Bill Reichenback e Charlie Coper: trombone; Gary Grant e Larry Hall: trompetes; Jerry Hey: arranjo de trompete; Bill Champlin, Carmen Twillie, José Eduardo (B5), Maria Aparecida, Maria Helena (B5), Maria Rita, Maria de Fátima, Martha Santos e Vennette Cloud: vocais

Lado A

1 – Realce (Gilberto Gil)

2 – Sarará miolo (Gilberto Gil)

3 – Super-homem (A Canção) (Gilberto Gil)

4 – Tradição (Gilberto Gil)

Lado B

1 – Marina (Dorival Caymmi)

2 – Rebento (Gilberto Gil)

3 – Toda menina baiana (Gilberto Gil)

4 – Logunedé (Gilberto Gil)

5 – Não chore mais (No woman, no cry) (Vincent Ford / Vrs. Gilberto Gil)

Gonzaguinha

Gonzaguinha da Vida

por Dacio Malta

O revéillon de 1979 foi uma festa especialíssima. Naquele 1º de janeiro, o país livrou-se do AI-5 e o desejo de ver o sol desvirginando a madrugada foi cantado, nesse ano, por Luiz Gonzaga Jr. no sétimo LP de sua carreira – *Gonzaguinha da Vida*, onde ele dava um basta em tentar dissimular e disfarçar e esconder, o que não dava mais para ocultar – a ditadura que começava a agonizar. “Não dá mais para segurar”, que se popularizou como “Explode coração”, muitos a entendem como mais uma canção romântica, mas foi um dos hinos do fim do regime, principalmente na interpretação de Maria Bethânia que a imortalizou duplamente: a música e ela própria.

Durante toda a vida, a política ocupou boa parte das preocupações de Gonzaguinha. E isso aparecia em todas as letras. “Se uma música não é contra nem a favor, ela é por inércia, a favor, o que lhe dá a dupla característica de alienada e alienante”, dizia ele.

Gonzaguinha da Vida é um excelente apanhado de sua carreira. Das 12 músicas, três ficaram conhecidas com outro nome; sua única parceria foi gravada nesse LP; pela primeira e única vez uma das faixas é interpretada por outra artista; e tem o histórico reencontro com seu pai, Luiz Gonzaga.

A carreira começou em 1967, na casa de Aluízio Porto Carrero, um psiquiatra da Penitenciária Lemos de Brito que adorava reunir uma garotada em sua casa, da rua Jaceguai, na Tijuca, bairro da Zona Norte do Rio de Janeiro. Gonzaga era um tipo esquisitão, com uma barba que tentava esconder a magreza. Eram 56 quilos distribuídos em 1 metro e 75 de altura. Com frequentadores como Ivan Lins, Aldir Blanc, César Costa Filho, Rolando Farias e outros, fundaram o Movimento Artístico Universitário – o MAU.

Era a época dos festivais e Gonzaguinha participou, em 1968, do Festival

Universitário de Música Popular, promovido pela extinta TV Tupi, com a música "Você lembra daquela nega maluca que desfilou nua pelas ruas de Madureira". O título era uma loucura, mas ela ficou conhecida como "O Trem" – um exemplo clássico de suas canções com letras herméticas e quilométricas, sem que a preocupação social saísse de sua mente: "Morte o gesto de uma fome / É mentira / Morte ao grito de injustiça / É mentira / Viva em vera a igualdade: o valor". "O Trem" venceu o festival, e deveria estar no *Catálogo Guiness* como a maior vaia já recebida por um compositor de MPB. Foram 17 minutos ininterruptos. Luizinho Eça, no piano, ao seu lado, dizia: "Continua cantando que eles param." Gonzaguinha foi até ao final. E as vaias também.

Com uma cara talhada a machado, o artista logo no início da carreira preferiu se firmar como um sujeito sério, ao invés de um boa-praça. Talvez por isso, tenha esperado tanto tempo para gravar o seu "Desenredo", uma das raríssimas parceiras. Com Ivan Lins, fez um samba debochado que cantava o descobrimento do Brasil, naquele 22 de abril, quando fundaram a Escola de Samba Unidos do Pau Brasil. A música era tão divertida que ele só a gravou no sétimo álbum, embora tenha sido composta antes do primeiro. Ele sempre procurou a fama. Não a fama de não poder sair de casa. Afinal as ruas e o público faziam parte do seu trabalho.

Cronista musical de mão cheia, Gonzaguinha, na primeira faixa de seu LP, canta a história de "João do Amor Divino" – um brasileiro desempregado, de 38 anos, casado há 19 e pai de nove filhos. Desesperançado, torna-se um profissional do suicídio. Sobe nos edifícios e atende aos gritos da plateia executiva: "Pule e morre, seu otário". Quando chega ao chão, se move e é aplaudido pela multidão. Recolhe a grana que serve como salário para alimentar a família.

Em seu sétimo LP, Gonzaguinha canta a sua infância. Filho de Odaléa Guedes dos Santos, foi entregue, aos quatro meses, aos padrinhos Henrique Xavier Pinheiro, o Baiano do Violão, e Leopoldina de Castro Xavier, a Dina. Dela ele recebia o carinho e dele, o ensinamento do violão. No samba "Com a perna no mundo", Gonzaga lembra sua fase de pivete, que descia o morro por necessidade. À Dina, ele prometia voltar, após atender ao desejo de conhecer terras e gentes. Depois de tantas batalhas, a lama nos sapatos era a única medalha a exibir. Mas sabia que o mundo era o seu lugar.

Gonzaguinha da Vida tem a participação elegante de Nana Caymmi em "Por um segundo", belíssima canção que, com apenas um beijo, recebe todo o universo do corpo de sua parceira. "O preto que satisfaz" tornou-se conhecida por conta da novela *Feijão Maravilha*. Gonzaga gostava de dizer, sem a mínima modéstia. "Tem gente que pensa que fiz essa música para a novela. Fiz não. Ela que mudou de nome para aproveitar minha música", que ganhou, na época, a alegria das Frenéticas.

Gonzaga sabia que feijão era o prato predileto de apenas um entre 10 brasileiros. Mas dizia que 10 entre 10 brasileiros preferem feijão, para afirmar que 10 entre 10 brasileiros precisam comer. Em uma breve homenagem ao pai, Gonzaguinha gravou "Vida de viajante", música instrumental que dividiu a parceira com todos os que participaram da gravação. E o LP fecha com uma música que não é de sua autoria, mas sim do próprio pai e de Hervê Cordovil: "A vida do viajante".

O reencontro com o pai é um dos capítulos mais emocionantes da música brasileira. Enfeitiçado por sua segunda mulher, Helena (Odaléa morreu quando Gonzaguinha tinha apenas dois anos), Gonzagão desprezava o menino. Homem de direita, estava sempre ao lado do Governo. Era contra a esquerda e os comunistas, sem saber bem o que era uma coisa ou outra: "Éramos diferentes. Tive acesso a um tipo de cultura que faltou a ele", explicava o filho.

Mas aos poucos eles foram mudando. "Minhas andanças pelo país me deixavam cheio de orgulho do velho. Não havia buraco no Nordeste onde meu pai não era amado. Eu ficava engasgado quando via aquelas pessoas simples, com os olhos úmidos de felicidade pelo simples fato de eu ser filho de Luiz Gonzaga. E ele, também, passou a ficar orgulhoso do meu trabalho."

Gonzagão já estava aposentado quando Luizinho – como ele o chamava – chegou com uma história de que o artista não se aposenta, morre no palco. E preparou a volta do pai, "abrindo um espaço na juventude que eu nunca tive". Passaram um ano inteiro pelo país com "A vida do viajante". Foi o reencontro definitivo. Nas viagens de ônibus eles conversavam durante todo o tempo. Quando chegava nas cidades, Luizinho sumia: "Sempre tinha uma amiga para visitar."

"Diga lá, meu coração da alegria de rever essa menina", cantava em "Diga lá, coração", onde falava de seu desejo de abraçá-la e beijá-la. Na despedida, a promessa de "espere por mim morena, espere que eu chego lá..."

Em "Artistas da vida" ele vai levando o barco em busca da tal felicidade – um dos tripés de sua obra: a felicidade, o emprego e a liberdade.

Gonzaguinha sempre teve um pouco de tudo: era amargo, amoroso, detalhista, observador, atencioso, alerta, sutil, seco, veemente, solidário, firme, ético, pirracento, prático e moleque.

Gonzaguinha da Vida é um resumo de tudo isso.

Ficha técnica:

Gonzaguinha da Vida (EMI-Odeon - 064 4228410)
Direção de produção: Mariozinho Rocha
Produção executiva: Eduardo Souto Neto
Orquestração e regência: Jotinha Moraes, Gilson Peranzzetta e Eduardo Souto Neto
Gravação: Toninho, Darcy, Carlinhos e Mairton
Mixagem: Nivaldo Duarte e Frank
Corte: Osmar Furtado
Arte e Fotos: J.C. Mello e Wilton Montenegro
Formatos: LP (1979) / CD (1997) Faixa 13: "Mundo novo, vida nova" é faixa bônus no CD.

Lado A
1 - João do amor divino (Luiz Gonzaga Jr.)
2 - Com a perna no mundo (Luiz Gonzaga Jr)
3 - Diga lá, Coração (Luiz Gonzaga Jr.)
4 - Por um segundo (Luiz Gonzaga Jr.) – canta Nana Caymmi
5 - Artistas da vida (Luiz Gonzaga Jr.)
6 - O Preto que satisfaz (Luiz Gonzaga Jr.)

Lado B
1 - Não dá mais pra segurar (Luiz Gonzaga Jr.)
2 - Desenredo (Luiz Gonzaga Jr. / Ivan Lins)
3 - Você se lembra daquela nêga maluca que desfilou nua pelas ruas de Madureira (O Trem) (Luiz Gonzaga Jr.)
4 - Vida de viajante (Luiz Gonzaga Jr. / Jotinha Moraes / Ary Piassarollo / Paulo Maranhão / Claudio Carybé)
5 - Galopando (Luiz Gonzaga Jr.)
6 - A Vida do viajante (Luiz Gonzaga / Hervê Cordovil)

Gretchen

My Name Is Gretchen

por Lorena Calabria

"Se esse disco fosse lançado hoje, ele deveria se chamar *Mister Sam feat. Gretchen.*" Dita por Mister Sam, a afirmação poderia ser apenas um arroubo narcisístico, não fosse ele o artífice de todos elementos reunidos em *My Name Is Gretchen* – incluindo a própria Gretchen. O álbum de estreia da artista foi estrategicamente construído pelo DJ e produtor argentino, do repertório ao marketing, dos gemidos à pose da capa. No entanto, não bastaria somente a mente criativa de Mister Sam para fabricar um fenômeno. Embora o papel designado a Gretchen fosse o de coadjuvante, a sua performance foi fundamental para o êxito do disco. Havia algo especial que a diferenciava das outras apostas de Sam. Quando aquela garota cruzou o seu caminho, ele não teve dúvidas.

Ao pisar no Brasil em 1973, Santiago Malnati trazia na bagagem certa *expertise* no mercado da música pop argentina. Desde meados dos anos 60, se desdobrava como cantor, DJ e produtor musical. Na dupla Sam & Dan, gravou "canções de protesto, tipo Bob Dylan" e, como compositor, assinou um grande sucesso, "Se mete, se mete", do grupo Sociedad Anónima. Foi outro argentino com habilidade para criar astros, Roberto Livi (o produtor de Sidney Magal), quem incentivou Sam a investir no mercado brasileiro. "Ele me disse que eu poderia ficar trilhardário no Brasil", recorda. Sam nunca havia saído da Argentina. Com o dinheiro dos direitos autorais de "Se mete, se mete" pagou suas dívidas e, por medo de avião, partiu de ônibus rumo ao país tropical.

Chegando aqui, conseguiu emprego na gravadora Beverly, futura Copacabana Discos, como versionista em espanhol. No mesmo ano, o diretor artístico da Continental, amigo de Sam, pediu a ele que supervisionasse a gravação de uma banda nova, "de uns caras andrógenos, doidos". Eram os Secos &

Molhados, que tinham na banda dois membros do The Beat Boys (os mesmos que acompanharam Caetano Veloso em "Alegria, alegria", no festival da canção de 1967): os argentinos Marcelo Frias e Willle Verdaguer, conhecidos de Sam desde os primórdios do rock em Buenos Aires. "Me enturmei e acabei vendendo posters no intervalo dos shows dos Secos & Molhados." Na Copacabana, Sam foi conquistando mais espaço e logo passou a produzir discos.

Enquanto isso, a adolescente Maria Odete sonhava em ser tradutora/intérprete. Queria conhecer o mundo, tinha facilidade em aprender línguas e julgou ser essa a melhor maneira de conciliar carreira e viagens. A veia artística não era encarada como tal, mesmo tendo aptidão para dança e música, chegando a dar aulas de violão. Em 1976, no concurso de música do colégio Objetivo, a aluna Maria Odete Brito de Miranda alcança o primeiro lugar, seguido de um convite para integrar a orquestra do maestro Zaccaro como crooner. Dois anos depois, ela participa do programa de calouros do Sílvio Santos cantando "Dance a little bit closer", hit da cantora espanhola Charo.

Como a original, Maria Odete também tinha seu jeito sexy de cantar. Santiago Malnati não desgrudou os olhos da tela. Bastante impressionado, ligou no dia seguinte para o produtor da atração, seu amigo Valentino Guzzo (conhecido por encarnar a Vovó Mafalda, do programa do Bozo). Conseguiu o contato da moça e marcou uma visita, já com a intenção de contratá-la. Lá chegando descobriu que suas duas irmãs, Iara e Suely Miranda, também cantavam e dançavam, mas naquele momento só Maria Odete lhe interessava.

O contrato com a Copacabana previa o lançamento de um compacto com duas faixas criadas por Sam. Uma delas, "Dance with me", foi inspirada em "Love in C minor", do produtor francês Cerrone, lançada em 1976. "Eu amo essa música, ela dura 15 minutos e é uma suruba orquestrada", define. Maria Odete, a princípio, teria estranhado a proposta, sendo logo rebatida pelo produtor argentino: "Você não tem que cantar, esquece." Então, Sam foi orientando Maria Odete a gemer na gravação e, para que não errasse a entrada, ele a avisava com beliscões. "Tinha que gemer na hora certa, no ritmo. Hoje é muito fácil de alterar no computador. Mas na época, era o que estava gravado", justifica.

Além de não poder cantar, Maria Odete também não podia falar. Ela seria lançada como uma cantora alemã e, portanto, não se comunicava em português. Faltava escolher um nome artístico. E assim, da janela do ônibus, um belo dia Maria Odete bateu o olho no cartaz de *Aleluia, Gretchen* (1976), filme do brasileiro Sylvio Back sobre uma família alemã que se refugia no sul do Brasil na década de 1930 e acaba envolvida com nazistas. A cantora achou o nome diferente e levou a sugestão para a gravadora. Sam foi contra, no início: "Tem gente que não sabe escrever Odete, imagina Gretchen. Depois que inventei o logotipo com letra cursiva, fui acostumando."

Mas algo inesperado aconteceu com a nova contratada da Copacabana Discos. "Ela gravou o programa *Almoço com as Estrelas* com um vestido transparente feito pela mãe dela, isso em plena ditadura militar", revela Mister Sam. Em 1978, a programação ainda era submetida à censura prévia e Gretchen foi cancelada. Ainda que breve, logo surgiria outra chance de emplacar sua pupila. Na mesma gravadora, As Melindrosas alcançaram um sucesso estrondoso com músicas infantis no embalo da discoteca. O grupo, formado em estúdio, juntando vozes de outras cantoras, não existia de fato. As Melindrosas só ganharam uma cara quando foram chamadas pelo programa *Fantástico*. Foi então que Sam lembrou das irmãs adolescentes da Gretchen. "Como elas não sabiam dançar direito, emprestei a Gretchen para ensiná-las e assim ela entrou no grupo", conta o produtor. O conjunto passara a existir com as irmãs Maria Odete (a Gretchen), Suely, Yara e a "prima" Paula, que, na verdade, era aluna de violão de Maria Odete.

Sabendo que As Melindrosas iriam ao programa do Carlos Imperial, Mister bolou um plano para lançar Gretchen na mesma noite. E lá foi ele de carro ao Rio de Janeiro convencer o apresentador: "Imperial era meu amigo, mas ficou desconfiado. Eu garanti que ele não ia se arrepender." Mister Sam, então, orientou Gretchen: "Depois das Melindrosas, você troca de roupa no intervalo, bota seu vestido sexy, volta e arrebenta." E deu tão certo que Carlos Imperial repetiu a atração durante um mês, anunciando Gretchen como "a grande sensação das discotecas do Brasil".

Com a boa repercussão, a artista viu sua agenda de shows crescer, ainda que seu repertório se resumisse a duas músicas do compacto, "Dance with me" e "Love me more". Sam, a essa altura, já era um DJ famoso e tinha até programa de rádio, onde ganhou a alcunha de Mister Sam. Ele estava em Nova Iorque a serviço da Copacabana Discos, quando soube que Gretchen gravara com outro produtor o compacto "Outra vez mulher", cantando em português! "Foi um fracasso total. Eu fiquei bravo porque ela saiu do meu esquema, que era cantar em língua estrangeira e gemendo", protesta Sam. Ao voltar para o Brasil, ele propõe novo contrato a Gretchen, com a promessa de "só fazer o que ele mandasse". A partir daí, começa a articular o LP de estreia, *My Name Is Gretchen*.

Em poucos dias, Mister Sam compôs as oito músicas do repertório e começou a ensaiar com Gretchen: "Como não sabia o tom dela, fiz no meu tom e ela teve que aprender." V. Guzzick, que vem a ser o amigo Valentino Guzzo, mais Gretchen, entraram como parceiros em três faixas. "Eles ajudaram nas letras, já que eu não falava nada de inglês", revela Sam, que saiu esbanjando muito 'my love, je t'aime e mon amour'. Seu método era uma colagem com trechos de letras de Led Zeppelin e outros artistas, tendo como apoio a apostila do curso de inglês da Gretchen. Para ela, não era novidade, já que nos tempos de crooner cantava em várias línguas. Entre inglês, espanhol e francês, os versos econômicos de *My Name Is Gretchen* giram em torno de dançar e fazer amor. Já os ritmos, sempre dançantes, oferecem um certo ecletismo, indo do country ao blues.

"Quando bolei esse disco, já pensava nos shows", entrega Sam: "Como no Brasil tem muito sertanejo, fiz a Gretchen gravar música country, tocada com banjo e tudo, e entrar vestida de Pepita, La Pistolera, personagem de quadrinhos da Argentina." Assim, Gretchen se fantasiava de cowgirl para interpretar "One, two, three", a primeira faixa do álbum. O disco segue com "Rock 'n' roller", que homenageia tanto o rock quanto os patins, febre no Brasil, na época. "Boogie boogie" reforça o gênero predominante, a disco music. Fechando o lado A, "Me gusta el cha-cha-cha", que virou a segunda música de trabalho do disco. O lado B começa com "I love you, je t'aime", emulando o erotismo de "Je t'aime... moi non plus", do francês Serge Gainsbourg, ainda que Mister Sam tenha mirado nos filmes de Emmanuelle.

Na sequência, vem o megahit "Freak le boom boom". Mister Sam se inspirou em "Freak your boom boom", disco-funk lançada por Hank Ballard & The Midnighters em 1979, para compor o que se tornaria não só o carro-chefe do álbum, mas um dos maiores sucessos dele e da Gretchen. "Gostei do título e quis fazer algo com ele, mas sem pensar em bumbum", defende. Durante a gravação, Sam foi alertado por João Plinta, integrante do coro, que a frase não cabia na métrica. "Foi o Plinta que sugeriu trocar o 'your' por 'le' e ficou melhor mesmo." Sam recorda que a música foi lançada no programa do Sílvio Santos e, no mesmo dia, Gretchen fez um show no estádio do Pacaembu no intervalo do jogo do Corinthians. "Shake shake", a faixa seguinte, "merecia ter feito mais sucesso", lamenta Sam. E, para fechar, a música que dá título ao álbum, "My name is Gretchen" – "um puta de um blues", segundo o produtor argentino. "E tinha que ser o nome do disco, como uma forma poderosa de dizer 'eu estou aqui'", argumenta, lembrando que a faixa foi gravada de primeira, sem precisar repetir a performance.

My Name Is Gretchen foi gravado em estúdio de 24 canais, o Do Ré Mi, no bairro da Mooca em São Paulo, tendo como arranjador Eduardo Assad, pianista e compositor paulista. DJ experiente, Mister Sam optou por incluir somente quatro faixas de cada lado, garantindo assim uma boa qualidade de som, sem comprimir os sulcos. Depois de gravar as bases, adicionaram o coro e mais alguns "detalhes", como a voz do próprio Sam "fazendo a festa", com saudações e palavras de ordem. Gretchen entrou no estúdio sob pressão, segundo o produtor: "Eu tive que ameaçar. Mandei parar com shows enquanto não fechasse o disco. Ela não queria perder dinheiro. Tinha agenda de segunda a segunda."

A direção artística de Mister Sam se estende a esferas inimagináveis. A capa, por exemplo. É dele a ideia de associar a cantora à onda dos patins que tomou conta das discotecas. Se Gretchen não sabia deslizar sobre rodinhas, pouco importa. Bastava posar para a foto, seguindo as recomendações do produtor argentino: "O forte dela eram as coxas, não era o bumbum. Eu falei para ela arrebitar para parecer maior", entrega. Como brinde, Sam fez questão de incluir um poster com foto provocante da Gretchen, tapando os seios com as mãos. A alegria das borracharias de todo o Brasil era também uma forma de divulgar a artista. Até o nome do selo, Building Records, foi criado por ele. "Como a Gretchen seria uma cantora estrangeira, inventei um selo também estrangeiro na Copacabana", confessa.

O LP chegou a ser lançado em alguns países da Europa e América do Sul, sendo negociado diretamente por Mister Sam em eventos como o Midem, na França. No Brasil, os compactos originados do álbum venderam muito mais que o long play. Mister ainda ressalta que Gretchen foi um produto que se popularizou graças à TV, e não ao rádio. "Nunca tocou. Sucesso de rádio mesmo eu tive com 'Mas que linda estás', gravada pelo Black Juniors", garante Mister Sam.

Hoje, o produtor considera o álbum "um clássico", mas na época não sabia que estava fazendo história. "Eu comecei no rock argentino e aí chegou uma hora que me cansei de ser combatido, ir para delegacia por ser cabeludo, passar fome. Então, aderi à música comercial, mas nunca esqueci do que eu fiz no início", afirma Sam, lembrando que a batida de *My Name Is Gretchen* é bem latina. "É o que traz toda a alegria para o disco", garante.

Para Gretchen, era tudo divertido, sem muita pretensão, como costuma dizer em entrevistas. "Eu tinha 19 anos, fazia shows e ganhava dinheiro. Aí veio a fama. De repente, não podia ir mais ao salão de beleza do bairro, porque virava um tumulto", declarou Gretchen ao podcast Inteligência Limitada, # 398, transmitido em 9 de fevereiro de 2022.

De sua estreia na indústria fonográfica, Gretchen com o tempo foi transferindo seu carisma para outra indústria, a do entretenimento. A rainha do rebolado virou a rainha dos memes. Passados mais de 40 anos, enfim, todos sabem seu nome.

Ficha técnica:

My Name Is Gretchen (Building Records)

O álbum não traz os nomes dos músicos em sua ficha técnica e Mr. Sam não se lembra de quem foram os profissionais com os quais trabalhou em estúdio.

Lado A

1 – 1, 2, 3 (One-two-three) (Mister Sam)
2 – Rock'n' roller (Mister Sam)
3 – Boogie boogie (Mister Sam / V. Guzzick)
4 – Me gusta el cha-cha-cha (Mister Sam)

Lado B

1 – I love you, je t'aime (Mister Sam)
2 – Freak le boom boom (Mister Sam)
3 – Shake shake (Mister Sam / Gretchen)
4 – My name is Gretchen (Sexy star) (Mister Sam / Gretchen)

Grupo Um

Marcha sobre a Cidade

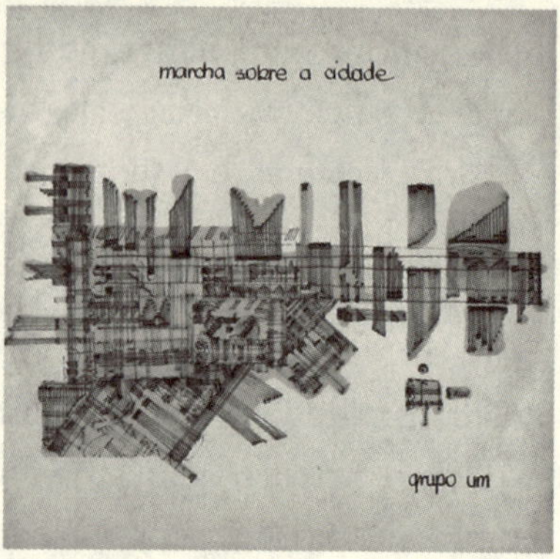

por Bento Araujo

Chamar a música vanguardista e experimental contida em *Marcha sobre a Cidade* de "fusion" é minimizar o seu impacto. É buscar rotular uma beleza indomável, ou tentar encaixá-la num contexto internacional já decadente naquele final de década de 1970. Seria muito pouco para um dos expoentes mais ousados, corajosos e modernos da música brasileira: o Grupo Um. A busca constante e sem concessões por uma sonoridade essencialmente contemporânea, o pensamento musical estruturado, o experimentalismo, a liberdade criativa... Tudo isso marcou a trajetória do conjunto liderado pelos irmãos Lelo e Zé Eduardo Nazario.

Um artigo assinado por Matias José Ribeiro, publicado na revista *Somtrês* de dezembro de 1979, expunha perfeitamente o contexto: "A truque e a muque vão os instrumentistas brasileiros cavando seu espaço. Reivindicando o direito, democrático afinal, de poder mostrar seu trabalho. Público para eles há, sabemos todos, ainda que mais restrito e específico do que para a canção. Mas, sabemos também, são infinitamente mais altas as barreiras a vencer para que chegue ao público a produção de MPB instrumental. Brigar para mudar a ordem estabelecida das coisas foi sempre tarefa assumida antes pelos mais jovens. A regra é mantida no caso do Grupo Um, que ousou partir para o primeiro disco independente inteiramente instrumental."

O Grupo Um teve sua gestação em 1976, quando os irmãos Lelo e Zé Eduardo Nazario, além de Zeca Assumpção, formavam a "cozinha paulista" de Hermeto Pascoal. Quando esse estava fora do Brasil, o trio ensaiava no porão da casa de Zé Eduardo, já habituados às linguagens da música eletrônica e eletroacústica. O conceito aberto e contemporâneo sempre acompanhou todos os passos do conjunto. Em 1977, deixam a banda de Hermeto e, já com

Carlinhos Gonçalves na percussão, registram a primeira gravação do grupo no estúdio Vice-Versa, de propriedade do maestro Rogério Duprat. Foi com esses tapes que bateram à porta de diversas gravadoras e o "é ótimo, mas não interessa" virou um mantra, ouvido à exaustão. No entanto, isso não atrapalhou os ensaios, as novas composições e as apresentações, ainda que esporádicas, durante 1977 e 1978. Lelo e Zé Eduardo também aproveitavam os convites de Egberto Gismonti e Marlui Miranda, para gravações e temporadas de apresentações pelo Brasil.

Já no segundo semestre de 1979, Lelo, Zé Eduardo, Zeca e Carlinhos chamam Mauro Senise para cuidar dos sopros e o quinteto visita novamente o estúdio B do Vice-Versa, dessa vez para registrar uma nova gravação, devidamente imortalizada em *Marcha sobre a Cidade*, considerado um dos primeiros trabalhos independentes de música instrumental do país.

*Marcha sobre a Cidad*e foi registrado em apenas quatro canais, numa pequena sala que acomodava somente os músicos e os instrumentos. Como estavam custeando todo o processo, não podiam se dar ao luxo de realizar overdubs. Por isso, gravaram tudo praticamente ao vivo, em um único take. Levando-se em conta a complexidade do material, dava para perceber que estavam afiadíssimos. Apesar dos poucos canais disponíveis e do tamanho da sala, os equipamentos eram de alto padrão, como os gravadores AMPEX e os microfones Neumann valvulados. Como os músicos tocavam ao mesmo tempo, dentro daquele modesto espaço, esses microfones captavam todo tipo de vazamento. Essa vibrante ambiência pode ser sentida e ouvida no resultado final do disco.

Passando os olhos pela contracapa do LP e pelos selos da prensagem original, o que chama a atenção, de imediato, são os títulos de algumas composições, como "[B(2)10-0.75-K.78]-P(2)-[O(4)/8-0.75-K77]" e "54754-P(4)-D(3)-0". Lelo Nazario explicou os nomes dessas músicas no encarte do relançamento de *Marcha sobre a Cidade* em CD, realizado pelo selo Editio Princeps: "Essas músicas representavam apenas parte do material que tocávamos nos concertos. Os nomes das músicas em formato de 'fórmula' descrevem, na realidade, um breve histórico da composição, em quantas partes ela foi dividida, as pontes entre dois trechos e quais as fórmulas de compasso adotadas em cada parte. Foram concebidas como um pequeno lembrete da sequência das partes durante os primeiros ensaios e acabaram se tornando os próprios nomes das composições."

Apesar do vanguardismo também no modo de como batizar suas composições, outros temas como "A porta do 'sem nexo'" possuem intuitos mais corriqueiros, como uma alfinetada nos críticos de música do período, que segundo Lelo, "não viam sentido na improvisação livre e, portanto, não percebiam a riqueza dos mecanismos criativos inventados para executar e dar embasamento a esse tipo de música", disse ele no mesmo texto do encarte. É sempre bom lembrar que o pianista, na altura do lançamento do LP, estava com apenas 23 anos de idade. Era o líder do conjunto (ao lado de Zé Eduardo), além de autor de quatro das seis composições do álbum.

Em "Sangue de negro" é possível constatar o caminho harmônico sofisticado, a influência africana, o improviso livre e o espaço aberto. "Dala", a contribuição autoral de Zeca Assumpção à obra, encerra *Marcha sobre a Cidade* apresentando Mauro Senise como solista, posicionando o sax soprano em um campo mais próximo ao erudito do que ao jazz.

Apenas 1000 exemplares de *Marcha sobre a Cidade* foram prensados. O lançamento, totalmente independente e "sem distribuição convencional", conquistou seguidores e parte da imprensa especializada. As resenhas publicadas eram geralmente favoráveis e elogiosas, mas ter um disco gravado não significava muita coisa para Lelo Nazario, que declarou ao jornal *Canja*, em julho de 1980: "A questão não é simplesmente fazer disco independente. A maioria dos independentes tem autonomia de produção, mas não tem autonomia musical. A música do Grupo Um contraria a estética do sistema, aliás, é visceralmente oposta à estética do sistema. Essa história de gravar disco independente... Na verdade, um disco não vale nada, não quer dizer nada, mas é incrível o seu valor intrínseco como produto industrial. Os críticos, todo mundo... É incrível como passam a te respeitar por causa de uma droga de um disco."

A "música brasileira do tempo presente, multidimensional e transformadora" de *Marcha sobre a Cidade* impressionou também aqueles que compareceram ao show de lançamento do disco, realizado no mitológico Lira Paulistana, em São Paulo, palco e templo da Vanguarda Paulistana de nomes como Arrigo Barnabé, Itamar Assumpção, Grupo Rumo, Premeditando o Breque, Patife Band, Língua de Trapo, Tiago Araripe, Dari Luzio, Eliete Negreiros e tantos outros artistas e bandas. A precisão do Grupo Um ao vivo, levando em consideração a complexidade das composições, angariava um número maior de seguidores a cada apresentação. Segundo Lelo

Nazario, o grupo estava sempre afiadíssimo, "a gente ensaia como se tivesse que tocar no Carnegie Hall amanhã".

Contando com diferentes formações, mas a constante liderança dos irmãos Nazario, o Grupo Um lançou mais dois álbuns independentes: *Reflexões sobre a Crise do Desejo*, em 1981, e *A Flor de Plástico Incinerada*, em 1983. Curiosamente, naquele mesmo ano, *Marcha sobre a Cidade* foi lançado na França, pelo selo Syracuse. A banda aproveitou a ocasião para excursionar pelo país e dar uma esticada até a Suíça.

Andamentos acelerados, trocas de acordes, as tensões e os respiros, as texturas e as dinâmicas, o diálogo entre o jazz e o erudito... Tudo compõe a marcha imposta/proposta pelo Grupo Um, seja ela sobre a cidade ou sobre os sentidos.

Ficha técnica:

Marcha sobre a Cidade (Um - 799.404.155)
Produção: Grupo Um
Capa: Luiz Manini e Zico Priesler

Grupo Um:
Lelo Nazario: piano eletrônico
Zeca Assumpção: baixo eletrônico, piano acústico
Zé Eduardo Nazario: bateria, percussão
Carlinhos Gonçalves: percussão
Mauro Senise: sax soprano, sax alto, flauta

Lado A
1 - [B(2)10-0.75-K.78]-P(2)[0(4)/8-0.75-K77] (Lelo Nazario)
2 - Sangue de Negro (Zé Eduardo Nazario)
3 - Marcha Sobre a Cidade (Lelo Nazario)

Lado B
1 - A Porta do "Sem Nexo" (Lelo Nazario)
2 - 54754-P(4)-D(3)-0 (Lelo Nazario)
3 - Dala (Zeca Assumpção)

Guilherme Arantes

Guilherme Arantes

por Maria Carolina Rodrigues

Desmontar um instrumento para recriar outro que só funciona na imaginação. Foi esse o modo que Guilherme Arantes encontrou para que pudesse estudar enquanto passava o dia fora de casa. Ele transformou o seu Órgão Caribbean em um tecladinho que carregava debaixo do braço por São Paulo, quando cursava a Faculdade de Arquitetura e Urbanismo da USP. A graduação, ele abandonou. Foi se dedicar totalmente à música e nela manteve esse gesto de investigar resoluções criativas. Como ele declarou em entrevista feita em 1978 (disponível no canal do Youtube Planeta Guilherme Arantes Fã Clube): "Eu me vejo para o futuro, um cara sempre em busca."

Até o final dos anos 1970, já tinha feito parte da banda de rock progressivo Moto Perpétuo, se lançado na carreira solo, feito dois discos pela Som Livre e outro pela Warner, emplacado canções em trilhas de novelas e consolidando--se como compositor de sucessos. Mas sentia que ainda não havia encontrado uma forma de expressão mais concreta, própria, que refletisse quem é. Contou sobre essa sensação após o lançamento do disco *A Cara e a Coragem*, o primeiro de uma série de quatro lançamentos que fez pela Warner. Sinalizava que essa investigação seria a tônica do próximo trabalho.

Essa procura envolvia o que ele definiu, ainda naquela entrevista de 1978, como uma tensão entre o que ouvia na infância e o que acontecia na música mundial no período da juventude. *Guilherme Arantes,* lançado em 1979, parece ser esse grande jogo de desmontar e recriar com as influências que chegaram até ele em diferentes momentos. Não é um produto acabado, mas aberto à experimentação, a jogar com esses encontros de formas inusitadas, a ver como elementos musicais de lugares tão diferentes adentram e constroem o seu próprio estilo.

O disco traz bem forte as influências da música clássica, mais especificamente a barroca, a de Bach. Quando criança, Guilherme Arantes escutava-a com bastante recorrência, por causa do pai, o que acabou por marcá-lo profundamente. Outras inspirações da infância também estão presentes em alguns gêneros, como a marchinha "Loucos e caretas", que gravou em dueto com Emilinha Borba. A configuração dessa faixa remete à Era do Rádio, mas de forma alguma a sonoridade é nostálgica. É um mix de elementos da sua juventude. É funkeada, pop, com instrumentos elétricos.

Em fevereiro de 1979, um trecho publicado na coluna do Nelson Motta no *O Globo* já indicava o tom de caminhos heterogêneos do disco que ainda estava em processo de feitura: "O pianista e compositor Guilherme Arantes já está nos estúdios gravando aquele que será o seu segundo LP pela WEA (...) e dentre as músicas, segundo ouvidos informantes, encontram-se muitas marchinhas, baladas e até um reggae japonês (!)." Pode-se dizer que o reggae japonês é a canção "A cor do cacau", pelos gongos e pela melodia meio nipônica, mas essa faixa poderia também ser identificada e classificada de diversas outras maneiras pelo seu hibridismo. A letra traz um clima latino-americano, solar, fresco e tropical, com suas frutas, cheiros e cores. A canção é meio Jamaica, meio Brasil e um pouco Japão.

Nas misturas ao longo das faixas também aparecem, por exemplo, aspectos do rock progressivo, da música mineira, do pop, influências de Gilberto Gil e também da sonoridade que vinha do cinema de ficção científica. Esse último foi fonte de inspiração para o surgimento da música de maior sucesso do disco, "Êxtase". Aquela década havia sido profícua em lançamentos de filmes que hoje são clássicos do sci-fi. Boa parte deles trazia a temática do espaço, *Star Wars* (1977), e de extraterrestres, como *Alien - O Oitavo Passageiro* (1979). Guilherme Arantes assistiu *Contatos Imediatos do Terceiro Grau* (1977), de Steven Spielberg, e se encantou tanto com a ideia, quanto com a música usada na comunicação entre seres humanos e alienígenas. Ele queria incorporar aquilo de alguma forma e fez, tal como no filme, dois temas que se contrapunham - um mais agudo e outro mais grave - para dialogarem numa ambientação sonora espacial.

Apesar do clima sci-fi criado com os teclados Fender Rhodes e Minimoog e vocais gravados pelo próprio Guilherme Arantes, é preciso ressaltar que "Êxtase" é uma música de amor, feita durante a gestação da sua primeira filha.

"Foi um momento de revelação metafísica, ligada ao cosmo, ao espaço sideral", contou em um vídeo do seu canal do Youtube.

"Biônica", a última faixa do disco, também se relaciona com a ficção científica, mas de uma outra forma. Enquanto em "Êxtase", o espaço sideral aparece sonoramente, aqui, o sci-fi também está na letra, na imagem criada. Para descrever uma menina biônica e contar do amor por ela, o eu-lírico fala de genética, de automatismo, de programação, de bebê de proveta. Enquanto isso, em alguns momentos, surge uma voz metalizada, como se fosse de um robô.

Com exceção de "A Lira de um caboclo", os arranjos do disco giram ao redor da forte presença dos teclados de Guilherme Arantes e suas experimentações. É a primeira vez que usa o piano Yamaha CP 70, recém-chegado na época e que se tornou um clássico da sonoridade do artista. Elétrico e agudo, esse teclado fez muito sucesso e marcou o cenário pop da década de 1980. Gravado no Rio de Janeiro, no estúdio Transamérica, o álbum foi produzido por Liminha e contou com participação de músicos como Robson Jorge na guitarra, Jamil Joanes no baixo, Paulinho Braga na bateria, Milton Cobrinha e Marcos Zamma nas percussões, Lincoln Olivetti no Oberheim em "Estrelas" e tantos outros.

"Aquele disco é uma fase transitória, híbrida", disse Guilherme Arantes em depoimento exclusivo para essa obra: "A minha fórmula do pop se resolveria mesmo em 1980, depois do sucesso da Elis com 'Aprendendo a jogar'." Apesar de ser um álbum de investigação, já é possível perceber, ali, em 1979, toda a sua assinatura: harmonias e contrapontos bachianos e barrocos, notas inesperadas, um piano agudo e pulsante em cima de notas longas, e sem nunca deixar de ser totalmente popular – questão que ele sempre prezou. Algumas dessas características fizeram com que muitos críticos e produtores o comparassem a Elton John. Porém, ele afirma que, apesar de gostar bastante do cantor inglês, não foi uma influência tão grande na sua formação quanto pensam, porque já compunha daquele jeito há muitos anos.

Além do espaço sideral, de robôs e amores, o álbum tem uma bandinha infantil, um caboclo do sertão industrial, a rádio, o rock, o pop, a marchinha, reggae, o funk, a balada, a moda de viola, a MPB, a música clássica, o Japão. A lista pode soar um pouco caótica, mas talvez esse disco seja uma amostra de algo que Guilherme Arantes fez ao longo da sua carreira com tranquilidade: transitar por lugares distintos trabalhando nesse eterno desmontar e recriar.

Ficha técnica:

Guilherme Arantes (Wea, WB Records - LP BR 36.105/ K7 BR 436.105/ CD 5053105032853 Série Discobertas)

Produzido por Liminha
Direção artística: Mazzola
Direção de produção: Guti
Estúdio de gravação: Transamérica (RJ)
Técnicos de gravação: Claudio Farias e Vitor Farias
Auxiliares de estúdio: Anibal e Rafael
Mixagem: Vitor Farias, Liminha e G.Arantes
Assistente técnico: Dudu Marques
Coordenação de capa: Claudio Carvalho
Fotos: Paulo Vasconcelos
Layout: Ruth Freihof
Agradecimentos à Juracy pela manutenção e transporte do equipamento instrumental e a Djalma Correa pela apresentação do Aphex Aural Exciter.

Ficha técnica da Reedição (2012)

Estatísticas (Guilherme Arantes)
Extraída do compacto simples/ WEA BR 18.013 (1979)
Produzido por Liminha/ Produção executiva: Marcelo Fróes
Projeto gráfico: Bady Cartier
Digitalização dos tapes originais: Marcelo Fróes
Remasterização: Ricardo Carvalheira
Autoral Studio - São Paulo, SP
Agradecimentos: Sergio Affonso, Elaine Medeiros, Maria Creusa Meza, Fernanda Guttmann, Letícia Ribeiro e Silvia Panella.

Lado A

1 - Loucos e caretas (Guilherme Arantes) Participação especial: Emilinha Borba
Piano, oberheim, percussão e vocais: Guilherme Arantes; solo vocal: Emilinha Borba (gentilmente cedida pela gravadora Anhembi); guitarra: Robson Jorge; baixo: Jamil Joanes; bateria: Paulinho Braga; percussão: Milton Cobrinha; vocais: Rita, Helena e Cidinha
2 - Só o prazer (Guilherme Arantes / Valério Costa Alemão)

Pianos, vocais, palmas e pandeiro: Guilherme Arantes; guitarra: Robson Jorge; baixo: Jamil Joanes; bateria: Paulinho Braga; vocais: Rita, Helena e Cidinha
3 - Entre eu e você (Guilherme Arantes)
Piano: Guilherme Arantes
4 - Hei de aprender (Guilherme Arantes)
Piano: Guilherme Arantes; guitarra: Robson Jorge; baixo: Jamil Joanes; bateria: Paulinho Braga
5 - A Cor do cacau (Guilherme Arantes)
Guilherme Arantes: piano / Robson Jorge: guitarra / Jamil Joanes: baixo / Paulinho Braga: bateria, gongos e Cowbell / Marcos Zamma: tumbadora e timbales / Rita, Helena e Cidinha: vocais.

Lado B
1 - Êxtase (Guilherme Arantes)
Fender Rhodes, Minimoog, percussão e vocais: Guilherme Arantes; percussão: Milton Cobrinha
2 - A lira de um caboclo (Guilherme Arantes)
Violões: Paulinho Soledade
3 - Bom dia (Guilherme Arantes)
Pianos echoplex, Minimoog: Guilherme Arantes; guitarra: Robson Jorge; baixo: Jamil Joanes; bateria: Paulinho Braga; tumbadora e surdo: Marcos Zamma
4 - A bandinha (Guilherme Arantes)
Piano, Minimoog e pratos: Guilherme Arantes; baixo e guitarra: Robson Jorge; bateria: Paulinho Braga; vocais: Claudia, Flavinha, Adriana e Claudio; trompete: Hamilton; trombone: Maciel; sax barítono: Genaldo; sax alto: Ricardo; clarinete: Abel Ferreira; clarinete: Netinho; flauta e flautim: Celso; flauta: Lenir
5 - Estrelas (Guilherme Arantes)
Piano, Minimoog e vocais: Guilherme Arantes; baixo: Robson Jorge; bateria: Pedrinho Rezende; oberheim: Lincoln Olivetti
6 - Biônica (Guilherme Arantes)
Piano, oberheim e vocais: Guilherme Arantes; baixo e guitarra: Robson Jorge; bateria: Pedrinho Rezende; arranjos de base, vocal, cordas e metais: Guilherme Arantes; arregimentação: José Delphino Filho

Hermeto Pascoal

Zabumbê-bum-á

por Roberto Muggiati

Em 1979, Hermeto Pascoal tinha 43 anos. Cumpriu uma longa travessia desde que deixou sua cidade natal, Olho d'Água, na época município de Arapiraca, Alagoas, aos 14 anos, em 1950. Batalhou nas rádios do Nordeste – Recife, Caruaru, João Pessoa – até se instalar em 1958 no Rio de Janeiro, na casa de Senador Camará que seria seu castelo familiar até 2000. Ali viveu 46 anos com a mulher, a pernambucana Ilza, seus três filhos e três filhas, até que a morte dela os separou.

É em 1979, nos braços de uma grande gravadora com perfil jazzístico, a WEA, que Hermeto lança seu quarto álbum, *Zabumbê-bum-á*, com seu novo grupo, que inclui Cláudio Araújo (Cacau), sax barítono e flauta; Mauro Senise, sax alto e flauta; Antônio Celso, guitarra; Jovino Santos Neto, teclados; Itiberê Zwarg, baixo; Realcino Lima Filho (Nenê), bateria; Antônio Luiz de Santana (Pernambuco), percussão; Rosemarie Pidner (Zabelê), voz e violão; e o próprio Hermeto, tocando nas onze. Como turnê promocional, Hermeto é escalado para o Festival de Jazz de Montreux, dividindo o cartaz da Noite Brasileira com Elis Regina.

Por contingências da sorte, eu pego carona nessa história ao ser convidado pela WEA para cobrir para a revista *Manchete* a apresentação de Hermeto em Montreux. Só na última hora fico sabendo que viajarei do Rio a Genebra no mesmo DC-10 com o Bruxo e a banda. É segunda-feira, 16 de julho de 1979 – 20 anos da morte de Billie Holiday – data com forte peso simbólico. Encontro o Galeão transformado num quintal de Senador Camará, o check-in entulhado de saxofones e flautas, um arsenal percussionístico de agogôs, apitos, cabaças, cachos de búzios, caxixis, pandeiros, reco-recos, triângulos e peças menos convencionais como bacias, calotas de automóvel, chaleiras, frigideiras, panelas, tampas de cinzeiro. Toda essa tralha será pendurada num tosco travessão, apoiado em dois postes de madeira, cheio de pequenos furos numerados, estranhas fórmulas cabalísticas que sinalizam onde cada peça será enganchada. Hermeto ignora solenemente que os palcos dos festivais já são equipados com os mais sofisticados kits de percussão. Toda essa tralha é despachada por José Neto, o irmão encarregado da produção, segundo as mais rigorosas normas da Associação Internacional de Transportes Aéreos (IATA), sem esquecer a clássica etiqueta vermelha FRAGILE!

Hermeto leva para Montreux a banda básica do *Zabumbê:* Cacau, Jovino, Itiberê, Nenê, Pernambuco e Zabelê. No lugar de Mauro Senise – em turnê com Egberto Gismonti – vai Nivaldo Ornellas, sax tenor. Na escala técnica no Aeroporto de Dacar, Nivaldo puxa um papo comigo sobre um amigo mineiro que trabalha na *Manchete*. Para o resto da vida, brincarei com ele: "Pô, Nivaldo, a gente se conheceu debaixo do maior calor senegalesco!" Um voo de longa distância, quando o tempo é claro, oferece algo mágico: sobrevoamos o globo terrestre como quem estuda um mapa numa aula de geografia. Na altura do golfo de Biscaia eu conversava com Zabelê, de repente ficamos em silêncio admirando aquele ângulo reto perfeito, o avião subindo a linha vertical do sul para o norte ao longo da costa de Bordeaux. A linha horizontal que se estende de leste a oeste é o litoral que vai de San Sebastián à reta final do Caminho de Santiago. O DC-10 parecia ancorado no céu a dez mil metros de altitude, a gente não viajava só no espaço, mas também no tempo.

Na conexão de Paris, compro um exemplar do *International Herald Tribune*. Traz um artigo de Michael Zwerin sobre Hermeto: *Pascoal, a Brilliant Brazilian, to Play at Montreux*. Zwerin não é um mero crítico de música. Jazzista de talento, aos dezoito anos foi o trombonista da lendária Tuba Band, de Miles Davis, precursora das sessões de *Birth of the Cool*. Zwerin começa incisivo: "Depois de João Gilberto, Antônio Carlos Jobim, Airto Moreira e Egberto Gismonti, conheçam Hermeto Pascoal, talvez o mais brilhante de todos estes brasileiros." Comenta então *Zabumbê-bum-á:* "Um soprano conduz um grupo de saxes estreitamente entrosados. As figuras polirrítmicas e politonais são uma espécie de Berg incrementado com jazz. Surge a selva. Passagens melódicas sugerem Stevie Wonder. Campainhas, buzinas, apitos, uivos e estalidos saem direto da filosofia de John Cage. Algumas texturas devem fazer Frank Zappa se olhar no espelho. Podemos reconhecer Sun Ra e Kurt Weill e uma breve sequência é tirada do *Giant Steps* de Coltrane, como que para dizer: 'Vejam – nós também podemos fazer isso.' [...] Quem é este misterioso gênio de um canto remoto do Brasil? Uma coisa é certa: vamos ouvir falar mais dele." Zwerin lembrou bem: assim como Frank Zappa bagunçou o rock, Hermeto bagunçou a MPB. A diferença é que Zappa estudou a fundo vanguardistas como Stravinski, Varèse e Webern, enquanto Hermeto aprendeu tudo sozinho ou já nasceu com aquele universo musical na cabeça.

Uma breve pincelada sobre o disco: são nove faixas ("São Jorge", "Rede", "Pimenteira", "Susto" etc.), mas não se trata de unidades estanques, todas elas se entrelaçam num carrossel que roda vertiginosamente. Hermeto joga a matéria bruta dos ritmos nordestinos num liquidificador sonoro e a transforma em riffs e loops que lembram a música serial, uma espécie de Philip Glass arretado... Embolada, forró, baião, xaxado, xote, banda de pífanos e zabumba, frevo, maracatu, até o filão repentista dá as caras, no "improviso de palavras" de Pascoal José da Costa e Divina Eulália de Oliveira, pais de Hermeto.

Vinte e quatro horas depois, pousamos em Genebra – vinte horas de voo descontando o fuso horário. A traquitana de Senador Camará causa um frisson inaudito na alfândega suíça. Embarco numa das primeiras vans do festival que nos levarão a Montreux. São oito horas da noite, o céu de verão ainda ostenta uma claridade incrível. À esquerda da autoestrada, encostas suaves e verdejantes, salpicadas de vaquinhas; à direita, a orla azul do Lago Léman, com sua forma de meia-lua. Jogo a mala no quarto do hotel e sigo correndo para o Palácio do Festival. Impaciento nos breves minutos que levo para pegar meu crachá de jornalista, ouvindo aquele som monumental que vaza do auditório. Subo ao balcão em forma de ferradura e corro até uma das extremidades que dá sobre o palco. É o Weather Report atacando seu tema, "Birdland", Wayne, Zawinul, Pastorius – meu coração quase sai pela boca, o Weather faz fusion melhor que Miles. Mas, de repente, paro para pensar: o caos dos gringos soa arrumadinho demais, comparado ao fuzuê vorticista do Hermeto.

A Noite Brasileira se desdobra em dois shows, tamanha a procura de ingressos. Uma matinê morna antecede a brilhante apresentação noturna. Em livros publicados depois, André Midani, Marco Mazzola e Nelson Motta – traídos pela memória – dizem que Hermeto "abriu" para Elis. Foi exatamente o contrário, nos dois shows: Elis foi o aperitivo e Hermeto o cartaz principal. Afinal, num festival de jazz é o instrumental que prevalece. Elis, com um visual *vamp*, saia vermelha de dançarina flamenco, blusa de lamê violeta com os braços nus, flor nos cabelos à Lady Day, sabia disso e fez o melhor que pôde. Aclamado ao final da apresentação noturna, Hermeto chama ao palco Elis – agora com um vestidinho claro estampado – para um bis inesquecível, só ele e ela, voz e piano, "Asa Branca", "Garota de Ipanema" e "Corcovado". Na manhã de domingo ainda encontro Hermeto no voo de Genebra a Paris e depois o vejo desaparecer com Elis nos tubos de acrílico da conexão para Tóquio, onde vão brilhar em mais um festival.

Em 1980, sou honrado com o convite para uma feijoada domingueira da famosa cozinha da "patroa", que o Hermeto homenageia em 1983 no tema *Ilza na Feijoada.* Tempos depois, passo uma tarde de sábado entrevistando o Campeão em sua casa, onde me apresenta o galo de estimação, que – enquanto o Ibama deixou – contribuiu com alguns cocoricós vibrantes em seus shows. Vou percebendo que, além de grande compositor e multi-instrumentista, Hermeto é um didata nato, um formador de talentos. Quem tocava na sua banda tinha de ensaiar rigorosamente todas as tardes da semana, e acabava morando perto da casa de dois andares à Rua Vítor Guisard, 333 (metade do número da "Besta"). Aquele foi também, ao longo de décadas, um endereço mágico para músicos, críticos e fãs de todos os cantos do planeta, que seguiam do Aeroporto do Galeão diretamente para o *ashram* do Mestre e depois se mandavam de Senador Camará sem terem sequer vislumbrado o Pão de Açúcar ou pisado nas areias de Ipanema.

O saxofonista e flautista Mauro Senise – que está em três faixas de *Zabumbê* – me deu uma visão do que é tocar e conviver com o Bruxo: "'São Jorge' foi a música que eu mais gostei de tocar. O clima no estúdio era muito divertido e o Hermeto pedia para a gente imitar o relincho do cavalo... e a gente ficava disputando quem imitava melhor. Enquanto eu e Cacau gravávamos as flautas, ele ficava na nossa frente, meio que regendo para a gente ir acelerando cada vez mais, como um cavalo galopando. 'Suíte Norte Sul Leste Oeste' tinha uma partitura bem complicada, mas o Hermeto tocava primeiro ao piano e depois na flauta para que a gente entendesse o conceito da música. Nós ensaiamos bastante para chegar no estúdio com tudo em cima. Eu e Cacau ainda não tínhamos muita experiência para fazer improvisos em cima das harmonias complexas do Campeão. Por isso a gravação não tem solos nossos. Mas nos shows ele nos deixava solar para irmos amadurecendo. Na faixa 'Alexandre, Marcelo e Pablo' eu fiz um naipe com o Cacau. Toquei flauta e depois sax alto, e Cacau foi de clarineta e sax barítono. Lembro da gente de queixo caído vendo Hermeto fazer aqueles improvisos geniais na hora. Apesar de eu só ter gravado três músicas neste disco, para mim foi uma experiência incrível e uma emoção que eu guardo até hoje. Como tudo o que aprendi nos sete anos em que toquei com Hermeto."

Ficha técnica:

Zabumbê-bum-á (Warner. Bros Records - BR 36.104)

Produção, arranjos e regência: Hermeto Pascoal
Direção artística: Mazzola
Direção de produção: Guti
Técnico de gravação: Vítor Farias
Assistente: Rafael Azulay
Mixagem: Vítor Farias e Hermeto Pascoal
Estúdio: Transamérica, Rio de Janeiro
Escultura e realização da capa: Ruy Pereira
Foto da capa: Arnaldo Klajn
Foto da contracapa: Frederico Mendes
Fotos internas: Loris Machado
Supervisão da capa: Cláudio Carvalho
Lançado em 1979 pela WEA (Warner/Elektra/Atlantic), *Zabumbê-bum-á* foi reeditado em CD em 2001.

Lado A

1 - São Jorge (Hermeto Pascoal) Participação Especial: Pascoal José da Costa
Bandolim: Antônio Celso; flauta: Cacau (Cláudio Araújo); violão, piano, percussão e voz: Hermeto Pascoal; contrabaixo: Itiberê Zwarg; percussão: Jovino Santos Neto; flauta: Mauro Senise; percussão e bateria: Nenê; percussão: Pernambuco (Antônio Luiz de Santana); violão e voz: Zabelê (Rosemarie Pidner); improviso de palavras: Pascoal José da Costa
2 - Rede (Hermeto Pascoal)
Guitarra: Antônio Celso; saxofone barítono e flauta: Cacau; piano: Hermeto Pascoal; baixo elétrico e contrabaixo: Itiberê Zwarg; clavinete: Jovino Santos Neto; percussão e bateria: Nenê; improviso de palavras: Pernambuco; palavras e canto: Zabelê

3 - Pimenteira (Hermeto Pascoal)
Guitarra: Antônio Celso; saxofone barítono e flauta: Cacau; placas de ar, piano e flauta de bambu: Hermeto Pascoal; contrabaixo: Itiberê Zwarg; clavinete: Jovino Santos Neto; zabumba, bateria e placas de ar: Nenê; triângulo: Pernambuco; voz: Zabelê
4 - Suíte paulistana (Hermeto Pascoal)
Silarmonia, apitos, flauta doce, bacia, cinturão, mesa de cedro, teclados, tampa de cinzeiro, saxofone tenor e saxofone soprano: Hermeto Pascoal

Lado B
1 - Santo Antônio (Hermeto Pascoal) Participação Especial: Divina Eulália de Oliveira
Flauta: Cacau; piano: Hermeto Pascoal; contrabaixo: Itiberê Zwarg; clavinete: Jovino Santos Neto; percussão e bateria: Nenê; triângulo: Pernambuco; chocalhada: Zabelê; improviso de palavras: Zabelê, Pernambuco e Divina Eulália de Oliveira;
2 -Alexandre, Marcelo e Pablo (Nenê (Realcino Lima Filho))
Saxofone barítono, flauta e clarineta: Cacau; clavinete, flauta baixo, flauta e voz: Hermeto Pascoal; contrabaixo: Itiberê Zwarg; saxofone alto e flauta: Mauro Senise; bateria e piano: Nenê; violão: Zabelê
3 - Suíte Norte, Sul, Leste, Oeste (Hermeto Pascoal)
Guitarra: Antônio Celso; flauta: Cláudio Araújo (Cacau); contrabaixo: Itiberê Zwarg; piano e clavinete: Jovino Santos Neto; flauta: Mauro Senise; cancela e bateria: Nenê (Realcino Lima Filho); voz: Zabelê (Rosemarie Pidner)
4 - Susto (Hermeto Pascoal)
Saxofone barítono: Cacau; clavinete e saxofone soprano: Hermeto Pascoal; contrabaixo: Itiberê Zwarg; piano: Jovino Santos Neto; bateria e reco-reco: Nenê; pandeiro: Pernambuco:
5 - Mestre Mará (Hermeto Pascoal)
Percussão: Cacau do Pandeiro, Itiberê Zwarge, Jovino Santos Neto, Pernambuco e Hermeto Pascoal; tambores: Nenê e Hermeto Pascoal, voz e campas: Hermeto Pascoal, triângulo: Pernambuco; agogô: Sérgio Silva; caxixi: Zabelê

Isolda

Isolda

por Cleodon Coelho

"Tanto tempo de nós dois, / Não sei porque pouco depois / Não existe mais", canta Roberto Carlos na música "Amigos, amigos", gravada em 1973. "Eu sei da sua fama e dos seus amores, / Das suas proezas, dos seus dissabores", entoa o Rei na faixa "Jogo de damas", de 1974. Já em "Elas por elas", lançada no ano seguinte, ele fala: "Hoje senti que é bem melhor / Não haver nada entre nós / Daqui pra frente". Em "Pelo avesso", de 1976, esbraveja: "Eu quero seu amor a qualquer preço, / Quero que você me tenha até pelo avesso, / Pra me sentir envolvido em seus cabelos". No mesmo ano em que tenta atenuar com "Um jeito estúpido de te amar": "Palavras são palavras / E a gente nem percebe o que disse sem querer / E o que deixou pra depois". Aí chega 1977 e ele avisa em "Outra Vez": "Você foi / O melhor dos meus erros, / A mais estranha história / Que alguém já escreveu". Para, em 1978, com "Tente Esquecer", implorar: "Tente esquecer que fiz parte / Das coisas marcantes que a vida lhe deu".

As idas e vindas do amor alimentam o repertório de Roberto Carlos desde sempre. Mas os fãs mais atentos sabem que, mesmo que essas letras sejam a cara dele, são todas assinadas por uma mulher: Isolda, nome indelével em sua trajetória. Nascida em São Paulo, em 1951, ela até que poderia ter vivido apenas de direitos autorais. Afinal, tinha no artista capixaba o seu maior intérprete. Entretanto, em 1979, ano em que a presença feminina dominou de forma maciça o mercado fonográfico, a *hitmaker* pode se mostrar finalmente como cantautora, num LP que trazia seu próprio nome como título.

Lançado pela RCA Victor, o álbum evitou o caminho mais óbvio: o de transformar-se num songbook com as canções que ela fez para o Rei. Das sete até então gravadas por ele, apenas três entraram no repertório. Por outro lado,

Isolda aproveitou para colocar sua voz suave a serviço da letra de "Ilegal, imoral ou engorda", de Roberto e Erasmo Carlos, que já inicia com a frase "Vivo condenado a fazer o que não quero". Mas ela parecia saber exatamente o que queria. Tanto que mudou o trecho "Virei homem calado e até desconfiado" para "Fiquei mesmo calada e até desconfiada", em meio a um arranjo disco music.

Apesar dos embalos da época, o lado A do disco começa ao som de um bolero. Ou melhor, de um "Bolteríssimo", música que no mesmo ano também aparecia em *Pecado*, LP da baiana Maria Creuza. "Quando a orquestra tocar / Aquele bolero / Para a gente lembrar / Momentos tão nossos, / Tão desperdiçados, / Abraços, fracassos, / Razões pra explicar...", diz a letra feita em parceria com seu irmão, Milton Carlos, morto prematuramente aos 21 anos.

Amores complicados eram mesmo uma fonte inesgotável para os manos. Seguindo essa mesma linha, "Um jeito estúpido de te amar", segunda faixa do disco, ganhou uma interpretação muito pessoal de Isolda. Vale lembrar que, naquele momento, a música já havia sido gravada com enorme sucesso por Roberto Carlos e também por Maria Bethânia, cuja versão mais dramática foi parar na trilha da novela *O Astro*, megasucesso de Janete Clair. Inteligentemente, a autora buscou uma outra leitura, recriando os versos "Eu sei que eu tenho um jeito meio estúpido de ser, / Mas é assim que eu sei te amar" como quem fala ao pé do ouvido.

Já "Você precisa saber das coisas" é uma espécie de carta de atualizações sobre um casal desfeito. "Você precisa ver / Que ainda moro aqui / Onde eu te conheci / E que meu telefone / Até agora não troquei / E nem vendi", canta, em tom confessional. A propósito, Milton Carlos já havia feito um registro dessa música num compacto simples. Único irmão, melhor amigo e parceiro desde criança, ele sofreu um acidente de carro fatal no auge do sucesso como cantor. Não por acaso, ela escolheu essas três composições feitas com ele em momentos distintos para senti-lo mais perto em seu disco de estreia.

Depois de mostrar "Questão de dias", dela sozinha, e de interpretar a delirante "Não faça assim", de Cristina Airam (nome pouco conhecido do nosso cancioneiro), Isolda fecha o lado A com uma bela interpretação daquela que é, sem dúvidas, a sua maior joia: "Outra vez". Lançada pelo Rei, a música já teve um sem-número de recriações, que vão de Altemar Dutra e Cauby Peixoto a Nana Caymmi, Roberta Miranda e Gal Costa, passando pelo pianista Richard Clayderman e a Orquestra Românticos de Cuba. Uma lista eclética e respeitável.

Certa vez, em entrevista ao *Programa do Jô*, na TV Globo, Isolda revelou a Jô Soares que escreveu a letra da música ainda sob o impacto da morte de Milton. "Hoje em dia, acredito mesmo que fiz para ele, pensando nele", contou. Diante de versos como "Das lembranças / Que eu trago na vida, / Você é a saudade, / Que eu gosto de ter", não há como duvidar.

Foi exatamente por conta do irmão que Isolda começou a compor. Bisnetos e netos de maestros-compositores, os dois brincavam de teatrinho na infância, ficando para ela a missão de elaborar a trilha sonora. Aos oito anos, Milton Carlos já estudava violão e participava de programas televisivos, como o de Silvio Santos. Na adolescência, foi calouro premiado em atrações comandadas por Aracy de Almeida (do inusitado título "É proibido colar cartazes") e por Flávio Cavalcanti. Enquanto compunham, os irmãos passaram a fazer coro em gravações de estúdio, o que facilitou o trânsito no meio musical. E foi assim que uma fita com "Amigos, amigos" chegou às mãos e aos ouvidos do Rei. O resto é história.

E é com uma homenagem ao irmão que Isolda abre o lado B de seu LP de estreia. "Rosto de menino, / Riso de criança, / Alma de poeta, / Amigo, amigo", canta baixinho em "Confidências". E segue com "Apague a luz", de Elodi, numa levada mais sensual: "Vem cá pro meu lado, / Não fale em pecado, / Mas seja pecado, / Me deixe pecar". É a música ideal para abrir caminho para "Ilegal, imoral ou engorda", a terceira do lado B.

De Sérgio Sá, produtor executivo do disco e responsável pelos arranjos e regência, a paulista interpreta na sequência "Dois encontros casuais". "Parece até que a gente / Está sempre frente a frente, / Num duelo em que cada um / Se destrói por si mesmo", diz a letra contundente. Assim como Isolda, Sérgio foi compositor disputado e teve hits nas vozes de Fábio Júnior ("Eu me rendo") e de Vanusa ("Mudanças", uma parceria dos dois). Também é dele "Sábado à noite", a primeira – e renegada – gravação de Marisa Monte, feita aos 18 anos para a trilha do filme *Tropclip,* anos antes de a cantora carioca se lançar profissionalmente. E foi com Sérgio Sá, num encontro nada casual, que Isolda compôs "Como é possível", registrada por Roberto Carlos em 1982. Mas esse é um outro capítulo.

Ainda no repertório do LP de 1979, a artista mostra mais uma composição de Cristina Airam, batizada de "Sem desespero". "Amor, não me destrate, / Eu vou enlouquecer / Não morra, / Não me mate, / Não faça disparate pra sobreviver", implora, praticamente contradizendo o título. E encerra o álbum com "Tente esquecer", a mesma que o Rei – sempre ele – havia lançado um ano antes. "Tente esquecer de buscar por nós dois, / Cada vez que encontrar novo caso de amor / Tente esquecer de você, que um dia me amou" são os versos que fecham essa ciranda de encontros e desencontros.

Depois desse ciclo em que deixou aflorar o lado cantautora, Isolda seguiu compondo para grandes artistas, a exemplo de Nélson Gonçalves, Simone, Ronnie Von, Claudette Soares, Fhernanda Fernandes... Embora se considerasse extremamente tímida, não era nada retraída na hora de escrever. Como entregou em "Pior é que eu gosto", grande sucesso na voz de Alcione: "Mas teu corpo, / Teu cheiro gostoso, / Tem qualquer mistério que mexe comigo / Você chega, me pega de um jeito, / Me tira do sério, parece um castigo".

Só depois de 27 anos do LP de estreia, Isolda voltou aos estúdios como linha de frente. E lançou o disco *Tudo Exatamente Assim*, em 2006, dessa vez no formato CD. Com a voz mais grave, recriou parcerias com Milton Carlos, Eduardo Dusek e Fhernanda, além de apresentar material inédito. Mas não deixou "Outra vez" de fora. Afinal, não é qualquer compositor que pode se gabar de ter criado um dos maiores sucessos da carreira de um artista da estatura de Roberto Carlos. "Grande Isolda, merece todo o nosso amor, todo o nosso aplauso", costuma celebrar o Rei em seus shows.

Vítima de um infarto em 2018, ela saiu de cena aos 67 anos. Mas toda vez que alguém começa a cantarolar os versos "Você foi / O maior dos meus casos, / De todos os abraços / O que eu nunca esqueci", Isolda revive outra vez.

Ficha técnica:

Isolda (RCA– 103.0282)

Gravado e mixado nos Estúdios RCA, São Paulo

Arranjos e regências: Sérgio Sá

Arte: Tebaldo

A&R: Osmar Zan

Produção: Sérgio Sá

Corte: José Oswaldo Martins

Foto: F. Lucrécio Jr.

Técnicos de Som: Edgardo Alberto Rapetti, Pedro Fontanari Filho, Stelio Carlini e Walter Lima

Lado A

1 – Boleríssimo (Isolda / Milton Carlos)
2 – Um jeito estúpido de te amar (Isolda / Milton Carlos)
3 – Você precisa saber das coisas (Isolda / Milton Carlos)
4 – Questão de dias (Isolda)
5 – Não faça assim (Cristina Airam)
6 – Outra vez (Isolda)

Lado B

1 – Confidências (Isolda)
2 – Apague a luz (Elodi)
3 – Ilegal, imoral ou engorda (Roberto Carlos / Erasmo Carlos)
4 – Dois encontros casuais (Sérgio Sá)
5 – Sem desespero (Cristina Airam)
6 – Tente esquecer (Isolda)

Ivan Lins

A Noite

por Rodrigo Nogueira

A Noite vai além do lugar-comum da boemia ou da solidão, do encontro ou do abandono, do brilho das estrelas sob um céu escuro. *A Noite* traduz uma combinação de várias emoções que refletem a vivência do dia, onde passam os sentimentos de alegria, tristeza, inconformismo e coragem. Dessa percepção, nasceu o conceito do espetáculo *A Noite,* que Ivan Lins estreou no Teatro Tereza Rachel, no Rio de Janeiro, em julho de 1979, e do álbum de mesmo nome, lançado três meses depois. Naquele momento, Ivan seguia a crescente retomada de seu sucesso, iniciada em 1974 com o samba "Abre-alas", incluído no LP *Modo Livre*, marco emblemático de uma virada em sua carreira. E é nesse contexto que dois personagens fundamentais se juntaram ao músico.

O primeiro deles foi o letrista Vítor Martins, que Ivan conheceu um ano antes. Ele já admirava suas letras, tendo um carinho especial por "20 anos blue", uma composição de Vítor com Sueli Costa, eternizada por Elis Regina. A partir desse encontro, surgiu uma grande amizade, além do interesse de Ivan em formar uma parceria. Quando faltava uma canção para finalizar o álbum *Modo Livre*, Ivan entregou uma melodia para Vítor, sem compromisso. Ele devolveu uma letra que descrevia em metáforas a sensação de medo e insegurança provocada pela repressão política da ditadura militar então vigente. Com um refrão fácil e de forte apelo, "Abre-alas" se tornou um grande sucesso e demonstrou o profundo entrosamento entre os novos parceiros. Sob a companhia de Vítor, Ivan se aprofundaria ainda mais na abordagem de temas sociais e políticos, como uma consequência da realidade do tempo que viviam. Isso se tornou um traço de identidade em diversas composições da dupla, verdadeiras reportagens que muitas vezes ainda conservam uma assombrosa atualidade.

Ao preparar o show de divulgação do LP *Modo Livre*, Ivan conheceu o outro personagem essencial de sua virada. Era o pianista Gilson Peranzzetta, que acabava de voltar ao Brasil após uma longa temporada na Espanha. O saxofonista e flautista Ricardo Pontes, que fazia parte do conjunto de Ivan, convidou Gilson para fazer um som com os músicos durante um ensaio. A afinidade foi imediata e ele foi logo integrado à banda, estendendo aquele ensaio por pouco mais de dez anos. Não demoraria para que Gilson assumisse o posto de arranjador e diretor musical do grupo de Ivan, a partir de 1977, colaborando com a criação de uma assinatura sonora que absorvia num mesmo caldeirão a influência jazzística e a brasilidade de gêneros variados como samba, xote, xaxado, ciranda e folia-de-reis.

Vítor trouxe para a música de Ivan a referência das modas de viola que ouvia em Ituverava, sua cidade natal, localizada no interior de São Paulo. Ivan também se alimentou de inspiração ao escutar os 16 LPs da elogiada coleção *Música Popular do Brasil*, lançada pela Discos Marcus Pereira, que mapeava a identidade das tradições musicais das cinco regiões do Brasil. Com essa bagagem de influências, aliada à crescente expectativa pela abertura política, Ivan e Vítor fizeram em 1979 uma safra de canções fortes que simbolizam o auge criativo da dupla. Todas elas foram mostradas ao público em primeira mão no espetáculo que Ivan montou com direção e roteiro de Paulinho Albuquerque, e que serviu de base para o disco.

Uma imagem do show foi utilizada na contracapa do LP, registrando o cenário concebido pelo artista plástico Mello Menezes, que representa um bar povoado por imagens de músicos e compositores com os corações em evidência, como se estivessem acomodados em mesas a céu aberto, iluminados por estrelas e uma lua cintilante. O ambiente do bar é reproduzido na ilustração da capa, que traz Ivan rabiscando sobre a mesa. O disco começa e termina com duas composições de Ivan e Vítor em torno dessa atmosfera noturna. A faixa-título dá a partida, com uma letra ao estilo das canções de fossa que desnuda o sentimento de cansaço e os "rancores gravados" diante da escuridão que se arrastava desde o golpe de 1964, usando imagens como "corações torturados" e "paixões afogadas". Ao final, "Noites sertanejas" conta com a adesão do alagoano Djavan nos vocais, lembrando violeiros que cantavam receios e vaqueiros que choravam ao redor de candeeiros e lamparinas que persistiam acesas no breu daquela longa noite de 15 anos, com direito a uma prece para que a liberdade voltasse a abrir suas asas como antes, aquecendo os corações.

Um coração aprisionado de emoções e vivências, à espera da libertação, inspira "Velas içadas", marcada por uma melodia comovente e uma harmonia repleta de surpresas, que despertavam o choro do gaitista belga Toots Thielemans ao interpretá-la. Já o riso indignado é garantido com o enfoque bem-humorado sobre a corrupção em "Formigueiro", um delicioso xaxado que abre espaço para o improviso dos músicos ao final. A letra espirituosa adota o deboche para chamar a atenção das malandragens dos tamanduás da política.

Duas canções dialogam entre si, ao tratar sobre as dificuldades de lidar com uma separação e o desejo de iniciar novos ciclos, carregando uma simultânea conotação passional e sutilmente política. Uma é "Saindo de mim", que descreve a luta de uma pessoa em busca de se libertar das lembranças ainda persistentes em relação a um ex-amor, pontuada por belíssimos solos de Maurício Einhorn na gaita. Por sua vez, "Começar de novo" expõe o orgulho de agir em direção a essa libertação e exalta o otimismo do recomeço sem os fantasmas de quem causou decepção e tristeza. O canto de Ivan transmite esses sentimentos, principalmente na ênfase do verso: "começar de novo, e só contar comigo". Vítor compôs a letra a partir da sinopse da série *Malu Mulher*, exibida pela TV Globo. Após a estreia, a música alcançou um sucesso arrebatador com a interpretação de Simone, tornando-se um símbolo daquele momento de mudança de perspectiva das relações e comportamentos femininos.

O repertório do LP resgata "Te recuerdo Amanda", composição mais famosa do chileno Victor Jara, artista e militante torturado e assassinado em 1973 pelos agentes da ditadura militar do Chile. Ivan conheceu a canção através de um perseguido político argentino, que permaneceu duas semanas refugiado em sua casa. Ele se comoveu com a música, que narra a história de amor de um casal de trabalhadores, interrompida com a morte de Manuel, que não suporta o peso da exploração e das condições precárias de trabalho. O ritmo da valsa acentua a sensível interpretação de Ivan, que tem o hábito de incluir a canção em seus shows na América Latina. Apesar de enfrentar temas espinhosos, em nenhum momento o disco é tomado pelo clima de baixo astral. O espírito de luta e as energias de esperança e otimismo são muito presentes, em especial nos sambas. Um deles é "A voz do povo", antiga composição de João do Vale e Luiz Vieira, pela qual Ivan apresenta sua música como representante de uma identidade popular e lembra que, mesmo quando uma voz é calada, a luta persiste em outras vozes.

O batuque ouvido por Ivan ao frequentar a quadra da Acadêmicos do Salgueiro na juventude serviu de guia para ele desenvolver as composições de "Antes que seja tarde" e "Desesperar, jamais". A primeira traz a participação ativa de um coro que conduz o ânimo de incentivo do refrão, para espalhar felicidade "com força e com vontade". A segunda possui a colaboração da voz vigorosa do sambista Roberto Ribeiro que, em meio aos sopros festivos de Copinha, Abel e Nelsinho, ajudou a extravasar o desejo de liberdade ainda preso na garganta depois de tantos choros e desenganos.

O LP *A Noite* significa o passo mais emblemático de um trabalho contínuo desenvolvido pelo trio Ivan-Vítor-Peranzzetta entre 1974 e 1985. Unindo melodias, versos e acordes, e tendo Ivan como porta-voz, eles conectaram sua música à realidade do país, sem jamais deixar de lado a beleza e a emoção, envolvendo-se "com toda intensidade" na criação de parte importante da trilha que embalou a busca por um novo tempo.

Ficha técnica:

A Noite (EMI – 31C 064 422849)

Direção de produção: Mariozinho Rocha

Produção artística: Eduardo Souto Neto

Arranjos e regência: Gilson Peranzzetta

Técnico de gravação: Mayrton Bahia e Toninho

Técnico de mixagem: Nivaldo Duarte e Franklin Garrido

Técnico de corte: Osmar Furtado

Coordenação gráfica: Tadeu Valério

Capa e fotografia: Mello Menezes

Lado A

1 - A noite (Ivan Lins / Vítor Martins)

Piano acústico: Ivan Lins; acordeon e piano elétrico c/ "oscar": Gilson Peranzzetta; baixo: Milton Botelho; guitarra (no final): Natan Marques; bateria: João Cortez; bells: Pinduca; flauta e sax alto: Ricardo Pontes; violinos: Pareschi (spalla), Vidal, Marcello, Faini, Walter Hack, Carlos Eduardo, José Alves, Aizik, Piersanti, Zé Lana, Astrogildo e Paschoal Perrotta; violas: Penteado, Macedo, Pissarenko e Nathércia; cellos: Alceu, Márcio, Bariola e Maria Flávia

2 - Desesperar, jamais (Ivan Lins / Vítor Martins) Participação especial: Roberto Ribeiro
Violão: Ivan Lins; violão de 7 cordas: Raphael Rabello; cavaquinho: Natan Marques; baixo: Milton Botelho; piano elétrico c/ "oscar": Gilson Peranzzetta; bateria e ganzá: João Cortez; surdo e agogô: Gordinho; tamborim: Cabelinho; flauta: Copinha; clarinete: Abel Ferreira; trombone: Nelsinho; 2ª voz: Lucinha Lins
3 - Começar de novo (Ivan Lins / Vítor Martins)
Piano Yamaha: Ivan Lins; piano elétrico c/ "oscar": Gilson Peranzzetta; guitarra c/ pedal: Natan Marques; baixo: Milton Botelho; bateria: João Cortez; violinos: Pareschi (spalla), Vidal, Marcello, Faini, Walter Hack, Carlos Eduardo, José Alves, Aizik, Ricardo Wagner e Andrea. Piersanti e Paschoal Perrotta; violas: Penteado, Stephany, Macedo e Zé Lana; cellos: Alceu, Márcio, Watson e Bariola
4 - Te recuerdo Amanda (Victor Jara)
Piano Yamaha: Ivan Lins; arp strings e piano elétrico c/ "oscar": Gilson Peranzzetta; viola de 12 cordas: Natan Marques; baixo acústico: Paulo Russo; percussão: João Cortez; flauta em dó: Ricardo Pontes
5 - A voz do povo (João do Vale / Luiz Vieira)
Piano Yamaha: Ivan Lins; acordeon e piano elétrico c/ "oscar": Gilson Peranzzetta; guitarra acústica: Natan Marques; baixo: Milton Botelho; bateria: João Cortez; surdo: Gordinho; tamborim: Cabelinho; flautas em sol: Copinha; flautas em dó: Ricardo Pontes; coro: Flavinho, Márcio Lott, Tauss, Rubens Lott, Luna, Rosaly, Lucinha Lins, Claudinho Lins e Ivan Lins

Lado B
1 - Antes que seja tarde (Ivan Lins / Vítor Martins)
Violão: Ivan Lins; guitarra acústica: Natan Marques; baixo: Luizão Maia; piano elétrico c/ "oscar": Gilson Peranzzetta; bateria: João Cortez; surdo: Gordinho; tamborim: Cabelinho; ganzá: Elias; vocal: Flavinho, Zé Luiz, Márcio Lott e Lucinha Lins; coro: Flavinho, Márcio Lott, Lucinha Lins, Tauss, Luna, Rosaly, Rubens Lott e Ivan Lins
2 - Saindo de mim (Ivan Lins / Vítor Martins)
Piano acústico: Ivan Lins; piano elétrico c/ "oscar": Gilson Peranzzetta; violão: Natan Marques; baixo: Luizão Maia; bateria: João Cortez; gaita: Maurício Einhorn; sax alto e sax soprano: Ricardo Pontes; violinos: Pareschi (spalla),

Vidal, Marcello, Faini, Walter Hack, Carlos Eduardo, José Alves, Aizik, Ricardo Wagner, Andrea. Piersanti e Paschoal Perrotta; violas: Penteado, Stephany, Macedo e Zé Lana; Cellos: Alceu, Márcio, Watson e Bariola

3 - Formigueiro (Ivan Lins / Vítor Martins)

Clavinette: Ivan Lins; acordeon: Gilson Peranzzetta; viola de 12 cordas: Natan Marques; rabeca: Joaquim Carlos; flautas: Ricardo Pontes; baixo: Milton Botelho; bateria e percussão: João Cortez

4 - Velas içadas (Ivan Lins / Vítor Martins)

Piano Yamaha: Ivan Lins; piano elétrico c/ "oscar": Gilson Peranzzetta; violão: Natan Marques; baixo: Milton Botelho; bateria e bongôs: João Cortez; sax soprano: Ricardo Pontes; voz: Lucinha Lins; violas: Penteado, Macedo, Stephany, Zé Lana e Pissarenko; cellos: Alceu e Bariola

5 - Noites sertanejas (Ivan Lins / Vítor Martins) Participação especial: Djavan

Piano acústico: Ivan Lins; viola de 12 cordas: Natan Marques; baixo elétrico: Milton Botelho; acordeon: Gilson Peranzzetta; gaita: Maurício Einhorn; bateria e percussão: João Cortez; coro: Flavinho, Zé Luiz, Márcio Lott e Lucinha Lins.

Jaime Alem e Nair de Cândia

Amanheceremos

por Márcia Tauil

O maestro, músico e arranjador Jaime Alem nasceu em Franca, estado de São Paulo, e é mineiro de coração. A viola permeou sua infância assim como Beatles, Rolling Stones, Dolores Duran, Tom Jobim e muita música francesa, italiana, clássica. Isso é importante quando nos atemos aos arranjos do álbum aqui tratado.

Jaime e eu somos de família libanesa. Temos parentesco e esse foi um dos fatores que me levaram a escrever sobre o LP. Um deles, pois o que vale reverenciar, é a música impactante que Jaime e Nair Cândia (que em 1979 assinava Nair de Cândia) imprimiram nesse trabalho de beleza feroz, escavado e esculpido sob a ditadura militar.

O casal, também um duo musical, lançara em 1974 seu primeiro álbum pela gravadora CID e chegava em 1979 ao segundo e último LP, dessa vez, de maneira independente:*Amanheceremos*. Com ele, lançaram-se aos shows por dois anos, quando os caminhos começaram a mudar. Demandas como músico, arranjador e vocalista levam Jaime a trabalhar com os grupos Golden Boys e Trio Esperança até ele ser convidado a dirigir Maria Bethânia. Nair segue como vocalista e trabalha com Elba Ramalho, Beto Guedes e, também, Bethânia.

Com o passar dos anos, o duo começa gradativamente a fazer shows, sempre pensando em uma volta. Nair ainda passeia pelo disco solo, lançando o *Canção de um Outro Dia* em 1987. Jaime segue absorvido como diretor musical até encerrar o trabalho com Bethânia em 2012. Nesse ano, a volta do duo é concretizada, assim também como o trabalho em trio,o JaNaJu, com a irmã de Nair, Jurema de Cândia.

Escrever sobre *Amanhecerendo* para este livro é banquete completo. O álbum, com forte conteúdo político, engloba também a produção independente e traz a voz de Nair, a feminina voz de Nair na MPB. Retrato fiel de um período da nossa história. Em depoimento para esse texto, Nair relembra: "Nessa época (1976 a 1979), fazíamos shows para estudantes nos circuitos do Rio, em Minas, São Paulo e algumas dessas músicas foram compostas na estrada. Para mim, as mais impactantes, que me permitiram dar o máximo como intérprete, foram 'Olho de vidro', 'O verbo querer', 'Santo falso' e, especialmente, 'Didática', que me dilacerava. Em uma apresentação no 'Som Aberto' (movimento cultural na UFJF dos anos 1970, com apresentações musicais diversas), na Universidade Federal de Juiz de Fora, eu terminei essa música aos prantos. O mais incrível é que as obras do *Amanheceremos* tenham se tornado tão atuais. Não podíamos imaginar que viveríamos novamente um período de obscurantismo. De repente essas canções ganham vida e um significado que parecia esquecido na poeira do tempo."

Em 1979, aos meus 11 anos, eu não percebia os impactos da recente história do Brasil: o golpe de estado de 1964, o ato institucional emitido pela ditadura militar - o AI-5 de 1968 - e os primeiros passos rumo à liberdade com a Lei da Anistia. *Amanheceremos*, gravado nos meses de julho e agosto de 1979, é o que parece ser: um grito contra a ditadura, com letras carregadas de sentidos. Na primeira faixa, "Tesouros de Cezar", a mixagem ressaltando o grave do contrabaixo em contraste com o timbre agudo de Nair, nos mantém em alerta. A letra parece, hoje, honrar a intérprete e sua luta: "Quando um canto é verdadeiro, / Nunca se cala".

A segunda canção, que nomeia o LP, traz a voz de Gonzaguinha junto às vozes de Nair e Jaime, e é um belo hino contra desigualdades sociais e injustiças. A mensagem, tão direta e revolucionária, provavelmente não passaria pela censura se os tempos não fossem de abertura. Cordas, sopro, piano e vozes executam as mesmas notas da melodia no refrão. As cordas seguem executando agudos que ferem e validam o recado que é muito bem dado.

No encarte do LP, vemos tributo à pedagoga, socióloga e filiada ao Movimento de Libertação Nacional, Flávia Schilling, que se encontrava presa no Uruguai, libertada em 1980. "Didática", a terceira faixa do álbum, é para ela e para todos que viviam a mesma situação. Nela, a voz de Nair carrega a impotência, a dor. O cello traz profundidade em intervenções fundamentais.

Em termos musicais, o álbum é básico, simples, de acordo com o maestro

Jaime Alem. Os temas são vestidos pela viola ou pela sanfona, cordas e flautas. A "pegada" das músicas tem muito do rock, embora a guitarra mais pesada ou com distorção não tenha sido utilizada. Os vocais são puramente Beatles. Ao ouvir o LP, viajamos ao tempo de infância de Jaime e suas influências musicais citadas no primeiro parágrafo. Todos os arranjos são dele, com exceção de "Recriação", por Jota Moraes. Importante citar a qualidade da execução dos instrumentos. O entrosamento profissional atravessa a fronteira do som para nos dar a sensação de que os músicos, de alto nível, comungavam dos mesmos anseios e lutas. E, raridade: o LP foi lançado acompanhado de um combo físico em prol de um produto de qualidade: um compacto simples trazia o que seriam as faixas 11 e 12, de uma mídia mais atual.

Em depoimento para esse livro, Jaime relembra: "Por termos estourado o tempo do vinil, fizemos o compacto e ainda deixamos fora uma música que me doeu muito. Era carregada de guitarras com caixa Leslie. Quase fizemos o compacto duplo, mas seria uma extravagância de custos. Eu já tinha experiência razoável com gravadoras e com o corte do acetato. Se a minutagem fosse muito grande, os sulcos ficariam espremidos. A qualidade do som seria ruim. Para que não acontecesse essa compressão exagerada, a ideia foi lançar duas músicas fora do disco. Assim, os sulcos teriam mais espaço e mais qualidade sonora. Se a tecnologia da época nos permitisse lançar 12, 13 músicas num LP, faríamos isso. Mas eu sabia que o som não seria satisfatório. Mesmo com esse cuidado, a qualidade do corte do acetato no Brasil era ruim. A gente queria uma qualidade de som bacana."

A crítica de Maurício Kubrusly, em sua coluna na *Revista Somtrês* de março de 1980, observava que a dupla não obteve o destaque que merecia: "Dentro do salubérrimo surto de gravações independentes que vicejou em 1979, esta dupla não obteve o destaque que merecia... Misturando elementos urbanos e do interior com precisão... Vale investir e apostar." Estava aí o vislumbre da importância do LP, encontrado, hoje, à venda por valores que vão de R$200,00 a R$1.000,00.

O álbum merece ser redescoberto. A incisiva capa, uma mesa cheia, porém vazia, onde Nair e Jaime observam um abundante banquete que, sim, deveria ser e é direito de todos, pensada por Mauro Monteiro e Wilton Montenegro, foi apresentada ao duo e prontamente aceita por sintetizar o âmago do trabalho como observamos na letra de "Amanheceremos": "Unidos todos seremos

/ Amanhã amanheceremos / Não será cedo, nem tarde / Todos virão / Cada mesa forrada / Todo vinho, todo pão".

Ficha técnica:

Amanheceremos (Farrapos - JNLP001)
Editora Saci
Produtor fonográfico: Farrapos
Fotos: Wilton Montenegro
Arte da capa: Mauro Monteiro
Fotolito: Jornal Vale Paraibano
Produção: Nair Cândia e Jaime Alem
Técnicos de gravação: Moraes e Harley (Estúdio HARA) e Waltinho (Estúdio Haway)
Mixagem: Harley
Direção de gravação de bases e direção de mixagem: Aramis Barros
Participações especiais:
Luiz Gonzaga Jr. (Gonzaguinha) – cedido pela EMI-Odeon – e Chico Puppo: vocal
Músicos participantes:
Jaime Alem: arranjos, voz, violão e viola caipira; Nair Cândia: voz; Jurema Cândia: vocal; Frei Damião e Jota Moraes: piano acústico e elétrico; Agostinho Silva: acordeon; Zé Carlos e Kim: flautas em Sol; Romero e Estevão: flauta em dó; Bilinho: guitarra e viola de 12 cordas; João Gomes: fluegelhorn; Pareschi (Spalla), Vidal, Alves, Aizik, Walter Ack, Eduardo Eck, Lana e Pascoal Perrota: violinos; Luiz Alberto Lopes Maia, Macedo e Penteado: violas; Alceu e Bariola: cellos; Jorjão: baixo; Frei Damião e Ari Piassarollo: guitarra; Jurim Moreira: bateria e percussão; Elber Bedaque: bateria, percussão e tabla; Cidinho: percussão

Acompanha esse LP compacto com:
Cinzel de ouro (Jaime Alem) – Lado A
Matos e Minas (Jaime Alem) – Lado B

Lado A
1 – Tesouros de Cezar (Jaime Alem)
2 – Amanheceremos (Jaime Alem) Participação: Gonzaguinha

3 – Didática (Walter Antonio Kraushe / Jaime Alem)
4 – Olho de vidro (Jaime Alem)
5 – Recriação (Jaime Alem)

Lado B
1 – Verbo querer (Jaime Alem)
2 – Santo falso (Jaime Alem) Participação: Jurema Cândia
3 – Jacupiranga (Jaime Alem)
4 – Passará (Jaime Alem)
5 – O canto dos homens (Jaime Alem)

Jerônimo Jardim

Jerônimo Jardim

por Juarez Fonseca

No final de outubro de 1979, quando Elis Regina chegou a Porto Alegre com a temporada de lançamento do disco *Essa Mulher*, o compositor Jerônimo Jardim encheu-se de coragem e foi ao camarim do Teatro Leopoldina para levar a ela seu primeiro LP, recém-lançado. Não tinha título, apenas o nome na capa e 12 canções com diferentes abordagens. O disco era um dos primeiros produtos da gravadora ISAEC, criada na capital gaúcha em 1978 com a intenção de competir no mercado discográfico nacional – uma iniciativa ousada que teria apenas dois anos de vida, pois esse mercado não era para iniciantes ou amadores.

Semanas depois, toca o telefone da ISAEC e uma voz feminina se identifica como Elis Regina. Antes de dar tempo à voz de dizer o que queria, a pessoa que atendeu ao telefone, achando que fosse trote (coisa comum na época), respondeu "e aqui é o Papai Noel", desligando. O telefone volta a chamar e a voz é rápida: "Aqui é Elis Regina, quero falar com Jerônimo Jardim." Ele estava no Rio de Janeiro, viajara para divulgar o LP nas rádios e jornais. A equipe de Elis o encontrou, passando o telefone dela, que aguardava um contato. Jerônimo ligou e ela contou que gravaria a balada "Moda de sangue".

Parceria com o gaúcho-catarinense Ivaldo Roque, "Moda de sangue" brilharia no álbum duplo *Saudade do Brasil*, de 1980, ao lado de grandes nomes da MPB e outros artistas novos. No mesmo ano, a música entrou na trilha-sonora da novela global *Coração Alado* – e, futuramente, além do relançamento do álbum em CD, apareceria nas coletâneas *Grandes Mestres da MPB – Elis* (1997) e *Elis Vive* (1998). Na voz da maior cantora, "Moda de sangue" valeria como salvo-conduto para o projeto do compositor: investir na projeção nacional de sua carreira. Até porque, o primeiro, gigantesco, passo, já estava dado.

(A esta altura, me bate a vontade de falar um pouquinho de Elis. O que essa mulher fez pela música brasileira não está no gibi. Os tantos compositores que revelou e/ou trouxe à tona... No início dos anos 1980, estava se voltando para os novos nomes do Rio Grande, quase 20 anos depois dos que gravara no início da carreira. Nos mesmos dias em que recebeu o LP de Jerônimo, recebeu o primeiro de Raul Ellwanger e topou participar do segundo dele cantando. Logo recebeu uma fita de Vitor Ramil e, como não estava bem gravada, simplesmente passou um telegrama a ele, pedindo que enviasse outra. Mas aí entrou em cena a indesejada das gentes, interrompendo tudo.)

Quando fez o disco de estreia, Jerônimo Jardim já tinha uma boa trilha percorrida. Formado em Direito, deixou a advocacia meio de lado para tornar-se um publicitário de sucesso em Porto Alegre antes de se entregar à senda da música. Vale um *flashback* rápido: nascido em Jaguarão e criado em Bagé, cidades importantes da fronteira com o Uruguai, ele estudou violão na adolescência, atento à MPB e à música sem fronteiras da região. Seu talento começou a chamar a atenção, tanto que o correspondente do jornal *Zero Hora* produziu uma reportagem sobre "o Chico Buarque de Bagé".

Como advogado, aproveitava as vindas ao Foro Central, em Porto Alegre, para conhecer a boemia, os bares com música ao vivo. Assim, conheceu muita gente da nova e da velha guarda, a começar por Lupicínio Rodrigues. Aproximou-se também de um conterrâneo bageense, publicitário ligado à música, Luiz Coronel, que em 1971 o colocou no elenco do desbravador show coletivo *Rio Grande do Som*, apresentado no histórico Theatro São Pedro, em que se cruzaram nomes da música gaúcha tradicional e nomes emergentes, como Kleiton Ramil – que logo formaria com o mano Kledir e amigos o grupo Almôndegas.

Radicado em Porto Alegre em 1971, enturmado com o pessoal da noite, Jerônimo conhece Ivaldo Roque, grande violonista, que se dividia entre a profissão de linotipista no jornal *Correio do Povo*, compositor da Escola de Samba Praiana e professor em uma escola de violão pautada pela Bossa Nova. Com Ivaldo e outros três músicos (entre eles Loma, que mais tarde seria vocalista de Gilberto Gil e, mais tarde ainda, cantora de referência no Rio Grande, vários discos lançados), formou em 1974 o grupo Pentagrama. A estreia foi com o show *Transas & Milongas*, mesclando samba, MPB e música regional gaúcha.

A receita de combinar música urbana e música regional seria testada nos nascentes festivais nativistas (que se alastrariam pelo interior gaúcho). Embora os júris premiassem essas canções inovadoras, o público, conservador, reagia à novidade com algumas vaias. E assim, com essa mescla, em 1976, o Pentagrama lança um LP pela gravadora Continental. Ouvindo hoje, permanece um trabalho vigoroso. Mas o grupo não teve forças para se manter. Um ano depois, Jerônimo dá início à carreira solo, ainda se dividindo entre a atuação na publicidade durante o dia e os bares e teatros à noite.

Vem, então, o primeiro disco, do qual Elis capturou a faixa 2 do lado A. Trecho da letra: "Quando me vingo dos males que me fazes / Com frases de maldade e veneno / Sinto, meu amor, que o amor é isso / Essas coisas muito fora do juízo". O tema do amor mal resolvido era uma das especialidades de Jerônimo, grande apreciador do samba-canção. "Elas por elas", que abre o LP, é um samba. A faixa 3, "Baionga", um divertido mix de baião com milonga. Depois vem a balada "Louca lucidez", naquele clima. Daí, um... choro, "Rede de tênis", com a flauta do lendário Plauto Cruz. E para fechar, um tango em espanhol, "Nó na garganta".

O lado B começa com "Tenha pena", samba-canção com ar de blues. Ares de milonga passam pela áspera "Palavra de cão". Já a seguinte, "Avenida sete", é uma nostálgica valsa. Também com ar de valsa, mas em tom duro, vem "Sementes de pedra", única não assinada por Jerônimo, que foi seu intérprete na Califórnia da Canção Nativa, o festival fundador, ainda hoje realizado na cidade de Uruguaiana. A faixa 5, "Sádica campeira", é a mais gauchesca do álbum, que se encerra com outra balada pungente, "Náufrago". Compositor e letrista bem informado, no disco de estreia Jerônimo optou por abrir seu leque de recursos.

Lançado o disco, apresentado ao Brasil pela voz de Elis, ele então põe em trânsito seu projeto. Para começar, muda-se para o Rio de Janeiro, deixando no Sul a mulher e dois filhos em compasso de espera. Elis incentivou a mudança. Fiz uma entrevista com ele antes da partida. Disse: "Muitas pessoas ficam garimpando ouro. E eu agora começo a garimpar é um espaço para mim na música brasileira. Não vou em busca de dinheiro, pois se fosse só por isso ficaria em Porto Alegre. Então, é a música, música é tudo para mim. Ela terá que me dar o dinheiro com que eu possa viver. Mas dinheiro não é o meu objetivo."

Às vezes a sorte é parceira e Jerônimo a teve, ao encontrar, em um bar do Baixo Leblon, Ivan e Lucinha Lins, que conhecera em Porto Alegre na casa de Geraldo Flach, produtor de seu disco. O casal o incentivou a se inscrever no festival MPB Shell 81, da Rede Globo. Ele inscreveu a suave canção

"Purpurina", que compusera pensando na voz de Lucinha. Resultado: o primeiro lugar, 300 mil dólares de prêmio e uma vaia do tamanho do Maracanãzinho transmitida para o Brasil. Eu estava lá, fotografei Jerônimo sentado no palco em apoio a Lucinha que encarava a turba que queria "Planeta Água", de Guilherme Arantes.

Desiludido por não encontrar receptividade nas grandes gravadoras (já antenadas pelos sinais de um pop/rock nacional que emergia com o sucesso da Blitz), no final de 1982 Jerônimo volta para Porto Alegre. Faz concurso para uma repartição pública federal e relega a música às horas de lazer. Em 1984, lança o segundo LP, *Terceiro Sinal*, pelo selo RBS Discos/Som Livre. No ano seguinte, sua vitória na Califórnia da Canção Nativa com a milonga "Astro Haragano" (sobre o cometa Halley, assunto daquele momento), foi recebida com outra estrepitosa vaia do público que preferia outra música. Daí ele decide desistir.

Mas a pressão da música era irresistível. Em 1996, convidado para fazer o show de encerramento da Califórnia, é redimido pela recepção calorosa da plateia. Vêm novos discos (agora CDs) em 1997, 1999, 2011 e 2015, esses dois já produzidos sob a pressão de uma artrite reumatoide que ocasiona frequentes hospitalizações. Em 2021, aos 76 anos e 50 de carreira, resolve "pela última" vez, deixar a música para trás. Transfere ao neto Pedro, sete anos e veia musical, seus dois amados violões. Só que, de repente, um som da rua, um assovio passante, uma música na tevê, produzem a descarga elétrica. E vem uma nova canção...

Ficha técnica:

Jerônimo Jardim (Pentagrama/ISAEC – PLP 03002)
Diretor de produção: Geraldo Flach
Diretor artístico: Geraldo Flach
Produtor: Ayres Potthoff
Técnicos de gravação: Anele e Mitchell
Mixagem: Ayres e Anele
Edição e montagem: Anele
Criação capa: Ton (Ampla)
Fotos: Germano
Gravado em 16 canais nos estúdios da ISAEC Gravações e Produções

Músicos participantes:

Toneco da Costa: arranjos instrumentais, violão, piano e piano elétrico; Geraldo Flach: arranjos vocais e arranjos instrumentais (2A, 4B), piano (1A, 4B), piano elétrico (2A, 4B), acordeon; Jerônimo Jardim: violão (2B, 5B); Tenison Ramos: baixo; Bebeto Mohr: bateria; Paulino Soares: bateria (4A, 1B, 6B); Celso Campos: guitarra; Zé Luiz: guitarra (3A); Ayres Pothoff: flauta, baixo (5B) e sintorquestra (4B); Geraldo Schuller: flauta (6B); Plauto Cruz: flauta (5A); Chico Ferretti; sintorquestra; Telinho: violão 7 cordas e pandeiro (5A); Chico Queixada: cavaquinho (5A); Carlos Magallanes: bandoneon (6A); Malu, Brotinho, Cazu, Fernando Ribeiro, Claiton e Tenison: vocais

Lado A

1 - Elas por elas (Jerônimo Jardim / Ivaldo Roque)
2 - Moda de sangue (Ivaldo Roque / Jerônimo Jardim)
3 - Baionga (Jerônimo Jardim)
4 - Louca lucidez (Toneco da Costa / Jerônimo Jardim)
5 - Rede de tênis (Toneco da Costa / Jerônimo Jardim)
6 - Nó na garganta (Jerônimo Jardim / Bebeco Jardim)

Lado B

1 - Tenha pena (Jerônimo Jardim)
2 - Palavra de cão (Jerônimo Jardim)
3 - Avenida sete (Jerônimo Jardim)
4 - Sementes de pedra (Geraldo Flach / Kenelmo Alves)
5 - Sádica campeira (Jerônimo Jardim / Bebeco Jardim)
6 - Náufrago (Jerônimo Jardim)

Joanna

Nascente

por Fábio Vizzoni

Aqui começa a carreira de Joanna, carioca de 22 anos, mulher alta, magra e bonita, compositora e intérprete de tudo que sente, percebe ou descobre em si mesma, nos outros e na vida.
E por enquanto nada mais direi sobre Joanna, a que carrega consigo os mistérios do que será. E muito fôlego para profundos mergulhos.

Arthur Laranjeira
Rio, Maio de 1979

Pode parecer estranho, mas, décadas atrás, era comum que as contracapas dos LPs de artistas iniciantes trouxessem textos de apresentação sobre aquele novo nome. A ideia era equivalente à de um *release*: funcionava como uma espécie de "carta de recomendação" assinada por um nome já conhecido do grande público, explicando o conceito do disco. Até aquele maio de 1979, muito pouco – ou quase nada – se sabia sobre a estreante Joanna, que chegava ao mercado fonográfico com *Nascente*, lançado pela RCA. Talvez por isso o texto assinado por Arthur Laranjeira – na época jornalista da revista *Veja* e coprodutor do disco – tenha sido tão breve.

Nascida em 27 de janeiro de 1957 na Rua Aquidabã, na divisa entre os bairros do Lins de Vasconcelos e Méier, na Zona Norte do Rio de Janeiro, Maria de Fátima Gomes Nogueira logo passaria pela sua primeira mudança de nome. Por ter vindo ao mundo com um quilo e seiscentos gramas, a pequenina Maria de Fátima logo se tornara Nina e cresceu em um lar musical. Sob a influência do pai, o violinista português Joaquim, e da irmã, Maria da Glória, Fátima deu seus primeiros passos em direção à música já na infância, escrevendo poemas e canções. Com o irmão, Paulo Maurício, aprendeu os primeiros acordes ao violão, instrumento que ganhou de presente da mãe, Marieta, aos doze anos.

O progresso foi rápido: cinco anos mais tarde, aos 17, Maria de Fátima estava cantando na TV Tupi, no programa *A Grande Chance*, em 1974. Com a interpretação de "Última forma", de Baden Powell e Paulo César Pinheiro, conquistou o primeiro lugar no badalado show de calouros comandado por Flávio Cavalcanti – o mesmo concurso que apresentou, ao grande público, as vozes de Alcione e Emílio Santiago. Nos bastidores do programa, Fátima conheceria uma personagem que seria fundamental em seu início de carreira profissional: a produtora mineira Solange Böeke, com quem construiu uma grande amizade e parceria musical.

Ao longo da década de 1970, Fátima foi guitarrista do grupo de rock Sótão, backing vocal da banda Os Terrificantes e seguiu o caminho percorrido por muitos que se lançam nesse ofício: cantar na noite, com o nome Nina de Fátima. Trocou o subúrbio pela Zona Sul, mais precisamente Copacabana, dividindo apartamento com Solange e outras pessoas que também seriam fundamentais em sua trajetória: as também compositoras Sarah Benchimol e Faffy – que, anos mais tarde, o Brasil inteiro conheceria como Fafy Siqueira.

Junto com Olavo Sargentelli – filho de Oswaldo – e Sandra de Sá, Fátima, Solange, Sarah e Faffy se apresentavam em diversos festivais de música. No de Muriaé, em Minas Gerais, Fátima foi a vencedora com a sua canção "Como se fosse" escrita com Solange. No júri do festival, entre roteiristas e produtores de TV, estava Durval Ferreira, diretor artístico da RCA, que ao vê-la no palco, percebeu seu potencial: "Tá aqui meu telefone, me liga, quero ouvir o seu trabalho." Por diversas vezes ela tentou, mas nunca conseguiu encontrá-lo. Nesse ínterim, Fátima, Sandra, Faffy, Solange, Sarah e Sargentelli tiveram a ideia de formar um grupo alternativo, com espaço aberto para cada um se apresentar. Levaram o projeto para a pequena gravadora Top Tape que, apesar de ter gostado do trabalho, não comprou a ideia. Com isso, cada um seguiu o seu caminho.

Meses depois do Festival de Muriaé, Fátima encontra Durval, por acaso, caminhando por Copacabana. Para surpresa dela, ele contou que ficou aguardando pela ligação. Desencontros esclarecidos, Durval a convidou para um teste. No escritório da RCA, colocou um banquinho à sua frente e disse: "Toque seu trabalho." Tímida, Fátima apresentou as músicas que havia escrito com Solange, Sarah e Faffy, enquanto Durval olhava fixamente para ela. Ao terminar, pensando que tinha ido mal na audição, ouviu dele a seguinte frase:

"Passe segunda-feira para assinar o contrato." Em seguida, a dupla Fátima & Solange teve sua primeira composição gravada por uma também estreante: Lucinha Araújo. Produzida por Durval, a mãe de Cazuza se lançava como cantora e registrou, no lado A de seu compacto na RCA, a canção com que Fátima ganhou o Festival. Assinada por Fátima de Nogueira e Solange Böeke, "Como se fosse" integrou a trilha sonora da novela *A Sucessora*, da Rede Globo.

Enquanto o LP de Fátima era preparado, houve uma verdadeira explosão de cantoras no Brasil. Entre elas, várias outras Fátimas. Era preciso um nome forte e Arthur Laranjeira recusou as opções óbvias: nada de Maria de Fátima, Fátima de Nogueira ou Nina de Fátima. Entre as possibilidades surgiram Joana, Mariana e Juliana. Venceu a primeira opção, que recebeu um N a mais, "por pura frescura" – conta. Assim nasceu Joanna e Maria de Fátima ficou somente no RG. E assim surgiu *Nascente*.

Com produção de Durval, o disco abre com "Descaminhos", de Joanna e Sarah, que logo se tornaria o primeiro sucesso do LP. Narrando os desencontros de uma relação amorosa nas metrópoles, a letra – romântica e moderna para aquela virada de década – acabou tornando-se atemporal: Simone a regravou 34 anos depois, no CD *É Melhor Ser*.

De Milton Nascimento e Fernando Brant, Joanna recebeu "Moreno": "Numa grata tarde de primavera, tive o encontro memorável com um dos meus maiores ídolos: Milton Nascimento. Fui apresentada a ele pelo meu produtor da época, Arthur Laranjeira, pois eram compadres. Conversamos muito, não me lembro de ter tido um papo tão agradável e tão fértil como aquele. Depois desse encontro me veio às mãos essa canção, que faz parte de uma época doída da nossa história brasileira. Como sempre, Fernando Brant e Milton sempre tiveram as palavras certas para a época certa."

Da parceria com Solange vieram as românticas "Cicatrizes" e "Reviver", essa escrita com Sarah, além do bem-humorado chorinho "Pinta de bacana", de Joanna, Solange e Caetano, narrando a trajetória de um galanteador barato que só faz pose, mas não convence. Com ecos de "Bandeira branca", veio "Pelos caminhos de abril", de Perna Fróes: "Estava assistindo à temporada de Gal Costa no show *Gal Tropical* e estava prestes a gravar. Quando vi o trabalho dele no palco, com aquela leveza, com um primor visto muito poucas vezes, disse: esse é o meu maestro! Não deu outra, Perna Fróes acabou sendo meu maestro por alguns anos e ainda tive a sorte de gravar essa delícia de música feita com Rui Espinheira."

O disco contava ainda com uma inédita de Gonzaguinha ("Agora"); o samba de roda "Diga aí", de Faffy e Sarah; a ciranda "Coração de criança", de Joyce Moreno e Fernando Leporace; o bolero "Ninguém morre de amor", de Tony Bahia – amigo dos tempos dos festivais –; e "Flor do Brasil", de Ronaldo Malta, exaltando as belezas e os contrastes do país. No tempo em que o termo "assessora de imprensa" ainda nem existia, a divulgação de *Nascente* era feita por Ivone Kassu. Casada com Arthur Laranjeira, Kassu tinha trânsito livre no meio artístico, e cuidava da divulgação de vários artistas – como Roberto Carlos, com quem iniciara uma parceria meses antes, em 1978, e que durou até o fim de sua vida. Joanna conta: "Kassu e Laranjeira são dois nomes muito importantes na minha vida. Eles me abraçaram de tal forma... me sentia abraçada por dois gigantes da comunicação."

Kassu enviou o LP de Joanna para a produção do *Fantástico* que, na época, era a maior vitrine musical do Brasil. Tempos depois, a produção da Rede Globo respondeu, querendo saber "quem é essa moça nova que vocês estão lançando?!". Resultado: cantando "Seu corpo", de Roberto & Erasmo, Joanna fez sua primeira aparição na TV com seu novo nome artístico, em um momento que entrou para a história da cultura brasileira: o especial *Mulher 80*. Exibido na Sexta Super de 19 de outubro de 1979, Joanna dividia o palco com um time imbatível: Elis Regina, Simone, Maria Bethânia, Gal Costa, Rita Lee, Zezé Motta, Fafá de Belém, Quarteto em Cy, além de uma outra novata na MPB: Marina Lima.

Com arranjos impecáveis de Wagner Tiso, Perna Fróes e Antonio Adolfo, um time imbatível de músicos (Jamil Joanes, Toninho Horta, Robertinho Silva, Alceu Maia, entre outros) aliados à qualidade do repertório e, claro, da interpretação doce e, ao mesmo tempo, marcante de Joanna, *Nascente* se tornou uma grata surpresa para a RCA: vendeu mais de 80.000 cópias – um número de respeito para uma cantora iniciante. O disco foi o primeiro capítulo de uma história escrita com outros álbuns e sucessos na carreira de Joanna e atravessou o tempo com dignidade e beleza. Um verdadeiro clássico.

Ficha técnica:

Nascente (RCA – 103.0302)

Direção de coordenação artística e repertório nacional RJ: Lúcio Varela

Produtor executivo: Durval Ferreira

Coprodutor: Arthur Laranjeira
Técnico e Mixagem: Luiz Carlos T. Reis
Corte: José Oswaldo Martins
Fotos: Orlando Abrunhosa
Criação da capa: Arthur Fróes
Maquilagem: Guilherme Pereira

Arranjos: Wagner Tiso ("Descaminhos", "Moreno", "Agora", "Flor do Brasil", "Coração de criança"); Perna Fróes ("Cicatrizes", "Pinta de bacana", "Pelos caminhos de abril", "Reviver", "Diga aí", "Bolero"); Antonio Adolfo (piano solo em "Seu corpo")

Músicos participantes:
Roberto Silva, Waltinho, Rubinho e Wilson Meireles: bateria; Jamil Joanes, Moacir Albuquerque, Luiz Alves: baixo; Bira da Silva, Ubiratan, Alfredo Bessa, Ovidio: percussão; Helio Delmiro, Chiquito, Toninho Horta, Helio Capucci: guitarra; Wagner Tiso, Perna Fróes e Antonio Adolfo: piano; Joel Nascimento: bandolim; Alceu Maia: cavaco; Luiz Braga: Violão 7 cordas; Ruy Quaresma: violão; Nivaldo Ornellas: sax soprano, tenor e flauta; Meireles: sax alto; Juarez Araujo: sax tenor e clarinete; Jorginho e Celso: flautas; Cartier, Gelson, Edgardo, Luiz Rocha, Jane, Marise, Viviani, Loalva, Nilza e Dalva: coro; Pareschi, Aizik, José Alves, Faini, Walter Hack, Eduardo Hack, Perrotta, Alfredo Vidal, Arnaud, Lana, Stephany, Arlindo Penteado, Nelson Macedo, Marcio Mallard, Alceu e Iberê Gomes Grosso: cordas

Lado A
1 – Descaminhos (Joanna / Sarah Benchimol)
2 – Moreno (Milton Nascimento / Fernando Brant)
3 – Cicatrizes (Joanna / Solange Böeke)
4 – Pinta de bacana (Joanna / Caetano / Solange Böeke)
5 – Pelos caminhos de abril (Perna Fróes / Ruy Espinheira)
6 – Reviver (Joanna / Sarah Benchimol / Solange Böeke)

Lado B
1 – Seu corpo (Roberto Carlos / Erasmo Carlos)

2 – Agora (Luiz Gonzaga Jr.)
3 – Diga aí (Fafy Siqueira / Sarah Benchimol)
4 – Bolero (Ninguém morre de amor) (Tony Bahia)
5 – Flor do Brasil (Ronaldo Malta)
6 – Coração de criança (Joyce Moreno / Fernando Leporace)

João Bosco

Linha de Passe

por Rildo Hora

Eu produzi cinco discos do João. O primeiro, de 1973, tem o nome dele e conta com a capa do Carlos Scliar e a contracapa trazendo um texto de Antônio Carlos Jobim. Foi um disco muito bonito. O texto de Jobim dizia: "E quando acaba a bala? É no rala-rala? Faca com faca? Rapa com rapa? João, hein?!, tua música já atravessou o riacho. Mineiro, é cedo para o cansaço de conversa a respeito da beleza e da parecença dos territórios. Há muito a fazer e tem de ser feito. O Aldir Blanc está com você, o Paulo Emílio e o Cláudio também. E o urubu, sai voando, baixo, manso." O Cláudio que Jobim cita no texto é Claudio Tolomei, parceiro de João e Aldir na música "Bernardo, o eremita", que abre o lado B do disco.

A característica desse primeiro disco de João é que tinha aquelas músicas muito mineiras, muito herméticas, fechadas... Isso fez com que o disco fosse de difícil circulação. Nele, assim como em *Linha de Passe*, há a presença do letrista Paulo Emílio nas músicas "Quem será?", uma parceria com João e Aldir, e em "Amon Rá e o Cavalo de Tróia", essa parceria apenas de João e Paulo. Nesse primeiro disco, a música mais conhecida foi "Bala com Bala", dele com Aldir.

Quando nós fomos fazer o segundo, o LP *Caça à Raposa*, eu pedi para o João para abrir mais, fazer uns sambas, coisas para o álbum ficar mais popular. No *Caça*, ele inseriu "Mestre-sala dos mares", que Elis Regina tinha gravado. Eu insisti para que ele gravasse, porque iríamos fazer algo diferente dela, que gravou na base do piano do César Camargo. Nós fizemos uma gravação mais popular, com violão de sete cordas com o Dino tocando, com surdo, cavaquinho, coro, como o Paulinho da Viola gravou "Foi um Rio que passou em minha vida"... Ele cantando como se estivesse com o povo. E, na mixagem, botamos a voz dele na frente.

O terceiro álbum que produzi foi o *Galos de Briga*, talvez o mais importante de todos, com uma capa maravilhosa, com esporas, do Glauco Rodrigues, que também havia feito a capa do disco anterior. No repertório, pérolas como "O ronco da cuíca", "Transversal do tempo", com participação do Toots Thielemans, e "Miss Suéter", com participação de Angela Maria. Todos com assinatura Bosco e Blanc.

Tiro de Misericórdia, com capa de Mello Menezes, foi o quarto. Tem a popular "Bijuterias", onde "a cor é amarelo e a pedra ametista", que foi abertura da novela da Rede Globo, *O Astro*. O disco começa com "Gênesis" (o parto) e termina com "Tiro de misericórdia", duas das letras mais contundentes de Aldir. Tem também "Vaso ruim não quebra", com participação de Cristina Buarque. Todas da grife da dupla.

Linha de Passe foi o quinto disco de João que assinei a produção. Foi tudo muito prazeroso porque a gente sempre trabalhou com grandes músicos como Luizão Maia, Wilson das Neves, Dino Sete Cordas, o cavaco do Neco, as cordas sempre arregimentada pelo Pareschi. Como arranjadores, Luiz Eça e César Camargo Mariano. Onze músicas são um repertório "dez, nota dez". As letras sempre geniais, com as músicas geniais e o canto do João muito característico. Sem sombra de dúvidas esse é um dos melhores discos que já produzi.

Quando João ia gravar, ele mostrava logo muitas músicas. Mas não tinha todas. Quase todas chegaram de uma vez. Durante a produção do disco, o Aldir, que era muito hábil, ficava escrevendo, completando algumas que chegavam depois. Muitas vezes João gravava lendo a letra que era recente e ele não havia conseguido decorar.

Me chama muito atenção o arranjo do Maestro Nelsinho do Trombone para a música título, "Linha de passe", de João, Aldir e Paulo Emílio, grande responsável pela maioria das grandes carreiras da época. Maestro de verdade, que escrevia para orquestra. Nesse arranjo, o destaque são os metais de gafieira, comuns nas gravações de samba pelo Brasil de então.

Nesse disco, João Bosco apareceu com Raphael Rabello, com 17 anos, e tocando muito, muito, muito. Foi uma maravilha. Em matéria assinada por Ana Maria Bahiana, no jornal *O Globo*, na época do lançamento do LP, João falou sobre o novo virtuose do violão. "Raphael é um caso sério. É um garoto ainda, mas toca violão de sete, que acho um instrumento interessantíssimo, profundamente brasileiro. Só que, em geral o violão de sete é ligado só ao choro, ao regional, à seresta, e o Raphael, como é garoto, toca sem compromisso com nada disso, ele inventa, sai criando, usando só sua cabeça de músico. Então, os resultados são incríveis. Eu procuro soltá-lo ao máximo, para ver onde ele vai inventar". João estava certo. Raphael se mostrou, em pouco de vida nesse plano, morreu jovem, como um dos maiores mestres do violão brasileiro.

Das onze músicas do disco, seis são em parcerias de João com Paulo Emílio, sendo três dele com Aldir e três só do João e do Paulo Emílio. O Paulo era um grande amigo de Aldir e João. Eles estavam sempre juntos lá na Tijuca. O Aldir gostava demais do Paulo Emílio, fazia questão de fazer música em trio com ele. E o trio era formidável. As parcerias só haviam aparecido no primeiro disco. Paulo era um letrista muito bom, uma pessoa inteligente.

No disco, há uma mesma melodia, com duas letras: a quinta faixa do lado A, "Patrulhando (Mara)"; e a sexta e última faixa do lado B, "Patrulhando (Masmorra)". Duas letras opostas. Se "Mara" é mais solar, "Masmorra" tem sangue no chão. As duas assinadas pelo trio. "Conto de fada", a segunda do lado A, é um bolero no melhor estilo Bosco e Blanc, em que a gente se preocupou em manter o clima com um arranjo de cordas que dá um ar de grande baile, com direito a morder a orelha.

"Sudoeste", a terceira do A, já tem a levada swingada que lembra bastante o balanço do Tamba Trio, com direito a piano e baixo especiais. "Parati", que alude à cachaça do mesmo nome, é um partido-alto da melhor estirpe, que remete a Nei Lopes. "Boca do sapo", segunda do lado B, é um samba sobre relacionamentos e maridos infiéis. No mesmo ano ele gravou com Clementina de Jesus, no disco *Clementina e Convidados*. Versões diferentes e o mesmo frescor. "Cobra criada", de João e Emílio, a terceira do B, música "quebrada" com letra aludindo a traíras, chocalhos e caranguejeiras.

"Ai, Aydée", outro bolero, com direito a coro e cigarro Hollywwod, que fala de mais um latino-americano que tem como ídolo Roberto Carlos. Em "Natureza viva", a penúltima faixa do disco, quem brilha é a letra de Paulo com o acordeon costurando toda a música, com manhãs com gosto de avelãs.

Os traços da bela capa do disco são do artista plástico Mello Menezes. Ele era um amigão do Aldir. Analisando o repertório, em especial a música "principal", que dá nome ao disco, ele tentou traduzir, e conseguiu, o que as músicas diziam. Com calma, olhando a capa percebe-se várias figuras que estão nas letras de Aldir inseridas na obra de Melo. Na contracapa Aldir, João e Paulo também batem uma bolinha.

A primeira vez que ouvi a música "O bêbado e a equilibrista", primeira do lado B, dele e do Aldir, foi na casa do João, quando ele fazia as músicas, então novinhas, fresquinhas e as cantava para mim, geralmente ainda lendo a letra. Eu me lembro que ele frisou demais a imagem do Carlitos, do Charles Chaplin, que a ideia toda da música era baseada naquele começo do bêbado trajando luto que lembrou Carlitos, o bêbado brasileiro que lutava contra a repressão militar, o bêbado trajando o luto porque o país estava em trevas... e o Aldir foi por aí *metaforeando,* me desculpem o neologismo. Essa música, que virou um dos hinos da Anistia, foi gravada por Elis – a versão mais conhecida – e pelo grupo vocal Viva Voz, que foi o primeiro a registrá-la no acetato. Todas as gravações são de 1979.

O João, no início, não queria gravar, porque Elis tinha gravado, mas insisti que ele fizesse a sua leitura. Já tinha acontecido isso com "Mestre-sala dos mares" (também dele e do Aldir) e não teve problema nenhum. A gravação dela tocou. João fez a dele e tocou também. Na mesma matéria da Ana Maria, citada anteriormente, o próprio João resumiu a ideia do disco: "*Linha de Passe* é bem aquilo que é a música desse nome é. Um pagode, uma brincadeira. O que não impede que seja uma coisa séria, também uma coisa sólida e um convite geral a todo mundo para participar do jogo. É a ideia mesma da linha de passe, o jogo no pé, a troca de bola."

Ficha técnica:

Linha de Passe (RCA Victor - 103.0294)

Produtor executivo: Rildo Hora

Direção de coordenação artística e repertório nacional – RJ: Lúcio Varela

Orquestrações: Waltel Blanco (2A-4B), Dori Caymmi (4B), Nelsinho (1A)

Base: Darcy de Paulo

Técnico de gravação e mixagem: Luiz Carlos T. Reis, Mário Jorge Bruno, Guilherme Reis, Augusto P. S. Filho

Auxiliares: Pinduca, Everaldo

Corte: José Oswaldo Martins

Arte e encarte: Mello Menezes

Músicos participantes:

João Bosco: vocais e violão acústico; Dino: violão acústico; Luizão Maia: baixo;

Zeca da Cuíca: cuíca; Wilson das Neves: bateria; João Donato: piano elétrico; Celso Woltzenlogel: flauta; Swab: french horn; Toninho Horta: guitarra; Maurilio: trompa; Chacal e Gilberto D'Ávila: percussão; Aizik Geller: cordas; Edmundo Maciel: trombone; Gian Carlo Pareschi: violino

Lado A
1 - Linha de passe (João Bosco / Aldir Blanc / Paulo Emílio)
2 - Conto de fada (João Bosco / Aldir Blanc)
3 - Sudoeste (João Bosco / Paulo Emílio)
4 - Parati (João Bosco / Aldir Blanc)
5 - Patrulhando (Masmorra) (João Bosco / Aldir Blanc / Paulo Emílio) Participação especial no sax alto: Victor Assis Brasil

Lado B
1 - O bêbado e a equilibrista (João Bosco / Aldir Blanc)
2 - Boca de sapo (João Bosco / Aldir Blanc)
3 - Cobra criada (João Bosco / Paulo Emílio)
4 - Ai, Aydée (João Bosco / Aldir Blanc)
5 - Natureza viva (João Bosco / Paulo Emílio)
6 - Patrulhando (Masmorra) (João Bosco / Aldir Blanc / Paulo Emílio)

João Nogueira

Clube do Samba

por Moacyr Luz

Antes: fui morar no Méier no dia 9 de abril de 1973. Na verdade, minha primeira noite dormida no bairro aconteceu na véspera, domingo dia 8, data da morte do meu pai, Armando Bernardo.

Eu morava na Zona Oeste, Vila Aliança, uma comunidade habitacional construída num laranjal nos arredores de Bangu.

A família, ainda num pré-velório, decidiu que era hora de ir embora e, enquanto o corpo do meu pai seguia para a capela do cemitério do Catumbi, eu e minha mãe escolhemos o Méier para viver novos dias.

***.

João Nogueira já era o embaixador do bairro com o maior shopping da América do Sul. Morava em frente ao Cinema Imperator, atual Centro Cultural João Nogueira, e frequentava o El Chopp, um restaurante na esplanada desse famoso complexo.

Acho que para comer mesmo, ele preferia a Taberna Don Rodrigo, na rua Silva Rabelo. O samba na rua acontecia na esquina da Constança Barbosa, com os ensaios do Bloco Labareda. Sou testemunha do movimento. Morei ali por quatro anos, o primeiro de tantos endereços que passei com CEPs próximos.

"O Delegado é o 'mermo'", brincava João, no tom mais grave da sua garganta.

João Nogueira cantava no Gargalo, o Canecão do subúrbio, era frequente no Mackenzie, clube elegante com um salão todo dedicado à música de excelência.

Essas linhas tentam traduzir a importância desse artista na história da cidade, justificando o direito adquirido de ser fundador de uma necessária sociedade cultural. O homem com lastro suficiente para apresentar dentro do seu próprio quintal o Clube do Samba. Ali nascia a resistência do enredo, desse patrimônio carioca, brasileiro, o traço de união entre raças, iguais na cidadania: O Samba.

Nada mais significativo que batizar seu disco de 1979 de *Clube do Samba.*

***

Na contracapa, idealizada por Aldo Luiz e o fotógrafo Gilberto Grecco, João aparece usando com certa intimidade um chapéu panamá cobrindo a cabeleira. Conversando com a sua companheira, Ângela Nogueira, falei da minha curiosidade pelo adereço, um presente especial, uma ocasião, um motivo qualquer. Ela me confidenciou que tinha um gosto especial por chapéus. Recordou de uma época em que o João, muito assediado, bom malandro, passou uma temporada exilado em Paquetá. Buscava o anonimato. Nesse período, fazia uso de um chapéu de pescador, desses de palha solta, preservando até os olhos. Andava disfarçado na ilha, de bicicleta, sem camisa, o rosto camuflado nesse trançado. Ângela conta que o nosso sambista tentava fugir dos bebuns da região, mas bastava o sorriso largo, único e perpetuado geneticamente, para ser reconhecido e recebido de copo na mão.

Certa feita, fomos fazer um show em Curitiba. O tempo virou na madrugada e acordamos com a sensação térmica de Polo Norte em erupção. Nos encontramos no café da manhã com um pedido especial: comprar alguma coisa para proteger a cabeça. Próxima ao hotel, a barraca de uma feira de artesanato vendia toucas estilo reggae, Jamaica de Bob Marley, aquecendo um carioca do subúrbio do Meier.

Também comprei. Fiquei satisfeito de até ser confundido com o Egberto Gismonti. Para confirmar que as aparências enganam, João foi abraçado por um fã do Luiz Ayrão.

Ainda em 1986 usou um belo Panamá na capa de outro lançamento fonográfico.

***

O disco foi produzido pelo Paulo Debétio, com arranjos de Geraldinho Vespar e Sergio Carvalho, três grandes pensadores da música brasileira. Músicos brilhantes tanto na harmonia quanto na percussão. Na "cozinha", o trio fundamental: Luna, Eliseu e Marçal. O naipe da batucada ainda incluía os bambas Jorginho e Wilson Canegal, e fechando essa orquestra de couro e pratos, Wilson das Neves. Cheguei a vê-los no palco. Ali morava o suingue de um sambista, elegância para impor o profissionalismo e naturalidade para rir dos desavisados.

A ficha técnica continua com referências ao enredo. O sete cordas é do Dino, o cavaquinho de Manoel do Cavaco e a lenda do contrabaixo brasileiro, Luizão Maia. Não posso esquecer do violão base do tímido, mas insuperável, Neco. Nos anos de 1963, gravou uma série de discos chamada *Neco Samba e Violão.* Um sucesso para os violonistas da época. Hélio Delmiro, que também produziu o disco *Vem Quem Tem* do João, declarou sua admiração pelo homem de poucas palavras, mas de gosto musical exemplar. Para fechar, uma cereja no bolo desse registro: Joel Nascimento, bandolim herdado de Jacob, pai de uma geração de gênios das cordas dobradas.

***

Chavão do futebol quando acontecia um gol espetacular, o narrador, entusiasmado com o lance, gritava: "Já valeu o ingresso!" Faço a comparação com o samba "Súplica", que abre a disco de 1979. Já pagou o ticket de sócio nesse clube de 12 faixas. "Súplica" completa, ao lado de "O poder da criação" e "Minha missão", a chamada Trilogia do Alumbramento, assim batizada pelo gigante Paulo César Pinheiro, seu parceiro nessas e em muitas outras obras-primas nascidas dessa dupla histórica da música brasileira.

Em tempo: O último registro fonográfico com a participação do artista foi no projeto – *Esquina Carioca - A Raiz do Samba* – show no Tom Brasil, em São Paulo, transformado em CD quando o João cantou à capela a biográfica "Minha missão". Casa lotada, João abre a cena, com a voz embargada: "Para os mais novos, me apresento..." Um grito de emoção guardado na garganta até o último compasso, explode no aplauso final. Confesso que ainda ouço ecos dessa noite.

O disco segue com duas músicas João Nogueira e Maurício Tapajós, esse um lutador incansável pelos direitos dos músicos e compositores dessa terra de ninguém.

Fundou uma sociedade autoral, ao mesmo tempo em que compunha clássicos como "Querelas do Brasil" e "Mudando de conversa". Muito trabalho para ser o personagem do samba "Arquibundo", que deduzo ser um aproximado de arquiteto com vagabundo.

Ângela também estranhou que fosse uma alusão ao marido que até de vitrinista, no Méier, foi empregado. No samba, o malandro, quando faturava um sucesso, era tiro e queda: muita cana, muita praia e futebol.

Na introdução da faixa, destaque para mão direita do Manoel do Cavaco, chamando o sete cordas do Dino. Na cozinha, um naipe de tamborim. Todos professores. Bem-humorado, Chico Anysio assina com o João o samba de vocabulário bem carioca "Nicanor Belas Artes", o bicheiro resignado. Importante registro da uma rara parceria, traz leveza ao trabalho.

O vinil não para. Outra maravilha da dupla João e Paulinho, "Canto de trabalhador" sela um manifesto de urgência à liberdade, a necessária esperança para vida seguir em frente.

Estar no repertório representa um compromisso com a sociedade, o papel do artista principalmente nos anos 1970, a repressão no auge da nossa república desvalida. Hora da canção e, mais uma vez, letra e música, o mestre inclui um samba dolente na guia de rótulo. "Esse meu cantar", violão, cordas, e o grave característico do baixista Luizão, marcam o outro arranjo maravilhoso para sua galeria de interpretações inesquecíveis.

Esse formato, intimista, você também encontra na gravação de "Albatrozes", última faixa do disco *Vem Quem Tem,* de 1975. Um dos compositores preferidos do João é Luiz Grande. Sincopado moderno, Luiz é o autor de "Maria Rita", grande sucesso, atemporal, que garantiu sua presença em tantos registros. Um amuleto.

A oitava maravilha tem uma característica musical entre as suas composições. Um termo técnico, a melodia mantém uma nota repetindo em torno da harmonia que se alterna. O recurso chamado "pedal" constrói base para espirituosa "Dia de azar" com a parceria de Paulo Valdez. Sobre o próximo samba, meu testemunho é suspeito. Numa homenagem ao fabuloso Monarco feita por um jovem artista, Marcio Prata, fui convidado para interpretar algum samba do portelense. Minha escolha: "Enganadora" (Monarco e Alcides Dias Lopes). Tenho certeza que essa preferência estava guardada há um tempo no meu inconsciente desde a gravação dessa versão de 1979.

Últimos dez minutos do "elepê", a agulha nos menores círculos do corte, audição perfeita, um samba do mesmo sangue, Gisa Nogueira, sua irmã. Aqui cabe um parênteses pessoal. Gisa morava numa vila com duas entradas que davam paras ruas Vilela Tavares e Pedro de Carvalho. Para tentar amenizar o fluxo de pessoas cortando caminho em qualquer direção, foram colocadas correntes no acesso. Assim, já famosa como moradia da compositora, ficou eternizada como Vila da Corrente. O samba, "Terno branco", quase um bordado, decifrado no verso "botei meu cavaquinho à disposição da poesia". Maravilhoso!

Tá acabando. "Ioiô", João Nogueira e Paulo César Pinheiro, é uma gostosa provocação bem carioca, composta, tenho certeza, com aquela ironia de botequim, entre um gole e outro, buscando apelidos para teu amigo de mesa. É uma das músicas conhecidas desse trabalho com a cara do Rio de Janeiro.

Vamos à última faixa, "Samba Rubro Negro", de Wilson Batista e Jorge de Castro.

À parte: tive o privilégio de ir algumas vezes com o nosso homenageado ao Maracanã para assistir seu time, nosso time de coração, Flamengo. João era um artista popular, sempre reconhecido nos diferentes bairros que cruzou. Partia para o estádio sem ingressos e despreocupado com esse detalhe. Eu, hipnotizado pelo convívio, segurava o seu braço na entrada das cadeiras especiais. Abria o carismático sorriso, quase uma senha, e lá surgia feito um saci, um mascote duende, algum diretor do clube com os tickets na mão: "Vamos subir, João!" Com a permissão dos deuses da música, atualizou a escalação do escrete rubro-negro convocando Zico, Adílio e Adão sem esquecer jamais de Rubens, Dequinha e Pavão, o princípio de tudo.

***

Passado esse depoimento sobre o disco *Clube do Samba*, de 1979, resta bulir a memória, ajeitar as lembranças, rir de histórias vividas, do muito que aprendi na convivência, compreender a cidade como seu grande quintal carregado de frutas de inspiração.

Uma honra ter escrito esse texto, passional, eu sei, mas sincero na importância da obra do João Nogueira para o samba e para minha vida pessoal. Dispara um flash de luz no caminho dessa amizade, Hélio Delmiro, o elo que nos une.

Modestamente eu também sou do Méier, e quem é do Méier não Bobeier!

Ficha técnica:

Clube do Samba (Polydor - 2451 135)

Estúdio Polyram

Direção de produção: Paulo Debétio

Técnicos de gravação: Luiz Cláudio Coutinho, Ary Carvalhaes e Paulo "Chocolate" Sérgio

Auxiliares de gravação: Julinho e Vitor

Mixagem: Luigi Hoffer

Montagem: Barroso
Corte: Ivan Lisnik
Capa: Aldo Luiz
Fotos: Gilberto Grecco
Arte: Mariano Martins
Arranjos de Geraldo Vespar e Sérgio Carvalho

Músicos participantes:

Dino: violão 7 cordas; Neco: violão 6 cordas; Geraldinho Vespar: violão solo; Manoel do Cavaco: cavaquinho; Luizão Maia e Aldo: baixo; Wilson das Neves e Juquinha: bateria; Sidney da Conceição, Eliseu, Cuscus, Jorginho, Geraldo Bongô, Wilson Canegal, Luna, Marçal, Agenor e Nei: ritmos; Joel do Nascimento (Gentilmente cedido pela EMI-Odeon): bandolim; Jorginho: flautas; Biju e Carone: sax; Z. Svab e Antonio Cândido: trompas; Polygram: cordas; Dinorá, Zenilda, Eurides, Zelia, Ronaldo, Roberto, Valdir e Jovenil Santos: coro; Clovis Mello: melógrafo

Lado A

1 - Súplica (João Nogueira / Paulo César Pinheiro)
2 - Arquibundo (João Nogueira / Maurício Tapajós)
3 - Dama da noite (João Nogueira / Maurício Tapajós)
4 - Nicanor Belas Artes (João Nogueira / Chico Anysio)
5 - Canto do trabalhador (João Nogueira / Paulo César Pinheiro)
6 - Esse meu cantar (João Nogueira)

Lado B

1 - Amor de dois anos (Luiz Grande)
2 - Dia de azar (João Nogueira / Paulo Valdez)
3 - Enganadora (Monarco / Alcides Dias Lopes)
4 - Terno branco (Gisa Nogueira)
5 - Ioiô (Paulo César Pinheiro / João Nogueira)
6 - Samba rubro-negro (Wilson Batista / Jorge de Castro)

Jorge Ben

Salve Simpatia

por Marlon Sette

Jorge Ben Jor, um dos maiores artistas da música popular brasileira, nascido em Madureira, passou sua infância no Rio Comprido e sua juventude em Copacabana. De lá, caiu no mundo. Iniciou sua carreira participando como corista de gravações, transitou nos principais movimentos musicais da época, como Bossa Nova, Jovem Guarda e Tropicália, mas logo criou seu estilo próprio e ficou conhecido internacionalmente. Moderno desde seu primeiro LP, foi o criador do samba rock ou como ele prefere, "Samba esquema novo", que foi inclusive o nome de seu primeiro álbum lançado em 1963. Em 1979, entre uma pausa de suas turnês pelo mundo afora, gravou, entre julho e setembro, nos estúdios da Som Livre (SIGLA), *Salve Simpatia*, seu décimo sétimo álbum e segundo disco nessa gravadora. Jorge Ben (na época ainda não tinha trocado de nome) lança um disco de apenas oito faixas, mas certeiro, cheio de malícia e suingue, como ele próprio costuma dizer "especialidade da casa".

A produção artística foi de Guto Graça Mello e os arranjos, do maestro Lincoln Olivetti, que selecionou os músicos. A super banda incluiu os melhores músicos de estúdio da época: Picolé na bateria, Jamil Joanes no baixo, Lincoln Olivetti nos teclados, Ariovaldo e Neném da Cuíca nas percussões. A orquestra de sopros e cordas era da gravadora. O álbum abre com "Boiadeiro", uma canção dançante que começa com a guitarra com phaser de Jorge na sua melhor batida. A letra "Boiadeiro leva a boiada / E a mulher leva a filharada" segue com a narrativa de um homem do campo em seu trabalho. A faixa tem um efeito de phaser nos pratos no último tempo do compasso, que torna o som da bateria bastante peculiar.

A segunda música é a canção "Ive Brussel", que se tornou o hit histórico do álbum. Jorge canta com Caetano Veloso, seu amigo de Tropicália. A música homenageia uma amiga belga em comum. É a única faixa do álbum que não tem a participação dos músicos de Lincoln Olivetti. Nessa faixa, gravaram apenas os músicos que faziam parte da lendária Banda do Zé Pretinho, naquele período, e acompanhavam Jorge na estrada: Pedrinho Piloto na bateria, Dadi no baixo, Ricardo Bomba nos teclados, Joãozinho e Neném da Cuíca nas percussões.

A terceira música é "Adelita", que muitos acham que Jorge fez para a musa na época, Adele de Fátima, mas o próprio alega que não. Na maioria das vezes, as homenageadas em suas canções são mulheres anônimas que ele conhece pessoalmente. Essa faixa tem uma introdução contagiante de metais que intercalam com a cuíca de Neném e o slap de baixo de Jamil Joanes, além de um refrão que cai rápido na boca do povo: "Ela é magnética". Me lembro de, quando criança, esse refrão entrar pelos meus ouvidos e ficar em meu cérebro por um bom tempo. Aquela sensação boa que só as melhores músicas nos proporcionam.

A quarta faixa foi feita por encomenda para uma série na Rede Globo que dá título à canção. Waldomiro Pena era um personagem de um repórter do jornal popular interpretado pelo genial Hugo Carvana. A canção parece ser composta a partir da sinopse da série. No arranjo, Jorge começa com a sua imbatível levada de guitarra com phaser, em seguida entram os trombones dobrando o riff junto com o baixo e piano. Esse riff segue com o baixo durante toda a música como um mantra. "Salve Waldomiro Pena, o Cândido".

A quinta faixa dá nome ao disco. Em "Salve simpatia", Jorge toca as percussões com maestria de um ritmista da bateria da Acadêmicos do Salgueiro, bateria da qual ele fez parte por muitos anos tocando tamborim. Ele canta o refrão "Para animar a festa, salve simpatia" fazendo uma alusão a música "A banda do Zé Pretinho", do álbum de mesmo nome lançado no ano anterior (1978).

A sexta faixa se chama "Menina crioula", uma canção que exalta a beleza e a força da mulher afro-brasileira. A base da música é a famosa batida "samba esquema novo" com elementos mais modernos na instrumentação.

"Occulatus abis", que significa "tem os olhos abertos", é a sétima faixa do álbum. Jorge sempre gostou de ler textos em latim, língua que domina, e dessas leituras vêm inspirações para algumas de suas letras. O arranjo traz orquestra de cordas e sopros que brilham no ápice da canção quando vai para o quinto grau. Na parte final da letra, ele aproveita para homenagear a mais uma de suas musas inspiradoras, Estela (Estrelar). Em "Cantilenas de São Victor", oitava e última faixa, Jorge compõe uma canção para o santo como se fosse uma oração, usando linguagem aprendida nos anos de coroinha e quando cantava no coral da igreja. Em sua infância, Jorge estudou em colégio de padres, sempre cultivando a religiosidade que o influenciou.

Ao contrário do que muitos pensam, a mulher na capa do álbum *Salve Simpatia* não é Domingas, esposa de Jorge na época. A jovem que aparece abraçada com o artista é a namorada do fotógrafo Antonio Guerreiro, que estava acompanhando a sessão das fotos para a capa do LP. Em um intervalo entre as sessões, o fotógrafo pediu para Jorge posar com sua namorada para guardar a foto como lembrança. Após as fotos serem reveladas, Jorge acaba escolhendo uma dessas. *Salve Simpatia* é uma obra de arte, na qual Jorge, com poucos acordes, faz tudo de lindo acontecer. O álbum tem o astral elevado em todas as faixas e continua influenciando e inspirando as novas gerações de músicos.

É um álbum que anima qualquer festa, no melhor estilo. Jorge Ben fez o ano de 1979 ficar mais alegre. *Salve Simpatia* é seu grito de guerra.

Ficha técnica:

Salve Simpatia (Som Livre – 403.6199)

Coordenação geral e direção de produção: Guto Graça Mello

Produção executiva, direção de estúdio, técnico de gravação, direção de mixagem e técnico de mixagem: Max Pierre

Assistente de produção: Yara Vidal

Arregimentação: João Luzze

Arranjos e regências pianos e teclados: Lincoln Olivetti

Assistentes de estúdio: Julinho Martins, Felipe Nery e Mario Jorge

Montagem: Ieddo Gouveia

Corte: Américo (Tapecar)

Engenheiro de manutenção: Nolan Leve

Assistentes: Jorge (Gordo) e Pimentel (Magro)

Foto capa e contracapa: Antonio Guerreiro

Foto encarte: Paulo Rubens

Layout, direção de arte e arte final: Nilo de Paula

Coordenação de capa: Vera Roesler

Gravado em 24 canais nos estúdios SIGLA de julho a setembro de 1979

Masterização: Promaster

Músicos participantes:

Jorge Ben: guitarra, violão e percussão; Picolé: Bateria; Jamil Joanes: baixo; Ariovaldo e Neném da Cuíca: percussão

Orquestra:

Netinho: sax alto; Zé Bodega: sax tenor; Aurino: sax barítono; Mazinho: clarinete; Celso, Jorginho, Lenir e Franklin: flautas; Maurilio e Marcio Montarroyos: trompetes; Edison Maciel e Edmundo Maciel: trombones; Marcelo Vidal (spalla), Pareschi, Valter Gomes, Paschoal Perrota, Bernardo Stanislau, Nainem Bordinhão e Abramento Bailon: violinos; Stephany Piassanko, Natercia Jandovy: violas; Iberê, Marcia Mailard, Ane Marie e Zamith: cellos; Marçal, Canegal, Elizeu e Gordinho: percussão; Marcio Lott, José Luiz, Jayme Luiz, Flavinho, Jane Duboc, Sonia Burnier e Regininha: coro

Banda do Zé Pretinho:

Pedrinho Piloto: bateria

Dadi: baixo

Ricardo Bomba: Teclado

Joãozinho e Neném da Cuíca: percussão

Lado A

1 – Boiadeiro (Jorge Ben / Augusto de Agosto)

2 – Ive Brussel (Jorge Ben) Participação: Caetano Veloso

3 – Adelita (Jorge Bem)

4 – Waldomiro Pena (Jorge Ben)

Lado B

1 – Salve simpatia (Jorge Ben)

2 – Menina crioula (Jorge Ben)

3 – Occulatus abis (Jorge Ben)

4 – Cantilenas de São Victor (Jorge Ben)

Jorge Mello
Coração Rochedo

por Silvio Atanes

Coração Rochedo é o quarto LP de Jorge Mello e o quinto disco de sua carreira, incluindo o de estreia, em 1972, com o compacto duplo *Felicidade Geral*, um petardo de forrock progressivo, secundado pelo grupo carioca O Grão (embrião da Banda Vitória Régia). Lançado em setembro de 1979, *Coração Rochedo* mostra o leque de influências de um artista maduro, que vai dos compassos de forró e baião absorvidos das ondas do rádio em Piripiri, no Piauí, seu torrão natal, aos acordes jazzísticos, fruto dos estudos de instrumentação com Guerra Peixe Filho, no Rio de Janeiro. Jorge Mello, que se apresenta como "um artista da vanguarda da MPB", é maestro formado em Composição e Regência e advogado especialista em Direito Autoral.

Então com 30 anos, ele não exibe laços com rótulos nem movimentos. Sua música é livre, única, sem vínculos com tempo ou lugar. Mas a arte proporciona curiosos paralelismos históricos. Naquele inesquecível agosto, ao mesmo tempo em que ele estava confinado num estúdio do Edifício Gazeta, na Avenida Paulista, tecendo os sulcos do bolachão, o Congresso Nacional debatia a Lei de Anistia, que seria sancionada por João Figueiredo – o último presidente do regime militar – no dia 28, data marcante para o retorno à democracia plena no Brasil.

Os álbuns de Jorge Mello têm cores bem definidas. "Meus discos não são um ajuntamento de canções. Em *Coração Rochedo*, ousei timbrar, com arranjos atonais e uníssonos melódicos", pontua o compositor. Sua música é cortante, contundente, provoca inquietação. "Esse disco pertence àqueles que conquistaram a liberdade e, principalmente, àqueles que continuam buscando por ela" é o sutil recado dado pela dedicatória incluída no encarte.

Jorge Mello é da safra de 1948. Na bucólica Piripiri do final dos anos 1950, a janela para o mundo era o Armazém São Jorge, comércio de seu pai na Praça do Mercado. Foi onde ele aprendeu a tocar sanfona sozinho, graças ao ouvido absoluto. E também foi seu primeiro palco: Jorginho tocava para atrair a freguesia do pai. Em 1979, muitos palcos e foles depois, seu LP chega junto com a Anistia Política, na alvorada da Nova República.

O cantor afinado, exato, de timbre agradável, com extensão de tenor, ou "vaqueiro aboiador do sertão nordestino", em autodefinição, embute um intérprete apaixonado, com pitadas aqui e acolá de Vicente Celestino, um de seus ídolos de infância. Tudo embalado pela precisão e suingue de seu "violão Ovation amestrado". Como arranjador, ele mescla com excelência instrumentos elétricos e eletrônicos aos instrumentos acústicos da música considerada "MPB originária do Nordeste".

Compositor prolífico, ele sintetiza seu ofício: "Conheço as formas da literatura de cordel e do repente. Algumas são de origem medieval. Minha obra tem grandes compromissos com essas formas, porque também sou um repentista, capaz de improvisar versos utilizando essas admiráveis formas de escrever. Muitas de minhas obras (sambas, rocks ou outros estilos musicais) têm na forma poética um compromisso com as formas da literatura popular dos repentistas."

Uma análise faixa a faixa:

Lado A

Prisão (Jorge Mello). Canção modal que usa a prostituição à beira do cais como metáfora para a incapacidade de fuga da "prisão social" em que o país vivia. Fala da impossibilidade de fugir do implacável tempo. "É uma 'viagem'! Havia muitas formas de viagem – físicas e psíquicas – naqueles dias, para jovens como nós", relembra. "E eu viajei!" Ao fundo, uma guitarra sola discreta, para acentuar a asfixia.

Coração rochedo (Jorge Mello). A faixa-título é uma canção romântica, trágica, que atesta o romantismo do autor. O coração, aparentemente, é uma rocha, mas se desfaz todo diante da musa. O apaixonado hesita em confessar seu amor e, de tanto medo, é condenado a morrer na solidão. Segundo Mello, a covardia é um dom tipicamente masculino, porque "a mulher é um ser muito forte".

É dia, é noite a minha cor (Jorge Mello). Funk setentista, com baixo pulsante, guitarra com wah-wah e piano elétrico característicos do gênero. É uma exaltação à beleza negra, com ecos do conhecido lema do início da década: "black is beautiful". O negro, enfim, pode se reconhecer como belo.

Ferroada (Jorge Mello). Baião progressivo, em dueto com Marlui Miranda e com sanfona arretada, que mostra a força que uma canção pode ter. "Com ela, eu faço, eu afirmo, eu construo, eu destruo, eu modifico, eu qualifico, eu conduzo, eu tenho o destino nas mãos", destaca o compositor.

Dentro dos meus olhos (Jorge Mello). Canção modal, influenciada pelas cantigas árabes, com todos os instrumentos tocando em uníssono. "É um método que utiliza os vários instrumentos de uma banda, ou orquestra, tocando a mesma nota, embora em oitavas diferentes. Aqui, atuando nas claves de sol, de fá e de dó, mas uníssonos. É um recurso que imagino ter usado pela primeira vez num estúdio de gravação", conta. O título remete à capa de seu primeiro LP, *Besta Fera*, de 1976, que mostra um dragão flamejante dentro de seus olhos. Destaque para o violino elétrico, lado a lado com a viola de acordes armoriais – essa, uma constante em todo o disco.

Lado B

Nascendo de novo (Jorge Mello). Baião progressivo e dançante, puxado pela sanfona e repleto de percussão. É um menino renascido na imensidão da metrópole, mas que segue à risca tudo que a mãe lhe ensinou, no interior. "Foi uma carta que escrevi para minha mãe e resolvi musicar", revela.

Claridade (Jorge Mello e Clodo). Um acalanto que discorre sobre a remissão dos supostos pecados. "Clodo me passou essa letra em 1975. Adorei! Musiquei na mesma semana", rememora. A claridade é o luar que o autor traz no coração.

Sentidos (Jorge Mello). Samba-funk inspirado em um comentário sobre "Irene" (Caetano Veloso). Segundo o autor, "é um sambinha divertido, com champignon", como diria Wilson Simonal. "Escrevi essa canção em 1975. Cito Caetano. Mas ele nunca se manifestou sobre ela."

Ladainha da cidade (Jorge Mello). Com proposta ecológica, foi composta em 1971, no Rio de Janeiro, quando Jorge morava na Barata Ribeiro. Para pontuar o clima de oração, um coral masculino entoa vocais semelhantes a um canto gregoriano. "Escolhi a ladainha, porque, nas atividades religiosas, essa era uma das formas de penitência, de autossacrifício e de submissão perante Deus. Muito praticada por minha mãe e seus pares nas orações." A letra sublinha a poluição e pede a Deus, entre outros, o fim do barulho dos carros em Copacabana e do gás carbônico nos túneis do Rio.

Claramente (Jorge Mello). Foi escrita como um pedido de demissão da gravadora anterior, que o prendia a um contrato sem liberdade artística. Para pôr tudo às claras. A canção toma a forma do martelo alagoano, estilo relacionado com a literatura de cordel (uma das paixões de Jorge) e a música armorial, com primorosa arquitetura poética. A base do martelo remonta aos improvisos muçulmanos da Idade Média. No arranjo, despontam viola e rabeca. À época do lançamento do disco, Mello declarou: "É uma carta de resposta a quem me quer menor." Assim, com o leme e a direção da carreira nas mãos – ou timão, já que ele é corintiano roxo –, ele teve toda a liberdade para ousar no LP.

Ficha técnica:

Coração Rochedo (Continental – LP 1-01-404-205)

Produtor fonográfico: Gravações Elétricas S.A. – Discos Continental
Direção artística e coordenação de produção: Antônio Carlos de Carvalho
Direção musical, arranjos e regência: Jorge Mello
Técnicos de som: Reinaldo, Ely e Robertinho
Mixagem: Robertinho, Jorge Mello e A.C. de Carvalho
Corte: Ademilton Vila Nova
Estúdio: Reunidos (Gazeta) 16 canais – São Paulo, SP
Administração de repertório: Odair Corona
Data da gravação: agosto de 1979
Data de lançamento: setembro de 1979.
Direção de arte: Oscar Paolillo
Arte: Walmir T. Silva e Chicão
Fotos da capa: Fábio Praça, em Juquitiba, SP
Fotos do encarte: Clóvis Copelli
Concepção da capa: Zé Roberto e Tereza Mello.

Músicos participantes:

Jorge Mello: violão Ovation, efeitos de percussão e voz; Constant: piano acústico, piano elétrico, órgão e sintetizador; Klécius: violão, viola e bandolim; Pedro Jaguaribe: baixo; Nonato: bateria; Beto Martins: guitarra; Betho: percussão; Carlinhos, Rita, Heleninha, Cidinha, Ralph e Jessé: backing vocals; Cássio Poletto: rabeca em "Claramente", violino em "Claridade" e violino elétrico em "Dentro de meus olhos"; Marlui Miranda: voz em "Ferroada"; Raul da Tumba: tumbadora em "Ferroada"; Odair: surdão e apito em "Nascendo de novo"; Oswaldinho do Acordeon: sanfona em "Ferroada" e "Nascendo de novo"

Lado A
1 – Prisão (Jorge Mello)
2 – Coração rochedo (Jorge Mello)
3 – É dia, é noite a minha cor (Jorge Mello)
4 – Ferroada (Jorge Mello)
5 – Dentro dos meus olhos (Jorge Mello)

Lado B
1 – Nascendo de novo (Jorge Mello)
2 – Claridade (Jorge Mello e Clodo)
3 – Sentidos (Jorge Mello)
4 – Ladainha da cidade (Jorge Mello)
5 – Claramente (Jorge Mello)

Lô Borges

A Via-Láctea

por Ricardo Moreira

Depois do eclipse de sete anos que escondeu Lô Borges das prateleiras, dos ouvidos carentes de seu público e da varredura telescópica da mídia, *A Via-Láctea* pode ser finalmente avistada. O fenômeno sincronizado ao regenerativo ano de 1979 estava entre nós. No céu da MPB, uma constelação de 11 estrelas iluminadas pelo talento de um compositor, intérprete e músico, então, maduro – *A Via-Láctea* – projetava luz sobre a certeza de que não era meteórico o brilho do menino, que fundou com Milton Nascimento as bases etéreas de um clube que acabou por se instalar nas esquinas do planeta e das galáxias vizinhas.

Porém, Salomão Borges Filho adolesceu em déficit daquele espaço livre que no céu estampado na capa de *A Via-Láctea* dominava a cena apagando muros. No apartamento do Edifício Levy, centro de Belo Horizonte, enquanto seus pais especializavam-se na técnica milagrosa de acomodar as cabeças e talentos ilimitados de onze filhos (!) em finitos metros quadrados urbanos, Lô ouvia The Beatles e a sonhava com o The Beavers que iria formar com o irmão Yé e o amigo Beto Guedes. Até que, em simetria perfeita com a arquitetura celeste, a Deusa Música pousaria Milton Nascimento nas mesmas coordenadas, fazendo o casal Samuel-Maricota ganhar mais um filho e seus irmãos, um parceiro de jornada. E foi sob a égide do afeto e da amizade que o endereço da Avenida Amazonas configurou-se palco perfeito para um *big bang* que expandiria o universo e o conceito com o qual a MPB costumava, até ali, pautar a combinação de melodias, letras, harmonias, vozes e performances.

Logo em 1971, com pouco mais de 19 anos, Lô (e Beto) sob proteção de Milton Nascimento, o Bituca, e a devida autorização dos pais, partiriam em direção ao Rio de Janeiro para, no ano seguinte, impregnar o óxido da fita magnética com o som que flanava num determinado pedaço de calçada belorizontina da esquina da Rua Paraisópolis com Divinópolis. A partir dali, nada seria como antes. *Clube da Esquina* de 1972, por decisão de Bituca, seria assinado por apenas dois artistas. Milton – que já era um gigante no Brasil com carreira internacional, cinco discos lançados – e Lô, dez anos mais jovem, desconhecido do público que escapava de ser uma completa incógnita daqueles que lembravam de suas três parcerias emplacadas no LP *Milton* de 1970.

Naquele momento, a posição artística para a qual o novato seria alçado não era fruto apenas da percepção de seu talento pelo padrinho Milton, mas principalmente da obstinação com que Bituca defendeu a ideia perante sua gravadora. A Odeon assumiu então o risco de produzir e lançar um disco duplo no qual um de seus principais contratados formava um duo com um estreante, cuja capa não continha nomes ou imagens dos artistas ou sequer o título do álbum. A identidade visual seria apenas a foto de dois meninos agachados numa estrada que remeteria ao encontro mágico de Milton e de Lô na vida e na música. Um enigma para o público que poderia custar muito dinheiro para produzir e mais ainda para se fazer desvendar. Tudo para dar errado, certo?

Errado! O florescer da estética inovadora do Clube germinada com o Som Imaginário de Wagner Tiso em *Milton* de 1970, combinada a um repertório cheio de frescor melódico, poético, revolucionário em arranjos e performances, sem ceder a hermetismos, transformou a dúvida em êxito de crítica, vendas, execução juntando a isso o viço das coisas eternas. Lô Borges emplacaria nele oito canções e a voz em clássicos perenes como "Paisagem da janela" – sua com Fernando Brant, "Um girassol da cor de seu cabelo" com o irmão Márcio e na idílica "Trem azul" (parceria com Ronaldo Bastos) que até a divindade Tom Jobim um dia iria regravar. Um assombro que colocaria *Clube da Esquina* em todas as listas dos melhores discos de todos os tempos da MPB.

Naquele mesmo ano, sob forte pressão da mesma incrédula gravadora surpreendida pelo sucesso, Lô se viu desafiado a compor e gravar a toque de caixa o experimental e introspectivo (hoje, *cult*) "disco do tênis" (uma referência à capa). Mas acabou por ser com o mesmo par que chutou o balde e caiu fora constrangido, entre a obrigação de repetir o sucesso e o privilégio de gravar um disco solo antes de tantos colegas do Clube, mais experimentados e talentosos, na sua visão. Rasgou então um contrato pelo qual outro estreante daria a vida e pegou a estrada de volta ao ponto onde fora praticamente abduzido de BH para o Rio com talento de sobra, mas maturidade de menos para encarar o sucesso e o lado negro de sua força.

Nem sabático nem platônico na relação com a música e com a vida, o intervalo temporal de sete anos ousadamente arrebatado foi dedicado ao amadurecimento do homem e do artista. Lô conseguiu manter um pé na estrada e outro na oficina da composição, porém, dessa vez, com tempo para forjar sua estética para além das canções propriamente ditas. Ao final desse período sem planos ou prazos, seu universo estava recomposto e já inventara sua via (láctea) de brilho particular. Milton fez então revalidar seu contrato com a EMI-Odeon e apresentou-se a ela como produtor.

"Isto não se apaga como a vela" é o distintivo poético de abertura para *A Via-Láctea*. A considerar-se a renitência da flor que inspira o nome da canção, "Sempre-viva", captamos no ar o argumento de Márcio Borges traduzindo a resiliência de Lô emergido do silêncio de sete anos direto para a fragilidade de nossos ávidos ouvidos. Os violões de Fernando Oly, de Lô e de Telo Borges que soma seu piano àquele moto hipnotizante - têm no baixo de Paulinho Carvalho e na bateria do 14-Bis, Hely, a ancoragem necessária para concluirmos que os músicos tocam os instrumentos e não o contrário como a refinada coesão da base nos leva a acreditar.

A segunda estrela da *Via* é "Ela". Nela nota-se já os frutos do tempo na maturidade do intérprete. Contado por Lô, esse capítulo do microdrama de casais urbanos fica entre a narrativa clara e a emoção de quem já experimentou o que canta. A bordo de sua nave Arp Omni, Wagner Tiso parece ajudar Lô e a letra de Márcio a lançar um véu de empatia sobre a bipolaridade dos amores e paixões, do feminino e masculino como energias atuantes nas relações de afeto. Uma bela e profunda experiência sensorial.

A canção que dá nome ao disco é parceria de Lô com Ronaldo Bastos. Àquela altura, Dubas já havia traduzido Lô em palavras em "Cartão postal", "Nuvem cigana" e na mítica "O trem azul". A melodia de Lô e os versos de Ronaldo navegam num vento de cordas escritas pelo guitarrista-arranjador Toninho Horta que na faixa toca piano. Novamente a narrativa da pop-valsa repaginada pela bateria de Robertinho Silva sugere a trajetória de um coração vulgar como o do artista em movimento de volta que se deixa navegar pelo mar e iluminar-se pelo espaço. "A Via-Láctea" é definitivamente o mote certo para o disco.

A conversa entre o piano de Wagner e a guitarra de Toninho justaposta ao clima de expectativa do baixo de Paulinho prenunciam que algo grande vai acontecer. E acontece "Clube da Esquina nº 2". A canção – que entrara no álbum *Clube da Esquina* em versão instrumental – reluz sete anos depois com letra comovente de Márcio Borges em perspectiva holística sobre o que sua geração edificara até ali. Sob o berço de um arranjo primoroso do imaginário Tiso, a canção se estabelece como um clássico em gravação definitiva na voz de Lô e de sua irmã, Solange Borges. Em 1996, ela inspiraria ainda o título do livro *Os Sonhos Não Envelhecem* – de Márcio Borges – sobre a aventura dos rapazes que se encontravam para cantar, beber e conversar no divino paraíso de um pedaço de calçada. Entre suas regravações, a mais importante acaba por ser a do mesmo ano de Nana Caymmi que fora, na verdade, quem encomendara a letra ao poeta Márcio. Sempre os Caymmis…

"A olho nu" – também com o irmão Márcio – é mais um convite ao risco. Um desafio de estrada, ar e mar – signos e valores tão presentes na virada dos anos 1960 que parecem nunca terem desaparecido do radar emocional dos sócios do Clube. Vale curtir a "vinheta" que conduz vigorosamente a faixa a partir dos 1m45s com o piano de Lô puxando palmas lideradas por Bituca.

Em seguida, diretamente de 1969, "Equatorial" ressurge. A canção havia sido defendida por Beto Guedes (parceiro de Lô ao lado de Márcio na música) em um longínquo Festival Estudantil da Canção de BH. Uma espécie de contraparte de "Feira moderna" (esta de Lô, Beto e Fernando Brant) que seria defendida pelo Som Imaginário no ano seguinte no Festival Internacional da Canção. Com seu flerte poético surrealista, "Equatorial" divide o disco e os hemisférios passado/futuro para fazer parte atemporal de *A Via-Láctea* como peça estética fundamental e uma dos *b-sides* mais estimadas por seu público.

Na arrebatadora "Vento de maio" (de seus irmãos Telo e Márcio), Lô divide a interpretação mais uma vez com sua irmã, dois anos mais jovem e nascida no mês varrido pelo vento da canção. A música chamou atenção de Elis Regina que a releu no ano seguinte com participação do próprio Lô. No início de 1982, a Pimentinha morreria e Solange Borges, primeira intérprete de "Vento de maio" e fã ardorosa de Elis, abandonaria a carreira devastada pela notícia.

Duas canções são de fora da órbita criativa de Lô. A primeira é a balada "Chuva na montanha" do violonista Fernando Oly e a outra, "Olha o bicho livre" do baixista Paulinho Carvalho (com Rodrigo Leste) – colegas na jornada de ensaios e gravação do disco. O romantismo da primeira muito ao feitio de Lô, contrasta com o instigante fator *george-orwell* encapsulado no convite à revolução dos bichos da segunda.

Com invocações à memória de brasileiros que aguentaram a barra e doaram a vida pela liberdade usurpada pelo golpe militar de 1964, faz sentido "Nau sem rumo" (parceria com Márcio que encerra o disco) suceder "Olha o bicho livre". Em 1979, com 15 anos de ditadura, o último dos generais assumia o poder prometendo restaurar a democracia. Ironicamente, a mesma pela qual ainda temos hoje de lutar e ressignificar. Por isso canções como essa mais do que belas, ainda são necessárias.

Um grande lampejo de Lô foi decidir regravar "Tudo que você podia ser". Não só por ser uma das joias do *Clube da Esquina* que não fora interpretada originalmente por ele e nem por ter sido um achado o acento nordestino no arranjo de Tiso. Acima de tudo, por essa canção caprichosamente servir como elo entre começo e retomada. Entre 1972 – onde o mundo parecia estancar – e 1979 – onde o fio do destino reatava Lô a tudo que podia ser – premonitoriamente sua letra já ensinava ao jovem autor a máxima budista de que o caminho era mais importante que o destino. Lô foi um bom aprendiz. Portanto, a canção voltou em sua voz então para reafirmar que se por um lado é preciso ouvir a coragem, por outro, não se pode temer o medo – duas faces da mesma moeda evolutiva. Lô soube encarar o medo para ter a coragem de dar um passo atrás como um impulso para se lançar ainda mais à frente nessa aventura inspirada pela música e conspirada pelo universo chamada *A Via-Láctea*.

Ficha técnica:

A Via-Láctea (EMI-Odeon - 064 422851)

Diretor de produção: Mariozinho Rocha
Produção executiva: Milton Nascimento
Técnicos de gravação: Roberto, Mayrton e Dacy
Técnicos de mixagem: Franklin e Nivaldo Duarte
Capa: Kélio Rodrigues e Márcio Borges
Fotos: José Reinaldo e Henrique Leiner
Coordenação gráfica: Tadeu Valério e Kélio Rodrigues

Músicos participantes:

Lô Borges, Telo Borges, Fernando Oly, Hely, Wagner Tiso, Paulinho Carvalho, Toninho Horta, Jaime, Robertinho Silva, Aleuda, Vermelho, Ganso, Rick, Cláudio Venturini, Flávio Venturini, Luiz Alves, Celso, Copinha, Jorginho, Jaime, Solange Borges, Alexandre e Milton Nascimento.

Lado A

1 - Sempre-viva (Lô Borges / Márcio Borges)

2 - Ela (Lô Borges / Márcio Borges)

3 - A Via Láctea (Lô Borges / Ronaldo Bastos)

4 - Clube da esquina nº 2 (Milton Nascimento / Lô Borges / Márcio Borges)

Participação: Solange Borges

5 - A olho nu (Lô Borges / Márcio Borges)

Lado B

1- Equatorial (Lô Borges / Beto Guedes / Márcio Borges)

2 - Vento de maio (Telo Borges / Márcio Borges) Participação: Solange Borges

3 - Chuva na montanha (Fernando Oly)

4 - Tudo que você podia ser (Lô Borges / Márcio Borges)

5 - Olha o bicho livre (Paulinho Carvalho / Rodrigo Leste)

6 - Nau sem rumo (Lô Borges / Márcio Borges)

Luiz Gonzaga

Eu e Meu Pai

por José Teles

Em 1967, duas vertentes musicais dominavam as paradas no Brasil: a Jovem Guarda e a MPB, nascidas ambas no mesmo ano, final de 1964, gêmeas, porém bastante diferentes. Em 1965, concorriam entre si, em programa da TV Record. Os artistas dessas duas correntes foram os primeiros no país a serem conhecidos através da televisão. Encerravam a Era do Rádio.

Essa mudança nos rumos da música brasileira foi traumatizante para os artistas que vinham tocando uma carreira de grande sucesso desde os anos 1950, como é o caso de Luiz Gonzaga, que foi o artista brasileiro mais bem-sucedido naquela década. Sua gravadora, a RCA Victor, no auge do Rei do Baião, reservava suas prensas, exclusivamente, para fabricação de discos do cantor que mais vendia na empresa.

De repente, veio a Bossa Nova e acabou o reinado do baião, pelo menos no Sudeste. Um exemplo dessa mudança é a guinada estilística de Carmélia Alves, a Rainha do Baião, ungida pelo próprio Luiz Gonzaga, em pleno auditório da Rádio Jornal do Commercio, em 1956. Carmélia começou no samba e aderiu ao baião quando virou a dança da moda no Sudeste. Em 1959 lançou o último álbum da década, cantando um repertório de baiões mesclados com canções lentas, feito "Suas mãos", de Antônio Maria e Pernambuco. Só lançaria outro LP cinco anos depois, *Bossa Nova com Carmélia Alves*, gravado na Rozenblit/Mocambo.

Na célebre, e mais completa, entrevista feita com ele, por José Carlos Capinam, publicada em duas edições da *Rolling Stone*, em 1972, Luiz Gonzaga comentou a deserção nas hostes do baião no final dos anos 1950: "Você sabe que tem cantores oportunistas, quando aparece uma jogada nova eles entram logo nela. Olha Carmélia Alves, não é autêntica, foi criada Rainha do Baião por mim, que foi criadora de Paraíba, e mais uma porção de coisas, depois caiu fora. Marlene entrou no baião depois caiu fora. Isso para citar mulheres." Gonzagão cita outros intérpretes caroneiros do baião, Ivon Curi, Carlos Galhardo, Carlos Gonzaga, Izaurinha Garcia "(...) até Luiz Vieira caiu fora, uns falsos. Dalva de Oliveira gravou o baião mas não continuou ... Então ficou o véio macho aqui".

No auge do iê-iê-iê e dos festivais de MPB, em 1967, Luiz Gonzaga lançou o LP *Óia Eu Aqui de Novo*, também o título da faixa de abertura, um xaxado de Antônio Barros. Duas faixas expressam o perrengue pelo qual passava o Rei do Baião. "Xote dos cabeludos" (parceria com José Clementino) e "A hora do Adeus" (Luiz Queiroga e Onildo Almeida). A primeira é um desabafo contra a turma do iê-iê-iê e já começa com o alerta: "Atenção senhores cabeludos, aqui vai o desabafo de um quadradão." A letra enfatiza a resistência do povo do sertão, citando exemplos de sertanejos, como Lampião e Padre Cícero: "Num sertão de gente assim / Cabeludo tem vez não".

A segunda música, um baião, foi encomendada por Gonzagão ao compositor Onildo Almeida (de "A feira de Caruaru"). Seu Luiz, cercado pelo iê-iê-iê, foi à Caruaru, onde mora o compositor (em 2021, com 93, ainda em atividade), pedir que Onildo lhe fizesse uma canção de despedida: "Vou parar, ninguém mais quer saber de baião, só esta música dos cabeludos." Onildo Almeida conta que tentou dissuadi-lo: "Mas Luiz você não pode nem pensar nisso. Você é um patrimônio brasileiro." Mas Lua estava decidido. "Meses depois ele chegou lá na rádio (Onildo e o irmão são donos de uma emissora em Caruaru, a Rádio Cultura) e foi logo perguntando pela música." A canção começou a ser feita no Rio, num encontro de Onildo com Luiz Queiroga (compositor e redator de textos de humor pra rádio e TV. Foi autor de todos os textos do Coroné Ludugero, personagem lendário no Nordeste, vivido pelo caruaruense Luiz Jacinto, falecido em1970, num desastre aéreo no Pará).

Onildo Almeida gravara a música, ele mesmo cantando, numa fita cassete, e tocou para Luiz Gonzaga: "Ele escutou calado. No final os olhos estavam cheio d'água. É uma das músicas mais bonitas que já fiz. Mas não fez sucesso", comenta o coautor de "Hora do adeus". O título *Óia Eu Aqui de Novo*, porque desde que começou a carreira Gonzaga nunca passara um ano sem lançar disco novo. Em 1966, não gravou. A RCA preencheu a lacuna com a coletânea *Luiz Gonzaga Sua Sanfona e Sua Simpatia.*

Em 1968, Luiz Gonzaga chegou a anunciar sua aposentadoria numa entrevista à revista *Veja*. O gancho para a entrevista foi o boato de que os Beatles iriam gravar "Asa Branca", plantado por Carlos Imperial, provavelmente porque, no disco daquele ano (o *Álbum Branco*), o quarteto de Liverpool gravou uma canção chamada "Blackbird". Imperial confundiu as cores, poderia ter inventado que o grupo gravaria "Assum Preto". Como se diria décadas mais tarde, o boato viralizou, e fez ressurgir o interesse em Luiz Gonzaga, também incensado por Caetano Veloso e Gilberto Gil. Na citada entrevista com Capinam, Gonzaga já combina detalhes do show *Volta pra Curtir*, a estreia dele num show de teatro, no Tereza Rachel, acompanhado pelo seu trio tradicional, com a adição de guitarra e contrabaixo elétricos (dirigido por Jorge Salomão)

A carreira de Lua, então com 60 anos, decolou novamente na década de 1970. Com a velocidade acelerada com parcimônia. Em 1973, ele viajava pelo país se apresentando no Circuito Universitário, com o Quinteto Violado e Luiz Gonzaga Jr. abrindo o show. Foi a fase alternativa de Gonzaga, que cantou até em festival de rock. Perdeu o preconceito contra os cabeludos, e esses, por sua vez, descobriram sua música.

Nos anos 1970, Seu Luiz voltou a vender bem. Seu álbum de 1976, *Capim Novo*, foi um campeão de vendagem. A música-título foi um dos maiores sucessos do ano e o aproximou dos telespectadores através dos vários programas de grande audiência de que participou. Terminaria a década com um álbum, em 1979, que poderia ser classificado como "conceitual": *Eu e Meu Pai*, homenagem a Januário José dos Santos, seu genitor, falecido em 1978, aos 90 anos. Curiosamente nesse álbum, Humberto Teixeira, com quem tinha retomado a amizade no final da década de 1960, lhe forneceu, pela última vez, um sucesso, "Orélia". Humberto Teixeira morreria em outubro de 1979. Estava com 64 anos. No LP de 1980, *O Homem da Terra*, Luiz Gonzaga gravaria uma música dedicada ao parceiro, "O adeus da Asa Branca", de Dalton Vogeler, uma fantasia baseada no hino "Asa Branca".

Foi também uma década em que Luiz Gonzaga lançou compositores. O sonho de qualquer autor jovem no Nordeste era ser gravado pelo Rei do Baião. Foi assim com o baiano (de Tucano) Jurandir Ferreira Gomes, que saiu de Feira de Santana, onde morava, para Exu, para mostrar suas músicas para Luiz Gonzaga, que o gravou quatro vezes. A primeira foi "Nos Cafundó de Bodocó" (no álbum *Capim Novo*). Foi seu Luiz que lhe deu o nome artístico de Jurandir da Feira.

Em *Eu e Meu Pai* ele grava "Acordo às quatro", do jovem alagoano Marcondes Costa. Mas também recorre a canções antigas, "Súplica cearense" (Gordurinha e Nelinho), "Respeita Januário" (com Humberto Teixeira), "A vida do viajante" (com

Hervé Cordovil, com participação de Gonzaga Jr.), e inéditas de Dominguinhos e Anastácia ("Sorriso cativante"), Janduhy Finizola ("O caçador"); de Gonzaga Jr. (parceria em "Rio Brígida"); de João Silva (com Pedro Maranguape, "Adeus a Januário"); de Orlando Silveira e Dalton Vogeler ("Alvorada nordestina"); de José Clementino e Hildelito Parente ("Sou do banco"); e do próprio Luiz Gonzaga, com sua mulher, Helena Gonzaga, na única parceria gravada do casal ("Manoelito cidadão").

A confirmação de que Luiz Gonzaga estava bem na fita, para a RCA, é que o álbum não saiu barato. Luiz Bandeira, produtor executivo, arregimentou o melhor que podia para tocar com Seu Luiz: Orlando Silveira, fez os arranjos, regência e acordeon, Dominguinhos (acordeon), Chiquinho (acordeon), Papão (bateria), Gabriel (baixo), Dino (Sete Cordas), Neco (violão e cavaco), Azulão (zabumba), Toinho e Papão (tumbadora), Toquinho (reco-reco), Xaxado (triângulo), Jorginho (pandeiro e ganzá), Reginaldo (agogô), e o Coral de Edgar Luiz. A capa tem assinatura da artista plástica pernambucana, Luiza Maciel.

Um episódio pitoresco. O texto da contracapa é do garanhuense Luiz Manoel Paes de Siqueira, um estudante brilhante, de 18 anos, com um livro publicado. Ele conheceu Luiz Gonzaga ao acompanhar seu pai, Luiz Siqueira, secretário de Transportes, Habitação e Obras, do governo do estado, quando esse foi inaugurar a estação repetidora de TV de Exu, cidade natal de Gonzaga. No seu discurso, o secretário leu um texto que Luiz, seu filho, escreveu para Luiz, o Rei do Baião. Logo depois, Luiz Gonzaga pediu autorização para usá-lo na contracapa do LP que estava gravando. *Eu e Meu Pai* foi lançado no Recife, na churrascaria O Laçador, em junho de 1979. Um lançamento duplo. Luiz Gonzaga convidou Luiz Manoel para autografar com ele seu livro *A Cidade da Luz Azul*.

Eu e Meu Pai, embora não seja o disco de destaque na discografia do Rei do Baião, marca o final de mais uma fase de Luiz Gonzaga, que entraria na década de 1980 como uma unanimidade nacional. Em 1981, no disco *A Festa*, a faixa "Não vendo nem troco", parceria com Gonzaguinha, foi o maior sucesso, e levou os dois a uma turnê nacional sempre de casa cheia (foi quando Lua passou a ser chamado de Gonzagão). Turnê que sedimentou a grande sintonia entre pai e filho (que se reconciliaram no final dos anos 1970). Ao contrário de 1967, quando Luiz Gonzaga declarou-se vencido pelo rock and roll da época (o iê-iê-iê), ele atravessou a década de 1980 indiferente ao novo iê-iê-iê, o BRock. Não fosse a doença que o deixou de cadeira de rodas no final da vida, provavelmente teria engatado uma nova fase nos anos 1990. Gonzagão faleceu em 2 de agosto de 1989, no Recife. Está sepultado no mausoléu do Parque Asa Branca, onde morou, em Exu, ao lado de Januário, Santana e Helena Gonzaga.

Ficha técnica:

Eu e Meu Pai (RCA Victor - 103.0297)
Produtor executivo: Luiz Bandeira
Arranjos e regência: Orlando Silveira
Capa: Luiza Maciel
Direção de arte: Arthur Froes
Gravado no Estúdio RCA/24 canais - Rio de Janeiro

Músicos participantes:
Dominguinhos: acordeon; Chiquinho: acordeon; Papão: bateria; Gabriel: baixo; Dino: violão de sete cordas; Neco: violão e cavaco; Azulão: zabumba; Toinho e Papão: tumbadoras; Toquinho: reco-reco; Xaxado: triângulo; Jorginho: pandeiro e ganzá; Reginaldo: agogô; coral de Edgardo Luiz

Lado A
1 - Orélia (Humberto Teixeira)
2 - O mangangá (Luiz Ramalho)
3 - Súplica cearense (Gordurinha / Nelinho)
4 - A vida do viajante (Luiz Gonzaga / Hervé Cordovil) Participação: Gonzaguinha
5 - Acordo às quatro (Marcondes Costa)
6 - Respeita Januário (Luiz Gonzaga / Humberto Teixeira)

Lado B
1 - Romance matuto (Luiz Bandeira)
2 - Sorriso cativante (Dominguinhos / Anastácia)
3 - Manoelito cidadão (Luiz Gonzaga / Helena Gonzaga)
4 - Sou do banco (José Clementino / Hildelito Parente)
5 - O caçador (Janduhy Finizola)
6 - Rio brígida (Luiz Gonzaga / Gonzaguinha)
7 - Alvorada nordestina (Canção da Paz) (Orlando Silveira / Dalton Vogeler)
8 - Adeus a Januário (João Silva / Pedro Maranguape)

Luli e Lucinha

Luli e Lucinha

por Zé Edu Camargo

Beauty is truth, truth beauty, —that is áll
Ye know on earth, and all ye need to know
(John Keats - Ode on a Grecian Urn, 1819)

Beleza é verdade. Na soturna Londres de Keats ou na ensolarada Mangaratiba de um sonho libertário. Em todo o mundo. Verdade é beleza. Beleza de viver um tempo à parte de seu tempo, em descompasso com o passo da história. Como fizeram Luhli e Lucina (então Luli e Lucinha) durante parte da década de 1970, no que era um selvagem litoral sul do Rio de Janeiro, sem notícia das terras civilizadas. As duas, um homem (o fotógrafo e cineasta Luiz Fernando), suas crianças e suas músicas. Com a mata Atlântica, o sol, o vento, o mar, as rosas inundando os dias de som e cor. E isso tudo embalado, mas não contido, se tornou o disco *Luli & Lucinha*. Um disco de verbeleza. Um disco de beledade.

As gravações são o ponto máximo de um processo que subverteu a lógica da indústria fonográfica à época, a custa de muito sacrifício da dupla. Desiludidas com as mutretas da gravadora que havia lançado o seu primeiro trabalho, após o Festival Internacional da Canção de 1972, as duas se isolaram na casinha pra lá da Marambaia. O seu jeito de subversão da ordem foi ignorar a ordem – e o progresso. Um sonho hippie tardio, diriam. Mas não: um sonho hippie muito pé no chão, de modo até literal. A ralação durante o dia, plantando e colhendo, cuidando das crianças, da casa, do mundano. E a relação com a música à noite, compondo, tocando, cantando, gravando.

E o disco veio à luz como um Macunaíma às avessas. Fruto não de um repente, do medo da noite, mas de noites e noites sem medo. Madurado no pé, sem se apressar. Composto de canções que se amarram na existência da dupla, nas coisas mais essenciais para as duas (e que, por vezes, para brincar com o sentido da palavra essencial, eram cheiros mesmo – de rosas, de temporal no ar). Um artesanato crescendo arte aos poucos, em um processo sem fim, no sentido de que não havia um objetivo que não aproveitar o momento e a música. E, sem estar preso a um tempo, ficou por isso à frente: elas foram as primeiras mulheres a lançar um disco independente no Brasil.

O LP primeiro aconteceu, depois foi tecido. Súbito, os astros se alinharam. Lucina recebeu o dinheiro de uma herança. Antonio Adolfo, velho amigo das duas, havia lançado o disco *Feito em Casa* (que muitos consideram o primeiro disco independente do Brasil) e deu o caminho das pedras – apresentou a elas Toninho Barbosa, produtor e dono de um estúdio que topava a empreitada. Com os meios e o dinheiro, faltava costurar. As canções já existiam, algumas registradas no gravador de rolo com as vozes e violões. Mas gente quer luzir – e elas estimularam isso deixando a todos no escuro. Instrumentistas vieram e criaram em cima das bases na hora, conhecendo as músicas no estúdio, trazendo o frescor da improvisação para o registro.

E foi gente que frequentava a casa de Mangaratiba: Lucinha Turnbull, Mario Avellar (parceiro das duas em "Toque forte"), Fernando Leporace, Mauricio Einhorn, Harry Schroeter. E foi gente que vivia na casa de Mangaratiba, como as crianças fazendo coro em "Pequenininha", além de amigas e amigos que vinham e ficavam e depois iam embora. E foi gente que se fez presente mesmo sem tocar nada – como Luiz Fernando.

É do fotógrafo (e cineasta) Luiz Fernando a foto que estampa a capa do álbum. Num tempo em que as gravadoras gastavam os tubos para produzir uma capa, então a peça mais importante de promoção do que era encarado como produto, Lucina e Luhli e Luiz Fernando também inverteram a equação. Fizeram da capa do álbum um produto do amor que perpassava suas vidas. Fotografadas nuas por ele no alto de uma duna, em um intenso contraluz, as duas se tornaram uma só, os corpos reduzidos pela luz ofuscante a uma imagem rupestre. A cena chega a lembrar *O Beijo*, pequena arte ancestral gravada na parede de uma furna da Serra da Capivara, no Piauí. Gente na sua essência. O amor na sua essência. A essência recendendo a luz.

As canções do disco *Luli e Lucinha* são carregadas de espaço. De espaço concreto, embora este seja o pior termo a se usar. A mata que rodeava a casa em Mangaratiba, o nascer do sol no mar (espetáculo principal do cotidiano), as águas do oceano e das cachoeiras, os corpos e seus movimentos. Também o espaço invisível dos sons: o canto dos bichos, as pausas do vento, o compasso das ondas. Tudo traduzido por olhares que se despem de conceitos, influência talvez das crianças. "Cheiro de rosa" deixa isso explícito: "Abri a porta, varri a soleira e parei no tempo / Vi o calor afastar toda a sombra / Da noite que passou".

A espiritualidade também toca e se entoca no trabalho. Os tambores que elas trazem do Candomblé (e que se tornaram uma de suas marcas mais conhecidas) dão o ritmo a "Yorimatã okê aruê". A letra, impregnada de natureza, mostra que as divindades estavam todas ali, à mão. E o mistério da vida, gestada no corpo de mulher: "E faço fogo okê aruê /Ah e espero a aurora / Eu quase dois eu mulher / Eh eu quase árvore, ah eu mulher". O *eu quase dois* da letra se transforma em *duas mais que tantas* nos vocais do disco. O entrelaçar delas no dia a dia, dividindo e juntando tarefas, responsabilidades, medos e desejos, se transpõe para o cantar. Por vezes em uníssono perfeito, por vezes em desafio, por vezes em completude, elas fazem com que os vocais se tornem prestidigitação.

Em "Ai, ai" os cantos e contracantos se enredam com a flauta de Nivaldo Ornellas, com uma evidente inspiração ibérica. Que também imprime sua marca em outras faixas do disco – a mais óbvia é em "El corazón te guiará" – que no fim, no entanto, vira uma bossa.

As referências musicais das duas, suas histórias de antes, suas origens, suas influências fluem nos violões, nas batidas, com naturalidade. Em entrevistas, as duas se referem ao momento mágico de ouvir o álbum *Chega de Saudade*, de João Gilberto. *L'instant décisif* da fotografia de Cartier Bresson aplicado à música, quando todos os elementos compõem algo novo e além. Luhli e o samba, da Zona Norte carioca (ela iria substituir Nara Leão no show *Opinião* – seus pais não deixaram), da tradição das rodas. Lucina e suas raízes no Brasil profundo, em Cuiabás e Beléns, mas também no que havia de mais moderno na música brasileira, do Grupo Manifesto. O rock e o folk, é claro, pairando com seus Beatles, seus Crosbys, Stills, Nashes e Youngs, Secos e Molhados.

Nos versos iniciais de "Me rói" elas cantam: "Já cansei de mentir só por causa do tom / Já briguei sem sentir só por causa do tom". Perguntada, Lucina diz que não, o tom não era o Tom Jobim. O que faria todo o sentido naquele tempo e espaço, em que a Bossa Nova se tornava um retrato em sépia, diante das luzes neon dos *frenetic dancing days*. Mas do tempo lá fora, para elas, só o que interessava é se chovia ou batia sol.

Ó tempo rei, outro fundamento do disco que é fruto de seu tempo e não tem tempo para tempo ter. A beleza é verdade – e a verdade não envelhece, o passar dos anos não a transforma. O modo peculiar como os dias transcorriam, o fluxo da natureza, o cotidiano levado pela rotina, mas não preso a ela: a verdade que elas viviam pulsa a cada verso, a cada acorde, ainda hoje. E para sempre. Como nos últimos versos do álbum, em "E foi":

"Tempo voltando qual maré
engana a morte".

O amor não morre.

Ficha técnica:

Luli & Lucinha (Nós Lá em Casa - NLEC-001)

Gravadora: Nós Lá em Casa

Produção: Luli e Lucinha

Gravado no estúdio Sonoviso

Foto da capa: Luiz Fernando Borges da Fonseca

Músicos participantes:

Luli e Lucinha: violão, percussão e vozes; Alvinho: cavaquinho; Chico Batera, Nacho e Ciça: percussão; Nivaldo Ornellas: piano, voz e flauta; Fernando Leporace: baixo; Maurício Einhorn: gaita; Paul de Castro: guitarra e violino; Rui Motta: bateria e percussão; Lena, Chipo Pupo e Lúcia Turnbull: vocal; Harry Schroeter: violino; Luciano e Luís Paulo Simas: piano; Alceu: cello; Túlio Mourão: arp string; Paulinho Machado: piano elétrico

Lado A

1 - Pois é (Luli / Lucina)

2 - Cheiro de rosa (Luli / Lucina)

3 - Yorimatã okê aruê (Luli / Lucina)

4 - Me rói (Luli / Lucina)

5 - Toque forte (Luli / Lucina / Mário Avellar)

6 - Coração aprisionado (Luli / Lucina)

Lado B

1 – Ai ai (Luli / Lucina)
2 – Amor será (Luli / Lucina)
3 – Numa rede (Luli / Lucina)
4 – Pequenininha (Luli / Lucina)
5 – El corazón te guiará (Luli / Lucina / Mário Borges da Fonseca)
6 – E foi (Luli / Lucina)

Malu Mulher
Várias Artistas

por Beto Feitosa

No dia 24 de maio de 1979, na faixa das 22h, a Rede Globo fez história ao levar ao ar o primeiro capítulo do seriado *Malu Mulher*. A personagem principal é uma mulher real, que sai de um casamento falido para enfrentar a sociedade, o mercado de trabalho, criar uma filha pré-adolescente e ter novas experiências amorosas. Se hoje esses temas parecem rotineiros, na época representavam uma revolução na TV, um tabu na sociedade, uma conquista da mulher poder tomar seu espaço e assumir o controle de sua vida.

A série foi inspirada na comédia *An Unmarried Woman*, de Paul Mazursky, lançada em 1978. No Brasil encontrou a festa pelo início da redemocratização política. A ditadura do regime militar já começava a dar espaço para uma abertura, fundamental para a quebra de tabus na sociedade e discussão de novos assuntos. O seriado foi liberado pela censura, mas acompanhado de perto pelos olhos reacionários do governo, tanto que em sua última temporada teve um episódio proibido. A cantora Fafá de Belém lembra: "Era uma série muito ousada, trazendo problemas, dando visibilidade a muitos dramas nossos. Muitos assuntos que eram tabus na sociedade foram expostos e discutidos."

O sucesso de *Malu Mulher* não era um fenômeno isolado. As rádios brasileiras também mostravam um rico painel de vozes femininas, muitas ávidas para falar livremente sobre seu universo. A um grande elenco já conhecido de cantoras, chegavam novas vozes, novos olhares e novas experiências. O time das meninas fervilhava de ideias, atitude e som em uma fase anterior ao surgimento das bandas de rock da década de 1980.

Nesse contexto favorável nasceu o especial *Mulher 80*, dirigido por Daniel Filho, também responsável por *Malu Mulher*, e apresentado pela protagonista Regina Duarte – na época aclamada como imagem e voz dessa nova mulher.

Gravado em setembro daquele ano, o programa reuniu dez nomes femininos expressivos da música brasileira que tomavam as rádios e foi ao ar na Sexta Super do dia 19 de outubro, logo depois do capítulo da novela *Os Gigantes*, costurando entrevistas e números musicais. No ano seguinte *Mulher 80* foi exibido com sucesso pela TV da Suécia, que também apresentou a série. Dez anos depois o mesmo Daniel Filho criou e dirigiu *Mulher 90* com o mesmo conceito e muitos nomes repetidos.

O especial *Mulher 80* e o LP *Malu Mulher* – lançados simultaneamente – trazem um painel amplo e diverso da presença de mulheres no cenário da música brasileira da época. "O Brasil é um país de vozes femininas", enfatiza Fafá de Belém cheia de razão. "A ideia do Daniel Filho de fazer um especial só com cantoras numa época em que surgiram muitas de vários olhares, universos musicais diferentes, foi espetacular", conta a cantora que na época tinha 23 anos e estava grávida de sua filha Mariana. "O programa trouxe uma gama de mulheres com seus repertórios, suas músicas que falavam para todo país, cada uma de seu jeito. O Brasil não é um só, somos um povo plural e maravilhoso", comemora Fafá, ela própria uma artista que vinha de fora do eixo da grande mídia.

Já consagrada como atriz, mas ainda iniciando a carreira na música, Zezé Motta é outra que comemora. "Não faltam motivos para que fosse um momento especial na minha carreira e na minha vida", garante. "Ter sido convidada pelo Daniel Filho para participar do especial foi sem sombra de dúvidas uma honra muito grande e posso considerar um marco na minha carreira, na música e na TV. Eu estava ao lado de ícones da MPB como Maria Bethânia, Gal Costa e Rita Lee quando tinha lançado apenas dois LPs. Eu me senti lisonjeada, fiquei emocionada", lembra Zezé. "Era um projeto na emissora líder de audiência com protagonismo feminino, o que é muito importante para nossa luta", resume a cantora.

A grande atração de *Mulher 80* foi o número final que juntou todas as artistas no palco do Teatro Fênix para cantar "Cantores do rádio", composição de Braguinha, Lamartine Babo e Alberto Ribeiro que ficou marcada pela gravação das irmãs Carmen e Aurora Miranda. A cena entrou para a história da TV e da música, a foto com as artistas juntas no palco é forte e igualmente inesquecível. Essa imagem que retrata aquele rico ano na TV e nas rádios brasileiras estampou a capa do LP lançado pela Som Livre que trazia as músicas do especial e era presentado como trilha sonora do seriado.

"Aquela cena das mulheres surgindo de trás de mãos dadas é muito forte", avalia Fafá. "Uma avalanche de mulheres diferentes – no físico, na história, na música – como uma grande força de união feminina", completa Fafá, que nesse número aparece cantando em duo com Rita Lee. Zezé Motta também festeja esse momento: "Eu amo essa música, acho um hino para nós, cantoras." "Vê-las juntas, de mãos dadas, caminhando em nossa direção, é uma imagem emocionante para mim", comemora Daniel Filho em depoimento gravado para a edição em DVD lançada em 2008 pela gravadora Biscoito Fino.

Com produção assinada por Guto Graça Mello e pesquisa de repertório de Arnaldo Schneider, o LP traz nomes já consagrados, como Elis Regina, Rita Lee, Gal Costa, Quarteto em Cy e Maysa – saudade ainda recente, da artista que havia morrido dois anos antes. Cantoras que vinham se estabelecendo na segunda metade da década de 1970 também entraram, como Fafá de Belém e Simone. A novidade ficava com novos nomes que começavam a surgir, como Zezé Motta e Marina Lima.

Além das vozes que cantam, o repertório também dá espaço para compositoras. Joyce Moreno assina "Feminina", que fecha o disco com a intepretação do Quarteto em Cy, gravação do LP *Em 1000 Kilohertz*. No ano seguinte a música batizou o álbum da própria autora. Ainda iniciando carreira como atriz, o nome de Bruna Lombardi aparece como parceira de David Tygel em "Que me venha esse homem", cantada por Fafá de Belém. Já Angela Ro Ro, que lançou seu primeiro disco nesse mesmo ano, assina "Não há cabeça", cantada por Marina Lima – então assinando apenas Marina e também estreando em disco naquele ano. No especial de TV Angela aparece ao piano acompanhando Marina.

O disco abre com a voz de Simone cantando "Começar de novo", de Ivan Lins e Vítor Martins. A música, encomendada aos autores para ser o tema principal da série, virou um hino feminino da época. Em um primeiro momento a abertura era com uma versão instrumental da música, ficando a gravação de Simone para os créditos finais – depois, com o sucesso, ganhou também a abertura. Outra faixa que extrapolou sua importância musical foi "O bêbado e a equilibrista", de João Bosco e Aldir Blanc. Aclamada como o Hino da Anistia, a gravação de Elis Regina segue emocionando mais de quarenta anos depois. A faixa ficou para sempre associada a uma imagem cheia de abraços e saudades e esperança: a volta ao país dos exilados políticos.

Vivendo o grande sucesso de um álbum que bateria a marca de um milhão de cópias, Maria Bethânia vem com "Álibi", de Djavan. Rita Lee – que chegou a participar de um capítulo da série – está no álbum com a romântica "Mania de você", marco da fase inicial da dupla com Roberto de Carvalho. A sensual "Seu corpo", de Roberto e Erasmo Carlos, aparece na voz de Joanna – que também estreava em disco no mesmo ano. Já Gal Costa vinha com "Paula e Bebeto", parceria de Caetano Veloso e Milton Nascimento lançada por Milton em 1975, mas que ficou marcada na voz de Gal em gravação três anos depois.

O disco e o especial nunca foram esquecidos. O repertório segue relevante com sucessos que viraram clássicos da música brasileira e fazem parte do inconsciente coletivo atravessando gerações.

Em 2008 o programa – que sempre andou de mão em mão em gravações piratas precárias – ganhou uma luxuosa edição em DVD pela gravadora Biscoito Fino. O álbum teve edição em CD dentro da série Som Livre Masters, lançado em 2006. O mais curioso, no entanto, foi a icônica foto de capa ter sido utilizada em um LP pirata lançado na Inglaterra contendo gravações raras e até inéditas em disco. Entre os usos surpreendentes, também virou meme de rede social citando um dos primeiros sucessos da cantora Anitta: "Agora é hora do show das poderosas." Faz sentido!

Ficha técnica:

Malu Mulher (Som Livre – 403.6196)
Direção de produção: Guto Graça Mello
Pesquisa de repertório: Arnaldo Schneider
Montagem: Ieddo Gouvea
Foto capa: Agência Globo / Anibal Philot

Lado A
1 – Começar de novo (Ivan Lins / Vítor Martins) Intérprete: Simone
2 – O bêbado e a equilibrista (João Bosco / Aldir Blanc) Intérprete: Elis Regina
3 – Mania de você (Rita Lee / Roberto de Carvalho) Intérprete: Rita Lee
4 – Álibi (Djavan) Intérprete: Maria Bethânia
5 – Que me venha esse homem (David Tygel / Bruna Lombardi) Intérprete: Fafá de Belém

Lado B

1 – Meu corpo (Roberto Carlos / Erasmo Carlos) Intérprete: Joanna

2 – Paula e Bebeto (Caetano Veloso / Milton Nascimento) Intérprete: Gal Costa

3 – Dois meninos (Roberto Menescal / Ronaldo Bôscoli) Intérprete: Maysa

4 – Não há cabeça (Angela Ro Ro) Intérprete: Marina

5 – Pecado original (Caetano Veloso) Intérprete: Zezé Motta

6 – Feminina (Joyce) Intérprete: Quarteto em Cy

Mar Revolto

Mar Revolto

por Vinícius Cunha

De tempos em tempos, a Bahia é responsável por uma supernova que sacoleja a música. Essa força poderosa assume as mais diversas formas, como os inventivos Armandinho, Dodô e Osmar, os clássicos Gilberto Gil e Caetano Veloso e as novas possibilidades da guitarra baiana, como o BaianaSystem.

Entre as "cordas e pipocas" de Salvador surgiu a banda Mar Revolto, que se destacou na cena rock'n'roll baiana entre 1974 e 1980. Formada por Luiz Brasil (voz, guitarra e craviolas), Geo Benjamin (guitarra, violão Ovation, flauta), Octávio Américo (contrabaixo), Raul Carlos Gomes (bateria, percussão, voz), Jorge Brasil (bateria, percussão, voz), Vicente dos Santos (percussão) e Silvio Palmeira (letras), Mar Revolto misturou gêneros e referências: há a distorção do rock de Jimi Hendrix, o baião de Luiz Gonzaga, o tropicalismo de Gil & Caetano e, sobretudo, o regionalismo. Esse último, casado ao gênero das guitarras, gerou uma linguagem pop - tendo os contemporâneos do Novos Baianos como expoente dessa amálgama sonora.

Mas eles não foram os únicos nessa tendência que causou uma ebulição de guitarras na capital baiana dos anos 1970. "Foi a grande época das garagens em Salvador", lembra Luiz Brasil. "Todo mundo tinha um grupo ensaiando nas garagens. E todo mundo se encontrava para tocar", acrescenta. "Tinham bandas incríveis nessa época: 19º Colapso Nervoso, Creme — que era influenciado pelo Cream de Eric Clapton — e, um pouco mais tarde, veio o Raposa Velha", conta Luiz em entrevista ao portal G1, em 14/07/2015, sobre a cena rock'n'roll baiana daquela década. Muitos desses encontros aconteciam na espaçosa casa da Família Brasil, localizada no Centro Histórico de Salvador.

"Eu morava na Ladeira do Carmo, nº 4. Uma casa de treze quartos, onde recebia, na época, praticamente toda a leva de grupos e músicos de Salvador, porque tínhamos equipamento (Mar Revolto foi o primeiro conjunto do Norte/Nordeste do Brasil a ter equipamento de som profissional com sistema de PA (Public Address), em 1978, fruto de contínuas viagens entre o Rio e Salvador), quando não existia estúdios de ensaio em Salvador ainda. A minha avó Carmen e sua casa foram homenageados inúmeras vezes em shows e bailes pelos músicos que podiam se utilizar desse nosso espaço", descreve Luiz Brasil, sabendo que momentos sob aquele teto foram decisivos para bandas e artistas contemporâneos.

A alegria de compartilhar da música com os amigos — seja no palco, trio ou estúdio — ditava o ritmo da Mar Revolto. "Nós não tínhamos essa preocupação sobre identidade e estilo, tudo o que queríamos era tocar cada vez melhor, e para isso a gente entrava em todas", conta o guitarrista. E nos anos 1970, sem o apoio da imprensa em tempos de Ditadura, era com shows que se chegava ao público, como fala o produtor musical e compositor Silvio Palmeira, em entrevista no livro *Rock Baiano: História de uma Cultura Subterrânea*, de Edison Sacramento.

"Depois de algum tempo fazendo *covers*, nós passamos a fazer composições próprias e, no verão de 1974, estreamos com uma temporada de inauguração do Teatro Gamboa durante dois meses, e daí tudo floresceu, passamos a morar juntos e, depois de um tempo, passei a me dedicar à produção da banda, coisa que fazia em paralelo. Passamos a ter um maior pique e fizemos praticamente todo o circuito de colégios de Salvador, até atingirmos duas grandes lotações, na Concha Acústica, que marcaram época. Naquele tempo não se contava com mídia de rádio, gravadoras ou qualquer estrutura de apoio, ficando tudo concentrado nos shows."

Apresentações essas que, segundo Luiz Brasil, mostraram o caminho e a dimensão da música para os artistas que vieram depois deles: "O Mar Revolto desbravou caminhos inusitados. Isso nós temos muita consciência, porque estávamos muito antenados com a cena a nossa volta. Fazíamos shows com muita frequência, e em vários tipos de lugares e situações. Com certeza muita gente nos viu, porque os shows tinham muito público sempre, e não somente de adolescentes, ia gente de todas as idades."

Foi lotando colégios de Salvador, o Teatro Gamboa e a Concha Acústica do Teatro Castro Alves, que a Mar Revolto se tornou o mais popular conjunto de rock da Bahia no início da década de 1970. Entre os anos de 1976 e 1977, o septeto esteve presente no Rio de Janeiro por diversas vezes, desembarcando em definitivo no solo carioca em 1978 para criar o selo próprio e gravar seu disco de estreia, homônimo da banda, de forma independente no ano seguinte.

Com arranjos à frente do seu tempo, as faixas do primeiro disco da banda soteropolitana são influenciadas por ritmos americanos — como o rock, o jazz e o funk —, mas não se perdem da cultura regional nordestina com a presença do baião, frevo e samba de roda. *Mar Revolto* (1979) tem uma sonoridade moderna, sem soar uma vanguarda sisuda, mas, sim, "maluco beleza".

Ouvir *Mar Revolto* (1979) pela primeira vez em 2022 transporta o ouvinte para o mesmo mundo de possibilidades criado pelo BaianaSystem em *Duas Cidades* (2016). Ambos amplificam o DNA nordestino fundindo-o, cada um nas suas preferências, com ritmos internacionais em busca da sua própria identidade. "O BaianaSystem nos realiza, porque entendemos que eles vieram de certa forma da nossa influência, como grupo bem mais antigo que somos", celebra Luiz mostrando que "Contendas de Sincorá", faixa que abre o álbum *Mar Revolto* (1979), não está, musicalmente falando, distante da moderna "Lucro (descomprimido)", presente na estreia do BaianaSystem.

Se coubesse o exercício de resumir a obra a uma faixa, certamente o ouvinte ficaria em "Contra-Balanço". A quarta música do disco escrita por Silvio Palmeira e Luiz Brasil, é um baião hippie-ácido, como se Hendrix brotasse num arrasta pé, com sua guitarra em chamas. O instrumental é rico e ganha um brilho especial na percussão de Vicente dos Santos, que casado com as cordas de Geo e Luiz, rendem frutos como "Cháxaxado" – um nascimento alternativo do rockabilly em terras nacionais.

Iniciando a segunda metade da gravação está "É", composição de Gilberto Gil, de eu-lírico com espírito inabalável mesmo diante das injustiças dos homens. A faixa é uma sobra do álbum *Refavela*, de 1977, que ganhou seu primeiro registro justamente pela Mar Revolto e que foi registrada na voz do canônico da MPB somente em 2017, em *single* com a banda Refavela 40 e foi parte do show comemorativo das quatro décadas do disco.

A relação de Gil com o grupo era próxima, detalha Luiz Brasil: "Conheci o Gil pessoalmente bem antes desse fato (gravação de 'É'). Ele tinha sido amigo de um primo de meu pai, ou seja, um primo/tio que tocava bem o violão e andava às voltas com o Gil pelo Santo Antônio, onde me criei." Outra grande figura da MPB que também aparece na cronologia do Mar Revolto é Carlinhos Brown, na época com 17 anos e em sua primeira experiência profissional, quando subiu em um trio elétrico com a banda.

No começo dos anos 80, após a saída de alguns membros, a banda lançou seu segundo álbum: *Dia de Amanhã* (1983). Sem o mesmo impacto do disco de estreia, a banda se dissolveu e, recentemente, ensaiou uma reunião em comemoração aos seus 40 anos. "Esboçamos o projeto com disco comemorativo, levamos até a Lei Rouanet, liberamos para captação, mas não tivemos êxito. Talvez tenha faltado um mecenas ou alguém que tivesse um bom trânsito nessa área, que nos ajudasse a fazer esse importante registro para nós e para a história da música baiana", lamenta Luiz Brasil, que diz acreditar que um melhor agenciamento teria levado a banda a um outro patamar, para além da cena de rock baiana, décadas atrás. "Não saberia aqui listar as questões que devem ter faltado para furarmos a bolha. Se esse assunto fosse puramente musical, certamente eu teria muito a dizer, mas acho que é unicamente comercial. Talvez um agente com visão, mais do que um empresário que vende os shows", conclui.

Ficha técnica:

Mar Revolto (Musiquim – LP-MR099)
Produção: Chelito
Direção de produção: Silvio Palmeira
Arranjos: Mar Revolto
Arranjos de cordas: Geraldo(Geo) Benjamin e Luiz Brasil
Arranjo vocal: Luiz Brasil
Gravação: Toninho Barbosa
Mixagem: Toninho Barbosa e Mar Revolto
Estúdio: Sonoviso (8 canais)
Corte: Tapecar
Capa e arte final: Léa Beatriz
Fotos: Leonardo Vasconcelos
Gravado em julho de 1979 no Rio de Janeiro

Mar Revolto:
Luiz Brasil: voz, guitarra, craviolas de 6 e 12

Geraldo (Geo) Benjamin: guitarra, violão ovation, flauta
Octávio Américo: contrabaixo
Raul Carlos Gomes: bateria, percussão, voz
Jorge Brasil: bateria, percussão, voz
Vicente dos Santos: percussão
Silvio Palmeira: letras

Músicos participantes:
Silvia Torres e Virgínia Carvalho: voz e vocais; Armandinho Macedo: guitarra baiana e bandolim; Tomaz Improta: piano acústico e elétrico; Beto Saroldi: sax tenor e soprano; Cássia Noronha: cello; Zé Eduardo, Kleber Vogel, Ângelo e Henrique: violinos

Lado A
1 - Contendas do Sincorá (S. Palmeira / L. Brasil / R. Carlosgomes)
2 - Tempo (S. Palmeira / R. Carlosgomes)
3 - Araruama (L.Brasil / Dalmo Medeiros)
4 - Contra-balanço (S. Palmeira / L.Brasil)
5 - Maravilhô (Pitti / Ery Oliveira)

Lado B
1 - É (Gilberto Gil)
2 - Sabendo (S. Palmeira / R. Carlosgomes)
3 - Simples Agreste (Luiz Espinheira)
4 - Chaxaxado (G. Benjamim)

Maria Alcina

Plenitude

por Danilo Casaletti

Para entender como Maria Alcina chegou ao disco *Plenitude* é imperativo voltar a um tempo anterior a ele. A mineira de Cataguases, município da Zona da Mata mineira, desembarcou no Rio de Janeiro – sem nunca ter visto o mar antes – no início da década de 1970, com pouco mais de 20 anos, para tentar a vida de cantora.

Em 1972, um ano após gravar seu primeiro compacto, que trazia o rock "Mamãe coragem" (Caetano Veloso e Torquato Neto) e o bonito, e até hoje obscuro, samba "Azeitonas verdes" (Marcus Vinicius), ela pisa no palco do Ginásio do Maracanãzinho, no Rio, lotado para ser a vencedora do VII Festival Internacional da Canção Popular cantando "Fio Maravilha", de Jorge Ben.

Com um penteado assimétrico, corpo franzino, canto grave, uma dança só dela e acompanhada pela banda Number One, oriunda de uma boate de mesmo nome onde ela se apresentava, regida pelo bossanovista Severino Filho e com Paulinho da Costa na percussão, Alcina sacudiu a massa e confundiu a cabeça de muita gente. Para usar uma expressão da época, colocou grilo na cuca do povo, ou melhor, dos conversadores.

O que seria Maria Alcina? Andrógina? Provocadora? Vanguardista? Travesti? O sucesso foi inevitável, mas uma pulga ficou atrás da orelha.

No ano seguinte, ela lança seu primeiro LP, que tinha como título apenas *Maria Alcina*. Na capa, aparecia fantasiada, algo que se tornaria marca em seu figurino e visual – ela chegou a fazer capa de compacto com metade do cabelo comprido e a outra curta. Em outra, apareceu totalmente careca.

Nessa estreia em disco, Alcina trouxe, logo na faixa de abertura, um sucesso de Carmen Miranda, "Alô, alô", de André Filho, gravada pela Pequena Notável em 1934. Era como se ela perguntasse ao público: "E aí? Gostaram de mim de verdade?"

Carmen, aliás, será uma inspiração, ao lado das vedetes e da Tropicália, para Maria Alcina a partir daí. "Carmen se comunica comigo", diz-me Alcina, em conversa no ano de 2021. "Olha, eu estou falando sério, hein? Ela sempre dá um jeito de aparecer para mim, seja em uma música no meu celular, em um retrato, em algum lugar que vou", completa, com voz firme.

No disco, produzido pelo jornalista e radialista Walter Silva, ainda há outros sambas de grandes compositores, entre eles, "Maria Boa", de Assis Valente, e "Como vaes você", de Ary Barroso, que aparecem ao lado da melancólica "No dia em que eu vim-me embora", de Caetano e Gilberto Gil, e do baião "Paraíba", de Luiz Gonzaga e Humberto Teixeira – olha Alcina aí provocando novamente. Mulher macho?

No segundo álbum, de 1974, produzido por Mauro Furtado, lança "Kid Cavaquinho", da dupla João Bosco e Aldir Blanc, de quem a cantora também incluiu "Foi-se o que era doce" – uma daquelas letras em que Blanc dá uma aula de brasilidade.

Além dos estúdios, claro, Alcina fazia apresentações pelo Brasil. Entretanto, algo incomodou a Censura Federal durante a ditadura militar brasileira. A cantora, além da androginia, transmitia alegria e liberdade – um acinte aos olhos dos carrancudos comandantes do governo federal.

Em 18 de julho de 1976, o jornal *O Estado de São Paulo* publicou uma nota sobre a portaria emitida pelo diretor da Censura Federal que trazia a suspensão de Maria Alcina de suas atividades artísticas por 20 dias. Para o órgão do governo, a cantora "portou-se de modo inconveniente em cena, fazendo gestos e usando expressões ofensivas ao decoro público" durante apresentações feitas em Recife e Brasília.

Alcina foi chamada para se explicar e responder a um processo. "A fama de pessoa problema ficou", diz. Porém, em vez de se apequenar e, por instinto, Alcina seguiu em frente. Resolveu "brincar" ainda mais. Em 1979, montou o ousado show *Plenitude*, com arranjos do maestro José Briamonte. Nele, a cantora contava sua vida e, colocando seu lado vedete no palco, entre plumas e paetês, brincava com a plateia. Em determinado momento, atravessava o palco nua.

Rosvaldo Cury, um dos sócios da gravadora Copacabana, foi assistir ao show. Contente de ver Alcina no palco, convidou-a para gravar um disco pela companhia. O álbum manteve o título do espetáculo, mas trouxe alteração no repertório.

Como diz Adoniran Barbosa, que faz participação no disco, em uma espécie de prólogo em "Torresmo à milanesa", música de sua autoria em parceria com Carlinhos Vergueiro: "Para vocês, Maria Alcina oferece um prato bem brasileiro."

Gravado em São Paulo, cidade na qual a cantora se estabeleceria para sempre a partir daquele ano, *Plenitude* teve arranjos de Briamonte, que, ao longo da carreira, trabalhou com nomes como Dick Farney, Claudette Soares, Johnny Alf, Jorge Ben Jor, Vinicius de Moraes, Wilson Simonal, Leny Andrade, entre outros. A função foi dividida com o jovem maestro Eduardo Assad, de vertente mais popular.

Um dos destaques, "Tum tum", de Rita Lee e Roberto de Carvalho, foi feito especialmente para Alcina cantar. Na gravação, um samba com guitarra, a cantora brinca com as onomatopeias criadas pela rainha do rock brasileiro. Rita só daria sua versão anos depois, no álbum *Santa Rita de Sampa*, de 1997.

A festiva e sensual "Folia no matagal", de Eduardo Dusek e Luiz Carlos Góes, também chegou primeiro aos ouvidos de Alcina pelas mãos de Dusek, que a chama de madrinha. No disco, a faixa vem colada à rumba "Escandalosa", sucesso de Emilinha Borba em 1947.

Outros dois compositores que mandaram uma canção para o LP foram Moraes Moreira e Fausto Nilo, com o xote "Tua sedução", que abre o disco.

João Ricardo e Luli fizeram a dançante "Nova bandeira", que passou incólume pelas garras da censura com Alcina dando ênfase à palavra "trepo". A letra ainda fala em pular a fogueira de São João. Vale lembrar que à época, o presidente do país era João Figueiredo – aquele que preferia o cheiro do cavalo ao do povo.

Alcina homenageia duas cantoras com duas pérolas do samba canção: Carmen Costa em "Quase" e Lana Bittencourt na hoje politicamente incorreta "Haja o que houver" – aqui o arranjo puxa mais para o bolero e ela evoca outra diva da canção brasileira, Angela Maria.

Plenitude ainda traz as gravações de "Voz da América", de Belchior, de quem Alcina foi muito próxima; a psicodélica e até hoje desconhecida "Não me venha tarde demais", de Octavio Burnier e Ivan Wrigg; e a faixa que dá nome ao disco, na verdade, o poema de Manuel Bandeira de temática religiosa "Ubiquidade", que o "maldito" Walter Franco transformou em linda canção lírica.

Porém, o grande sucesso do LP, foi "É mais embaixo", que Alcina, de maneira muito sagaz, após ler uma reportagem sobre o álbum *Pastoril do Faceta*, de 1978, pescou do repertório do Velho Faceta, personagem de Constantino Leite Moisakis, do pastoril profano de Pernambuco.

"Eu precisava de uma música para interagir com a plateia. Eu descia de maiô e plumas na cabeça. Bem 'vedetona'. Tudo na intuição", conta Alcina, ainda sobre o show. A maliciosa "É mais embaixo" se mostrou tão exitosa que ganhou clipe no *Fantástico.* Em tempo: foi igualmente do LP *Velho Faceta* que Os Trapalhões tiraram e adaptaram um dos números mais clássicos de sua história, "O casamento da filha do Faceta".

Ainda do Faceta, Alcina tiraria, no ano seguinte, "Bacurinha", até hoje um de seus maiores sucessos. Para quem torce o nariz para a canção, ela foi gravada com arranjo e acompanhamento do mestre Sivuca e do Trio Nordestino.

Com quase meio século de carreira, Maria Alcina segue na ativa. Embora não tenha gravado muitos discos, é símbolo de resistência, pluralidade e criatividade artística. Em 2003 passou por uma espécie de redescoberta ao gravar com o conjunto Bojo. Dez anos depois, comemorando 40 anos de carreira fonográfica, ganhou músicas de Zeca Baleiro e de Arnaldo Antunes – esse último decretou na canção que lhe entregou: de normal bastam os outros!

Musa dos gays, garota propaganda de aplicativo de comida, intérprete de Caetano, atração em programas populares. Vez ou outra, pode ser vista pelas ruas de São Paulo com seu brilho e adereços. Como disse em uma entrevista em 1979: "O que eu gosto mesmo é de rebolar, soltar o vozeirão. Vedete é explosão e costumo explodir nos meus shows."

Então, quando alguém quiser enquadrar Maria Alcina, assim como os censores tentaram anos atrás, lembre-se: com ela, é mais embaixo!

Ficha técnica:

Plenitude (Copacabana - COLP 12496)
Gravadora Copacabana
Direção artística: Paulo Rocco
Direção de produção: Jorge Gambier
Coordenação artística: Roberto Ramos
Arranjos: Eduardo Assad e José Briamonte
Técnico de gravação: Zilmar Araújo
Técnicos de mixagem: Zilmar Araújo e Jorge Gambier
Técnico de montagem: Getúlio B. C. Junior

Técnico de corte: Jorge Emilio Issac
Gravado nos estúdios Do- Ré- Mi (SP) em 16 canais
Capa: Impulso Marketing e Propaganda Ltda

Lado A
1 - Tua sedução (Moraes Moreira / Fausto Nilo)
2 - Tum tum (Rita Lee / Roberto de Carvalho)
3 - Escandalosa (Djalma Esteves / Moacyr Silva)
4 - Folia no matagal (Eduardo Dusek / Luiz C. Góes)
5 - Não venha tarde demais (Octavio Burnier / Ivan Wrigg)
6 - Quase (Mirabeau / Jorge Gonçalves)

Lado B
1 – Haja o que houver (Fernando Cesar / Nazareno de Brito)
2 – Torresmo à milanesa (Adoniran Barbosa / Carlinhos Vergueiro) - Participação especial: Adoniran Barbosa
3 - Nova bandeira (João Ricardo / Luli)
4 - Voz da América (Belchior)
5 - É mais embaixo (D.P.)
6 - Plenitude (Ubiquidade) (Walter Franco / Poema: Manuel Bandeira)

Maria Bethânia

Mel

por Luisa Lamarão

No final do ano de 1979, Maria Bethânia lançava *Mel*, seu oitavo disco de estúdio. É possível afirmar que sua carreira já estava consolidada no mercado, uma vez que, nesse mesmo ano, havia atingido o inédito número de 700 mil discos vendidos com *Álibi*, de 1978 – ficando atrás apenas do campeão de vendas Roberto Carlos. Algumas canções do álbum fizeram parte de trilhas sonoras de novelas, como "Grito de alerta" (Gonzaguinha) em *Água Viva*, de Gilberto Braga (1980).

Mel fez parte de um momento de grande visibilidade da questão feminina no cenário cultural brasileiro. Compositoras como Ana Terra e Angela Ro Ro tiveram suas canções gravadas no álbum e a temática dos relacionamentos amorosos, sob o ponto de vista da mulher, também marcara presença nessa produção. Vale sublinhar que o apelido de "Abelha Rainha" surgiu como resultado do grande sucesso desse álbum. Dessa forma, é de suma importância, em qualquer análise sobre a trajetória profissional de Bethânia, uma abordagem atenta sobre o disco *Mel*.

Reconhecido pela historiografia como um dos principais momentos de inflexão do processo de "abertura política", o ano de 1979 foi marcado por canções que figuraram entre as mais famosas da MPB. Para o historiador Marcos Napolitano, no texto *MPB: A Trilha Sonora da Abertura Política (1975/1982)*, publicado em 2010, "entre 1975 e 1982, teríamos a 'canção da abertura', [...] marcada pela tensão entre o imperativo conscientizante da esquerda e a expressão de novos desejos e atitudes dos setores mais jovens da classe média". Segundo Napolitano, "a era de violência extrema havia passado, mas a era de liberdade ainda não havia começado" e, assim, "surge uma primeira hipótese sobre a canção da abertura, pautada na percepção de um 'entrelugar' que se manifestará como expressão poético-musical e experiência histórica".

Assim, 1979 marcou o protagonismo de intérpretes como Maria Bethânia que "foram fundamentais para a efetiva disseminação social da canção, materializada em *performances* de alta ressonância social", salienta o historiador Marcos Napolitano, concluindo que "o poder de comunicação e dotes vocais dessas intérpretes marcavam a tal ponto o sentido da canção que poderíamos falar numa segunda autoria, problema altamente complexo e ainda pouco exercitado na historiografia da canção brasileira". Notadamente, intérpretes como Bethânia e Elis são, em grande parte de sua discografia "quase coautores" do que interpretam.

Bethânia destacou-se pela força de sua atuação no palco – e pela própria seleção de músicas de seu disco *Mel* –, conferindo uma "segunda camada" de reconhecimento às chamadas "canções da abertura" política. O ano de 1979 quebra a redoma criada até ali para Bethânia como cantora de rádios FM, para ocupar o posto de uma das rainhas das rádios AM também.

Na televisão, o protagonismo feminino também teve destaque com a série *Malu Mulher*. Exibida na Rede Globo, discutia as delícias e amarguras da nova mulher que surgia na sociedade. Como desdobramento desse sucesso, o especial *Mulher 80*, transmitido em outubro de 1979 pela mesma emissora, buscou homenagear as mulheres, reunindo atrações musicais e depoimentos de cantoras e compositoras da MPB (há um capítulo sobre o LP resultado desse especial neste volume), como Bethânia, que participou cantando "Álibi".

Neste contexto, as rádios tocavam canções com novas abordagens sobre o feminino, com "enfoques inéditos e sofisticados do papel da mulher", como ressalta Rodrigo Faour no livro *História Sexual da MPB: A Evolução do Amor e do Sexo na Canção Brasileira* (2006). Esse livro e espetáculos como o de Maria Bethânia, em 1980, demonstravam "a liberdade que *ainda* não era plena e o medo que *já não era mais* predominante", como afirma Napolitano em texto já citado. Percebemos, dessa forma, que parte do repertório musical da "abertura política" brasileira estava indiscutivelmente associado à maneira pela qual essas artistas apresentavam tais canções. E o desprendimento de Bethânia nos palcos indicava uma postura marcadamente autoral de canções inspiradas por tais mentalidades daquele contexto.

A temática do LP *Mel* também apresentava influência dessas mudanças de comportamento. Para Faour, ainda no livro *História Sexual da MPB*, "o samba

'Infinito desejo' mais parecia um fecho de ouro de uma década que sacramentava um discurso libertário definitivo, após anos de repressão, inclusive do prazer feminino". O jornalista lembrou ainda que "Da cor brasileira" teria nascido da indignação de Ana Terra e Joyce com a música "Idolatrada", de Milton Nascimento e Fernando Brant, que dizia "tu és mulher, cuidas da casa e da família, mas não és da ribeira (...)". Ficava claro que algumas cantoras queriam cantar suas próprias versões das histórias. Assim, a seleção do repertório indicava essa quebra de padrões no discurso das e para as mulheres.

O ano de 1979, segundo Faour, foi "o ápice de toda essa sensualidade feminina na MPB". É interessante destacar certa narrativa sobre outra canção de grande repercussão do disco *Mel*. A música "Cheiro de amor", originalmente um *jingle* feito por Duda Mendonça para o motel baiano *Le Royale*, fez muito sucesso na Bahia e chamou a atenção de Bethânia. A Abelha Rainha não se fez de rogada e ligou para Mendonça, pedindo autorização para incluir em seu repertório.

Desse modo, vemos que a artista, até então associada diretamente às chamadas "faixas de prestígio" das gravadoras, consolidou sua popularidade com canções abertamente sensuais. Em entrevista concedida em 1980, Bethânia afirmou: "É ótimo saber que os disk-jóqueis mais ouvidos estão tocando meu disco *Mel* a toda hora. [...] É um privilégio para qualquer artista ter um grande público. Acho que, dessa vez, eu fui fundo." A cantora explicou ainda o sentido do LP: "Quando o Luiz Melodia cantou 'Eu quero é mel', sabia o que estava falando. Foi o primeiro tiro, a primeira sacada. Depois, eu percebi a constância dessa palavra nas letras da música que canto. Assim, antes de gravar o disco, escolhi o título *Mel*." A jornalista Isa Cambará, na *Folha de São Paulo*, em janeiro de 1980, concluiu: "Para Bethânia, todo mundo está querendo mel. Daí, o sucesso."

A repercussão do LP e do show, na mídia especializada, foi muito positiva. Na edição de fevereiro de 1980 da *Revista Música*, na matéria "A ótima Bethânia da fase pós-cinemascope", o jornalista Dirceu Soares afirmou: "O que encontramos é uma Bethânia equilibrada, meiga, agradável e jamais melada – como o título pode sugerir – num disco que se pode colocar na vitrola e deixar no automático para tocar horas seguidas sem cansar." Nos palcos, a cantora "por si só, [...] já é o próprio foco de luz e sua interpretação dada a cada música nos conduz ao clima que ela deseja". E assim, deixava "de ser vista como uma cantora de elite para ser entendida como popular, o que, aliás, sempre foi". Sua grande qualidade seria "saber como quase ninguém, ser tão coloquial ao cantar qualquer canção. Juntam-se voz, expressões do rosto, corpo e gestos das mãos. Olhos nos olhos da plateia".

A repercussão de suas performances é um elemento fundamental nas análises sobre a importância das chamadas "segundas autorias" musicais no cenário cultural da redemocratização brasileira. Talvez, por isso, algumas lembranças afetivas de parte da geração que vivenciou essa efervescência artística estão associadas às imagens, movimentos e sons próprios de espetáculos como *Mel* de Maria Bethânia, dentre outros.

Neste sentido, o álbum e sua "inspirada colmeia de sentidos" – feliz expressão utilizada por Bethânia em um dos seus shows – provocaram rupturas, no conteúdo e na forma, na maneira como se tratava o feminino e, no limite, evidenciaram a sensibilidade necessária para o enfrentamento do autoritarismo no país.

Ficha técnica:

Mel (Philips - 6349 433)

Direção artística: Maria Bethânia
Produção: Perinho Albuquerque
Técnicos de gravação: Ary Carvalhaes, Luiz Claudio e Chocolate
Mixagem: Ary Carvalhaes
Montagem: Antonio Barroso
Capa: Elifas Andreato
Foto: Mariza Alvares de Lima
Arte Final: Alexandre Huzak
Direção Musical, arranjos e regências: Perinho Albuquerque

Músicos participantes:

Túlio Mourão, Perna Fróes e Angela Ro Ro: piano; Luizão e Moacyr Albuquerque: baixo; Perinho Albuquerque: violão e guitarra; Tuti Moreno: bateria; Djalma Corrêa e Bira da Silva: percussão; Ney: surdo; Doutor: repenique; Geraldo: tamborim; Pinduca: vibrafone; Rick Ferreira: steel guitar; Bijú: sax tenor; Jorginho, Meirelles, Copinha: flautas; Formiga, Heraldo, Santos: trompetes; Manoel Araújo, João Luiz e Flamarion: trombones; Giancario Pareschi,

Alzik Geller, André Guetta e Carlos Hack: violino; Arlindo Penteado, Frederick Stephany, Hidenburgo Borges e José Lana: violas; Alceu Reis e Márcio Malard: cellos

Lado A

1 - Mel (Caetano Veloso / Waly Salomão)
2 - Ela e eu (Caetano Veloso)
3 - Cheiro de amor (Ribeiro / Duda / Paulo Sérgio Valle / Jota)
4 - Da cor brasileira (Joyce Moreno / Ana Terra)
5 - Loucura (Lupicínio Rodrigues)
6 - Gota de sangue (Angela Ro Ro)

Lado B

1 - Grito de alerta (Luiz Gonzaga Júnior)
2 - Lábios de mel (Waldir Rocha)
3 - Amando sobre os jornais (Chico Buarque)
4 - Nenhum verão (Túlio Mourão)
5 - Infinito desejo (Luiz Gonzaga Júnior)
6 - Queda d'água (Caetano Veloso)

Marina Lima

Simples Como Fogo

por Mauro Ferreira

Ano marcado pela abertura de alas femininas na música brasileira, 1979 deu à luz o primeiro álbum de Marina Lima, *Simples Como Fogo*, editado no formato de LP com seis músicas autorais entre as dez faixas. Relançado em CD em 1995 e em 2001 (dessa vez, em edição à altura da importância do disco), o álbum ganhou edição digital disponibilizada nos aplicativos de música em 4 de junho de 2021.

Título desbravador na revolução musical brasileira que deu voz às mulheres que compunham e que queriam cantar as próprias músicas, escritas sob o prisma feminino, o álbum *Simples Como Fogo* demarcou os primeiros territórios para Marina Correia Lima, cantora, compositora e instrumentista de origem piauiense, nascida em 17 de setembro de 1955 na cidade de Campo Maior (PI).

Criada entre Rio de Janeiro (RJ) e Washington (EUA), cidades que moldaram a cosmopolita alma musical da artista, Marina – o Lima somente seria incorporado ao nome artístico a partir de 1991 – foi apresentada ao Brasil como compositora em 1977, na voz de Gal Costa, cantora que gravou "Meu doce amor", parceria de Marina com Duda Machado, no álbum *Caras & Bocas*.

A primazia de Gal por ter lançado Marina foi obra da censura que cerceava a produção artística no Brasil dos anos 1970. Maria Bethânia foi a primeira cantora a atentar para o cancioneiro de Marina, artista então ainda desconhecida, mas enturmada no meio musical carioca. Como a censura vetou a inclusão de "Alma caiada", parceria de Marina com o irmão poeta Antonio Cicero, no álbum *Pássaro Proibido*, editado por Bethânia em 1976, coube a Gal expor os primeiros traços modernistas do cancioneiro de Marina.

Antecedido pelo *single* duplo editado no segundo semestre de 1978 com as gravações de "Muito" (Caetano Veloso) e "Tão fácil" (Marina Lima e Antonio

Cicero), o álbum *Simples Como Fogo* soou diferente de tudo que havia na música brasileira.

Marina não era uma cantora de MPB e talvez por isso Elis Regina (1945 – 1982) tenha ignorado o entusiasmo de Marco Mazzola quando o então iniciante produtor musical lhe falou com empolgação da música de Marina.

Marina tampouco era uma roqueira como Rita Lee, ainda que posasse com uma guitarra na foto de Antonio Guerreiro (1947 – 2019) na contracapa do LP (a capa estampava outra imagem da sessão de fotos feitas pela cantora com Guerreiro). Marina era pop, termo genérico que começava a ganhar definição e corpo no Brasil de 1979 com os voos iniciais de grupos como 14 Bis e A Cor do Som.

Contratada por André Midani (1932 – 2019), executivo arregimentado para implantar a gravadora WEA no Brasil na segunda metade dos anos 1970, Marina gravou o álbum *Simples Como Fogo* entre 1978 e 1979, no estúdio carioca Transamérica, com produção musical de Gastão Lamounier (1942 – 2001), sob direção artística de Marco Mazzola, admirador de primeira hora da cantora e compositora. A direção musical foi creditada a Marina, embora, na época, a cantora ainda não tivesse o controle artístico da própria obra.

Música alocada na abertura do álbum, "Solidão" foi sugestão de Midani para o repertório do disco. A intenção era fazer um link de Marina com a desbravadora Dolores Duran (1930 – 1959), compositora que, duas décadas antes de Marina, abrira alas femininas na música brasileira dos anos 1950. "Solidão" era música lançada em 1958 na voz da própria Dolores, há então 21 anos.

"Ai, a solidão vai acabar comigo...". Esses eram os primeiros versos ouvidos na voz de Marina quando o álbum *Simples Como Fogo* começava a rodar no toca-discos. Na gravação de Marina, a melancolia da música de Dolores foi dissipada pelo arranjo tecnopop criado por Lincoln Olivetti (1954 –2015) e Robson Jorge (1954 – 1993), grandes músicos e magos dos estúdios, arregimentados para fazer os arranjos do disco.

Lincoln Olivetti seria recrutado para arranjar o segundo álbum de Marina, *Olhos Felizes* (1980), em conexão que nunca contentou a artista por Marina entender – com razão – que, embora o maestro já apontasse no Brasil o tom tecnopop da música da década de 1980, Lincoln jamais seria o perfeito tradutor das intenções do cancioneiro de Marina Lima.

A identidade desse cancioneiro ficaria mais bem delineada a partir do terceiro álbum de Marina, *Certos Acordes* (1981). Contudo, no repertório do LP *Simples*

Como Fogo, já havia vestígios fortes de que, sozinha ou a reboque da escrita moderna de Antonio Cicero, Marina era compositora progressista que apresentaria outra forma de uma mulher cantar e versar sobre amor na música do Brasil. Sobre amor e sobre sexo, assunto entranhado desde sempre no repertório da artista.

No disco de 1979, esses sinais foram dados pelas canções "Transas de amor (Os sonhos de quem ama)" e "A chave do mundo" – duas parcerias de Marina com Antonio Cicero que são os melhores cartões de visita da artista na safra autoral desse álbum inicial – e pelo rock autorreferente "Maneira de ser", assinado somente por Marina.

"Transas de amor" veio com toque *bluesy* que seria recorrente na discografia da artista. Da letra de "A chave do mundo", foi extraído o título do disco. Contido nos versos "Meu amor faz coisas simples como fogo", o título do álbum foi sugestão do irmão de Marina, não Antonio Cicero, mas Roberto, o Beto, falecido prematuramente em 2008.

A inicial safra autoral apresentada por Marina Lima no álbum *Simples Como Fogo* também inclui as músicas "Literalmente louca" – primeira e única parceria da artista com a compositora Maga Kluppel, identificada na ficha técnica somente como Maga – e "Memória fora de hora", outra colaboração de Marina com o irmão Antonio Cicero.

Nos versos de "Memória fora de hora", música de *vibe* pop roqueira, a geografia da cidade do Rio de Janeiro (RJ) já aparece como personagem da narrativa, traço da obra essencialmente carioca, ainda que pautada por cosmopolitismo universal, construída pela artista, sobretudo nos anos 1970 e 1980.

Além das músicas de Dolores Duran e Caetano Veloso ("Muito" foi alocada no fecho do lado B por ter sido faixa previamente apresentada em *single* no ano anterior ao LP), Marina deu voz a outras duas composições alheias.

Oitava faixa na disposição das dez músicas do LP, a abordagem de "Não há cabeça" é a gravação mais bem resolvida artisticamente do ponto de vista de arranjo e interpretação, além de ter relevância histórica por ter sido o primeiro registro fonográfico de uma composição de Angela Ro Ro, outro nome fundamental na revolução musical feminina de 1979.

Cantora e compositora carioca que já vinha circulando pelo meio musical ao longo dos anos 1970, Ro Ro lançaria o primeiro álbum em 1979, ano em que também seria gravada por Maria Bethânia. Meses antes do lançamento apoteótico de Ro Ro, coube a Marina apresentar a compositora ao Brasil com

"Não há cabeça", grande canção de espírito melancólico ressaltado pelo arranjo conduzido por piano (tocado por Robson Jorge, a julgar pela ficha técnica) e adornado com toque climático da guitarra do eterno *mutante* Sérgio Dias, músico também presente nas gravações das já mencionadas músicas "Memória fora de hora" e "Tão fácil".

A propósito, *Simples Como Fogo* foi álbum gravado com grandes músicos. Além de Sérgio Dias, a ficha técnica original destaca instrumentistas do naipe do trompetista Marcio Montarroyos (1948 – 2007), o baixista Jamil Joanes, o baterista Picolé, o percussionista Sidinho, o guitarrista Paulinho Soledade (também no coro, encorpado com as vozes de Ana Lúcia, do produtor Gastão Lamounier e da própria Marina) e Chiquinho do Acordeon (1928 – 1993), além dos arranjadores Lincoln Olivetti (Oberheim – sintetizador moderno em 1978 – e Moog) e Robson Jorge (piano, Oberheim e Moog). E de Marina, no violão, não na guitarra exposta na foto da capa feita com o visual estiloso criado pelo diretor de arte Carlos Prieto, já falecido.

Música distante do espírito festivo do repertório do compositor Moraes Moreira (1947 – 2020), nunca tendo sido gravada pelo autor, "Revolta" é parceria de Moraes com Fausto Nilo que completa o repertório do álbum *Simples Como Fogo*. É uma faixa diferenciada, a começar por ter sido a única arranjada por Perna Fróes, com direito a cordas e a um violão tocado pelo maestro Arthur Verocai.

Com 35 minutos, o álbum *Simples Como Fogo* está longe de ser o melhor álbum de Marina Lima. Mas tem encantos, até porque o disco já deixou entrever a alma e a forte personalidade musical de uma artista em permanentemente combustão.

Ficha técnica:

Simples Como Fogo (WEA – 400.262)

Produzido por: Gastão Lamounier

Direção artística: Mazola

Direção de produção: Guti

Direção musical: Marina Lima

Técnicos de gravação: Vitor e Tuninho

Auxiliares de gravação: Filé, Franco, Cláudio e Plínio

Mixagem: Vitor, Guti, Gastão Lamounier

Assistente técnico: Edeltrudes Marques
Gravado nos estúdios da Transamérica (RJ)
Outono a Verão de 78/79
Capa e arte final: Ruth Freihof
Fotos: Antonio Guerreiro
Visual: Carlos Prieto

Músicos participantes:
Marina Lima: voz e violão; Picolé: bateria; Jamil Joanes: baixo; Paulinho Soledade: guitarra; Robson Jorge: piano; Robson Jorge e Lincoln Olivetti: Oberheim e Moog; Chiquinho: acordeon; Sidinho: percussão; Márcio Montarroyos, Ricardo e Silvio: metais; WEA: cordas; Marina Lima, Ana Lúcia, Paulinho Soledade e Gastão Lamounier: vocais; Robson Jorge: arranjos de base; Lincoln Olivetti: arranjos de orquestra; Perna Froes: arranjos de base e orquestra e piano em "Revolta"

Participações especiais:
Sérgio Dias: guitarra solo e pedal steel em "Memória fora de hora", "Não há cabeça" e "Tão fácil"; Paulo Cesar: baixo em "Tão fácil"; Paulinho Braga: bateria em "Revolta"; Arthur Verocai: violão em "Revolta"

Lado A
1 – Solidão (Dolores Duran)
2 – Transas de amor (Os sonhos de quem ama) (Marina Lima / Antonio Cicero)
3 – A chave do mundo (Marina Lima / Antonio Cicero)
4 – Tão fácil (Marina Lima / Antonio Cicero)
5 – Maneira de ser (Marina Lima)

Lado B
1 - Revolta (Moraes Moreira / Fausto Nilo)
2 - Literalmente louca (Marina Lima / Maga)
3 - Não há cabeça (Angela Ro Ro)
4 - Memória fora de hora (Marina Lima / Antonio Cicero)
5 - Muito (Caetano Veloso)

Marku Ribas

Cavalo das Alegrias

por Rafael Pinto Ferreira de Queiroz

Marco Antônio Ribas nasceu em Pirapora, Minas Gerais, em 1947. Estreia sua carreira de músico com o grupo Flamingo em 1962, como cantor e baterista, e grava um compacto em 1965, ocasião em que o grupo foi rebatizado de Fellows, no Rio de Janeiro. Nesse período, ainda adolescente, também veio a acompanhar a cantora Clara Nunes em início de carreira como baterista, mais precisamente em 1964. Em 1967, muda-se para São Paulo e participa de uma audição para novos talentos da gravadora Continental, experiência que gerou o LP de jovem guarda, *Déo & Marco*, no mesmo ano.

Já apresentando uma das grandes marcas de sua carreira, a versatilidade, Marku inscreve, apenas um ano depois, no II Festival da Canção (1968), um samba de alto teor político, "Canto certo", que viria a ser gravado pela cantora Alcione, dez anos depois, como "Alerta geral". A música também batizou o álbum da Marrom e o programa da Globo que a cantora apresentou em 1979, fatos que ilustram o sucesso da canção, que seu autor só veio a gravá-la no DVD ao vivo pelo Itaú Cultural, em 2007. Em plena ditadura, a canção foi censurada e Marku, preso por trinta dias, resolveu se autoexilar em Paris. Lá, formou o grupo Batuki, junto ao também brasileiro Sá Brito e os angolanos Mario Clington e Manuel Gomes, que tinha influências das músicas dos dois países, formando um constructo da ligação estético-política da música do Atlântico Negro. Chegaram a gravar um disco em 1970 – que só veio a ser lançado no box *Marku 50* (2013) – e a participar de uma cena do filme *Quatro Noites de um Sonhador* (1971), do cineasta francês Robert Bresson, do qual também tiveram três músicas na trilha sonora.

Desses encontros, em especial com a figura de Clington, destacado artista e intelectual da luta anticolonial angolana, Marku vai absorvendo o amálgama sonoro da música negra transnacional, o que se amplifica a partir de sua experiência de cinco anos morando no Caribe. Em 1971 ele recebe um convite para se apresentar no carnaval caribenho e decide ficar, residindo nas ilhas da Martinica e Santa Lúcia. Lá conheceu Bob Marley antes da fama e abriu shows para Ron Carter e James Brown, trocas que vão desembocar nos seus dois primeiros discos (1973 e 1976), que ilustram a fusão das matrizes afro-indígenas brasileiras com diversos gêneros musicais afro-caribenhos e afro-americanos.

Aqui é onde o samba, a música de terreiro e a música barranqueira das margens do São Francisco vão encontrar o jazz, o soul, o funk, o reggae, o mambo, a salsa, a mazouk, o bélé e o beguine. Canta em quimbundo, em creole martinicano, em espanhol, entrecortando com seu "pretuguês" e o canto onomatopaico que desenvolveu, à maneira do *scat singing*, em que homenageou o revolucionário argelino Ahmed Ben Bella, na sua música mais famosa, "Zamba Ben".

Suas alquimias já mostravam suas origens e agora o darão outra alcunha, a de *Barrankeiro*, disco de 1978, que continua o legado radical, no sentido de ir às raízes, aprofundando sua busca de autoconhecimento pelas próprias vivências desde a infância com a vida barranqueira, na beira do rio São Francisco, e suas heranças afro-indígenas: ele conta do seu pai negro, neto de angolanos, e de sua mãe descendente dos caiapós. O nome artístico também vem do mesmo lugar, já que troca Marco por Marku em homenagem a um sítio arqueológico da região, chamado Cariri-Makú. Essas encruzilhadas de saberes ajudam na construção, porque definição e enquadramento nunca rimaram com Ribas, um dos mais significativos artistas brasileiros, sendo múltiplo, sendo muito: cantor, compositor, multi-instrumentista, ator e dançarino.

Disso vem seu quarto disco solo, o *Cavalo das Alegrias*, lançado em 1979. Produzido por Armando Pittigliani, com arranjos de Antonio Adolfo, Perna Fróes, Jotinha Moraes e do próprio Ribas, e com participação de importantes músicos, como Luizão Maia no baixo, Robertinho de Recife na guitarra, Meirelles na flauta e, na percussão, Mestre Marçal, Luna e Djalma Correa, para ficarmos em alguns nomes. A abertura é feita pela parceria com Erasmo Carlos, na música "Beira d'água (A festa)", em que o Tremendão também canta, ao estilo de "Arrombou a festa", sobre uma reunião de nomes consagrados da MPB, que, não por acaso, acontece na carreira do rio, embalada pelo suingue de Marku. Na sequência, "Maria Mariá" é um vigoroso samba com arranjo jazzístico, ora fusion, ora abaiãozado, narrando as agruras de um amor não correspondido.

A música do conterrâneo mineiro, Milton Nascimento, "Canção do sal", é a terceira faixa e aqui Marku Ribas solta seu vozeirão tenor, acompanhado por um arranjo trabalhado num groove funkeado, onde notas rápidas do teclado são respaldadas por um complexo naipe de metais. Logo depois, esse tenor vai encontrar-se com os falsetes da balada "Júlia", feita em homenagem a sua primeira filha, recém-nascida, uma música em que o amor transborda, narrando o sentimento profundo e sinestésico da paternidade. "Morena sereia", a mulher negra, infelizmente suavizada pela morenidade construída em nossas terras, herdeira do lusotropicalismo freyreano, é um dos temas mais recorrentes na obra de Marku: aqui, como em outras canções, ela é uma figura de admiração, narrada como uma sereia, mito tão importante para diversas culturas afro-indígenas, seja Iemanjá, Iara ou Mãe d'água.

Quase um samba de gafieira, "Canto negroamor" traz um ataque de sopros que lembra o legado de James Brown e, como tal, ele vai cantar o negro e o amor, que soa como uma continuação racializada do que já trazia em "Alerta geral", denunciando injustiças e anunciando o papel fundamental do artista na luta política. O canto enquanto arma, como já professava Fela Kuti, um canto que apesar de vir do lamento, da dor, torna-se o chão que pavimenta o "canto forte, mais que a morte e a opressão". Da boca que fala e se farta, a figura da mulher preta baiana, mercadora e quitandeira, um misto de tradições Iorubá e Angola-Congo, vem representada no "Balaio da nega", com todos os quitutes de origem africana sendo descritos e desejados, na cadência de um samba de roda.

Fazendo-se presente em quase toda sua trajetória, sonora ou liricamente, o Caribe aparece de forma nominal em "Caribe, ei", narrando sua saudade dos tempos que lá viveu, através de diversas manifestações culturais que presenciou e os gêneros musicais de diferentes países da região que o influenciaram. "Cirandando" o traz de volta a Pindorama, citando a ciranda, numa junção com um melancólico frevo de bloco, pensando a fugacidade da vida. E, finalmente, chegamos à canção homônima, que o próprio Marku referendou como uma referência espiritual: cavalo, em algumas religiões de matriz africana, se refere àquele iniciado que recebe o santo e serve de instrumento para o mesmo cavalgar no plano terrestre. Propondo uma experiência transcendental através de sua música, Marku se coloca como o cavalo que nos trará uma profusão de sentimentos, dentre eles, a alegria.

Segundo dona Fatão Ribas, sua esposa, tudo refletia esse sentimento na época, até o sorriso largo estampado na capa: "O título e a foto do LP *Cavalo das Alegrias* já dizem tudo: Marku estava feliz, leve, solto, correndo livre! Encabeçando a liberdade, Marku contou com produção especial dos amigos, parceiros e produtores

[...]. Músicos e maestros traduziram os sons em arranjos sob a alegria da cavalgada. [...] Foi um disco gerado e produzido com muito amor, cumplicidade e leveza. Acompanhei todo o processo – as risadas gostosas de Marku ao telefone com Erasmo... Marku estava muito feliz! As fotos do disco complementam o astral do álbum, tiradas numa praia deserta de Niterói. Me lembro bem: uma manhã de céu azul e muita brisa. Sua iluminação era tão grande que a faixa azul presente na foto da capa, NÃO foi proposital! Foi um 'erro' da máquina! [...] Era um momento mágico e pleno: nossa primeira filha, Júlia, segundo contrato com uma gravadora grande da época, e de lá até a continuidade da nossa vida, a chegada da segunda filha, Lira, histórias, culminando no descanso da sua partida. Marku jamais deixou de cavalgar em busca dos sonhos; e hoje, nossos passarinhos Júlia e Lira Ribas dão seguimento a este legado forte feito correnteza de rio."

A alegria está decididamente estampada em "Galopando", servindo como uma continuação da anterior. A liberdade do canto e da criação estão encarnadas no que move Marku e ditam seu andar, para o bem e para o mal, lembrando aqui da sua posição sempre firme na balança que mede o fazer artístico e o sucesso comercial, uma espécie de carma e bonança, que, por um lado lhe trouxe a singularidade e por outro, os dessabores da invisibilização. E o disco não poderia ser fechado de outra forma, trazendo um sentimento de ligação ancestral e saudade, como muitos se referiam à região de Cabinda, em Angola. "Kambinda", como também era chamada, ou Cambinda, tornou-se também nome de nação ou etnia, nome de gente e nome de diversas manifestações culturais afro-brasileiras. O desejo do regresso e a certeza da origem são celebrados pela memória ancestral vivida na oralidade, no corpo – pela dança no terreiro e como o mesmo se movimenta –, no ritmo das cordas e da percussão, na marcação do agogô. Podemos ouvir, no canto e na própria maneira de tocar o violão e a guitarra, a africanidade que nos informa e forma, que marcou profundamente esse *continuum* cultural e nos conecta até o presente, formando uma liga sonora pan-africanista, da qual Marku é agente e construtor.

Ficha técnica:

Cavalo das Alegrias (Philips - 6349 421)

Produção: Armando Pittigliani

Direção: Armando Pittigliani, Roberto Santana

Direção de arte: Aldo Luiz

Arte: Mariano Martins

Engenheiros: Jairo Gualberto, João Moreira, Luiz Claudio Coutinho, Paulo Sergio "Chocolate"
Corte: Ivan Lisnik
Mixagem: Luigi Hoffer
Arranjo, violão e percussão: Marku Ribas
Arranjo e piano: Antonio Adolfo e Perna Fróes
Arranjo, piano e piano elétrico: Jotinha Moraes

Músicos participantes:
Bira da Silva e Geraldo Bexiga: agogô; Aladim, Paulinho Braga, Téo Lima, e Tuti Moreno: bateria; Golderança: backing vocals; Alexandre: baixo (faixas: A6, B2, B5); Jamil Joanes e Moacyr Albuquerque: baixo; Luizão Maia: baixo e guitarra; Neném da Cuíca: cuíca; Zé Bigorna e Meirelles: flauta; Jorginho: flauta, saxofone alto e pandeiro; Wilson Canegal: ganzá; Helinho Capucci e Robertinho de Recife: guitarra; Djalma Correa: percussão; Nei: surdo; Marçal: tamborim; Luna: tamborim e reco-reco; Juarez: saxofone tenor; Ed Maciel, Manoel Araújo e Serginho: trombone; Bidinho e Maurilio: trompete

Lado A
1 - Beira d'água (A Festa) (Marku Ribas / Erasmo Carlos) Participação: Erasmo Carlos
2 - Maria Mariá (Marku Ribas / Walter Queiroz)
3 - Canção do sal (Milton Nascimento)
4 - Julia (Marku Ribas)
5 - Morena sereia (Marku Ribas / Roberto Santana)
6 - Canto negroamor (Marku Ribas / Nilton Barros)

Lado B
1 - Balaio da nega (Marku Ribas / Armando Pittigliani)
2 - Caribe ei (Marku Ribas)
3 - Cirandando (Marku Ribas)
4 - Cavalo das alegrias (Marku Ribas / Walter Queiroz)
5 - Galopando (Marku Ribas / Luisão Maia)
6 - Kambinda (Marku Ribas / Walter Queiroz)

Marlui Miranda

Olho d'Água

por Cesar Cardoso

A primeira vez que vi Marlui Miranda num palco, ela estava cantando a canção "Marimbondo", parceria com o poeta e artista plástico Xico Chaves. Sua apresentação fazia parte do Circuito Aberto de Música Brasileira, uma série de shows semanais, sempre com um nome mais conhecido e mais quatro ou cinco artistas novos, como a própria Marlui, Geraldo Azevedo, Sidney Mattos e muitos outros. O evento acontecia no Teatro Gil Vicente, na Faculdade de Letras da UFRJ, que funcionava na Avenida Chile, no Centro do Rio, e onde eu estudava nessa época, meados da década de 1970. Vivíamos tempos de chumbo da ditadura militar, onde tudo era proibido. Artistas buscavam abrir caminhos para apresentar seus trabalhos.

Com os diretórios fechados, na Faculdade de Letras, nós, alunas e alunos, conseguimos organizar o SEMA, Seminário Mário de Andrade, um espaço para podermos discutir nossos problemas universitários e fazer política e cultura, burlando a censura e a repressão daquela época sombria. Shows e peças no Teatro Gil Vicente estavam no nosso projeto. E o Circuito Aberto de Música Brasileira, criado por um grupo de artistas do qual faziam parte Marlui e Xico, foi uma dessas atividades.

A música "Marimbondo" está gravada no primeiro LP da carreira de Marlui, *Olho d'Água*, lançado em 1979, pela gravadora Continental. Esse é o primeiro registro em disco da carreira de Marlui, mas não o seu início. Essa cearense de Fortaleza, que veio com a família para o Rio de Janeiro aos cinco anos, em 1974 começa a pesquisar as tradições musicais dos povos das Amazônia. Estudou violão com Turíbio Santos, tocou com Egberto Gismonti, Taiguara, Milton Nascimento, Gilberto Gil, trabalhou com música em cinema, com Hector Babenco, entre outros, e em teatro, fez shows, palestras e ganhou prêmios pelo mundo afora.

A artista contou a gênese de *Olho d'Água*, em depoimento ao maestro Jamil Maluf, no programa *Intérprete*, na Rádio Cultura FM, de São Paulo: "Eu estava fazendo parte do grupo do Egberto Gismonti, chamado Academia de Danças. Nós estávamos em turnê pelo Brasil, com o trabalho do Egberto. No grupo, eu tocava violão, cantava, mas o Egberto já conhecia meu trabalho de composição e surgiu a oportunidade de gravar o meu primeiro LP, que foi em São Paulo. Foram dois dias de trabalho para fazer a gravação e mais um dia para a mixagem. Então, foi naquela parada em São Paulo. Nós fizemos uma apresentação no Municipal e depois entramos no estúdio e gravamos."

Em *Olho d'Água*, Marlui Miranda, com sua voz e suas escolhas, constrói um repertório que cruza o Brasil, dos centros urbanos a seus grotões profundos. Encontramos o lado urbano e contemporâneo, em parcerias com a jornalista e escritora Ana Maria Bahiana ("Vinho do Porto") e com os poetas Xico Chaves ("Estrela do Indaiá", "Marimbondo" e "Herculano") e José Carlos Capinam ("Pitanga"), ambos em franca produção na década de 1970, Xico no Rio de Janeiro e Capinam em várias parcerias com os tropicalistas baianos, Jards Macalé e outros.

E vamos ouvir releituras das músicas sertaneja e nordestina. Marlui grava "No pilar", de Jararaca, violeiro, compositor e cantor de cocos e emboladas, famoso pela dupla que fez com Ratinho. A música também é citada por Tom Jobim e Edu Lobo, em "O boto". Grava "Sodade, meu bem, sodade", do cantor, compositor e folclorista Zé do Norte, música citada por Caetano Veloso em "It's a long way". E ainda "Acorda, Maria Bonita", do compositor Volta Seca, sergipano que foi cangaceiro do grupo de Lampião, e uma espécie de arranjador musical do bando.

Vemos assim como se tece uma teia entre esses Brasis que se encontram na voz de Marlui. A artista aprofunda sua caminhada e chega até a música dos povos indígenas, duas vezes presente no disco. Primeiro em "Estrela do Indaiá", com Xico Chaves, e onde eles fazem – e Marlui canta – um rápido dicionário com palavras de várias línguas de povos indígenas ("Terra, em tukano é: Di'tá / Pedra, em wananá é: Ta'ca / Gente, em nhengatu é: Mirá"). Esse dicionário é uma forma de lembrar, a um país sem memória, que, além do português, aqui são faladas mais de 200 línguas, pelos povos indígenas. A segunda presença é "Grupo Krahó", um arranjo sobre uma composição musical desse povo, que habita o estado do Tocantins. Nesse mergulho nas terras, na sonoridade e na cultura indígenas, Marlui já está mandando a quem quiser um recado com quase quinhentos anos de história: há outros povos que habitam essa terra, os povos originários, e eles precisam ser ouvidos e respeitados.

Além desse mapeamento musical do Brasil, Marlui, ao mesmo tempo, coloca o pé no mundo, com arranjos de Egberto Gismonti e a participação de um grupo de músicos – Mauro Senise, Zeca Assumpção e Zé Eduardo Nazário – onde encontramos a mistura do jazz contemporâneo, da música erudita e do melhor da música popular brasileira. Marlui também participa tocando cavaquinho, percussão e violão.

As interpretações de Marlui Miranda reforçam essa diversidade, esse leque musical aberto aos nossos ouvidos. Sua voz vai da atuação mais melódica e lírica, como em "Sodade, meu bem, sodade" e em "Pitanga", até o uso da voz como instrumento musical, ao acompanhar vocalmente o arranjo de Egberto Gismonti para a canção "Marimbondo".

Mais do que uma leitora, Marlui é uma releitora da MPB. Encontramos, assim, o arranjo contemporâneo de "No pilar", trazendo modernidade à tradição, na voz e no arranjo. E o canto neorromântico de "Pitanga", em diálogo com a poesia de Capinam. Já em "Sodade, meu bem, sodade", a tradição é revista por uma interpretação *clean*, minimalista, só em voz e violão. E "Olho d'água", que dá título ao disco, é jazz Brasil, numa conversa musical claramente prazerosa entre Marlui, Egberto, Mauro Senise, Zeca Assumpção e Zé Eduardo Nazário. Aliás, conversa que também aparece em "Calypso", de Egberto e Geraldo Carneiro.

Olho d'Água é uma nascente que percorre várias margens da música brasileira. A partir desse LP, Marlui escolheu o caudaloso rio dos sons dos povos originários para seguir seu caminho musical. Como podemos constatar em seu mais recente trabalho, o álbum *Fala de Bicho, Fala de Gente: Cantigas de Ninar Juruna* com o qual ganhou em 2015, o Prêmio Música Popular Brasileira na categoria Regional – Melhor Cantora. Uma trajetória de arte e cidadania, necessidades básicas que o Brasil vem desprezando cada vez mais.

Ficha técnica:

Olho d'Água (Continental - 1.01.404.195)

Produtor fonográfico: Discos Continental

Direção de produção: Solano Ribeiro, Arnaldo Saccomani, Manuel Berembein

Produção artística: Egberto Gismonti

Corte: Ademilton Vila Nova
Técnico de gravação: Wanderley Loureiro
Direção de arte: Oscar Paolillo
Diagramação e arte final: F. C. Gongora e Walmir
Fotos: Marco Santilli
Gravado no Estúdio Templo – SP – Maio de 1978
Participação especial do grupo "Academia de Danças"

Músicos participantes:
Marlui Miranda: vocal, violão, percussão, cavaquinho; Mauro Senise: sax soprano, sax alto, flautas sol e dó, piccolo e percussão; Zeca Assumpção:baixo acústico, baixo elétrico e percussão; Zé Eduardo Nazário: bateria e percussão; Egberto Gismonti:arranjos, pianos acústico e elétrico, violão, viola, flautas, kulutá'i, percussão e escaleta

Lado A
1 – Vinho do Porto (Marlui Miranda / Ana Maria Bahiana)
2 – No pilar (Jararaca)
3 – Pitanga (Marlui Miranda / José Carlos Capinam)
4 – Estrela do Indaiá (Marlui Miranda / Xico Chaves)
5 – Olho d'água (Marlui Miranda)

Lado B
1 – Marimbondo (Marlui Miranda / Xico Chaves)
2 – Grupo Krahó (Índios Krahó)
3 – Acorda, Maria Bonita (Volta Seca)
4 – Herculano (Marlui Miranda / Xico Chaves)
5 – Sodade, meu bem, sodade (Zé do Norte)
6 – Calypso (Egberto Gismonti / Geraldo Carneiro)

Milton Nascimento

Journey to Dawn

por Felipe Tadeu

Quando Milton pegou o avião rumo a Hollywood, em 1978, dava prosseguimento a um brilhante destino que a vida reservara para ele, de encantar os jazzistas norte-americanos que antes faziam parte de seu próprio Olimpo, bem como os amantes do gênero mundo afora, com seu canto transcendental e sua musicalidade personalíssima. Bituca tinha acertado com a A&M Records mais um álbum para o mercado de lá, que sairia exatamente dez anos depois de sua estreia *at home* com *Courage*.

O artista nascido no Rio de Janeiro e que foi cultivado como indivíduo, se aperfeiçoando artisticamente no "universo paralelo" das Minas Gerais, continuava surpreendendo a todos por onde passava, desde que havia sido descoberto pela televisão no Brasil, em 1967.

A parceria com os conterrâneos de John Coltrane vinha dando muito certo. Em 1974, saíra seu segundo disco *Native Dancer* (Columbia), realizado com o saxofonista Wayne Shorter, um trabalho que arrancou aplausos da crítica especializada. Dois anos depois, veio o vigoroso *Milton*, de novo pela A&M, disco também conhecido como *Raça*, ornado por uma capa incrível do fotógrafo maior do Clube da Esquina, o Cafi, que parecia ressaltar a irmandade de primeiro grau da negritude entre os povos do Brasil e dos Estados Unidos.

Journey to Dawn seria, portanto, o terceiro trabalho para a A&M, de Herb Alpert e Jerry Moss, gravadora fincada em Los Angeles. Como produtor do novo álbum, o mesmo Jim Price que cuidara do *Native Dancer*. *Journey to Dawn* poderia perfeitamente ter sido batizado de "Unencounter" e não perderia nada em beleza. A palavra criada por Milton e Fernando Brant (que por sinal também fazia parte da trupe que foi para Los Angeles) não existia na língua inglesa, mas e a liberdade poética? Uma das mais lindas parcerias da dupla, "Canção da América", ganhava como "Unencounter" em *Journey to Dawn*, o primeiro registro na voz de seu autor, ela que já havia sido lançada no original pelo grupo 14 Bis pouco tempo antes, no mesmo ano de 1979. Bituca e Brant chegaram a escrever uma versão em inglês, driblando os absurdos que cometiam alguns aventureiros norte-americanos que traduziram mal letras de clássicos da Bossa Nova.

Brant, que a princípio havia sido escalado como coprodutor do álbum, o que não acabou acontecendo por conta do atraso de mais de 45 dias no início dos trabalhos, teve que voltar para o Brasil por saudades da filha pequena, Isabel. O letrista contou a Liana Fortes, autora do livro organizado para a Coleção Gente, da Universidade Estácio de Sá, o seguinte: "Enquanto esperávamos, fiz outra música com Bituca, 'Unencounter', assim mesmo em inglês. A palavra significa desencontro. Ou a negativa do encontro. O tema foi criado por nós. O Gene Lees, que fez a versão de 'Travessia' para o inglês e trabalhou para o Tom Jobim e para vários compositores brasileiros, não se conformava. Ele argumentava que a palavra não existia e por isso não podíamos usá-la. Perguntei se ele entendia o que queríamos dizer. Ele disse que sim. Então passa a existir, resolvi." E assim foi: Milton cantando uma linda versão em inglês, com seu sotaque divino.

As dez canções de *Journey to Dawn* formam um sensível mosaico extraído de diversos discos que saíram no Brasil desde "Travessia". Todas as faixas despontam com novos e surpreendentes arranjos de Milton, da banda que o acompanhou e de Jim Price, reafirmando o alto nível artístico alcançado por Bituca, ele que vinha do exuberante *Clube da Esquina 2*. Milton estava para sair da EMI-Odeon rumo à Ariola junto com outros grandes nomes da MPB e o disco para a A&M encaixou direitinho no roteiro. No álbum está devidamente representada a Santíssima Trindade de letristas que escrevem para Milton – Ronaldo Bastos, Márcio Borges e Brant –, além de outros dois peso-pesados da canção brasileira, Chico Buarque de "Cio da terra", e Caetano Veloso, que teve sua "Paula e Bebeto" cantada em inglês. Ou seja, uma verdadeira constelação do Cruzeiro do Sul em termos de letras, mas só para os felizardos que entendem o português brasileiro. A canção-título da nova bolacha, um dos pontos altos do álbum, é a "Crença" composta com Márcio quando a dupla começou a trabalhar junto.

O disco abre em ritmo de festa latina com uma "Pablo" irresistível. Na bateria está Robertinho Silva, braço direito da rítmica de Milton, em atuação com outro imprescindível na carreira do músico mineiro, Naná Vasconcelos, que também participara de uma das formações do Som Imaginário lá dos primórdios. Da safra de Milton & Brant foram pinçadas cinco faixas: a roqueira "Idolatrada", a já citada "Canção da América", "Credo", em versão mais jazzística, diferente da original com charangos e zamponas de molho latino, eternizada em *Clube de Esquina 2*. Outra que surge em *Journey to Dawn* com feições bem distintas e concepção muito virtuosa é "Maria Três Filhos", com Robertinho batendo por toda uma tribo. Ele que atualmente exibe em seu currículo 28 anos de atuação como acompanhante de Milton. E tem também "Maria, Maria", feita especialmente para o Grupo Corpo quando ele começava, em 1976. No disco, a letra não é cantada, mas o resultado fascina pela linda melodia, o desempenho vocal e o violão mágico de Bituca. "Maria, Maria" foi a primeira canção que Brant e Milton criaram para a consagrada companhia de balé belo-horizontina dos irmãos Pederneiras. Uma obra-prima baseada nas Marias que o poeta Brant conheceu na infância, na maioria negras que vinham de Itamarandiba e Diamantina para trabalhar na casa do letrista (e jornalista).

Por falar na questão étnica que perpassa toda a grande obra de Milton, um lamentável episódio de discriminação que aconteceu com a turma nos *States* quase interfere no alto astral do álbum. Um fato ocorrido antes dos brasileiros entrarem nos estúdios e que aconteceu no Hotel Hallmark, onde estavam hospedados. Milton, Robertinho, Nélson Angelo e Novelli aguardavam a chegada de Naná na cidade. Quando o percussionista pernambucano chegou no hotel, o amigo Robertinho, outro brincalhão profissional, não estava presente. Impaciente, Naná ficou circulando pelos corredores, indo e voltando para o quarto de Milton, com seu tamborzinho tama debaixo do braço e suas roupas exóticas. Isso foi o suficiente para que uma hóspede racista suspeitasse que o músico fosse um assassino que era perseguido pela polícia por matar prostitutas. A doida telefonou para a delegacia e os "homens" foram até lá. Quando chegaram, Naná estava escondido de Robertinho dentro de um armário, no quarto dos brasileiros, para dar um susto no amigo, e saiu justamente na hora em que as "autoridades" batiam à porta. Resultado: fizeram uma revista no quarto atrás de drogas, constrangendo todo mundo e indignando Milton, que se defendeu perante os policiais com os devidos documentos e as licenças de trabalho. Bituca contou o ocorrido à A&M Records, a gravadora mandou seu advogado à delegacia, os policiais se desculparam pelo erro e ficou por isso mesmo, assim como ocorre no sul, abaixo da linha do Equador. O fato está contado em *Se Minha Bateria Falasse*, ótima autobiografia de Robertinho Silva, escrita por Miguel Sá, que saiu pela H.Sheldon, em 2013.

Journey to Dawn acabou se tornando um disco que honra a história de Milton na meca do jazz. O tema que fecha o repertório, por sinal, é outro instrumental "A louca", de Bituca: o mineiro mais carioca do mundo. Ou o tijucano mais mineiro, é igual. "Dentre nossos maiores compositores, Milton é o melhor cantor", sintetizou Guinga certa vez com precisão.

Ficha técnica:

Journey to Dawn (A&M Records - 064 62883)
Produção: Jim Price
Arranjos: Milton Nascimento, Jim Price e grupo
Arranjos de coral em "Cio da Terra": Milton Nascimento
Orquestrações adicionais em "Maria, Maria" por Peggy Sandvig e em "Idolatrada" por Oscar Castro Neves.
Gravado nos estúdios Clover, em Hollywood; no estúdio Vice-Versa, em São Paulo e no Transamérica, Rio de Janeiro.
Direção de arte: Roland Young
Design: Osaki
Fotografia contracapa: Cafi

Músicos participantes:
Milton Nascimento: violão e piano; Nelson Angelo: violão e guitarra; Hugo Fattoruso: piano acústico, elétrico e sintetizadores; Novelli: baixo; Robertinho Silva: bateria; Naná Vasconcelos: percussão; Bill Kurausch & Co: cordas; Gayle Levant: harpa; Steve Madaio: trompete; Chuck Findley: trompete e trombone; Lon Price: sax tenor; Jim Price: trombone

Lado A
1 - Pablo II (Milton Nascimento / Ronaldo Bastos) / Pablo (Milton Nascimento / Ronaldo Bastos / Jim Price)
2 - Idolatrada (Milton Nascimento / Fernando Brant)
3 - Unencounter (Milton Nascimento / Fernando Brant)

4 – Maria, Maria (Milton Nascimento / Fernando Brant)
5 – Journey to dawn (Milton Nascimento / Marcio Borges / Gene Lees)

Lado B
1 – O cio da terra (Milton Nascimento/ Chico Buarque)
2 – Paula e Bebeto (Milton Nascimento / Caetano Veloso)
3 – Maria Três Filhos (Milton Nascimento / Fernando Brant)
4 – Credo (Milton Nascimento / Fernando Brant)
5 – A louca (Milton Nascimento)

Miúcha e Tom Jobim

Miúcha & Tom Jobim

por Hugo Sukman

De perna quebrada e corbeille de rosas nos braços, Miúcha chegou à casa do Carlinhos Oliveira – o cronista José Carlos Oliveira, que via o mundo da varanda do Antonio's, o famoso antro boêmio do Leblon, e contava no *Jornal do Brasil* – para uma visita de coroamento de um ano tão louco. "E nós rimos, gargalhamos, nós nos compenetramos de que este 78, que está no finalzinho, foi um ano gozado pacas. Nunca haverá um ano igual a esse, quando nós vimos a luz no fim do túnel e tudo indica que em 79 nos banharemos nela – a luz, a liberdade plena, a anistia, a pacificação. Miúcha não faz política, entretanto mais uma vez aposto tudo no sorriso dela e mais uma vez quero ver Miúcha dar sua risada", contaria o cronista em sua coluna de 22 de dezembro de 1978, a dez dias da revogação do AI-5 que há longos e sofridos dez anos suspendia as garantias constitucionais e a tal "liberdade plena" no Brasil.

Mesmo sem falar nele – porque até então dele ninguém sabia, nem mesmo seus protagonistas – Carlinhos era o primeiro a dar a notícia do segundo disco que Miúcha faria com Tom Jobim, ou pelo menos do sorriso que ambos estampariam na capa de *Miúcha & Tom Jobim*, que só seria lançado pela RCA em novembro de 1979. Foi Carlinhos, não por coincidência mas por sorte e pelo carinho dos boêmios para com as coisas de fato importantes, que também noticiou o primeiro disco em 1977, *Miúcha & Antonio Carlos Jobim*, a partir de um encontro com a cantora às três da madrugada no Luna, bar evidentemente no Leblon.

"Que dia é hoje?", perguntou o cronista à cantora. "Quatorze de fevereiro. Nunca me esquecerei, pois justamente hoje gravei com Tom." E previu seu sucesso: "... pois quando você estiver na crista da onda, acontecimento inevitável nos meses próximos...". E Miúcha, com Tom, esteve, inevitável, na crista da onda: "Vai levando", do irmão Chico Buarque e de Caetano Veloso, abria a novela das oito *Espelho*

Mágico; "Maninha", também de Chico, tornou-se a canção-símbolo da fadiga da Ditadura Militar ("Que um dia ele vai embora, maninha / Pra nunca mais voltar"), "Pela luz dos olhos teus", até então um samba desconhecido e meio desconjuntado de Vinicius de Moraes tornou-se uma linda e bem-sucedida valsa no novo arranjo de Tom. Juntos, Tom e Miúcha e mais Toquinho e Vinicius, passaram grande parte de 1977 e todo ano de 1978 fazendo um show histórico, primeiro por meses no Canecão, onde foi gravado, depois em São Paulo, Argentina, Europa.

Até a amizade de Miúcha com Carlinhos foi uma espécie de herança do Tom – o cronista e o compositor eram da mesma roda boêmia do Leblon desde antes do AI-5, tempo da longa temporada da futura cantora fora do Brasil, primeiro como estudante de história da arte em Paris e, a partir de 1965, nos Estados Unidos com o marido João Gilberto. No texto de contracapa do LP de 1977 Miúcha define Tom: "Foi a fada madrinha. Fez a mágica com sua sensibilidade, seu piano, sua flauta, sua companhia."

É que Tom foi o primeiro a lhe dar uma verdadeira oportunidade de realizar o antigo desejo de ser cantora brasileira, dois anos antes, ao convidá-la para o dueto em "O boto", canção que abria seu magnífico disco *Urubu*. Com João Gilberto, Miúcha já havia feito uma participação – em faixa, aliás, perfeita – como a segunda voz de "Izaura", de Herivelto Martins e Roberto Roberti, no célebre disco branco de 1973, mas nem crédito houve no minimalista LP.

O projeto algo esdrúxulo de transformá-la numa segunda Astrud Gilberto no disco de João Gilberto e do saxofonista Stan Getz, *The Best of Two Worlds*, em 1976, também não dera lá muito certo, apesar da qualidade de sua interpretação em, entre outras, "Double rainbow", a versão em inglês do "Chovendo na roseira" de Tom. A Miúcha de verdade, cantora brasileira que morava em Ipanema, bebia no Leblon, fazia sucesso e gravava sambas novos e antigos no estúdio da RCA da rua Barata Ribeiro, em Copacabana, era aquela em que Carlinhos Oliveira vislumbrava os sorrisos de 1979, que não demoraram a vir.

Embarcados no sucesso do primeiro disco e do show do Canecão, Miúcha e Tom foram fazer uma apresentação no hotel Waldorf Astoria, em Nova York, e lá encontraram com o produtor do LP de 1977, Aloysio de Oliveira – os três, aliás, coincidentemente já haviam morado nos Estados Unidos e conheciam bem a coisa por lá. Resolveram, na empolgação, repetir a dose, que seria definida por Aloysio na contracapa: "Mais uma aventura entre amigos; dessa vez, por força das circunstâncias, acontecida em Nova York. Sendo assim, a Quinta Avenida passa a ser a Rua

Prudente de Moraes e o Times Square passa a ser a Praça General Osório. O Hotel Adams fica na rua Peri e os estúdios da Rua 44 ficam sendo na Rua Barata Ribeiro. E assim fica tudo tão bom quanto o primeiro disco."

Engraçado ver esses três new yorkers – e três dos maiores cariocas de todos os tempos – imaginando no Adams, hotel em que ele ficava hospedado desde 1962, a casa de Tom na bucólica rua Peri, alto do Jardim Botânico, onde ensaiaram para o primeiro disco. Mas o fato é que, como o outro, o disco de 1979 resultou brasileiríssimo. Com apenas piano e voz, lançaram, por exemplo, uma inédita de Bororó, "Sublime tortura", um samba-choro na mesma linha de sucessos do veterano compositor, "Da cor do pecado" e "Curare". Do tempo da Bossa Nova, recuperaram um clássico como "Samba do carioca", de Carlos Lyra e Vinicius para o musical *Pobre Menina Rica*, até um pequeno e lindo samba-canção de Candinho e Marino Pinto, "Madrugada", esquecido no primeiro disco de Alaíde Costa, de 1959. Sozinho, Tom também recupera um velho samba seu em parceria com o mesmo Marino Pinto, "Aula de matemática". E Miúcha lança uma rara composição sua, letra e música, o samba feminino e confessional "Triste alegria" ("Procuro um homem direito / Pra uma moça toda errada...").

Em duo, eles lançam um futuro clássico de Tom, o choro "Falando de amor", e Miúcha estreia uma bela canção de Toquinho e Cacaso, "Nó cego", um arranjo magnífico de Tom no qual os três músicos de base do disco – o próprio Tom ao piano, Oscar Castro Neves no violão e Ron Carter no contrabaixo acústico – trançam seus instrumentos. Oscar é o responsável pelas orquestrações sobre os arranjos do Tom, enquanto Rubens Bassini, outro músico radicado nos Estados Unidos, faz uma percussão leve, mas brasileira.

Apesar desse miolo denso e surpreendente, *Miúcha & Tom Jobim* ficaria conhecido mesmo pela primeira e pela última faixas. E as duas têm uma coisa em comum: a participação de Chico Buarque, que pegou um avião especialmente para gravar no estúdio da rua 44, como fizera em 1977, quando gravara três faixas na Barata Ribeiro.

A faixa que abre o disco é um daqueles momentos mágicos da música brasileira e tem a ver com a nova vivência carioca de Miúcha, que formou com os amigos Olivia Hime, Novelli, Nelson Angelo, Danilo Caymmi, Telma Costa e sua irmã Cristina Buarque um grupo de artistas boêmios, a Turma do Funil, que chegou a participar de discos e até a fazer uma temporada de shows no Teatro Ipanema. A velha marchinha de Mirabeau e Milton de Oliveira que os inspirou ganhou rearmonização de Tom e, mais do que isso, uma "introdução", quase uma nova canção com música do Tom e letra do Chico descrevendo a vida dos boêmios de 1979 ("Quando é tão densa a fumaça / Que o tempo não passa / E a porta do bar já fechou..."). E novo título: "Turma do Funil (No Baixo Leblon)". E gravações extras no Rio – o piano e a orquestração de João Donato, as percussões mais pesadas e, é claro, o coro da Turma do Funil.

A última faixa, que ocupa mais da metade do lado B com 9 minutos e 26 segundos, é a toada "Dinheiro em penca", única parceria de Tom Jobim e Cacaso e que transforma um disco até então apenas excelente num clássico. É que se para Miúcha o disco começou no final de 1978 quando Carlinhos Oliveira vislumbrou em seu sorriso a liberdade de 1979, para Tom começou muito antes, talvez em 1973, quando alguns dias depois do lançamento de *Matita Perê* ele ligou para o seu amigo e produtor do disco Eduardo Athayde, com a bombástica notícia: "Rapaz, erramos o nome: não é Matita Perê, o pássaro se chama mati taperê, ou tapereiro, porque ele costuma fazer seu ninho nas taperas...".

Pois Tom esperou seis anos e uma magnífica e estranha letra estruturada por Cacaso, a partir da qual ele também escreveu versos que parecem não ter fim, para conseguir corrigir a informação (e fazer humorada autocrítica): "O mati é passo preto / Ele é muito tapereiro / Ele canta por amor / Eu só canto por dinheiro", diz a embolada iniciada por Tom e Miúcha com as vozes em terças, à moda da música caipira.

Como uma espécie de *Matita Perê 2*, a letra segue no entanto mais imagética e alusiva que narrativa, bem ao estilo de Cacaso, em torno do tema dinheiro, misturando ambientação rural com referências urbanas. Da mesma forma, a orquestração de Oscar Castro Neves emula o Jobim ecológico consagrado em "Matita" e o contrabaixo de Ron Carter dá caráter jazzístico à toada, o que fez Chico Buarque apelida-la de "Jararaca e Ratinho no Central Park".

Lá pelas tantas, no terço final da longa e fascinante canção, Chico começa a cantá-la justamente no momento em que a letra ganha referências genealógicas: "Eu também já tive um tio / Que virou velho gaiteiro / Que gostava de mulher / Como eu gosto de dinheiro". A partir daí, ele passaria a usar a melodia de Tom e a ideia da letra de Cacaso para fazer paródias caseiras, contando a história da família: "O meu pai era paulista / Meu avô pernambucano / O meu bisavô mineiro / Meu tataravô baiano...".

Sim, anos depois, inspirado em "Dinheiro em penca", Chico compôs "Paratodos": "Foi Antonio Brasileiro / Quem soprou esta toada / Que cobri de redondilhas / Para seguir minha jornada / E com a vista enevoada / Ver o inferno e maravilhas". O disco de Tom e Miúcha, registro da alegria de 1979 que começou em 1973 para "corrigir" *Matita Perê*, culminaria no *Paratodos* em 1993. E daí para a eternidade.

Ficha técnica:

Miúcha & Tom Jobim (RCA Victor – 103.0314)
Produção: Aloysio de Oliveira
Orquestrado: João Donato (faixa: 1), Oscar Castro Neves
Piano e Vocal: Tom Jobim
Vocais e Backing Vocals: Miucha
Vocais: Chico Buarque (faixas: 1, 8)
Backing Vocals: Bebel, Carlos, Cristina Buarque, Danilo Caymmi, Nelson Angelo, Novelli, Olivia Hime, Telma Costa
Arranjo: Tom Jobim
Baixo acústico: Ron Carter
Guitarra: Oscar Castro Neves
Percussão: Rubens Bassini
Direção de arte: Lucio Varela
Foto: Lynn Goldsmith

Lado A
1 – Turma do Funil (No Baixo Leblon) (Mirabeau / Milton de Oliveira / Urgel de Castro / Adapt. Tom Jobim / Adapt. Chico Buarque). Participação: Chico Buarque
2 – Triste alegria (Miúcha)
3 – Aula de matemática (Tom Jobim / Marino Pinto)
4 – Sublime tortura (Bororó)
5 – Madrugada (Candinho / Marino Pinto)
6 – Samba do carioca (Carlos Lyra / Vinicius de Moraes)

Lado B
1 – Falando de amor (Tom Jobim)
2 – Nó cego (Toquinho / Cacaso)
3 – Dinheiro em penca (Tom Jobim / Cacaso) Participação: Chico Buarque

Moraes Moreira

Lá Vem o Brasil Descendo a Ladeira

por Fred Góes

A música que dá título ao disco tem como mote a frase dita por João Gilberto numa das infindáveis noitadas que varavam a manhã seguinte. Ao ver uma moça simples, descendo o morro para ir trabalhar, com gingado compassado, João exclamou a frase que, pouco depois, motivaria Moraes Moreira e Pepeu Gomes a comporem a canção. Os versos, da segunda parte, expressam a aludida cena, tornando-se uma "cantada" de classe que homenageia à mulher brasileira: "E enquanto a mulata, em pleno movimento / Com tanta cadência descia a ladeira / A todos mostrava naquele momento / A força que tem a mulher brasileira".

Esse é o quarto álbum da carreira solo de Moraes Moreira, os anteriores são: *Moraes Moreira* (1975, Som Livre); *Cara e Coração* (1977, Som Livre); e *Alto Falante* (1978, Som Livre). *Lá Vem o Brasil Descendo a Ladeira* vem a público em 1979, também pela Som Livre. Nesse álbum, ele se revela um compositor versátil, tanto pela diversidade de ritmos que apresenta, como pela variedade de parceiros com quem trabalha. Com onze faixas, o LP traz: "Lá vem o Brasil descendo a ladeira" (com Pepeu Gomes); "Pelas capitais" (com Jorge Mautner); "Eu sou o Carnaval" (com Antonio Risério); "O Prometeu" (com Antônio Cícero); "Coração nativo" (com Armandinho Macedo e Fausto Nilo); "Som moleque" (com Fausto Nilo); "Valentão" (com Oswaldinho do Acordeon); "Chão da praça" (com Fausto Nilo); "Feito Muhammad Ali" (com Abel Silva); "Choro pequenino" (solo); e "E assim pintou Moçambique" (com Antonio Risério). Diferente dos álbuns que se seguem, em que predominam as composições solo (letra e música), aqui se observa o que foi mencionado em termos de pluralidade de parcerias. *Lá Vem o Brasil Descendo a Ladeira* reúne vários sucessos da careira de Moraes Moreira que se tornaram canções exigidas pelo público em seus shows.

“Pelas capitais” é uma entre as parcerias de Moraes com Jorge Mautner, as outras são “Lenda do Pégaso”, “Namoro astral” e “Tá na cara”. “Pelas Capitais” é uma marcha frevo em que os autores propõem uma divertida viagem amorosa pelas capitais dos estados brasileiros, em que aparecem rimas curiosas como Teresina e gasolina. “Eu sou o carnaval” tornou-se um clássico do carnaval de Salvador. Parceria com Antonio Risério, o hit apresenta os alicerces da fusão entre o frevo e o ijexá que consagrará a dupla pela criação dessa fina mistura. Essa fusão se mostrará plena e se tornará referência da nova sonoridade em “E assim pintou Moçambique”, também presente nesse álbum. Cabe destacar que essa última é apontada pela crítica musical como a célula mãe do que, na década seguinte, viria a ser denominado, genericamente, de axé music. “O Prometeu”, com Antônio Cícero, tem como fonte inspiradora o mito grego. O poeta Cícero, filósofo de formação, trabalha nessa letra, como o fez Ésquilo, na clássica tragédia, onde a personagem é apresentada como o iluminador e protetor da humanidade, responsável por dar o pensamento, a razão aos homens.

“Coração nativo” é uma “triceria”. Tem Armandinho Macedo, como parceiro musical e Fausto Nilo, como parceiro textual. Fausto foi dos mais recorrentes parceiros de Moraes Moreira. A dupla é responsável por inúmeros sucessos da nossa música popular. Nesse xote sincopado, Fausto cita elementos que aparecem com assiduidade em nosso cancioneiro como o “chuá, chuá” das cascatas, os coqueirais, criando, assim, uma ambiência poética que remete o ouvinte a uma imediata identificação com componentes de uma possível brasilidade. Em “Som moleque”, Fausto Nilo é outra vez o parceiro. Vale lembrar que, tão logo Moraes deixou os Novos Baianos e deu início à carreira solo, Fausto é o parceiro com quem o compositor encontrou imediata identificação. “Som moleque”, é uma divertida crítica ao “boom” das discotecas onde a música tocada era predominantemente a estrangeira. Os compositores, portanto, propõem um suingue brasileiro com referências sonoras da disco music. O refrão não deixa dúvidas: “Que som moleque / Diz que não tem discoteque / Que dance no mesmo lance / De quem nasceu pra dançar”.

Na canção que se segue, “Valentão”, Moraes tem como parceiro um dos maiores sanfoneiros deste país, Oswaldinho do Acordeon. Nessa canção, Moraes faz uma homenagem a um famoso sanfoneiro, Fidelis, que conheceu na juventude, em sua terra natal, Ituaçu. Com o passar dos anos, as histórias vividas na adolescência e as lembranças desse tempo fizeram com que Ituaçu ganhasse, para Moraes, os contornos da Macondo, de García Márquez, em *Cem Anos de Solidão*. Ituaçu era o cenário onde se desenrolavam os causos mais saborosos contados por ele. Um deles, sua relação com Fidelis, o homenageado na canção. Em uma festa de São João na cidade, em que o sanfoneiro era o músico principal, já tarde da noite, depois de muito forro e bons tragos, houve um desentendimento no qual o sanfoneiro acabou por vitimar seu desafeto. Fidelis acabou preso na pacata "delegacia" do vilarejo, aguardando o julgamento, onde a única presença da lei era um representante sem função. Foi, precisamente, ali que Moraes aprendeu seu primeiro instrumento musical, a sanfona de oito baixos.

"Chão da praça", parceria com Fausto Nilo, é um hino do carnaval soteropolitano. A mais icônica representação do carnaval dos anos de 1970, em que, na Praça Castro Alves, se reuniam todas as tribos que, literalmente, "balançavam a praça", ao som do Trio Elétrico de Armandinho Dodô e Osmar, do qual Moraes era o cantor (o primeiro cantor de trio elétrico). Em plena ditadura militar, a Praça Castro Alves se impunha, no carnaval, como o espaço de liberdade máxima, do desbunde, como afirmara Caetano Veloso, em um de seus frevos, a praça era "do povo". "Feito Muhammad Ali" é uma das muitas parcerias com Abel Silva. A dupla assina um dos grandes sucessos da carreira musical de Moraes, "Festa do interior", que figurou semanas seguidas nas paradas de sucesso, nacionalmente. Na balada, "Feito Muhammad Ali", a guitarra de Pepeu se faz bem presente, criando o clima perfeito para a letra de Abel que associa a dança de uma bailarina à movimentação do icônico boxeador no ringue de luta. "Choro pequenino" é a única composição solo de Moraes Moreira nesse LP. Trata-se de um "meta-choro", a letra é autorreferente, fala do próprio gênero musical, chamando atenção para a estrutura melódica, como se observa nos versos: "Pegue bem depressa um cavaquinho / E olhe cara, com carinho / Nota por nota, notar".

Com esse álbum, Moraes Moreira se coloca no panteão dos grandes compositores brasileiros da segunda metade do século XX até os nossos dias.

Ficha técnica:

Lá Vem o Brasil Descendo a Ladeira (Som Livre - 403.6198)

Direção de produção: Guto Graça Mello

Produção executiva: Sérgio Mello

Direção de estúdio: Sérgio Mello e Edu
Assistente de produção: Felipe Aguiar
Arregimentação: João Luzze
Arranjos e regência: Pepeu Gomes, Moraes Moreira e Armandinho Macedo
Arranjos vocais: Moraes Moreira e Zeca Barreto
Técnico de gravação: Edu
Assistente de estúdio: Mário Jorge, Jorge Garrata, Julinho e Edu
Direção de mixagem: Edu
Corte: Américo (Topecar)
Montagem: Gouvêa
Controle de qualidade: Leve
Fotos: Aderi Costa
Fotos da contracapa Fernando Gueiros
Layout, direção de arte e arte final: Bazaar
Coordenação de capa: Vera

Lado A
1 - Lá vem o Brasil descendo a ladeira (Moraes Moreira / Pepeu Gomes)
2 - Pelas capitais (Moraes Moreira / Jorge Mautner)
3 - Eu sou o carnaval (Moraes Moreira / Antônio Risério)
4 - O Prometeu (Moraes Moreira / Antônio Cícero)
5 - Coração nativo (Moraes Moreira / Armandinho Macedo / Fausto Nilo)
6 - Som moleque (Moraes Moreira / Fausto Nilo)

Lado B
1 - Valentão (Oswaldinho do Acordeon / Moraes Moreira)
2 - Chão da praça (Moraes Moreira / Fausto Nilo)
3 - Feito Murammad Ali (Moraes Moreira / Abel Silva)
4 - Choro pequenino (Moraes Moreira)
5 - E assim pintou Moçambique (Moraes Moreira / Antônio Risério)

MPB4

Bons Tempos, Hein?

por Miltinho

No ano de 1978, vivíamos o último ano do governo Ernesto Geisel, o quarto presidente da ditadura militar brasileira. Apesar de extinguir o AI-5 e dar início ao processo de redemocratização do país, a abertura política (lenta, gradual e segura) teve leis e decretos pouco democráticos. Entre vários, destaco o fechamento do Congresso durante 14 dias, o Pacote de Abril que incluía eleição indireta de governadores e de um terço dos senadores (dando origem aos chamados "senadores biônicos"), e a ampliação o mandato do futuro presidente para 6 anos. Assim, tivemos eleições indiretas para presidente e foi eleito o General João Batista de Oliveira Figueiredo.

Durante o ano de 1978, junto com o Quarteto em Cy, fizemos o show *Cobra de Vidro*, estreando em março e ficando em cartaz até setembro do mesmo ano. Então demos início aos ensaios para o show *Bons Tempos, Hein?* Desse espetáculo, que estreou em São Paulo no dia 15 de março de 1979, com texto de Millôr Fernandes, saiu o LP, o décimo quarto do MPB4, de mesmo nome, com várias músicas que faziam parte do roteiro musical do show. Seguem as músicas do show:

"If I fell" (Lennon e McCartney); "Se meu time não fosse o campeão" (Gonzaguinha); "Cebola cortada" (Clodo e Petrúcio Maia); "Nascente" (Flávio Venturini e Murilo Antunes); "Amigo da onça" (Silvio Silva Jr. e Aldir Blanc); "Primeiro de maio" (Milton Nascimento e Chico Buarque); "Punhal de prata" (Alceu Valença); "Me deixe mudo" (Walter Franco); "Circo de marionetes" (Kleiton Ramil e Kledir Ramil); "Repente" (Edu Lobo e Capinam); "Coragem pra suportar" (Gilberto Gil); "Angélica" (Miltinho e Chico Buarque); "Pobre del cantor" (Pablo Milanes); "Cancion por la Unidad de Latino América" (Pablo Milanes e Chico Buarque); "Cálice" (Gilberto Gil e Chico Buarque); "Agalopado" (Alceu Valença); "Tropicália" (Caetano Veloso); "Um velho ateu"

(Eduardo Gudin e Roberto Riberti); e "Fantasia" (Chico Buarque).

Sobre o Show *Bons Tempos, Hein?* - Um resumo "meteorológico dos últimos 15 anos" - 1964 – 1979

Millôr Fernandes, o autor do texto do espetáculo, dizia: "É, pretendemos, um espetáculo direto, sem muita pretensão – ela entra onde deve entrar, claro! – em que, referindo-nos a cada ano, lembramos um episódio, ou vários, dos inúmeros que vimos, ouvimos falar de, ou vivemos..."

Durante uma apresentação no palco do Teatro Santa Rosa, a grande Fernanda Montenegro disse: "Que futuro terrível será o do Brasil se, daqui a dez anos, lembrando os dias de hoje dissermos com saudades: "Bons Tempos, hein?"

Faixa a faixa de *Bons tempos, hein?*

Lado A

1. "Fantasia" (Chico Buarque) – A música, até então inédita, depois de um pedido nosso para Chico Buarque, foi composta especialmente para o final do show. Era uma clara mensagem de esperança, contrastando com a dureza do texto sobre os anos que vivemos de 1964 a 1979.

2. "Se meu time não fosse o campeão" (Gonzaguinha) – A música foi composta especialmente para o MPB4. Um samba que fala da idolatria aos times de futebol, suas torcidas organizadas e seus cantos. Curiosamente não existe gravação dessa música pelo Gonzaguinha.

3. "Angélica" (Miltinho e Chico Buarque) – A música foi lançada pelo Quarteto em Cy no show *Cobra de Vidro*. No espetáculo antes de cantar essa música, eu dizia: "Mitos caíram." Essa canção, fizemos eu e Chico, para um deles, Stuart Angel, morto em 1970, e para sua mãe, Zuzu Angel, uma mulher brava e determinada, morta também, seis anos depois, num acidente de automóvel, talvez um desastre provocado desses que a repressão chama singelamente de Código 12.

4. "Tropicália" (Caetano Veloso) – Composta em 1967, por Caetano Veloso junto ao surgimento do Tropicalismo. Um marco na música brasileira e revolução nos costumes. Fazia parte do roteiro do show, posteriormente a gravamos.

5. "Cálice" (Gilberto Gil e Chico Buarque) – Foi composta em 1973. No Festival Phono73 da gravadora Phonogram, os compositores tentaram cantar

a música até então inédita, mas a censura cortou os microfones. Em 1978, cinco anos depois, foi liberada e Chico gravou com Milton Nascimento e o MPB4 com um lindo arranjo do Magro. Saiu do show para o LP.

Lado B

1. "Amigo da onça" (Silvio Silva Jr. e Aldir Blanc) – Silvio e Aldir compuseram esse samba imaginando um encontro dos amigos dez anos depois. É um papo após várias mudanças no país e na vida de cada um em geral. O arranjo vocal do Magro segue a ideia de "Amigo é pra essas coisas".

2. "Cebola cortada" (Clodo e Petrúcio Maia) – Em 1977, Fagner gravou essa música em seu LP *Orós*, o quarto de sua carreira. Fez parte do roteiro musical do show e foi escolhida para o LP. Um arranjo vocal e instrumental primoroso do saudoso Magro.

3. "Circo de marionetes" (Kleiton Ramil e Kledir Ramil) – Conhecemos os irmãos Kleiton e Kledir do grupo gaúcho Almôndegas quando lançaram o LP *Circo de Marionetes*, em 1978. Naquela oportunidade, estávamos ensaiando o show *Bons Tempos, hein?* Inserimos no roteiro musical e foi mais uma feliz escolha para fazer parte do LP.

4. "Pobre del o 4º cantor" (Pablo Milanés) – Música de um dos mais importantes compositores cubanos, Pablo Milanes. Uma mensagem direta aos cantores, músicos e artistas em geral. Foi escolhida exatamente por sua força para o texto da peça e do disco.

5. "Nascente" (Flávio Venturini e Murilo Antunes) – Em 1978, no LP *Clube da Esquina 2*, Milton Nascimento gravou junto com o compositor da melodia, Flavio Venturini. Virou um clássico e o MPB4 escolheu para fazer parte do LP.

6. "Um velho ateu" (Eduardo Gudin e Roberto Riberti) – Parceria feliz desses dois compositores paulistas: Eduardo Gudin, um dos maiores compositores de sua geração, com várias músicas gravadas pelo MPB4 e outras orquestradas pelo Magro; Roberto Riberti, de quem também gravamos músicas, foi uma grata surpresa na época.

Ficha técnica:

Bons Tempos, Hein? (Philips – 6349 409)

Direção de produção: Roberto Santana Prod. Art.

Direção de estúdio: Roberto Santana
Estúdios: Reunidos – São Paulo / Polygram – Rio
Técnicos de gravação: Roberto e Milton – São Paulo / João Moreira e Jairo Gualberto – Rio
Auxiliar de estúdio: Rui e L.C. Varella
Mixagem: Luigi Hoffer, Roberto Santana, Magro
Montagem: Luís Ricardo
Corte: Ivan Lisnik
Capa: Millor Fernandes
Fotos: Pena Preara / Câmara Escura
Arranjadores: Magro, Ruy, Miltinho e L.C. Ramos

Lado A

1 – Fantasia (Chico Buarque)
Arranjo e arp strings: Magro; violão: Miltinho; baixo: Bebeto e Castilho; flauta: Mário Negrão; oboé: Brás; percussão: Aquiles, Magro, Ruy, Bebeto e Mário
2 – Se meu time não fosse o campeão (Gonzaguinha)
Arranjo: Magro; violão: Miltinho; baixo: Bebeto Castilho; tamborim: Luna, Eliseu e Marçal; surdo: Nei; agogô: Geraldo; cuíca: Neném; pandeiro: Jorginho; ganzá: Osvaldo; repique: Doutor
3 – Angélica (Miltinho / Chico Buarque)
Arranjo: Luís Claudio Ramos; violão: Miltinho; baixo: Bebeto Castilho; piano e arp strings: Magro; prato: Mário Negrão
4 – Tropicália (Caetano Veloso)
Arranjo: Luís Cláudio; violão: Ruy; guitarra: Miltinho; baixo: Bebeto Castilho; bateria: Mário Negrão; surdo: Nei; triângulo: Ruy Faria; tamborim: Luna, Eliseu e Marçal; agogô: Geraldo; cuíca: Neném; pandeiro: Jorginho; ganzá: Osvaldo e Mário Negrão; repique: Doutor
5 – Cálice (Gilberto Gil / Chico Buarque)
Arranjo e piano: Magro; violão: Miltinho; baixo: Bebeto Castilho; bateria: Mário Negrão; cordas: Polygram

Lado B

1 – Amigo da onça (Silvio Silva Jr / Aldir Blanc)
Arranjo: Magro; violão: Miltinho; baixo: Bebeto Castilho; bateria: Mário

Negrão; tamborim: Marçal; cordas: Polygram

2 – Cebola cortada (Clodo / Petrúcio Maia)

Arranjo, piano e RMI: Magro; violão e viola: Miltinho; baixo: Bebeto Castilho; bateria: Mário Negrão; percussão: Aquiles, Ruy e Mário Negrão; cordas: Polygram

3 – Circo de Marionetes (Kleiton Ramil / Kledir Ramil)

Arranjo: Luís Cláudio Ramos; violão: Miltinho; piano, arp strings e RMI: Magro; baixo: Bebeto Castilho; bateria: Mário Negrão; flauta: Bebeto Castilho; cordas: Polygram

4 – Pobre del o 4º cantor (Pablo Milanés)

Arranjo: viola e xarango: Miltinho; violão: Ruy; baixo tumba: Bebeto Castilho; Cincerro: Mário Negrão

5 – Nascente (Flavio Venturini / Murilo Antunes)

Arranjo e Violão: Miltinho; piano: Magro; flautas: Bebeto Castilho e Mário Negrão; vibrafone e xilofone: Pinduca; baixo: Bebeto Castilho; prato: Mário Negrão; oboé: Brás

6 – Um velho ateu (Eduardo Gudin / Roberto Riberti)

Arranjo: Magro; violão e cavaquinho: Miltinho; baixo: Bebeto Castilho; bateria: Mário Negrão; surdo: Nei; tamborim: Luna, Eliseu e Marçal; agogô: Geraldo; cuíca: Neném; pandeiro: Jorginho; ganzá: Osvaldo; repique: Doutor

Nana Caymmi

Nana Caymmi

por Iso Fischer

O ano de 1979 foi emblemático para mim, um divisor de águas. Recém-saído da Faculdade de Medicina da USP, fui ser médico militar em Campo Grande (MS). Embora a ditadura ensaiasse o processo de abertura política, passei pela experiência de receber uma advertência, por – em sendo militar – ter ido a um show de Sérgio Ricardo, patrocinado pelo movimento da Anistia.

Nesse mesmo ano, Nana Caymmi lançava seu sexto LP. Eu já conhecia a musa. Trazia na minha bagagem quatro dos seus cinco discos anteriores. Eu a teria ouvido de passagem, num Festival da Canção de 1966. Mas foi quando o LP *Renascer*, de 1976, me caiu às mãos, que eu caí a seus pés. Impressionado pelo timbre diferente, pelo jeito *cool* de cantar e pelas belas e doloridas canções que ela escolheu para interpretar. E daí em diante, fui garimpando os LPs anteriores e esperando pelos próximos.

Logo que cheguei a Campo Grande, me inscrevi no Primeiro Festival da Canção do Mato Grosso do Sul, o Estado que estava nascendo como tal. Fui muito bem classificado e fiquei conhecido como músico, mais do que como médico. Conheci, fiquei amigo e parceiro do compositor Guilherme Rondon, com quem compus a canção "Isso e aquilo", que foi gravada pela Nana Caymmi, com César Camargo Mariano, no LP *Voz e Suor* alguns anos depois (1983). A canção foi composta para ela, pensando nela e nas suas interpretações.

Grandes nomes da MPB sempre estiveram presentes nos discos de Nana anteriores a esse álbum de 1979, tais como Milton Nascimento, Tom Jobim, Ivan Lins, e, claro, algum representante da família Caymmi, seja seu pai, Dorival, ou os irmãos, Dori e Danilo. Neste novo disco, Nana foi garimpar canções por outras searas. Foi uma novidade aparecerem Gonzaga Jr, João Bosco e

Aldir Blanc, Tunai e Sérgio Natureza, Dominguinhos e Anastácia, e até uma pérola de autoria de ninguém menos que Radamés Gnattali. O momento político impactou esse disco. Das doze faixas, quatro perpassam pelo cunho político social, de forma sutil ou nem tanto. O que não havia nos LPs anteriores.

Esses caminhos por ela escolhidos para este LP não o fizeram perder aquele caráter melancólico dos anteriores, mas trouxeram, além das dores pessoais de desamor, outras dores tão presentes nesses anos de chumbo. Dores mais sociais, menos pessoais. De uma forma ou de outra, em cada faixa do LP, há um "ai", um lamento, uma tristeza.

Falo aqui de cada faixa, comentando, ou citando trechos da letra, como exemplo:

"Sem fim" (Novelli e Cacaso) – Uma canção desiludida, com a suavidade da música de Novelli, um dos sócios do Clube da Esquina, acompanhada de uma dilacerante letra sobre como e quando o amor diz adeus, o personagem fica sem voz e com um desvão infinito em torno de si.

"Depois do natal" (João Donato e Lysias Enio) – Por insistência de Agostinho dos Santos, em 1973, Donato começa a ter parceiros letristas. Um dos mais constantes é seu irmão Lysias Enio. Aqui a leveza de Donato com a crueza e poesia de Enio, lembrando que um dia a gente percebe que o amor teve um ponto final.

"Clube da Esquina nº2" (Milton Nascimento, Lô Borges e Márcio Borges) – Lançada originalmente sem letra, no álbum duplo *Clube da Esquina*, essa enigmática canção dos mineiros ganha letra por insistência da própria Nana. Milton não a queria com letra, mas, depois de ouvir, cedeu. Ela fala de homens que, em meio de tantos gases lacrimogêneos, ficam calmos, calmos, calmos...

"No analices" (Claudio Cartier e Paulo Feital) – Cartier inicia a canção, cantando em espanhol, sobre seu violão somente, dizendo que, se se quer ser feliz, melhor que não se analise. Ao longo da canção esse mesmo mantra é repetido, como que vindo lá do fundo, como um eco, em contracanto com Nana, que vive a voz de uma mulher falando de uma morte, de uma foto no jornal, do quarto-prisão e do porão da insensatez. Isso me remete à terrível foto do jornalista Vladimir Herzog, torturado e morto pela Ditadura Militar, em 1975, divulgado pelo governo como suicídio. Sinto que essa canção dá um pouco o tom do disco todo.

"Amargura" (Radamés Gnattali e Alberto Ribeiro) – Essa canção foi composta em 1950 e, embora na ficha do LP não conste, a letra é de Alberto

Ribeiro. Foi composta para o filme *Aglaia*, de Rui Santos, e gravada em disco pela primeira vez por Lúcio Alves no mesmo ano. Outras gravações aconteceram depois, por Sylvia Telles (1958), Maysa (1959), Tito Madi (1966) e outros mais. Ainda que a letra procure dizer que este sentimento, a amargura, seja um reflexo do mesmo sentimento na alma de quem a vê nas coisas, no mundo, não se pode dizer que seja uma canção alegre. O tom escuro da voz de Nana garante isso.

"Pra não chorar" (Sérgio Natureza e Tunai) – Em parceria com Sérgio Natureza, Tunai, em 1979, passa a ser reconhecido como compositor de talento. Além de brilhar no disco de Elis daquele ano, destila talento nessa canção onde cansada de tudo a personagem da canção afirma que "... a alegria já dobrou a esquina", mas é preciso não chorar.

"Palavras" (Luiz Gonzaga Jr.) – Emblemática canção de poucas palavras de Gonzaguinha, presente em seu LP de estreia de 1973, que fala a respeito de palavras. Com outros termos cortantes e doloridos, afirma que felicidade e sorriso não são sinônimos e que, mesmo em tempos ruins, as pessoas se dão "bom dia". De tristeza também se canta, não apenas de alegria.

"Nossa dança" (Danilo Caymmi e Ana Terra) – Essa canção tem simplicidade e leveza em sua melodia, na qual Ana Terra fala sobre ser criança e sobre o amor que guia. Traz um delicado arranjo na levada de João Donato, porém a sombra da melancolia também paira sobre ela, reforçada ao dizer que tudo vai e vem e só uma coisa não se cansa, que é o se querer bem.

"Contrato de separação" (Dominguinhos e Anastácia) – Essa valsa permeada pelo acordeon de seu autor, Dominguinhos, é um dos momentos mais belos e dolorosos. Anastácia está em momento ímpar. A canção conversa no repertório com "Denúncia vazia" (Bosco e Blanc), que fecha o disco.

"Patrulhando (Masmorra)" (João Bosco, Aldir Blanc e Paulo Emílio) – Ouvida assim, sem prestar muita atenção, é mais um blues. Mas a letra não deixa dúvidas, fala de: março ou abril / inquisição / grilhão / negro capuz / o sangue a escorrer / poço / escuridão / masmorra / sangria / mortos. E tem o título sugestivo. Evidentemente está falando das atrocidades que aconteceram nos porões da Ditadura.

"Formicida, corda e flor (O último bolero)" – (Rosa Passos e Fernando de Oliveira) – Rosa Passos desenhou um leve bolero que seu parceiro, Fernando de Oliveira, cobriu de versos de desilusão, e de despedida de um suicida. Há dor, humor e poesia de quem anda na pior e deseja partir dessa para melhor, mesmo que não seja melhor.

"Denúncia vazia" (João Bosco e Aldir Blanc) – Nessa curiosa faixa que parece mais um recitativo lamentoso sobre os dois violões de Bosco e Toninho Horta, Aldir Blanc destila sua conhecida ironia, falando de uma pequena tragédia amorosa cotidiana, onde se tenta descobrir o tempo todo um sinal de que amor não morreu. Sem perceber, esse já havia emitido uma denúncia vazia.

E assim, eu passei o ano de 1979 embalado, uma vez mais, pelo doce e melancólico canto de Nana Caymmi.

Ficha técnica:

Nana Caymmi (EMI-Odeon – 064 422845)

Diretor de produção: Mariozinho Rocha
Produção executiva, orquestrações e regência: Dori Caymmi
Técnico de gravação: Carlinhos
Técnico de remixagem: Nivaldo Duarte
Fotos e arte: Loca
Coordenação de Arte: Tadeu Valério

Músicos participantes:

Novelli, Toninho Horta, Dori Caymmi, João Donato, Danilo Caymmi, Roberto Silva, Dominguinhos, Milton Nascimento, Luiz Alves, João Bosco, Ubiratan, Svab, Pirulito, Toninho, Thomas, Cartier, Jorginho, Darcy, Niltinho, Jaime, Wanda Eichbauer e cordas. João Bosco, gentilmente cedido pela RCA. Dominguinhos, gentilmente cedido pela Polygram

Lado A

1 – Sem fim (Novelli / Cacaso)
2 – Depois do natal (João Donato / Lysias Ênio / João Mello)
3 – Clube da Esquina nº 2 (Milton Nascimento / Lô Borges / Márcio Borges)
4 – No Analices (Cláudio Cartier / Paulo César Feital) Participação: Cláudio Cartier
5 – Amargura (Radamés Gnattali / Alberto Ribeiro)
6 – Pra não chorar (Tunai / Sérgio Natureza)

Lado B

1 – Palavras (Gonzaguinha)

2 – Nossa dança (Danilo Caymmi / Ana Terra)

3 – Contrato de separação (Dominguinhos / Anastácia)

4 – Patrulhando (Masmorra) (João Bosco / Aldir Blanc / Paulo Emílio)

5 – Formicida, corda e flor (Fernando de Oliveira / Rosa Passos)

6 – Denúncia vazia (João Bosco / Aldir Blanc)

Nelson Sargento

Sonho de um Sambista

por André Diniz e Diogo Cunha

Era no tempo do Rei Momo. E qual era o sonho do pequeno folião Nelson no Carnaval? Era descer as ladeiras do Morro do Salgueiro e desfilar na escola de samba Azul e Branco da comunidade. O tempo passou. Estamos em 1979. E qual seria o sonho de um sambista aos 55 anos de idade? A gravação do seu primeiro disco individual, o LP *Sonho de um Sambista*, considerado pelo historiador e crítico José Ramos Tinhorão, em artigo publicado no *Jornal do Brasil*, em 21 de agosto de 1979, uma das melhores produções fonográficas do ano. Produzido por João Carlos Botezelli, o Pelão, e lançado pela gravadora Eldorado, de São Paulo, em 1979. Pelão, a propósito, merece um capítulo à parte na história da discografia brasileira: foi o responsável pela gravação do primeiro disco de Cartola, de 1974.

Na primeira faixa do lado A do LP, "Triângulo amoroso", Nelson Sargento declama as delícias da bigamia entre a escola de seu coração e a amada. Mas a primeira escola de coração de Nelson em Mangueira não foi a Estação Primeira. O jovem torcia pela Unidos de Mangueira, também conhecida como Parlamento do Samba. A escola desfilou de 1937 até 1940.

A segunda faixa do disco é "Falso moralista". A canção fora gravada por Paulinho da Viola, em 1972, no disco *Dança da Solidão*. A música conta a história de um rapaz que não aceita o teatro de revista, que não gosta de arte moderna. E de arte Nelson entende. Foi pintor, poeta, escritor e andou participando de alguns filmes em sua carreira.

A terceira faixa do disco traz a obra mais conhecida de Nelson Sargento, o samba "Agoniza, mas não morre". Em 1978, Beth Carvalho lançou a composição no LP *De Pé no Chão*. "Agoniza, mas não morre" virou, segundo Beth, "o hino do sambista brasileiro". A letra critica a transformação do samba, causada pela inserção de novos atores de fora das agremiações.

A quarta faixa do disco é "A noite se repete", possivelmente a obra mais lírica do trabalho. Uma coisa que se repetia de dia e de noite na vida do jovem Nelson era o samba de Mangueira, na casa de Alfredo Português (padrasto de Nelson Sargento): Nelson Cavaquinho, Cartola, Geraldo Pereira, Carlos Cachaça eram presenças certas. Nelson se tornou o elo, a memória, o "gravador" dos compositores desse tempo com as novas gerações.

A quinta faixa do disco é "Muito tempo depois". Nelson compôs uma ode à vida. Mesmo em um mundo com tanta "desilusão" e "desenganos", mesmo o autor não tendo "passado, presente e futuro". Filho de pais humildes, Rosa Maria da Conceição e Olympio José de Mattos, nascido no dia 25 de julho de 1924. Nelson, assim como outros compositores de origem humilde, sobreviveu às agruras de uma sociedade preconceituosa. O seu fazer artístico criou uma rede de solidariedade e de visibilidade importantíssima em sua trajetória. Esse LP é fruto de sua vitória!

A sexta e última faixa do lado A é "Minha vez de sorrir". Nelson soltou seu sorriso gostoso, expansivo, quando foi convidado para participar do espetáculo *Rosa de Ouro*, 1965. É nesse momento que nosso personagem vira Nelson Sargento. Vocês conhecem a história. Tudo leva a crer que Hermínio Bello de Carvalho ou Kleber Santos, ao escrever um libreto sobre o *Rosa de Ouro*, criou o nome artístico Nelson Sargento. De lá para cá, Nelson ficaria conhecido pela patente que deu baixa no exército.

A primeira música do lado B é a faixa-título do LP, "Sonho de um sambista". "Sonhei com uma escola de samba / Muitas cabrochas e bambas".

E qual é um dos sonhos de um sambista? Virar tema de escola de samba. Em 2012, Nelson Sargento virou enredo da Unidos do Jacarezinho e, em 2015, é mais uma vez enredo, agora da Inocentes de Belford Roxo. Outra homenagem bonita, Nelson Sargento recebeu dos compositores Moacyr Luz e Aldir Blanc no samba "Flores em vida para Nelson Sargento".

Na segunda música do lado B, Nelson canta "Infraestrutura". A história de um rapaz que tem a vida bagunçada e perde tudo por causa de uma paixão. Destaque nessa obra para a infraestrutura montada por Pelão: Luiz Otávio Braga (violão de 7 cordas), Mauricio Lana Carrilho (violão), Luciana (cavaquinho), Renato, Téo, Lelei, Bigode, Bidi ("Cidadão samba"), Mussum, Branca de Neve, Chiquinho (ritmo); Azevedo (trombone), Gersão (flauta) e Aeloá (coro).

Na terceira faixa do lado B, desabrocha "Primavera" (também conhecida como "Cântico à natureza", ou ainda, "As quatro estações do ano"). "Primavera" foi o quarto samba de enredo de Nelson Sargento para a Mangueira. Antes, a Mangueira desfilou com "Vale do São Francisco" (Nelson Sargento e Alfredo Português, 1948), "Apologia aos mestres" (Alfredo Português e Nelson Sargento, 1952) e "Plano Salte" (Nelson Sargento e Alfredo Português, 1950). "Primavera" é até hoje um dos mais belos sambas de enredo da história da Mangueira.

Na sequência vem a música "Por Deus por favor". Aqui aparece o Nelson melodista. Seus primeiros professores de violão foram Aloísio Dias e Cartola. Cartola, melodista de mão cheia, é uma das maiores referências de Nelson Sargento. Uma vez, Nelson cantou oito sambas dos quais o próprio compositor não lembrava mais. Eles são parceiros em pelo menos cinco composições. Como diz Nelson, "Cartola não existiu, foi um sonho que nós tivemos." Mais um sonho do sambista Nelson Sargento.

Em seguida Nelson Sargento ataca de "Falso amor sincero". Com a sentença: "O nosso amor é tão bonito / Ela finge que me ama / E eu finjo que acredito". O "Falso amor sincero" mostra duas características marcantes do nosso personagem: o bom humor e a inteligência na escrita. Nelson, que faleceu em 2021, tem quatro livros publicados entre biografias, poesia e pensamentos.

A última faixa é a atualíssima "Lei do cão": "Primeiro eu, segundo eu / Terceiro e quarto eu também". Repetimos: atualíssima para um Brasil que, se dispôs das suas máscaras e fantasias, e mostrou a sua cara maniqueísta e conservadora com o resultado das eleições majoritárias de 2018. Vivemos a lei do cão!

Ficha técnica:

Sonho de um Sambista (Eldorado – 07.79.0328)

Direção de produção: J. C Botezeli (Pelão)

Direção de estúdio: J. C Botezeli (Pelão) e Bruno Dantas Benvenutti

Direção de mixagem: J. C Botezeli (Pelão) e Luiz Carlos Batista

Estúdio Eldorado

Técnico de som: Luiz Carlos Batista

Arranjos: Luiz Otávio Braga e Mauricio Lana Carrilho. Na faixa "Noite se repete", o arranjo é de Luiz Moura

Regências: Luiz Otávio Braga

Assistente de produção: Chiquinho
Capa: Zé Maury / Foto: Sergio Pimentel
Direção de arte: Ariel Severino
Texto de contracapa: Arley Pereira
Fotocomposição: Alltype

Músicos participantes:
Luiz Otávio Braga: violão de 7 cordas; Mauricio Lana Carrilho: violão; Luciana: cavaquinho; Renato, Téo, Lelei, Bigode, Bidi "Cidadão Samba", Mussum, Branca de Neve, Chiquinho: ritmo; Azevedo: trombone; Gersão: flauta; Aeloá: coro

Lado A
1 – Triângulo amoroso (Nelson Sargento)
2 – Falso moralista (Nelson Sargento)
3 – Agoniza, mas não morre (Nelson Sargento)
4 – A noite se repete (Nelson Sargento)
5 – Muito tempo depois (Nelson Sargento)
6 – Minha vez de sorrir (Nelson Sargento / Batista da Mangueira)

Lado B
1 – Sonho de um sambista (Nelson Sargento)
2 – Infraestrutura (Nelson Sargento)
3 – Primavera (Nelson Sargento / Alfredo Português / José Bispo)
4 – Por Deus por favor (Nelson Sargento)
5 – Falso amor sincero (Nelson Sargento)
6 – Lei do cão (Nelson Sargento)

Ney Matogrosso

Seu Tipo

por Marluci Martins

A cara limpa, sem delineadores nos olhos, "demaquilou" o preconceito que até então cegava os críticos. Nunca antes daquele 1979 o performático artista tivera uma foto sua sem cosméticos e fantasia na capa de um disco. Finalmente, de jeans e camiseta, sob a lente de Luiz Tripolli, Ney Matogrosso atraía especificamente para sua voz o foco da imprensa especializada. Estava ali, sem corretivo e sem sombra (de dúvida), um cantor em excelência.

Seu Tipo, sétimo disco de Ney – incluindo os dois com o Secos & Molhados –, lhe garantiu pela primeira vez o prêmio da Associação Paulista de Críticos de Arte. Sinal de que funcionou bem a tentativa de ser menos escandaloso e mais romântico, desafio a que o cantor se propôs para calar quem associava sua carreira ao impacto causado pela nudez e ousadia nas apresentações.

Deu certo, mas a intenção não foi adiante. Em um show, Ney usou um terno branco aparentemente comportado, mas que foi se desfazendo junto à imagem romântica do moço certinho. Por baixo do paletó, mais tarde descartado, descobriu-se que o colete era uma frente única, e não havia camisa com mangas, apenas punhos. Também causou alvoroço uma malha sexy extremamente decotada que deixava sua genitália em evidência.

Sim, era Ney Matogrosso sendo Ney Matogrosso. Ilusão de ótica de quem acreditou que ele fosse romper com a personalidade forte que o acompanhava desde os primeiros anos de vida. Qual outra conclusão se pode ter a respeito de alguém que passou a adolescência desafiando a maior autoridade em casa, seu pai, um militar que ameaçou não lhe dar dinheiro caso abandonasse o teto da família? O mesmo Ney que, aos 17 anos, meteu o pé na estrada, atrás de independência, sempre apontou o nariz para onde quis.

A trajetória do cantor no Secos & Molhados também foi pautada por suas posições firmes. Ele foi apresentado ao Brasil em 1972, como vocalista do grupo que, no ano seguinte, bateria recorde de venda de discos, com shows lotados e histeria. Fantasias e maquiagens extravagantes, aliadas à ousadia nas apresentações, eram a marca daquele fenômeno pop da música brasileira de ótimo repertório. Nem a notoriedade, porém, conteve Ney: em 1974, ele decidiu romper com o time do qual faziam parte também João Ricardo e Gerson Conrad. Partiu para a carreira solo, um novo capítulo da biografia.

A coragem para zerar o sucesso e reinventar a carreira corria no sangue quente. Ao longo da juventude, peitou a ditadura, que atravessava seu caminho com ameaças, perseguições e imposições. Cadeia, mesmo, só pegou uma vez, quando foi surpreendido pelos "homi", sem carteira de trabalho assinada – faz parte dessa reminiscência o interessante diálogo ocorrido durante o depoimento, quando ameaçaram jogá-lo aos presos para que o currassem e Ney, pela primeira e última vez na vida, usou no discurso a prerrogativa de ser filho de militar. Safou-se.

Sensualidade e serenidade transbordam na capa azul do álbum *Seu Tipo*. Mas o encarte interno já propõe um flerte com a conhecida irreverência do artista. Nele, o cantor aparece com a camiseta levantada, físico magro, porém definido. Um cigarro na boca, sinal de rebeldia nos anos 1950, sugere uma homenagem a James Dean, um de seus maiores ídolos. Mas é sobre o amor que o disco discorre aos ouvidos. Do desejo à saudade, o sentimento é a inspiração máxima que faz o coração bater em 11 faixas, sem falhar.

A gravadora Warner captou a mensagem e vislumbrou futuros sucessos. Sugeriu que Ney se tornasse um cantor romântico, proposta descartada de pronto pelo artista, que viria a gravar outros sucessos do gênero, mas sem o compromisso de ser fiel àquele tema que dava tom intimista a *Seu Tipo*. Com belíssimas canções, o disco foi batizado com o título da música do ainda desconhecido Eduardo Dusek, em parceria com Luis Carlos Góes. Um sucesso estrondoso, na voz de Ney e nos instrumentos de um time top de músicos. A luxuosa seleção incluiu nessa e em outras faixas um dos homens de confiança de Ney Matogrosso, Lincoln Olivetti, compositor, pianista, arranjador e produtor musical, morto em 2015. Não menos importantes, também tiveram relevância no disco Hélio Delmiro (guitarra), Chico Batera (percussão), Paulinho Braga (bateria) e Jamil Joanes (baixo).

Em outras faixas, percebe-se a força da voz de Ney, lapidada desde o disco anterior, *Feitiço*, quando recorreu a aulas para aprimorar os médios e graves. Com a carreira sustentada pelos agudos desde sua participação no transgressor Secos & Molhados, o cantor abriu nas gravações de 1978 o leque e a garganta para novos tons. Somente no ano seguinte, o novo trabalho, *Seu Tipo*, lhe traria o reconhecimento da maturidade, com juros e justiça. Leveza e segurança se harmonizaram e resultaram na perfeita interpretação de "Falando de amor", de Tom e Vinicius, por exemplo, que abriu caminho para a crítica favorável àquele disco.

Merece destaque também a dificílima "Dor medonha", de Fátima Guedes, que exigiu do cantor todo o esmero nos agudos, na segunda faixa. Impossível citar Fátima Guedes e não lembrar que 1979 foi o ano da explosão de mulheres compositoras no país, função antes restrita ao universo masculino. Elas cantavam músicas deles, era assim e ponto final. *Seu Tipo* abriu as portas não somente para essa cantora, mas também estendeu o tapete vermelho a Joyce. Em "Ardente", de autoria dela, Ney Matogrosso deu voz ao gosto pelo prazer, e desconstruiu a culpa feminina: "E o meu corpo é que nem farol / Indicando que pode entrar / Apontando uma direção / Pra quem quer se queimar".

Ou seja: Ney teve a sensibilidade para perceber a revolução feminina na MPB naqueles tempos e reverberou a sensualidade da mulher com sua incontestável afinação. Joyce ainda reaparece na última faixa de *Seu Tipo*, a reagravação de "Rosa de Hiroshima", de Gerson Conrad, sobre poema de Vinicius de Moraes. São dela o arranjo de base e também o violão em participação especial dividida com as flautas de sonoridade latina do Grupo Água.

O Ney Matogrosso desafiador – aquele que saiu de casa aos 17 anos – deu o ar da graça ao incluir no repertório "Tem gente com fome", poema de Solano Trindade, musicado por João Ricardo, do Secos & Molhados. O ato em si já foi uma ousadia, levando-se em conta os esforços do passado para difundir essa obra composta em 1944 e censurada pela ditadura. Depois de algumas tentativas frustradas, o próprio João Ricardo emplacou a gravação em disco solo, em 1979. No mesmo ano, os polêmicos versos mereceram um estrondoso registro, para sempre, na voz de Ney Matogrosso, com direito a clipe no *Fantástico*. O título "Tem gente com fome" já explica por que a música não perdeu o prazo de validade e serviria de trilha sonora aos miseráveis dias atuais.

O disco traz ainda a versão "Encantado", de Caetano Veloso, para a balada "Nature Boy", de Eden Ahbez, sucesso interpretado por Nat King Cole. Reforça a variedade de ritmos o samba-choro "Cachorro vira-lata", de Alberto Ribeiro, pinçada do fundo do baú: a música foi gravada originalmente por

Carmen Miranda, em 1937. "Me rói" (Luli e Lucinha), "Trapaça" (Herman Torres e Salgado Maranhão) e "Último drama" (Mauro Kwitko) completam o disco, no qual as melodias são priorizadas sem que sejam prólogos para interpretações performáticas. Arranjos sem penduricalhos abrem, finalmente, as cortinas para a voz de Ney Matogrosso e sentenciam: *Seu Tipo* é um dos melhores discos da carreira do artista.

Ficha técnica:

Seu Tipo (WEA/ Elektra – BR 32.041)

Direção artística: Mazzola
Assistente de produção: Alexandre Agra
Base: Waldir Pinheiro
Orquestra: Vitor Farias
Detalhes: Anibal Filho
Vocal: Mazzola
Auxiliares de gravação: Rafael Azulay e Anibal Filho
Técnico de mixagem: Mazzola
Auxiliar de mixagem: Anibal Filho
Força no trabalho técnico: Dudu
Ajuda técnica: Vitor Farias
Estúdios: Transamérica-Rio
Foto: Tripoli
Layout e arte final: Oscar Paolill
Coordenação: Leonardo Netto

Lado A

1 – Seu tipo (Luis Carlos Góes / Eduardo Dusek)
Bateria: Paulinho Braga; baixo: Jamil Joanes; percussão: Chico Batera; guitarra: Hélio Delmiro; Fender Rhodes: Miguel Cidrás; piano Yamaha: Lincoln Olivetti; trombones: Ed Maciel, João Maciel e Macaxeira; sax alto: Ricardo Pontes; sax tenor solo: Oberdan Magalhães; arranjo de base: Hélio Delmiro; arranjo de metais: Lincoln Olivetti
2 – Dor medonha (Fátima Guedes)
Bateria: Paulinho Braga; baixo: Jamil Joanes; percussão: Chico Batera; guitarra: Hélio Delmiro; piano: Lincoln Olivetti; arranjo de base: Hélio Delmiro;

arranjo de cordas: Lincoln Olivetti

3 – Último drama (Mauro Kwitko) Participação: Grupo Água

Violão: Mauro Kwitko; violino: Daltro; vocal: Ney Matogrosso; arranjo: Grupo Água;

4 – Ardente (Joyce Moreno)

Bateria: Lula da Conceição; baixo: Fernando Leporace; violões: Joyce e Ary Domingues; flautas: Mauro Senise, Celso, Jorginho e Jaime; flauta solo: Paulo Guimarães; cordas: WB; arranjo de base: Joyce e Ary Domingues; arranjo de orquestra: Miguel Cidrás Encantado

5 – Encantado (Nature boy) (Eden Ahbez / versão: Caetano Veloso)

Violão de 6: Caetano Veloso; violão Boss: Caetano Veloso; violão de 12: Jorjão; arranjo de base: Jorjão; arranjo de cordas: Miguel Cidrás

Lado B

1 – Falando de amor (Tom Jobim / Vinicius de Moraes)

Bateria: Elber Bedroque; baixo: Jorjão; violões: Dori Caymmi e Hélio Delmiro; piano: Jotinha; cordas: WB; arranjo: Dori Caymmi

2 – Cachorro vira-lata (Alberto Ribeiro)

Violão de 7: Didi; clarinete: Abel Ferreira; surdo: baixinho; bandolim: Pepeu; afoxé: Baby Consuelo; cavaquinho: Jorginho; pandeiro: Charles; piano: Luciano; arranjo: Pepeu; pesquisa: Paulo Tapajós

3 – Me rói (Luli / Lucina)

Bateria: Jurim; baixo: Jorjão; percussão: Cidinho; violões: Luli e Lucinha; acordeon: Oswaldinho; vocal: Ney Matogrosso; complementos: Mazzola; arranjo de base: Luli e Lucinha

4 – Trapaça (Herman Torres / Salgado Maranhão)

Bateria: Jurim; baixo: Jorjão; percussão: Cidinho; piano: Miguel Cidrás; violão de 12: Rick; guitarra solo: Sergio Dias; sax soprano: Oberdan Magalhães; cordas: WB; arranjos: Miguel Cidrás

5 – Tem gente com fome (João Ricardo / Solano Trindade)

Bateria: Jurim; baixo: Jorjão; baixo Boss: Jorjão; percussão: Cidinho; guitarra solo: Sergio Dias; vocal de efeito: Ney Matogrosso e Mazzola; detalhes: Mazzola

Ópera do Malandro

Vários Artistas

por Etel Frota

"A *Ópera do Malandro* pode muito bem ser o momento em que a nossa tradição mais chegou perto do *Ulysses*. Pela 'irreverência' histórica, as técnicas escolhidas segundo o efeito que se quer produzir, sem preocupação com uma pretensa uniformidade. Pelo final triunfante e, acima de tudo, pelo brilho verbal, estrutural, intelectual da coisa toda."

Quem opina é Caetano W. Galindo, tradutor de *Ulysses* (2012, Companhia das Letras), publicado em 1922 pelo irlandês James Joyce, e de *A Ópera do mendigo* (2007, Editora da UFPR), a peça teatral que o britânico John Gay estreou em 1728 em Londres, com música de Johann Pepusch. Remontado em 1920, o espetáculo fez um sucesso tão estrondoso, que inaugurou o conceito de franquia de bugigangas relacionadas a produtos culturais. Oito anos após, estrearia em Berlim *A Ópera de Três Vinténs*, de Bertold Brecht e Kurt Weill.

Chega-se, assim, à *Ópera do Malandro*, de Chico Buarque, aos 250 anos da *Beggar´s* e 50 da *Dreigroschenoper*. Já se vê que a nossa ópera - mal parafraseando Adélia Prado - não só tem vastíssimo *pedigree*, como sua raiz vai ao seu mil avô.

Dinheiro e corrupção em cena ao longo dos séculos, estreia em julho de 1978 no Rio de Janeiro. O libreto traz o texto resumido das duas óperas precedentes, letras das canções, imagens e ensaios que contextualizam a Londres de Gay, a Alemanha de Brecht e o Brasil do Estado Novo, período escolhido para ambientação da peça, num assumido drible na censura, em um tempo de abertura política, *pero no mucho*. Chico divide os créditos da criação com vários parceiros, entre eles o diretor Luís Antônio Martinez Corrêa.

John Gay é meta-personagem de Chico, o malandro João Alegre (Nadinho da Ilha), autor da peça, que vem recontextualizar o mendigo/malandro como o primeiro e último elo da cadeia alimentar da corrupção e do crime. A cachaça surrupiada no boteco gera a sequência de repasses do prejuízo que chega aos "Ianques / Com seus tanques" e reflui na rebordosa que recai no ladrãozinho zé ruela, "Julgado e condenado culpado / Pela situação". João Alegre volta para lamentar o novo malandro "Regular, profissional / Malandro com aparato / De malandro oficial". Ao final, subverte a lógica punitiva pela carnavalização, com a ópera em que todos se dão bem. Deixa dada, entretanto, a senha para a inevitável repetição da farsa como história. "O cadáver / Do indigente / É evidente / Que morreu. / E no entanto / Ele se move / Como prova / O Galileu".

A tradição dessa obra, de transcriação de enredo e personagens, nas mãos de Chico, adquire novo patamar de genialidade. Duran (Ary Fontoura) ressuscita *Peachum*, derivado do verbo *to peach*, que em inglês arcaico significa "delatar". Chaves (Tony Ferreira), o sugestivo nome para um delegado, já tinha sido sacado por John Gay, que batizara o seu de *Lockit*.

Polly, a mocinha, na versão Weill/Brecht, canta a canção em que "insinua aos pais seu casamento com o ladrão Mac Navalha". Descreve pretendentes anteriores que "Eram ricos / E eram amáveis / O pescoço cheirando a loção / E sabiam respeitar a dama / Então, minha resposta foi 'não'". Até que lhe chega aquele que "Não soube pedir / Pendurou seu chapéu atrás da porta / E eu não pude mais resistir. / E como não era rico / Nem era amável / Seu pescoço cheirando a sabão / E não soube respeitar a dama / A resposta não foi mais 'não'". Três cavalheiros mais um chapéu e - *abracadabra!* - Polly se chama Teresinha (Marieta Severo). Chico se apodera da cantiga de roda, como fizeram seus antecessores com temas de domínio público (Pepush) ou jazzísticos populares (Weill).

E há, levando essa tradição ao virtuosismo, o escracho final da grande Ópera. Quem se diverte, outra vez, é Galindo. "Não há como resistir à grande sacanagem que é cantar o coro de abertura de uma das mais famosas óperas do mais sério dos operistas (*Tanhauser*, Wagner) com a letra 'O sol nasceu / No mar de Copacabana / Pra quem viveu / Só de café e banana'."

Assim se fazia teatro.

Em destaque, um parágrafo para Genival, a Geni (Emiliano Queirós), ausente nas óperas de Gay e Brecht, puro sangue da versão brasileira. Após salvar a cidade, termina apedrejada e embosteada por seus cidadãos de bem. Nove anos depois, aos 37, o diretor Luís Antônio Martinez Corrêa seria assassinado com uma centena de facadas no Rio de Janeiro, em um brutal crime de ódio homofóbico. O assassino, inicialmente liberado pela polícia, acabaria sendo conduzido ao tribunal e condenado a 26 anos, dos quais cumpriria quatro. Há relatos de que, durante o julgamento, fazia com a mão o sinal de "vitória" para a família de Luís. *Eppur si muove.*

A capa do álbum é um assunto à parte. O malandro, um preto de terno branco amarrotado, no banco de madeira, "chacoalha / Num trem da Central". Onde ele "mora, lá longe", dorme com o violão ao lado. Há duas crianças, uma com tarja nos olhos e outra no colo de uma mulher de olhar sofrido. O chapéu de palha esfiapado, na parede é um *recuerdo del Paraguay*. No proscênio da foto, em uma cadeira de pés enferrujados, rebrilha a brancura alisada do terno, chapéu e sapatos, destacando-se da pobreza e tristeza penumbrosas do barraco. Imagens que falam mais do que mil palavras.

Quem diz a milésima primeira é Elifas Andreato. "Ilustrei um único samba, 'A volta do malandro'. Tudo foi feito em São Paulo. Alugamos um vagão de trem, onde fizemos as primeiras fotos. Pedi ao Inocêncio Tobias, presidente da Escola Camisa Verde e Branco, que me arrumasse um quarto de cortiço para a outra foto. Levei para lá o modelo, o terno e não produzi mais nada. Aquela mulher, as crianças, tudo foi fotografado exatamente do jeito que era."

"Aprendi tudo o que sei com os artesãos das gráficas. As fotos da *Ópera* ficaram bonitas, mas banais. Não era aquele o resultado que eu tinha imaginado. Na gráfica, fizemos sobre aquela imagem uma noite americana — recurso técnico em que se aplicam filtros que simulam luz noturna sobre uma cena diurna. Rebaixamos o fundo, com um pouquinho de preto e verniz, preservando com máscaras recortadas apenas o terno, os brancos. Aquilo não é efeito de luz, é técnica e trabalho manual. Esse encarte foi o mais caro da história da música brasileira e o mais elaborado dos tantos que fiz", continua Elifas, declarando-se feliz por estar relatando tudo isto pela primeira vez.

"Sempre troquei qualquer 'agradinho' que a gráfica quisesse me fazer pela possibilidade de imprimir as provas, fechar a capa com verniz e levá-la pronta para o artista. Peguei cinco capas feitas com provas de prelo e fui para a casa do Chico. Ele ficou encantado. Fomos os dois para a Polygram. O diretor comercial disse: 'Chico, pelo amor de Deus, isso não vai vender nada, o seu nome está muito pequeno, não vai dar...' O Chico respondeu: 'Eu tenho a lhe dizer o seguinte: Eu faço música. O Elifas faz capa. Você vende disco.'"

Assim se faziam discos e artistas. Que sorte a nossa.

Chega-se pois, afinal, aos discos. São dois e vêm envelopados em notas de dinheiro: dez cruzeiros e *one dollar*, com as efígies de Getúlio Vargas e George Washington. As letras das dezessete canções são entremeadas por pequenos textos, espécie de "rubricas" que contextualizam a ação cantada.

A destacar, o time de musicistas e intérpretes convocados para esse registro — ver ficha técnica. O repertório é a trilha sonora quase fiel da montagem teatral. A primeira exceção é "Sempre em frente", o dueto heroico com que Duran e Vitória (Maria Alice Vergueiro) fecham o primeiro ato: "Nós daremos nossas pernas / Nós daremos nossos braços / Ao senhor dos nossos gestos / Ao senhor dos nossos passos", que não aparece no álbum. A segunda é a pungente "Uma canção desnaturada" que está no disco e não consta da versão original da dramaturgia.

Tomando-se o LP *Ópera do Malandro* como objeto artístico descontextualizado da sua versão em palco, reedita-se, de alguma forma, um paradoxo acontecido com a *Ópera de Três Vinténs* de Brecht.

"Brecht esperava que o uso, por Weill, de sonoridades próximas aos *standards* da canção popular, simpáticas ao público, causasse efeito de estranhamento perante a caracterização das personagens frias, cruéis, mundanas", conta Manoel Dourado Bastos, da Universidade Estadual de Londrina. "Figuras como Theodor Adorno, Ernst Bloch e o próprio Brecht estranharam o grandioso sucesso da estreia da ópera, e o atribuíram a uma empatia do público com as canções." Brecht defendeu que a peça fora *amaciada* pela música.

As gerações que, distanciadas da versão teatral, se criaram lamentando a saudade como "o revés de um parto" dificilmente associarão tal sentimento à despedida de dois pouco românticos trambiqueiros. Tampouco se imagina que a mãe que deseja "Pelo cordão perdido / Te recolher pra sempre / À escuridão do ventre / De onde não deverias nunca ter saído" seja uma cafetina ressentida com o baixo retorno do investimento feito na filha que, ao invés de fazer um casamento conveniente, foi cuidar da sua vida.

No palco prevalecia o pacto da ironia, uma modalidade de *os brutos também amam*. Em disco, como coisas autônomas, as canções mais pungentes convivem harmonicamente com o cinismo de faixas como "O casamento dos pequenos burgueses", em que "Ele faz o noivo correto / E ela faz que quase desmaia / Vão viver sob o mesmo teto / Até que a casa caia" ou "Se eu fosse o teu patrão": "E tu só pegava veneno / Beijando a minha mão / Ódio te brotava, moreno / Ódio do teu irmão". Há que se acrescentar a esse recorte a canção de Geni, que de santa ou vítima não tinha nada - era a melhor vendedora dos produtos mais refinados de Max, o contrabandista (Otávio Augusto), intermediava delações, negociava a preço de ouro suas informações - e que até hoje nos faz chorar.

Assim se faziam canções.

Mais ou menos assim se conta a história do nosso *Ulysses* musical. Diferentemente do original, tão acessível. Nosso Buarque Joyce de Hollanda segue firme e forte em sua produção, *benzadeus* ele. Reza a lenda que é encontrável no calçadão do Leblon - sua Dublin - e que costuma abraçar qualquer causa digna que se lhe apresentem. Já foi, inclusive, unanimidade nacional. Não é mais.

Assim se faziam cidadãos.

Sob todos os pontos de vista - na obra e na vida - que sorte a nossa.

Ficha técnica:

Ópera do Malandro (Philips – 6349.400 / 6349.401)

Músicas e textos de Chico Buarque

Produzido e dirigido por Sérgio de Carvalho

Arranjos e regência: Francis Hime ("Ai, se eles me pegam agora" foi produzida por Liminha com arranjo de Nelson Ayres)

Capa: Elifas Andreato

Músicos participantes:

Francis Hime, Sérgio Carvalho e Mú (A Cor do Som): piano; Burnier, Neco, Chico Buarque, Geraldinho e Nelson Ângelo: violão; Dino: violão 7 cordas; Burnier: violão 12 cordas; Menezes: bandolim; Walmar, Neco e Alceu: cavaquinho; Armandinho (A Cor do Som): guitarra; Novelli e Dadi (A Cor do Som): baixo; Ubirajara: bandoneon; Sivuca e Chiquinho: acordeon; Elber, Pascoal e Gustavo (A Cor do Som): bateria; Marku, Café, Chico Batera, Ary e Juquinha: percussão; Nei, Jorginho, Canegal, Wilson, Luna, Geraldo e a Turma do Jackson do Pandeiro: ritmo; Chico Batera: tímpano; Braz: oboé; Devos: fagote; Netinho e Botelho: clarinete; Celso, Jorginho e Franklin: flautas; Emílio e Jayme: saxofones; Maciel, João Luiz, Manoel e Macaxeira: trombones; Márcio, Waldir, Maurílio, Barreto, Santos, Darcy, Hamilton e Formiga: trompetes;

José Alves, Pareschi (Spalla), Vetere, Guetta, Bailon, Carlos Hack, Daltro, Faini, Lana, Marques, Bordinhão, Pompeu, Nathércia, Arnaud, Water Hack e Arraes: violinos; Penteado, Stephany, Pereira e Flinkas: violas; Alceu, Ana Bezerra, Bariola e Ranevsky: cellos; Edson Lobo e Sandrino Santoro: contrabaixos

Disco I

Lado A

1 – O Malandro – (Die Moritat Von Mackie Messer) – Intérprete: MPB4 (K.Weill-B.Brecht-Adapt.Chico Buarque)

2 – Hino de Duran – Intérpretes: Chico Buarque e A Cor do Som

3 – Viver do amor – Intérprete: Marlene

4 – Uma canção desnaturada – Intérpretes: Chico Buarque e Marlene

Lado B

1 – Tango do covil – Intérprete: MPB4

2 – Doze anos – Intérpretes: Chico Buarque e Moreira da Silva

3 – O casamento dos pequenos burgueses – Intérpretes: Chico Buarque e Alcione

4 – Teresinha – Intérprete: Zizi Possi

5 – Homenagem ao malandro – Intérprete: Moreira da Silva

Disco II

Lado A

1 – Folhetim – Intérprete: Nara Leão

2 – Ai, se eles me pegam agora – Intérprete: Frenéticas

3 – O meu amor – Intérpretes: Marieta Severo e Elba Ramalho

4 – Se eu fosse o teu patrão – Intérprete: Turma do Funil

5 – Geni e o Zepelim – Intérprete: Chico Buarque

Lado B

1 – Pedaço de mim – Intérpretes: Gal Costa e Francis Hime

2 – Ópera – Intérpretes: Cantores Líricos (Adapt. e textos de Chico Buarque sobre trechos de *Rigoletto,* de Verdi; *Carmen,* de Bizet; *Aida* de Verdi; *La Traviata*, de Verdi; e *Tannhauser*, de Wagner)

3 – O malandro nº 2 (Die Moritat Von Mackie Messer) – Intérprete: João Nogueira

Oswaldo Montenegro

Poeta Maldito... Moleque Vadio

por Madalena Salles

Pulei da cama e corri à caixa de correios. O pacote quadrado e fino chegou, enfim. Abri ansiosa o embrulho: o LP *Poeta Maldito... Moleque Vadio* trazia na capa um Oswaldo sentado, pernas cruzadas, cara tranquila. Se possível fosse, eu nadaria o oceano inteiro que nos separava para sentarmos e ouvirmos juntos o disco tão esperado. Mas me contentei, feliz, com o sonzinho na casa de um amigo.

Era 1979 e eu completava meu quase um ano na Alemanha. Portanto, tudo o que acontecera naquele período acompanhei de longe, através das cartas que trocávamos: os shows no anfiteatro da UERJ, capitaneados pelo inflamado e ativo Gonzaguinha, assistidos por universitários inflamados e ativos; os shows no Cabeças, em Brasília, com a galera sentada na grama já começando a cantar as músicas que vinham do palco; o contrato com a WEA; as madrugadas varadas, ele insone e tenso, escrevendo os arranjos para cordas e flautas para a gravação do primeiro LP num estúdio profissional com músicos profissionais.

Ano repleto de emoção e expectativa. Ano rico, ano bom!

Três anos antes, Oswaldo e eu éramos recém-chegados ao Rio, quando Hermínio Bello de Carvalho o convidou a participar do Seis e Meia, um projeto de shows que aconteciam às 18h30min no Teatro João Caetano, localizado no coração do Centro da cidade carioca, onde há a maior concentração de escritórios comerciais, e na hora em que a maioria dos trabalhadores termina o expediente e sai de seus escritórios. O objetivo era que esses trabalhadores pudessem driblar a hora do rush assistindo aos shows, para então seguirem para casa com o trânsito mais livre. A ideia pegou, foi sucesso. Mas dessa vez, ao invés de apresentar artistas já consagrados, como até então acontecia, pela primeira vez Hermínio ousou e convidou três iniciantes – Oswaldo Montenegro,

Marlui Miranda e Vital Lima – para fazerem o show. Ele pediu que Oswaldo fizesse os arranjos. Estávamos em 1976 e Oswaldo ainda engatinhava na escrita musical. Noites em claro, estudava cada frase das músicas, cada intenção das letras, cada possibilidade de harmonias e instrumentos e me ditava as frases dos arranjos para eu passá-las para o papel.

Chegamos para o primeiro dia de ensaio exaustos, mas com tudo escrito e perfeitamente estudado. De vez em quando ele ainda tinha que confirmar comigo seu próprio arranjo: "Madá, no compasso tal é que nota?" O show foi um sucesso. Nessa temporada, aconteceu o que se tornaria um importante marco na carreira de Oswaldo: Tárik de Souza, um dos nossos críticos de música mais brilhantes, a partir do Seis e Meia, recomendou Oswaldo à gravadora Warner. Esta recomendação resultou na assinatura do primeiro contrato de Oswaldo com uma grande gravadora e no LP *Poeta Maldito... Moleque Vadio.*

No ano de 1979 as coisas mudavam a passos largos e da água para o vinho e eu continuava acompanhando tudo de longe. A experiência do primeiro LP, o *Trilhas* (resultado de convite do querido Frank Justo Acker) – neste primeiro LP independente, gravado em 1977 no Teatro da Aliança Francesa da Tijuca, nós todos pobres de recursos, gravando de madrugada naquele teatro para não arriscar que barulhos vazassem pelos microfones – não se comparava à do *Poeta Maldito*. Naquele, músicos de qualidade, ainda amadores da profissão, gravaram com entusiasmo. Nesse, músicos "profissionais", sentados indolente e preguiçosamente em suas cadeiras, ainda que já dentro do estúdio e com seus instrumentos em punho, se divertiam com o nervosismo do menino de 23 anos à sua frente, que lhes apresentava suas partituras escritas em garranchos.

Por sorte passou pelo estúdio Dori Caymmi, que reparou na cena e com uma bronca, que só quem tem *status* de Dori Caymmi pode dar, contou para Oswaldo quem eram aqueles músicos, quem desafinava, quem não tocava bem... E contou para aqueles músicos quem era o menino à sua frente, que por um feliz acaso conhecera poucos anos antes, num show que dirigira e do qual um ainda desconhecido Oswaldo participara com duas ou três músicas. Em segundos, Dori fez com que os profissionais se encolhessem, sentassem direito e passassem a respeitar o menino. E o disco *Poeta Maldito... Moleque Vadio* ficou pronto.

Do outro lado do oceano, sentada à frente do toca-discos do meu amigo, eu ouvi faixa por faixa com atenção. Me emocionei! Os arranjos foram feitos pelos *experts* Antonio Adolfo, Luis Claudio e Perinho Albuquerque e pelo próprio Oswaldo, que manteve em seus arranjos o estilo camerístico, com a alma mais antiga que a dos colegas de sua geração. Ele nasceu com alma medieval, ou talvez renascentista ou, ainda, com alma do espírito celta. Ou talvez com todas elas misturadas, porém, definitivamente, não moderna. No *Poeta Maldito*, Oswaldo se manteve no trilho de sua infância, o das ruas mineiras de São João Del Rey, com as igrejas e cantos gregorianos, com as serestas nas madrugadas, que ainda hoje tomam suas veias. Ele quis os melhores músicos. Antonio Adolfo, com seu incomparável piano. Cordas de músicos de orquestras, mas acostumados aos estúdios. Oswaldo, propositadamente, manteve a linguagem antiga nos arranjos. Não buscou a vanguarda, e sim uma roupagem mais clássica, mais "antiga". Um observador mais afiado verá nas canções uma linha muito sutil que descreve a alma do compositor. No LP às minhas mãos, percorri cada pedaço da alma do Oswaldo.

Ouvindo-o, lembrei do brilho nos olhos, ele me contando de suas longas conversas com o maestro Otávio Maul, uma das pessoas mais importantes e afetuosas que conheceu. Pessoa que o ajudou a entender um pouco da dissonância de sua alma com o mundo que assistia, o maestro explicava os movimentos artísticos, como haviam se sucedido, como a arte se transformava através dos tempos. Um dia, Oswaldo perguntou a ele de onde viria o novo, já que a vanguarda veio da quebra de uma regra estética e agora não havia mais regras estéticas a serem quebradas, todos os acordes e harmonias eram permitidos, todas as pinturas aceitas. O maestro lhe respondeu, acertando na previsão: "Virá da mistura das artes, Oswaldo. E eu tenho certeza de que você vai trabalhar nisso, teu futuro vai ser isso."

Acordei das lembranças e voltei a ouvir música por música. "Léo e Bia", a primeira, me tomou logo de cara. Nosso amigo de adolescência, Léo Roberto, se casaria com minha prima Bia e Oswaldo lhes dera de presente de casamento essa canção. O arranjo da música retratava exatamente o Oswaldo arranjador que conheci e que me encantou anos antes. As frases, que poderiam ser ouvidas em solo, se misturavam em contracantos de forma tão marcante que praticamente passaram a fazer parte integrante da melodia principal. O que poucos perceberam é que "Léo" e "Bia" participam dessa faixa batendo palmas. Está registrado na ficha técnica. Eles também estão presentes no coro da faixa que fecha o álbum, "Gaivota", de Oswaldo e Mongol.

Em "Se puder sem medo", senti a solidão, estado inerente a Oswaldo.

Ele vive na melhor das solidões, mas em solidão perene, indelével, misturada ao eterno medo da dor de perder os afetos importantes. Porque Oswaldo vive de afetos. Vislumbrei aquela figura andando, sozinha, madrugada de chão molhado em ruas vazias, como ele sempre faz. Em "O mesmo assunto", vi aquele Oswaldo de 23 anos mostrando, claro que como alguém de 23 anos, o que pensa das conversas de bar infrutíferas, onde todos bradam todas as melhores soluções para os mais graves problemas do mundo, mas depois vão para suas casas dormir tranquilamente, sem nenhum daqueles problemas lhes incomodando o sono. Eu ri, vendo em minha mente Oswaldo declarando que poderíamos levar um papo mais leve, rindo mais, resolvendo pela alegria e pelo afeto. Sempre com afeto.

"Quem havia de dizer" me levou ao alívio, pois é o retrato de uma relação importante que demorou, mas se dissolveu com o tempo. A melodia imprimindo a angústia da letra, da ausência do afeto perdido e o fim da dor. De novo relembrei as vezes em que Oswaldo esteve com a alma doendo em função dessa relação e a hora em que, nitidamente, ele tinha ido "para outra".

"Fruta orvalhada" me levou para o ingênuo lirismo mineiro de sua infância. A canção descansando a alma, quase indolente. Em "Guerreiros das sombras" me vi às voltas com a fração renascentista de sua alma. A música em seis por oito grita sua parte flamenga, presente, real e forte.

Em "Tranquilo violeiro e retrato" li uma declaração de princípios. Ali, Oswaldo declara a necessidade urgente e inegociável que tem da liberdade. Liberdade de fazer o que se quer, de se ser o que se é, e o respeito às escolhas diferentes.

Uma coisa que me surpreendeu foi a entrada de "Quem diria". Essa é uma música que entrou no LP não exatamente por escolha do Oswaldo ou de seu produtor, Gastão Lamounier. Mas por ter sido a música de mais sucesso do Projeto Seis e Meia. Quando Oswaldo cantava o último verso – "O que pro pobre é frescura, / Pro rico é trauma de infância" – o público vinha abaixo. Foi sua primeira frase a alcançar uma forte reação da plateia.

"O artista e o santo" é a única música do álbum que não é de autoria do Oswaldo. Foi composta pelo parceiro e grande amigo Ulysses Machado. Oswaldo adorou, assim que a ouviu, porque se identificou com a postura do Ulysses. E ainda hoje a adora, pela ironia seca da letra, sentimento que Ulysses sabe usar com maestria.

E o disco termina com a curta e belíssima "Gaivota", dele e do Mongol.

"Gaivota" faz, da maneira mais leve e doce, a pergunta que todos nós nos fazemos eternamente e que nenhum de nós responde jamais. A pergunta que está sempre no ar, mas que justifica e alivia tudo, sem precisarmos saber o porquê.

Apesar de ser um disco muito bonito, belamente trabalhado e executado, as vendas não foram bem e a gravadora se decepcionou. Oswaldo se viu ameaçado de desemprego. Mas, mais uma vez, um feliz acaso mudou o rumo das coisas. No final de 1979, aconteceria o Festival da Tupi. Oswaldo anunciou a intenção de inscrever a inédita música "Bandolins" e a gravadora foi contra, argumentando que esta não era uma música com estilo para festivais. Mas ele insistiu e a canção foi inscrita, transformando-se em seu primeiro grande sucesso, ao alcançar o terceiro lugar e uma aceitação gigantesca do público. Também se transformou no ponto de virada de sua carreira, ao tornar viável que ele vivesse da música, seu sonho desde sempre. Na tiragem seguinte de *Poeta Maldito... Moleque Vadio,* a Warner inseriu um selo chamativo na capa alertando: "Incluindo 'Bandolins'."

Eu já estava em solo brasileiro. Respiramos. E seguimos em frente, sabendo que era apenas o início.

Ficha técnica:

Poeta Maldito... Moleque Vadio (WEA BR - 38.022)

Direção de Produção: Guti
Direção artística: Mazzola
Produção: Gastão Lamounier
Fotos: Januário Garcia
Coordenação de capa: Cláudio Carvalho
Layout: Ruth Freihof
Estúdio de Gravação: Transamérica (RJ)
Técnico de gravação: Vitor Farias
Auxiliares: Aníbal, Cláudio e Rafael
Mixagem: Vitor Farias e Gastão Lamounier
Assistente técnico: Dudu Marques
Agradecimentos especiais a Tárik de Souza pela apresentação do artista

Lado A

1 - Léo e Bia (Oswaldo Montenegro)
Arranjo e violão Ovation: Oswaldo Montenegro; piano elétrico: Antônio

Adolfo; guitarra: Hélio Caputti; baixo: Paulo Maranhão; bateria: Pedrinho; flautas: Marcos Mequita; cello: Henrique Drach; oboé: Brás; efeitos: Ariosvaldo e Chacal; palmas: Leo, Bia, Oswaldo, José Alexandre, Malu, Marcos Mesquita; coro: Oswaldo Montenegro, José Alexandre (Contracanto) e Malú Lacetá

2 - Se puder, sem medo (Oswaldo Montenegro)

Arranjos: Luiz Claudio; piano acústico: Antonio Adolfo; flautas: Celso e Franklin; oboé: Brás; trompa: Zdenek Svab; metais e cordas: orquestra WEA

3 - O mesmo assunto (Oswaldo Montenegro)

Arranjo: Perinho Albuquerque; violão Ovation: Oswaldo Montenegro; piano elétrico: Tomaz Improta; baixo: Rubão Sabino; bateria: Paulinho Braga; cordas: Orquestra WEA

4 - Quem havia de dizer (Oswaldo Montenegro)

Arranjo e piano acústico: Antonio Adolfo; cordas: Orquestra WEA

5 - Fruta orvalhada (Oswaldo Montenegro)

Arranjo e violões: Luiz Cláudio; piano elétrico: Antonio Adolfo; baixo: Luizão; efeitos: Chacal e Ariovaldo; flautas: Celso, Fanklin e Copinha; oboé: Braz; contracanto: José Alexandre

Lado B

1 - Guerreiros das sombras (Oswaldo Montenegro)

Arranjo e piano elétrico: Antonio Adolfo; guitarra: Hélio Caputti; baixo: Paulo Maranhão; bateria: Pedrinho; efeitos: Ariovaldo e Chacal; contracanto: José Alexandre; metais e cordas: Orquestra WEA

2 - Tranquilo violeiro (Oswaldo Montenegro)

Arranjo, violão acústico e violão de 12: Luiz Claudio; pianos elétrico e acústico: Antonio Adolfo; baixo: Luizão; bateria: Enéas; ritmo: Ariovaldo; cordas: Orquestra WEA; flautas: Celso e Franklin

3 - Retrato (Poeta Maldito Moleque Vadio) (Oswaldo Montenegro)

Arranjo: Oswaldo Montenegro; piano elétrico: Antonio Adolfo; guitarra: Hélio Caputti; baixo: Luizão; bateria: Pedrinho; cellos: Henrique Drack; trompa: Zdnek Svab; coro: José Alexandre, Malú Lacetá e Oswaldo

4 - Quem diria (Oswaldo Montenegro)

Arranjo e piano acústico: Antonio Adolfo; viola de 12: Rick; baixo: Jamil; bateria: Pedrinho

5 - O artista e o santo (Ulysses Machado)

Arranjo, guitarra, violão acústico e viola de 12 cordas: Luiz Cláudio; piano elétrico: Antonio Adolfo; baixo: Luizão; bateria: Enéas; ritmo: Ariovaldo

6 – Gaivota (Oswaldo Montenegro / Mongol)

Arranjo e piano elétrico: Antonio Adolfo; coro: Gastão, José Alexandre, Cristina, Malú Lacetá, Oswaldo, Henrique Drach, Leo, Bia, Mongol e Bruna Maria

Paulinho Boca de Cantor

Bom de Chinfra, Bom de Amor

por Lucas Vieira

Na segunda metade da década de 1970, a comunidade no Sítio do Vovô, onde os Novos Baianos viviam, na Zona Oeste do Rio de Janeiro, começou a não dar certo conforme a vida dos membros foi mudando. Casados e com filhos pequenos, as regras de convivência começaram a causar conflitos entre a banda.

Moraes Moreira foi o primeiro a debandar, em 1974. Enquanto o vocalista, violonista e principal parceiro do compositor, Galvão, seguiu em carreira solo, os Novos Baianos continuaram com a maior parte dos membros originais. Porém, quatro discos depois, os músicos chegaram à conclusão, de forma pacífica, de que não seria possível continuarem juntos na "anarquia bem-humorada" do sítio ou como uma banda. Contudo, a amizade e o companheirismo nunca foram desfeitos. Mesmo com a separação, a vontade de fazer música era incessante e os artistas entraram em carreira solo.

Em 1978, com a banda ainda em atividade, Baby (então Consuelo) gravou o LP *O Que Vier Eu Traço* e Pepeu Gomes, o instrumental *Geração de Som*. No ano seguinte, foi a vez de Paulinho Boca de Cantor entrar em carreira solo, após a dissolução do grupo. Dentro dos Novos Baianos, o artista pôs sua voz em gravações essenciais, como "O samba me traiu" (*É Ferro na Boneca!*, 1970), "Na cadência do samba" (*Vamos pro Mundo*, 1974), "Com qualquer dois mil réis" (*Novos Baianos F.C.*, 1973) e "Mistério do planeta" (*Acabou Chorare* , 1972).

Nascido na cidade de Santa Inês, em 28 de junho de 1946, Paulo Roberto Figueiredo de Oliveira iniciou sua carreira como crooner na Bahia, no começo da década de 1960, participando de orquestras onde cantava diversos gêneros musicais, como o tango, o bolero e as canções italianas, que faziam grande sucesso na época. Em 1979, após o lançamento de *Farol da Barra*, último LP dos

Novos Baianos, pela CBS, Paulinho acordou com a gravadora a produção de seu primeiro álbum solo, pedido que, com o reconhecimento de sua qualidade e os bons resultados dos discos de outros ex-membros da banda, foi acatado.

Enquanto outros integrantes dos Novos Baianos continuaram morando no Rio de Janeiro e outros foram para a Bahia, com o fim da banda Paulinho passou a viver em São Paulo, cidade de sua então esposa Marília Aguiar, com quem teve três filhos. Foi uma época em que circulou muito pela cidade e um de seus principais companheiros nessa fase foi Gilberto Gil.

Com o conterrâneo, Paulinho tinha em comum, além do amor à música, o vegetarianismo, e um dos programas da dupla era se reunir para comer a feijoada vegetariana, uma novidade na época. Em uma dessas reuniões, o tropicalista foi apresentado à ideia de uma canção que estava sendo trabalhada pelo amigo junto com o poeta Galvão. Gil adorou a composição e topou entrar na parceria, integrando assim o time que criou "Que bom prato é vatapá", faixa que abre o LP *Bom de Chinfra, Bom de Amor*.

O primeiro álbum de Paulinho é marcado por um elemento comum em todas as fases de sua carreira: a variedade de estilos somada à sonoridade pop. Em *Bom de Chinfra, Bom de Amor*, o artista cantou samba, rock, mambo, afoxé e até o reggae, ainda pouco explorado na MPB. Embora já houvesse algumas aparições do gênero no Brasil, como em "Negra melodia", parceria de Waly Salomão com Jards Macalé registrada no álbum *Contrastes* (1977), "Nossa trajetória" é lançada no LP no mesmo ano que um dos primeiros grandes sucesso do ritmo na música brasileira: "Não chores mais", versão de Gilberto Gil para a música "No woman no cry" (Vincent Ford), eternizada na voz de Bob Marley.

Um feito então inédito foi realizado com a produção do LP. A gravação, realizada no Rio de Janeiro, ficou marcada como a primeira reunião de Moraes Moreira com os membros dos Novos Baianos em estúdio após o rompimento. Assumindo os violões de *Bom de Chinfra, Bom de Amor*, o baiano de Ituaçu gravou com Pepeu Gomes (guitarra, violões e voz), Didi Gomes (baixo e voz), Jorginho Gomes (bateria, percussão e cavaquinho), Bola Morais (percussão), Zé Baixinho (percussão), Charles Negrita (percussão) e Baby (então Consuelo) do Brasil (voz), além do tecladista Luciano Alves (que havia tocado na fase progressiva d'Os Mutantes) e do próprio Paulinho. O álbum também trouxe a participação especial de Zé Ramalho, que em 1979, gravou seu terceiro trabalho através do selo Epic, da CBS.

O disco marcou a primeira vez em que Moraes, Paulinho e Galvão compuseram juntos desde 1974. Em *Bom de Chinfra, Bom de Amor* assinam as parcerias "Nossa trajetória" e "Mambeando à beira-mar". Além de parcerias e canções de autoria de antigos membros do Novos Baianos, o cantor incluiu músicas assinadas por nomes importantes da MPB, como "Terceira força" (Roberto Carlos e Erasmo Carlos), rock que recebeu sotaque baiano no arranjo; uma delicada interpretação de "Faixa de cetim" (Ary Barroso); "Afoxés" (Paulinho Camafeu,Charles Negrita e Almir do Apache), apresentando os timbres que se tornaram populares com os blocos afros na década seguinte; e "Jorge Maravilha" (Chico Buarque), apresentada de forma mais leve do que sua antiga banda tocava a composição de Julinho da Adelaide, aqui creditado sem mistérios.

Se musicalmente o artista conseguiu reunir tantos nomes importantes, com o projeto gráfico do disco não foi diferente. Além de fotos clicadas por Paulo Klein, *Bom de Chinfra, Bom de Amor* teve em sua capa uma pintura do cantor feita pelo artista Paulo Império e, na contracapa, uma caricatura feita por Angeli que representava a vida de Paulinho Boca de Cantor após o fim dos Novos Baianos: um cotidiano em que tinha mais responsabilidades e em que, longe dos amigos que cuidavam uns dos outros, precisava equilibrar o trabalho com a música, o futebol e o cuidado com os filhos. Na mesma representação, o cartunista adicionou elementos tratados nas letras das canções.

Junto ao desenho, dois textos foram incluídos: um do próprio Paulinho Boca de Cantor, em que conta sua trajetória como artista – e assina como "La Bouche", apelido carinhoso que recebeu dos Novos Baianos – e outro de Luís Galvão, em que tece elogios ao amigo e faz uma apresentação do disco.

Após o lançamento, Paulinho Boca de Cantor realizou uma turnê apoiada pela gravadora, que teve início no interior de São Paulo e percorreu outros estados, como Rio de Janeiro, Bahia e parte do Nordeste. Durante depoimento exclusivo para este artigo, o artista revelou que considera o álbum marcante por consolidá-lo como um cantor além do vocalista dos Novos Baianos, abrindo as portas para os trabalhos posteriores.

De fato, com *Bom de Chinfra, Bom de Amor*, Paulinho Boca de Cantor mostrou seu potencial como artista solo e também como "aglutinador", adjetivo que atribui a si mesmo por seu potencial em reunir amigos e talentos. Por essa característica, seu primeiro LP pode ser considerado uma continuação direta do legado dos Novos Baianos, não só pelo espírito comunitário como pela musicalidade que alinha ritmos tradicionais brasileiros com os elementos pop da época.

Em 2021, em depoimento para este livro, Paulinho revelou que seu LP de estreia estava em processo de remasterização para ser lançado nas plataformas digitais. A reedição faz parte de um projeto de digitalização de toda a sua discografia, que inclui trabalhos que por mais de trinta anos não foram adaptados para o formato digital.

Ficha técnica:

Bom de Chinfra, Bom de Amor (CBS - 235028)
Direção artística: Jairo Pires
Direção musical: Paulinho Boca de Cantor e Luís Galvão
Direção de produção e estúdio: Jorginho Gomes e Pepeu Gomes
Assistente de produção: Gato Félix
Técnicos de gravação: Manoel, Ney, Eugenio e Helinho
Assistente de estúdio: Pedrinho
Mixagem: Pepeu Gomes e Manoel
Montagem: Alencar
Capa: Flávio Império
Contracapa: Angeli
Foto do encarte: Paulo Klein
Arte: Carlos Henrique M. de Lacerda
Direção de arte: Géu
Gravado nos estúdios CBS no Rio de Janeiro
Participação especial de Zé Ramalho na faixa "O desafio do século"

Músicos participantes:
Paulinho Boca de Cantor: voz; Didi Gomes: baixo; Baby do Brasil: voz; Moraes Moreira:violão e arranjos; Luciano Alves: teclados; Jorginho Gomes: bateria, percussão, cavaquinho e voz; Pepeu Gomes: violão, guitarra, voz e arranjos; Charles Negrita: percussão; Bola Moraes: percussão; Zé Baixinho: percussão

Lado A
1 - Que bom prato é catapá (Gilberto Gil / Paulinho Boca de Cantor / Luís Galvão)
2 - Nossa trajetória (Moraes Moreira / Luís Galvão / Paulinho Boca de Cantor)
3 - Mambeando à beira-mar (Moraes Moreira / Luís Galvão / Paulinho Boca de Cantor)

4 - A lenda dos sapos (Didi Gomes / Luís Galvão / Lula Martins)
5 - Veste a calça, calça o sapato (Pepeu Gomes / Luís Galvão / Paulinho Boca de Cantor)
6 - Jorge Maravilha (Chico Buarque)

Lado B
1 - Faixa de cetim (Ary Barroso)
2 - O desafio do século (Zé Ramalho / Luís Galvão / Paulinho Boca de Cantor)
3 - Terceira força (Roberto Carlos / Erasmo Carlos)
4 - Eu sou um pandeiro (Moraes Moreira)
5 - Leva o vento (Moraes Moreira / Luís Galvão)
6 - Afoxés (Paulinho Camafeu / Almir do Apache / Charles Negrita)

Paulinho da Viola

Zumbido

por Carlos Evandro Lordello

Minha vida na música, divido em duas fases. Uma antes do *Dança da Solidão* do Paulinho da Viola (1972) e a outra depois desse *long play*. Foi amor à primeira vista, assim que eu bati o olho na capa preta com o desenho do Andreato do rosto do Paulinho. Tirei da estante e mostrei para a balconista da loja onde eu costumava comprar discos de rock. Percebi sua cara de espanto. Desconversei, meio sem jeito, dizendo que fora um pedido do meu tio Célio. "Vou levar para ele", despistei. Paguei, coloquei debaixo do braço o embrulho e me dirigi para casa.

No caminho, fui me lembrando da festa familiar no último domingo. Eu e meus amigos desfilávamos o repertório do último disco do Led Zepellin com nossos violões, quando meu tio se aproximou e cochichou em meu ouvido, em tom de zombaria: "Você já ouviu o disco do Paulinho da Viola?" É claro que eu já tinha ouvido alguma coisa dele. Sorri, sem entender bem qual a relação entre o sambista, eu, meu tio e aquela zoeira roqueira que a gente estava produzindo naquele momento. E isso ficou rondando minha cabeça até aquele momento em que cheguei em frente à vitrola. Retirei o disco do embrulho. Olhei de novo aquela capa toda preta e a expressão enigmática do Paulinho no traço do (ilustrador e capista) Elifas Andreato.

Coloquei a bolacha para tocar, sentei no sofá com o encarte nas mãos. Dei de cara com um samba que eu já havia escutado na rádio JB AM 940MHz, a ZYJ-453. Deixei o samba rolar, me avisando que a viola ia para o fundo do baú.

A segunda faixa começa com aquele arpejo da viola do Paulinho que, para felicidade geral, não foi para o baú. É o samba epílogo, autobiográfico do grande Wilson Baptista. A partir dali, eu já senti que tudo seria diferente. E foi.

Lá em casa se ouvia Tom Jobim e Vinicius de Moraes, Elis Regina, Frank

Sinatra, Ray Conniff e Ray Charles. E tudo da Nara Leão, de quem meu mano, Paulo, era fã. Tinha até o telefone da casa dela, apesar de nunca ter ligado. Mas tocava e cantava tudo dela. Como minha mana Vera que também batia um violão bacana.

Foi nessa época que Zé Roberto, minha melhor má companhia, me apresentou Hendrix, Clapton, Dylan, Stones. Eu até já conhecia Roberto e Erasmo, Mutantes, "Lucy in the sky with diamonds" e "I am the Walrus". E já estavam abertas as portas da percepção. Light my fire!

Foi com esses ouvidos que escutei aquele disco, da primeira à última faixa. Fiquei tonto. Escutei de novo, para me certificar de que eu tinha ouvido aquilo tudo. "Juro que não posso me lembrar / Se for falar na Portela, hoje eu não vou terminar" (Monarco, em "Passado de glória").

Paulo Cesar Batista de Faria, filho do músico Cesar Faria, componente do lendário grupo de choro Época de Ouro, viveu num ambiente musical. Na infância teve contato com a música nos ensaios familiares do conjunto do qual o pai fazia parte, onde conheceu Jacob do Bandolim e Pixinguinha e outros músicos que se reuniam para fazer choro e eventualmente cantar valsas e sambas de diferentes épocas.

O trabalho de Paulinho da Viola ao longo de sua carreira ficou marcado pela costura que faz com maestria das tradições populares como o samba, o carnaval e o choro com uma assinatura própria e contemporânea. Sua música conversa com a música de Cartola, Candeia, Arnaldo Antunes e Marisa Monte.

Depois de mais de uma década lançando dez discos antológicos na Odeon, repletos de belíssimas canções, o Príncipe do Samba, apresenta seu *Zumbido*, fechando um ciclo em sua carreira. Na sequência, iria para a Warner. Na capa, mais uma parceria com o genial artista gráfico Elifas Andreato, responsável pelas seis capas (e encartes) anteriores, desde o magnífico *Dança da Solidão* (1972).

Aliás, as capas do Elifas representam muito da revolução musical que Paulinho propôs nesses discos lançados entre 1972 e 1979. Enquanto que em *Dança da Solidão* e *Nervos de Aço*, o músico é retratado na capa com o traço originalíssimo do artista plástico, nos demais o voo vai mais longe, culminando com os discos "de madeira" de 1978 (o que tem a canção "Miudinho") e o de 1979 (*Zumbido*).

Zumbido traz o mais puro samba do Paulinho nas suas principais características: o acompanhamento rítmico de alta qualidade, as harmonias sofisticadas e a inspirada poesia, aliada a sua singular interpretação.

Abre o disco com o "Chico Brito", de Wilson Baptista (em parceria com Afonso Teixeira), samba lançado em 1950 por Dircinha Baptista, que ficou muito tempo censurado por conta da alusão a uma certa erva do norte.

Em seguida, dois sambas do Paulinho. "Amor é de lei", parceria com Sérgio Natureza e "Aquela felicidade", belos versos em uma melodia cheia de detalhes e caprichos, bem ao seu estilo. O acompanhamento de violão, baixo, piano, flauta/clarinete, ritmo/percussão/bateria segue em "Coração oprimido" (Walter "Alfaiate" Nunes e Zorba Devagar), "Foi demais" (parceria com o mestre Mauro Duarte), "Passei por ela" (Álvaro Cardoso e Waldemiro de Oliveira) e "Deixa pra lá", de Paulinho.

Nas demais faixas, o arranjo se estrutura na ótima cozinha arregimentada e com o cavaco e o violão responsáveis pela harmonia. Merecem destaque mais uma bela parceria com Elton Medeiros, "Recomeçar", e as pérolas de Paulinho: "Pode guardar as panelas", "Não posso negar", "Amor é assim" e o "Zumbido", samba-manifesto que fecha o disco.

Se hoje não é tão comum ouvir Paulinho da Viola tocar em rádios ou ser um campeão de execução em *streaming*, em 1979 ele tocava, e bem. Escolhido pela Odeon para "puxar" o disco *Pode Guardar as Panelas*, uma alusão a crise econômica que despencava por aqui, conquistou o gosto popular e tocou bastante. "Recomeçar", que "não tinha cara" de hit acabou aos poucos conquistando seus fãs e, junto com as panelas guardadas, continua ainda hoje abrilhantando o repertório de espetáculos (poucos, é verdade) com que Paulinho, vez por outra, brinda seus fãs.

Durante um período de 2020, o jornalista Mauro Ferreira, titular do Blog Pop & Arte no portal G1, criou uma série chamada Discos para Descobrir em Casa, referência a reclusão forçada pela covid-19, e um dos eleitos foi exatamente esse *Zumbido* de Paulinho. Mauro comentou, de forma exata, que "o álbum *Zumbido* deu o politizado recado final com a música-título. Com letra que jamais soou panfletária, o samba 'Zumbido' ecoou nos ouvidos dos compradores do disco como manifesto em defesa da luta dos direitos de igualdade do povo negro. Para bom entendedor, aquele samba já bastava. Mas nem todo mundo ouviu. Com moderada repercussão comercial, o álbum *Zumbido* marcou o fim da era áurea de Paulinho na gravadora Odeon, mas gerou show antológico na trajetória do artista. Um show teatral no qual o sambista *chorão* personificou em cena o próprio personagem Zumbido na defesa da arte negra".

Sem sombra de dúvidas, a majestade do mestre marceneiro de canções está inteira nesse delicado zumbido.

Ficha técnica:

Zumbido (EMI-Odeon - 31C 062 421182)
Diretor de produção: Mariozinho Rocha
Produção executiva: Paulinho da Viola
Técnicos de gravação: Guilherme, Mayrton Bahia e Dacy
Técnicos de mixagem: Nivaldo Duarte e Franklin
Corte: Osmar Furtado
Capa: Elifas Andreato
Marchetaria: Sr. José Lamas e Elifas Andreato

Lado A
1- Chico Brito (Afonso Teixeira / Wilson Batista)
Voz e violão: Paulinho da Viola; clarinete: Copinha; piano: Zé Américo; baixo: Dininho; bateria e tamborim: Hércules; caixa de fósforos: Chaplin
2 - Amor é de lei (Sergio Natureza / Paulinho da Viola)
Voz e violão: Paulinho da Viola; sax: Copinha; piano: Zé Américo; baixo: Dininho; bateria: Hércules; tamborim: Chaplin
3 - Aquela felicidade (Paulinho da Viola)
Voz e violão: Paulinho da Viola; flauta: Copinha; piano: Zé Américo; baixo: Dininho; bateria: Hércules; chocalho e cincerro: Chaplin
4 - Coração oprimido (Walter Nunes / Zorba Devagar)
Voz cavaco e violão: Paulinho da Viola; flauta: Copinha; piano elétrico: Zé Américo; baixo: Dininho; surdo: Gordinho; cuíca e tamborim: Marçal; pandeiro: Chaplin
5 - Pode guardar as panelas (Paulinho da Viola)
Voz e cavaco: Paulinho da Viola; violão: Cesar Faria; tamborim: Marçal e Luna; omelê: Marçal; pandeiro: Luna e Elias; reco-reco: Elias e Hércules; agogô: Elizeu; surdo e arroz: Chaplin
6 - Não posso negar (Paulinho da Viola)
Voz e cavaco: Paulinho da Viola; violão: Cesar Faria; tamborim: Geraldo e Luna; omelê: Marçal; pandeiro: Elizeu; agogô: Hércules; surdo: Elias

Lado B

1 - Foi demais (Paulinho da Viola / Mauro Duarte)

Voz e violão: Paulinho da Viola; clarinete e flauta: Copinha; piano: Zé Américo; baixo: Dininho; reco-reco e tamborim: Hércules; pandeiro e surdo: Chaplin

2 - Recomeçar (Elton Medeiros e Paulinho da Viola)

Voz e cavaco: Paulinho da Viola; violão: Cesar Faria; tamborim: Elizeu e Luna; omelê: Marçal; pandeiro: Elias; reco-reco: Hércules; surdo: Chaplin

3 - Passei por ela (Álvaro Cardoso e Waldemiro de Oliveira)

Voz e cavaco: Paulinho da Viola; violão: Cesar Faria; clarinete: Copinha; piano: Zé Américo; baixo: Dininho; reco-reco: Hércules; tumbas: Chaplin; tamborins: Marçal e Elizeu; pandeiro: Luna; surdo: Armando

4 - Deixa pra lá (Paulinho da Viola)

Voz e violão: Paulinho da Viola; clarinete: Copinha; piano: Zé Américo; baixo: Dininho; bateria: Hércules; guará, caxeta e cincerro: Chaplin

5 - Amor é assim (Paulinho da Viola)

Voz e cavaco: Paulinho da Viola; violão: Zé Américo; agogô: Hércules; omelê e caxixi: Chaplin; tamborins: Elizeu e Marçal; cuíca: Marçal; surdo: Elias e Armando

6 - Zumbido (Paulinho da Viola)

Voz, violão e caixa de fósforos: Paulinho da Viola; tamborim: Hércules; tumbas: Chaplin; tamborins: Marçal e Elizeu; coro: Dinorah, Eurídice, Zélia, Zenilda, Gordinho, Nô, Genaro e Copacabana; arranjos: Paulinho da Viola (acrescidos dos impulsos criativos da rapaziada)

Pepeu Gomes

Na Terra a Mais de Mil

por Leandro Souto Maior

Pepeu Gomes é um dos principais guitarristas do Brasil – e até do mundo – de todos os tempos. Não existe lista de melhores da guitarra brasileira em que ele não esteja entre os primeiros. Pepeu também é arranjador, compositor e cantor, embora alguns não gostem de sua voz e prefiram não considerá-lo cantor. Mas foi cantando que ele alcançou o sucesso nacional. E em *Na Terra a Mais de Mil*, seu segundo LP solo, lançado em 1979, é a primeira vez que Pepeu Gomes é visto como cantor popular, catapultado pela música "Meu coração", parceria com Gilberto Gil, usada para promover o disco e que vai parar até na trilha sonora da novela *Marina*, da Rede Globo.

Pedro Aníbal de Oliveira Gomes vem de uma grande família de irmãos músicos, filhos de um músico de orquestra e uma professora de piano. E se o papo é Pepeu Gomes, temos que falar da galera dos Novos Baianos, a banda que ele integra nos anos 1970 com Moraes Moreira, Baby Consuelo (depois Baby do Brasil) e Paulinho Boca de Cantor, entre outros músicos especialmente talentosos. No início, o guitarrista ganha o apelido "Hendrix dos Baianos", porque os Novos Baianos começam como uma banda de rock. Até 1972, com o clássico álbum *Acabou Chorare*.

"O João Gilberto tinha estado com a gente, tinha dado aqueles toques... eu vi que não podia continuar simplesmente fazendo o que os outros fizeram", comenta Pepeu, em entrevista ao jornal *O Globo*, publicada no livro *Nada Será Como Antes - MPB nos Anos 70 – 30 Anos Depois* (Senac Rio), da jornalista Ana Maria Bahiana, sobre o determinante encontro com o ícone da Bossa Nova que mudou sua vida e do grupo.

Com a saída de Moraes, em 1974, Pepeu ganha cada vez mais destaque, sendo o principal compositor e assumindo ainda a direção musical. Quando o baixista Dadi deixa a banda, o guitarrista chama seu irmão caçula Didi que, junto de seu outro irmão Jorginho Gomes, passam a formar a nova base instrumental dos Novos Baianos, e depois também de sua carreira solo.

Com o fim dos Novos Baianos, em 1978, Pepeu Gomes assina com a gravadora CBS (atual Sony) e lança seu primeiro disco como guitarrista, *Geração de Som*, totalmente instrumental, um fusion de ritmos brasileiros com o rock – principal faixa do disco, "Malacaxeta" lembra o riff de "Wait until tomorrow", de Jimi Hendrix. O jornalista José Emílio Rondeau escreve na revista *Pop* de novembro de 1978 que *Geração de Som* é o melhor disco de guitarra já lançado no Brasil. Pepeu consegue imprimir sua assinatura musical, fazendo a guitarra soar como um instrumento tão brasileiro quanto o cavaquinho.

"Guitarra para mim é uma coisa muito natural. É um som que eu ouço desde garoto, cansei de ouvir trio elétrico na Bahia. Então, não é uma coisa estranha, não é estrangeiro. É uma coisa brasileira, mesmo", ressalta Pepeu Gomes, lembrando que Dodô já cruzava as ruas de Salvador em cima de um caminhão nos anos 1940 tocando seu "pau elétrico" - que viraria a guitarra baiana, tentativa de amplificar o bandolim.

Geração de Som "quebra tudo", como se diz nos mais altos escalões da crítica musical, e as pessoas passam a ver Pepeu mais como um guitarrista de destaque do que como um músico de apoio. Por essa mesma época, ele também é chamado para participar em produções de outros artistas, como nos discos *Alto Falante*, de Moraes Moreira; *Cauim*, de Ednardo; e *A Peleja do Diabo com o Dono do Céu*, de Zé Ramalho.

Quando o produtor André Midani funda a filial brasileira da Warner Music, ele contrata Pepeu para fazer parte do elenco da gravadora. O guitarrista, então, lança *Na Terra a Mais de Mil*. A capa o traz empunhando sua lendária guitarra Giannini Supersonic, que ele mesmo redesenha o formato cortando a madeira, isso ainda no início dos Novos Baianos, e coloca um captador a mais. Na contracapa, ele aparece tocando o bandolim.

Na banda, juntam-se aos irmãos Gomes o tecladista Luciano Alves, recém-saído dos Mutantes (e que a partir desse disco inicia uma parceria com Pepeu que permanece até os anos 1990), os percussionistas Charlie e Milton Cobrinha, além da orquestra de cordas da WEA em "Meu coração" e de um naipe de metais (com regência de Luciano Alves) em "Malacaxeta II" (versão cantada, com letra de Caetano Veloso, para a emblemática música de "Geração de som"). Oswaldinho faz uma participação no acordeon em "Forró do ano 2000" (de Pepeu e Baby, sua mulher na época, que também participa do disco, no coro de "A Terra a mais de mil" com Regininha, Marisinha e Viviane). O guitarrista assina a produção, direção musical e arranjos.

Das 12 músicas, cinco são instrumentais como em seu disco anterior, mas nas sete outras ele mostra mesmo a voz, mesclando bem seus lados vocalista e guitarrista. As composições são todas de sua autoria, com parceiros como Gilberto Gil, Baby Consuelo, Caetano Veloso, Moraes Moreira e Galvão – menos "Voz do coração", de Patinhas e Zeca Barreto.

A doce canção "Meu coração" tem boa execução nas rádios e leva o disco a bons níveis de vendagem. Pepeu Gomes conta, em depoimento para seu DVD de 2004, que a letra foi composta com Gilberto Gil durante uma carona até o aeroporto.

"O Gil foi a primeira pessoa que realmente acreditou em mim", reconhece Pepeu, lembrando da primeira grande oportunidade de sua carreira, quando Gil o viu tocando na televisão e, impressionado com seu talento, o convidou para o emblemático show *Barra 69*, com Caetano Veloso, logo antes de a dupla ir em busca do exílio político na Inglaterra. E foi Gil também quem apresentou Pepeu à música de Jimi Hendrix, dando a ele de presente o LP *Smash Hits* do guitarrista norte-americano. Em 1978, Pepeu volta a acompanhar Gilberto Gil, em shows na Europa, incluindo no Festival de Montreux, apresentação que gera um disco ao vivo e é a primeira experiência de Pepeu com uma plateia internacional. Um ano depois, vem o convite para participar do festival na Suíça com seu próprio show, também registrado em disco, lançado em 1980 com o nome *Pepeu Gomes ao Vivo* e trazendo uma música em homenagem a Hendrix, a balada blues "Todo amor ao Jimi".

Ainda em 1980, ele concorre no Festival MPB Shell da TV Globo com a polêmica música "O mal é o que sai da boca do homem" (parceria com Baby e Galvão), do refrão "você pode fumar baseado...", que mesmo censurada se torna um hino da juventude *legalize* da época. No final da década de 1970, na passagem do governo Geisel para o de Figueiredo, a ditadura brasileira começa a acabar. A palavra da hora é "abertura", especialmente abertura política. O Brasil repudia a tortura e a opressão enquanto Elis Regina emociona cantando "O bêbado e a equilibrista" (João Bosco e Aldir Blanc), e outros cantores populares como Chico Buarque e Milton Nascimento fazem letras com críticas sutis (para escapar da censura) ao regime militar. Uma época riquíssima de criações, mostrando que um regime autoritário pode não ser suficiente para acabar com a inteligência de um povo.

Em 1981, Pepeu lança seu quarto disco individual, chamado apenas *Pepeu Gomes* – também conhecido como *Calor Humano* – com destaque para o hit "Eu também quero beijar" (parceria com Moraes Moreira e Fausto Nilo) e que lhe rende o primeiro Disco de Ouro da carreira. Verdade que entre esses sucessos pop de rádio, sempre há muito espaço para temas instrumentais, especialmente nos shows. Ainda assim, a partir daí muitos admiradores, incluindo a jornalista Ana Maria Bahiana, comentam que passam a sentir falta do "Pepeu que tornou admissível para muitos gostar de música brasileira e nela acrescentar uma farta dose de apimentada esporreira elétrica. O Pepeu solista, que se atirava de cabeça, sem rede, em aventuras musicais improváveis, sem medo", escreve ela, ressaltando que não despreza "o apurado artesanato pop que fez de Pepeu sobretudo um bem-sucedido criador e intérprete de canções".

Com Baby e influenciado por mitologias cósmicas, Pepeu Gomes vai enveredando por uma vertente mais pop, que marca seus trabalhos nos anos 1980, unindo música instrumental com canções de apelo popular e até aderindo à tendência de instrumentação da década, com teclados, sintetizadores e bateria eletrônica.

Ficha técnica:

Na Terra a Mais de Mil (WEA – BR 32.044)

Produção, direção musical e arranjos: Pepeu Gomes
Produção nas faixas "Meu coração" e "Forró do ano 2000": Gutti
Assistente de produção: Jorginho Gomes
Direção de estúdio: Jorginho Gomes e P. C. Salomão
Capa: Nilo de Paula
Arte: Ruth Freihof
Fotos: Carlos Safker
Coordenação de capa: Leonardo Netto
Gravação realizada na primavera de 1979

Lado A

1 – A Terra a mais de mil (Pepeu Gomes / Galvão)
2 – Meu coração (Pepeu Gomes / Gilberto Gil)

3 – Arco-íris (Luciano Alves / Pepeu Gomes)
4 – Malacaxeta II (Pepeu Gomes / Caetano Veloso)
5 – No batucar do samba (Pepeu Gomes)
6 – Dos harmônicos (Pepeu Gomes / Jorginho Gomes)

Lado B
1 – Dizem por aí (Pepeu Gomes / Galvão / Didi Gomes)
2 – Forró do ano 2000 (Pepeu Gomes / Baby Consuelo)
3 – Swing por natureza (Pepeu Gomes)
4 – Guitarra cigana (Moraes Moreira / Pepeu Gomes)
5 – Voz do coração (Zeca Barreto / Patinhas)
6 – Mirabay (Pepeu Gomes)

Quarteto em Cy

Em 1000 Kilohertz

por Inahiá Castro

O Quarteto em Cy, originalmente formado pelas irmãs Cyva, Cynara, Cybele e Cylene, estreou em junho de 1964 no Bottles Bar, que ficava no conhecido Beco das Garrafas no bairro de Copacabana, no Rio de Janeiro. As quatro foram acompanhadas por Rosinha de Valença no violão, Carlos Castilho na guitarra e o Copa Trio, que tinha Dom Um Romão na bateria, Dom Salvador ao piano e Manuel Gusmão no contrabaixo.

Sob as bênçãos de Vinicius de Moraes, padrinho musical do grupo, junto com o parceiro Carlinhos Lyra, as quatro meninas, recém-chegadas da Bahia, conquistaram a cena musical carioca e, em pouco tempo, nacional.

Quando Vinicius as conheceu, apaixonou-se imediatamente e passou a levá-las com ele a saraus e encontros com amigos. Elas ficaram conhecidas como As Baianinhas. Vislumbrando o sucesso que as meninas poderiam ter, o poeta logo tratou de encaminhá-las profissionalmente e, em reunião na casa de Carlinhos Lyra, sugeriu a escolha de um nome definitivo para o grupo, já que, segundo ele, não ficaria bem que elas fossem chamadas da As Baianinhas até quando ficassem mais velhas. Ele sabia que a carreira delas seria consistente e longeva.

Assim, entre muitas sugestões, surgiu a ideia de relacionar a sonoridade da sílaba Cy, inicial dos nomes das quatro irmãs com a nota musical Si. "As Quatro do Cy", "Quatro em Cy"... até que Carlinhos Lyra vaticinou: "Quarteto em Cy". É nisso, concordaram todos!

Mesmo com algumas mudanças na formação, o Quarteto em Cy tornou-se, mais que um grupo, uma instituição. A força do nome e da produção musical mantiveram o grupo sempre em alta e nos anos que se seguiram vieram muitos outros discos, shows, turnês, entre os quais, alguns trabalhos em octeto formado com o MPB4, que sempre foram muito bem-recebidos pelo público.

Desde a estreia, em 1964 até hoje, em 2022, o Quarteto em Cy lançou 41 discos, entre LPs e CDs e dois DVDs. A caminho dos 60 anos de carreira, o grupo segue resistindo com talento e disposição, enfrentando os desafios de um mercado cultural cada vez mais disputado, mas que sempre acaba tendo espaço para os que não têm medo de se reinventar. A atual formação tem: Cyva, Cynara, Sonia e Corina.

Em 1979, quando o espetáculo *Em 1000 Kilohertz* foi concebido e montado, o Quarteto em Cy vinha de uma turnê extremamente bem-sucedida, em parceria com o MPB4 com o espetáculo *Cobra de Vidro*, que rodou o país, rendeu um disco e marcou um dos pontos altos do octeto no ano anterior.

Desde 1977, o Quarteto em Cy, assim como outros artistas, fazia parte de uma associação que tinha o intuito de administrar os recursos arrecadados com os shows, investindo em produção, compra de equipamentos e tudo que possibilitasse a realização de espetáculos de forma independente. O projeto funcionou bastante bem na época do *Cobra de Vidro*. Desde o caminhão que transportava todo o equipamento de som, luz, instrumentos até o cenário e figurinos, tudo era adquirido e gerido pela associação. A renda das bilheterias era dividida entre todos, normalmente resultando num bom cachê para cada um.

E foi nessa toada que o Quarteto em Cy chegou ao ano de 1979 com a proposta do show *Em 1000 Kilohertz*, apresentado no Teatro Vannucci, no Rio de Janeiro. Com roteiro e direção de Tulio Feliciano, o tema central do espetáculo era o rádio, e transcorria ao redor de uma hipotética programação de 24 horas no ar, passando por notícias, novela, horóscopo, tudo permeado por muita música, claro. Uma grande produção de teatro musical. À época, o Quarteto em Cy era formado por Cyva, Cynara, Sonia e Dorinha.

O roteiro, que deu origem ao disco lançado no mesmo ano, não destacava nenhuma época ou programação específica, mas utilizava um pouco de todas, ressaltando o rádio como grande canal difusor da cultura musical e comportamental de todos os tempos.

As músicas foram divididas em blocos que formavam a programação. O espetáculo era apresentado por um locutor que anunciava as horas e o nome do programa. A voz era de Marcilio Freire, marido de Cybele, uma das irmãs da formação original, que não estava no grupo nessa época, mas retornou após o falecimento de Dorinha Tapajós, em 1980. A abertura era com o bloco Bom Dia, Ouvinte, anunciado como programa das 5h da manhã, em que elas entravam cantando "Baioque" (Chico Buarque). O bloco seguinte, transmitido às 6h, era A Hora do Trabalhador, ilustrado pelas canções "Bom dia" (Gilberto Gil e Nana Caymmi) e "Fortaleza", de Chico Buarque. E, assim, transcorria o show, entre blocos temáticos e canções correspondentes até encerrar com o Desperta Brasil, em que elas cantavam "Geleia geral" (Gilberto Gil), com trecho de "Tragedy" (Bee Gees) e "Boa noite, amor" (José Maria de Abreu e Francisco Matoso).

No momento do horóscopo, as meninas interagiam com o público, brincavam com os signos das pessoas da plateia e Cyva ficava sentada, fazendo as vezes de astróloga. O improviso das falas era um ponto alto de humor inteligente.

O intervalo do show era anunciado como A Hora do Brasil, e era marcado pelo silêncio, já que as cantoras e banda saíam do palco, numa alusão à programação de rádio que ninguém ouve. No final dos anos 1970, o país começava a viver o movimento de anistia e ensaiava os primeiros passos em direção ao fim da era militar. A censura ainda era muito presente nas manifestações artísticas e desafiá-la com inteligência e bom humor era fórmula de sucesso.

O espetáculo teve casa lotada durante toda a turnê, mas a produção grandiosa era também dispendiosa e, aos poucos, elas foram sendo informadas pela associação de que a bilheteria não estaria sendo suficiente e as contas não fechavam, dando fim às apresentações.

O sucesso do show levou à gravação do disco, pelo selo Polygram/Philips. O LP também teve produção musical de Luiz Cláudio Ramos e contou com algumas canções que faziam parte do espetáculo e outras que se adequavam mais ao formato fonográfico. O álbum não foi editado em formado de CD, mas é possível encontrá-lo pela internet e em sebos, muitos em ótimo estado.

Na capa, com foto de Marisa Álvares de Lima, as meninas aparecem sentadas numa mesa da Casa Cavé, centenária confeitaria carioca, com figurino dos anos 1920. Uma alusão à Era do Rádio, mas um contraponto com um repertório que mesclava a beleza do antigo e a ousadia do novo.

O repertório destacava as inéditas "Sim ou não" (Djavan), "Vinho amargo" (Kledir Ramil e Fogaça), "Feira das almas" (Francis Hime e Carlos Queiroz Telles), "Nadando no seco" (Tunai e Sergio Natureza), "A cidade contra o crime" (Gonzaguinha) e "Feminina" (Joyce), que no ano seguinte fez parte da trilha sonora da série *Malu Mulher*, da Rede Globo.

Também compunham o repertório "Maria, Maria" (Milton Nascimento e Fernando Brant) e "Sabiá" (Chico Buarque e Tom Jobim), uma regravação, agora a quatro vozes, da música com que Cynara e Cybele venceram o Festival da Canção em 1968.

Vetadas pela censura, "Não tenha medo" (Caetano Veloso) e "Credo" (Milton Nascimento e Fernando Brant) não puderam fazer parte do LP. "Boa noite, amor" (José Maria de Abreu e Francisco Matoso) e "Cantor de rádio" (Custódio Mesquita e Paulo Roberto) também ficaram de fora, mas por falta de espaço. As duas acabaram fazendo parte do álbum duplo *Quarteto em Cy – 40 Anos*, lançado 25 anos depois pela Universal, em 2004.

Ficha técnica:

Em 1000 Kilohertz (Philips – 6349 407)

A&R: Paulo Tapajós
Produtor executivo: Marcilio Freire
Gerente de produção: Wellington Luiz
Direção: Tulio Feliciano
Masterizado por Ivan Lisnik
Mixado por Luigi Hoffer
Produtor assistente: Amaury Linhares
Técnico de gravação: Jairo Gualberto, João Moreira, Luis Claudio Coutinho
Técnico de gravação (assistente): Julinho, Varella, Rui Paulo, Victor
Técnico de gravação (mixagem): Paulo Sergio (Chocolate)
Arte: Jorge Vianna
Capa: Aldo Luiz
Foto: Marisa Alvarez Lima
Lighting: Jorginho de Carvalho
Produtor, arranjador e diretor musical: Luiz Claudio Ramos
Vocais: Cinara (faixas: A4), Cyva (faixas: A4), Dorinha (faixas: A4), Franklin (faixas: A6), Luiz Claudio Ramos (faixas: A6)

Músicos participantes:

Luiz Claudio Ramos: violão, violão de 12 cordas; Fred: baixo e percussão; Franklin: flauta e clarinete; Ariovaldo: percussão; Helvius Vilela: piano e piano elétrico

Lado A

1 – Sim ou não (Djavan)

2 – Feminina (Joyce Moreno)
3 – Passageiro (Roberto Riberti)
4 – Nada além (Custódio Mesquita / Mário Lago)
5 – Feira das almas (Francis Hime / Carlos de Queiroz Telles)
6 – Bom dia (Gilberto Gil / Nana Caymmi)

Lado B
1 – Maria, Maria (Milton Nascimento / Fernando Brant)
2 – Vinho amargo (Kledir Ramil / Fogaça)
3 – Nadando no seco (Tunai / Sérgio Natureza)
4 – A cidade contra o crime (Gonzaguinha)
5 – Sabiá (Tom Jobim / Chico Buarque)

Raul de Souza

'Til Tomorrow Comes

por Maurício Gouvêa

Se eu tivesse que traduzir Raul de Souza em uma palavra, eu diria "alegria". O som arrebatador de seu trombone e a constante simpatia em suas aparições públicas forjaram em mim tal percepção. A primeira vez que ouvi Raul foi, provavelmente, no disco *Toninho Horta*, de 1980, na faixa "Caso antigo", parceria de Toninho com Ronaldo Bastos. Ali, desvelou-se uma das suas (muitas) qualidades artísticas: a de músico acompanhante. Vale conferir o que Raul faz em outra faixa com Toninho, "Diana" (Toninho Horta e Fernando Brant), no disco *Terra dos Pássaros*. É coisa muito séria a forma como pontua o tema com seu trombone, uma verdadeira aula de musicalidade. Esse contracanto refinado, Raul disse ter aprendido ouvindo Pixinguinha e Benedito Lacerda, ainda no início de sua carreira.

Nascido João José Pereira de Souza, em 1934, esse carioca, suburbano e autodidata começou a explorar as notas graves do trombone aos 16 anos, tendo rapidamente seu talento reconhecido por ninguém menos que Ary Barroso, que o apelidou de "Raulito", em referência a outro grande trombonista da época, Raul de Barros, o famoso compositor de "Na Glória" e pioneiro do trombone de gafieira, som incorporado pelo novato Raul desde o início. Com o nome artístico devidamente assumido, que depois acabou se tornando "Raulzinho", fez sua primeira gravação com Altamiro Carrilho e o Regional do Canhoto, gravando, na sequência, com a Turma da Gafieira junto a companheiros como Edison Machado, Zé Bodega, Baden Powell e Sivuca, além do próprio Altamiro, seu "padrinho" musical e amigo para toda a vida.

Sua experiência com a Turma da Gafieira, cujo primeiro disco é pedra fundamental da improvisação na música brasileira e do próprio "samba jazz", talvez ajude a explicar a alegria que tomou conta do som de Raul em seus discos e shows, cujo fraseado inconfundível levou-o a tornar-se um dos maiores do mundo em seu instrumento. Após a inevitável liturgia de tocar pelas boates cariocas nos anos 1950 e 1960, trocar figurinhas com João Donato, fazer parte do Sexteto "Bossa Rio" de Sergio Mendes, gravando o antológico álbum *Você Ainda Não Ouviu Nada!* e até ser parte do grupo de Roberto Carlos, gravando no disco *Roberto Carlos em Ritmo de Aventura*, nos anos 1970, Raul foi para os Estados Unidos, onde gravou quatro álbuns definitivos em sua discografia. Para entender *'Til Tomorrow Comes*, seu disco de 1979, é preciso revisitar o que ocorreu durante esse período norte-americano.

Depois de uma temporada no México no final dos anos 1960 e um período em Paris, Raul foi convidado por Airto Moreira e Flora Purim para gravações e shows nos Estados Unidos. Foi aí que a gravadora Milestone, encantada com aquele som único de trombone, abriu uma chance para que Raul gravasse, em 1975, o disco *Colors*, seu primeiro trabalho internacional e uma verdadeira aula de jazz brasileiro. As suas versões para "Nanã" (Moacir Santos) e "Canto de Ossanha" (Baden Powell e Vinicius de Moraes), ambas presentes nesse disco, estão entre as melhores coisas que se pode ouvir no gênero. Produzido por Airto Moreira, *Colors* tem presenças ilustres do saxofone de Cannonball Adderley em solos demolidores, a bateria de Jack DeJohnette e arranjos do mestre do trombone J.J. Johnson. Em resumo, um álbum histórico e fundamental.

Com a ótima repercussão desse trabalho, surgiu um novo contrato, dessa vez com a Capitol Records, onde gravou, na sequência, *Sweet Lucy* em 1977 e *Don't Ask My Neighbors* em 1978, ambos produzidos por outro expoente do jazz, George Duke. A experiência ao lado de Duke trouxe o acento funk aos discos de Raul, uma tendência da época em discos de jazzistas americanos. Como fã que sou da gravadora CTI, criada pelo renomado produtor norte-americano Creed Taylor, um mestre em trabalhos que uniam jazz, música negra e arranjos de cordas, fico imaginando como teria sido um disco de Raul produzido por Taylor.

Mas o fato é que tanto *Sweet Lucy* quanto *Don't Ask my Neighbors* catapultaram mundialmente a fama de Raul. A partir dali ele não pararia mais, gravando em discos de Sonny Rollins (*Nucleus*, de 1975), Cal Tjader (*Amazonas*, de 1976), Milton Nascimento (*Milton,* de 1976), George Duke (*Reach For It,* de 1977), Flora Purim (*Encounter,* de 1977), Hermeto Pascoal (*Slave Mass*, de 1977), entre muitos outros grandes álbuns.

Aquela mescla de funk, soul, samba e jazz presente nos discos de Raul era uma mistura realmente explosiva. Os discos são repletos de energia, onde a música exala todo o contentamento deste artista raro para com a música, tanto por seus temas impactantes quanto pelas capas que mostram um Raul de bem com a vida, com aquela felicidade estampada no rosto. Por tudo isso, a Capitol acenaria em 1979 com um projeto ainda mais ambicioso. *'Till Tomorrow Comes* é praticamente uma encomenda da gravadora, que não escalou o produtor Arthur Wright à toa nesta empreitada. Guitarrista, arranjador, produtor e compositor com longa estrada na música negra americana (já havia produzido discos do Jackson 5 e Billy Preston), ele também assinou todas as faixas do disco, uma delas em parceria com Raul, sendo um dos responsáveis pelo resultado sonoro do trabalho.

A disco music tomava conta do mercado fonográfico mundial naqueles anos, com artistas como Chic, Gloria Gaynor, Sister Sledge e Donna Summer liderando todas as paradas de sucesso. O sugestivo título do novo álbum indica um Raul esperando um novo amanhã para a sua música, assim como a capa instigante, que traz o artista recostado de forma serena em muro, pronto para novos desafios. Se curiosamente Raul está sério nessa foto da capa, na contracapa ele nos entrega seu sorriso inconfundível, aliado àquele visual Black Power, uma de suas maiores marcas visuais nos anos 1970.

É verdade que alguns críticos mais puristas torceram o nariz para a nova aventura musical de Raul de Souza. Aqui em nosso país, José Ramos Tinhorão, em matéria para o *Jornal do Brasil* de 1979, chegou a associar esse trabalho a uma "dominação cultural" estadunidense. Exageros à parte, os caminhos que levaram Raul a gravar *'Till Tomorrow Comes* já estavam pavimentados desde faixas como "Sweet Lucy", do álbum de mesmo nome, e "La la song", de *Don't Ask My Neighbors*, cujas levadas eram bem afeitas às pistas de dança. De fato, esse disco é distinto dos anteriores se considerarmos que as faixas se sucedem com padrões estruturais muito semelhantes: balanço disco, vocais femininos, arranjos de cordas marcantes e um improviso de trombone ao final. Ainda que não se verifique a liberdade jazzística presente nos álbuns anteriores, *'Till Tomorrow Comes* dá margem à genialidade de Raul, que coloca o trombone num patamar de protagonismo poucas vezes visto em produções dessa dimensão.

O solo de Raul ao final da faixa-título, que abre o disco, é uma aula de bom gosto e fluidez. O mesmo vale para "Fe-no-me-nol", ótimo groove de ambientação hollywoodiana com outro improviso matador de Raul. "Pleasurize" é uma farra pop, com os vocais femininos cantando repetidamente o nome da canção enquanto Raul brinca com as possibilidades de seu instrumento. Em "Everybody's got to dance to the music", o clima alto astral que Raul tanto gosta é um prato cheio para a sua técnica apurada no solo final. A festa do trombone de Raul continua nos balanços "funkeados" de "Self sealing" e de "Boogie shoes", fechando o álbum. "Up and at it", a parceria de Raul e Arthur Wright, traz todos os ingredientes da disco music vigente e um arranjo de cordas muito bem cuidado.

Esse álbum, que traz a importante participação de Moacir Santos no naipe de saxofones, seria o último trabalho de Raul de Souza no mercado americano. Depois dele, sua atuação como músico acompanhante continuou intensa, o que pode ser conferido em discos de Airto Moreira, Flora Purim, Toninho Horta, Gilberto Gil, Egberto Gismonti e George Duke, para citar alguns. Porém, após um acidente no início da década de 1980, Raul voltaria a gravar somente em 1986, dando continuidade à sua brilhante discografia até 2020, quando lançou seu derradeiro álbum *Plenitude*.

Um dos maiores trombonistas do mundo, além de exímio saxofonista e trompetista. Grande intérprete, sim, mas também um extraordinário compositor. Inventor de um instrumento próprio, o "Souzabone", trombone de quatro válvulas que explora as notas ainda mais graves de um instrumento que se confunde com a sua própria voz rouca. Um revolucionário na forma de tocar quando fez do trombone de vara instrumento solista em seus discos, algo pouco comum entre os jazzistas de sua época. Um autodidata genial, que simplesmente tocou o som que sempre esteve em sua mente, desenvolvendo uma linguagem única e universal.

Raul é o trombone genuinamente brasileiro. Seu segredo, como ele mesmo sempre disse, está na "interpretação melódica", onde cada solo é uma história a ser contada. Nessa sua vida, que se encerrou em 2021, aos 86 anos, as histórias foram muitas e sempre com finais felizes. Afinal, não dá para ouvi-lo sem se encantar com seu sorriso, fascinar-se com sua técnica e surpreender-se com os caminhos que abriu para a música brasileira no mundo. Obrigado, Mestre. Alegria, teu nome é Raul.

Ficha técnica:

'Til Tomorrow Comes (Capitol Records – 31C 064 85833)

Gravado e mixado em 1979 nos estúdios NSP, Hollywood, Califórnia

Masterizado nos estúdios da Capitol, Hollywood, Califórnia
Produção: Arthur Right
Capa: Roy Kohara, Tom Drennon e Raul Vega
Arranjos: Arthur Wright
Orquestrações e Regências: Assa Drori
Arranjos vocais: Josef Powell

Músicos participantes:
Raul de Souza: trombone e percussão; James Gadson e Edward Greene: bateria; Greg Philingaines e Alan Oldfield: teclados; Eddie N. Watkins: baixo; Moacir Santos, William Green e Ernie Fields: saxofone; Leslie Drayton, Bobby Bryant e Sr.Lou McCreary: trompete; Maurice Spears e Donald Cooke: trombones; David T. Walher, Greg Poree e Arthur Wright: guitarra; Clarence "Butch" Robinson e Eddie "Bongo" Brown: percussão; Bonita Wilson, Lynn B. Davis, Oneida James e Marte Jones: vocais

Lado A
1- ´Til tomorrow comes (A. Wright / B. Nakagawa)
2 - Only when you can (A. Wright)
3 - Fe-no-me-nol (A. Wright)
4 - Pleasurize (A. Wright / G. Knox)

Lado B
1 - Up and at it (A. Wright / R. de Souza)
2 - Everybody´s got to dance to the music (A. Wright)
3 - Self sealing (A. Wright)
4 - Boogie shoes (A. Wright)

Raul Seixas

Por Quem os Sinos Dobram

por Fabian Chacur

A primeira aparição midiática de grande porte de Raul Seixas ocorreu em 1972, no Festival Internacional da Canção (FIC), promovido e transmitido pela Rede Globo. E, logo de cara, ele nos mostrou ao que veio. "Letã me sign., leta me swing" equivale a um belo cartão de visitas, combinando de forma fluída o rock ando rolê básico de Elvis Presley com o baião de Luiz Gonzaga. Durante os seus 21 anos de carreira discográfica (contando a fase Raulzito e os Panteras), esse cantor, compositor e músico baiano sempre teve como meta misturar e misturar e misturar, sem medo de ser feliz.

Partindo do rock and roll dos anos 1950 como célula mater, soube se valer de elementos de música latina, country, folk, ritmos brasileiros, pop e até ponto de macumba para criar um som original, universal e repleto de brasilidade. Nas letras, escritas por ele próprio ou com parceiros como Paulo Coelho, Cláudio Roberto e outros, falou sobre as ironias, os sonhos, as crenças e os amores que cercam as vidas dos seres humanos, sempre com sensibilidade, inteligência e sarcasmo típicos de quem nunca se levou tão a sério. Ele adorava se definir como um ator que fingia ser cantor e compositor e em quem todo mundo acreditava... Raul também explorava temas filosóficos e libertários, como o da célebre Sociedade Alternativa, imaginada em plena Ditadura Militar nos anos 1970.

Após ter gravado um LP com seu grupo Raulzito e os Panteras e trabalhar por alguns anos na gravadora CBS, compondo e produzindo para artistas como Jerry Adriani, Renato e Seus Blue Caps, Diana e outros, ele aprendeu como poucos a fórmula de criar músicas com forte apelo comercial, daquelas que grudam nos ouvidos das pessoas e invadem as paradas de sucesso. Quando resolveu investir na sua própria carreira como artista solo, a partir de 1972,

Raul conseguiu a difícil façanha de nos oferecer canções que conseguiam ser ao mesmo tempo profundas e passíveis de ser apreciadas por todos os tipos de público, dos intelectuais ao povão. Os biscoitos finos para as massas preconizados pelo genial escritor modernista Oswald de Andrade.

Entre 1973 e 1976, Raulzito nos proporcionou uma verdadeira enxurrada de clássicos, tornando-se rapidamente o grande nome do rock brasileiro. Canções icônicas como "Ouro de tolo", "Trem das sete", "Mosca na sopa", "Medo da chuva", "Eu nasci há 10 mil anos atrás", "A maçã", "Gita" e "Tente outra vez", entre outras, surgiram nesses anos em que ele esteve na gravadora Philips (hoje Universal Music).

Em 1977, foi contratado a peso de ouro pela WEA (hoje, Warner Music), que chegava ao Brasil com força total e disposta a ter um *cast* nacional repleto de estrelas, comandado pelo mesmo André Midani que o havia contratado para a Philips. A nova parceria teve início com força total, com o lançamento do álbum *O Dia em Que a Terra Parou* (1977), estreia da parceria dele com o poeta e músico Cláudio Roberto que trouxe pelo menos dois grandes hits, a marcante faixa-título e seu hino máximo, "Maluco beleza", espécie de declaração definitiva de suas intenções e de como ele dava de ombros a quem o achava apenas um malucão sem noção.

No entanto, o sucesso, que trouxe como consequências muitos shows, aparições em programas de TV e rádio e viagens, rapidamente cobrou o seu preço. O consumo excessivo de álcool, cocaína e outras drogas em grandes quantidades deu cabo aos poucos de sua saúde, tornando-se um problema sério para ele. O LP *Mata Virgem* (1978), que trazia novas parcerias com Paulo Coelho e algumas com sua mulher de então, Tânia Menna Barreto, passou praticamente batido em termos de repercussão, a primeira vez que isso ocorria em sua carreira como artista solo. Teria a fonte secado?

Por Quem os Sinos Dobram (1979) foi concebido nesse clima de pura incerteza. De cara, Raul nos apresentou um novo parceiro, o argentino então radicado no Brasil, Oscar Rasmussen, um escritor e vendedor de sinos para campainhas com quem passou a morar, em um apartamento no Rio de Janeiro. Mais uma vez ele seria produzido por Gastão Lamounier Júnior, que havia trabalhado com Tim Maia e a Banda Black Rio, e que depois teve músicas gravadas por Sandra de Sá, Sandy & Júnior e Wando. Ele é primo de Guilherme Lamounier, o autor do hit "Enrosca", sucesso com ele próprio, Fábio

Jr e Sandy & Junior. O santo dos dois não bateu em *Mata Virgem* e esse clima permaneceu firme e forte no novo trabalho.

A qualidade das nove músicas incluídas no álbum é bem inferior à dos LPs anteriores e explica o porquê muita gente o encara como provavelmente o pior item da discografia do Maluco Beleza. No entanto, mesmo um trabalho tido como ruim de Raul Seixas tem lá os seus encantos e, certamente, seria mais valorizado se não integrasse uma obra tão estelar como a dele.

O disco abre com "Ide a mim dada", flerte direto de Raul com o reggae, que naquela época começava a tomar o Brasil de assalto graças ao sucesso de artistas jamaicanos, como Bob Marley e Jimmy Cliff, e mesmo com a versão "Não chore mais", feita por Gilberto Gil a partir da clássica "No woman no cry", de Marley. Embora pegajosa e até simpática, "Ide a mim dada" não é exatamente uma maravilha, com o título brincando com o nome de Idi Amim Dada, nefasto ditador de Uganda que, curiosamente, foi deposto naquele mesmo 1979, após oito anos de um regime brutal que prendeu, torturou e matou muita gente naquele país africano. E a letra fica no duplo sentido entre a exaltação de uma possível dança e o consumo de cocaína.

"Diamante de mendigo" soa como se fosse tentativa de uma nova "Ouro de tolo", com sua levada de balada popular, arranjo de cordas e uma letra que lamentava a perda da família, algo que a partir de 1975 tornou-se padrão na vida de Raul, trocando de parceiras com certa constância, especialmente naquele período. A definição mais adequada para a simpática "A ilha da fantasia" é um rockabilly no melhor estilo "Honey don't" (Carl Perkins) e "What goes on" (John Lennon, Paul McCartney e Ringo Starr), ambas gravadas pelos Beatles, mas nada de impressionar muito o ouvinte, no caso da criação de Raulzito.

Com sonoridade de rock balada anos 1950, "Na rodoviária" cita ícones culturais como James Dean, Al Capone (olha ele de novo!), Bruce Lee, Violeta Parra e Aladim. Ele se valeu em um dos versos da célebre frase "Abre-te, Sésamo", do conto *Ali Babá e os Quarenta Ladrões*, de Antoine Galland, que curiosamente voltaria à tona na canção-título do seu álbum seguinte, de 1980, em parceria com Cláudio Roberto. A faixa-título de *Por Quem os Sinos Dobram* teve seu nome baseado no livro lançado pelo escritor norte-americano Ernest Hemingway em 1940 e que inspirou filme de sucesso lançado em 1943 estrelado por Gary Cooper e Ingrid Bergman. Essa frase, na verdade, foi usada originalmente em texto do escritor e clérigo anglicano John Donne de 1764, no qual ele dizia "nunca procure saber por quem os sinos dobram, eles dobram por ti". O grande Belchior a citou, na íntegra, em sua maravilhosa canção "Arte final", lançada em 1988 em seu excelente álbum *O Elogio da Loucura*, que, ironicamente, passou tão batido como este aqui de Raul.

A letra de "Por quem os sinos dobram" soa como se fosse uma crítica a alguém, com o célebre refrão "Coragem, coragem, se o que você quer é aquilo que pensa e faz, / Coragem, coragem, eu sei que você pode mais". Seria o alvo o ex-parceiro Paulo Coelho, que havia se tornado um burocrata de gravadoras e autor de algumas músicas comerciais não muito recomendáveis naquela época? Fica a dúvida no ar. No documentário *O Início, o Fim e o Meio* (2012), de Walter Carvalho, foi revelado que "Por quem os sinos dobram" tinha uma versão anterior, com o título "A loucura de Eva" e letra a cargo de Cláudio Roberto, cujo refrão era "Bobagem, bobagem, pensar que o homem nasceu de um macaco qualquer, / Bobagem, bobagem, o homem nasceu da mulher". Raul não curtiu e preferiu refazê-la com Oscar Rasmussen.

"Por quem os sinos dobram" é de longe o melhor momento do álbum, um rock gostoso pontuado por piano que chegou a tocar um pouco nas rádios na época, embora sem ser necessariamente um hit. O momento mais energético do LP é "O segredo do universo", um rockão com backing vocals femininos não creditados. Ela é seguida por outro rock mais agitado, "Dá-lhe que dá", que se vale de um riff igualzinho ao de "You really got me", grande sucesso com o grupo britânico The Kinks em 1964.

"Movido a álcool", que também traz a assinatura de Tânia Menna Barreto, é outra tentativa de se valer de um tema daquele momento, o uso do álcool como combustível para veículos. Com levada pop e levemente funkeada, foi a aposta da WEA como *single*, com "Por quem os sinos dobram" no lado B, e não deu muito certo, por sua evidente falta de inspiração. Com Dori Caymmi no violão e seu irmão Danilo na flauta, "Réquiem para uma flor" encerra o álbum de forma delicada e quase lírica, embora sem a força de tentativas anteriores de Raul nessa mesma seara.

O insucesso comercial de *Por Quem os Sinos Dobram* gerou o fim do contrato de Raul Seixas com a Warner, dando início a uma fase difícil em sua carreira, na qual entrar e sair de gravadoras tornou-se a praxe. Um período de altos e baixos, repleto de momentos constrangedores e ostracismo, mas os fãs mais fiéis nunca o abandonaram. De quebra, o roqueiro ainda precisou ser operado de emergência em São Paulo naquele mesmo 1979, tendo boa parte de seu pâncreas extraído. Os médicos, na época, previram no máximo mais dez anos de vida para Raulzito e, infelizmente, acertaram em cheio. A boa notícia daquele ano pesado veio com o início de seu relacionamento com Kika Seixas, que durou cinco anos e lhe rendeu a terceira filha, Vivian, que nasceria em 1981.

Esse foi o único trabalho de Raul com Oscar Rasmussen. A misteriosa morte em novembro de 1979 do também argentino Hugo Rangel Amorrotu, no apartamento onde o parceiro musical e Raul moravam, levou Rasmussen a voltar à Argentina e a sumir de cena por completo. Ele morreu de câncer em sua terra natal em 2012.

Ficha técnica

Por Quem os Sinos Dobram (Warner Bros. Records - 36.129)

Produção: Gastão Lamounier Júnior
Coprodução: Oscar Rasmussen
Estúdios de gravação utilizados: Level e Transamérica (RJ) - 24 canais
Técnicos de gravação: Don e Rafael Azulay
Auxiliar de gravação: Mario
Mixagem: Don, Waldir, Gastão Lamounier Junior, Raul Seixas e Vitor Farias
Assistente técnico: Pimentel e Ari (Level) e Dudu Marques (Transamérica RJ)

Lado A

1 - Ide a mim dada (Raul Seixas / Oscar Rasmussen)
2 - Diamante de mendigo (Raul Seixas / Oscar Rasmussen)
3 - A ilha da fantasia (Raul Seixas / Oscar Rasmussen)
4 - Na rodoviária (Raul Seixas / Oscar Rasmussen)

Lado B

1 - Por quem os sinos dobram (Raul Seixas / Oscar Rasmussen)
2 - O segredo do universo (Raul Seixas / Oscar Rasmussen)
3 - Dá-lhe que dá (Raul Seixas / Oscar Rasmussen)
4 - Movido a álcool (Raul Seixas / Oscar Rasmussen / Tânia Menna Barreto)
5 - Réquiem para uma flor (Raul Seixas / Oscar Rasmussen)

Renato Teixeira

Amora

por Marquinho Carvalho

Renato Teixeira, nascido na cidade de Santos, em 20 de maio de 1945, passou a infância em Ubatuba e a adolescência em Taubaté, onde tomou contato e gosto pela música caipira, certamente levada pela rica cultura interiorana do Vale do Paraíba. Esse "caipirismo", exercitado nas suas composições, não veio propriamente da roça, mas do seu processo de formação intelectual urbana: fruto da herança artística familiar, onde o pai e avós eram músicos e literatos; da sua formação e pesquisa musical, ainda em Taubaté, que o tornaria programador de rádio; e da sua atividade com a publicidade em São Paulo, que o levaram a desenvolver conceitos de comunicação e marketing aplicados à sua carreira musical, como revelou: "Para cada *jingle* que criava, eu fazia quatro músicas. No *jingle*, comecei a fazer música."

Toda essa experimentação da música caipira partilhada com a música popular fazia parte de um ideário, uma concepção há muito idealizada por Renato Teixeira. Quando em 1975 participou do LP *Música Popular do Centro-Oeste/Sudeste* (selo Marcus Pereira), já era possível antever as inovações exibidas. Como dizia, "talvez eu tivesse que vir de Taubaté, para ser um dos precursores de nosso caipirismo".

Quando lançou o LP *Amora*, em 1979, já tinha um reconhecimento e unanimidade a partir da gravação de "Romaria", por Elis Regina (1977), que também deu nome ao seu LP de 1978, com todas as músicas de sua autoria. *Amora* está situado entre *Romaria* (1978) e *Garapa* (1980), dois outros LPs que compõem uma encantadora trilogia, demarcando um ciclo em que a música popular alarga as fronteiras da musicalidade até as raízes caipiras, envolvidas ao frescor de um novo tempo que o país experimenta, da distensão e abertura política, o retorno de exilados e os ventos da liberdade democrática.

Renato Teixeira surge no cenário musical carpindo a fina sonoridade caipira aliada a uma requintada composição, narrativa e poética urbanas, como se a música conduzisse à interioridade e regresso: voltado à compreensão da realidade e a partir dela a interiorização dessas referências e códigos.

Nesse sentido, trata-se de uma verdadeira renovação conceitual esse retorno à musicalidade caipira, fugindo do oportunismo mercadológico, do modismo ilusório e fácil, quebrando os preconceitos do gênero pela fluidez e qualidade melódica.

A faixa-título abre singularmente o LP, apenas com a sua voz caipira (ou acaipirada) no derramar poético de sonoridades rurais tamanhas, embalando os versos que narram um desencontro, um amor juvenil não correspondido. Na parte instrumental o destaque para o solo do acordeon de Oswaldinho, preenchido pela magnífica orquestração de cordas de Luiz Roberto Oliveira, responsável pelo arranjo e regências da maioria das faixas.

Renato Teixeira compõe um diálogo lírico de ambientação rural com esta terna guarânia, gênero originário do Paraguai e que teve forte influência na tradicional música sertaneja brasileira, na moda de viola. Por sinal, um dos seus ídolos, Raul Torres (Botucatu/SP 1902-1970), precursor do que usualmente se chama música caipira, é o responsável por trazer a guarânia para o Brasil no início dos anos 1930.

A temática rural é também utilizada como base metafórica na música "Cavalo bravo", onde, numa comparação implícita por similaridade, projeta-se na possibilidade de sair a cavalgar em liberdade, ganhar o mundo como um cavalo indomável. A linda introdução, inova com os acordes de uma chacarera (música regional dos Pampas e Chaco argentino) através da flauta de Marcinho Werneck e a percussão de Papete, respectivamente reproduzindo uma quena (pan andina) e bombo leguero. Lembremos que, nos fins dos anos 1970, era muito comum a difusão da música latino-americana, expressando a unidade continental, a luta pela liberdade num momento de distensão política nos países latinos e o fortalecimento dos movimentos contra diversas ditaduras militares.

Amora é um dos mais belos LPs dos anos 1970 (década de registros extraordinários) e, por que não dizer, da MPB, pelo aspecto conceitual inovador da obra e pela sua capacidade, cuidado e refinamento musical. Todas as faixas são assinadas por Renato Teixeira, com grande talento e versatilidade poética, exceção feita a "Canta Moçada" (de Tonico, Nhô Fio e Nonô Basílio), um delicioso, típico baile de chamamé valsado, no mais autêntico arrasta-pé, bailão de celebração comunitária na roça, com a viola caipira de Carlão de Souza, acordeon de Oswaldinho e rabecas de Mario Tomassoni e Germano.

Todo o disco é constituído pela sonoridade rural, cantorias e modas que descrevem aventuras e vivências do cotidiano sertanejo, alinhado a sofisticação e beleza de arranjos elaborados, ao mesmo tempo em que ganham força e magnitude pela simplicidade e concisão tão bem assinaladas em "Antonia", "Sina de violeiro", "Mato dentro" e que podem ser resumidas na canção "Morro da Imaculada". Nela se ergue um oratório, uma lenta ladainha no vagar da religiosidade caipira e ofertórios na mais pura tradição popular do Divino, Congada e Moçambique. O arranjo é sublime e nos traz a originalidade de um harmônio (órgão de fole) e três violas tocadas por Natan Marques.

Desde sempre esse "caipirismo" foi um componente na lapidação da sua poética musical. Não por acaso considerava o musico, letrista e cidadão taubateano, Anacleto Rosas Júnior, "o maior poeta caipira existente". Anacleto compôs dezenas de músicas, tendo como parceiros Tonico, Belmonte, Serrinha, Elpídio dos Santos, entre outros, e foi o primeiro compositor a homenagear a cidade e a Santa Padroeira do Brasil com a moda "Aparecida do Norte", em 1951.

Para além desse "caipirismo", Renato Teixeira nos reserva canções sentimentais e poéticas, ora nos remetendo a recordações do um passado, como "A 1ª vez que fui ao Rio", que narra uma história-imagem em cinemascope, pelas lentes e olhar de um jovem fascinado em sua primeira viagem ao Rio de Janeiro pelas mãos do seu pai. Novamente, voltando ao tema amor filial, o entrelaça a uma dedicatória e encantamento à cidade que nos maravilha, recortada ao mar: "ir ao Rio de Janeiro é o mesmo que flutuar".

"Madrugada de 68" é a música mais tocante do disco e traz uma abertura igualmente comovente, com acordes de piano, falando de uma noite fria, perdida, soturna de 1968, ano marcado pelo endurecimento da ditadura militar, perdas, silêncios e o garrote do Ato Institucional nº 5 (AI-5).

Com inúmeras imagens cifradas, a necessidade de se resistir ao desabrigo, buscando uma saída para não correr perigo. Madrugada fria de 1968 que faz criar consciências e condições para "desarmar o gatilho dessa arma" que censura, proíbe o homem e a sua criação. Destaque para a orquestração e naipe de cordas (violino, viola e cello) num arranjo onde a melodia ralentando, flutua suavíssima.

"Antes da guerra da Coreia" é a derradeira música do álbum, que finda por orná-lo com uma síntese desse magnífico trabalho, repleto de simplicidade luminosa, tramado pela temática rural, memórias de menino, vivência interiorana ensolarada, contextualização da realidade histórica e política, onde tudo, "tudo é sertão se um violeiro toca". Nela, faz referência ao conflito travado no contexto da Guerra Fria entre 1950 e 1953, na península da Coreia, descrita através da delicada visão de mundo da infância, nas asas e retinas que só os anjos (meninos ou meninas) guardam, muito antes dos conflitos bélicos. O arranjo harmonioso traz como referência temporal e incidental a "Moonlight serenade" (1944), imortalizada pela Orquestra de Glenn Miller, tão presente no imaginário, e é de uma beleza radiante.

O destaque final ressalta a relevância do trabalho coletivo na produção desse disto histórico. A base traz o Grupo Água, formado por Carlão, Sérgio Mineiro, Márcio Werneck e Dudu Portes, que acompanhava Renato Teixeira havia cinco anos. Eles também fizeram alguns arranjos. Há o auxílio luxuosíssimo do Oswaldinho do Acordeon, do percussionista Papete, do violonista Natan Marques, aliados à criatividade do arranjador Luiz Roberto Oliveira e aos belíssimos naipes de metais e de cordas dos talentosos dos músicos convidados, fundamentais para a criação desse belíssimo disco.

> *"O sertão está em toda parte...*
> *O sertão está dentro da gente".*
> **(Guimarães Rosa, em *Grande Sertão: Veredas*)**

Ficha técnica:

Amora (RCA Victor – 103.0287)

Diretor de coordenação artística & repertório nacional São Paulo: Osmar Zan
Produtor executivo: Luiz Roberto Oliveira
Técnicos de som: Edgardo Rapetti, Cláudio Coev, Walter Lima, Pedro Fontanari Filho, Stelio Carlini, Gunther J. Kibelkstis
Supervisão de áudio: Gunther J. Kibelkstis
Corte: José Oswaldo Martins
Mixagem: Stelio Carlini
Corte: José Oswaldo Martins
Gravação e mixagem: Studios RCA – São Paulo
Agradecimentos: Grimaldi Gomes e Decio Carraro
Layout e arte da capa: Helga Miethke (Sobre foto de F. Lucrécio Jr.)

Dedicado à Sandra

Músicos participantes:
Paiolette, Capitão e Botina: Piston; Bill, Tabaco, Arlindo e Firmo: trombone; Balão e Costita: clarineta; Demétrio Lambari e Sion: sax alto; Carlos Alberto e Waltinho: sax tenor; Demétrio: flauta; Elias Solon: violino (Spalla); Mário Tomassoni, Germano, Finelli, Sbarra, Guisbert, Loriano, Gino Alfonsi, Erich, Joel, Nuñez e Fredy: violino; Michel, Perez, Oelsner e Kisely/ Cello: Corazza, Ueda, Flávio e Bem Hur: viola; Ricardo Morato: copista

Lado A
1 - Amora (Renato Teixeira)
Arranjo de base: Oswaldinho, Sérgio Mineiro e Rodolpho Grani; violão: Sérgio Mineiro; viola de 12: Carlão de Souza; baixo: Rodolpho Grani; percussão: Papete; acordeon: Oswaldinho; arranjo de orquestra: Luiz Roberto Oliveira
2 - Cavalo bravo (Renato Teixeira)
Arranjo: Sérgio Mineiro, Carlão e Tavit; violão: Sérgio Mineiro, Charango Caipira e Carlão de Souza; baixo: Rodolpho Grani; flauta: Marcinho Werneck; percussão: Papete; coro: Marcinho Werneck, Sérgio Mineiro, Rodolpho Grani, Carlão de Souza e Renato Teixeira
3 - Mato dentro (Renato Teixeira)
Arranjo: Luiz Roberto Oliveira; guitarra, violão e viola solo: Natan; bateria e percussão: Dudu Portes; baixo acústico: Cláudio; piano: Amilson Godoy; percussão: Papete; arranho de base: Sérgio Mineiro, Carlão e Rodolpho Grani; viola caipira: Carlão de Souza; baixo: Rodolpho Grani; bateria: Papete; acordeon: Oswaldinho; violão: Marcinho Werneck; Rebeca: Mário Tomassoni e Germano; Canta Moçada (Tonico, Nhô Fio, Nonô Basílio)
4 - Canta moçada (Tonico / Nhô)
Arranjos de base: Sérgio Mineiro, Carlão e Rodolpho Crani; viola caipira: Carlão de Souza; baixo: Rodolpho Crani; bateria: Papete; acordeon: Oswaldinho; violão: Marcinha Werneck; rabeca: Mario Tomassoni e Germano; arranjo: Luiz Roberto Oliveira
5 - Antonia (Todas as crianças do mundo) (Renato Teixeira)
Piano acústico: Luiz Roberto Oliveira; coro: Carlinhos, Cidinha, Ralf, Fátima e Cláudio; arranjo: Luiz Roberto Oliveira

Lado B

1 -A 1ª vez que fui ao Rio (Renato Teixeira)

Arranjo de base: Sérgio Mineiro, Carlão e Rodolpho Grani; violão: Sérgio Mineiro; viola de 12: Carlão de Souza; violão: Rodolpho Grani; arranjo de orquestra: Luiz Roberto Oliveira

2 - Morro da Imaculada (Renato Teixeira)

Arranjo: Luiz Roberto Oliveira; viola, violão e viola solo: Natan; bateria: Dudu Portes; baixo: Cláudio; harmônio: Luiz Roberto Oliveira

3 - Madrugadas de 68 (Renato Teixeira)

Arranjo: Luiz Roberto Oliveira; violão: Sérgio Mineiro; viola de 12: Carlão de Souza; baixo: Rodolpho Grani; piano elétrico: Luiz Roberto Oliveira; percussão: Papete

4 - Sina de violeiro (Renato Teixeira)

Arranjo: Sérgio Mineiro, Carlão e Rodolpho Grani; baixo: Sérgio Mineiro; viola de 12 e viola caipira: Carlão de Souza; viola de 12 e viola Caipira: Rodolpho Grani; acordeon: Oswaldinho; percussão: Papete

5 - Antes da guerra da Coreia (Renato Teixeira)

Arranjo: Luiz Roberto Oliveira; baixo: Sérgio Mineiro; viola de 12: Carlão de Souza; piano elétrico: Luiz Roberto Oliveira; bateria: Papete

Rita Lee

Rita Lee

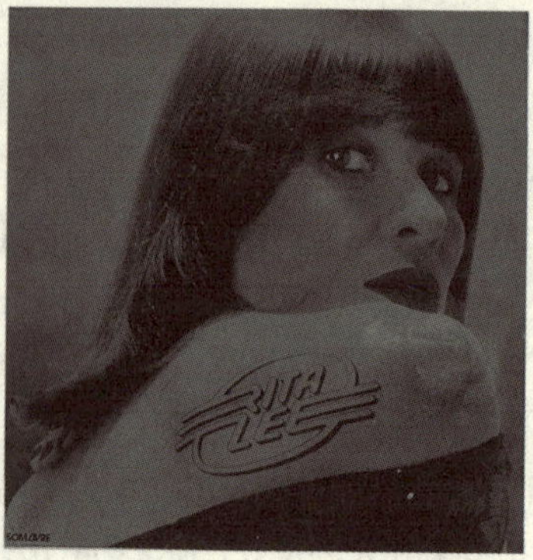

por Mónica Vermes

No dia 12 de julho de 1979, o estádio de baseball do Chicago White Sox sediou a chamada Disco Demolition Night. Nessa ocasião, enquanto o radialista Steve Dahl, que havia convocado a "atração" no intervalo entre dois jogos, explodia uma pilha gigantesca de LPs de música disco, torcedores identificados com o rock urravam "Disco Sucks", algo como "Música disco é uma droga". A demonstração atraiu mais de 50.000 pessoas e acabou com a invasão do campo pelo público, ilustrando a tensão entre duas esferas musicais, o rock e a música disco, no momento em que essa ganhava o *mainstream* da cena pop – especialmente depois da estreia, em 1977, do filme *Saturday Night Fever* ou *Os Embalos de Sábado à Noite*.

Difícil não sentir calafrios ao assistir à destruição, ainda mais feita de forma tão espetacular, rememorando as queimas de livros e documentos repetidas em momentos de opressão ao longo da história e fixadas em nossa memória nos episódios da Alemanha nazista. Importante apontar a dimensão racista e LGBTfóbica desse episódio, dados os fortes vínculos da música disco com a música negra norte-americana – rhythm 'n' blues, funk e soul – e a importância dos espaços e da cultura disco para a comunidade LGBT.

A onda disco chegou também ao Brasil e a novela global *Dancin' Days* (1978-1979) funcionou como vitrine da música e, em alguma medida, da cultura disco. Em sua trilha sonora nacional apareceram As Frenéticas, Lady Zu e Ronaldo Resedá. Aqui existiu também uma tensão com a cena roqueira, apesar de não se ter chegado a nada semelhante ao que aconteceu nos Estados Unidos. Para alguns jovens roqueiros, a cultura disco significava o fracasso dos fundamentos da contracultura em nome de uma celebração da individualidade e do consumismo, do exibicionismo e da fugacidade dos laços. Daí a forte rejeição ao fenômeno disco e a surpresa com o namoro de Rita Lee com esse estilo no LP de 1979. E "namoro" parecia ser uma palavra adequada a esse álbum em que consolidava sua parceria com Roberto de Carvalho. Musicalmente, na parceria em quase todas as músicas do disco, e na vida, comemorada na linda foto de Rita grávida e amparada em Roberto de Carvalho na contracapa do LP.

Adolescente roqueira e apaixonada por Rita Lee desde *Fruto Proibido* (1975), lembro que meus amigos e eu nos sentimos um tanto traídos por essa aproximação de Rita da música disco, apesar de no mesmo álbum ela nos brindar com ao menos um rock tradicional, "Papai me empresta o carro" (que empacou na censura, que considerou muito fortes as referências sexuais). Essa faixa combinava vários dos elementos que faziam de Rita nossa musa: a qualidade da música, incluindo o fato de ser um rock cantado em português, que não soava adaptado, a sensibilidade com as agruras da vida juvenil e o humor, marca tão forte e característica de um segmento do rock nacional e que Rita manejava como poucos.

Rita Lee havia construído uma sólida carreira na cena roqueira nacional desde sua participação nos Mutantes (1967-1972), passando pela parceria com Lúcia Turnbull em As Cilibrinas do Éden (1973), que a levaria ao Tutti Frutti (1974-1977), onde começou sua parceria com Roberto de Carvalho. Participou, com o Tutti Frutti, do pioneiro (não-oficial e acidentado) festival Hollywood Rock de 1975, no qual estiveram também Erasmo Carlos, Vímana, O Peso, Os Mutantes, Veludo, O Terço, Raul Seixas e Celly Campelo, nome feminino mais fortemente ligado ao rock antes de Rita Lee. O registro audiovisual desse festival, o documentário *Ritmo Alucinante*, de Marcelo França (1975), nos permite observar quanto o rock nacional havia mudado desde os primeiros sucessos, no final da década de 1950, e meados da década de 1970, quando a cena lutava para se consolidar na fase mais intensa da ditadura. Celly Campelo, resgatada da aposentadoria musical na vida doméstica, parecia estar deslocada, coisa que ela reforçou em seu depoimento no documentário, incluída ali aparentemente como forma de tributo. Rita Lee, num visual à la David Bowie, de Ziggy Stardust, aparece plena e vibrante, senhora do palco e do rock dessa geração. Mesmo a performance de "Splish splash", música de Bobby Darin e Murray Kaufman, que Roberto Carlos havia gravado em 1963, na versão de Erasmo Carlos, soava atual, com riffs e solos de guitarra e uma bateria pesada, impensáveis no começo da década de 1960.

Erasmo Carlos, que também participou do Hollywood Rock de 1975, havia lançado, dez anos antes, "Festa de arromba". A música é uma apresentação simpática dos participantes da geração do rock ligada à Jovem Guarda: do trio central, Erasmo, Roberto e Wanderléa, a figuras hoje mais obscuras, como Prini Lorez, Meire Pavão e os Bells. Rita Lee, em parceria com Paulo Coelho, fez a resposta/continuação a essa canção, numa primeira versão lançada em compacto em 1976 ("Arrombou a festa" / "Corista de rock") e incluída no ano seguinte no LP *Refestança*, que dividiu com Gilberto Gil, e uma segunda versão, "Arrombou a festa II", que aparece no álbum de 1979. Nas duas, a música é a mesma e a letra é atualizada, colocando em xeque uma suposta seriedade da música popular brasileira em contraste com flashes debochados das personagens de destaque do momento. A dupla faz referência a Alcione, Fafá de Belém, Cauby Peixoto, Sidney Magal, Ney Matogrosso, Roberto Carlos e não poupa Chico Buarque – que, enquanto afasta o cálice, pede Moët Chandon à beira da piscina –, ou a mesma Rita Lee, repetindo a receita que já havia dado certo. O arremate de "Arrombou", "pega, mata e come", citação de "Carcará" (de João do Vale e José Cândido, lançada por Maria Bethânia em 1965), é substituída em "Arrombou 2" por "corre que lá vem os 'home'", dissolvendo a metáfora na explicitude da convocação. Aparecem também as referências à música disco: Miss Lene, Lady Zu – a "rainha das discotecas brasileiras" – e a banda norte-americana Chic.

Mas a presença mais importante da música disco está materializada na primeira faixa do LP, "Chega mais", e em "Corre-corre". "Chega mais" reúne Robson Jorge na guitarra e Lincoln Olivetti nos teclados – que participam também de outras faixas – junto ao baixo de Jamil Joanes, da Banda Black Rio, e de um naipe de metais que denuncia a identidade dessa música disco com a música preta brasileira – essa também MPB. Rita já fizera essa aproximação em "Agora é moda" (do disco anterior, *Babilônia*, 1978), que saiu na trilha sonora nacional da novela *Dancin' Days*, onde conversa tanto com o "Samba Soul" de Totó Mugabe e Lady Zu quanto com "Amante Amado" de Jorge Ben e com os hinos da disco brasileira: "Dancin' Days", gravado pelas Frenéticas, e "Kitch Zona Sul", com Ronaldo Resedá.

O disco foi muito bem-recebido pelo público (entre o lançamento, em agosto, e o final do ano teria vendido mais de 500 mil cópias) e pela crítica, que chamou a atenção – com bastante insistência – para aquela que identificava como faceta inédita de Rita Lee, a romântica. Duas baladas românticas e sensuais estiveram entre as mais tocadas, "Mania de você", que acabou virando nome alternativo do álbum, e "Doce vampiro". Além delas, o disco incluiu também "Elvira pagã", um rockinho clássico que enumera ironicamente clichês machistas, e a preguiçosa e saborosa "Maria mole" e seus vapores de reggae.

Esse álbum, como certamente muitos outros abordados nesta obra, mereceria um livro para si, explorando ou aprofundando tópicos que não foram tratados ou que foram mencionados muito ligeiramente, incluindo as tensões e contradições nas relações com a indústria fonográfica, o lado compositora de Rita Lee, o rock brasileiro e em português, entre outras questões. O álbum de 1979 de Rita Lee costuma ser visto hoje como um divisor na trajetória, deixando para trás uma Rita mais roqueira em direção a uma Rita mais pop, alcançando um público mais amplo em termos de faixa etária e gosto musical. Eu vejo ali a mesma Rita que, desde meados dos anos 1960, se manteve inquieta e aberta – antropofagicamente – ao novo, a outros sons e às outras que era e ia se tornando. Fiel a si, manteve-se nova, nada mais rock'n'roll.

Ficha técnica:

Rita Lee (Som Livre - 403.6193)

Produtor: Guto Graça Mello
Montagem: Ieddo Gouvea
Assistente de produção: Naila Skorpio
Corte: Stirling Studio – NY
Técnico de gravação e mixagem: Célio Martins
Assistentes de estúdio: Felipe Nery, Jorge Garrafa e Antonio Carlos
Direção de arte: Hans Donner
Fotos: Luiz Garrido (Câmara Três)
Coordenação da capa: Vera Roesle

Músicos participantes:

Rita Lee: voz, violão (A3, B1), flauta (A3, B1) e percussão (B1); Roberto de Carvalho: guitarra (A1-4, B2), violão (A3), piano elétrico (B1), teclados (B2), voz (A2); Lincoln Olivetti: piano Yamaha (A1), piano elétrico (A4), sintetizador Oberheim (A1, A3, A1, B3), baixo de sintetizador (A3, B1, B3), teclados (B4); Picolé: bateria (A1-3, B2, B4), ro-ton-ton (A3); Robson Jorge: guitarra

(A1, A4); Jamil Joanes: baixo (A1); Claudia Telles: vocal de apoio (A1, B3); Sonia Buernier: vocal de apoio (A1, B3); Jane Duboc: vocal de apoio (A1, B3); Nenem: apito (A1); Netinho: clarineta (A1); Márcio Moutarrom: trompete (A1); Hamilton: trompete (A1); Zé Bodega: saxofone tenor (A1, B2); Maciel: trombone (A1); Lee Marcucci: baixo (A2, A4, B2, B4); Naila Skorpio: percussão (A3, B1), kalimba (B3); Ariovaldo: congas (A4), percussão (B1); Guto Graça Mello: percussão (B1, B3), guitarra (B3); Sérgio Dias: violão de 12 cordas (B1); Aurino: saxofone barítono (B2)

Lado A

1 - Chega mais (Rita Lee / Roberto de Carvalho)

2 - Papai me empresta o carro (Rita Lee / Roberto de Carvalho)

3 - Doce vampiro (Rita Lee)

4 - Corre-corre (Rita Lee / Roberto de Carvalho)

Lado B

1 - Mania de você (Rita Lee / Roberto de Carvalho)

2 - Elvira Pagã (Rita Lee / Roberto de Carvalho)

3 - Maria Mole (Rita Lee / Guto Graça Mello)

4 - Arrombou a festa Número 2 (Rita Lee / Paulo Coelho)

Robertinho de Recife

E Agora pra Vocês... Suingues Tropicais

por Túlio Mourão

Ano de 1979. A década mais emblemática para a contracultura se despedia em espasmos de conformismo político e solos de ainda ferozes guitarras. Estertores pálidos e melancólicos enterrando o sonho de mudar o mundo. As trilhas existenciais traçadas pela geração beat de Jack Kerouac se empalideceram nos mapas de um sistema econômico que subjugou impiedosamente as frágeis utopias do humanismo hippie.

"Farol na cerração dos grandes medos / A força que levanta os bailarinos / Elétrica guitarra entre os dedos aflitos e quentes dos meninos". (Abel Silva)

O rock progressivo dava sinais de cansaço e cedia espaço para o punk rock e a dance music. Londres sempre foi o berço do melhor rock que se fazia no mundo, mas também veio de lá a audaciosa manobra de gravadoras apostando em mais *business* e menos arte. Eu tinha descido do bonde intergaláctico dos Mutantes para conhecer de perto a música brasileira num contexto em que o rock e a MPB eram siglas que remetiam a universos dramaticamente distantes. Não é sem esforço que busco parâmetros para relatar a situação de isolamento, precariedade e marginalidade em que se debatia o frágil rock brasileiro na primeira metade dos anos 1970.

Nos Estados Unidos, tratava-se de socorrer a conta bancária de um compositor de primeira grandeza como Jimmy Webb, relançando sua obra-prima MacArthur Park, na interpretação de Donna Summer, como o mais executado hino da dance music no mundo. O Brasil então concordou que não era pecado dançar e se esbaldou ao som das Frenéticas.

Os vaticínios do derradeiro FIC (Festival Internacional da Canção, 1972) se cumpriram revelando o talento de gente como Hermeto Pascoal, Fagner, Raul Seixas, Belchior, Alceu Valença e Zé Ramalho. A geopolítica da música, que traçava limites do Brasil que se ouvia (do Sudeste até a Bahia), enfim se dilatou e o Nordeste, por um bom tempo, patrocinou a saudável renovação da música popular brasileira com Ednardo, Fagner, Belchior, Geraldo Azevedo, Zé Ramalho, Amelinha e muitos outros. A convite do produtor e amigo Carlos Alberto Sion passei a integrar a banda de Fagner, começando pela gravação do disco *Raimundo Fagner* na CBS, em 1976.

A CBS era também a poderosa gravadora do superastro Roberto Carlos e Fagner chegou na empresa com ambiciosos projetos contemplando talentosos amigos do Ceará e adjacências. Fiquei encantado com a força, a urgência poética e a universalidade da música que exalava de gente como Fausto Nilo, Clodo, Climério, Petrúcio Maia, Rodger, Manassés, Robertinho de Recife e, entre eles, o soberbo violonista e compositor Nonato Luiz, que eu conheci na gravação do disco de Stélio Valle, onde teve início uma cumplicidade que deu muitos frutos e se perpetuou. Na pilhéria, as pessoas se divertiam traduzindo a sigla CBS por "Cearenses Bem-Sucedidos". A galera que descia do Ceará impactava com uma poética que, pela primeira vez, desenhava um Nordeste urbano, mais cosmopolita e mais afinado com a contemporaneidade.

Por esse tempo, num sinal da timidez do *showbiz* brasileiro, eu era o único tecladista de Fagner, Ednardo e Belchior. Na CBS, participei de muitos projetos, entre eles, teclados em *Massafeira Livre*, a direção musical e arranjos de orquestra do disco da cantora Teti (junto com Toninho Horta) e direção musical ao lado do guitarrista Robertinho de Recife para seu disco de estreia *E Agora pra Vocês... Suingues Tropicais*.

Robertinho de Recife sempre foi um guitarrista explosivo, de alta voltagem criativa e carisma que o destacavam na efervescente pluralidade da cena musical carioca. Também me impressionava por conta do grande sentido místico, que nele se revelava com força e sinceridade, que eu traduzia como uma genuína herança da origem nordestina. Robertinho era meu camarada no palco de Fagner, onde o piano ficava mais com a função harmônica e a guitarra pontuava com melodias cortantes, inspiradas e que marcaram presença na expressão e sonoridade da música do cantor. A guitarra de Robertinho contribuiu bastante para imortalizar baladas como "Asa partida" e "Coração alado".

Naquele final de década, a guitarra, enquanto instrumento, já tinha deixado para trás a mediocridade da discussão que questionava seu significado e presença em palcos e discos de legítima música brasileira – uma discussão com direito a passeata que hoje é motivo de chacota e vergonha para seus protagonistas (a Marcha Contra A Guitarra Elétrica ocorreu em 1967, liderada por Elis Regina e acompanhada por grandes nomes da MPB). Em verdade, por esse tempo, a guitarra disputava com os teclados eletrônicos o lugar de destaque na sonoridade que envolvia e envelopava a MPB. O velho Minimoog – o avô dos sintetizadores – teve decretada a sua (mais que discutível) obsolescência e o momento exigia os poderosos Oberheim, à frente de uma parafernália de marcas e modelos que não tinham fim.

A multiplicação dos teclados, o avanço de tecnologias no tratamento do áudio, as facilidades oferecidas pelos novos estúdios eram desafios que a música popular brasileira sentia urgência em abraçar.

Esse clima sonoro foi o pano de fundo da elaboração do disco *E Agora pra Vocês... Suingues Tropicais*. É importante o momento criativo em que se produziu o disco e vale ponderar e chamar atenção para o fato de que, diferentemente dos países vizinhos latino-americanos, o Brasil não tinha, até aquele momento, uma vertente musical popular e dançante com base em dois acordes, algo que seria sanado pelo aparecimento da axé music no começo dos anos 1980. Sob este ponto de vista, o disco de Robertinho antecipa um flerte com as raízes caribenhas, latinas e dançantes que já povoavam o imaginário popular e conheceriam momento de grande popularidade a partir da axé music pós-Luiz Caldas.

"Merengue", a faixa de abertura com participação especialíssima de Gal Costa, deixa claro o exercício de latinidade dançante – também um exercício de leveza ao soberbo poeta Abel Silva, que assina a letra. Destaco a base rítmica que teclados e guitarra cumprem buscando o máximo de efeito percussivo.

"Loucos Swingues Tropicais", assinada como parceria por Robertinho e Fagner, tem estrutura pouco usual, com a guitarra respondendo às provocações melódicas dos sopros, a cargo de Juarez Araújo, e dos teclados, se rebolando para cumprir com harmonia e ritmo da peça.

"Louco por ti" tem as guitarras em terças com melodias apoiadas em frenética percussão. Os versos curtos do vocal completam a receita para a atmosfera de irresistível folia ... pronta e perfeita para fazer bonito em cima de um trio elétrico!

"Feras deveras" tem participação de Elba Ramalho para uma criativa parceria Robertinho e Jorge Mautner. As frases melódicas curtas e destacadas ficaram sob medida para o discurso de Mautner, mais que legítimo em suas marcas entre o humor e a mordacidade.

"Não temas" bebe bastante da cena internacional e trata de dilatar o rock progressivo brasileiro, fazendo tributo e evocando um mais que improvável encontro entre o Hammond do tecladista Keith Emerson e a guitarra ensolarada de Carlos Santana.

"Papo de guitarrista" é mesmo papo de guitarrista, a não ser por um importante detalhe que faz toda a diferença: é papo de um excelente guitarrista! A maneira como as diferentes dobras foram espacializadas, cada uma com efeito próprio e com trecho melódico distinto, me lembra uma assembleia, uma conferência – só não digo de políticos, porque aqui existe afinação e harmonia ao invés de palavrões.

"Dança imaginária" cria uma cena onírica tecida com multiefeitos de guitarra e mil dobras de sintetizadores diversos em formato de suíte, com os improvisos finais tratando de costurar swing e brasilidade.

Em "Meu anjinho", o swing tropical cede lugar a uma grandiloquência wagneriana. Uma inspirada peça onde sintetizadores e guitarra se põem a serviço de uma trama orquestral com grande densidade dramática e tocante sensibilidade melódica – uma comovente janela para o Robertinho de Recife místico raramente revelado!

Em "Sonhos e delírios", Robertinho decreta feriado para os percussivos comparsas da swingueira, mas se impõe solidão criativa nessa "legítima viagem".

Revisitar o disco, hoje mais que quarentão, antes de mais nada, me gratifica pela experiência intensa de reviver um estágio dos mais ricos da cena musical brasileira, numa esquina de paradigmas estéticos e escolhas mercadológicas importantes, com peso para nortear toda a sequência que caracterizou a música brasileira nas últimas décadas.

Nesse mergulho setentista não posso deixar de destacar a singularidade e a qualidade do tecido social que marcava a relação pessoal entre músicos de todas as categorias. A amizade, a cooperação e a convivência fraterna ocupando um espaço que a indústria *showbiz* tratou de trocar por frieza e impessoalidade em nome de uma discutível profissionalização que se traduzia principalmente pela completa submissão aos mandamentos definitivamente mediocrizantes das grandes gravadoras!

Ficha técnica:

E Agora pra Vocês... Suingues Tropicais (CBS - 138159)

Produção: Robertinho de Recife e Ivair Vila Real

Direção musical: Tulio Mourão e Robertinho de Recife
Direção artística: Raimundo Fagner
Arranjos: Robertinho de Recife

Músicos participantes:
Robertinho de recife: guitarra e guitarra portuguesa; Túlio Mourão: teclados; Valdecir Nei: baixo; Picolé: bateria; Elber Bedaque: bateria (A2); Juarez Araújo: sax e clarinete (A1, A2); Beto Saroldi: sax (A2); Robertinho Silva: percussão (A1, A3, A5, A2); Sergio Boré: percussão e congas (A2, A3, A5, B1, B2, B3); Chico Batera: percussão (A1, A3, B2); Zizinho: pandeiro e ritmo (A5, B1, B2, B3); Geraldo Azevedo e Oscar Perez: Vocal (A3); Jane, Ciça, Sônia e Terezinha de Jesus: Coro feminino

Lado A
1 - Merengue (Robertinho de Recife / Abel Silva). Participação: Gal Costa
2 - Loucos swingues tropicais (Robertinho de Recife / Fagner)
3 - Louco por ti (Robertinho de Recife)
4 - Feras deveras (Robertinho de Recife / Jorge Mautner). Participação: Elba Ramalho
5 - Não temas (Robertinho de Recife)

Lado B
1 - Papo de guitarrista (Robertinho de Recife)
2 - Dança imaginária (Robertinho de Recife)
3 - Meu anjinho (Robertinho de Recife)
4 - Sonhos e delírios (Robertinho de Recife)

Roberto Carlos

Roberto Carlos

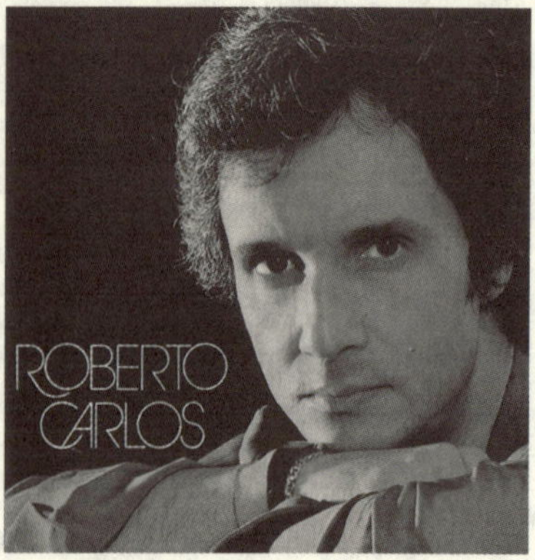

por Tito Guedes

Roberto Carlos já começou o ano de 1979 fazendo história com sua quarta temporada no Canecão, considerada até hoje a melhor de todas. No show, que estreara em novembro do ano anterior, ele era acompanhado pelo RC-9 e uma orquestra de quase 50 músicos, pela primeira vez regida por Eduardo Lages. O roteiro do espetáculo, idealizado mais uma vez por Ronaldo Bôscoli e Luís Carlos Miele, com quem trabalhava desde 1970, estava mais inspirado do que nunca. Entre uma música e outra, Roberto conversava com o público, recitava Fernando Pessoa e até brincava com sua fama de cantor de alcova ("Os motéis têm histórias tão bonitas que às vezes até viram música").

Mas o grande momento do espetáculo acontecia nos minutos finais. Logo após a interpretação de "For once in my life", de Ron Miller e Orlando Murden, a orquestra atacava uma fanfarra circense enquanto Roberto, de costas para a plateia, se caracterizava como um palhaço triste. Ao se virar, de peruca, nariz vermelho e lágrima desenhada no rosto, ele declamava: "Vocês sabem o que é um palhaço? Cadê grandeza bastante para tudo isso? De repente no Natal a gente rouba uma verdade, veste um palhaço e acabou! Mas isso são apenas crises de palhaço...". No final, ele dizia: "Mas é preciso rolar a bola do mundo para que ela se faça colorida como a primeira vez de uma flor. E um instante de palhaço dura exatamente uma eternidade. Exatamente uma eternidade!". Logo após um silêncio de suspense, ele entoava os versos iniciais de "O show já terminou", encerrando a apresentação em grande estilo.

De acordo com o que relatou Ronaldo Bôscoli à revista *Manchete*, logo após a estreia, Roberto atirou-se chorando no colo da mãe nos bastidores, dizendo: "Bicho, parece que o mundo vai desabar sobre mim..." Era, de fato, um momento delicado, e a ideia da maquiagem de palhaço parecia mesmo arriscada, sobretudo para um artista cauteloso como Roberto. Quem teve a ideia foi o próprio Bôscoli, que se inspirou no disco *Frank Sinatra Sings for Only the Lonely* (1958), em que o cantor norte-americano aparece pintado de palhaço na capa. Roberto resistiu até o último momento. Por fim, às vésperas da estreia, decidiu arriscar. Era um gesto forte e simbólico. Meses antes, em março de 1978, ele havia se separado de sua primeira esposa, Nice, depois de doze anos. Na época, a imprensa não lhe deixava esquecer o fato, cobrando respostas que nem ele saberia dar. Com aquele ato final, ele deixava de ser rei por um instante e se transformava em seu reverso, o palhaço. Descia momentaneamente do trono e exibia-se frágil diante do público, com a lágrima literalmente exposta, as "crises de palhaço" ressoando nos acordes dramáticos de "O show já terminou".

Mas valeu a pena correr o risco. O espetáculo agradou em cheio ao público que continuou lotando o Canecão até o fim da temporada, no início de maio de 1979, e à crítica especializada. No *Jornal do Brasil*, Maria Helena Dutra cravou: "Com tranquilidade, o melhor show que Roberto Carlos já apresentou nos palcos cariocas."

Àquela altura, Roberto já estava mais do que estabelecido no trono de Rei. Depois de se transformar em ídolo da juventude e principal expoente da música pop brasileira nos anos 1960, o cantor ganhou novo *status* em 1971, quando se consolidou como cantor romântico, voltando-se para um público adulto e cada vez mais abrangente. Com seus discos anuais, passou a brindar os fãs com novos clássicos. Em 1979, ele já colecionava hits como "Detalhes", "À distância", "Proposta", "O portão", "Olha", "Ilegal, imoral ou engorda" e "Cavalgada", dentre muitos outros. E isso para ficar apenas nos anos 1970...

Além disso, ele já era, há muito tempo, o grande vendedor de discos do Brasil, com um sucesso que também se estendia para fora dos limites da fronteira. Se o recorde de 1 milhão de cópias vendidas com o álbum de 1976 parecia insuperável, Roberto provava que o céu era o limite em meados de 1979, quando seu disco lançado no ano anterior caminhava para duplicar essa marca.

Foi sentindo o peso dessa responsabilidade que, em setembro daquele ano, ele voou para Nova York e se trancou no estúdio B da CBS, em Manhattan, para gravar seu novo trabalho. Dos Estados Unidos, ele adiantou à revista *Manchete* o que os brasileiros poderiam esperar do seu presente de Natal: "O novo LP é uma continuação do anterior. Sigo na mesma linha das canções de amor, talvez com uma dose ainda maior de romantismo."

Como prometido, o novo álbum de Roberto Carlos (como sempre, autointitulado) chegou às lojas no início de dezembro de 1979. Embora àquela altura o cantor já estivesse se relacionando com Myrian Rios (o namoro só viria a público no ano seguinte), as novas canções parecem repercutir mais o estado de espírito pós-divórcio do que a descoberta do novo amor. Assim como fizera no show do Canecão, o Rei mais uma vez escancarava as suas fragilidades diante dos ouvintes. Num ano em que a música brasileira ficou especialmente alegre e esperançosa, com boa parte do país sonhando com a reabertura política e o fim da ditadura militar, Roberto mergulhava ainda mais fundo em suas amarguras pessoais. Músicas "dor de cotovelo" não eram novidade para ele, mas nesse disco elas foram soberanas. Tanto que a faixa de abertura, "Na paz do seu sorriso", é a única canção mais positiva do álbum. Quase todas as outras falam de abandono, desilusões amorosas e desencontros. Não houve espaço nem para as músicas mais ousadas e sensuais que vinham marcando seu repertório nos últimos anos, como "Os seus botões" (1976) ou "Café da manhã" (1978).

"Costumes", certamente uma das melhores obras da dupla Roberto & Erasmo, foi composta logo após a separação de Nice e funciona como o outro lado da moeda de "Detalhes". Se no clássico de 1971 o cantor alertava à ex-amante que seria impossível esquecer do relacionamento por conta de "detalhes tão pequenos", na canção de 1979 era Roberto quem sofria com a lembrança constante de pequenos "costumes" da vida a dois, seja a conversa antes de dormir ou o beijo depois do café da manhã, num verso final que resume tudo: "Como posso esquecer dos costumes / Se nem mesmo esqueci de você?".

"Desabafo", grande sucesso do LP, narra uma paixão submissa, que se alimenta não do amor, mas da indiferença e do desprezo da pessoa amada. Um clássico instantâneo desde os primeiros versos: "Por que me arrasto aos seus pés? / Por que me dou tanto assim? / E por que não peço em troca / Nada de volta pra mim?". "Abandono" é outra balada arrasadora, que só entrou nesse disco porque o compositor, Ivor Lancellotti, sabiamente omitiu de Roberto que a canção não era inédita. Eliana Pittman já a havia registrado, sem repercussão, em 1974. Com Roberto, "Abandono" ganhou sua gravação definitiva.

A indispensável faixa em espanhol ficou por conta de "Esta tarde vi llover", do mexicano Armando Manzanero, com um dos melhores arranjos do disco, feito por Jack Cortner. "Me conte a sua história", outra grande canção, é assinada por Maurício Duboc e Carlos Colla, dupla então já recorrente na discografia do Rei. Trata-se de uma paquera musical, em que Roberto conversa, sem preconceitos, com uma mulher madura que, como ele, já possui uma bagagem amorosa de desilusões. "Voltei ao passado" é mais uma música do disco que fala da saudade de um amor antigo e foi assinada por outros dois compositores queridos por Roberto: Mauro Motta e Eduardo Ribeiro.

O disco de 1979 foi palco de estreia de uma nova dupla que também passaria a ser recorrente na discografia do Rei. "Às vezes penso", a faixa de encerramento, foi a primeira parceria entre Eduardo Lages, o então novo maestro, e Paulo Sérgio Valle. Os dois continuariam a fornecer novas canções a Roberto pelas décadas seguintes, como "Olhando estrelas", "Contradições", "Cenário" e "De coração", dentre muitas outras.

O álbum de 1979 conta com apenas duas faixas fora da seara romântica. "O ano passado" retoma a temática ecológica de "O progresso" (1976) de forma ainda mais incisiva. E um ano depois de homenagear sua mãe com o sucesso "Lady Laura", Roberto agora dedicava "Meu querido, meu velho, meu amigo" ao pai, Robertino Braga, que faleceria cerca de um mês depois de ouvir a homenagem do filho, aos 83 anos.

Como já era tradição desde 1974, o novo disco veio acompanhado pela exibição do especial de Roberto Carlos na Globo, que foi ao ar no dia 21 de dezembro. Dirigido por Augusto César Vannucci, com textos de Ronaldo Bôscoli, Eloy Santos e Marcos César, o tema daquele ano foi *Circo Eletrônico*, em homenagem aos 15 anos da TV Globo. Em pouco mais de uma hora e meia, Roberto reapareceu com a fantasia de palhaço do show do Canecão, apresentou as novas canções do disco recém-lançado, visitou sets de novelas, ganhou uma imitação de Renato Aragão e recebeu convidados especiais, como Jô Soares, Agildo Ribeiro, Chico Anysio, Christiane Torloni, Paulo Gracindo, Dina Sfat, dentre outros. Pela primeira vez, dividiu o palco com Maria Bethânia, com quem fez um dueto em "Desabafo".

Em janeiro de 1980, Roberto fez um balanço daquele período à revista *Manchete*: "Sinceramente este ano que passa será um tempo do qual não poderei esquecer. Entre tristezas e alegrias não posso dizer o saldo."

Hoje, mais de quarenta anos depois, pode-se dizer que o saldo ficou à altura de quem era Roberto Carlos naquela época. E talvez tenha sido até mais do que positivo. Uma temporada de shows histórica, um novo recorde fonográfico, com mais de 2 milhões de cópias vendidas, além de novos clássicos para a música popular brasileira. O ano em que, num momento especial de fragilidade, o Rei despiu-se momentaneamente diante do público e criou e gravou novas músicas que ficaram para sempre. Afinal, "um instante de palhaço dura exatamente uma eternidade".

Ficha técnica:

Roberto Carlos (CBS – 230045)

Arranjos: Jimmy Wisner, Al Capps, Jack Cortner e Frank Owens

Estúdios: Filmways/Heider (LA), A&M Studios (NY) – CBS

Técnico de gravação: Tim Geelan

Mixagem: Tim Geelan

Fotografia: Darcy Trigo

Direção de arte: Géu

Arte: Carlos Enrique M. de Lacerda

Lado A

1 – Na paz do seu sorriso (Roberto Carlos / Erasmo Carlos)

2 – Abandono (Ivor Lancellotti)

3 – O ano passado (Roberto Carlos / Erasmo Carlos)

4 – Esta tarde vi llover (Armando Manzanero)

5 – Me conte a sua história (Maurício Duboc / Carlos Colla)

Lado B

1 – Desabafo (Roberto Carlos / Erasmo Carlos)

2 – Voltei ao passado (Mauro Motta / Eduardo Ribeiro)

3 – Meu querido, meu velho, meu amigo (Roberto Carlos / Erasmo Carlos)

4 – Costumes (Roberto Carlos / Erasmo Carlos)

5 – Às vezes penso (Eduardo Lages / Paulo Sérgio Valle)

Roberto Ribeiro

Coisas da Vida

por Leila Dantas

Em 1979, Roberto Ribeiro lançou, pela gravadora Odeon, o disco *Coisas da Vida*, que contava com a percussão do lendário baterista Wilson das Neves. Entre as músicas mais tocadas desse disco, estavam "Vazio (Está faltando uma coisa em mim)", de Nélson Rufino, e "Partilha", de Romildo e Sérgio Fonseca. Na crítica do trabalho, publicada no jornal *O Globo* de 14 de setembro de 1979, a jornalista Lena Frias exalta a inspiração nas fontes populares do cantor e a ousadia do disco, que para ela, é uma síntese dos trabalhos anteriores, *Arrasta Povo* e *Poeira Pura*.

Até conquistar a admiração do público e da crítica, no entanto, a estrada foi longa. Nascido Dermeval Miranda Maciel, em 1940, Roberto não teve muito tempo para os sonhos do menino que mais tarde iria popularizar os versos de "Todo menino é um rei", samba de roda composto por Nelson Rufino. Antes mesmo dos dez anos de idade começou a trabalhar para ajudar nas despesas da casa.

Cedo também foi o contato com a música. Ainda criança começou a frequentar as festas do Boi Pintadinho (cuja origem remonta à década de 1930), tradicional manifestação popular de Campos de Goytacazes, no Rio de Janeiro, onde nasceu, e a Escola de Samba Amigos da Farra, fundada em 1957.

Ainda assim, a música não foi sua primeira opção. Na adolescência, Roberto foi jogador de futebol profissional e fez parte de alguns times de Campos, onde era conhecido como "Pneu", chegando a jogar no Fluminense como goleiro. Tinha cerca de dezenove anos quando um problema na vista fez com que tomasse vários gols, mas ganhasse uma nova profissão. Foi aí que Demerval se tornou Roberto Ribeiro, adotando o mesmo sobrenome do pai.

Nessa mesma época, durante uma apresentação no programa de rádio *A Hora do Trabalhador*, conheceu a compositora Liette de Souza, com quem se casou pouco tempo depois e teve um filho, o também cantor Alex Ribeiro. Ela foi a parceira de amor e de música que o levou para conhecer a escola de Samba Império Serrano, onde foi convidado a interpretar os enredos de 1971 a 1982, defendendo sambas como "Carmem Miranda" de 1972, "Estrela de Madureira" de 1975 e "Lenda das sereias" de 1976.

Autora do livro *Serra, Serrinha, Serrano* e integrante da Escola de Madureira, Rachel Valença conta que Roberto Ribeiro "inaugurou a prática de cantar o samba não do alto do carro de som, mas sim pisando o asfalto da Avenida, dirigindo-se ao componente com estilo 'olho no olho'". O livro de Rachel Valença, em parceria com Suetônio Valença, foi inspiração para o samba-exaltação ao Império Serrano com o mesmo nome, em que Roberto, em parceria com Toninho Nascimento, declara seu amor pela escola. Os dois compuseram vários sambas em homenagem à escola do Morro da Serrinha.

Ao longo dos anos 1970, as apresentações fora das quadras de samba foram se multiplicando e a carreira de cantor se consolidou em todo o país. Segundo o escritor e pesquisador Rodrigo Faour, Roberto Ribeiro foi o segundo maior vendedor de discos na segunda metade dos anos 1970, poucos anos depois da explosão nacional de Martinho da Vila. Eram dois ou três sucessos por disco, de acordo com Faour.

A carreira do cantor acompanhou justamente a fase de agigantamento das Escolas de Samba e a entrada de sambistas de escola na indústria audiovisual e na TV. Com talento e carisma suficientes para aproveitar o momento, Roberto gravou cerca de vinte discos. No repertório dos fonogramas, composições suas e de compositores como Silas de Oliveira, Dona Ivone Lara e Wilson Moreira.

A admirável quantidade de discos vendidos e lotação nos shows não diminuíram a simplicidade e constante procura por um repertório em sua maioria produzido por compositores do morro e repleto de referências ao cotidiano carioca - sendo elas tristes ou alegres - e à herança africana. Além da empatia com o público, Roberto era reverenciado pelos compositores e parceiros musicais (em álbuns inteiros ou em canções) como Elza Soares, Simone, Clara Nunes, Clementina de Jesus, Nei Lopes e Chico Buarque.

Ainda nos anos 1970 fez sucesso com interpretações como "Estrela de Madureira", de Acyr Pimentel e Cardoso; "Proposta amorosa", de Monarco; "Tempo É", de Zé Luiz e Nélson Rufino; e "Acreditar", de Ivone Lara e Délcio Carvalho.

Na década seguinte, lançou sucessos como "Só chora quem ama", de Wilson Moreira e Nei Lopes, e "Quem lucrou fui eu", de Monarco, e participou do disco *Partido-Alto Nota 10*, do compositor Aniceto do Império, com quem interpretou a irônica "Chega devagar" do próprio Aniceto. Na TV participou do Especial da Rede Globo em homenagem a Gonzaguinha em que canta "Fala Brasil" e "Vamos à luta" (Gonzaguinha) ao lado do filho do Gonzagão.

No início dos anos 1990, a EMI-Odeon lançou a coletânea *O Talento de Roberto Ribeiro*, com vinte e dois sucessos de seus vários discos. Em 1995, Roberto passou a sofrer de um sério problema de vista devido à diabete e em janeiro de 1996, faleceu em virtude de atropelamento no bairro de Jacarepaguá, no Rio de Janeiro, aos 55 anos.

A vida dura de menino pobre do interior não o impediu de sonhar e ser amado como um dos reis do samba carioca. Para as novas gerações é possível conhecer a história e a obra do cantor por meio do livro *Roberto Ribeiro - 10 Anos de Saudade*, escrito por Liette de Souza, além de discos e imagens disponíveis na web. Como o samba tinha muito destaque na TV nos anos 1980, não é difícil encontrar vídeos musicais de Roberto Ribeiro em programas como *Fantástico*, da TV Globo, *Ensaio* e *Bem Brasil*, da TV Cultura, na Internet.

O jornalista Bruno Quintella está preparando um documentário sobre o cantor com o título *Roberto Ribeiro — Eu Também Já Fui Rei*, com filmagens em Campos dos Goytacazes, no Rio, e em Luanda, a capital de Angola.

Ficha técnica:

Coisas da Vida (Odeon - 31C 062 42117)

Gravadora: EMI-Odeon

Produção Executiva: Roberto Ribeiro

Produção: Renato Correa

Arranjo e orquestrações: Geraldo Vaspar

Foto: Fernando Carvalho

Lado A

1 - Vazio (Está faltando uma coisa em mim) (Nelson Rufino)

2 - Triste desventura (Monarco / Mauro Diniz)

3 - Amor aventureiro (Mano Décio da Viola / Silas de Oliveira)

4 - Impetuosa (Ivor Lancellotti / Cláudio Jorge)

5 - Partilha (Romildo Bastos / Sérgio Fonseca)

6 - Não sei (David Correia / Roberto Ribeiro)

Lado B

1 - Bate coração (Roberto Ribeiro / Toninho Nascimento)

2 - Dengo só (Jorge Lucas / César Veneno)

3 - Coração contrariado (Noca da Portela / Daniel Santos)

4 - Ingenuidade (Serafim Adriano)

5 - Pá-nela (Gonzaguinha)

6 - Coisas da vida (Jorge Macedo / Zelito)

Ronaldo Resedá

Ronaldo Resedá

por Silvio Essinger

Em 1979, a disco music começava a experimentar um declínio na terra onde nascera. Depois do estouro mundial com os Bee Gees no filme *Os Embalos de Sábado à Noite* (1977), os Estados Unidos viviam a ressaca da massificação, manifestada no movimento "disco sucks" ("a disco não presta"). Em nome de uma crítica ao escapismo e artificialismo daquela música dançante, um público identificado com o rock promovia sessões de destruição de discos, com uma violência que ora mascarava sentimentos homofóbicos e racistas (já que eram gays ou negros – muitas vezes, os dois – os donos do embalo). Por aqui, contudo, em 1979 a disco ainda tinha lenha para queimar.

Um ano antes, num Brasil em que a ditadura militar, a moral religiosa e o atraso tecnológico dificultavam a circulação de informações, a TV levou aquela promessa de festa e de liberdade aos lares de bem com a novela *Dancin' Days*. Inspirada, em parte, na experiência do jornalista e produtor Nelson Motta com a casa noturna Frenetic Dancing Days, o folhetim deu asas para que muitos fossem atrás do sonho de uma disco brasileira. E um deles foi o bailarino, compositor e cantor Ronaldo Andrade de Moraes, que em 1979 lançou seu primeiro e único LP, *Ronaldo Resedá*.

A capa, ao mesmo tempo em que respeita os padrões visuais da disco (com algum movimento, muita luminosidade e luxo), dá uma dica das origens artísticas de Ronaldo: o teatro musical. O Kid Discoteca (alcunha com o qual ficara informalmente conhecido) começou sua trajetória em 1974 na montagem carioca de *Pippin*, sucesso na Broadway. Ele foi dançarino e preparador corporal do espetáculo estrelado por Marília Pêra, Marco Nanini e Carlos Kroeber. De Nanini, com quem teve um caso amoroso, Ronaldo ganhou o sobrenome artístico, que o ator sacou quando passava pela Rua Resedá, na Lagoa – algo que soava bem, brasileiro e menos formal que Andrade ou Moraes.

O futuro astro da disco music nasceu no Rio de Janeiro, em 1945, numa família de seis irmãos. A veia artística saltou cedo, nas festinhas da infância, mas foi contida até a idade adulta. "Eu estava terminando a faculdade de Arquitetura quando uma colega me disse que queria ser chacrete", contou o cantor, ao jornal *O Globo*, em 1980. "Parecia estranho uma futura arquiteta querer ser chacrete e, a partir daí, o meu sonho de estudar canto e dança não era tão impossível assim." Tomado de coragem, Ronaldo se matriculou em Copacabana no curso de dança do americano Lennie Dale, que coreografou a Bossa Nova e fundou o provocador grupo de teatro Dzi Croquetes. Em fevereiro de 1976, estreou no Teatro Opinião, em Copacabana, um show no qual cantou, dançou e sapateou. Dirigido por outra futura estrela – Eduardo Dusek —, Ronaldo apresentou interpretações pessoais de canções como "A palo seco" (Belchior) e "Be-bop-a-lula" (Gene Vincent).

Em depoimento ao autor, Nelson Motta (que então era marido de Marília Pêra) conta que Ronaldo pediu a ele para cantar, ainda em 1976, no festival que estava organizando em Saquarema, na Região dos Lagos: o Som, Sol & Surf, cujas estrelas eram Rita Lee e Raul Seixas. "E ele cantou. No seu estilo meio Broadway...", recorda-se o produtor. Cenas de Ronaldo no festival podem ser vistas hoje no documentário *Som, Sol & Surf Saquarema* (2018), de Hélio Pitanga.

Depois de mais alguns shows, o burburinho na bolha artística carioca enfim vingou: Ronaldo Resedá foi contratado pela Som Livre, a gravadora da TV Globo. Em 1978, ele gravou um compacto com o rock "Sapateado" (de Guto Graça Mello e Paulo Coelho, incluída na novela *Feijão Maravilha*) e a saborosa disco "Kitch Zona Sul", composta por Ronaldo com uma dupla do barulho da música dançante: Lincoln Olivetti e Robson Jorge – e a faixa estourou em *Dancin Days*. O potencial de trilheiro não escapou à gravadora, que não só escalou Ronaldo como intérprete de "Marron glacé" (tema de abertura da novela que viria estrear em agosto de 1979) como resolveu apostar em um LP.

Ronaldo Resedá foi gravado entre maio e julho daquele ano nos estúdios Sigla, com produção de Max Pierre e uma banda, liderada por Lincoln Olivetti (que também assinou arranjos e regências) e Robson Jorge, com nomes como Jamil Joanes e Luizão Maia (baixos), o mutante Sergio Dias e Claudio Stevenson (guitarras), além de Jane Duboc, Sônia Burnier e Regininha (coros). "Era a melhor formação para gravação em estúdios no Brasil", reconhece Max, em entrevista ao autor. Para ele, "Ronaldo não era um grande cantor." Mas era bom de palco e esforçou-se bastante nesse LP que, de acordo com suas memórias, "foi uma tentativa de lançar um John Travolta brasileiro".

O repertório do LP, segundo Max Pierre, ficou por conta do "clube da Som Livre". A começar por Jorge Ben, autor de "E novamente mas que nada", samba-disco que abre o lado A com violão Ovation e apito do próprio Jorge. É um descarado e delicioso reboot de "Mas que nada", versando sobre "esse samba que continua misto de maracatu e universal". Em seguida, vem a melódica disco "Franga", uma parceria de Ruban (autor, com Nelson Motta, do tema de abertura de *Dancin' Days* gravado pelas Frenéticas) e Dick Petra (o ator Ricardo Petraglia, ex-cantor do Joelho de Porco).

A terceira do lado A, "Bobos da corte", é a primeira música de Rita Lee no LP – uma discofolia que a própria viria a gravar em seu álbum de 1983, *Bombom*. A lúdica "Pif-paf" (de Rita e Roberto de Carvalho), segunda do lado B, completa o pacote de delícias, com sua letra marota: "Minha vida é um jogo / Sou arriscado a ganhar ou perder / Mas eu sou curioso / Sempre aposto e pago pra ver". Detalhe: no mesmo maio de 1979, nos mesmos estúdios Sigla, com Lincoln, Robson e Guto Graça Mello (diretor de produção de *Ronaldo Resedá*), a cantora começaria a gravar o LP *Rita Lee*, bem-sucedida guinada disco, dos hits mais "Chega mais" e "Corre-corre".

Outros artistas do "Clube da Som Livre" no repertório de *Ronaldo Resedá* eram dois Guilhermes: o Arantes (com a afiada crônica "Fuzarca na discotheque", tirada de seu segundo álbum, *Ronda Noturna,* lançado em 1977) e o Lamounier, com a balada soul "Quero me entregar pra você". O LP ainda traz "Tudo bem", de Robson Jorge (que o guitarrista lançou em seu LP de 1977) e, é claro, "Marron glacé" (de Renato Correa, Mariozinho Rocha e Guto Graça Melo), canção bem visual – com toda champanhe, salgados, doces, discos e poses –, e reconhecido clássico da disco music brasileira.

A despeito do sucesso de "Marron glacé" na trilha da novela e de sua cuidada produção, *Ronaldo Resedá* não concretizou o sucesso esperado como LP de estreia do Travolta brasileiro. Em 1980, ele teve um momento de brilho no especial de TV *Rita Lee Jones*, em cena de dança com Rita na canção "Baila comigo". E lançou mais um compacto, com a marchinha-disco (de Eduardo Dusek e Luis Carlos Góes) "Plumas e paetês", tema da novela que estreou em setembro. No entanto, à medida que a década avançava, nada acontecia como Ronaldo esperava.

Em 1982, ele ainda fez um pequeno show, dirigido por Wolf Maia. No ano seguinte, pelo selo Vôo Livre, lançou um compacto com "Fada safada" e "Rolo e me rôo", nas quais mostrava seu lado compositor – mas o disco não vendeu nem mil cópias. O que lhe restava eram os shows pelo interior do Brasil. Em 23 de setembro de 1984, depois de um desses, no garimpo de Carajás, no Pará, ele morreu por causa de um tumor cerebral. Estava em Imperatriz, no Maranhão, e tinha 38 anos.

Alguns amigos lamentaram que Ronaldo tenha insistido num tratamento homeopático para as dores de cabeça que sofria. Outros passaram anos desmentindo a informação de que ele tinha sido vítima da Aids. O obituário de 1984, do jornal *O Globo*, o definia como "um artista completo", que, infelizmente, "não conseguiu se mostrar por inteiro num grande espetáculo". Nos anos 1990 o *revival* da *discotheque* brasileira reabilitou Frenéticas e Lady Zu, mas o deixou de lado. Só em 2018 seu LP foi reeditado em CD, pelo selo Discobertas. Em 2021, com o álbum no *streaming*, não tem desculpa: hora de conhecer o Kid Discoteca, com todos seus brilhos, na festa que nunca vai acabar.

Ficha técnica:

Ronaldo Resedá (Som Livre - 403.6194)

Produzido por: Max Pierre
Direção de produção: Guto Graça Melo
Produção executiva: Max Pierre
Direção de estúdio: Max Pierre
Montagem: Ieddo Gouvea
Assistente de produção: Yara Vidal
Arregimentação: João Luzze
Arranjos: Lincoln Olivetti
Regências: Lincoln Olivetti
Arranjos vocais: Jane Duboc, Sonia Burnier e Max Pierre
Técnicos de gravação: Max Pierre e Celio Martins
Assistentes de estúdio: João Maria, Mario Jorge e Felipe Nery
Direção de mixagem: Max Pierre
Técnico de mixagem: Max Pierre
Engenheiro técnico: Nolan Leve
Assistente de engenharia técnica: Jorge (Gordo) e Pimentel (Magro)

Fotos: Denildo e Ivan Klingen
Direção de arte: Vera Roesler
Arte final: Tuninho de Paula e Nilo de Paula
Gravado em 16 e 24 canais nos estúdios Sigla de maio a julho de 1979

Lado A
1 - E novamente mas que nada (Jorge Ben)
2 - Franga (Rubam / Dick Petra)
3 - Bobos da corte (Rita Lee)
4 - Fuzarca na discotheque (Guilherme Arantes)

Lado B
1 - Marron glacé (Renato Correa / Mario Rocha / Guto Graça Melo)
2 - Pif-paf (Rita Lee / Roberto de Carvalho)
3 - Quero me entregar pra você (Guilherme Lamounier)
4 - Tudo bem (Robson Jorge)

Sá e Guarabyra

Quatro

por Flávio Mendes

Como o próprio nome sugere, este é o quarto disco da dupla Sá & Guarabyra, formada em 1973 após a dissolução do trio que formavam com Zé Rodrix. Esse álbum segue a trilha aberta no disco anterior, *Pirão de Peixe com Pimenta*, de 1977, no qual a dupla consolidou seu estilo, que teria seu auge de sucesso comercial e popular com a trilha sonora da novela *Roque Santeiro*, no meio da década de 1980.

O estilo da dupla vem muito do encontro de duas musicalidades, a princípio, diferentes: Luis Carlos Sá é carioca, criado entre Vila Isabel e a Tijuca, onde seu pai promovia saraus com o repertório de Noel Rosa, Lupicínio Rodrigues e Sílvio Caldas; Guttemberg Guarabyra é de Barra do Rio Grande, município na região do médio São Francisco. Assim como todos da sua geração, no interior do Nordeste, sua grande referência musical era Luiz Gonzaga.

Foi o poeta Nelson Lins de Barros que, um dia, em 1966, falou para o Sá: "Quero te apresentar um jovem baiano que acabou de chegar, você precisa conhecer." E o Sá respondeu: "Mais um?" Era a época em que Caetano Veloso, Gilberto Gil, Gal Costa e Maria Bethânia estavam recém-chegados no Rio, mas Nelson retrucou: "Esse é diferente, é um ribeirinho lá do São Francisco chamado Guttemberg Guarabyra."

Em 1971, Luis Carlos Sá estava recém-separado, sem lugar para morar, quando estacionou o seu buggy na Praça Nossa Senhora da Paz e encontrou Guarabyra, que o convidou para se mudar para o apartamento em que ele morava com amigos. Na época, Sá estava compondo com Zé Rodrix e os encontros passaram a acontecer no quarto dividido com Guarabyra que, naturalmente, começou a participar também. Os vocais dos três se encaixaram, com a sonoridade misturando country rock e a música regional brasileira. Influenciados pelo som e pelo nome de Crosby, Stills & Nash, formaram o trio Sá, Rodrix & Guarabyra.

A música deles era diferente de tudo que existia e não se encaixava nos rótulos existentes até então. Zé Rodrix havia vencido um festival em Juiz de Fora com a música "Casa no campo", em parceria com Tavito. Um verso da letra dizia "onde eu possa compor muitos rocks rurais" e, por isso, a crítica passou a chamar o som do trio de Rock Rural.

O primeiro disco do trio, *Passado, Presente e Futuro,* de 1972, foi um sucesso de público e crítica. Já havia a ideia, inicialmente, de que o trio não duraria tanto e Zé Rodrix, após as conturbadas gravações do segundo álbum, avisou que sairia do grupo para seguir em carreira solo. O grupo se separou, mas não virou imediatamente o duo Sá & Guarabyra. Sá chegou a gravar um *single* solo, muito mais rock do que rural. Mas seus encontros com Guarabyra, nos corredores da gravadora Odeon (ele também gravava um *single*) e num bar que ficava por perto, apontavam que o caminho dos dois poderia ser se juntarem em uma dupla.

O primeiro álbum do duo, *Nunca* (1974), com arranjos de Rogério Duprat, Eduardo Souto Neto e Nelson Ângelo, é um disco muito Rock Rural. O segundo disco, *Cadernos de Viagem* (1975), é definido por Sá como Jazz Rural devido ao time de músicos reunidos, como Tenório Jr., Luiz Alves e Robertinho Silva. O disco foi um sucesso de crítica, mas vendeu pouco. O passo seguinte só foi possível quando Sá embarcou em viagens com Guarabyra para conhecer o rio São Francisco, o sertão e sua mística a fundo. É quando a música da dupla começa a se afastar do country rock do início da carreira e encontra o estilo que vai levá-los a grande êxito comercial.

O maior sucesso do disco é a música "Sobradinho", que fala sobre a represa que foi construída no sertão nos anos 1970, inundando várias cidades. Outro clássico da MPB que está nesse disco é a balada "Espanhola", composta por Guarabyra com o primeiro tecladista da banda que acompanhava a dupla, Flávio Venturini. Nessa época, os dois moravam em São Paulo e eram sócios de Rogério Duprat em um estúdio especializado em *jingles*. No encarte do disco *Quatro*, a dupla escreveu: "Esse disco nasceu do chamado choque cultural sentido por um baiano de Bom Jesus da Lapa e um carioca de Vila Isabel diante da imensidão da Pauliceia, onde foram morar."

A premiada capa do disco contava com foto de Ella Durst e o layout de Gernot Stieger, que desenhou o logotipo usado pela dupla até hoje. A primeira faixa, um dos clássicos do repertório Sá & Guarabyra, é "Sete Marias", abre com as vozes de Olívia Byington, Lucinha Turnbull e Lizzie Bravo. A letra fala de sete Marias e seus destinos, num ritmo próximo do forró, com a sanfona do grande Dominguinhos, e flautas arranjadas por Rogério Duprat.

A segunda faixa é a única música não assinada por Sá e Guarabyra no disco, "Wonder woman (Falso inglês)", de Toninho Horta e letra de Fernando Brant. A letra é curiosa, Fernando lembra da época em que não falava inglês e não conseguia cantar as músicas de seus ídolos, como Ray Charles e Paul Anka. Ele dizia que usava um falso inglês, reproduzindo foneticamente sons que lembravam a língua inglesa e escreveu parte da letra nesse "falso inglês". Toninho Horta toca guitarras na faixa, que termina com um vocal caprichado arranjado por Sá.

"Peixe voador", com ecos de Beatles, mostra mais uma vez como são importantes os vocais nos trabalhos da dupla. Aqui o arranjo vocal é de Guarabyra, com as vozes de Zé Luiz Mazzioti, Rosely, Fátima e Clóvis, que eram os cantores dos *jingles* que o estúdio produzia. A faixa seguinte, "Polaca mineira", começa com palmas e parece uma moda de viola, das bem animadas. Sá toca viola caipira e Guarabyra toca pandeiro de folia de reis, com arranjo e regência de orquestra de Rogério Duprat. A letra fala de uma moça, estrangeira, que mora em uma casa amarela no alto do morro e "manda" nos homens da cidade.

A faixa seguinte, "Pássaro", é só com a viola caipira de Sá e o violão de nylon de Guarabyra, além das vozes dos dois, dobradas e que soam como um grupo maior. Isso só era possível porque os estúdios tinham capacidade de gravar em 16 canais, então uma grande evolução tecnológica nos anos 1970. Certamente influenciados pelo trabalho com propaganda, "Flora medicinal" é quase um *jingle*, apresentando os benefícios de remédios naturais vindos da selva amazônica, com arranjo de metais em brasa orquestrados por Duprat.

A faixa que abre o lado B é "Vem queimando a nave louca", outro clássico da dupla. Parece uma canção ufológica, mas é uma brincadeira, segundo Sá. A faixa mostra o entrosamento entre os músicos de base: Constant (teclados), Nonato (bateria), Pedro Jaguaribe (baixo) e Beto Martins (guitarra). A banda foi arregimentada no Rio, mas levada pela dupla para São Paulo, onde todos moravam na garagem da casa de Sá, transformada em suíte.

"Alucinante Alice" é apoiada no piano acústico e na orquestração densa de Duprat, no compasso de 6/8, e é a única faixa do disco sem nenhum vocal, mas a faixa seguinte, também em 6/8, tem apoio de um coral. Aparentemente é só uma canção, mas nos créditos aparece: "Chão de poeira (Sá) / Cigarro de palha (Guarabyra)", indicando ser um *medley* das duas músicas, em que eles não assinam em dupla. Tem uma participação discreta da sanfona de Dominguinhos, arranjo de sopros de Duprat e de base de Jorge Omar. "Chuva no campo", mais uma música em 6/8, é esteticamente bem próxima da música mineira dos anos 1970, lembra a sonoridade dos discos do Beto Guedes, deixando explícita a amizade e afinidade entre a dupla e a música do Clube da Esquina.

A última faixa do disco, "Baquiá", é uma mostra do caldeirão musical que determina o som de Sá & Guarabyra: é um xote, mas eletrificado, com toques de rock'n'roll no arpejo da guitarra no refrão e uma citação da melodia de "Here, there and everywhere", dos Beatles, num vocalise na parte final da música. Essa mistura, única, é a marca do som dessa dupla de longeva carreira, fruto do encontro do ribeirinho do São Francisco com o carioca da Zona Norte.

Ficha técnica:

Quatro (Som Livre - 403.6188)

Direção de produção: Guto Graça Mello
Direção artística e de estúdio: Renato Viola
Gravado de outubro de 78 a junho de 79 nos estúdios Vice Versa (SP) e Sigla (RJ)
Técnicos: Renato Viola, Wilson e Ricardo Franjinha (SP); Andy Mills, Célio Martins, Dan Braz, Edu e Nestor (RJ)
Mixagem: Renato Viola e Ricardo Franjinha

Lado A

1 - Sete Marias (Sá & Guarabyra)
2 - Wonder Woman (Falso Inglês) (Toninho Horta / Fernando Brant)
3 - Peixe voador (Sá & Guarabyra)
4 - Polaca mineira (Sá & Guarabyra)
5 - Pássaro (Sá & Guarabyra)
6 - Flora medicinal (Sá & Guarabyra)

Lado B

1 - Vem queimando a nave louca (Sá & Guarabyra)
2 - Alucinante Alice (Sá & Guarabyra)
3 - Chão de poeira (Sá) / Cigarro de palha (Guarabyra)
4 - Chuva no campo (Sá & Guarabyra)
5 - Baquiá (Sá & Guarabyra)

Sérgio Ricardo

Do Lago à Cachoeira

por Manoel Filho

O fim da década de 1970 foi um momento de mudanças em todo o mundo. A segunda crise do petróleo atingiu em cheio o mercado fonográfico e as economias emergentes e redesenhou toda a estrutura das fábricas de disco. O retorno financeiro deveria ser alto e certeiro, portanto, o lançamento de novos artistas estava condicionado à sua vendagem e a seu apelo comercial. No Brasil, isso se aprofundou com fechamentos de selos regionais e dezenas de concordatas e fusões. Havia outro fator: ainda sob os efeitos da censura, que impunha um boicote às suas obras, vários artistas não conseguiam espaço na mídia ou nas gravadoras para lançar álbuns, apesar da abertura política e do fim do AI-5, em 1978.

A produção independente poderia abrir diferentes caminhos para aqueles considerados "malditos" ou que por algum motivo foram abandonados pelas companhias fonográficas por serem considerados ultrapassados ou "difíceis". Como consequência, foi criada uma complexa rede de distribuição com pequenas lojas e venda direta ao público em shows e eventos. Ao eliminar a gravadora, o balanço comercial é positivo e novos lançamentos foram feitos. Um exemplo de êxito comercial dos independentes foi o disco de estreia do Boca Livre, lançado em 1979.

Um "artivista" com um repertório pronto para ser gravado e testado em shows estava bem ativo nessa fase e poderia facilmente fazer parte do movimento independente: Sérgio Ricardo. Paulista de Marília, filho de imigrantes sírio-libaneses, ainda nos anos 1950 chegou ao Rio de Janeiro para tocar na noite carioca, depois de uma breve temporada em São Paulo. Exímio pianista e compositor, influenciado pela Bossa Nova, registrou em disco suas primeiras gravações pelo pequeno selo Todamérica, com o disco *Dançante 1*. Posteriormente obteve seus primeiros êxitos na Odeon, fábrica que também contava com João Gilberto em seu elenco. Por esta época apresentou um programa de TV, foi gravado por Maysa ("O nosso olhar") e emplacou alguns sucessos como "Pernas", "Folha de papel", "Não gosto mais de mim" e uma das primeiras canções de crítica social que viria a se chamar "música de protesto", posteriormente, "Zelão".

Na efervescência do movimento Cinema Novo, realizou como ator e cineasta alguns filmes como *Menino da Calça Branca* (1961) e *Esse Mundo É Meu* (1963), hoje clássicos da filmografia nacional. Seu irmão era o cinegrafista Dib Lufti e tinha papel importante nessa cena, sendo responsável pela inovadora fotografia de vários filmes realizados no período (*Terra em Transe*, *Esse Mundo É Meu*, *ABC do Amor*). Seu envolvimento com a sétima arte o aproximou de Glauber Rocha, para quem fez a trilha sonora de *Barravento* (1962) e *Deus e o Diabo na Terra do Sol* (1964). Sérgio participou da famosa noite de Bossa Nova no Carnegie Hall, em novembro de 1962, show promovido por Sidney Frey então dono do selo Audiofidelity com o intuito de internacionalizar o movimento musical brasileiro.

Ao defender o samba "Beto Bom de Bola" no Festival da Record de 1967, quebrou o violão e o arremessou na direção do público como protesto às intolerantes vaias da plateia, no episódio que marcou definitivamente sua trajetória e o tornou *persona non grata* por anos a fio. Começa a partir daí um período em que sua produção musical foi ficando cada vez mais espaçada, dando lugar a outras experimentações artísticas, fossem no cinema, na pintura e no teatro. Nessa época, Sérgio também militou em defesa dos direitos autorais, integrando a AMAR/SOMBRÁS – uma união entre a Associação de Músicos Arranjadores e Regentes e a Sociedade Musical Brasileira – que garantiu vários avanços para a classe artística, como a criação do ECAD e também da FUNARTE.

Sérgio mostrou estar na vanguarda ainda em 1972. Associado ao semanário *O Pasquim*, ele promoveu o *Disco de Bolso*, um compacto simples que unia nomes já consagrados da música nacional a iniciantes, vendidos pela cidade em bancas de jornais. Essa iniciativa gerou dois frutos, hoje itens de colecionador, com Tom Jobim e João Bosco e Caetano Veloso com Fagner. Ao longo da década registrou quatro trabalhos entre 1971 e 1978, por vários selos distintos sem grandes repercussões comerciais, apesar de elogiados pela crítica.

Finalmente, em 1979, surge o convite para retornar à Continental, gravadora de capital nacional que sempre apostou em novos artistas e movimentos de música regional ao longo de sua existência, em uma postura diferente das multinacionais no período. Com produção de Maurício Tapajós e arranjos de Oscar Castro Neves, arranjador e violonista que retornava ao Brasil depois de anos no exterior, onde fez parte da banda de Sergio Mendes.

Do Lago à Cachoeira carrega em si a marca do artista, ou seja, é um disco que mescla o lírico com as questões sociais do país. Gravado por um experiente time de músicos de estúdio, foi feito em apenas dois meses e quase todas as músicas foram apresentadas no ano anterior no espetáculo *Faz Escuro Mas Eu Canto*, feito em parceria com o poeta amazonense Thiago de Mello. Conta com oito canções inéditas, além de duas regravações.

Música de trabalho do LP, "Vidigal" é uma dura crítica social à política de remoção de favelas do então prefeito biônico do Rio, Marcos Tamoio. Nessa época, Sérgio Ricardo já era morador do local e se empenhou na mobilização com as lideranças comunitárias para acionar a imprensa e reverter essas desapropriações, sendo bem-sucedido. O trecho "No Vidigal tem uma turminha de Bamba / Que não esquenta com as ameaças do rei" dá a tônica da provocação.

"Do lago à cachoeira", música que dá título ao álbum, traz a leveza e o lirismo característicos de Sérgio, com belíssimo arranjo de cordas e sopros, em uma letra que beira a catarse e a reflexão do artista com relação a todos os anos de lutas e hiatos: "Sei que é difícil mudar / Quando o rumo é o de nossa vida / E bem pior é se a gente vê / Que não tem mais saída". Música composta no ano anterior, fez parte do show *Cruzeiro do Sol*, feito por Marku Ribas e a novata Zizi Possi, porém só foi registrada em disco pelo autor. Posteriormente Radamés Gnattali a registrou em uma elegante versão instrumental.

A densidade continua na fortíssima "Contra a maré", mais uma letra política, que demarca a posição forte e combativa do artista: "Quem vai pro fundo / Tem que agitar o braço / Tem que apertar o passo / Tem que remar contra a maré".

"Lá vem pedra" é o novo título de "Que lugar é esse?", faixa enviada para a censura em 1976, até então, inédita. Na letra, vestígios das metáforas usadas para driblar a censura e trechos como "Chamo, ninguém responde / Grito mas ninguém vem me escutar" e "Oi que medo é esse / Na boca deste silêncio / Na atrofia dos sentidos / Na batida do teu coração".

"Toada de ternura" é a única música desse LP feita em parceria com o poeta amazonense Thiago de Mello, amigo próximo que, assim como Sérgio, foi investigado pela ditadura por conta de seus posicionamentos políticos. A letra traz um misto de poesia e mistério. O belíssimo arranjo de cordas dá o tom denso que a canção e o momento pediam.

"Tarja cravada" é mais uma crítica ao sufocamento da censura com relação às suas composições. Em entrevistas feitas na época do lançamento, Sérgio Ricardo afirma que as letras eram liberadas, mas impedidas de serem executadas na rádio. Ou seja: trata-se de um desabafo carregado de ironia.

"O nosso olhar" é um antigo sucesso de Sérgio que foi revelado ao Brasil pela voz de Maysa em 1959. Aparece repaginado com requinte pelo violão de Oscar e o piano de Antonio Adolfo, artistas que dominam a linguagem sutil da bossa.

"Sexta-feira treze" é um samba esquecido em sua discografia. É mais uma influência do Vidigal e do envolvimento com a comunidade que o abraçou.

"Canto vadio" tem uma introdução marcante, mais uma vez apoiada pelas cordas. Uma letra apaixonada e que é um dos pontos altos deste trabalho.

Por fim, "Ponto de partida" fecha o trabalho. Faixa com estrutura épica, apoiada por violão e pela percussão de Chico Batera. Gravação tecnicamente mais elaborada que a original de 1977, feita especialmente para uma peça teatral de Gianfrancesco Guarnieri e lançada em raro compacto pela gravadora paulista Discos Marcus Pereira.

Esse trabalho é fruto de um amadurecimento artístico e um dos pontos altos de sua carreira, mas, apesar de elogiado pela crítica, não foi um sucesso de vendas e ainda hoje é pouco conhecido. Um documento sonoro-histórico de um senhor talento que nunca fez concessão alguma à sua arte e traz ainda hoje fortes referências do período de produção (de fevereiro a março de 1979, cinco meses antes do decreto da Lei da Anistia). *Do Lago à Cachoeira* mostra também o perfil de um compositor que resistiu até o fim sem renegar de seus princípios.

Viva Sérgio Ricardo!

Ficha técnica:

Do Lago à Cachoeira (Continental - 1.01.404.199)

Produtor fonográfico: Discos Continental

Direção artística: Maurício Tapajós

Arranjos: Oscar Castro Neves

Técnico de som: Don Lewis

Mixagem: Don Lewis, Max Pierre, Oscar e Maurício
Corte: Ademilton Vila Nova
Estúdio: Level (RJ)
Direção de arte: Oscar Paolillo
Arte final: Francisco C. Gongora
Fotos: Bruno Lins
Adm. Repertório: Jorge Corrêa (RJ) Odair Corona (SP)
Gravado em fevereiro e março de 79
Participação em "Vidigal": Marcão
Com os agradecimentos ao compositor João Bosco

Músicos participantes:

Antonio Adolfo: piano; Oscar Castro Neves: piano e violão; Sérgio Ricardo: violão; Raphael Rabello: violão 7 cordas; Luizão Maia: baixo; Elber Bedaque: bateria; flautas: Franklin, Celso e Meirelles; Copinha: clarinete; Jonas e Neco: cavaquinho; Nelsinho: trombone; Chico Batera, Cuscuz, Juca e Eeném: percussão; Wanda: harpa; Juarez: sax; Virgílio, Lana, Aizik, Daltro, Zé Alves, Perrotta, Eduardo Hack, Pareschi (Spalla), Iberê, Marcio, Elcio e Lúcio: cordas; Viva Voz: coro

Lado A

1 - Vidigal (Sérgio Ricardo)
2 - Do lago à cachoeira (Sérgio Ricardo)
3 - Contra a maré (Sérgio Ricardo)
4 - Lá vem pedra (Sérgio Ricardo)
5 - Toada de ternura (Sérgio Ricardo / Thiago de Mello)

Lado B

1 - Tarja cravada (Sérgio Ricardo)
2 - O nosso olhar (Sérgio Ricardo)
3 - Sexta-feira treze (Sérgio Ricardo)
4 - Canto vadio (Sérgio Ricardo)
5 - Ponto de partida (Sérgio Ricardo)

Simone

Pedaços

por Thelmo Lins

O ano de 1979 foi um divisor de águas na carreira de Simone Bittencourt de Oliveira. A baiana, nascida em Salvador no dia 25 de dezembro de 1949, lançava o disco mais importante de sua carreira iniciada há seis anos: *Pedaços.*

O carro-chefe do trabalho foi "Começar de novo", música de Ivan Lins e Vítor Martins, tema da minissérie *Malu Mulher*, protagonizada por Regina Duarte e exibida pela Rede Globo de Televisão entre 1979 e 1980. Tratando de temas polêmicos para aquela época (ainda em plena ditadura militar), como aborto, virgindade, separação, pílula anticoncepcional, dentre outros, *Malu Mulher* era um libelo contra o machismo vigente no país e uma ode ao nascimento de uma nova mulher, mais independente e participante ativa da sociedade. A canção interpretada por Simone vinha na abertura do programa, dirigido por Daniel Filho e Dennis Carvalho.

Logo "Começar de novo" se transformaria em um sucesso retumbante e, a partir dessa canção, foi lançado o disco *Pedaços*, um dos mais emblemáticos da cantora baiana. O repertório era acachapante. Além da canção citada, outro sucesso marcante foi "Tô voltando", samba de Maurício Tapajós e Paulo César Pinheiro, que acabou se tornando, ao lado de "O bêbado e a equilibrista", lançada por Elis Regina no mesmo ano, uma espécie de hino à nascente abertura política do país. A canção traduzia o retorno ao país das pessoas perseguidas pelo violento regime político e que haviam sido obrigadas a se exilarem no exterior.

Ainda no repertório, duas canções de Chico Buarque, que foram lançadas por outras cantoras: "Sob medida", que fez sucesso na voz de Fafá de Belém; e "Pedaço de mim", eternizada por Zizi Possi em dueto com o próprio autor. Simone fez sua versão de "Outra vez" (Isolda) registrada, com enorme sucesso, na voz de Roberto Carlos.

Ela gravou, de Milton Nascimento e Fernando Brant, duas pérolas: "Itamarandiba", uma homenagem aos versos de "No meio do caminho", célebre poema de Carlos Drummond de Andrade; e "Povo da raça Brasil", tema de abertura da novela *Terras do Sem Fim*, da Globo. Milton, segundo Simone, foi muito importante em sua carreira e participou de seus trabalhos anteriores como músico e como compositor. Criou, para ela, o apelido de "Cigarra", graças à canção homônima feita em parceria com Ronaldo Bastos e gravada em 1978. Em *Pedaços*, ele toca violão nas duas canções de sua autoria.

Sueli Costa, que deu a Simone dois clássicos – "Jura secreta" e "Face a face" – aparecia novamente no repertório com duas faixas: "Vento nordeste" (parceria com Abel Silva) e a belíssima "Cordilheira" (parceria com Paulo César Pinheiro), na minha opinião, a mais bela música do disco. Ivan Lins e Vítor Martins compareciam ainda com a emocionante "Saindo de mim", que se alinhavava com o tema da liberação feminina e da separação de casais (a Lei do Divórcio fora aprovada em 1977).

Por fim, Simone inseriu no disco uma composição de Fátima Guedes, "Condenados". Fátima, de 21 anos, era uma estreante no meio musical e logo se tornaria uma referência de sua geração, ao lado de compositoras como Angela Ro Ro e Marina Lima. Simone foi a segunda artista a gravar uma canção de sua autoria.

Pedaços teve uma trajetória meteórica, colocando a cantora dentre as mais vendidas do mercado fonográfico nacional. Estima-se que o disco tenha vendido mais de 300.000 cópias. Ao longo da década 1979-89, Simone ganharia 11 discos de platina e sete discos de ouro, o que representava quase 4 milhões de cópias vendidas. "Começar de novo", no entanto, foi a locomotiva de uma série de mudanças no cenário musical da cantora e da música brasileira.

No dia 19 de outubro de 1979, na rasteira do sucesso do seriado *Malu Mulher*, era exibido o especial *Mulher 80*. Apresentado pela mesma Regina Duarte, reunia as então mais aclamadas cantoras da época. Além de Simone, integraram o elenco Elis Regina, Gal Costa, Maria Bethânia, Fafá de Belém, Marina Lima, Zezé Motta, Rita Lee, Joanna e o Quarteto em Cy. O especial, que se tornaria um clássico da televisão brasileira, mostrava as cantoras com suas ideias, opiniões, sonhos e expectativas, e como se sentiam em relação ao tratamento que recebiam da sociedade. Temas, aliás, que eram tratados na minissérie e que revelavam uma nova face da mulher brasileira, até então condicionada aos trabalhos domésticos, a uma posição subalterna perante o homem e a um papel às vezes meramente figurativo.

Era a "mulher aparecendo na música", relatava Simone numa reportagem ao *Jornal do Brasil*, por ocasião do lançamento do disco, em 1979. "Tudo para a mulher era mais difícil", dizia a baiana. Mas logo ela percebeu que se tornava necessária uma nova postura. "Há muito tempo eu chutei o pau da barraca. Só faço o que eu quero fazer", frisava no programa *O Som do Vinil*. Esse programa, apresentado por Charles Gavin, foi exibido em 2019, no Canal Brasil, por ocasião dos 40 anos do lançamento de *Pedaços*.

"A vida não foi fácil. Meu pai era muito rígido e dificultava as coisas. Quem deu o grito lá em casa fui eu", informou a cantora. No entanto, foi o gosto de seu pai pela ópera e a dedicação ao piano de sua mãe que fizeram germinar a semente musical na vida de Simone. Bem antes dela se dedicar à sua arte, a menina de quase 1,80m de altura jogou basquete e até fez parte da seleção brasileira.

"Eu tinha certeza de que, um dia, seria cantora. Não sabia quando. Mas, quando a oportunidade pintasse, eu ia agarrar. E entrei de cabeça", relembra Simone. E ela apareceu em 1973, quando, ao ouvir sua voz, o então diretor artístico da gravadora Odeon se entusiasmou e a contratou para gravar cinco discos ao longo dos próximos anos. Embora estreante, impôs a condição de escolher gravar apenas o que queria e o pedido foi aceito. "Nem sempre posso gravar as (músicas) que me agradam. Já fui traída várias vezes", conta. Para escolher o repertório, "é necessário um certo relacionamento, um namoro mesmo". Mas ressalta: "Eu me critico muito. Sou exigentíssima."

Conta a lenda que "Começar de novo" só chegou ao conhecimento de Simone depois de ser recusada por Maria Bethânia que, naqueles anos, era a cantora de maior sucesso no país, após ter quebrado a barreira de um milhão de cópias com o disco *Álibi*. "Eu fiquei enlouquecida (quando ouvi a canção) e disse: quero gravar!", pontua Simone. "Cordilheiras" teve uma história complicada. A música foi proibida pela Censura Federal e precisou de um ano de negociação para ser liberada. "A arte não merece censura", afirma a cantora.

A política estava na ordem do dia, dada às condições extremadas por que passava o país, sob o jugo dos militares e o cerceamento da liberdade de expressão. Simone esteve em Cuba naquela época, ao lado de outros artistas como Chico Buarque e Milton Nascimento, numa turnê musical. Talvez por isso, ou até mesmo para mostrar sua indignação perante o momento de tantas imposições, torturas e estranhos desaparecimentos de pessoas que tinham a corrente de pensamento contrária ao governo, declarou, no *Mulher 80*, que o primeiro nome masculino que vinha à sua cabeça era o de Fidel Castro. O líder comunista cubano era, com certeza, um dos maiores inimigos do Regime Militar.

"Da capa a todo o repertório, (*Pedaços*) é um disco desafiante", diz a cantora em entrevista exclusiva para o autor deste texto, em junho de 2021. "Vivíamos uma situação muito difícil e através da música eu me posicionei. Tudo que queria falar e não podia estava nas letras das músicas."

Depois de *Pedaços*, Simone fez uma bem-sucedida temporada do show de lançamento do disco, no Canecão, famosa casa de espetáculos do Rio de Janeiro. O espetáculo, realizado em grande produção, com direito a orquestra completa no palco, arrancaria rasgados elogios da crítica especializada e do meio artístico. Atraiu, na ocasião, mais de 130 mil espectadores. Nascia ali não só uma superestrela da canção, mas também um ícone de uma nova mulher que estava disposta a ocupar seu espaço no mundo.

Ficha técnica:

Pedaços (EMI-Odeon - 064 422848)
Produtor fonográfico: EMI-Odeon
Direção de produção: Renato Corrêa
Fotos: Fernando Carvalho
Capa: Noguchi
Arranjos e regências: Nelson Ayres ("Sob medida", "Condenados", "Cordilheira", "Outra vez" e "Tô voltando") e Gilson Peranzzetta ("Começar de novo", "Povo da raça Brasil", "Vento nordeste", "Saindo de mim", "Itamarandiba" e "Pedaço de mim")

Músicos participantes:
Gilson Peranzzetta: piano acústico e elétrico, acordeon, órgão e sino; Nelson Ayres: piano elétrico, acústico e Yamaha; Ivani Sabino: baixo; Jamil Joanes: baixo; Hélio Delmiro: violão; Milton Nascimento: violão ("Povo da raça Brasil" e "Itamarandiba"); Olmir Stocker (Alemão): guitarra; Chico Batera: percussão; Pinduca: percussão; William Caram: bateria; Robertinho Silva: bateria; Celso Woltzenlogel: flauta baixo; Copinho: flauta em sol; Danilo Caymmi: flauta solo ("Saindo de mim"); Roberto Sion: sax alto e soprano; Braz Limongi: oboé;

Ed Maciel: trombone; Alceu: cavaquinho; Luna: tamborim e reco-reco; Elizeu: tamborim; Marçal: tamborim; Gordinho: surdo e ganzá; Marçal: cuíca; Elizeu: agogô; Pareshi (spala), Vidal, Walter Hack, Carlos Eduardo Hack, Lana, Francisco Perrotta, Piersanti, Luiz Carlos, Astrogildo, Marcelo Pompeu, Wilson Teodoro, Virgílio Arraes: violinos: Penteado, Nelson Macedo, Stephany e Nathércia: violas; Watson, Alceu de Almeida Reis, Iura, Bariola: cellos; Zéluiz, Márcio Lott, Robertinho, Marizinha, Regininha, Regina, Luna: coro; Lessa, Toninho, Renatinho, Simone e todo o pessoal do coro: palmas

O povo que pintou nas gravações: Rege, Mário, Claudinho, Gaya, Claudinho, Tovar, Bituca, Sonia, Paulinho Pinheiro, Ivan Lins, Lucinha, Vítor Martins, Moacir Machado, Christiane Torlone, Abel Silva, Maurício Tapajós, Sueli Costa, Lessa, Fernando Eiras, Lu, Ronaldo Bastos, Elda, Sandra Pera, Tunai, Bebeto, Beto, Kassu, Lelé, Rafa, Alexandre, Toninho do Som, Cafezinho: Seu Nonato

Lado A
1 - Começar de novo (Ivan Lins / Vítor Martins)
2 - Sob medida (Chico Buarque)
3 - Povo da raça Brasil (Milton Nascimento / Fernando Brant)
4 - Condenados (Fátima Guedes)
5 - Cordilheira (Sueli Costa / Paulo César Pinheiro)
6 - Outra Vez (Isolda)

Lado B
1 - Vento nordeste (Sueli Costa / Abel Silva)
2 - Saindo de mim (Dois Gumes) (Ivan Lins / Vítor Martins)
3 - Tô voltando (Maurício Tapajós / Paulo César Pinheiro)
4 - Itamarandiba (Milton Nascimento / Fernando Brant)
5 - Pedaço de mim (Chico Buarque)

Sueli Costa
Louça Fina

por Andréia Pedroso

O diálogo do feminino na contemporaneidade nos conduz a seguir o rastro de uma estrela: Sueli Costa. Cantora, compositora e instrumentista, ela nasceu em 25 de julho de 1943, na Tijuca, Rio de Janeiro. Figurando entre baluartes do cancioneiro brasileiro, Sueli foi parceira de Ana Terra, Abel Silva, Aldir Blanc, Cacaso, Hermínio Bello de Carvalho, Paulo César Pinheiro, Tite de Lemos, Vítor Martins, tendo musicado também a poetisa Cecília Meireles em "Retrato".

Sueli tem sua vida entrelaçada à música desde os quatro anos de idade, sua mãe, professora de canto-coral e pianista, desde cedo, a orientava nos instrumentos (piano e voz). Quando tinha apenas quinze anos, compôs "Balãozinho" no estilo bossa nova. Mas, foi Nara Leão – ao gravar "Por exemplo: você", parceria de Sueli com João Medeiros, de 1967 – quem trouxe a compositora para a ribalta. E desde esse início já se vão 58 anos de carreira.

A década de 1970 anunciava um agito, o Brasil vivia sob a ditadura militar. No ar, um clima de tensão e vigilância. Pesava sobre as mulheres a tarefa de manter a organização familiar às custas da permanência de um patriarcado que lhes sentenciavam à dependência moral e financeira. As mulheres viviam restritas às atividades caseiras e o sistema lhe reservava um lugar indesejável.

Algo aconteceu e o reflexo disso pode ser visto em Sueli, através de uma fala onde outras mulheres se perceberam. Vozes, outrora silenciadas, foram retratadas em letras e canções: valsas, sambas, sambas-canção, tangos, todos repletos dessas estórias.

Um novo ponto de partida onde a palavra de ordem feminista "o pessoal é político" surgiu dessa mudança de postura, surtindo efeito, inclusive, mais adiante, nas questões de gênero. E Sueli habitou bocas e lábios como os de Elis

Regina, de Erasmo Carlos, de Fafá de Belém, de Fagner, de Gal Costa, de Maria Bethânia, de Marília Medalha, de Nana Caymmi, de Simone, e muitos outros.

Em 1979, a gravadora EMI lançou o LP *Louça Fina* de Sueli Costa, com produção de Dori Caymmi. O título trazia a metáfora do mundo feminino e não esconde a ironia na escolha do objeto usual: a louça. A louça lavada diariamente desfia, a cada canção, o disfarce. A louça cuja beleza fina, frágil e sofisticada esconde a realidade. Por detrás da porcelana, o utensílio. A delicadeza, a fragilidade e o prato que serve o alimento. Da fragilidade, o suporte. A louça fina é a mãe, a mulher contida pelo silêncio do passado e, agora, liberta nas canções. São os estilhaços da porcelana, se quebrada não garante serventia.

Mesmo quando Sueli não escreve as letras, a melodia que ela intui das palavras carrega um tanto de sedução, de dor e de paixão - por costume ou por força do hábito – e retratam o imaginário feminino. Aqui, vale a ressalva, a matéria-prima para as composições não sai da imaginação, é parte da realidade, reconhecida nas letras das canções, nas melodias escorregadias de sensualidade. É real e não apenas imaginação.

Há um sensório feminino tão forte e diminuto que é possível perceber na entonação de algumas melodias uma forma e um jeito muito pontuais tanto em Sueli Costa quanto em Elis Regina. É como se houvesse uma correspondência entre elas. A meu ver, há! Estou certa de que há uma intimidade de fala entre elas na qual também me identifico, mesmo sendo mais jovem. É uma dor e um jeito de sentir que produz na fala uma métrica, uma respiração identitária. Destaco duas cantoras de timbres diferentes e uma entonação, um sentir "igual", expresso na densidade. É a nítida impressão de que acontece entre Elis Regina e Sueli Costa, uma convergência.

O álbum *Louça Fina* começa na música "Para os meninos da Nicarágua" (parceria com Paulo Emílio e Aldir Blanc) uma homenagem aos que lutaram na Revolução Sandinista para a libertação da Nicarágua dando fim a ditadura dos Somoza (1936-1980). O grito "Da boca do nunca mais", sob os "estilhaços na memória", alcança os ouvidos de um Brasil que vive também sob o punho forte do governo militar. Sueli se solidariza com os princípios humanitários e usa as suas melhores armas: a palavra e a canção - aquela que fere não a carne, mas rasga a alma.

Em compasso ternário, o apelo para o "nunca mais dos estilhaços de granada". Uma guarânia referenda a influência dos ritmos latinos na sua obra, mas também amplifica a dor comum. Essa música, uma espécie de abre-alas como se não lhe fosse permitido fazer qualquer coisa sem antes voltar-se para essa causa.

Na sequência, "Louça fina", parceria com Abel Silva dá título ao LP e contrasta com a primeira canção, anunciando um ambiente de maior intimidade. A estrutura da composição, a escolha do timbre para o contraponto que soa no teclado, a escolha do tema e a ótica considerando o suspense e a interrupção como desfecho são pautas desse novo tempo. A ausência e a permanência sob consenso: "Todo o amor carrega / O medo de quebrar, / Uma louça fina / No mármore do olhar". Nada é seguro e garantido senão pela análise dos fatos.

Na valsa "A alegria e a dor", mais uma parceria com Abel Silva, surge uma ideia sobre a temporalidade das coisas, uma preocupação com a duração: a infelicidade permanece? Se a felicidade dura pouco, o que pode ser feito? "Alegria, te suplico, / Pise leve, com cuidado, / A dor tem ouvido aflito / E descansa bem ao lado". No entanto, em se tratando do amor, nada pode ser adiado: "Esperar eu não sei / Quando o coração reclama..." em outra parceria com Abel Silva.

Em "Primeiro jornal" com Abel Silva temos: "Para que saias com alguma alegria bem normal / Que dure pelo menos até você comprar e ler / O primeiro jornal". O contraponto: a alegria de novo, dura pouco, e o pôr-se sempre à espera, comportamento antigo. Alinhado com o contentamento de ver o outro feliz apesar da sua própria infelicidade.

E vem à baila os casos e descasos de amor em "Sabe de mim", a única música desse LP onde a letra e a música são de Sueli: "avesso do verso encoberto". Amores, ilusões, distorções, desagravos, a fervura e a submissão.

Já podemos ouvir os cromatismos na frase melódica: "um dia talvez", quanta ironia num talvez. É uma marca na composição de Sueli Costa, a sinuosidade, seja na forma de cromatismos ou de portamentos pontualmente previstos. Não são efeitos, são parte da melodia, como se a voz e por vezes os contrapontos no teclado deslizassem ou escorregassem, desmanchando-se sensualmente. E o cromatismo se repete no trecho "verso encoberto".

"Uma vida em segredo", a sensualidade em "Sorria com fé, seu sorriso de dentes / De lábios molhados e gengivas ardentes", mas, até quando vai a alegria? O uso do verbo cantar fora do sentido literal - o cantar, metáfora para expectativa. E o tema central, o amor, um diário de banalidades e a alegoria das duas vizinhas que disputam um mesmo espaço: "Ele amava bastante e era verdade, / A seu jeito, ele era fiel", mais uma pérola com parceria de Abel Silva.

A Camélia não quer mais viver a passionalidade da flecha, a esperança é desvendada pela gargalhada de uma suposta plateia. E no trecho mais revelador dessa consciência, afirma haver a crise em que o coração quer calar e a voz insiste em não calar. Assim é o clima passional do tango em "Flecha ligeira", escrito em parceria com Tite de Lemos. Ser traído, o pior dos lados? Sob a venda nos olhos: a dependência, a submissão? A que custo?

A sombra borrada nos cílios do companheiro teria sido o vestígio da vida escrita a dois? A questão: "Foi ou não meu poema no chão / Ou talvez nossos filhos?". O passar das horas, o pisar dos saltos altos, o relógio que avança por sobre a vida, a queda dos saltos altos por cima apesar dos filhos em "Altos e baixos", parceria com Aldir Blanc. São tantas coisas e um nada para que o amor pudesse trazer vida e a conclusão fatal: "Até pra morrer se leva tempo demais!"

Tudo aí, poeticamente, dramaticamente nas canções.

"Segredo quebrado", samba-canção com Paulo César Pinheiro e os cromatismos lindamente escolhidos – metáfora sonora para o "caso perdido", e ele se esvai por entre os dedos, o amor quase derrete na mão. Linhas tortas e a culpa eterniza-se, transfigura-se pela banalidade dos dias. O amor: a porta que abre e fecha. E a eterna dúvida algoz: viver ou não viver?

Confidente em "Jura secreta", o LP encerra com mais essa parceria de Abel Silva, um inventário das vidas insufladas, amarguradas, bandidas, furtadas de amor. A vida jogada fora, do furtivo delírio situado entre a sensualidade e o amor culpado pela alegria passageira que se avizinha.

Sueli até hoje ajuda a desmistificar essas distorções no dizer "voz a voz", de "voz em voz", pela confissão de um passado de juras não ditas, de beijos não roubados, de tantas palavras que devoraram vidas, palavras nunca ditas, mas fatais! Arma letal que corrói a alma.

E, tristemente, um advento infeliz na discordância jurídica com a empresa contratada por Sueli para administrar 40 músicas de sua obra durante 1972 e 1983 parece ter velado a sua presença tão viva no cenário musical. Mas não o suficiente para silenciar o já feito, cabe a nós ecoar e reverberar essa obra tão linda quanto consistente.

Sueli Costa é mesmo "o anjo de unhas pintadas", dando voz a tantas outras vozes. Ainda assim, ela se permite dizer: "quem me vê assim cantando, não sabe nada de mim". Pode ser! Mas Sueli compondo e cantando sabe muito de todas nós.

A mulher e a cantora que eu sou agradecem a eviternidade da sua fala nas letras e nas canções.

Ficha técnica:

Louça Fina (EMI-Odeon - 31C064 422854)

Direção de produção: Mariozinho Rocha

Produção executiva: Dori Caymmi

Arranjos: Dori Caymmi

Técnicos de gravação: Dacy, Bill Horn e Roberto Castro

Coordenação gráfica: Tadeu Valério

Corte: Omar Furtado

Foto: Fernando de Carvalho

Capa: Negreti (em dúvida, ilegível)

Músicos participantes:

Fernando Leporace: contrabaixo; Oscar Castro Neves: piano elétrico, violão e teclados; Dori Caymmi: violão; João Palma: bateria; Hélio Delmiro: guitarra e violão solo; Ubirajara: bandoneon; Telma, Jane, Zé Luiz e Flávio: coro; Gordinho: surdo e agogô; Dazinho: ganzá e reco-reco; Jorginho: pandeiro; Stenio: tamborim

Lado A

1 - Para os meninos da Nicarágua (Sueli Costa / Paulo Emílio / Aldir Blanc)

2 - Louça fina (Sueli Costa / Abel Silva)

3 - Sabe de mim (Sueli Costa)

4 - A alegria e a dor (Tesouro da juventude) (Sueli Costa / Abel Silva)

5 - Uma vida em segredo (Sueli Costa / Abel Silva)

6 - Esperar eu não sei (Sueli Costa / Abel Silva)

Lado B

1 - Flecha ligeira (Sueli Costa / Tite de Lemos)

2 - Segredo quebrado (Sueli Costa / Paulo César Pinheiro)

3 - Primeiro jornal (Sueli Costa / Abel Silva)

4 - Altos e baixos (Sueli Costa / Aldir Blanc)

5 - Jura secreta (Sueli Costa / Abel Silva)

6 - O inocente (Sueli Costa / Tite de Lemos)

Tavito

Tavito

por Luiz Carlos Sá

Em 1979, eu estava envolvido com meu parceiro Guarabyra na feitura do *Quatro*, disco que nos deu um bocado de trabalho, gravado simultaneamente em dois estúdios e duas cidades. Nessa correria Rio-São Paulo acabei sendo surpreendido pela primeira audição de "Rua Ramalhete" no rádio do carro, numa dessas viagens pela Dutra. Surpreendido, sim, pelo tanto que ela, de cara, me tocou em particular, mesmo não sendo mineiro e sequer sabendo onde ficava a rua, a ponto de achar que ela não existia de verdade; não pelo relembrar de uma época admiravelmente retratada – como num curta metragem – pela letra de Ney Azambuja; não pelo perfeccionismo da gravação em si, visto que já conhecia o trabalho de Tavito, como meu parceiro musical e produtor que fora de um *single* solo meu de anos antes; mas pelo constatar que a "anima" das músicas feitas nessa espécie de comunhão podem te atingir a mais de cem por hora no meio de uma viagem cansativa e fazer daquele momento um *insight* único.

Mas o *Tavito* de 79 – primeiro LP do meu querido amigo e parceiro de dezenas de anos, cuja súbita ausência me deixou um buraco impossível de preencher – tem muita coisa além da música que o consagrou como uma das melhores produções desse ano abençoadamente musical. Prestem atenção, por exemplo, (o disco inteiro está no Spotify) aos arranjos vocais: em finais da década de 1970, Tavito já tinha uma visão diferenciada do papel das vozes num arranjo, fazendo com que elas fossem parte da paisagem, não só como instrumentos adicionais, mas como importantes acréscimos do impulso emocional da música. Aliás, eu poderia definir Tavito com duas personalíssimas qualidades que resumiam seu estilo: a maneira de tocar seus violões e o jeito de arrumar as vozes de apoio. Não conheci nenhum outro violonista que juntasse tamanha limpeza de som com um jeito quase agressivo de fazer soar o instrumento. Foi ouvindo o som que ele tirava daquela duríssima Vox de 12 cordas (que estrela a contracapa num close) que modulei minha própria maneira de tocar as de doze. E se duvidarem do que digo quanto a vocais ouçam o *a capella* da extraordinária "Casa no campo", dele e de Zé Rodrix.

Seguindo então no disco, ouço "A ilha", minha e do Guarabyra, onde vocês podem curtir a excelência do som da Vox. Outro hit do disco, "Começo, meio e fim", pode ser melhor explicado por Ney Azambuja, parceiro de Tavito nessa e em "Rua Ramalhete": "Domingo. Estávamos de novo à procura do tema para a segunda canção do disco, quando o Tavito se lembrou de um *jingle* feito com o Paulo Sérgio Valle e não aprovado pelo cliente. A letra começava assim: 'A vida tem sons, que pra gente ouvir, precisa entender que um som de verdade...' A partir daí entrava um refrão repetindo o nome do produto. Mudamos o 'som de verdade' para 'um amor de verdade', e fomos construindo letra e música a partir da frase inicial. Resumindo, pegamos um *jingle*, recomeçamos e criamos uma canção cujo tema é exatamente o recomeçar."

Tavito era um eclético por natureza e fazia da música um ofício, o que o levava de *jingles* a clássicos (como "Casa no campo", "Rua Ramalhete", "Começo, meio e fim" e outros hits). Não se privava de um estilo próprio de vida, achando melhor extrair os necessários recursos a mais do comercial explícito – o *jingle* – do que do comercial sub-reptício de uma música limitada a entretenimento, o que fazia com que ele recusasse tudo aquilo que não o motivasse a trabalhar com gosto. O disco segue essa trilha: enquanto brinca com uma espertíssima releitura do divertido "Você me acende" (Erasmo Carlos) e com as agruras adolescentes de "Naquele tempo" (Renato Correa e Mariozinho Rocha), escala com a mesma competência a intrincada simplicidade de "Cravo e canela" (Milton Nascimento e Ronaldo Bastos) e a pré-folk "Longe do medo" (Ivan Lins, Tavito e Ronaldo Monteiro).

Era cantor? Talvez não um "cantor" no sentido semântico da palavra, mas certamente dava o recado com consciência e expressão, usando a voz dobrada – como era comum então – com absoluto rigor. Não existe tédio em sua interpretação, ainda mais quando secundado pela direção musical de Edu Souto Neto, membro permanente de nossa gang musical e reconhecido desde (quase) criança como um dos maestros mais competentes da música brasileira. Sempre cercado do *créme de la créme* da música, Tavito não deixou por menos em seu primeiro disco, em que contou com o primeiro time de *session musicians* da época, entre os quais figuram muitos que continuam requisitados e atuantes até hoje.

Nos vocais brilharam Regininha, Zé Luiz Mazziotti, Flavinho Faria, Marcio Lott e Fabíola; na guitarra, o Mutante Serginho Dias; no baixo, Alex Malheiros e Jamil Joanes; na bateria, Paulinho Braga, Mamão e Fernando Pereira; na percussão, Ari Contesini; nos metais, Marcinho Montarroyos, Maurílio, Juarez e José Araujo, Silvio Barbosa e Roberto Marques; e *last but not least* as cordas arranjadas por Eduardo Souto Neto, com João Daltro, José Alves, Aizik Geller, Jorge Faini, Virgilio Arraes, Ernani Bordinhão, Paschoal Perrotta, Walter Hack, Frederick Stephany, Arlindo Penteado, Alceu Reis e Jorge Kundert. A produção artística foi do Marcio Moura, assistido pela Miriam Abtibol, com Andy Mills pilotando a mesa dos estúdios da Sigla Rio, assistido por Garrafa, Felipe e Julinho. O disco teve corte do Américo e montagem do Alencar. A capa é do Noguchi, usando uma expressiva e muito tavítica foto de Bernardo Magalhães.

Então, fechando a tampa com a saudade aos bufos no meu cangote, chamo o Ney Azambuja de volta para contar a história de "Rua Ramalhete", esse – repito – curta metragem que resume a adolescência de toda a nossa geração, ingênua, esperta, contestadora, inovadora e desafiadora de estilos, acomodações e ditaduras, uma geração que mudou o rumo de muita coisa em artes. O *Tavito* de 79 é uma parte integrante e pop, sim, sem medo nem preconceito, do que foi feito naquela década.

"Sábado, casa do Tavito. Não tínhamos a menor ideia de por onde começar a compor. Não tínhamos um tema em mente, nada. Mas quando tem que acontecer, a vida sempre dá seu jeito. Tavito fazia alguns acordes no violão, eu rabiscava frases soltas numa folha em branco, quando toca o telefone. Era minha mulher avisando que estava recebendo uma amiga em casa. Essa amiga, isso nós já sabíamos, era mineira. Morou na Rua Ramalhete. Namorou o Tavito. Pronto, já tínhamos o caminho. Começamos a conversar sobre as experiencias e sensações da adolescência... os versos e a melodia foram surgindo. Cada palavra e cada acorde foi medido, pensado, revisto, para transmitir da maneira mais autêntica aquelas sensações. O sucesso da música, que mais de 40 anos depois ainda emociona, mostra que conseguimos. Cada um de nós tem a sua própria Rua Ramalhete. Ao seu tempo, a memória sempre surpreende trazendo de volta a nossa rua da adolescência, esteja ela aonde estiver."

Anos depois – quem diria – cá estou eu espiando da janela de Giovani e Cris, meus compadres belorizontinos, que moram – adivinha onde? – na rua Ramalhete, claro. E aquele murinho baixo, logo ali adiante na esquina com a rua do Ouro, parece ter resistido de propósito ao tempo e à invasão dos prédios para que Tavito se sentasse nele – a inseparável Vox ao colo – à espera da eterna passagem das meninas do Sacré-Coeur de Marie.

Ficha técnica:

Tavito (CBS – 138150)

Direção artística: Marcio Moura
Produzido por Márcio Moura
Assistente de produção: Mirian Abitbol
Técnico de gravação e mixagem: Andy P. Mills
Assistentes: Garrafa, Felipe e Julinho
Gravado nos Estúdios Sigla – RJ
Participação especial de Regininha nas faixas "Cowboy" e "A ilha" (artista gentilmente cedida por Discos Continental)
Direção musical executiva, orquestrações e regência: Eduardo Souto Neto
Arranjos de base: Eduardo Souto Neto e Tavito
Arranjos vocais: Tavito
Montagem: Alencar
Corte: Americo
Fotos originais: Bernando T.S. Magalhães
Capa: Noguchi
Lançamento em cd em 1997 pela Savalla Records

Músicos participantes:

Tavito: vocais e viola de 12 cordas; Flavinho, Jane Duboc, Marcio Lott e Regininha: backing vocals e coros; Alexandre Malheiros e Jamil Joanes (faixas A1, A4, B2): baixo; Roberto Marques, Silvio Barbosa e Marcio Montarroyos: metais; Paulinho Braga: bateria; Mamão: bateria e percussão; Ariovaldo Contesini: percussão; Eduardo Souto Neto e Gilson Peranzzetta: piano; Aizik Geller, Alceu Reis, Arlindo Penteado, Ernani Bordinhão, Frederick Stephany, Jorge Faini, Jorge Kundert, Jose Alves, Joao Daltro, Paschoal Perotta, Virgilio Arraes e Walter Hack: cordas; Maurilio Santos: trompete; Sergio Dias: viola de 12 cordas e guitarra

Lado A

1 – Cowboy (Eduardo Souto Neto / Paulo Sérgio Valle) Participação: Regininha

2 – Rua Ramalhete (Tavito / Ney Azambuja)

3 – Você me acende (You turn me on) (Ian Whitcomb / Vrs. Erasmo Carlos)

4 – Longe do medo (Ivan Lins / Tavito / Ronaldo Monteiro de Souza)

5 – Cravo e canela (Milton Nascimento / Ronaldo Bastos)

Lado B

1 – Naquele tempo (Mariozinho Rocha / Renato Corrêa)

2 – Começo, meio e fim (Tavito / Ney Azambuja / Paulo Sérgio Valle)

3 – A ilha (Luiz Carlos Sá / Guarabyra) Participação: Regininha

4 – Coração remoçado (Eduardo Souto Neto / Ronaldo Monteiro de Souza)

5 – Casa no campo (Zé Rodrix / Tavito)

Terezinha de Jesus

Vento Nordeste

por Mariana Mesquita

"Vento nordeste" é uma expressão usada para descrever uma corrente de ar mais frequente no período da primavera, capaz de provocar rajadas fortes e ondas altas no mar. É também o título escolhido pela cantora Terezinha de Jesus para nomear seu primeiro LP, lançado em 1979 pela gravadora CBS, em meio à viração que iria varrer os tempos de Ditadura Militar e prenunciava novos ares para a música popular brasileira pós-tropicalista.

A aragem começou a soprar muito tempo antes e longe do eixo Rio-SP: mais precisamente, na região do Seridó, semiárido do Rio Grande do Norte, onde Terezinha de Menezes Cruz nasceu, em 03 de julho de 1951, na cidade de Florânia. Quinta entre seis crianças, ela cresceu numa família bastante musical e alegre, onde todos gostavam de dançar e brincar. Seu avô Dedé era membro da banda municipal e seu tio Binoca também era músico. Logo a menina começaria a participar dos corais nas escolas públicas que frequentou, primeiro no município vizinho de Currais Novos, depois na capital potiguar, Natal. Dentre os vários mestres, a professora que mais a marcou foi uma americana que veio para o Brasil dentro de uma missão da Aliança para o Progresso (programa de assistência técnica e cooperação fomentado pelos EUA na década de 1960): daí, talvez, venha a raiz da paixão de Terezinha por Billie Holiday e Ella Fitzgerald.

A brisa continuou levando Terezinha para longe do Seridó. Em 1970, aos 19 anos, a convite de sua irmã Odaíres, também cantora, e do então cunhado, o compositor Mirabô Dantas, ela se mudou para Natal e começou a participar de shows regulares na cidade, ao mesmo tempo em que iniciou o curso de Serviço Social na Universidade Federal do Rio Grande do Norte (UFRN). Na época, conseguiu seu primeiro nome artístico, "Tiazinha", dado pelo sobrinho Carlos Gil. Dois anos depois, desiludida com o curso e querendo ampliar horizontes, aceitou o convite de outra irmã, Gracie, e mudou-se para o Rio de Janeiro. Foi morar em Botafogo, no mesmo prédio do jogador de futebol Afonsinho, celebridade que se tornou um amigo para toda a vida e lhe abriu portas no meio musical.

"Paulinho da Viola morava na rua de trás e fiquei amiga de Fagner, de Moraes Moreira... ia sempre no sítio dos Novos Baianos", relembra ela. Terezinha passou na UniRio, na faculdade de Música, mas engatou numa rotina de muitos shows que acabou dificultando sua assiduidade ao curso. Do compositor Abel Silva, ela ganharia um novo nome, deixando de ser Tiazinha e passando a assinar Terezinha de Jesus, como a personagem das cantigas de infância de sabor tão brasileiro.

Vento Nordeste, de certa forma, deu seus primeiros sinais ainda em 1978, quando a cantora gravou um compacto simples para o Projeto Vitrine, contendo versões de quatro das doze faixas que iriam compor o LP ("Cigano", "Fulô da fuloresta", "Não posso crer" e a própria "Vento nordeste", que nomearia o futuro álbum). Mas o disco de 1979 marcaria a carreira da artista. "Desde o nome, é como se ele tivesse uma boa destinação", aponta. Segundo Terezinha, a obra é uma compilação de tudo o que vinha realizando em seus shows, trazendo músicas que selecionava há bastante tempo. "Quando Fagner me convidou para gravar na CBS, o disco estava praticamente pronto. A gente só sentou e repassou o repertório, e ele então disse: 'Tiazinha, o disco é esse.'" Como nos quatro discos que se sucederiam (em 1980, 1981, 1982 e 1983), Terezinha apostou na diversidade, mesclando frevo, xote e baião ao chorinho e músicas românticas. "Eu sempre penso no trabalho como um todo, faço o repertório refletir uma mensagem que eu esteja querendo passar no momento", resume.

Terezinha, em conversa com a autora desse texto, lembra com carinho de cada uma das faixas de seu primeiro LP: "'Vento nordeste' é uma composição linda, que marca o início da parceria entre Sueli Costa e Abel Silva. Eu vivia com eles, tinha muita amizade com os dois e ouvi assim que eles fizeram três músicas, essa, 'Maresia' e outra de que eu não lembro agora. Dentre elas, escolhi 'Vento nordeste', que tem o tom certo para minha voz e é uma música muito especial, e também 'Maresia', a décima faixa do disco, que também é lindíssima."

"'Cigano' foi composta por Fagner. Ele vivia lá em casa, tocando violão, e cantava essa música. Então eu disse, 'vou cantar essa nos shows', e ele concordou. Já 'Curare' é uma música bem antiga, de um compositor carioca chamado

Bororó, o mesmo que fez 'Da cor do pecado'. Eu a descobri nas serestas de que participava, logo quando cheguei no Rio, na época em que ia para os barzinhos e as pessoas deixavam a gente tocar. Foi quando eu conheci o choro mais profundamente e vi que a minha voz dava certo com ele."

"'Aves Daninhas' foi composta por Lupicinio Rodrigues e eu conheci num disco que comprei num sebo na Praça da Bandeira. Entrei lá, casualmente, e quando comecei a ouvir em casa descobri essa música. Achei tão linda que incluí no meu show. 'Fogo Fátuo', que vem na sequência, é uma música de Moraes Moreira com Chacal, duas pessoas com quem eu convivia. A gente tinha muita identidade musical. Moraes tinha saído dos Novos Baianos e ia muito lá em casa, e Chacal também. Aí, eles fizeram essa parceria, que eu não sei se foi a única. É um samba, que entrou no disco mais como uma brincadeira gostosa."

"'Foi-se o tempo' é de Petrúcio Maia, um compositor do Ceará muito talentoso. A letra é de Fausto Nilo, que é maravilhoso e também era da minha turma de amigos. E 'Coração imprudente' foi feita por Paulinho da Viola e Capinam. Eu sempre gravo esse poeta, Capinam, sou muito fã do que ele escreve. Na verdade, Paulinho já tinha gravado essa música e eu, ouvindo um disco dele, escolhi para regravar, porque achava que para ele me dar algo inédito ia ser mais difícil. Gosto dela, porque é um choro, que eu curto demais cantar."

"'Não posso crer (Mentira)' foi feita para Paulinho da Viola por Mirabô Dantas, mas ele nunca gravou, não sei nem se escutou. Mirabô começou junto comigo em Natal, é um compositor que gravo sempre, a gente tinha uma afinidade muito grande por ser da mesma terra e ser quase da mesma geração. Foi por insistência dele que eu subi num palco pela primeira vez. Então, gravei essa música que estava inédita, e é dele com Capinam. É um samba diferente, com uma pegada meio de bossa nova. Bem legal."

"'Na direção do dia', mais famosa como 'Toada', foi cantada no Brasil inteiro pelo Boca Livre. Mas eu gravei antes essa música, que é de Zé Renato, Claudio Nucci e Juca Filho. Eles me mostraram e eu achei lindíssima, e me tornei a primeira a gravar no Brasil."

"'Fulô da maravilha' é uma música do pernambucano Luiz Bandeira, que eu acho que fazia parte do repertório de Luiz Gonzaga. Eu sempre ouvia, desde sempre, desde garota era apaixonada por ela. E 'Fulô da fuloresta' eu conheci numas pesquisas que andei fazendo, ouvindo umas músicas antigas. É um outro pernambucano chamado Geraldo Nunes, e também de João Silva, que é paraibano e eu cheguei a conhecer, bem velhinho. É linda, e quando Gilberto Gil a escutou pela primeira vez, achou muito interessante a minha versão para aquela música antiga."

Vento Nordeste teve um impacto positivo e levou Terezinha de Jesus, com seus olhos verdes e sua voz cativante, a fazer sucesso em todo o país. Infelizmente, o contrato com a CBS foi rescindido no fim dos anos 1980 e a cantora acabou deixando o Rio de Janeiro em 1994, regressando para Natal. "Morei no Rio durante 21 anos, mas minha carreira estava muito parada e eu já não estava dando conta de viver lá, de pagar minhas contas, todas essas coisas. E foi bom que eu tenha voltado, porque minha mãe estava com princípio de Alzheimer e eu não sabia, só descobri aqui. Sou grata por ter podido cuidar dela, que foi uma mãe maravilhosa e sempre será, na minha lembrança."

Aos 70 anos, Terezinha continua cantando e diz que a música jamais deixou de estar presente em sua vida. Acredita que pode ter influenciado outros artistas, que reconhecem seu trabalho e sua voz, e até hoje tem muitos fãs. Por *Vento Nordeste*, ela tem um amor especial, por ter sido sua entrada no mundo das gravações. "Ele se insere num ano muito rico para a MPB. Acho esse meu disco vital, brasileiro. Ele traz a força de alguém que está começando, mas ao mesmo tempo mostra um trabalho sério. Eu procuro fazer tudo assim, mostrando aquilo que sou, trazendo o que preciso dizer."

Ficha técnica:

Vento Nordeste (Epic – 144303)

Direção artística: Jairo Pires
Direção de produção: Ivanir Vila Real
Assistente de produção: Rogerio Vaz
Arranjos e regência: Célia Vaz
Arranjos de base: Téo de Oliveira
Técnico de gravação: Nel, Manoel Magalhães e Hélio
Assistente de estúdio: Pedrinho
Montagem: Alencar
Gravado nos Estúdios CBS (13 outubro de 1978 a 26 de dezembro de 1978)
Criação da capa: Fausto Nilo
Fotos: Lena Trindade
Arte: Vanda Alves Ferreira

Direção de arte: Géu
Participações especiais: Paulinho da Viola e Dominguinhos (gentilmente cedidos pela Odeon e Polygram)

Lado A

1– Vento nordeste (Sueli Costa / Abel Silva)
Violão 7 cordas com phase: Téo de Oliveira; baixo acústico com arco: Antônio Sant'Anna; bateria (efeitos): Elber; percussão: Serginho Boré; flauta em só: Marcos Ariel; violoncellos: Márcio e Watson; violas: Arlindo e Frederic; violinos Spala: João Daltro, José Alves, Jorge Fani, Alzik, Machel Bessler e Bernardo Bessler; piano: Zé Américo; arranjo e regência: Célia Vaz; arranjo de base: Téo de Oliveira
2 – Cigano (Fagner)
Violão de 7 cordas: Téo de Oliveira; baixo acústico: Antônio Sant'Anna; bateria: Elber; flauta: Marcos Ariel; piano: Zé Américo; percussão e congas: Serginho Boré; violoncellos: Marcelo e Watson; violas: Arlindo e Frederic; violinos Spala: João Daltro, José Alves, Jorge Faini, Aizik Mellach, Michel Bessler e Bernardo Bessler; arranjo e regência: Célia Caaz; arranjo de base: Téo de Oliveira
3 – Curare (Bororó)
Violão: Cezar Batista; violão 7 cordas: Téo de Oliveira; baixo elétrico: Dininho; bateria: Hércules; flauta: Copinha; piano: Zé Américo; cavaquinho: Manassés; percussão: Chaplin
4 – Aves daninhas (Lupicínio Rodrigues)
Violão: Célia Vaz; violão 7 cordas: Téo de Oliveira; acordeon: Dominguinhos
5 – Fogo fátuo (Moraes Moreira / Chacal)
Violão 7 cordas: Téo Oliveira; cavaquinho: Índio; baixo elétrico: Antônio Sant'Anna; acordeon: Zé Américo; flauta: Marcos Ariel; bateria: Elber; trombone: Nelsinho
6 – Foi-se o tempo (Petrúcio Maia / Fausto Nilo)
Piano elétrico e arp string: Zé Américo

Lado B

1 – Coração imprudente (Paulinho da Viola / Capinam)
Violão: César Batista; violão de 7 cordas: Téo de Oliveira; cavaquinho e voz:

Paulinho da Viola; baixo elétrico: Dininho; piano: Zé Américo; flauta: Copinha; bateria: Hércules; percussão: Chaplin

2 – Não posso crer (Mentira) (Mirabô Dantas / Capinam)

Violão de 7 cordas: Téo de Oliveira; baixo acústico: Antônio Sant'Anna; bateria: Elber; flauta: Marcos Ariel; guitarra: Robertinho de Recife; tamborim: Serginho Boré; arranjo de base: Téo de Oliveira

3 – Maresia (Sueli Costa / Abel Silva)

Violão 7 cordas: Téo de Oliveira; baixo acústico: Antônio Sant'Anna; bateria: Elber; flauta em sol: Copinha; flautas em dó: Marcos Ariel, Jorginho e Jayme Araújo; violoncelos; Márcio e Watson; violas: Arlindo e Federic; violinos Spala: João Daltro, José Alves, Jorge Fini, Aizik Melach, Mechel Bessler e Bernardo Bessler; Piano: Zé Américo; arranjo e regência: Célia Vaz; Arranjo base: Téo de Oliveira

4 – Toada (Na direção do dia) (Zé Renato / Cláudio Nucci / Juca Filho)

Viola de 10 cordas: Marco Aurélio; violão: Juka; baixo acústico: Antonio Sant'Anna; bateria: Damilton Viana; percussão: Zeca de Souza; flauta: Marcos Ariel; acordeon: Zé Américo; violão de 7 cordas: Téo de Oliveira; triângulo: Serginho Boré; participação do grupo Cantares

5 – Fulô da maravilha (Luiz Bandeira)

Violão 7 cordas: Téo de Oliveira; baixo elétrico: Antônio Sant'Anna; bateria: Tuti Moreno; acordeon: Dominguinhos; percussão: Serginho Bore; flauta: Copinha; Cavaquinho: Índio; coro: Grace, Ana Vrela, Adrimaria, Terezinha de Jeus, Marcos Ariel e Gileno

6 – Fulô da fuloresta (João Silva / Geraldo Nunes)

Violão 7 cordas: Téo de Oliveira; baixo elétrico: Antônio Sant'Anna; acordeon: Zé Américo; surdo: Gilson; bateria: Elber; Cavaquinho: Índio; guitarra: Robertinho de Recife; coro: Grace, Ana Varela, Adrimaria, Jarlene, Marcos Ariel e Gileno

Teti

Equatorial

por Marcos Sampaio

"Meu deus! Eu sou cantora profissional. O que é que eu inventei para minha vida, minha nossa senhora do céu?". Foi assim que a cantora Teti expressou sua surpresa ao ver, pela primeira vez, um disco com sua voz – aguda, límpida e despretensiosa. O álbum era o hoje clássico *Meu Corpo Minha Embalagem Todo Gasto na Viagem* (1973), também conhecido como *Pessoal do Ceará*. O trabalho foi dividido com Rodger Rogério, seu marido à época, e Ednardo, todos em busca de espaço para se expressar artisticamente no Sudeste. Dois anos depois, já sem Ednardo, Rodger e Teti lançam *Chão Sagrado*, igualmente agreste, forte e pulsante.

Anos depois, Teti admitiria que seu papel nesses discos foi exclusivamente de cantar. "Eu só abria a boca e cantava. Não tinha uma interpretação", avalia, sem mágoas. Levada para onde iam os amigos músicos e compositores, Maria Elisete Morais de Oliveira, cearense de Quixadá, também se viu artista em meio a uma luminosa geração. E foi incentivada por esses amigos que ela fez sua estreia solo, em 1979, com *Equatorial*. A produção luxuosa é de Fausto Nilo; direção musical de Toninho Horta e Tulio Mourão; sopros de Mauro Senise; violões de Geraldo Azevedo, Robertinho de Recife e Manassés; bateria de Robertinho Silva; e direção artística de Raimundo Fagner.

Foi de Fagner que partiu o convite para a gravação de *Equatorial*. "Eu estava no Rio de Janeiro, com a galera maravilhosa da *Massafeira* (evento multi-artístico que reuniu a cena cultural cearense do fim dos anos 1970, registrada em disco-manifesto lançado em 1980). O Fagner morava em Santa Teresa, no (condomínio) Equitativa, que era lá em cima. Um belo dia, ele passou pelo hotel (em que estava a turma) procurando a Marta, irmã dele, e me fez um convite para gravar. E eu disse 'na hora'", lembra Teti que se orgulha do que conseguiu naqueles poucos dias no estúdio. "Esse disco é muito rico, realmente muito lindo. Tem histórias e histórias para contar", comenta buscando novos detalhes no LP.

Uma dessas histórias é da faixa de abertura, "Daniela", nome da filha primogênita da cantora. Na época, o compositor piauiense Clodo morava com os cearenses em São Paulo e dividia com eles as apresentações na boate Igrejinha, no bairro do Bixiga. "Foi um sucesso enorme nossa participação na noite paulista. A gente voltava para casa, geralmente às duas horas, duas e meia da madrugada. A gente morava num sobradinho. Quando chegamos em casa, uma vez, a Danielinha tinha descido e estava deitada no sofá, dormindo. Quando abri a porta que eu vi essa criança no sofá, cuidei logo de levar pro quarto. E daí nasceu a música. O Rodger e o Clodo ficaram até não sei que horas cantando e tocando violão."

Outra faixa que rendeu uma história curiosa foi "Passarás, passarás, passarás". Na gravação da faixa, foi convidado um baixista que também tocava com Luiz Melodia. Ele estava no "aquário" gravando sua participação, quando Fagner entrou no estúdio. Imediatamente o baixista, que Teti não lembra o nome, saiu da sala de gravação, guardou seu instrumento e foi embora. "E aí, moçada. Vou aí no passarás, passarás", foi só o que disse. "O Toninho ficou enlouquecido. Na hora ninguém comentou nada, mas acredito que ele tinha algum problema com o Fagner, por que foi só ele entrar. Foi nessa hora que o Fagner disse: 'Não, não, vamos continuar. Tetinha, eu posso gravar essa música contigo?' 'Ave, Maria, criatura. Lógico'. Não sei se ele já vinha pensando nisso, mas não tinha nada combinado. A gente entrou no aquário, gravou o 'Passarás passarás' do jeito que estava, sem o contrabaixo, e essa gravação foi a primeira e única. Eu não refiz depois. Foi ali na hora, quentinha, na ira, os dois juntos", lembra Teti, orgulhosa e com razão. "Passarás, passarás" é uma joia rara que ganhou dramaticidade no encontro da voz doce e maternal de Teti com o registro forte e agreste de Fagner, tudo pontuado pela flauta "passarinheira" de Mauro Senise. Dois anos depois, essa parceria de Petrúcio Maia e Capinam ganharia nova versão com a voz de Ângela Linhares no disco *Melhor Que Mato Verde*, de Petrúcio.

Sucesso desde os tempos da Igrejinha, "Barca de cristal" foi deixada de lado por Teti durante um tempo. "Eu deixei de cantar nos meus shows porque ela foi gravada num tom muito alto. Mas é bobagem minha por que ela fez um sucesso enorme", conta Teti que, certa vez, na Igrejinha, foi se apresentar bastante rouca. Eis que Angela Maria chegou e ofereceu sua ajuda. "Ela pediu: 'Ó, me arruma um ovo, um ovo cru'. Aí ela bateu o ovo e disse 'tome que sua voz vai ficar limpa.' Realmente, eu tomei aquele ovo horrível e a voz ficou uma coisa maravilhosa", lembra, acrescentando que, quando criança, em Quixadá, tinha um caderno com várias letras da Sapoti e de Dalva de Oliveira e gostava de se balançar numa rede cantando aquelas canções.

Quem também se encantou com "Barco de cristal" foi Elis Regina. "Eu, Rodger e Clodo morávamos no Brooklin e ela também, perto da gente. O Walter Silva, que era produtor musical, disse que a gente precisava mostrar músicas para ela. A Elis já viajou (na música). Era ouvindo e dizendo: 'Meu deus, eu já estou vendo um musical. O musical *Barco de Cristal*. Ela ficou enlouquecida, entusiasmadíssima. 'Nossa, mas como é que pode um compositor desses com um Opala?'", ri Teti lembrando que o carro de Rodger ganhou o apelido de 'opala seco' (referência a "A palo seco", música de Belchior)".

A faixa que dá nome a *Equatorial* foi composta por Calé Alencar e Fausto Nilo. O registro feito apenas com Teti e Toninho Horta na sala de gravação e depois acrescentado o arranjo de cordas. "O Toninho disse: 'Olhe, eu não pensei que era assim. Você é demais. Eu sabia que o Fagner e o Fausto estavam chamando para um bom trabalho, mas eu não sabia que seria assim.' E me abraçou", comenta a cearense sem conter o sorriso. Passadas as gravações, ela voltou a Fortaleza, mas já com planos de fazer o lançamento do disco no Rio. Ao chegar aqui, Teti se descobriu grávida. Na mesma época, Fagner deixou a direção da CBS – gravadora então apelidada pejorativamente de "Cearenses Bem-Sucedidos".

Com isso, *Equatorial* não teve um lançamento à altura do que mereceu e Teti seguiu sua vida entre a família – cada vez mais numerosa e musical – e gravações em discos de amigos, uns poucos lançamentos solo e apresentações esporádicas, sempre muito bem recebidas pelo público. "Como eu já falei várias vezes, eu nunca desejei ser cantora. Eu era de uma família musical, tive uma iniciação musical de piano, meu pai tocava gaita, meus irmãos tocavam violão, todos cantavam. Mas eu não tinha essa coisa de ser cantora", admite, assumindo que também foi vencendo os desafios de subir num palco. "O que antecede um show sempre foi sofrimento para mim. Mas aí, quando a gente pisa no palco, que começa a primeira música e esquenta as orelhas, que o calor chega, aí é só show. Eu me sinto plena quando termino um show."

Teti acredita que, se tivesse insistido na carreira, teria conseguido uma projeção maior. "Na verdade, se eu tivesse ficado em São Paulo, sem modéstia, eu acho que teria acontecido. Por que estava engatilhado, estava tudo ali. Mas o coração falou mais alto. Os filhos, a família...", comenta com o mesmo sorriso. E se arrepende? A resposta é imediata: "Não, não. Nunca fiquei 'meu Deus, eu podia ser uma artista de sucesso'. Não, não, de jeito nenhum". É, sem modéstia, mais uma vez, que ela avalia *Equatorial*: "Pra mim, é um disco que não tem idade. Foi um disco muito bem cuidado, com um carinho todo especial do Toninho e do Túlio, que foram maravilhosos. Contei com um time de primeira. Considero este disco uma pérola da MPB", conclui, em depoimento ao autor desse texto.

Ficha técnica:

Equatorial (CBS – 235033)
Direção artística e direção de produção: Fagner
Coordenação: Ivair Vila Real
Produção artística: Fausto Nilo e Túlio Mourão
Assistente de produção: Cacá Moreno e Cecília Assef
Direção musical: Toninho Horta e Túlio Mourão
Regência: Toninho Horta
Gravado no Estúdio Level
Mixagem: Andy P. Mills e Celinho
Montagem: Alencar
Coordenação da capa: Fausto Nilo
Design: Ruth Freihof
Colaboração da capa: Alexandre Sadcovitz
Ilustração da capa: Carlos E. Lacerda
Agradecimentos: Geraldo Azevedo, Ife, Manassés, Robertinho de Recife, Robertinho Silva, Luiz Alves, Mauro Senise, Nivaldo Ornellas, Elber e Tuti Moreno.

Lado A

1 - Daniela (Rodger Rogério / Clodo)
2 - Jumento passarinho (Rodger Rogério / Zila Mamede)
3 - Barco de cristal (Rodger Rogério / Clodo / Fausto Nilo)
4 - Último raio de sol (Rodger Rogério / Clodo / Fausto Nilo)
5 - Gírias do norte (Jacinto Silva / Onildo Almeida)
6 - Pé na terra (Stélio Valle / Fausto Nilo)

Lado B

1 - Vento rei (Zé Maia / Calé Alencar)

2 - Passarás, passarás, passarás (Petrúcio Maia / Capinam)

3 - Espacial (Belchior)

4 - Falando da vida (Rodger Rogério / Dedé Evangelista)

5 - Maracá (Rodger Rogério / Clodo)

6 - Equatorial (Calé Alencar / Fausto Nilo)

Tim Maia

Reencontro

por Carlos Eduardo Lima

Reencontro, décimo primeiro álbum da carreira de Tim Maia, é uma obra totalmente vinculada a seu tempo. É possível olhar para ele como o segundo capítulo de uma "Trilogia Disco" na trajetória do cantor e compositor tijucano, iniciada com *Disco Club,* do ano anterior, e encerrada em 1980, com um disco homônimo. Em comum esses três trabalhos têm uma total sintonia com o momento que a black music brasileira vivia, imersa numa transição que espelhava o que acontecia nos Estados Unidos, que testemunhavam o surgimento do rap e, a partir dele, novos paradigmas sonoros. Aqui, no entanto, ainda vigorava a supremacia da disco music, por si só um novo estilo, que havia modificado substancialmente a música para dançar nos bailes e nascentes discotecas e dado impulso às carreiras de artistas como Frenéticas, Lady Zu ou Ronaldo Resedá, "especializados" no assunto.

Mas era de se esperar que gente como Tim, Jorge Ben, Gilberto Gil, Gerson King Combo ou Tony Tornado, meio que guardiões da música negra feita no país, mostrassem suas novas versões com base nesses parâmetros vigentes. Jorge, um recém-chegado à Som Livre, lançara *Banda do Zé Pretinho* em 1978 e o sucedeu com *Salve Simpatia* no ano seguinte, flexibilizando seu som com mais influências, mas nunca chegando a fazer algo próximo do que se entendia por disco music. Gil, também numa gravadora nova, a Warner, lançou *Realce* em 1979, muito mais próximo de novidades estéticas como Earth, Wind and Fire e Kool and The Gang, grupos que tinham trajetórias que existiam à parte da disco music vigente. Gerson King Combo lançou seu *Volume 2* em 1978 e não conseguiria repetir o bom desempenho que tinha na cena dos bailes, como Rei do Soul. Ele jamais seria "Rei da Disco", e nem parecia desejar isso. Sobrou Tim Maia, que, ao contrário de seus colegas, abraçou a ideia em 1978, com

Tim Maia Disco Club, lançado pela Warner. Esse foi um álbum que significou a confirmação de modernidade sonora que Tim vinha insinuando desde que deixara a "fase Racional", dois anos antes.

Era impossível viver naqueles dias e escapar de ouvir hits como "Sossego" ou "Acenda o farol" nas emissoras de rádio, tampouco de ver o cantor se apresentando em programas de auditório, como o de Carlos Imperial, em paletó cheio de lamê e com desenvoltura renovada. Tim estava experimentando um momento dourado em sua carreira, talvez o mais bem-sucedido desde seu início, nove anos antes. Ainda que tudo corresse bem, Tim, figura difícil notória, não renovou seu contrato com a Warner e, mesmo que tivesse um álbum estourado nas paradas de sucesso, entrou o ano de 1979 sem gravadora. Recebeu o convite de seu amigo Fábio para gravar com ele uma canção, "Até parece que foi sonho", que integraria o álbum de Fábio para a EMI e que, antes de seu lançamento, iria para as lojas como compacto. Tim aceitou e a gravação transcorreu bem, com a canção atingindo os primeiros lugares das paradas de sucesso do país.

Pouco tempo depois, Fábio fez novo convite, dessa vez para um dueto numa canção chamada "Velho camarada", composta por Hyldon e Cassiano. Tim novamente aceitou e a gravação transcorreu igualmente sem problemas, com direito à inclusão de última hora de versos de "Na rua, na chuva, na fazenda (Casinha de sapê)", também de Hyldon, cantada pelo próprio. Novo sucesso nacional e um convite por parte da EMI para Tim Maia vir gravar um disco só dele, com um contrato assinado e todo o *status* de uma estrela que estava nas paradas de sucesso do país, fosse com os dois compactos recentes, com Fábio, fosse com as faixas de *Disco Club*, que ainda faziam barulho por aí. Ele aceitou e arregimentou sua banda, que, na época, contava com alguns integrantes da Banda Black Rio, como o baixista Jamil Joanes e o baterista Paulo Braga. Além deles, o próprio Hyldon foi convocado para tocar guitarra e compor com Tim; Gastão Lamounier Neto e Junior Mendes, que já colaboravam com ele, também estavam presentes e, como novidade, as presenças do guitarrista Robson Jorge e do produtor Lincoln Olivetti, que tocaria teclados, faria arranjos e fecharia esse timaço. *Reencontro* era o nome do álbum, tudo pronto para dar certo.

A forma de Tim era exuberante. Animado e cheio de força nos vocais, as gravações ocorreram de forma fluida, com ele aprovando os arranjos e colaborações de Olivetti que, na época, era uma estrela em ascensão, verdadeiro tradutor da linguagem pop dançante internacional para a realidade dos estúdios brasileiros, ainda defasados em relação ao exterior. Lincoln estaria presente em álbuns de Rita Lee, Jorge Ben, Ney Matogrosso e de vários outros pesos-pesados da música brasileira nos anos seguintes. Em *Reencontro*, sua participação é mais de um viabilizador dessa força da natureza chamada Tim Maia, decodificando suas vontades e entendendo os detalhes de sua maneira de cantar. Ouvindo o álbum, é possível cravar que Lincoln teve sucesso absoluto em sua missão.

As canções de *Reencontro* estão na mesma pegada das do trabalho anterior, o que seria a certeza de um êxito comercial absoluto. Mesmo que não contivesse um hit certeiro como foram "Sossego" e "Acenda o farol", de *Disco Club*. Talvez possamos colocar isso na conta da divulgação da gravadora, que deixou a desejar por conta de desentendimentos internos de executivos com o próprio Tim, que comprometeram o trabalho do álbum pelos departamentos de marketing e divulgação. Do contrário, certamente uma canção como "Boogie esperto", que abre o álbum como se acenasse para o ponto em que *Disco Club* parou, seria um hit nacional. O clima é o mesmo, os metais estão complexos e fluidos, sem falar na velocidade da bateria e da harmonia das guitarras. Ou seja, tudo funciona.

Além dela, várias outras composições têm esse DNA que Tim ostentava nessa virada de década. "Lábios de mel", de Edson Trindade (o mesmo autor de "Gostava tanto de você"), também chegou a ser gravada por Erasmo Carlos, era um híbrido de balada e faixa dançante, com a mesma bossa do melhor da música carioca suburbana daquele tempo. A faixa-título, um baladão clássico de Tim, com um andamento em midtempo, cordas e melodia belíssima, também seria perfeita para embalar as danças mais lentas dos casais pela cidade. No terreno dançante ainda temos a sensacional "Para com isso", de autoria do próprio Tim, com um desempenho sensacional do baixo e "Vou com gás" que ameaça repetir o riff de "Sossego", mas deságua num funk de primeira grandeza, que ainda faz homenagem ao estado de Minas Gerais. Já "Foi para o seu bem", de Lincoln Olivetti e Robson Jorge, é outra dessas canções típicas gravadas por Tim, com romantismo arrependido e sinceridade cortante na voz. O clima também é lento, apaixonado e resignado, com o fim de um relacionamento amoroso. "Não haverá vingança pois a vida é uma criança / E eu tenho a esperança de te ver outra vez / Sorrindo". De quebra, duas canções instrumentais, "Geisa" e "Garça dourada", compostas também por Tim, que mostravam a confiança que a gravadora tinha em seu talento ao abrir espaço para esse tipo de gravação, certamente com poucas perspectivas comerciais.

Por conta dos desentendimentos com a EMI, Tim teve seu contrato rescindido e iniciou a década seguinte novamente procurando uma gravadora. A Polygram o contrataria novamente e ele lançaria um novo trabalho ainda permeado por essa sonoridade disco abrasileirada, que seria logo deixada de lado, uma vez que novos parâmetros sonoros chegariam para a música brasileira. De um lado estaria o rock dos anos 1980 e, do outro, uma música feita para um consumo cada vez maior, para tocar no rádio, que incorporava novas técnicas de estúdio e uso de instrumentos eletrônicos, como teclados e sintetizadores mais modernos. Tim precisaria de tempo para se readaptar, mas, em 1983, lá estava ele no topo das paradas com a irresistível "Descobridor dos sete mares" e, mais adiante, com "Leva", "Paixão antiga" e o adorável dueto com Gal Costa em "Dia de domingo".

Ficha técnica:

Reencontro (EMI-Odeon – 31C 262 421 160)
Direção de produção: Miguel Plopschi
Produção: Tim Maia
Assistente de produção: Augusto César
Orquestração e regência: Lincoln Olivetti
Corte: Osmar Furtado
Arte: Lobianco
Foto: Luiz Garrido
Arranjos e Regência de Base e Vocal: Tim Maia
Arranjos e Regência de Base, Metais e Cordas/Base Lincoln Olivetti

Músicos participantes:

Lincoln Olivetti: piano; Robson Jorge: guitarra, clavinet e órgão; Renato Piau: guitarra; Hyldon de Souza: guitarra; Reginaldo Francisco: piano, órgão (6B); Edson Trindade: Violao (1B); Gastão Lamounier: Violão (2B); Luiz Mendes Junior: Violão (2A); Renato Piau: Violão (4B,6A); Chacal: Tumbadora, Bongo; Ariovaldo: Cowbell e Afoxé; Paulo Braga: bateria; Jamil Joanes: baixo; Valdecir: baixo; Dom Pi: piano; Paulo Oliveira, Maurilio, Marcio Montarroyos:

Trompete; Ed Maciel: trombone; Netinho: sax alto; Zé Bodega: sax tenor; Genaldo: sax barítono

Lado A

1 – Boogie esperto (Hyldon / Tim Maia)
2 – Eu só quero ver (Gabriel O'Meara / Ana Cristina Cajueiro)
3 – Vou com gás (Tim Maia)
4 – Pra você voltar (Tim Maia)
5 – Geisa (Tim Maia)
6 – Vou correndo te buscar (Renato Piau / Arnaud Rodrigues)

Lado B

1 – Lábios de mel (Edison Trindade / Cleonice)
2 – Reencontro (Gastão Lamounier / Luiz Mendes Júnior)
3 – Foi para o seu bem (Robson Jorge / Lincoln Olivetti)
4 – Canção para Cristina (Tibério Gaspar)
5 – Para com isso (Tim Maia)
6 – Garça dourada (Tim Maia)

Wagner Tiso

Assim Seja

por Carlos Fonte Lito

Depois de três discos com o Som Imaginário e de participar do que seria o Clube da Esquina, o mineiro Wagner Tiso, nascido em 1945, na cidade de Três Pontas, decidiu seguir com sua carreia solo. O primeiro disco, homônimo, lançado em 1978 pela Odeon, vendeu 30.000 cópias, um feito para a música instrumental naquele ano. Para o segundo disco, *Assim Seja*, Wagner Tiso contou com a participação de Milton Nascimento, que também foi o produtor executivo do disco, e do grupo vocal Céu da Boca. "Eu queria dar o prosseguimento nas minhas coisas de carreira, inclusive trabalhar com orquestra, que eu sempre gostei muito e com músicos convidados. Bolei esse disco e chamei o Bituca, meu parceiro de infância, para me ajudar na produção", declarou Wagner Tiso para esse artigo.

Trata-se de um disco que amplia a ligação da obra de Tiso e sua intimidade com orquestras, já percebida desde seus primeiros tempos no Rio de Janeiro: "Em 1969, eu escrevia orquestra para Maysa, quando ela inaugurou o palco de shows do Canecão (no Rio de Janeiro). O Paulo Moura foi que pediu que eu fizesse, embora eu não tivesse muita confiança como arranjador de orquestra. Mas o Paulo exigiu. Ele sabia que esse seria meu futuro. E daí viajamos com orquestra."

O amor por orquestrações, que já era grande, se ampliou. Todas as músicas de *Assim Seja* são do próprio compositor, sendo que duas em parceria: "Vinheta do medo", com Beto Guedes, e "Assim seja", com Milton Nascimento e Fernando Brant. Na quarta faixa do Lado A, ele "monta" uma parceria com Milton Nascimento e Ferreira Gullar. Une "Bela Bela" dos dois à sua "Variações de Bela", como se fossem uma única música. Ele une na obra toda sua bagagem musical: tradição das cidades do interior mineiro, nuances de cultura cigana, o contato com os jazzistas norte-americanos, o acolhimento dos novos procedimentos sonoros criados a partir da Bossa Nova e influências do rock progressivo, tudo isso misturado com música de concerto e, claro, a habilidade em trabalhar com as massas orquestrais e de vozes. Assim Wagner criou a sua marca, a qual ouso chamar de "Wagneriana".

As canções quase sempre seguiam o padrão: a orquestra captura o ouvinte, um solo instrumental anuncia o tema, e entram a banda e o coral (destaque para o Céu da Boca sempre muito bom), com Wagner fazendo a melodia nos teclados e finalizando com a orquestra novamente. O melhor momento do disco sem desmerecer o todo, fica por conta de "Bela Bela", um tema de Milton Nascimento sobre o trecho do *Poema Sujo*, de Gullar, onde Wagner destrói e reconstrói o tema ao sabor dos ventos da orquestra e faz suas próprias variações sobre a Bela do poema.

Sobre a capa feita por Noguchi, onde Wagner aparece envolvido em chamas, há um toque do cigano que habita em Tiso. Nessa cultura, o ritual do fogo significa vida. Ou talvez Noguchi tenha pensado apenas na mente incendiária do artista e seu piano. "A capa pegando fogo foi uma ideia do próprio Noguchi. Ele fez uma entrevista comigo e pediu uma fita cassete para ficar ouvindo em casa. E foi essa a visão dele do disco", lembra Tiso.

A música instrumental no Brasil sempre teve um caminho árduo, pois envolvia gastos elevados com músicos, orquestra e horas de gravação, somente Egberto Gismonti trilhava esse caminho naqueles tempos, com o merecido sucesso. Wagner, com os seus dois primeiros discos, mostrou a viabilidade de fazer esse tipo de música dar certo, portanto, com certeza a contribuição desse disco foi essencial para a música instrumental no país. *Assim Seja*, é um excelente disco, tão bom quanto o primeiro, o que já mostrava que o Maestro sabia o que fazia, o resto é história e assim seja.

Assim Seja, faixa por faixa:

Lado A

"Sete tempos" (Wagner Tiso) – Na primeira faixa já temos o padrão que cito no texto acima, o início poderoso da orquestra e o teclado de Wagner permeando e enriquecendo a linda melodia acompanhada magistralmente pelo grupo vocal Céu da Boca. Destaque para a bateria de Robertinho Silva, a elegância da guitarra de Hélio Delmiro e do baixo acústico de Luis Alves.

"Alegro" (Wagner Tiso) – A música nos faz viajar pelas antigas cidades de Minas, coretos, igrejas, bandas e ao fundo a montanha. Destaque para o solo de trompete de Márcio Montarroyos, que quebra a simplicidade inicial nos transportando para algum lugar não existente em nosso planeta, de uma leveza absoluta, fazendo um contraponto com o início do tema que volta lindo no final do solo e segue até o fim da canção.

"Joga na bandeira" (Wagner Tiso) – Na 3ª faixa do disco o destaque fica para a participação do Coral Céu da Boca. Não é uma faixa totalmente instrumental, pois as vozes repetem apenas o título da canção lindamente durante vários momentos dos seus quase 4 minutos. Como sempre se faz presente na música de Wagner, aquela mistura de música brasileira com a música instrumental. Aqui também surge a voz de Bituca para agigantar ainda mais esse tema.

"Variações de Bela" (Wagner Tiso) e "Bela Bela" (Milton Nascimento e Ferreira Gullar) – Aqui um tema dividido em duas partes. Na primeira, sob regência do maestro Wagner, surge a orquestra de forma brilhante num crescente vertiginoso até a interrupção do piano magistral do maestro que anuncia a segunda parte que vem por aí: uma sequência de solos onde toda a banda aparece, piano acústico, guitarra, bateria, baixos e sopros. Conseguimos ouvir cada um dos instrumentos e sentir toda a beleza da canção. Não posso deixar de destacar a participação do sax de Nivaldo Ornellas.

Lado B

"Chorava" (Wagner Tiso) – No primeiro disco Wagner gravou "Choro de mãe". Aqui gravou "Chorava" também de sua autoria. Parece que os dois choros se entrelaçam de alguma forma, ambos bonitos e que surpreendem pela execução perfeita da orquestra e da banda, novamente misturando o tema de uma forma extremamente brasileira.

"Vinheta do medo" (Wagner Tiso e Beto Guedes) – Aqui temos Beto Guedes como coautor dessa vinheta. Beto é *expert* em criar vinhetas ou temas instrumentais e aqui nessa composição trouxe uma linda canção que fica ainda mais bela com o solo de clarinete de Roberto Guima.

"Assim seja" (Wagner Tiso, Milton Nascimento e Fernando Brant) – A canção que dá nome ao disco é uma marcha puxada pela orquestra e que dá sempre a impressão que surgirá uma voz cantando a sua letra, mas isso não acontece, aqui quem participa lindamente é o grupo vocal Céu da Boca. Sempre me pergunto o porquê da letra completa estampada na contracapa do disco? "A ideia de colocar a letra foi do Bituca. E achei legal." A ideia de Tiso sobre o disco era que ele fosse essencialmente instrumental, orquestral.

"Tragicômico" (Wagner Tiso) – Fechando o disco, temos toda a banda e orquestra tocando em sua plenitude, embaladas pelo sax soprano de Nivaldo Ornellas, num tema complexo e interpretado de forma magistral por todos. Costumo dizer que esse tema criou a música "Wagneriana".

Ficha técnica:

Assim Seja (EMI-Odeon - 064 422852)

Produtor fonográfico: EMI-Odeon
Direção de produção: Mariozinho Rocha
Produção executiva: Milton Nascimento
Assistente de produção: Giselle Goldoni
Orquestrações e regências: Wagner Tiso
Técnico de gravação: Serginho
Assistentes de gravação: Chiquinho e Amaro
Técnico de mixagem: Nivaldo Duarte
Corte: Osmar Furtado
Cafezinho: Seu Nonato
Coordenação gráfica: Tadeu Valério
Fotos: Fernando Carvalho
Capa: Noguchi

Orquestra:

Violinos: Pareschi (spala), Zé Alves, Aizik, Carlos Eduardo, Walter Hack, Zé Lana, Luis Carlos Piersanti, Faini, Pissarenko, Wilson Teodoro e Paschoal Perrota; violas: Penteado, Stephany, Nathércia e Hindenburgo; violoncelos: Márcio Mallard, Watson Clis, Bariola e Iura; contrabaixo: Luis Alves; flautas: Jorginho, Celso, Zé Carlos e Geraldo; trompetes: Heraldo, Hamilton, Barreto e Maurilio; trombones: Maciel, João Luis, Sylvio e Macaxeira; trompas: Svab e Toninho; clarinetes: Netinho

Lado A

1 – Sete Tempos (Wagner Tiso)

Piano acústico e piano Elétrico: Wagner Tiso; guitarra: Hélio Delmiro; bateria e percussão: Robertinho Silva; baixo elétrico e percussão: Jamil Joanes; baixo acústico e percussão: Luis Alves; tímpanos e congo: Paulinho Braga;

coral: Céu da Boca (Paulinho Pauleira, Paulo Roberto, Alberto, Ronald, Dalmo, Mury, Paulinha, Marcinha, Maucha, Rosa, Lídia e Verônica); Orquestra

2 – Alegro (Wagner Tiso)

Piano acústico: Wagner Tiso; guitarra: Hélio Delmiro; bateria: Paulinho Braga; baixo elétrico: Jamil Joanes; trompete solo: Márcio Montarroyos; Orquestra

3 – Joga na bandeira (Wagner Tiso)

Piano acústico, acordeon e clarinete: Wagner Tiso; violão: Hélio Delmiro; bateria e percussão: Robertinho Silva; baixo elétrico: Luis Alves; clarinete solo: Zé Freitas; coral: Céu da Boca (Paulinho Pauleira, Paulo Roberto, Alberto, Ronald, Dalmo, Mury, Paulinha, Marcinha, Maucha, Rosa, Lídia e Verônica); solo vocal: Milton Nascimento; palmas: todos

4 – A) Variações de Bela (Wagner Tiso) / B) Bela Bela (Milton Nascimento / Ferreira Gullar)

Piano acústico: Wagner Tiso; guitarra: Hélio Delmiro; bateria: Paulinho Braga; baixo elétrico: Jamil Joanes; baixo acústico: Luis Alves; clarinete solo: Roberto Guima; sax tenor solo: Nivaldo Ornellas; Orquestra

Lado B

1 – Chorava (Wagner Tiso)

Piano acústico, piano elétrico, clavinete e acordeon: Wagner Tiso; guitarra: Hélio Delmiro; bateria e percussão: Paulinho Braga; baixo elétrico: Jamil Joanes; percussão: Robertinho, Gegê e Davi; Orquestra

2 – Vinheta do medo (Wagner Tiso / Beto Guedes)

Piano acústico e acordeon: Wagner Tiso; guitarra: Hélio Delmiro; bateria e gongo: Paulinho Braga; baixo elétrico: Jamil Joanes; percussão: Roberto Silva; clarinete solo: Roberto Guima; Orquestra

3 – Assim seja (Wagner Tiso / Milton Nascimento / Fernando Brant)

Piano acústico e elétrico: Wagner Tiso; guitarra: Hélio Delmiro; bateria e tímpanos: Paulinho Braga; baixo elétrico: Jamil Joanes; percussão: Robertinho Silva e Luis Alves; coral: Céu da Boca (Paulinho Pauleira, Paulo Roberto, Alberto, Ronald, Dalmo, Mury, Paulinha, Marcinha, Maucha, Rosa, Lídia e Verônica); Orquestra

4 – Tragicômico (Wagner Tiso)

Piano acústico: Wagner Tiso; guitarra: Hélio Delmiro; bateria: Paulinho Braga; baixo elétrico: Jamil Joanes; Flugelhorm: Márcio Montarroyos (solo); sax soprano solo: Nivaldo Ornellas; Orquestra

Zé Geraldo

Terceiro Mundo

por Lucas Reginato

Terceiro Mundo foi o primeiro álbum de Zé Geraldo. Aos 35 anos, em 1979, ele já tinha alguma experiência na música e nos bailes da vida. Quem escuta o disco percebe sua maturidade – na coesão da obra, na simplicidade da poesia, na bela síntese que faz das influências do artista: a música caipira de sua infância, o rock and roll de Raul Seixas e, especialmente, o folk transcendental de Bob Dylan. *Terceiro Mundo* é um clássico para a posteridade, retrata o Brasil oprimido de seu tempo, mas não deixa de descrever as contradições que o país viveu antes dele e que enfrenta adiante pelo século XXI.

Quando chegou do interior para morar em São Paulo, aos 18 anos, ainda não imaginava ser músico. Zé Geraldo é um homem nascido na roça de Minas Gerais, na cidade de Rodeiro. Passou boa parte da infância na fazenda do avô materno. No cair do sol, aguardava os tios voltarem da lavoura. No alpendre, o café saindo, cada um pegava seu instrumento, e o menino adormecia ao som da música raiz. Aos sete anos, se mudou para Governador Valadares, onde começou a trabalhar muito cedo, durante o dia, para estudar à noite. Assim que completou a maioridade, a construtora que o empregava propôs a transferência para a capital, para desagrado da família.

Trabalhava no Edifício Andraus, na praça da República, e morava a poucos quarteirões, na rua Santa Ifigênia. Memórias de um homem que sai do interior para enfrentar a barulhenta metrópole se espalham por *Terceiro Mundo*. Na faixa de abertura, "Reciclagem", canta que estão "os valores trazidos da terra / Enfrentando as cancelas / Do 'pode-não-pode'", e no refrão, mais de uma década depois de adolescente encarar a cidade grande, avisa: "Meu companheiro, / Que sai de casa e na vida cai / Com as cacetadas desses anos todos, / Eu fiquei mais velho que / Meu velho pai".

A vida de Zé Geraldo se transformou a partir de um acidente na rodovia Rio-Bahia, em março de 1966, quando ia visitar a família em Governador Valadares. O ônibus em que estava colidiu com um caminhão e ele ficou gravemente ferido. O desastre fez com que desistisse definitivamente do sonho de ser jogador de futebol, que ainda nutria. Por outro lado, acendeu sua vocação, quando durante a recuperação ganhou o violão de um amigo e tirou os primeiros acordes.

Em razão da fisioterapia necessária para sua recuperação, mudou-se para a casa de familiares em Santos. Foi onde começou a trabalhar na noite, como integrante da banda de baile Black Cats, que posteriormente mudou o nome para Blow Up. Nessa época ouviu num disco a voz fanha e monótona que lhe chamou atenção. Foi atrás para entender o que havia por trás da aparente simplicidade de Bob Dylan e conheceu quem se tornou a maior influência de sua carreira.

A segunda faixa do álbum *Terceiro Mundo* leva o nome do disco e conta como é se deparar com este "mistério profundo" que é "metade da glória". O poeta prepara os ouvintes para encararem o terceiro mundo, "que deixa sem força, / Sem corda e sem jeito". Zé Geraldo confessa estar cansado, com as "asas cortadas" diante de cartas marcadas. O canto que ele oferece, por outro lado, serve de estímulo àqueles que compartilham do esgotamento.

Aos 30 anos, Zé Geraldo ganhava a vida como um bem-sucedido executivo na área de Recursos Humanos em São Paulo. Era formado em administração de empresas, casado e via nascer a primeira filha. Não abandou a música – compunha e apresentava suas canções em festivais populares pelo interior. De forma amadora chegou a registrá-las em compactos que oferecia as gravadoras, mas era recusado por ser polêmico demais em tempos de censura.

Em um desses festivais, entretanto, estava no júri Romeu Giosa, que era produtor na CBS e gostou da apresentação a ponto de convencer a empresa a investir. Zé Geraldo tinha composições em número mais do que suficiente para constituir o disco, e todas as faixas de *Terceiro Mundo* são de sua autoria, com exceção de uma. Depois de um festival em Ilha Solteira, em uma praça da cidade, Lúcio Barbosa apresentou ao colega a música "Cidadão". Se emocionaram aqueles que ouviram a triste melodia do trabalhador que migra para o sul e constrói edifícios em que não pode entrar, escolas nas quais não pode estudar. Esfregando as lágrimas, Zé Geraldo pediu, e ganhou, autorização para gravá-la em seu disco de estreia.

Para a capa, ele queria um desenho caótico, que representasse as controvérsias e desencontros do terceiro mundo, que mostrasse a loucura urbana e subdesenvolvida que oprimia os cidadãos naquele momento da história. A arte ficou a cargo de Carlos Enrique Lacerda e Vanda Alves Ferreira, que primeiro apresentaram um rascunho e depois o desenho completo, ao qual Zé respondeu: "Vamos usar o rascunho mesmo."

O esboço é a vista panorâmica de uma cidade completamente desorganizada. Os carros em trânsito parados, porque as avenidas foram ocupadas por gados. Uma vaca é ordenhada em cima de um edifício. Os prédios são irregulares, tortos e em cada janela há um anônimo. Há manifestações pelas ruas e gente se jogando dos terraços. Uma praia lotada é engolida pela paisagem urbana, enquanto assistindo a tudo isso, lá de cima, no fundo, uma espécie de Cristo Redentor tem um violão no colo. No canto inferior direito, em primeiro plano, um desenho do próprio compositor como maquinista de uma locomotiva prestes a entrar no cenário, nos convidando a embarcar nessa viagem.

Embarcamos nessa viagem com o alerta de "Reciclagem": envelheceremos rapidamente. Perceber a perversidade que a aparente ordem esconde é de fato desgastante. Na quinta faixa, "Leilão em rodeiro", ele retorna à sua terra natal, elogia as tradições e a festa em homenagem à Nossa Senhora. Não por acaso, a faixa seguinte, "Promessas de um idiota às seis da manhã", tem vários ingredientes da música caipira. Ele trata do bucolismo campestre com alguma ironia – o eu-lírico diante de todo o caos promete no raiar do dia que será um "cidadão comportado, correto e ordeiro".

O disco ainda tem espaço para a vertente romântica do cantor que por muito tempo assim se apresentou na boemia da noite. "Dona" tornou-se uma das músicas mais populares de Zé Geraldo. As declarações de amor não escapam, contudo, ao contexto geral: "Faz de meu canto de saudade / Um acalanto na cidade".

Dez faixas integram o álbum, mas uma que ficou de fora também o representa muito bem. Anielisa, primeira filha de Zé Geraldo, havia nascido em 1976. Em homenagem, ele fez para ela uma canção, cujo título era o nome dela escrito ao contrário, e pretendia gravá-la para o disco. A revisão da censura oficial não entendeu o que a letra significava e pediu explicações. O atraso da burocracia a excluiu do álbum, que tem, claro, teor crítico ao regime, uma declaração de amor do pai para a filha. Anos depois ela foi gravada com o título "Uma balada para Gija".

Contemporâneo de uma geração que moldou a MPB com músicos

virtuosos e poesias enigmáticas, Zé escolheu uma estética simples, como Bob Dylan. Tal qual Raul Seixas, foi com muito vigor que apresentou seus versos nos palcos e encontrou no jovem público seu melhor companheiro. Como os tios em Rodeiro, pôs as mãos calejadas para trabalhar em música, a voz para cantar o mundo – e nos fazer sonhar com o que é possível.

Ficha técnica:

Terceiro Mundo (Epic – 144347)

Direção artística: Jairo Pires

Arranjos e regências: Eduardo Assad

Técnicos de gravação: Roberto Marques e Renaldo Maziero

Técnico de mixagens: Renaldo Maziero

Montagem: Romeu Giosa

Assistentes de estúdio: Silva, Souza e Edmilson

Arte: Carlos Enrique M. Lacerda e Vanda A. Ferreira

Direção de arte: Géu

Gravado nos estúdios Reunidos – São Paulo

Músicos participantes:

Chico Medori: bateria e percussão; Luiz Rabello: bateria; Gabriel Bahlis: baixo elétrico e acústico; Pedro Ivo Lunardi: baixo; Claudio Bertrami: baixo; Eduardo Assad: teclados; Antenor Soares: guitarra e violão; Heraldo do Monte: viola; Elias de Almeida: guitarra e violão; Raul Carezatto: percussão; Ubiracy de Oliveira: percussão; Coro: Carlinhos, Ralf, Dudu, Cida, Helena, Rita e Ângela; Cordas: Mario, Elias, German, Orlando, Erich, Antonio, Audino, Loriano, Geza, Alvim, Calixto e Flavio

Lado A

1 – Reciclagem (Zé Geraldo)

2 – Terceiro mundo (Zé Geraldo)

3 – Cidadão (Lúcio Barbosa)

4 – Ouro em pó (Zé Geraldo)

5 – Leilão de rodeiro (Zé Geraldo)

Lado B

1 – Promessas de um idiota às seis da manhã (Zé Geraldo)

2 – Maria Bonita (Zé Geraldo)

3 – Dona (Zé Geraldo)

4 – Lírico-Romântico-Poético (Zé Geraldo)

Zé Luiz Mazziotti

Zéluiz

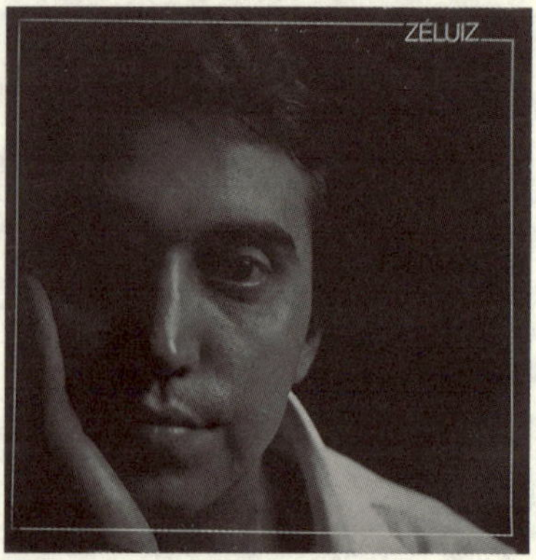

por Itamar Assiere

O autor deste artigo tinha apenas nove anos quando foi lançado o disco a ser comentado e já se aventurava nos estudos de piano. O que não poderia imaginar é que um dia chegaria a dividir palcos e estúdios com alguns dos artistas que estavam já consagrados e outros que estavam gravando seus primeiros trabalhos. Como um certo cantor paulista que já encantava a todos com sua bela voz de baixo-barítono e afinação impecável: Zé Luiz Mazziotti.

Nos anos 1970, o Rio continuava concentrando a produção musical brasileira, atraindo cantores e instrumentistas de todo o Brasil. Foi o caso de Mazziotti, que se mudou em 1975 e, em pouco tempo, tornou-se um dos cantores mais requisitados como backing vocals nos estúdios do Rio, em discos e *jingles*. Curiosamente, ele não quis se aventurar na fervilhante noite carioca, que tinha entre seus crooners Aurea Martins, Djavan e Emílio Santiago. Em 1977, Mazziotti foi convidado por Ivan Lins para gravar "Dona Benta", parceria com Vítor Martins, para a trilha sonora do *Sítio do Picapau Amarelo*. No estúdio da Som Livre, apenas Zé, Ivan ao piano e Luizão Maia no baixo. O primeiro take do trio foi aprovado pelo produtor da trilha, Dori Caymmi.

De férias com pai, mãe e sua tia Mariinha num sítio do interior de São Paulo, Mazziotti estava com seu violão, compôs uma música e dedicou à tia. De volta ao Rio, chamou Sérgio Natureza para fazer a letra, e a parceria se chamou "Bastante". Gravou uma fita e entregou para Ivan Lins, que, por sua vez, mostrou ao italiano Cesare Benvenuti, diretor artístico da gravadora Continental. Benvenuti gostou muito do que ouviu e resolveu contratar Mazziotti para apenas um LP, que seria o primeiro do artista. Uma produção caprichada, à altura dos grandes nomes da MPB, cujo título foi a exótica grafia do seu nome artístico.

Um belo dia, Mazziotti estava folheando uma revista ou jornal e achou um "Zéluiz". Ele não se lembra de quem era o homônimo – bem provável que tenha sido o ator Zéluiz Pinho – mas gostou e pegou para si. Não demorou para que os colegas da classe artística o apelidassem de Zé Luiz Tudo Junto. Milton Nascimento é um que até hoje o cumprimenta assim: "Oi, Zé Luiz Tudo Junto, tudo bem?" Após voltar da Europa, no início dos anos 1990, cansado dos "Zé Luiz de quê?", decidiu separar amigavelmente o Zé do Luiz e incorporar o Mazziotti.

Não há um produtor definido no disco. Cesare Benvenuti aparece como diretor e coordenador artístico, e os arranjadores Dori Caymmi e Gilson Peranzzetta como responsáveis pela direção musical. O estúdio escolhido foi o Transamérica, um complexo com três unidades de gravação de discos e o estúdio da Rádio Transamérica FM. No térreo, funcionavam dois estúdios médios. No segundo andar, arquivo e manutenção. No terceiro, o estúdio principal, com duas salas grandes. Benvenuti escolheu os dois do térreo, interconectados, um para gravar os instrumentos e o outro somente para Mazziotti. Tradicionalmente, os cantores fazem uma voz guia e só após todos os instrumentos gravados é que vem a voz definitiva. Mas Zéluiz já era conhecido por acertar de primeira, portanto valeria a pena ser gravado em uma sala separada, sem vazamentos dos outros instrumentos. Algumas vozes, como "Falso brilhante" e "Violão vadio", saíram no primeiro take.

Dori Caymmi fez todos os arranjos, exceto os de "Pra sempre" e "Altos e baixos", feitos por Gilson Peranzzetta, que tocou os pianos elétricos. A base foi feita pela banda clássica de Elis Regina: Luizão Maia no baixo, Hélio Delmiro na guitarra e Paulo Braga na bateria. Na faixa "Pra sempre", algumas exceções: Toninho Horta na guitarra, Paulo Braga na percussão e Robertinho Silva na bateria, além de ter sido a única faixa gravada em outro estúdio, o mesmo de "Dona Benta". O disco ainda contou com as flautas de Jorginho e Mauro Senise em "Pra sempre" e "Altos e baixos", o violão de Dori Caymmi em "Violão vadio" e "Pelo menos", o trombone de Edson Maciel em "Andam dizendo" e a participação especial de Nana Caymmi em "Pra sempre". Tavito gravou violão de 12 cordas em "Bastante" e fez o arranjo vocal de "Virá", que contou com as vozes de Lucinha Lins, Regininha, Luna Messina, Flavinho, Marcio Lott e do próprio Zéluiz.

Em 10 das 11 faixas, um luxo a que poucos artistas estreantes tinham direito: orquestra de cordas formada por 12 violinos, 4 violas e 2 cellos.

Sérgio Natureza aparece com quatro composições: "Bastante" e "Pelo menos", parcerias com Zéluiz, "Pra sempre", com Tunai, e "Mania dos tempos", com Lourenço Baeta. Todas inéditas, sendo que "Mania dos tempos" foi lançada simultaneamente nos discos de Zéluiz e de Baeta. Também inéditas eram "Vida em segredo", de Sueli Costa e Abel Silva, e "Virá", de Ivan Lins e Vítor Martins. Esta última tinha uma introdução lindíssima que, às vésperas da gravação, Ivan disse que não poderia mais ser utilizada pois havia virado outra música: a primeira parte de "Love dance". Como "protesto", Zé não quis outra introdução, apenas um acorde de preparação. Ou era aquela ou mais nenhuma!

Aldir Blanc comparece com "Falso brilhante", parceria com João Bosco, e "Altos e baixos" com Sueli Costa. Essa era inédita no momento da gravação. Mazziotti costumava cantá-la nos encontros na casa do artista plástico Mello Menezes, emocionando Aldir, que chorava escondido. Outro que frequentava esses encontros era o produtor Paulo Albuquerque, que costumava gravar em cassete pérolas inéditas da MPB. Ele teria mostrado para Elis a gravação de Mazziotti cantando "Altos e baixos", e a Pimentinha não deixou escapar. Como o disco de Elis, *Essa Mulher*, saiu primeiro, a música deixou de ser inédita na voz do nosso cantor. Também foram regravadas "Andam dizendo", de Tom e Vinicius, e "Pai e mãe", de Gilberto Gil. O disco teria mais duas faixas: as inéditas "Poucas e boas", de Zéluiz e Sérgio Natureza, e "Retrato", música de Sueli Costa sobre poema de Cecília Meireles. O resultado final de ambas não agradou o artista e, por isso, ficaram de fora.

Em São Paulo, Zuza Homem de Mello escreveu para o *Estadão* um belo artigo sobre *Zéluiz* e o último disco de Emílio Santiago, destacando a importância da trajetória de ambos como cantores da noite. Já na *Folha*, o crítico Dirceu Soares chamou o cantor de *démodé* e que "faz o gênero bossa-nova cansada". No Rio, Nelson Motta anunciou o disco em *O Globo* por três vezes. Na primeira, em 28 de março de 1979, cita os arranjos de Dori Caymmi, que "afirma que o rapaz será indubitavelmente o grande acontecimento do ano como intérprete masculino". Mencionou o disco novamente em 16 de julho e em 18 de setembro do mesmo ano.

É bem provável que *Zéluiz* não tenha tido grandes vendagens, mas teve boa execução em rádios especializadas como as cariocas Jornal do Brasil e Roquette-Pinto, ambas AM, e as Nacional FM do Rio e de Brasília. O disco logo abriu portas para shows solo e em duetos com divas como Alaíde Costa, Zezé Gonzaga e Elizeth Cardoso. Ainda hoje, Zé Luiz Mazziotti é referência no meio musical brasileiro com o mesmo domínio do canto que apresentou em seu primeiro disco. Por um lado, não temos mais os mecenas como Benvenuti para investir pesado em jovens talentos; por outro lado, esses não mais dependem de mecenas para se expor. O problema é que o YouTube não paga orquestra a ninguém. Por isso, *Zéluiz* segue sendo um retrato do grande momento não só de um jovem intérprete, mas de toda uma época áurea da produção fonográfica brasileira.

Ficha técnica:

Zéluiz (Continental - 1.01.404.201)

Produtor fonográfico: Discos Continental
Direção artística: Cesare Benvenuti
Coordenação artística: Cesare Benvenuti
Direção musical: Dori Caymmi e Gilson Peranzzetta
Arranjos e regências: Dori Caymmi e Gilson Peranzzetta
Técnicos de gravação: Toninho (Transamérica) e Don Lewis (Level)
Auxiliares: Aníbal e Mário
Estúdios: Transamérica (Rio) e Level – 16 canais – Dolby System
Mixagem: Toninho, Cesare Benvenuti e Zéluiz
Arregimentação: Jorge Corrêa e Everson Dias
Coordenação de repertório: Odair Corona (SP) e Jorge Corrêa (Rio)
Fotos do encarte: Lizzie Bravo
Fotos da capa: Januário Garcia
Direção de arte: Oscar Paolillo
Produção e diagramação: F. C. Gongora

Lado A

1 - Bastante (Zé Luiz Mazziotti / Sérgio Natureza)
2 - Altos e baixos (Sueli Costa / Aldir Blanc)
3 - Pra sempre (Tunai / Sérgio Natureza) Participação: Nana Caymmi
4 - Pai e mãe (Gilberto Gil)
5 - Violão vadio (Baden Powell / Paulo César Pinheiro)

Lado B

1 - Virá (Ivan Lins / Vítor Martins)
2 - Falso brilhante (João Bosco / Aldir Blanc)

3 – Andam dizendo (Tom Jobim / Vinicius de Moraes)

4 – Mania dos tempos (Lourenço Baeta / Sérgio Natureza)

5 – Vida em segredo (Sueli Costa / Abel Silva)

6 – Pelo menos (Zé Luiz Mazziotti / Sérgio Natureza)

Zé Ramalho

A Peleja do Diabo com o Dono do Céu

por Leonardo Lichote

Sob o andamento monótono do transe e da imobilidade, marcado no grave da zabumba, tendo o violino de inflexões mouras de Jorge Mautner como uma fumaça mística, Zé Ramalho canta: "Falo da vida do povo / Nada de velho ou de novo". Nesses dois versos de "Falas do povo", terceira faixa do lado A de *A Peleja do Diabo com o Dono do Céu,* Zé Ramalho condensa o núcleo de seu segundo álbum, lançado em setembro de 1979.

Está ali "a vida do povo", ressaltando o caráter social do disco, descrito pelo próprio artista como um trabalho marcadamente de conteúdo político. Sobretudo em comparação à sua estreia, *Zé Ramalho*, de 1978, que trazia canções de linha "espiritualista, lisérgica" — nas próprias palavras do compositor — como "Avôhai" e "Vila do Sossego".

Por outro lado, os versos de "Falas do povo" afirmam que não há "nada de velho ou de novo" no cenário que ele testemunha. Ou seja, Zé Ramalho faz um movimento — que atravessa todo o disco — de descolamento do chão, como se visse das alturas as civilizações, as guerras, os dramas humanos se repetindo, como a marcação de uma zabumba. O próprio título do álbum lança a "peleja" num universo mitológico — como no filme de Glauber Rocha (inspiração para o disco e, como ele, também embebido do universo dos cordéis), as lutas são terrenas (na Terra do Sol), mas elas se dão entre forças arquetípicas (Deus e o Diabo).

"A peleja do diabo com o dono do céu" carrega, portanto, as pálpebras piscantes das folhas do jornal, o mar da História, o rugir ancestral das tempestades, traduzidos nas imagens do poema de Vladimir Maiakóvski, "E então, que quereis?": "Fiz ranger as folhas de jornal / Abrindo-lhes as pálpebras piscantes. / (...) / Nada de novo há / No rugir das tempestades / (...) / O mar da História / É agitado." (Tradução de Emílio Carrera Guerra).

A relação entre o mitológico e o político no disco não se dá, portanto, de forma dicotômica, como se uma fosse oposta à outra. Até porque, na verdade, essas duas instâncias aparecem imbricadas na origem e nos livros sagrados das três grandes religiões monoteístas — não por acaso, Zé Ramalho usa imagens e figuras bíblicas nas letras (como o Judas que aparece em "Jardim das acácias", a Arca de Noé de "Admirável gado novo" ou os elementos ritualísticos da Santa Ceia no título de "Pelo vinho e pelo pão"). A própria capa do disco, aliás, é a alegoria cristã mais evidente, ao representar, na figura do próprio artista, um Jesus-cantador sendo tentado pelas figuras demoníacas representadas por Zé do Caixão (personagem do cineasta José Mojica Marins) e pela atriz Xuxa Lopes.

Um disco muito religioso, enfim, como definiu o próprio cantor em entrevista a Charles Gavin para o programa *Som do Vinil* — a mesma entrevista na qual descreveu *A Peleja do Diabo com o Dono do Céu* como "social político", sem nenhuma contradição.

A capa tem um efeito algo perturbador — Zé Ramalho conta que sua mãe cobria as unhas do Zé do Caixão com fita adesiva, porque não suportava olhar para a foto. Porém, mais do que a figura assustadora do personagem ou o uso provocador de iconografia religiosa (a cruz e o tridente cruzados, símbolo desenhado pelo artista paraibano Pedro Osmar), a perturbação central da capa é a pergunta que ela nos lança: que tentação é essa?

Os primeiros segundos do disco sugerem o início de uma resposta. Após o violão e os metais abrirem um caminho folk-pop na introdução da canção-título, um forró pé-de-serra rasga a canção de forma ao mesmo tempo surpreendente e harmoniosa. Em seguida, Zé Ramalho canta: "Com tanto dinheiro / Girando no mundo / Quem tem pede muito / Quem não tem pede mais". Dinheiro — a abstração mais concreta, o mito mais terreno. Nada de velho ou de novo, a vida do povo.

Nesse pequeno trecho inicial de *A Peleja do Diabo com o Dono do Céu*, Zé Ramalho (que assina sozinho as dez faixas do álbum) expõe outra dimensão da tentação. Ao longo do disco, ele se expõe à provocação do diabo ao andar no fio da navalha (ou no deserto, numa analogia cristã) entre a sonoridade radiofônica "moderna" do folk/rock/pop e a formas musicais nordestinas tidas como "regionais", "antigas", "folclóricas", sem ceder aos apelos para que abandonasse seu caminho. É importante lembrar que o artista compôs as músicas de seus dois primeiros discos no mesmo período, quando andava pelo Rio, indo de gravadora em gravadora em busca de oportunidades e acumulando negativas (na época, chegou a dormir na rua).

Ou seja, quando, na faixa seguinte, se dirige a "vocês que fazem parte dessa massa" e afirma que "É duro tanto ter que caminhar / E dar muito mais do que receber", Zé Ramalho está falando de si também — e do mercado fonográfico, "essa engrenagem" que "já sente a ferrugem a lhe comer". Como qualquer leitura social ou mitológica (aqui, no caso, são ambas), o disco olha para coletivo, no qual o narrador ora se inclui, ora observa de um lugar fora do tempo. "Admirável gado novo" é exemplo disso, ao cruzar a distopia de Aldous Huxley (e seu *Admirável Mundo Novo*) e o universo sertanejo dos aboios, comparando o povo ao gado. Sua ambição de sintetizar diferentes mundos em torno de uma ideia se mostra também musicalmente, num arranjo que incorpora lições de George Martin nas cordas, o sax inventivo e popular de Nivaldo Ornellas e a cozinha percussiva que o cantor assume ter "garfado" de Dominguinhos (Zé Gomes, Zé Leal e Borel, responsáveis em grande medida pela pressão de sotaque nordestino do álbum, marca do disco por seu uso original).

"Falas do povo", mencionada no início deste texto, homenageia Geraldo Vandré — compositor de canções de tom messiânico-político, como "Disparada" e "Pra não dizer que não falei das flores" (essa última citada no fim da faixa, quando Zé Ramalho cantarola sua melodia). "Beira-mar" é um típico galope à beira-mar, uma das formas tradicionais nordestinas que o cantor recria no disco. Nela, o compositor pinta um grande mural da trajetória humana, com analogias marinhas — o mar da História é agitado. Os metais trazem a marca épica presente em praticamente todo o disco.

"Garoto de aluguel (Taxi boy)" é o momento menos coletivo e mais individualizado da "peleja". Não à toa, seu arranjo de piano e cordas sublinha, com beleza, a dramaticidade mais vulgar (no sentido de humana), afastando qualquer grandiosidade épica (da esfera do mitológico) dos versos autobiográficos sobre a experiência de alguém que oferece sexo em troca de dinheiro. A valsa "Pelo vinho e pelo pão", num ambiente dolente de choro-seresta (com suas baixarias no violão, seu bandolim trêmulo), Zé Ramalho canta, em dueto com Amelinha, uma figura que comporta a multidão: "Quantos olhos você tem pra me falar/ Quantas bocas você diz a me olhar".

"Pégaso, me leve além / Daquilo que me convém", pede o cantor em "Mote das amplidões", onde explora novamente uma métrica tradicional do Nordeste.

É do além, nas amplidões, que o cantor testemunha "beijos que são macios", "dor e muito cansaço" e "erros e intenções" — noutro sobrevoo panorâmico sobre o Brasil que vivia uma ditadura (hoje sabemos, agonizante) e no mundo no qual a geopolítica da Guerra Fria ainda se afirmava. Mais um panorama se desenha em "Jardim das acácias", balada-rock com guitarra de Pepeu Gomes e inspiração dylanesca. Nela, Zé Ramalho amplia em mil sentidos, pela linguagem cifrada, a individualidade de sua experiência com a cidade de João Pessoa.

"Agônico" é experiência instrumental virtuosística, na qual Zé Ramalho toca todos os instrumentos e expõe sua intimidade com as tradições (do blues à gramática da viola sertaneja) que ele buscava hibridizar em sua caminhada pelo deserto, alheio às tentações. "Frevo mulher" encerra a peleja. Canção que virou hit na voz de Amelinha, ela aparece aqui em gravação só com metais, como um frevo cortando as ruas de Pernambuco: "Quantos homens eram inverno, outros verão / Outonos caindo secos no solo da minha mão". O movimento do universo cabe numa vida, o movimento de uma vida origina universos — peleja sem começo nem fim.

Ficha técnica:

Peleja do Diabo com o Dono do Céu (Epic – 235030)
Produzido por Carlos Alberto Sion
Direção de estúdio: Carlos Alberto Sion e Zé Ramalho
Direção musical: Zé Ramalho, Paulinho Machado e C.A. Sion
Assistentes de produção: Marcelo Falcão e Lígia Itiberê
Arranjos de cordas e metais: Paulo Machado
Regência: Paulo Machado
Arranjos de base: Zé Ramalho
Técnicos de gravação: Manoel Magalhães e Eugênio de Carvalho
Assistente de estúdio: Pedrinho
Arregimentador: Gilson de Freitas
Técnicos de mixagem: Manoel Magalhães e Eugênio de Carvalho
Gravado nos Estúdios CBS - 8 canais
Rio de Janeiro em junho de 1979
Concepção da capa: Zé Ramalho
Cenários e fotos: Ivan Cardoso
Diagramação e montagem: Oscar Ramos e Luciano Figueiredo

Logotipo: Pedro Osmar
Maquiador: Gilberto Marquez
Assistente: Carminha
Coordenação: Carlos Alberto Sion
Capa-símbolo: Raul Córdula
Ilustração: Seth (Álvaro Marins) 1891/1949
Realização gráfica: Hildebrando Gomes
Participação especial: José Mojica Marins (Zé do Caixão), Xuxa Lopes, Hélio Oiticica, Mônica Schmidt, Satã e Amelinha

Lado A
1 – A peleja do diabo com o dono do céu (Zé Ramalho)
Acordeon (Sanfona): Severo; alto saxofone: Jorginho; arranjo e regência: Paulo Machado; baixo: Chico Julien; congas, maracas, agogô: Chacal; pandeiro: Zé Gomes; surdo (zabumba) e ganzá: Borel; tenor saxofone: Zé Bodega; triangulo: Zé Leal; Trombone: Edmundo Maciel; Trompete: Evaldo e Márcio Montarroyos; vocais e guitarra acústica (steel strings): Zé Ramalho
2 – Admirável gado novo (Zé Ramalho)
Ovation: Zé Ramalho; arranjo e regência: Paulo Machado; backing vocals: Chico Julien, Cátia De França, Huguinho, Mônica Schmidt e Waldemar Falcão; baixo: Chico Julien; congas: Chacal; pandeiro: Zé Gomes; saxofone tenor: Nivaldo Ornellas; surdo (zabumba) e ganzá: Borel; triangulo: Zé Leal
3 – Falas do povo (Zé Ramalho)
Violão e vocais: Zé Ramalho; baixo: Chico Julien; ganzá: Cátia de França; órgão: Paulo Machado; reco-reco: Zé Leal; ruídos: Chacal; surdo (Zabumba): Borel; violino: Jorge Mautner
4 – Beira-mar (Zé Ramalho)
Violão 12 cordas: Geraldo Azevedo; violão (Nylon) e vocais: Zé Ramalho; arranjo e regência: Paulo Machado; baixo: Novelli; bongôs: Chacal; trompa: Zdenek Svab; ganzá: Borel; triangulo: Cátia de França
5 – Garoto de aluguel (Taxi Boy) (Zé Ramalho)
Cello: Alceu de Almeida Reis, Iberê Gomes Grosso, Zamith e Márcio Eymard; piano, arranjo e regência: Paulo Machado; viola: Arlindo Penteado, Frederick Stephany, Nathercia e Macedo; violino: Alfredo Vidal, Alvaro Vetero, Guetta, Arthur Dove, Carlos Hack, Lana, Marcello Pompeu, Pissarenko, Virgílio

Arraes Filho e Walter Hack; violino (spalla): Pareschi; vocais: Zé Ramalho

Lado B

1 – Pelo vinho e pelo pão (Zé Ramalho)

Violão de 12: Geraldo Azevedo; violão de 7: Dino; violão de nylon e vocais: Zé Ramalho; arranjo e regência: Paulo Machado; Cavaquinho: Waldir Silva; clarinete: Abel Ferreira; participação especial: Amelinha

2 – Mote das amplidões (Zé Ramalho)

Violão de nylon e vocais: Zé Ramalho; arranjo de flautas: Paulo Machado; baixo: Chico Julien; bongôs: Chacal; flauta: Osvaldo Garcia, Ricardo Mattos e Waldemar Falcão; teclado (Arp String): Paulo Machado; pandeiro: Zé Gomes; surdo (Zabumba) e ganzá: Borel; triangulo: Zé Leal

3 – Jardim das acácias (Zé Ramalho)

Violão e vocais: Zé Ramalho; arranjo e regência: Paulo Machado; baixo: Chico Julien; bateria: Elber Bedaque; guitarra: Pepeu Gomes; órgão: Huguinho

4 – Agônico (Zé Ramalho)

Viola, baixo, percussão, piano, pandeiro, vocais: Zé Ramalho

5 – Frevo mulher (Zé Ramalho)

Saxofone alto: Alberto e Jorginho; arranjo e regência: Paulo Machado; saxofone barítono: Aurino Ferreira; trombone baixo: Jessé; prato: Jorge Batista; bateria: Plínio; pandeiro: Risadinha; percussão: Carlos Sampaio; surdo: Gilson e Jorge Gomes; saxofone tenor: Hélio Marinho e Zé Bodega; trombone: Edmundo Maciel, Manoel Araújo e Sylvio Barbosa; trompete: Evaldo, Formiga, Hamilton e Márcio Montarroyos; tuba: Zênio; vocais: Zé Ramalho

Zezé Motta

Negritude

por Guilherme Henrique

André Midani havia acabado de chegar na Warner para ocupar a chefia da gravadora no Brasil. Queria impulsionar a carreira de artistas que tinham potencial para explodir como grandes vendedores de discos, mas que, por algum motivo, ainda rendiam pouco nesse âmbito. Esse era o caso de Zezé Motta que, em 1979, já havia lançado dois LPs, sem que nenhum deles tivesse caído totalmente no gosto popular. A carreira multifacetada da artista, com sucessos no cinema, na televisão e no teatro, ainda precisava decolar na música. *Negritude* era, portanto, um álbum de virada para ela.

Os diretores da Warner, entre eles Midani e Mazzola – que assina a direção artística do álbum – defendiam que Zezé deveria gravar um disco de sambas. Seus dois LPs anteriores – *Gerson Conrad e Zezé Motta* (1974) e *Zezé Motta (1978)* foram compostos por músicas diversas, sem um estilo definido. Em *Negritude*, no entanto, o samba seria a bola da vez. A tese era defendida por todos os envolvidos no projeto, inclusive pelo empresário Guilherme Araújo, representante de artistas como Caetano Veloso, Maria Bethânia e Gal Costa.

De modo que a decisão parecia fechada. Mas faltava combinar com os russos. No caso, com Zezé Motta, que não queria ficar marcada como cantora de samba. Àquela altura da carreira, ela já havia interpretado *Xica da Silva* (1976), um dos maiores sucessos do cinema nacional. A artista sabia das armadilhas do *showbiz*, sobretudo no que diz respeito ao modo como o corpo da mulher negra é objetificado. Para ela, cantar samba poderia significar um caminho sem volta em sua carreira musical, e ela não queria ficar presa a nada.

O ano de 1979 também foi marcado pela intensificação das ações do movimento negro no país. Um ano antes, militantes e ativistas realizaram um ato nas escadarias do Theatro Municipal, em São Paulo, que ficou conhecido como estopim para criação do MNU (Movimento Negro Unificado). No mesmo período, a artista estreitou relações com Lélia González, militante política e importante intelectual na formatação das discussões sobre racismo no Brasil. Foi também com Lélia que Zezé Motta fez suas incursões no candomblé, após dedicar boa parte da vida ao catolicismo.

Esse caldo grosso, como que borbulhando em um caldeirão de vivências, deu origem a *Negritude*. Zezé Motta sabia que precisava levar o sucesso que já tinha em shows e espetáculos à indústria fonográfica. Ao mesmo tempo, não queria se entregar completamente às rédeas do mercado. Até poderia cantar samba, mas que pudesse escolher as músicas, introduzir temas que lhe eram caros naquele momento, como o debate racial. "Havia uma crítica sobre a busca de um estilo, e eu concordo com isso. Precisa me encontrar. Era preciso ter uma crítica social, mas também sensualidade e romantismo", me disse a artista certa vez.

Zezé Motta não era do samba. Era preciso apresentá-la ao *metiê*. Midani pediu que a produção do disco ficasse com João de Aquino, que já havia trabalhado com gente da estirpe de Candeia e Roberto Ribeiro. O segundo passo foi convocar uma turma consagrada para escolher as canções. Uma feijoada na casa do jornalista Sérgio Cabral foi armada. Compareceram Martinho da Vila, Monarco, Padeirinho, João Bosco, Manacéa, Wilson Moreira e Nei Lopes.

A patuscada deu corpo ao disco. "Manhã brasileira", por exemplo, é de Manacéa, figura tradicionalíssima da Portela, autor de sambas enredo como "Riquezas do Brasil" (1950) e "O despertar do gigante" (1949). A voz do sambista que irrompe na música de abertura do disco prenuncia um Brasil diferente daquele período, em fins da ditadura militar (1964-1985), com os passarinhos "anunciando a manhã brasileira" e que "todos cantam com alegria".

Na sequência, "Atividade", de Padeirinho, igualmente bamba, mas da Mangueira, dá um recado ao malandro, que "Se tiver mulher bonita / Tem que andar na atividade / Senão uns e outros tomam / Com a maior facilidade", com destaque para o clarinete de Roberto Guima. A vida cotidiana e suas paixões continuam sendo esmiuçadas em "Ai de mim", de John Neschling e Geraldo Carneiro. A dupla havia sido gravada também no disco de 1978, com a composição de "Rita Baiana".

"Ai de mim" reproduz a voz da mulher sofredora e dependente do marido, que muitas vezes chega "com bafo quente de aguardente e de cerveja" e que "não faz nenhum carinho / Bate na cama sem um beijinho". Em seguida,

"Pensamento iorubá", de Moraes Moreira, finca pé nas influências do candomblé que cercavam Zezé Motta naquele período. A canção fala sobre Iwá, Abá e Ashé, forças constituintes do universo na cosmovisão Iorubá. A faixa tem o violão de Moraes Moreira, o surdo de Gordinho fazendo a marcação e os atabaques de Carlinhos Ogan.

"Autonomia", de Cartola, é entoada com dramaticidade na voz. A faixa abre com João de Aquino dedilhando o violão de seis cordas. A música foi gravada em 1977 no LP *Verde Que Te Quero Rosa*, lançado pela extinta RCA Victor. Para fechar o Lado A, temos "Tabuleiro", de João de Aquino e José Márcio, uma dessas preciosidades que o samba é capaz de produzir e que, às vezes, não tem o devido reconhecimento.

O lado B abre com "Senhora Liberdade", de Wilson Moreira e Nei Lopes. A canção foi a primeira recebida por Zezé Motta e João de Aquino e, de certa forma, impulsionou a cantora a aceitar um disco recheado de sambas. A música se encaixa perfeitamente no contexto brasileiro da época, quando o retorno à democracia parecia cada vez mais próximo. As lutas sociais imprimiam outro sentido à existência, baseados na disputa por autonomia da sociedade civil, mas também na disseminação do amor em contraposição ao terror que dominava o país.

João de Aquino conta que "Senhora Liberdade", que fez enorme sucesso no rádio, quase foi gravada por outra cantora em 1979. "Estávamos no estúdio e a Elis Regina entrou repentinamente. Ela perguntou por que aquela música não tinha sido dada a ela. Dissemos que o Midani tinha decidido", contou-me o arranjador. Naquele mesmo ano, Elis lançou o LP *Essa Mulher*, que teve como principal sucesso "O bêbado e a equilibrista", de Aldir Blanc e João Bosco.

"Cana caiana", de Rosinha Valença e Maria Bethânia, remete às origens de Zezé Motta. "Carioca? Não. Eu nasci em Campos, fica a uma hora da cidade. Terra da cana de açúcar, da goiabada...", diz ela antes de começar a cantar. A história curiosa é que, quando ouviu a canção, a mãe de Zezé Motta, Maria Elazy Motta, disse que a música tinha que ser para ela, que realmente tinha brincado nos canaviais, algo que a artista desconhecia. Há ainda o folclore de que a canção seria gravada por Clementina de Jesus, mas acabou caindo no colo de Zezé Motta.

Em seguida, "Trovoada", de Tunai e Sérgio Natureza, se descola do samba mais tradicional, com o uso do piano e do cincerro, com arranjos de base do pianista Luiz Avellar. "Negritude", de Irinéia Maria e Paulo César Feital, se aproxima de ritmos africanos, com o uso do agogô, do balafon e do xequerê. A canção que intitula o álbum fala sobre a "pele cor de noite que o bronze esculturou" e que o carnaval nasceu "Das músicas de Gana / Das flautas de Uganda". No fim, sentencia: "Mostro com orgulho / Ao mundo, à terra inteira / Meu ritmo, meu viço / De negra brasileira".

"Yayá", de H. Vogeler, Luiz Peixoto e Marques Porto, é um samba-canção adensado por tambores de Waldemar Falcão e Hélio Schiavo. Para fechar, João Bosco e Aldir Blanc assinam a autoria de "Boca de sapo", no estilo clássico da dupla, com tiradas do cotidiano carioca. "Definhou e acordou com um sonho / Contando a mandinga, / E falou pra doida: Meu santo me vinga / Mas ela se riu feito Exu Caveira: / Marido infiel vai levar rasteira".

Após *Negritude*, Zezé Motta seguiu na carreira musical, com intervalos que respeitassem sua carreira como atriz. Entre 1980 e 2018, lançou seis álbuns, entre eles *Dengo* (1980), *Negra Melodia* (2011) e *O Samba Mandou Me Chamar* (2018).

Ficha técnica:

Negritude (Atlantic – BR 30.102)

Direção artística: Mazzola
Direção de produção: Guti
Arranjos: João de Aquino
Técnico de gravação: Vitor Farias
Mixagem: Vitor Faria e João de Aquino
Fotos: Antonio Guerreiro
Capa: Ruth Freihof

Lado A

1 - Manhã brasileira (Manacéa)
2 - Atividade (Padeirinho)
3 - Ai de mim (John Neschling / Geraldo Carneiro)
4 - Pensamento iorubá (Moraes Moreira)
5 - Autonomia (Cartola)
6 - Tabuleiro (João de Aquino / José Marcio)

Lado B

1 - Senhora Liberdade (Wilson Moreira / Nei Lopes)

2 - Cana caiana (Rosinha de Valença / Maria Bethânia)
3 - Trovoada (Tunai / Sérgio Natureza)
4 - Negritude (Irinéia Maria / Paulo César Feital)
5 - Yayá (H. Vogeler / Luiz Peixoto / Marques Pedro)
6 - Boca de sapo (João Bosco / Aldir Blanc)

Zizi Possi

Pedaço de mim

por Cláudia Menescal

Zizi Possi nasceu em São Paulo, no dia 28 de março de 1956. Foi batizada com o nome de Maria Izildinha em homenagem à Santa Menina Izildinha. Descendente de napolitanos, é paulistana do Brás, típico reduto de imigrantes italianos. Tem formação musical erudita, estudou piano e canto durante a infância.

Em 1973, mudou-se com o irmão José Possi Neto para Salvador (Bahia) e fez prova de vestibular para Composição e Regência na Escola de Música da Universidade Federal da Bahia (UFBA). Após dois anos de curso, abandonou a faculdade e matriculou-se em um curso de teatro e na mesma época participou da montagem de um musical. Em seguida, participou de um projeto para a prefeitura soteropolitana e trabalhou como professora de música para crianças, filhas de prostitutas do Pelourinho. Em seguida, gravou *jingles* comerciais e participou de especiais da televisão local.

O irmão deixou o Brasil quando ganhou uma bolsa de trabalho em Nova York e Zizi, agora sozinha na Bahia, rumou para o Rio de Janeiro. Quando o avião subiu, Zizi entendeu que o timão de sua vida estava com ela. Sozinha, percebeu que a Bahia não fazia mais sentido para ela sem o irmão. Tudo já havia sido feito. Decidiu mudar para o Rio.

Em 1978 já morando no Rio de Janeiro, em um apartamento com mais sete moças, e trabalhando como tradutora de italiano para português, foi procurada e contratada por Roberto Menescal, então diretor artístico da gravadora Philips, que havia assistido sua performance em um programa piloto de TV no ano anterior.

Ainda nesse ano, gravou seu primeiro LP, *Flor do Mal*, contendo as canções "Demônio de guarda" (Ivan Lins e Vítor Martins), "Até não mais" (Kledir

Ramil), "Jura secreta" (Sueli Costa e Abel Silva), "Irmão Sol - Irmã Lua" (Aécio Flávio e Léo Vitor), "Vida noturna" (João Bosco e Aldir Blanc), "Um toque de amor" (Guilherme Lamounier), "Magia" (Roberto Menescal), "Sim, foi você" (Caetano Veloso), "Meu pobre blues" (Sérgio Sampaio) e "Cão sem dono" (Sueli Costa e Paulo César Pinheiro), além de "Memórias" e da faixa-título, ambas de Aécio Flávio e Tibério Gaspar.

Também em 1978, destacou-se com sua gravação, em dueto com Chico Buarque, da canção "Pedaço de mim", faixa do repertório do disco lançado pelo compositor nesse ano. Em 1979, participou da trilha sonora do musical *Ópera do Malandro*, de Chico Buarque, e lançou o LP *Pedaço de Mim*, contendo canções como "Acordei" e "Fruto maduro", ambas de Moraes Moreira, "Morena dos olhos d'água" e a faixa-título, ambas de Chico Buarque, além de "Luz e mistério" (Beto Guedes e Caetano Veloso), entre outras. O disco contou com a participação do grupo A Cor do Som, na faixa "Fruto maduro", e de Octávio Burnier, na faixa "Recreio".

Sobre o disco, o jornalista Tárik de Souza, em sua coluna "Acontece", no Caderno B, do *Jornal do Brasil*, do dia 31 de março daquele ano escreve: "Em busca da unidade tão ausente em seu LP de estreia (a autocrítica vem no *release* de sua própria gravadora Polygram) a cantora Zizi Possi grava seu segundo disco, sob produção de Sérgio de Carvalho. Um repertório de inéditas como 'Choro das águas' de Ivan Lins e Vítor Martins; 'Dança Infernal', de Octávio Burnier e Ivan Wrigg; 'Ave', de Eduardo Dusek; e 'Alma Caída', de Marina e Cícero Correia."

Dentro da série de shows de lançamento do LP, Zizi fez parte de uma das caravanas do Projeto Pixinguinha – projeto musical reunindo artistas estabelecidos com novos artistas, junto com Johnny Alf e a mesma A Cor do Som que participou de seu disco. O show de estreia foi no Rio de Janeiro, no Teatro Dulcina em julho de 1979. A caravana com Zizi também esteve em Vitória, Salvador, Recife e Maceió.

A música "Pedaço de mim" foi composta por Chico Buarque em 1978, um libelo político-poético escrito em homenagem a estilista Zuzu Angel que teve o filho, Stuart Angel, estudante de Economia da UFRJ, morto pela ditadura brasileira.

Zizi acredita ser uma intérprete que precisa de textos profundos, poéticos e de música que possa iluminar toda essa poesia. Os ricos conteúdos ajudam a definir a sua identidade. Ela não entende vida sem cantar. No disco, ela mostra toda a sua versatilidade vocal. Passeia por diversos gêneros, mas sempre deixando sua alma, sua marca. Os arranjos elaborados pelo grupo A Cor do Som, Perinho Albuquerque, Milton Nascimento e Octavio Burnier permitem que ela mostre todo o seu ecletismo musical. A música-título do disco, "Pedaço de mim", é uma contundente despedida e aprofunda a questão da continuidade perdida. A música esplendorosa de Chico Buarque é uma homenagem e ao mesmo tempo é quase que um hino a todas as mães que perderam seus filhos vítimas de violência ou do destino desconhecido que altera a ordem natural do ciclo de vida. A música foi composta dentro da estrutura da *Ópera do Malandro.*

Na letra de "Pedaço de mim", Chico Buarque repete a palavra "saudade" seis vezes no decorrer da melodia. Palavras como ruptura, perda, amputação, dor, latejo formam um texto escrito por um compositor hábil, singular e extraordinário, que nos desafia o olhar. Nos remete a sentir e perceber o mundo e as formas por outro prisma, outras veredas. Zizi conseguiu assimilar e interpretar cantando a dor, a ruptura e a despedida magistralmente e carimbou sua marca de intérprete.

Com seu LP de 1979, Zizi, aos poucos, começa a ocupar seu espaço na música popular brasileira. Depoimento publicado no dia 23 de junho na coluna Disco a Disco, do Caderno B do *Jornal do Brasil*, do mesmo Tárik de Souza citado acima, a cantora tinha ciência que conquistar seu espaço não era tarefa fácil: "Acho nossa posição no mercado muito difícil. Em primeiro lugar, o público está viciado em receber informações de pessoas que já conhece há algum tempo, há anos. E uma voz nova é sempre um ponto de dúvida. Os próprios meios de veiculação duvidam, preferem empregar o tempo com pessoas já conhecidas e respeitadas. Para nós que não somos compositoras ainda existe a dificuldade em se escolher inéditas personalizantes e ainda por cima enfrentar toda a força do sistema para conseguir veicular esse trabalho (...)".

Ficha técnica:

Pedaço de Mim (Philips – 6349 408)

Produzido e dirigido por: Sérgio de Carvalho

Direção musical: Octávio Burnier

Técnicos de gravação: Ary Carvalhaes e João Moreira

Mixagem: Sérgio de Carvalho e Luigi Hoffer

Auxiliares de estúdio: Julinho e L.C. Varella
Corte de acetatos: Ivan Lisnik
Montagem: Barroso
Estúdio: Polygram – 16 canais
Capa: Aldo Luiz
Fotos: Marisa Alves de Lima
Arte: Jorge Vianna

Arranjos:
A Cor do Som: "Fruto maduro"
Perinho Albuquerque: "Morena dos olhos d´água" e "Nunca"
Milton Nascimento: "Pedaço de mim"
Octávio Burnier: "Acordei", "Ave", "Luz e mistério", "Alma caída", "Dança infernal", "Choro das águas", "Dança infernal", "Choro das águas" e "Recreio"

Lado A
1 – Fruto maduro (Moraes Moreira) Participação: A Cor do Som
2 – Acordei (Moraes Moreira)
3 – Morena dos olhos d'água (Chico Buarque)
4 – Ave (Eduardo Dusek / Cássio)
5 – Luz e mistério (Beto Guedes / Caetano Veloso)
6 – Pedaço de mim (Chico Buarque)

Lado B
1 – Nunca (Lupicínio Rodrigues)
2 – Alma caída (Marina Correia / Cicero Correia)
3 – Dança infernal (Octavio Burnier / Ivan Wrigg)
4 – Choro das águas (Ivan Lins / Vítor Martins)
5 – Vontade de ninguém (Carlos Lira / Ronaldo Bôscoli)
6 – Recreio (Part. Octavio Burnier) (Otavio Burnier / Ivan Wrigg)
7 – Chuva princesa (Jorge Mautner)

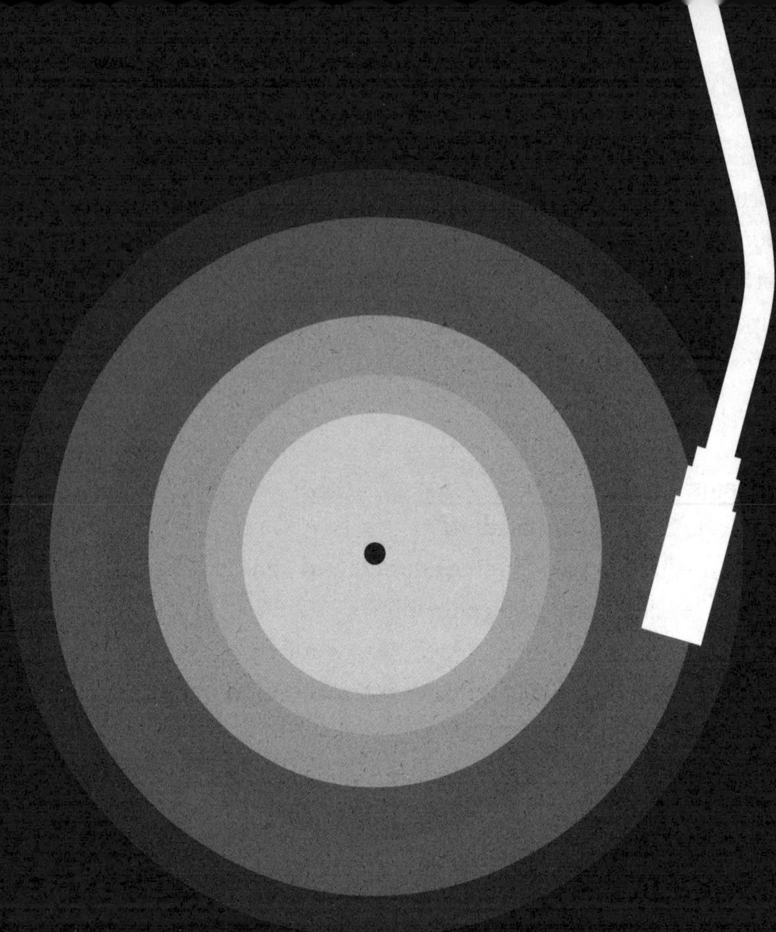

Os autores

Alberto Villas é mineiro, jornalista e escritor. Passou os anos 1970 em Paris e desde 1980 está estabelecido em São Paulo. Foi um dos criadores do Caderno 2 do *Estadão* e, durante uma década, editor-chefe do *Fantástico*. Tem quatro filhos, uma neta e um neto; nove livros publicados, além de uma discoteca com milhares de discos.

Ana Lu Germano é jornalista, pós-graduada em Jornalismo Cultural (Uerj) e pesquisadora. Autora da biografia autorizada *Alfaiate de Sonhos*, de textos para marketing eleitoral, criação e conteúdos para sites e redes sociais; produtora executiva de projetos fonográficos. Atuou na Fundação Museu da Imagem e do Som-RJ, Rádio Roquete Pinto (94,1 FM) e Teatro João Caetano; desenvolveu projetos culturais para Furnas Centrais Elétricas.

André Cananéa é jornalista, formado pela Universidade Federal da Paraíba (UFPB) e há 25 anos atua na redação dos jornais paraibanos. Até 2017, atuou nas editorias de arte e cultura e, atualmente, é o editor-geral do jornal *A União*, o impresso mais antigo da Paraíba. É autor de "A Mente Livre de Hermeto Paschoal", um dos ensaios de *1973 – O Ano Que Reinventou a MPB* (Sonora Editora). Mora em João Pessoa (PB).

André Diniz é pai da Maria e do Xico e não perde uma roda de samba e um jogo do Flamengo no Maracanã. Gosta de ser professor e de escrever. Com Diogo Cunha lançou os livros: *Nelson Sargento, O Samba da Mais Alta Patente*; *A República Cantada, do Choro ao Funk: A História do Brasil Através da Música; Na Passarela do Samba: O Esplendor das Escolas em 30 Anos de Desfile no Sambódromo*; e *Zé da Velha e Silvério Pontes, A menor Big Band do Mundo.*

Andréia Pedroso é cantora, intérprete, letrista e compositora da MPB. Carioca, Mestre em Educação Musical pela UFRJ. Ex-aluna do CPII, unidade Centro. Curadora e preparadora vocal do PreparaVoz da bateria Tim (2021, em sistema remoto) realizados pelo Centro da Música Carioca; e da COART/ UERJ (2001-2003). Foi integrante do grupo Música Surda por 18 anos, lançando no Brasil e em Portugal, o álbum *O Livro das Canções*. Atualmente, apresenta o *Cheia de Bossa* sob a direção e produção musical de Zé Luiz Maia.

Ayrton Mugnaini Jr., paulistano de 1957, é jornalista, compositor, músico, radialista e escritor. Sua história inclui o Língua de Trapo, Magazine, A5 Em PB, A Banda de Tato Fischer e TONQ; a Rádio Matraca; *Jornal da Tarde*, *Folha da Tarde*, *Somtrês*, *Bizz*, *Dynamite*, *Senhor F* e *O Pasquim*; pesquisas sobre festivais e música e circo; o Arquivo do Rock Brasileiro; livros sobre Raul Seixas, Roberto Carlos, Elis Regina, Rita Lee, John Lennon, Queen e outros; e uma enciclopédia da música sertaneja.

Bento Araujo é escritor, jornalista, pesquisador e podcaster. É editor da revista *Poeira Zine*, produtor do podcast Poeiracast e autor da série de livros *Lindo Sonho Delirante*, que em três volumes conta a história da música transgressora do Brasil. Seus textos foram publicados nos jornais *Estadão* e *Folha de S. Paulo*, e nas revistas *Bizz* e *Rolling Stone*. No setor do audiovisual, apresentou o programa Heavy Lero e dirigiu o documentário sobre o disco/jogo *Persona*.

Beto Feitosa é jornalista e escreve sobre música desde os 13 anos. Em 1996 lançou Ziriguidum, que veio a ser o primeiro site sobre música brasileira na internet. Nesse endereço testa formatos de *streaming* de áudio e vídeo desde a década de 1990. Além do site, faz gestão de redes sociais para artistas, já tendo trabalhado com nomes como Rita Lee, Alceu Valença, Fafá de Belém, Ney Matogrosso, Roberta Sá, MPB4 entre outros.

Braulio Neto é jornalista (UFF), MBA em Relações Internacionais (FGV), enófilo diplomado (Napa Valley/EUA). Foi redator publicitário, MKT na Rádio Transamérica, repórter especial e crítico de música – *JB* e *O Globo*. Poeta (*Pálida Estação*) e consultor de mídia na INCUB4.

Bruno Thys é jornalista, carioca e pianista amador. Ganhou prêmios relevantes, entre eles o Esso, dirigiu grandes jornais e o Sistema Globo de Rádio. É sócio da Máquina de Livros, editora voltada para o segmento de não-ficção. Tinha 21 anos quando *Light As a Feather* foi lançado.

Carlos Eduardo Lima é doutorando de História pelo PPGH-UFF, pesquisando Black Rio. É jornalista especializado em cultura pop, edita o site Célula Pop (www.celulapop.com.br), já tendo colaborado com veículos online e impressos, entre eles, a *Rollling Stone Brasil* e o *Monkeybuzz*. É escritor e pesquisador musical.

Carlos Evandro Lordello, músico, poeta, compositor, carioca, flamenguista, pisciano com ascendente em gêmeos, pesquisador musical, colecionador de bugigangas, ex-professor de matemática, ex-engenheiro, fã de Paulinho da Viola, de Wilson Baptista e da vida.

Carlos Fonte Lito é administrador e consultor de TI. Paulistano de nascimento e mineiro de coração. Amante da boa música. Torcedor do SPFC, é administrador do Grupo Clube da Esquina nº 2 do Facebook desde 2018

Célio Albuquerque, idealizador e organizador do livro *1973 – O Ano Que Reinventou a MPB*, foi diretor de conteúdo e roteirista da série de TV *MPB 73 – O Ano da Reinvenção*. Coproduziu, com André Agra, os discos *Futebol Musical Brasileiro Social Clube*, com Pedro Lima, e *A Galeria do Menescal*, com o grupo vocal BeBossa, Wanda Sá e Roberto Menescal.

Cesar Cardoso é carioca, escritor de poesia, conto, crônica, humor e literatura infanto-juvenil. Tem livros para crianças publicados e premiados, pela Editora Biruta e outras. Publicou livros de contos e poesia. Roteirista, escreveu *TV Pirata*, *Sai de baixo*, *A Grande Família* e *Zorra*.

Chris Fuscaldo é formada em Jornalismo e Letras. Mestra e doutora em Literatura, Cultura e Contemporaneidade, atua como jornalista de música desde 1999 em jornais, revistas e portais. Autora dos livros *Discobiografia Legionária*, *Discobiografia Mutante: Álbuns Que Revolucionaram a* Música *Brasileira* e *Viver é Melhor Que Sonhar: Os* Últimos C*aminhos de Belchior*, fundou a editora Garota FM Books em 2018.

Cláudia Menescal, nascida no Rio de Janeiro, é historiadora, jornalista e autora da biografia *Roberto Menescal – Um Arquiteto Musical*, publicada pela Futurama em 2020. Estudiosa de cultura afro-brasileira e pesquisadora musical com foco em MPB. É autora do texto sobre o disco de Marcos Valle (Previsão do Tempo) no livro *1973 – O Ano Que Reinventou a MPB*.

Cleodon Coelho é jornalista e roteirista de TV, atuou em programas como *Domingão do Faustão*, *Som Brasil*, *Encontro com Fátima Bernardes* e *Vídeo Show*. Foi também criador e roteirista do Estação Globo, atração comandada por Ivete Sangalo. Como pesquisador musical, montou o repertório do disco triplo *Umas e Outras*, de Chico Buarque, bônus da caixa *De Todas as Maneiras*. Trabalhou ainda nos boxes *Três Tons* de Erasmo Carlos e Zeca Pagodinho - *Partido-Alto*. Como biógrafo, escreveu *Lilian Lemmertz - Sem Rede de Proteção*.

Crikka Amorim, carioca, é cantora, compositora, arranjadora e produtora. Em 2004 lançou seu primeiro álbum, *No Ponto*, com produção de Arthur Maia e participações de Zélia Duncan e Zé Ricardo. O álbum *Pirataria – Rita Lee por Crikka Amorim* veio em 2007 com releituras de clássicos e lados B. Batizado com parceria de Elisa Queirós, em 2016 veio *Corações Plugados*, EP que conta com participação de Lucina. Para a gravação montou seu estúdio e vem produzindo seus trabalhos e de outros artistas.

Dacio Malta é carioca, jornalista e cineasta. Dirigiu o *Jornal do Brasil* e *O Dia* e foi também diretor da sucursal do *O Globo* em Brasília, além de editor assistente de *Veja*. No final dos anos 1990, escreveu e dirigiu o musical *Começaria Tudo Outra Vez, A História de Luiz Gonzaga Jr.* e realizou dois filmes: *Noel Rosa – Poeta do Povo e da Vila* e *O Gato de Havana*, documentário sobre o mais emblemático cabaret cubano.

Dalwton Moura é jornalista, produtor cultural e compositor. Autor do livro *Nos Acordes do Jazz & Blues – Histórias do Festival de Guaramiranga*. Foi repórter e crítico musical do *Diário do Nordeste*. Lançou os discos *Futuro e Memória*, com Rogério Franco e intérpretes cearenses, e *Sonho ou Canção*, com Luciano Franco e intérpretes, os EPs *Velho Menino*, com Rodger Rogério, e *MilitoFrancoMoura*, com Luciano e Osmar Milito. Venceu o II Festival da Música de Fortaleza, em parceria com Roberto Menescal.

Daniella Zupo é jornalista, escritora e documentarista brasileira. Atuando no jornalismo cultural desde 1995, já trabalhou como correspondente internacional, repórter e editora em diversas emissoras de rádio e TV. Desde 2019 é integrante da Academia Novalimense de Letras. Seu canal no YouTube é: bit.ly/daniellazupo

Danilo Casaletti é paulistano, formado em jornalismo há quase vinte anos e pesquisador da música popular brasileira. Com passagens por publicações como *Valor Econômico*, *Época* e *Quem* – além de colaborações para *O*

Estado de São Paulo, *Revista Gol*, Google Play, Biscoito Fino e Warner Music – já fez centenas de matérias com os grandes nomes da música nacional.

Denilson Monteiro é escritor, pesquisador e roteirista, autor das biografias de Carlos Imperial, Ronaldo Bôscoli, Cartola, Chacrinha e Fred Falcão. É corroteirista do documentário *Eu Sou Carlos Imperial*, de Renato Terra e Ricardo Calil, e de "As Guerras de Palmares", episódio da série *Guerras do Brasil.doc*, de Luiz Bolognese.

Diogo Cunha é pesquisador de conteúdo e iconográfico. Também é um seminovo autor de uma dezena de livros sobre música brasileira. É torcedor do Boêmios de Irajá, do Galo de Ouro da Leopoldina e de Emilinha Borba.

Emílio Pacheco é gaúcho de Porto Alegre, formado em Jornalismo pela PUC/RS. Foi colaborador do International Magazine e Poeira Zine. Participou do livro *1973 – o Ano Que Reinventou a MPB* e está concluindo a biografia de Kleiton e Kledir.

Etel Frota é norte-paranaense de Cornélio Procópio, 1952. No século passado, foi bancária e médica. Escritora de poesia, roteiros, teatro, romance, letras de canção. Tem quatro livros publicados, um no prelo e dois na forma. Produtora e apresentadora de rádio. Colaboradora eventual da *Folha de S.Paulo*, membro da Academia Paranaense de Letras. Estudante de medicina, viajou de ônibus de Londrina ao Rio de Janeiro (1978) e a São Paulo (1979) para assistir a *Ópera do Malandro*.

Fabian Chacur nasceu em 25 de setembro de 1961 em São Paulo e é formado em jornalismo pela Cásper Líbero. Desde 1986, atua como repórter, editor, crítico musical e assessor de imprensa, em publicações e sites como *Folha de S. Paulo*, *Diário Popular*, *Somtrês*, *Rolling Stone*, *R7*, *O Dia (RJ)*, *Shopping Music*, *Bizz*, *Showbizz*, *Rock Stars*, *Playboy*, Submarino e para várias gravadoras. É o autor do livro *Os Ídolos do Pop/Rock* (2001). Mantém desde 2006 o blog Mondo Pop, no qual publica posts sobre música.

Fábio Cabral de Mello (1963), natural de Palmares, Zona da Mata Sul pernambucana. Mora no Recife desde os 10 anos de idade. Cursou agronomia na Universidade Federal Rural de Pernambuco e trabalhou com jardinagem e paisagismo até 2003, quando fundou a loja de CDs Passa Disco e em 2006 o selo homônimo, onde tem lançado coletâneas e CDs de artistas pernambucanos.

Fábio Vizzoni nasceu no RJ em 1977, é jornalista e fotógrafo. Criou, em 2004, o site Música & Letra, e sempre se dividiu entre comunicação e tecnologia. Colaborou para diversos veículos - com textos, fotos e vídeos - e desenvolveu sites para artistas e empresas. Atualmente atua nas áreas de CRM e e-commerce e continua colecionando discos de música brasileira.

Felipe Tadeu, jornalista, está radicado na Alemanha desde 1991. É produtor do programa *Radar Brasil*, da Radio Darmstadt. Trabalhou, por cerca de 15 anos, para a Deutsche Welle e colaborou para as revistas alemãs *Jazzthetik*, *Humboldt*, *Matices*, e para a Radio HR-2. No Brasil, escreveu para os sites Cliquemusic, Jornal Musical e Expresso 2222 e para os jornais *International Magazine* e *Outracoisa*. Nasceu no Rio de Janeiro, em 1962.

Flávio Mendes é músico e arranjador há mais de 20 anos. Foi indicado como Melhor Arranjador de MPB no 29º Prêmio da Música Brasileira pelos arranjos do álbum *Danilo Caymmi Canta Tom Jobim*. Criou, em 2020, o programa (em seu canal do Youtube) O Arranjo, onde analisa arranjos importantes da música brasileira, sempre contextualizando historicamente as gravações.

Fred Góes é letrista, professor emérito da UFRJ, pesquisador do CNPQ e autor de diversos livros, entre eles *ABC de Jorge Amado*, em parceria com Moraes Moreira (Ação Cidadania e Secretaria Cultural da Bahia, 2012), *O País do Carnaval Elétrico* (Editora Corrupio, 1982); *Teatro Rival: Resistência e Sensibilidade* (Língua Geral, 2018) e *O Que É Geração Beat?*, em parceria com André Bueno (Ed. Brasiliense - Coleção Primeiros Passos, 1984).

Gilberto Porcidonio é formado em Jornalismo e Ciências Sociais pela PUC-Rio, repórter dos jornais *O Globo*, *Extra* e revista *Época*, e colunista do Coletivo Pretaria. Especializou-se em cultura e questões raciais, e já colaborou com veículos como *Jornal do Brasil*, *Revista*

Gula, *Projeto Colabora*, *Revista UBC*, *Chicken or Pasta* e *Punknet*, além de realizar pesquisas e roteiros para séries, programas e projetos culturais.

Guilherme Henrique é jornalista e pós-graduado em Estudos Brasileiros pela Escola de Sociologia e Política. Foi repórter do *Nexo Jornal* e da revista *ISTOÉ*. Colabora com matérias sobre cultura e política em sites e jornais, como *Le Monde Diplomatique Brasil*, *Folha de S.Paulo*, *El País*, revista *Piauí*, *BBC Brasil*, entre outros.

Hugo Sukman é jornalista, roteirista e escritor carioca. É curador da nova sede do MIS, a ser inaugurada em 2023. É autor, entre outros, dos livros *Nara - 1964* (ed. Cobogó), *Martinho da Vila - Discobiografia*, *Histórias Paralelas - 50 Anos de Música Brasileira* (Casa da Palavra); e das peças *Deixa a Dor por Minha Conta*, sobre a obra de Sidney Miller, *Nara – A Menina Disse Coisas* e *Com amor, Vinicius – Como Sobreviver Nesta Selva Oscura e Desvairada*. Com 30 anos de experiência em redações, foi correspondente do *O Globo* em Paris. Dirigiu para a HBO a série *Hoje É Dia de Música*.

Inahiá Castro é jornalista, escritora e biógrafa do grupo vocal Quarteto em Cy. Com mais de 30 anos de profissão, já passou pelas redações de grandes jornais e revistas de São Paulo, cidade onde viveu desde a infância. Atualmente, mora em Atibaia, no interior do estado.

Iso Fischer (Luiz A. Iso Fischer Abramides) é médico homeopata e músico compositor. Tem dois CDs autorais lançados, *Camera Pop* (1999) e *Valsa da Vida* (2009). Arranjador de MPB para Grupos Vocais, pianista e intérprete, teve a música "Isso e aquilo" (Guilherme Rondon / Iso Fischer) gravada por Nana Caymmi em seu disco *Voz e Suor*, com César Camargo Mariano (1983).

Itamar Assiere é pianista e arranjador, com mais de 30 anos de carreira ao lado de grandes nomes da MPB como Gonzaguinha, Martinho da Vila, Rosa Passos, Leila Pinheiro, os irmãos Nana, Dori e Danilo Caymmi, Edu Lobo, Mart'nália e Bibi Ferreira, além dos internacionais Dionne Warwick e Sadao Watanabe. Em 2018, lançou seu primeiro CD solo, *Aos Violões*, e em 2019 *Afro+Sambas*, em duo com Alexandre Caldi.

José Emílio Rondeau já escreveu sobre rock, cinema e cultura pop para *O Globo*, *Folha de S. Paulo*, *Rolling Stone*, *Época*, *Bizz*, *Set*, *Jornal de Música*, *Pipoca Moderna*, *Somtrês* e *Pop*. Produziu discos para Legião Urbana, Camisa de Vênus e Picassos Falsos e escreveu e dirigiu a comédia romântica/fantasia rock'n'roll *1972*. É autor (junto com Nélio Rodrigues) do livro *Sexo, Drogas e Rolling Stones*.

José Teles é jornalista, foi crítico de música no *Jornal do Commercio* do Recife, de 1987 a 2020. Pesquisador de música popular, publicou oito livros sobre o tema, entre os quais *Lá Vem os Violados*, *O Frevo Gravado – De Borboleta Não É Ave a Passo de Anjo*, *O Frevo Rumo à Modernidade*, *Da Lama ao Caos - Que Som* é *Este Que Vem de Pernambuco*? (Edições SESC SP), *Do Frevo ao Manguebeat* (Editora 34, São Paulo). Tem cerca de 30 títulos de ficção e crônicas publicados, a maioria, pela Editora Bagaço, do Recife.

Jotabê Medeiros é repórter e escritor, biógrafo incidental dos seres mitológicos Belchior, Raul Seixas, Roberto Carlos e João Francisco de Medeiros, seu próprio pai. Vive do que escreve há milênios como operário do texto, parte expressiva desse tempo no *ancien régime* do jornalismo diário (em *O Estado de S.Paulo* e *Folha de S.Paulo*), mas também em *Veja SP*, TV Gazeta e *Carta Capital*. Segue fazendo o que sempre fez, agora no site Farofafá.

Joyce Moreno, carioca, é cantora, compositora e instrumentista. Tem músicas gravadas por Elis, Bethânia, Gal, Milton Nascimento, Edu Lobo e Elizeth Cardoso, Omara Portuondo, Claus Ogerman, The Black Eyed Peas e Gerry Mulligan. Seu "mantra" é que a MPB "tem resposta para tudo". Em mais de 50 anos de carreira lançou dezenas de álbuns e DVDs. Em 2020, publicou *Aquelas Coisas Todas*, seu segundo livro de crônicas.

Juarez Fonseca é jornalista em Porto Alegre, formado pela UFRGS. Em 2021 completa 50 anos de militância no jornalismo cultural e musical. Produziu vários discos, dirigiu alguns shows, tem cinco livros publicados e foi jurado de muitos festivais no RS e em outros estados. Colunista do jornal *Zero Hora* desde 1972 (com interrupção entre 1996 e 2012), foi também comentarista da Rádio Gaúcha, da TVE-RS e da RBS TV.

Juca Filho é carioca. Produz roteiro, música, humor, poesia, fotografia e ideias criativas no atacado e no varejo. Sua especialidade é não ter especialidades. Na área musical, é formado em Licenciatura e é compositor com cerca de 100 músicas gravadas por nomes como Boca Livre, Zé Renato, Cláudio Nucci, Flávio Venturini, Milton Nascimento, Sivuca, Joyce, Nana Caymmi, Mário Adnet, entre outros.

Kamille Viola é jornalista e pesquisadora musical. É autora do livro *África Brasil: Um Dia Jorge Ben Voou para Toda A Gente Ver* (Edições Sesc), lançado em 2020. Tem passagens e colaborações por veículos como UOL, *O Dia, O Globo, Folha de S. Paulo, O Estado de S. Paulo, Billboard Brasil* e *Bizz*, entre outros. Ganhou o Prêmio Imprensa Embratel 2009, na categoria Jornalismo Cultural, e o Prêmio Petrobras de Jornalismo 2014, na categoria Regional Rio de Janeiro/Espírito Santo.

Klaudia Alvarez é carioca, mas atualmente paulistana. Graduada em Letras (Port/Inglês), mas deveria ser em Jornalismo. Vive por e para a MPB.

Leandro Gomes é jornalista, especializado em marketing estratégico pelo IBMEC. Atua em assessoria de imprensa nas áreas de comunicação, comportamento, cultura e entretenimento, desde 2002. Trabalhou com grandes nomes do mercado artístico, como os cantores Roberto Carlos, Erasmo Carlos e Jorge Ben Jor. Fez a assessoria de casas de espetáculos do Rio de Janeiro, como os teatros Rival, Casa Grande, Riachuelo e Imperator.

Leandro Souto Maior é músico e jornalista. Em 2006, trabalhou na Rádio Band News FM na equipe de Ricardo Boechat. Atuou também nas rádios Fluminense FM, Cidade, MPB FM, Roquette Pinto FM e Opus 90. Foi repórter no *Jornal do Brasil* e no jornal *O Dia*, como setorista de Música, além de colaborar em publicações voltadas para o meio musical. Em 2014, publicou *Heróis da Guitarra Brasileira* (Ed. Irmãos Vitale) com Ricardo Schott. Em 2021, lançou, pela Garota FM Books, seu segundo livro, *Jimmy Page no Brasil*, com as histórias do guitarrista do Led Zeppelin pelo nosso país.

Leila Dantas é formada em jornalismo pela FACHA, pós-graduada em Gestão do Entretenimento pela ESPM e Mestre em Bens Culturais e

Projetos Sociais pela FGV/CPDOC. Possui mais de vinte anos de experiência como produtora cultural, atuando em agências de cultura e em instituições como Sesc Rio, Funarte e Secretaria Municipal de Cultura do Rio de Janeiro. Produz conteúdo para vídeos curtos sobre cultura popular brasileira do canal do youtube Scrapbook Popular Brasileiro.

Leonardo Lichote é repórter e crítico musical, com 20 anos de carreira. Trabalhou no *O Globo* e hoje colabora com veículos como o jornal *El País* e a revista *Traços*. É um dos editores da coleção Cadernos de Música e da revista eletrônica Resenhas Miúdas. Assina o texto final do livro *Minha Fama de Mau*, com memórias de Erasmo Carlos. É autor dos textos críticos que acompanham a caixa de Chico Buarque *De Todas as Maneiras*. Produz e apresenta a série Cria, de encontros com compositores.

Lorena Calabria é jornalista especializada em cultura. Escreveu e/ou apresentou programas como *Clip Clip* (Rede Globo), *Cine MTV*, *Metrópolis* (TV Cultura), *Ensaio Geral* (Multishow), *Cine Conhecimento* (canal Futura), *Rádio Café* (Oi FM), entre outros. Foi repórter na revista *Bizz* (editora Abril), *TPM* (editora Trip) e *Revista da Folha* (*Folha de S.Paulo*). Em 2019, publicou o livro *Chico Science & Nação Zumbi – Da Lama ao Caos* (editora Cobogó). Atualmente, é editora de conteúdo do Três Selos e dirige a La Strada, produtora de audiovisual.

Lucas Reginato é jornalista, formado na Faculdade Cásper Líbero, em São Paulo. Autor, em parceria com Júlia Bezerra, da coleção Movimentos Musicais, publicada pela editora Panda Books, com três volumes: *Fino da Bossa*, *Manguebeat* e *Funk*. Como repórter por diversos veículos (*Rolling Stone*, Yahoo, Brasil 247 entre outros) entrevistou nomes relevantes da música brasileira e internacional e cobriu os mais importantes festivais do país.

Lucas Vieira é jornalista e pesquisador musical, pós-graduado em Jornalismo Cultural pela UERJ. É repórter das revistas *440Hz*, *Balaclava* e *Noize* e editor do site Disconversa. Já contribuiu para os sites Scream & Yell, Rádio Graviola, Pop Fantasma e Universo Retrô.

Luisa Quarti Lamarão nasceu no Rio de Janeiro e é professora do Colégio de Aplicação da UFRJ. Formada em História pela Universidade Federal

Fluminense, cursou mestrado e doutorado na mesma instituição. Estuda, desde a graduação, as relações entre música popular e sociedade no Brasil, a partir dos anos de 1950. Publicou, em 2017, sua tese de doutorado intitulada *A Crista É a Parte Mais Superficial da Onda. Mediações Culturais na MPB (1968-1982)*, pela Editora Prismas.

Luiz Américo Lisboa Júnior é baiano de Salvador. Historiador, Mestre em História, possui especialização em História e Cultura do Brasil pela Faculdade de Letras da Universidade de Lisboa. É autor de cinco livros sobre música popular brasileira, entre eles *MPB em Textos: História e Crítica* e *Da Modinha ao Sertão – Vida e Obra de Cattulo da Paixão Cearense*. Participou das coletâneas: *1973: O Ano Que Reinventou a MPB* (Sonora Editora) e Álbuns *Indiscotíveis da Música Brasileira*, Editora Lote 42.

Luiz Carlos Sá, carioca, é cantor e compositor. Integrante da dupla Sá & Guarabyra, criadora do "rock rural", que para Sá é "só um rótulo para um trabalho extenso e eclético". A dupla tem 50 anos de carreira, com quase quatrocentas músicas gravadas. Sá é autor ou coautor de sucessos como "Sobradinho", "Dona", "Roque Santeiro", "Caçador de mim" (com Sérgio Magrão), "Mestre Jonas", "Cheiro mineiro de flor" e "O pó da estrada". Depois da pandemia, Sá lançará seu primeiro CD solo, *Solo e Bem Acompanhado*.

Luiz Felipe Carneiro é jornalista e pesquisador musical. Trabalhou na *Folha de S.Paulo*, *International Magazine*, *SRZD*, e colaborou para veículos como *Jornal do Brasil* e *Carta Capital*. Escreveu o livro *Rock in Rio: A História do Maior Festival de* Música do *Mundo* (Globo Livros) e é o idealizador do canal Alta Fidelidade (YouTube), com mais de mil vídeos publicados sobre história da música.

Madalena Salles é uma flautista carioca. Estudou com Nivaldo Souza, Odette Ernest Dias e Celso Wozenlogel. Em 1975 conheceu Oswaldo Montenegro, que a convidou a participar de dois programas na TV Brasília. Entre 1978 e 1979 estudou flauta e alemão em Freiburg, Alemanha. Participou de todos os discos, filmes e musicais desde o ano em que se conheceram. Divide-se entre as funções de flautista, assistente de direção e produtora do cantor.

Manoel Filho (Antonio Manoel Filho) tem um coração leviano e suburbano. Pesquisador e curador musical independente, é orgulhoso da sua coleção de discos. Apresenta o canal Tonicomanel, no Youtube, onde compartilha material raro de música brasileira, incluindo demos, entrevistas e gravações inéditas. É pai de Clarisse e Cecília, suas canções preferidas.

Marcelo Cabanas é produtor musical desde 2000. Trabalha atualmente com os grupos vocais MPB4 e Arranco de Varsóvia, o Duo Gisbranco e a cantora Verônica Sabino. Com o MPB4 foi responsável pela produção dos álbuns de estúdio e ao vivo *O Sonho, a Vida, a Roda Viva!*, comemorativos de 50 anos do grupo. Também editou e publicou o livro *Vozes do Magro*, escrito por Magro Waghabi, ex-integrante do grupo.

Marcelo Pinheiro é jornalista e pesquisador musical. Em quase 20 anos de atuação, colaborou com veículos como Cenário, Elenco, FFWMag, Brasileiros e Showlivre.com. Vencedor do Prêmio Tim Lopes de Jornalismo Investigativo de 2014, também escreve sobre política, sociedade e comportamento.

Marcelo Vieira Ferreira Ferro nasceu no Estácio em 1966, ano em que Rainha Quelé faria o primeiro registro fonográfico solo. É vascaíno, imperiano e professor de História graduado pela UERJ e Mestre em Ensino de História pela UERJ. Atua no magistério desde 1986. Tem interesse especial por música e cultura popular e é percussionista do Grupo Matéria de Samba.

Márcia Tauil, cantora e compositora brasileira. Nascida em Guaxupé – MG e radicada em Brasília – DF, iniciou sua carreira como cantora de bailes em grupo familiar. Seu primeiro álbum solo, *Águas da Cidade*, foi lançado em 1999 pela Dabliú Discos. Em 2019, por carreira e trajetória, recebeu o prêmio Grão de Música.

Marcos Sabino é um cantor, compositor e produtor musical niteroiense que conquistou o Brasil em 1982 com o icônico álbum *Reluz*. A música homônima figura em listas das dez mais importantes da década. Em sua carreira, quatro discos de ouro, cinco temas de novelas, diversos prêmios de rádio e TV e mais de 12 milhões de discos vendidos entre seus sete álbuns e de artistas que gravaram suas composições. Como compositor, possui parcerias com nomes como Erasmo Carlos, Paulo Sérgio Valle, Chico Roque, Paulo Massadas e Byafra, seu amigo desde 1976, com quem já dividiu estúdios e palcos.

Marcos Sampaio é cearense formado em Jornalismo pela Universidade de Fortaleza. Editor e crítico de música do Vida&Arte, caderno de cultura do jornal *O Povo*, onde escreve a coluna Discografia. Discografia é também blog, perfil de instagram (@blogdiscografia) e programa nas rádios Nova Brasil e CBN. Autor da biografia de Fausto Nilo, lançado na coleção Terra Bárbara (Edições Demócrito Rocha). No livro *1973 - O Ano Que Reinventou a MPB* (Sonora Editora) é autor do artigo sobre o disco *Índia*, de Gal Costa.

Marcos Souza é compositor de trilhas, pianista e diretor da empresa Atelier Cultural desde 1998. Produziu e idealizou o filme *3 Irmãos de Sangue*. Foi Gerente de Produtos de rádio e TV da MultiRio, diretor musical da Orquestra Filarmônica de MG, consultor executivo da Orquestra Ouro Preto, diretor do centro da música da Funarte e presidente da Musimagem Brasil. Atualmente é gerente de projetos da Orquestra Petrobras Sinfônica.

Maria Carolina Rodrigues é pesquisadora musical, formada em jornalismo pela PUC-Rio e graduanda de Letras na mesma universidade. Já atuou com assessoria de imprensa de artistas brasileiros, com produção de conteúdo para redes sociais e sites, como o da Rádio Batuta, e foi professora de leitura e escrita de texto.

Mariana Mesquita, pernambucana, é jornalista, professora e, atualmente, assessora técnica em comunicação numa instituição pública. Apaixonada por música e literatura, trabalhou em cadernos de cultura em jornais e sites. É fã de MPB e de Terezinha de Jesus desde criança.

Marlon Sette, trombonista, compositor, arranjador e produtor musical. É um dos mais requisitados profissionais da sua geração, atuando em gravações de estúdio em mais de centenas de álbuns e em shows de artistas de diversas vertentes. Atualmente é o diretor musical de Jorge Ben Jor.

Marluci Martins é jornalista desde 1988. Com passagem pelos jornais *O Dia*, *Extra* e *O Globo*, cobriu seis Copas do Mundo. Na área esportiva, foi ainda comentarista do Sportv e da Fox. Em 2019, trocou a mídia impressa pela equipe de comunicação da Prefeitura do Rio, onde exerce a função de coordenadora da produção de conteúdo do site e do Diário Oficial.

Marquinho Carvalho, nasceu em Jataí, Sudoeste do Estado de Goiás. É professor de História no Instituto Federal de Goiás (IFG) e pesquisador e "curador" de discos de vinil, especialmente de música brasileira. Criador, produtor e apresentador do programa *Almanaque do Vinil* na TV GGN no Youtube. Criador da Rádio Boca Livre, na rede desde 2005. Idealizador e um dos criadores da Reserva Ecológica Porto das Antas em Serranópolis/GO.

Maurício Gouvêa é pesquisador, colecionador, músico, compositor e cronista sobre música brasileira em publicações diversas e programas na internet. Coprodutor em projetos para Zé Renato, Novelli e Joyce Moreno, entre outros. Um dos autores do livro *1973 - O Ano Que Reinventou a MPB*, lançado pela Editora Sonora em 2014. Consultor musical para a gravadora americana Adventure Music. Enfim, um amante da música. Como diria Jobim, "apenas um pobre amador, apaixonado, um aprendiz do seu amor".

Mauro Ferreira é carioca e trabalha como jornalista musical desde janeiro de 1987. Desde julho de 2016, é colunista e crítico musical do portal g1 (TV Globo). Antes, atuou como repórter e crítico musical do jornal *O Globo* (de 1989 a 1997) e foi colunista do jornal *O Dia* (de 1998 a 2016). Escreveu na revista *Isto É Gente* de 2000 a 2012, foi colaborador da *Rolling Stone* de 2007 até o fim da revista e atualizou diariamente o blog Notas Musicais de novembro de 2006 a junho de 2016.

Mehane Albuquerque Ribeiro é jornalista, produtora audiovisual e fotógrafa. Foi repórter do jornal *O Globo* e *freelancer* em jornais e revistas. No cinema, atuou em documentários como pesquisadora, assistente de produção, montagem e direção. O último trabalho na área audiovisual foi na produção da série MPB *1973 - O Ano da Reinvenção*. Há 20 anos presta serviços de assessoria de imprensa e atualmente é editora adjunta do jornal *Toda Palavra*.

Miltinho (Milton Lima dos Santos Filho) nasceu em Campos dos Goytacazes, em 18 de outubro de 1943. É um dos integrantes do grupo MPB4 desde seu início, em 1964. Trabalha como quarta voz, violonista, compositor, arranjador vocal, produtor e empresário do grupo. Deixou os estudos de Engenharia no 3° ano (UFF) para dedicar-se à música. Sua mãe era professora de piano e seu primeiro instrumento foi a gaita de boca. Em seguida, aprendeu violão clássico com o concertista Jodacil Damasceno.

Mimi Rocha é cearense e se dedica à música há trinta e cinco anos. Como guitarrista, violonista e produtor musical atuou nos palcos e estúdios com Fagner, Belchior, Ednardo, Dominguinhos entre outros. Atualmente é gestor do Centro Cultural Belchior em Fortaleza. Escreve uma coluna quinzenal no jornal *O Povo*, no Blog Discografia.

Moacyr Luz, carioca, é compositor com cerca de duzentas músicas gravadas por artistas como Zeca Pagodinho, Maria Bethânia, Beth Carvalho, Nana Caymmi e Leny Andrade. Com mais de quinze discos lançados em quarenta anos de carreira. Entre seus parceiros estão Aldir Blanc, Martinho da Vila, Paulo César Pinheiro, Hermínio Bello de Carvalho e Sereno. Moa é criador e líder do Samba do Trabalhador, que acontece às segundas-feiras, no bairro do Andaraí, no Rio, e é ponto de referência na geografia musical do país.

Mona Gadelha é cantora, compositora e jornalista. Coordenadora do Laboratório de Música da Escola Porto Iracema das Artes (CE). No LP *Massafeira* canta o blues "Cor de sonho" (vinil CBS/1980, CD-livro 2010/ CBS-Sony). Lançou os discos *Mona Gadelha* (1996); *Cenas & Dramas* (2000); *Tudo Se Move* (2004); *Salve a Beleza* (2010); *Praia Lírica, Um Tributo à Canção Cearense dos Anos 70* (2011); e *Cidade Blues Rock nas Ruas* (2013). É mestra em Comunicação.

Mónica Vermes é musicóloga e professora titular da Universidade Federal do Espírito Santos (UFES), onde atua no Departamento de Teoria da Arte e Música e no Programa de Pós-Graduação em Letras. Participa regularmente de publicações e eventos, nacionais e internacionais.

Nelson Augusto é jornalista, produtor e apresentador de programas culturais na Rádio Universitária FM do Ceará desde a fundação da emissora.

Em Fortaleza, trabalhou nos jornais *O Povo*, *Tribuna do Ceará* e *Diário do Nordeste*, sempre na área musical. Desde 2011 idealizou também a Web Rádio NelSons da qual é o editor de conteúdo em www.nelsons.com.br

Nivia Souza é economista e produtora cultural. Foi responsável pela produção dos oito discos independentes de Chico Mário, além do álbum *Retratos de Radamés Gnattali*. Lançou o livro *Atrás do Biombo* sobre memórias de Chico Mário, além de ser a presidente do Instituto Cultural Chico Mário inaugurado em 2018.

Paulo Cesar Figueiredo é jornalista e produtor cultural. Integra a Comissão de Cultura da ABI – Associação Brasileira de Imprensa. Iniciou na produção cultural em 1986, realizou diversos projetos musicais no universo do samba tradicional; casas com música ao vivo, centros culturais, agenciou vários artistas entre eles a Velha Guarda da Portela. Produtor de shows e CDs – *Dona Ivone Lara* (2001 e 2004 internacionais), *Aquarela do Samba* (2006), *Moyseis Marques* (2007), *Passado de Glória- Monarco 80 Anos* (2014), para o Natura Musical.

Rafael Pinto Ferreira de Queiroz é radialista, com mestrado e doutorado em Comunicação pela Universidade Federal de Pernambuco (UFPE). Atualmente desenvolve estágio pós-doutoral no Programa de Pós-Graduação em Comunicação da Universidade Federal da Bahia (UFBA), pesquisando o afro-futurismo na música brasileira. Pesquisa a cultura do Atlântico negro, em especial a música e seus desdobramentos políticos e estéticos como fatores de conexão entre África e suas diásporas.

Ricardo Moreira é A&R e produtor musical. No setor artístico de gravadoras tem seu DNA criativo em projetos como *Casa de Samba*, *Um Barzinho Um Violão* e outros, além de gerenciar mais de trezentos CDs e DVDs e a carreira fonográfica de artistas, de Caetano Veloso e Ivete a Seu Jorge. É um dos criadores do Samba Social Clube. Pode ser encontrado nas redes sociais através da combinação de seu nome com o da divindade "deusamusica".

Ricardo Pugialli é biólogo, Mestre em Biologia Marinha e Ambientes Costeiros, Doutorando na mesma área, pela Universidade Federal Fluminense (UFF). Pesquisador e escritor da carreira dos Beatles, possui três livros lançados sobre o grupo, além de um site e um podcast, com versões em português e espanhol. Também pesquisa as origens do rock brasileiro, tendo livros sobre a Jovem Guarda, um documentário de 2 horas sobre o movimento musical, premiado com DVDs de ouro e platina.

Ricardo Schott nasceu e vive em Niterói. É editor do site Pop Fantasma e apresentador do podcast Pop Fantasma Documento. É jornalista com passagens por redações como *O Dia* e *Jornal do Brasil*, e foi colaborador de publicações como *Bizz*, *Vida Simples*, *International Magazine*, *Rock Press*, *Super Interessante* e várias outras. É coautor de *Heróis da Guitarra Brasileira*, livro escrito com Leandro Souto Maior. Também é radialista e apresentou o programa *Acorde*, na Rádio Roquette Pinto.

Ricardo Soares é jornalista, roteirista, diretor de tv e escritor. Do começo dos anos 1980 a meados dos anos 1990 do século XX foi repórter cultural do caderno B do *Jornal do Brasil*, Caderno 2 do *Estadão*, redator, apresentador e um dos criadores do prográma *Metrópolis* da TV Cultura e diretor de redação das revistas *HV*, *Trip* e *Raiz*.

Rildo Hora é tocador de realejo (gaitista), arranjador, compositor e produtor musical. Estudou composição com Guerra Peixe. Autor de clássicos como "Visgo de jaca" e "Meninos da Mangueira", em parceira com o jornalista Sérgio Cabral. Tem discos solo de música instrumental e em parceria com Sivuca, Romero Lubambo, Maria Tereza Madeira. Como produtor atuou com Gonzagão, Zeca Pagodinho, Martinho da Vila, Beth Carvalho e Orlando Silva. Tem sete Grammys. Diversos álbuns que produziu ganharam discos de ouro e platina.

Roberto Muggiati, curitibano, começou há 68 anos na *Gazeta do Povo*, estudou jornalismo em Paris, trabalhou na BBC de Londres, escreveu na *Senhor*, foi editor de *Manchete*, *Fatos&Fotos* e da equipe que lançou a *Veja* em SP. Há 54 anos escreve sobre música e política – e o choque das duas: lançou os livros *Mao e a China* (1968), *Rock: O Grito e o Mito* (73), *Blues: Da Lama à Fama* (95), o romance *A Contorcionista Mongol* (2000). Foi um dos autores de *1973: O Ano Que Reinventou a MPB*. E vem mais por aí...

Rodrigo Faour é graduado em Jornalismo, Mestre em Letras (Literatura, Cultura e Contemporaneidade) e doutorando na mesma linha de pesquisa, na PUC-Rio. Especialista em música e comportamento, é também produtor de álbuns e reedições, pesquisador, palestrante, professor, além de diretor e roteirista de espetáculos, produtor e apresentador de shows, programas de rádio, TV e YouTube, onde atualmente mantém o canal Rodrigo Faour Oficial.

Rodrigo Nogueira é um pesquisador musical movido pela curiosidade e por sua paixão intensa pela música brasileira, iniciada aos dois anos de idade, quando teve contato com os LPs de sua mãe e ouviu o álbum *Fantasia*, de Gal Costa, e os três primeiros volumes da *Aquarela Brasileira*, de Emílio Santiago, começando, desde então, um longo caminho sem volta nesse universo vasto.

Ruy Godinho é pesquisador/radialista/escritor. Produtor multimídia, autor do projeto *Então, Foi Assim? Os Bastidores da Criação Musical Brasileira*, série de livros (vol. 1, 2, 3 e 4) e programas de rádio. Produz e apresenta o programa radiofônico Roda de Choro.

Silvio Atanes é pesquisador musical e jornalista, com passagens por, entre outros, Editora Abril, *Folha de S.Paulo*, *Folha da Tarde* e *O Estado de S. Paulo*. Participou de *O Paradoxo de Itararé* (2013), *1973 – O Ano Que Reinventou a MPB* (2014), *Entrelinhas* (2018) e *Los Tres Amigos* (2019). É formado em Jornalismo pela Faculdade de Comunicação Social Cásper Líbero.

Silvio Essinger é jornalista, roteirista e escritor. É repórter e crítico de música popular do Segundo Caderno do jornal *O Globo* e autor dos livros *Batidão: Uma História do Funk* (Record, 2005) e *Punk: Anarquia Planetária e a Cena Brasileira* (Editora 34, 1999).

Talles Colatino é jornalista com especialização em crítica cultural e Mestre em Teoria da Literatura (UFPE). É servidor público na Universidade Federal de Pernambuco, onde atua como produtor cultural e atualmente coordena o Instituto de Arte Contemporânea (IAC). Foi editor de cultura na *Folha de Pernambuco*, repórter no *Jornal do Commercio* e colabora para revistas e suplementos de arte e de literatura. Nasceu e vive no Recife (PE).

Thelmo Lins é cantor, ator, jornalista e gestor cultural. Nasceu em Itabirito (MG), mas reside em Belo Horizonte. Ao longo de sua carreira artística, lançou nove discos, a maioria de poesias musicadas. É proprietário da TW Cultural e administra o Teatro Santo Agostinho, na capital mineira. Informações: https://linktr.ee/twcultural

Tito Guedes é formado em Estudos de Mídia pela Universidade Federal Fluminense (UFF). Em 2021, publicou o livro *Querem Acabar Comigo – Da Jovem Guarda ao Trono: A Trajetória de Roberto Carlos na Visão da Crítica Musical* (Máquina de Livros), baseado em sua pesquisa acadêmica. Trabalhou como redator e criador de conteúdo no IMMuB (Instituto Memória Musical Brasileira) e atualmente trabalha como pesquisador musical do canal Alta Fidelidade.

Túlio Mourão, mineiro, é compositor e pianista. Ex-Mutante da fase Rock Progressivo. Possui trilhas sonoras premiadas nos maiores festivais de cinema do país e músicas gravadas por Milton Nascimento Maria Bethânia, Nara Leão, Zimbo Trio, Ney Matogrosso, Tavito, Eugênia M. Castro, Pat Metheny, Bob Berg. Tocou com Pat Metheny, Jon Anderson, Carlos Santana, Wayne Shorter, James Taylor, P. Winter, Chico Buarque, Milton Nascimento, Caetano Veloso, Raul Seixas etc. Autor do livro *Alma de Músico* e apresentador do programa *Noturno*, na Rede Minas.

Vicente Dattoli, carioca, nascido em 1963, não viveu os momentos do "Rio antigo" que embalavam o início das suas madrugadas. Sentia, porém, nostálgica melancolia com aqueles versos. Apaixonado por samba e carnaval, é jornalista e escritor, sempre adorou um bate-papo na esquina e, suburbano convicto, foi uma daquelas crianças na calçada, bem antes de conhecer Raquel, no seu Fluminense do coração, e das chegadas de Enzo e Pietro.

Vinícius Cunha (para os mais íntimos, Vinil), é jornalista por formação. Foi colaborador do site de música Rock 'n' Beats, label assistant na gravadora Lab 344, repórter no Segundo Caderno do jornal *O Globo* e editor do Gshow Música. Nascido nos anos 1980, não está sabendo lidar com a nostalgia dos costumes dos millennials e coleciona playlists no currículo.

Wagner Cosse é jornalista, escritor, folclorista, especialista em História da Arte, ator, dançarino, compositor e cantor. Já gravou vários discos, entre eles, *Cânticos*, feito em parceria com o também cantor Thelmo Lins, interpretando poemas de Cecília Meireles musicados por Fátima Guedes. Atualmente está gravando o CD *Abissal*, com músicas compostas durante sua experiência no Caminho de Santiago de Compostela, em 2019.

Walterson Sardenberg Sobrinho é conhecido como Berg. Um de seus orgulhos é ter nascido em 6 de julho de 1957. Foi o sábado em que John Lennon e Paul McCartney se conheceram. Vinte e um anos depois, Berg começou a trabalhar como repórter da revista *Manchete*. De lá para cá, castigou as teclas em diversas redações, de *Placar* a *Brasileiros*; de *Gosto* a *Próxima Viagem*. Numa delas, a da revista *Náutica*, trombou com o organizador deste volume, com quem mantém amizade de décadas.

Washington Santos é jornalista profissional há mais de 30 anos, com mestrado em Bens Culturais e Projetos Sociais pelo CPDOC/FGV. É um dos autores do livro *1973: O Ano que Reinventou a MPB – A História por Trás dos Discos Que Transformaram a Nossa Cultura*, publicado pela Editora Sonora, em 2013.

Zé Edu Camargo é jornalista e compositor. Tem entre seus parceiros Zé Rodrix, Tavito, Luhli, Lucina, Celso Viáfora, Iso Fischer, Luiz Carlos Sá, Sonekka, Juca Novaes, Vicente Barreto e Guilherme Rondon. Estudou na Escola de Comunicações e Artes da USP. Atuou em diversos veículos de imprensa, como a Rádio Eldorado, as revistas *Náutica* e *Pesca & Companhia*, além do *Guia Quatro Rodas*, da Editora Abril. Trabalhou também na Samsung e hoje é líder de conteúdo da Abrasel.

Zeca Azevedo mora em Porto Alegre, atua como produtor cultural, compra CDs compulsivamente, é fanático por soul music desde 1973, é antifascista, combate preconceitos sociais e estéticos de modo contumaz, gosta de *junk food*, ama desenhos animados dirigidos por Chuck Jones e filmes dirigidos por Alfred Hitchcock. Ama também o livro *Dom Quixote de la Mancha*, de Miguel de Cervantes, e os contos de Machado de Assis.

Esta obra foi impressa
em Adobe Caslon Pro.
Capa em papel Supremo 250g.
Miolo em papel Pólen Bold 70g.
16 cm de largura x 23 cm de altura